Anton Freiherr von Eiselsberg
Lebensweg eines Chirurgen

Eiselsberg, Anton Freiherr von: Lebensweg eines Chirurgen
Hamburg, SEVERUS Verlag 2010.
Nachdruck der Originalausgabe, Innsbruck 1939.

ISBN: 978-3-942382-27-4
Druck: SEVERUS Verlag, Hamburg, 2010

Bibliografische Information der Deutschen Nationalbibliothek:
Die Deutsche Nationalbibliothek verzeichnet diese Publikation in der
Deutschen Nationalbibliografie; detaillierte bibliografische Daten sind im
Internet über http://dnb.d-nb.de abrufbar.

© **SEVERUS Verlag**
http://www.severus-verlag.de, Hamburg 2010
Printed in Germany
Alle Rechte vorbehalten.

Der SEVERUS Verlag übernimmt keine juristische Verantwortung oder
irgendeine Haftung für evtl. fehlerhafte Angaben und deren Folgen.

SEVERUS
Verlag

Phot. Pietzner-Fayer, Wien

A. Eiselsberg

Meiner geliebten Agnes gewidmet

VORWORT

Das Arbeitsfeld des chirurgischen Klinikers ist zu vielseitig und umfassend, um für sogenannte Mußestunden viel Zeit zu lassen. Was er davon erübrigen kann, darauf hat zunächst die Familie den ersten Anspruch und in zweiter Linie das Bedürfnis nach Erholung und Ablenkung durch wenigstens zeitweiligen Natur- und Kunstgenuß. Erst seit meinem Rücktritt vom Lehramt standen mir Mußestunden in reichlichem Maße zu Gebote und es entsprach einer an solchen Wendepunkten sich förmlich von selbst ergebenden Regung, wenn ich sie zu einer Rückschau auf mein im großen und ganzen abgeschlossenes Lebenswerk benütze.

Meine Tagebuchnotizen, in denen sich alles Interessante, das ich erlebt habe, verzeichnet findet, kamen mir dabei zustatten. Beim Durchblättern der Operationsprotokolle stiegen vor meinem geistigen Auge all die Freuden auf, die ein erfolgreich behandelter Fall brachte. Aber auch an manchen Mißerfolg wurde ich dabei erinnert. Fast will es mir scheinen, daß der Gedanke daran gerade den alten Arzt nicht verläßt.

Alles in allem wird man aus diesen Erinnerungen ersehen, daß mir ein reichbewegtes, dabei im allgemeinen glückliches Leben von der Vorsehung beschieden war.

Unvergänglich bleibt meine Dankbarkeit für meinen großen Lehrer Theodor Billroth, sie wird erst mit meinem Lebensende erlöschen.

Mit meinen Schülern bin ich durch ein förmliches Gefühl der Schicksalsgemeinschaft und Familienzugehörigkeit verbunden; einen beglückenden Lohn für mich sehe ich darin, daß eine große Zahl von ihnen sich einen angesehenen Wirkungskreis geschaffen hat; mit Stolz weise ich auf Grund persönlicher Anschauung auf ihr opferfreudiges und segensreiches Wirken im Dienste der Verwundeten und Gefangenen im Weltkriege hin.

Auch meiner sonstigen Weg- und Berufsgenossen und Freunde wird in diesen Blättern öfters gedacht werden. Ich wünsche ihnen allen, soweit es dieser bescheidene Rahmen gestattet, ein Denkmal zu setzen.

Das Buch ist nicht nur für meine Familie geschrieben, ich hoffe, es erfreut auch meine Freunde und den einen oder anderen Patienten. Vielleicht werden jüngere Kollegen auch manche Lehren für Beruf und Leben aus den folgenden Blättern schöpfen.

Wien, Dezember 1937.

MEINE VORFAHREN

Meine Ahnen stammen aus dem Salzkammergut. Zur Zeit ihres erstmaligen urkundlichen Aufscheinens, 1522, besaßen sie Grund und Boden und kamen auch bald in verschiedene Berufe und Ämter, verblieben aber noch in dem damals sehr abgeschlossenen Seengebiet. Auf dem Stammhofe Breitenbach am Abersee sitzt heute noch ein Eisl. Einer meiner Vorfahren, Matthias Eyßl, wandte sich dem Salzwesen zu und machte sich um die Hebung des Salzhandels verdient. So wurde er „Salzförttiger" und „Markhtrichter" zu Hallstatt und mit seinem Bruder Michael, welcher in „Hungarn an den Veldtzügen gegen die Türkhen gestritten", 1635 „in Anerkennung ihrer Verdienste" von Kaiser Ferdinand II. in den Adelsstand erhoben; laut kaiserlichem Dekret anno 1662 wurde ihm der Name Eiselsberg verliehen. In erster Ehe war Matthias mit einer angesehenen Hallstätterin, Maria Wetzelhofer, verheiratet. Als einziger Sohn dieser Ehe wird im Testament der Eltern Christoph, Salinenverwalter zu Ischl, genannt, der anscheinend ein merkwürdiger Kauz war. In seiner letztwilligen Verfügung bestimmte er, daß sein Sarg alle fünfzig Jahre aus der Gruft gehoben, um die katholische Pfarrkirche in Hallstatt getragen werden und eine kleine Seefahrt im Kahn machen solle. So blieb es bis ins 19. Jahrhundert, wie mein Vater uns erzählte. Auch ich habe noch als Student bei einem Besuche in Hallstatt von dieser originellen Verfügung gehört. Nach dem Jahre 1848 wurden diese Spazierfahrten abgestellt.

Durch die Aufgabe seiner Stellungen in Hallstatt und durch seine zweite Ehe mit Johanna Maria von Hörl zu Wattersdorf trat Matthias in den Kreis der Landadeligen ein. Er ließ sich in Wels nieder, wo ihm noch fünf Söhne und eine Tochter geboren wurden. 1671 schloß er dort, „viele irdische Glücksgüter hinterlassend", hochbetagt die Augen.

Sein ältester Sohn, Franz Placidus, wurde wegen seiner Verdienste während der Türkenkriege „um Kaiser und Reich" von Kaiser Leopold I. im Jahre 1688 in den Freiherrnstand erhoben.

Im Jahre 1693 erwarb dessen Bruder Jakob Friederich von seinem Schwiegervater Graf Katzianer die Herrschaft Steinhaus bei Wels in Oberösterreich, die 1725 als Fideikommiß errichtet wurde und heute noch als solches besteht. Durch die Ehe deren beider Enkelkinder kam Steinhaus in die freiherrliche Linie; die anderen von den beiden Adelserwerbern vom Jahre 1635, Matthias und Michael, abstammenden Linien sind ausgestorben [1]. Steinhaus ist jedenfalls eine uralte Siedlung, die wahrscheinlich auf die römische Zeit zurückzuführen ist. Seine Entstehung ist durch die geographische Lage an dem wichtigen alten Straßenzug Wels — Kirchdorf — Paß Pyhrn — Selztal begründet. Im Mittelalter war Steinhaus durch 400 Jahre im Besitz der mächtigen Familie der Pollheimer, die eine große Rolle im Lande spielten. Es gehörten früher viele Lehen und „untertaenige Haeuser" dazu.

Schwere Zeiten brachen bald über die Familie herein: der Schloßherr war erblindet, eine Feuersbrunst verheerte das einst stattliche Schloß; Kriegsheere zogen vorbei. Aber das zu Treuen übergebene Gut, wie es in dem Worte fidei-commissum schon heißt, geht unverdrossen seinen Weg in die Zukunft weiter.

Ein späterer Besitzer, Wilhelm, wurde als österreichischer Infanterieoffizier 1799 in seinem 22. Lebensjahr in der Schlacht bei Novi gegen die Franzosen durch einen Schuß in den Unter-

---

[1] Nicht uninteressant für den Familienforscher sind eine Reihe von Dokumenten, letztwilligen Verfügungen und Schriftstücken verschiedener Art, die in den letzten Jahren durch Abschrift erst erschlossen und lesbar gemacht wurden. Mein lieber Schüler Primarius Dr. H. Koerbl hat in höchst anerkennenswerter Weise zu meinem 70. Geburtstag eine ganze Chronik geschaffen, die viele Einzelheiten aus den Annalen der Familie Eiselsberg enthält. Es sei ihm auch hier für seine ungewöhnliche Mühe herzlich gedankt!

schenkel verwundet und war von da an schwer leidend. Anhaltende Eiterungen, später eine schwere Lähmung, fesselten ihn durch fast dreißig Jahre ans Krankenlager und quälten ihn, wie aus den Aufzeichnungen hervorgeht, so sehr, daß er laut Sterberegister sich im Jahre 1829 „im Wahnsinn erschossen hat".

Heute dürfte kaum mehr jemand wegen einer Schußverletzung des Fußes durch volle drei Jahrzehnte so geplagt werden. Man würde den Verletzten wohl durch eine zweckmäßige Operation, Entfernung der abgestorbenen Knochen usw., im äußersten Fall durch eine Amputation, von Schmerzen und Eiterung heilen.

Da Wilhelm unverheiratet geblieben war, übernahm sein jüngerer Bruder Peregrin, Regierungssekretär und Landstands-Verordneter von Oberösterreich, das Fideikommiß. Er war seit 1819 mit Antonie Edlen von Dornfeld, einer Tochter des langjährigen Kreishauptmannes von Steyr, Johann Ritter von Dornfeld, vermählt. Nach dem frühzeitigen Tode ihres Gatten — an einer bösen Grippe würde man heute sagen — widmete sie sich ganz dem Wohle der drei ihr verbliebenen Söhne Hans, Guido und Otto.

Der zweite war mein Vater Guido, 1824 zu Linz geboren. Mit zehn Jahren kam er in die Kaiserin-Maria-Theresianische Wiener Neustädter Militärakademie, woselbst die Zöglinge nach alten, strengen Regeln spartanisch erzogen wurden. Auch im Winter mußten sie sich in einem offenen, nur mit einem Schutzdach bedeckten Raume waschen und erhielten zum Frühstück zwei trockene Brote. Über die Verköstigung erzählte er noch oft, daß es dreimal wöchentlich abends Kuttelfleck (Kälber- oder Rindermagen) gab, wodurch diese Speise den meisten für das spätere Leben gründlich verleidet wurde.

Während der acht Jahre, die mein Vater in der Neustädter Akademie zubrachte, gab es keine Ferien, keinen Ausgang; ein einziges Mal erhielt er den Besuch seiner Mutter aus Linz, die ihm den Tod des Vaters mitteilte und als besondere Vergünstigung ihren Sohn für einige Stunden in ein Kaffeehaus in die Stadt führen, „ausspeisen" durfte.

Im neunzehnten Lebensjahr wurde mein Vater aus dieser strengen, fast klösterlichen Zucht ausgemustert und kam als Leutnant zu den Feldjägern nach Salzburg. Er erhielt zunächst einen achtwöchigen Urlaub, den er bei seiner Mutter verbrachte; dabei mußte sich der junge Leutnant bei den zahlreichen Verwandten und Bekannten „durchessen". Als ihn einmal die Gastgeberin von neuem zum Essen nötigte, lehnte die Mutter für ihren Sohn rundweg ab und erklärte: „Danke, der Guido hat schon zu viel gegessen, er kann nicht mehr." Beim Nachhausegehen sagte der Sohn: „Liebe Mutter, ich weiß schon selbst, wann ich genug habe. Ich bitte Sie, in Hinkunft mir die Entscheidung zu überlassen." Damals war es noch gebräuchlich, daß der Sohn den Eltern „Sie" sagte; erst nach der Verheiratung durfte mein Vater die Mutter duzen.

Im Jahre 1848 diente mein Vater im 7. Feldjägerbataillon, nahm zunächst an der Bewältigung der Wiener März-Revolution teil, kam dann zur Armee in Italien und erhielt in Desenzano am Gardasee beim Entsatz der Festung Peschiera die Feuertaufe. Das Bataillon, dem er zugeteilt war, entlastete im Gefechte bei Lonato eine hart bedrängte Kompagnie des Infanterie-Regimentes Nr. 59 und warf vereint mit dieser den Feind nach einem neunstündigen Kampf über Lonato und über den Chiese zurück.

Im Jahre 1852 zum Waffeninspektor ernannt, mußte mein Vater durch mehrere Jahre einen großen Teil der Monarchie bereisen. Über seine zahlreichen, dabei gesammelten Eindrücke hat er uns Kindern wiederholt sehr interessant erzählt.

Als sein älterer Bruder Hans 1854 unverheiratet starb, übernahm er das Fideikommiß Steinhaus. Schon vor den Franzosenkriegen, aber besonders während der drei Franzoseneinfälle 1800, 1805 und 1809 geriet das kleine Fideikommiß — es ist das kleinste in Österreich — in Schulden. Im Jahre 1848 erfolgte die Aufhebung des Untertanenverbandes und der damit verbundenen Patrimonial-Gerichtsbarkeit für die Bauerngüter, welche den Herrschaftsbesitzern abgabepflichtig waren. Dadurch war es für den Steinhauser Fideikommiß-Besitzer nur noch schwerer geworden, bei dieser nicht unbedeutenden Schwächung des Einkommens das Auslangen zu finden. Auch die Zuerkennung der sogenannten Grundentlastungs - Obligationen konnte da nicht mehr entscheidend helfen.

Mein Vater mußte äußerst sparsam leben, was ihm bei seiner strengen, militärischen Erziehung und seiner Anspruchslosigkeit nicht allzu schwer fiel. Bis zu seiner Verheiratung führte ihm seine Mutter, die sonst in Linz mit zwei unverheirateten Schwestern lebte, das Haus. Im Laufe der Jahre gelang es ihm, die auf dem Besitz lastenden alten Schulden abzuzahlen und denselben gänzlich schuldenfrei seinem ältesten Sohn, meinem Bruder Peter, dem gegenwärtigen Fideikommiß-Inhaber, zu hinterlassen.

Durch seinen Bruder Otto, der als Leutnant bei den Kaiserjägern dem Feldzeugmeister, Gardekapitän und Theresienordensritter Peter Freiherrn Pirquet von Cesenatico, dem zweiten Inhaber dieses Regimentes, als Adjutant zugeteilt war, fand mein Vater Eingang in das Haus Pirquet. Hier bewarb er sich um die älteste Tochter des Hauses, Marie. Ich kann mir nicht versagen, einen schönen Brief meiner Großmutter Eiselsberg an ihre angehende Schwiegertochter hier einzufügen.

Verehrtes Fräulein! Meine liebe Marie!

Durch Ihre kindlich frommen Worte tief bewegt, ergreife ich die Feder, um Ihnen meinen Segen zur Verbindung mit meinem Sohn aus der Fülle meines Herzens zu ertheilen.

Wie schätzte ich mich schon damals glücklich, als Otto die Ehre zu Theil wurde, von Ihrem hochgeachteten Vater als Adjutant berufen zu werden, und als er mir später mitteilte, bey welch' verehrungswürdiger Familie er hierdurch Zutritt fand, waren meine Wünsche für ihn am Ziel.

Der Schöpfer hatte mir jedoch noch ein größeres Glück vorbehalten, indem er meinem Guido ein Mädchen beschieden, welches ihn, sowie ich aus seinen Briefen entnehme, in eine andere Welt voll Seeligkeit versetzt; ja mein liebes Kind! Sie können vertrauensvoll Ihr Geschick in seine Hände legen, er ist dessen gewiß auch würdig, denn jener Mann, welcher nebst seinen Berufspflichten so treu und gewissenhaft das 4te Gebot mit aller Liebe und Hingebung erfüllt, muß auch ein braver Ehemann werden, und ich erkenne hierin nur die waltende Vorsehung, welche keinen edlen und wahrhaft religiösen Sinn unvergütet läßt.

Mit inniger Freude sehe ich aus Ihren Zeilen, daß auch Sie ihn lieben, und einen geraden, offenen Charakter zu würdigen wissen, tausend, tausendfachen Dank dafür, diese Anerkennung macht Sie meinem Herzen zum eigenen Kinde, welches ich gewis auch achten und hochschätzen werde, wie es das verdient.

Ihren so allgemein hochverehrten Aeltern bitte ich mich auf das Herzlichste zu empfehlen.

Sie nochmals im Geiste mütterlich segnend

Ihre herzlich Ergebene
Antonie Freyin von Eiselsberg.

Linz am 28ten Jänner
1857

Am 27. April 1857 fand in der Deutschen-Garde-Kirche am Rennweg in Wien die Trauung statt, die den Grund zu einem idealen, ungetrübten Familienleben legte, das, wie hier vorweg erzählt sei, dreißig Jahre hindurch bis zum Tode meines Vaters dauerte.

Mein Großvater Pierre Pirquet stammte aus Lüttich. Fünf Generationen der Familie sind im 17. und 18. Jahrhundert im Taufbuch der Pfarre „Notre Dame des Fonds" dortselbst eingetragen. 1742 wurde sie in den Reichsadelsstand erhoben und nannte sich Pirquet dit Mardaga; der Name Pirquet dürfte aus einem Diminutivum des Namens Pierre (Peter) entstanden sein [2].

Der Großvater meiner Mutter, J. M. August Pirquet, dessen Ehe mit Marie Thérèse de Bléret zwölf Kinder entstammten,

---

[2] Ich verdanke diese Aufzeichnungen über die Familie Pirquet meinem lieben Vetter und Schwager Theodor Pirquet.

war Kapitän der Garde des Fürstbischofs von Lüttich, des damals reichsunmittelbaren Landesherrn. Als im Jahre 1790 die Revolution aus Frankreich nach Lüttich übergriff, mußte er seine Vaterstadt verlassen. Wenige Tage nachher folgte ihm seine Frau mit den Kindern; ihre Flucht über die Dächer der Nachbarhäuser gestaltete sich hochdramatisch. Der Fürstbischof und mit ihm mein Urgroßvater mit seiner Familie zogen nach Düsseldorf, wo sich das Leben höchst einfach gestaltete; in der Kost spielte das Brot die Hauptrolle. Trotzdem behielten alle ihren Humor und harrten mutig und voll Gottvertrauen auf die Wiederkehr besserer Zeiten.

Die Kinder wuchsen ohne viel Studium heran, beschäftigten sich, wie z. B. mein Großvater Peter Pirquet, das sechste Kind seiner Eltern, viel mit Zeichnen und Musik. Im Jahre 1799 trat der damals 18 Jahre alte Pierre als Kadett des „Wallonen"-Infanterie-Regimentes Nr. 58 in österreichische Dienste und sein „Journal de guerre" berichtet uns, daß er im Jahre 1800 die blutigen Gefechte bei Mooskirch und Biberach sowie die Schlacht bei Hohenlinden mitmachte. 1801 kam er in Garnison bis tief nach Galizien, blieb drei Jahre in Kalusz, wo er freilich mehr der Jagd als dem Dienste lebte. So wurde aus einem zweiwöchigen Urlaub ein dreimonatlicher Jagdausflug in die Türkei. Als er zurückkehrte und sich beim Oberst meldete, schreibt er darüber in sein Tagebuch: «Je croyais bien aller au „Profoss", mais le colonel se contenta de me donner une petite chasse.»

Im Feldzug 1805 kam er an den Bodensee und nach Italien; 1809 focht er bei Landshut und Neumarkt. Am 3. Mai 1809 sicherte er bei Ebelsberg an der Traun in Oberösterreich als Oberleutnant durch hartnäckige Verteidigung der Brücke den Rückzug der Österreicher, für welche Heldentat er mit dem Maria-Theresien-Orden ausgezeichnet wurde. Im Kampf wurde er durch einen Lungenschuß schwer verwundet. Seine Genesung führte er wiederholt später darauf zurück, daß er 24 Stunden auf dem Schlachtfelde lag, ohne durch einen Transport gefährdet worden zu sein. Seine in französischer Sprache vorgebrachte Bitte an einen französischen Soldaten, der ihm die Taschen ausräumte, er möge ihn durch einen Schuß von seinem Leiden befreien, lehnte dieser kurz ab: «Je ne tue pas un brave camerade.» — Die Tochter seines Regimentsinhabers Baron Beaulieu fand den Verwundeten in einem Linzer Hospital auf und sorgte für ihn und seine Leidensgefährten in höchst gütiger Weise.

Nach jahrelangem Leiden wurde er im Jahre 1813 als Hauptmann reaktiviert und vernichtete im September dieses Jahres bei Hermagor in sehr geschickt vorbereiteter Umgehung eine feindliche Kolonne. Davon berichtet auch sein Name auf der Gedächtnissäule in Hermagor. Im April 1815 erfocht er als Major bei Cesenatico einen Sieg über eine feindliche Übermacht (Truppen des Königs Murat), wofür er das Prädikat „Cesenatico" erhielt, als er im Jahre 1817 auf Grund der Verleihung des Maria-Theresien-Ordens in den Freiherrnstand erhoben wurde.

Im Jahre 1825 verheiratete er sich mit Johanna, geborenen Reichsfreiin von Mayern. Ihr Vater entstammte einer kurbayerischen Beamtenfamilie und war 1784 im Alter von erst 34 Jahren als Hofrat in die böhmische Hofkanzlei, das damalige Ministerium des Innern, berufen worden. Er starb 1834 zu Graz.

Seine Gattin war eine Wienerin, Katharina Faber, die ihm erst nach elfjähriger Ehe eine Tochter schenkte (1801), doch waren ihr nur wenige Monate der Mutterfreuden gewährt. Gelegentlich eines Konzertbesuches zog sie sich eine schwere Erkältung zu, die eine Brustdrüsenentzündung verschlimmerte. Nach Ansicht der damaligen Ärzte konnte sie nur gerettet werden, wenn sie das Stillen des Kindes fortsetze, allerdings unter schwerer Gefährdung des jungen Lebens. Ohne Zögern trennte sie sich vom Kinde und starb wenige Tage darauf, noch nicht 27 Jahre alt. Die freundlichen, hübschen Züge der jungen Frau, die so viel vom Leben erwarten durfte, sind in einem schönen Bildnis der Meisterin Vigée-Lebrun festgehalten, das in der Familie Pirquet in hohen Ehren gehalten wird.

Obere Reihe: Meine Großeltern Peregrin und Antonie Eiselsberg
Untere Reihe: Meine Großeltern Peter und Johanna Pirquet

Meine Eltern mit ihren Söhnen 1876. Von links: Paul, Wilhelm, Peter, Anton
(Siehe Seite 29)

Scheintot

Johanna wurde im Alter von drei Jahren, da ihr Vater sich wieder verehelicht hatte, den Salesianerinnen am Rennweg in Wien zur Erziehung übergeben, wo sie bis zu ihrem 18. Lebensjahre verblieb; nur im Jahre 1809, zur Zeit der Franzosenherrschaft in Wien, kehrten die Zöglinge für einige Monate in ihre Familien zurück.

Nach ihrer Verehelichung bezogen die Großeltern Peter und Johanna die Garnison in Pettau, wo die ersten drei Kinder Anton, Marie und Johanna (Jenny) geboren wurden; dann begannen acht Jahre unruhigen Lebens, was der Großmutter mit den kleinen Kindern in Anbetracht der damaligen Verkehrsverhältnisse oft überaus beschwerlich fiel. Es wechselten die Garnisonen Graz, Parma, Laibach, Legnago, von wo mein Großvater 1839 nach Wien kam und 1840 zum Kapitän-Leutnant der Arcièren-Leibgarde ernannt wurde.

Die Erinnerung an ein merkwürdiges Ereignis wurde in der Familie stets lebendig erhalten: Unsere Großmutter war im Jahre 1839 in Legnago in Oberitalien von einer akuten Krankheit, „Febrio Miliara[3]" genannt, befallen worden; Wochen hindurch schwebte sie in Lebensgefahr und wurde schließlich nach einem besonders schweren Anfall für tot gehalten. Ihr Mann, der von einer Inspektionsreise zurückkam, fand sie, aufs tiefste erschüttert, aufgebahrt vor. Aber die treue Kindsfrau des Hauses hatte nicht den Eindruck, daß ihre Herrin gestorben sei, und steckte ihr ein kleines Stückchen Eis zwischen die anscheinend in Totenstarre fest aufeinandergepreßten Zahnreihen. Die Scheintote kam wieder zu sich, erholte sich langsam und lebte noch 35 Jahre lang! Im Jahre 1874 ist sie in Steinhaus gestorben. Sie hat wiederholt erzählt, wie schrecklich sie darunter gelitten habe, bei vollem Bewußtsein als vermeintliche Tote alles mitanzuhören, vor allem auch den Schmerzausbruch ihres Mannes und den Abschied von den Kindern, ohne irgend

---

[3] Schweiß-Friesel, eine mit Schweißausbrüchen einhergehende Krankheit, von deren epidemischen Auftreten in früheren Jahrhunderten in der Geschichte der Medizin öfters berichtet wird und die nicht selten unter hohem Fieber tödlich endete.

ein Lebenszeichen geben zu können, und mit welchem Schrecken sie der Gedanke erfüllt habe, lebendig begraben zu werden. Dieses Ereignis wirkte auf die ganze Familie und auf die spätere Generation derart nach, daß sich, wie es damals überhaupt eine häufige Sitte war, mein Vater, sein Bruder Otto und auch meine beiden Brüder Willy und Paul testamentarisch die Vornahme des Herzstiches, beziehungsweise die Eröffnung einer großen Ader bedingten, um sicher nicht lebendig begraben zu werden. Wie es schon geht, mußte ich bei diesen vier mir so nahestehenden Lieben, die auf dem Lande starben und aufgebahrt wurden, diesen Eingriff vornehmen, was ich jeweils 48 Stunden nach dem Tode, als schon untrügliche Zeichen des Todes vorhanden waren, ausführte. Nach unseren heutigen Vorschriften der Totenbeschau halte ich es wohl für ausgeschlossen, daß ein Lebendigbegrabenwerden noch vorkommen kann.

Der ältere Bruder meiner Mutter, Anton, ausgebildet in der Wiener Neustädter Militärakademie, zog als blutjunger, erst zweiundzwanzigjähriger Hauptmann der Kaiserjäger in den Krieg gegen Piemont. Bei Pastrengo zeichnete er sich so hervorragend aus, daß er für diese Tat nach dem Tode den Theresienorden zugesprochen erhielt. Am 22. Juli 1848 meldete er sich bei dem Gefecht bei Rivoli in die vorderste Linie und wurde durch einen Bauchschuß schwer verletzt; nach zwei Stunden mußte er sein hoffnungsvolles Leben beschließen. Die tödliche Kugel hatte die gelbe Feldbinde durchschlagen, die auf dem hechtgrauen Rock von weitem sichtbar war, was manchem braven Offizier das Leben gekostet hat, weshalb ihr Tragen im Felde später abgeschafft wurde. Der Leichnam meines Onkels wurde in Ala beerdigt und einige Jahre später mit den sterblichen Überresten anderer Helden in die Innsbrucker Hofkirche überführt und daselbst beigesetzt. Eine Wandtafel im Längsschiff der Kirche auf der Epistelseite erinnert noch heute an ihn und seine drei tapferen Kameraden Knesich und Hofer (einen Enkel des Andreas Hofer) und einen Kaiserjäger, der ungenannt ist. Das Andenken an den jungen Helden wird in der Familie stets hochgehalten.

Großvater Pirquet für den Hinterlader 19

Mein Großvater war zwar pensioniert, blieb aber Inhaber des Kaiserjäger-Regimentes und hatte als solcher viel mit Ernennungen von Subaltern-Offizieren zu tun. Dabei unterstützte ihn seine Tochter Marie während der Kriegszeit 1848, als der Adjutant einrücken mußte, in dessen Stellvertretung als Sekretärin auf das beste. Das bedeutete für ihn eine um so größere Hilfe, als er die deutsche Sprache nur unvollständig beherrschte.

Zu den schönsten Erinnerungen seiner Tochter Marie gehörten die Reisen nach Belgien, die sie in Begleitung ihres Vaters und ihrer Geschwister mehrmals unternahm. Viele Freunde und Verwandte wurden besucht und es entspann sich ein lebhafter Verkehr mit zahlreichen Familien des Landes. Anläßlich eines Aufenthaltes in Brüssel nahm sie an einem großen Hofball teil und tanzte mit dem nachmaligen König Leopold II. Gelegentlich dessen Vermählung (1853) mit der Erzherzogin Marie Henriette, der Tochter des Palatins von Ungarn, Erzherzog Josef, hatte mein Großvater die auszeichnende Aufgabe erhalten, als Ehrenkavalier die hohe Braut nach Brüssel zu begleiten. Beim Überschreiten der Gleise im schlecht erleuchteten Bahnhof Verviers stürzte er in eine Vertiefung und brach sich eine Rippe; die Verletzung hinderte ihn aber nicht, an den Feierlichkeiten teilzunehmen.

Aus dem späteren Leben meines Großvaters Pirquet sei folgende interessante Tatsache hier hervorgehoben: Fast achtzigjährig nahm er nach dem verlorenen oberitalienischen Feldzug 1859 an einem Marschallrate unter Vorsitz des Kaisers Franz Joseph I. teil, wobei die Ursachen des unglücklichen Kriegsendes und die daraus sich ergebenden Lehren besprochen wurden. Der alte Pirquet schlug energisch die Einführung des Hinterladers vor, Seine Majestät bediene sich desselben auch auf der Jagd. Doch der Kaiser erwiderte gleich, Jagd und Krieg seien ganz verschiedene Dinge; die Majorität des Marschallrates unter Führung des Feldzeugmeisters Augustin sprach sich gegen diese Neuerung aus. Es ist bekannt, daß später der Bericht des Feldzeugmeisters Baron Gablenz, der im Jahre 1864 die österreichischen Truppen gegen Dänemark befehligte und daselbst die Wirkung des preußischen Zündnadelgewehrs mitansehen konnte, auch eine Ablehnung erfuhr. Wie unheilvoll sich die Nichteinführung des Hinterladers in der österreichischen Armee auswirkte, zeigte das Jahr 1866.

Ein anregender Gesellschafter, leidenschaftlicher Jäger, treuer Freund seiner vielen Freunde, war mein Großvater, der „letzte Wallone der österreichischen Armee", eine allgemein beliebte Persönlichkeit. Er starb am 21. November 1861 zu Wien.

Meine Mutter wurde als das zweite Kind ihrer Eltern 1828 geboren. Während der zwei Jahre, die ihr Vater später als General in Parma stationiert war, hatte er mit seiner Frau häufig Gelegenheit, am Hofe der Herzogin von Parma, der ehemaligen Kaiserin Maria Louise von Frankreich, zu verkehren. Als er 1836 nach Laibach versetzt wurde, beließ er über deren Anraten die zwei Töchter im Sacré-Coeur in Parma. Bei ihren häufigen Besuchen in dem von ihr gegründeten Kloster nahm sie sich der Kinder warm an und trug auch ihrem Leibarzt auf, die Gesundheit der beiden besonders zu überwachen, was sich insoferne unliebsam auswirkte, als er aus übertriebener Vorsicht auf eine zu knappe Diät großen Wert legte. Während dieses Aufenthaltes im Kloster hörte meine Mutter kein deutsches Wort, dafür erlernte sie in Wort und Schrift die französische und italienische Sprache. Noch in ihrem letzten Lebensjahre erzählte sie des öftern über diese Zeit.

In lebhafter Erinnerung blieb ihr stets die vierzehntägige Fahrt von Legnago nach Wien, die sie 1839 mit ihrer Mutter und drei kleinen Geschwistern in kurzen Tagereisen in zwei Reisewagen machte. Ein kleines Tagebuch berichtet über die Freuden und Leiden dieser Fahrt. In Wien kam sie, wie seinerzeit ihre eigene Mutter, in das Salesianerinnenkloster. Oft sprach sie uns von dieser Zeit und fand es ganz natürlich, daß sie durch mehrere Jahre nicht aus dem Kloster herauskam, das allerdings einen großen Garten besaß, und wo für die damalige Zeit viel gelehrt und gut unterrichtet wurde. Auch viel Spiel wurde betrieben; meine Mutter war eine Meisterin im Schnurspringen, das sie anfangs der Achtzigerjahre uns noch öfters zeigte. Sie bewahrte ihrem Klosteraufenthalt das beste Andenken, vielen Gefährtinnen blieb sie in treuer Freundschaft fürs Leben verbunden. Ins Elternhaus zurückgekehrt, empfand sie diesen Wechsel natürlich äußerst angenehm und widmete sich ganz als treue Tochter ihren Eltern.

Meine Mutter war ungewöhnlich begabt für Musik, Zeichnen und Sprachen und besaß auch eine besondere Handfertigkeit, was sich zum Beispiel im Silhouettenschneiden zeigte. Sie verstand es auch vortrefflich, mit Tieren, z. B. Hunden, umzugehen, Dohlen, Elstern, Stare und Spatzen in der Weise zu zähmen, daß diese Vögel, in voller Freiheit belassen, auf ihren Ruf vom Garten herbeiflogen, sich auf ihre Schultern setzten und bis ins Zimmer hereinkamen, um Nahrung zu holen.

Trotz des abwechslungsreichen Lebens im Elternhaus in Wien hat sich meine Mutter nach ihrer Vermählung 1857 schnell und gut in die einfachen ländlichen Verhältnisse in Steinhaus eingelebt und wurde eine musterhafte Gattin, Hausfrau und Mutter, an der wir mit innigster Liebe hingen.

Im Jahre 1859 meldete sich mein Vater freiwillig nach Italien, von wo er nach Friedensschluß sofort nach Hause zurückkehrte. Im Jahre 1861 wurde er vom Großgrundbesitz in den Reichsrat entsendet, in dem er bis zum Jahre 1866 verblieb und bei den Budgetsitzungen unter anderem das Referat für Marineangelegenheiten inne hatte. Er betätigte sich viel bei der Landwirtschaftlichen Gesellschaft in Linz und nahm eine hochgeachtete Stellung ein; im übrigen widmete er sich ganz seiner Familie und der Verwaltung des kleinen Landgutes.

KINDHEIT

Ich wurde als der zweite Sohn meiner Eltern am 31. Juli 1860 in Steinhaus geboren und von Pfarrer P. Adalbert Hye, einem Bruder des bekannten österreichischen Justizministers, getauft. Meine älteste Erinnerung ist die an meinen Großvater Pirquet, obzwar dieser starb, als ich erst fünfzehn Monate alt war. Ich glaube ihn noch vor mir zu sehen, im Lehnstuhl sitzend, freundlich lächelnd, mir den Kopf streichelnd. Man hat mir später oft gesagt, eine so frühe Erinnerung sei nicht möglich, ich bin aber fest überzeugt, daß sie nicht vom Hörensagen stammt.

Nach mir kamen noch zwei Buben zur Welt: Willy und Paul.

Kindheitserinnerungen! Wie tauchen sie köstlich in uns auf, wenn es ganz stille um uns ist und die Gedanken an die gewohnten alten Stätten, an die geliebten Eltern, das Elternhaus, an die kleinen Freuden und Leiden der Kindheit und Jugend in uns lebendig werden.

Die Jetztzeit mit ihren vielen technischen Wundern steht in einem gewaltigen Gegensatz zu den damaligen Einrichtungen. Auch in den Städten war es meist nicht viel besser bestellt mit Dingen, die einem Kind von heute ganz selbstverständlich erscheinen. Freilich kommt uns in der Erinnerung manches verklärt und viel schöner vor, aber heimelig war's doch, wenn die abendliche Öllampe, später, welch ein Fortschritt, die Petroleumlampe entzündet wurde, wenn das Holz im Ofen knisterte, oder wenn wir mit dem Vater durch Haus und Hof und Wald spazierten, ihn auf seinem Wägelchen nach Wels begleiteten oder auf dem Gasselschlitten fahren durften. Und gar das Schlittschuhlaufen! Sowohl auf dem nicht fest zugefrorenen

Teich als auch die steile Lehne hinunter zum Bach, wobei es galt, die Beine fest aneinanderzupressen.

Meine Mutter kam mit sehr wenig Schlaf aus. Für alle ihre vielen lieben Beschäftigungen fand sie Zeit und Muße. Ihre häuslichen Obliegenheiten, ihre große Korrespondenz, ihre meisterhaften Einlegearbeiten, ihr Interesse für das Wohl ihrer Umgebung, besonders für die Armen und Kranken, nahmen sie restlos in Anspruch. Dabei war sie immer gütig, ausgeglichen, heiter, wirklich das Bild der „starken Frau". Ihrer Mutter, deren letzte Lebensjahre durch schweres Leiden getrübt waren, war sie die liebevollste Tochter und unermüdliche Pflegerin im Verein mit der treuen Josefine Hruschetzky, die fünf Generationen der Familie erlebte und umsorgt und hochbetagt im Jahre 1929 in Steinhaus die Augen schloß.

Die ersten zehn Jahre verlebte ich glücklich in Steinhaus. Das Schloß selbst war altmodisch, doch praktisch eingerichtet, so daß nach alter Sitte möglichst viel im Hause hergestellt werden konnte.

Eine große Verbesserung brachte in den Siebzigerjahren die vom Wiesenteich heraufgeleitete Nutzwasserleitung durch einen hydraulischen Widder; sie fand in den Bauernhöfen der Umgebung viele Nachahmer.

Ich erinnere mich immer der Freude und beseligenden Stimmung, in die uns die Christbaumfeier versetzte. Wochenlang vorher waren wir mit kleinen Vorbereitungen beschäftigt und die schönen Weihnachtslieder klingen mir heute noch im Ohr. Wenn man klein ist, ahnt man gar nicht, daß einen bis ins hohe Alter nicht nur das Andenken an die Eltern begleitet, sondern alles, was das Kinderherz an Eindrücken in sich aufgenommen hat.

Mit den Pfarrern und Kooperatoren bestand immer ein gutes Einvernehmen. Besonders dankbar bleibe ich dem Kooperator P. Carl Sommer, der mich und meine Brüder in Religion, Latein und Deutsch unterrichtete, auch häufig mit unserer Mutter und unserer braven Erzieherin Amelie Denk musizierte, die später nach Hirschstetten zu der Familie Pirquet kam und die

Frau des dortigen Verwalters Frühmann wurde. Sie blieb uns bis ins hohe Alter eine teilnehmende Freundin.

Der brave Schullehrer Priesner gab mir Violinstunden. Ich habe oft am Kirchenchor sowohl in Steinhaus wie später auch in Kremsmünster im Untergymnasium mitgegeigt, dann aber leider die Violine vollkommen aufgegeben und nur hin und wieder Zither und Gitarre und in älteren Tagen Streichzither gespielt. Lebhaft, wie wir waren, ging es nicht immer kampflos ab, weil jeder seinen Kopf durchsetzen wollte, aber Waffenstillstand und Friedensschluß ließen nie lange auf sich warten und wir Brüder freuten uns auch später immer, wenn wir in unserem lieben Steinhaus möglichst viel beisammen sein konnten.

Ich erinnere mich gerne an den Chirurgen meines Heimatsortes Josef Deisenhammer aus der Salzburger Chirurgenschule, der uns als Kinder bei kleinen Verletzungen behandelte, impfte und bei Erkrankungen der Atmungsorgane mit gutem Erfolg beistand. Als ich einmal mit Wucht auf den Boden hinschlug und auf den Zacken eines mit den Spitzen nach oben liegenden Eisenrechens fiel und die Stirne zwischen den Augenbrauen verletzte, goß er, wahrscheinlich durch meine Großmutter beeinflußt, in die ziemlich tiefe Weichteilwunde mehrere Tropfen „jerusalemitischen Wundbalsams", der damals sowohl als Wundheilmittel als auch bei Darmverstimmungen von Erwachsenen wegen des Alkoholgehaltes hochgeschätzt war. Diese Behandlung vermochte weder meinen tiefen Schlaf noch die normale Heilung der Wunde zu stören; es war dies viele Dezennien, bevor die Perubalsam-Behandlung bekannt wurde! Auch das Skorpionöl [4] leistete bei Bienen- und Wespenstichen gute Dienste.

Da sich unsere Großmutter homöopathisch behandeln ließ, bekamen wir auch des öftern die verschiedenen Medizinen in

---

[4] Ein Italiener kam jährlich einmal mit einer großen „Kraxen" am Rücken, welche, sorgfältig zwischen Baumrinde verpackt, zahlreiche lebende Skorpione barg, die er mit großer Geschicklichkeit mit den Fingern erfaßte und in ein Glasgefäß voll Öl warf, in dem die Tiere bald zu Grunde gingen.

dieser Form, so daß uns Buben von frühester Kindheit her diese Behandlungsmethode geläufig war. Wir freuten uns immer auf die kleinen süßen Kügelchen, die mit minimalsten Dosen von Akonit, Belladonna usw. versetzt waren, ohne daß dabei die Spur eines unangenehmen Geschmackes bemerkbar wurde. Mein jüngerer Bruder hat einmal in einem unbewachten Augenblick den halben Vorrat an homöopathischen Mitteln heimlich genascht, ohne einen Schaden zu erleiden.

Zu meinen Kindheitserinnerungen gehört die alte Ernestine Mayer, kurzweg Tini genannt. Sie war die Tochter des früheren Steinhauser Herrschaftspflegers, der im Parterre des Schlosses, in der sogenannten Kanzlei, bis zum Jahre 1848 amtierte. Tini gehörte zum Schloß wie ein altes Inventarstück. Sie hatte die Aufsicht über den Hühnerstall und betreute ihre Schutzbefohlenen mit größter Sorgfalt. Allerdings habe ich an das Schoppen der Enten, das sie mit besonderer Vorliebe und mit Erfolg betrieb, unangenehme Erinnerungen.

Daß Tini immer den neuesten Dorftratsch wußte, versteht sich von selbst. Uns interessierte es aber viel mehr, wenn sie aus ihrer Jugendzeit erzählte. Die Franzosen hatten im Jahre 1809 das Schloß Steinhaus durch fast eine Woche besetzt, worüber Tini allerhand Einzelheiten erzählte; u. a. war die Ablieferung der Pferde angeordnet worden, Zuwiderhandelnde wurden mit den schwersten Strafen bedroht. Trotzdem gelang es einem jungen, geschickten Pferdeknecht, ein Paar guter Pferde im tiefen, geräumigen Keller des Schlosses durch die ganze Zeit hinter mächtigen Heuvorräten zu verbergen. Er wußte die Pferde so geschickt zu behandeln, daß sie sich ganz ruhig verhielten, nicht wieherten, kurzum trotz der scharfen Besetzung unentdeckt blieben. Das Andenken, das der Feind während seiner verschiedenen Kriege gegen Österreich auf dem Lande hinterließ, war kein gutes. Wie Tini erzählte, wurde durch viele Jahrzehnte in der Kirche nach Beendigung des Gottesdienstes beim öffentlichen Gebet um „Bewahrung der Feldfrüchte vor anhaltender Dürre, Nässe, Kälte, Hagel und Wolkenbrüchen" usw. zum Schluß noch hinzugefügt: „Bewahre uns, o Herr, vor den Franzosen!" Diese Mitteilung wurde mir von verschiedenen älteren Bauern, mit denen ich gerne über ihre Jugenderinnerungen sprach, dahin ergänzt, daß ihre Großväter erzählt hätten, zu Beginn des 18. Jahrhunderts habe dieses Gebet mit der Bitte geendigt: „Bewahre uns, o Gott, vor den Schweden!"

An das Jahr 1866 erinnere ich mich noch sehr gut. Es machte auf mich Sechsjährigen großen Eindruck, als der mit meinen Eltern befreundete Oberst der Welser Husaren, Baron Ludwig Wattmann, der Sohn des bekannten Professors der Chirurgie und Vorstands der Chirurgischen Klinik in Wien, sich in Steinhaus verabschiedete, um in den Krieg zu ziehen. Ich sehe noch den schmucken Husarenoberst, das Bild eines schönen Mannes, vor mir, zu dem wir Buben mit Scheu und Bewunderung aufblickten [5].

Die stattliche Anzahl an älteren und modernen Gewehren, die mein Vater besaß, wurde nunmehr, um bei einer etwaigen Besetzung durch die Preußen nicht beschlagnahmt zu werden, zu einem befreundeten Pfarrer ins Gebirge geschickt. Die Art des Transportes war nicht gerade dazu angetan, diese Verschickung geheimzuhalten; der mit den Gewehren beladene Wagen, der an einem Sonntag um 2 Uhr morgens von Steinhaus abgefahren war, kam in dem Gebirgsdorf gerade in dem Augenblick vor dem Pfarrhof an, als das Hochamt beendet war und alle Leute auf dem Kirchenplatz standen.

Im Sommer war regelmäßig die Großmutter Johanna Pirquet in Steinhaus, wo sie die letzten Jahre ihres Lebens zubrachte, nachdem ihre Tochter Jenny ins Kloster Riedenburg bei Bregenz eingetreten war. Diese herzensgute Tante war eine geschickte Zeichnerin und übte ihre Kunst mit Vorliebe auf

---

[5] Vierzig Jahre später traf ich ihn als weißhaarigen, gebückten, geistig aber noch frischen Mann, dem ich für eine geplante Amerikareise einige Empfehlungen an Ärzte mitgeben konnte, wobei ich mich als dritter Nachfolger seines Vaters als Vorstand der I. Chirurgischen Klinik in Wien vorstellte. Hochbefriedigt von der Reise kehrte er in die Heimat zurück, wo er bald darauf starb.

dem damals so beliebten papier pelé aus, das jetzt völlig aus der Mode gekommen ist. — Die in Linz lebende Großmutter Eiselsberg kam mehrmals im Jahr zu kurzem Aufenthalt zu uns. Beiden Großmüttern waren wir Kinder die Freude und der Trost ihres Alters.

Ein besonderes Fest war es für uns, wenn der jüngere Bruder unseres Vaters, Otto, kam. Er war aktiver Offizier bei den Kaiserjägern, hatte 1859 die Schlacht bei Solferino mitgemacht und stand im Jahre 1866 im Kampfe gegen Italien. Er wußte uns Buben viel über diese Zeit zu erzählen, wenn er seinen Urlaub in Steinhaus verbrachte und uns auf lange Spaziergänge mitnahm. In den Siebzigerjahren heiratete er die Tochter des bekannten Historikers Alfred v. Arneth, Direktor des Hof- und Staatsarchives und Präsidenten der Akademie der Wissenschaften und erwarb in Ternberg bei Steyr an der Enns ein Anwesen, wo er Sommer und Winter mit seiner Familie verweilte. Von dort aus machte ich meine ersten Bergpartien, zum Beispiel auf den hohen Puchberg, Schoberstein, Kruckenbrettl, Schieferstein usw.

Herzliche Freundschaft verband uns vier Buben mit Onkel Peter Pirquet, dem jüngeren Bruder meiner Mutter, der überall, wo er hinkam, Heiterkeit und Frohsinn zu verbreiten wußte. Wenn er später mit seinen Söhnen angerückt kam, gab es immer großen Jubel im Schloß. Auch seine beiden Töchter waren uns stets erwünschte kleine Gäste. Daß die ältere von ihnen, Agnes, als ich später Professor in Utrecht war, meine liebe Frau wurde, sei hier vorweggenommen.

Zu meinen schönsten Kindheitserinnerungen gehört ein mehrtägiger Aufenthalt in Salzburg, wohin unser Vater jeden seiner Buben nach erreichtem zehnten Lebensjahr führte, um ihm diese herrliche Stadt, mit der ihn so angenehme Erinnerungen verbanden, zu zeigen.

IM GYMNASIUM

Im Oktober 1870 kam ich in das Gymnasium der altberühmten Benediktinerabtei Kremsmünster und wohnte mit meinem Bruder Peter in einem „Kosthause". Da die Entfernung von Steinhaus nur eineinhalb Stunden Wagenfahrt betrug, wurden auch während meiner Gymnasialzeit die innigen Beziehungen mit dem Elternhaus ständig aufrecht erhalten. Wir fanden uns bald zurecht und fühlten uns zufrieden. Wir erlebten nicht viel und das war dem Lernen nur zuträglich. Die Aussicht auf die Ferien versöhnte uns mit den kleinen Schwierigkeiten des Alltags; denn die Heimat und der Aufenthalt im Elternhaus können durch nichts ersetzt werden. Ich verwünschte immer die ersten Herbstzeitlosen, weil sie die Vorboten für ein baldiges Einrücken ins Gymnasium waren. Das Zusammensein mit gleichaltrigen Buben in der Schule und im Kosthaus hatte gewiß mancherlei Vorteile. Der Ehrgeiz wurde geweckt, Freundschaften wurden geschlossen, die fürs Leben anhielten. Die Erziehung der Knaben in öffentlichen Schulen scheint mir besser als ein Privatstudium.

Auf das „Äußere" legten die Studenten nicht viel Wert; unter der Woche Krawatten zu tragen, brachte einen fast in den Ruf eines Gigerls oder „Gschwuf". Anstatt Wintermäntel, die während der Studienjahre doch nicht mitgewachsen wären, waren bei vielen „Plaids", auch Radmäntel, in Mode. — Ein besonderes Ereignis war es, als unsere Mutter meinen Bruder Peter und mich gelegentlich der Wiener Weltausstellung 1873 zum Besuch ihres Bruders nach Wien führte.

Da die verbotenen Früchte bekanntlich am besten schmecken, wurde im Untergymnasium das Verbot des Rauchens sowie des Besuchs eines jeden Gasthauses oft umgangen und dabei keine

Mühe gescheut. So fand ich mich mit einigen Kameraden in der vierten Gymnasialklasse im Sommer einmal in der Woche in einem einsam stehenden Gasthaus auf dem Wege zum Schacherteich ein, wo wir vom Kuhstall aus über eine lose angelehnte Leiter und den Heuboden ein Bodenzimmer erreichten, wohin man uns das für den Studenten „ganz unentbehrliche" Bier brachte. Aus großen Pfeifen wurde geraucht, dazu gesungen. Dabei mußte einer von uns beim Fenster Wache halten, ob nicht vielleicht ein Ausflug der Konviktoren, so hießen die im Stift wohnenden Gymnasiasten, geführt von einem Professor, die Straße entlang käme, denen das Singen uns verraten hätte.

Im Obergymnasium war den Studenten der siebenten und achten Klasse der Besuch der Stiftsschenke erlaubt, wobei nicht nur das Singen von Kommersliedern — so mancher schöne Tenor und Baß wurde dabei entdeckt —, sondern auch das Trinken fleißig geübt wurde. Von unseren Lehrern wurde zwar gegen das Trinken Stellung genommen, aber nicht immer mit dem nötigen Nachdruck. Viktor v. Scheffel mit seinen so poesievollen Liedern („Gaudeamus"), denen man mit Recht den Vorwurf machte, daß sie das Trinken zu sehr verherrlichten, war damals einer unserer beliebtesten Dichter.

Während der zwei Jahre 1875 und 1876, als wir vier Brüder gleichzeitig in Kremsmünster studierten, war unsere gute Mutter ganz mit uns dorthin gezogen und der Vater kam öfters im Monat, meistens zu Pferd, aus Steinhaus zu Besuch.

Die Markus- und Bittprozessionen mit ihrem Gang durch einen Wald von blühenden Obstbäumen bei herrlicher Morgenbeleuchtung hinterließen mir einen unvergeßlichen Eindruck, wie auch die festliche Fronleichnamsprozession mit ihrem Gepränge, über die große Hofwiese ziehend. Wundervoll war das Geläute der Glocken von Kirchberg, einer Filialkirche von Kremsmünster, die wegen ihres prachtvollen Klanges nicht der Ablieferung im Weltkrieg zum Opfer fielen.

Noch eine Bemerkung über den Gesundheitszustand in Kremsmünster: Ich kann sagen, daß während der acht Jahre, die ich dort weilte, wobei ich fünfzehn Jahrgänge überblicken konnte, keine größere Epidemie und nur wenige Todesfälle bei den Studenten vorkamen.

Mit elf Jahren erkrankte ich an einer schweren Rippenfellentzündung mit starker Atemnot. Der ebenso dicke als kundige Kremsmünsterer Arzt Dr. Pötsch — er soll über 150 Kilo gewogen haben — setzte mir etwa 12—15 Blutegel, nach deren Wegnahme die kleinen Wunden noch lange nachbluteten, so daß ihm mitgeteilt wurde, ich schwimme in meinem Bett im Blut — die übliche Übertreibung, die der Arzt so oft hört. Jedenfalls haben mir die Blutegel radikal geholfen. Schmerz, Fieber und Atembeschwerden waren schlagartig behoben und der Erfolg war eine rasche, vollkommene Genesung. Ich habe später als Chirurg die Blutegel, ich kann sagen mehr als dies die meisten Kollegen taten, in Anwendung gezogen.

Von besonderen Ereignissen in Kremsmünster sei der Vortrag des berühmten Nordpolfahrers Julius v. Payer erwähnt, den dieser bald nach seiner Rückkehr aus Franz-Josephs-Land im Kaisersaal des Stiftes hielt. Mit heller Begeisterung und Bewunderung lauschten wir den schlichten Ausführungen dieses Helden [6].

In meine Studienzeit fiel die Feier des elfhundertjährigen Bestandes des Stiftes Kremsmünster, bei welcher Gelegenheit der damalige Abt, P. Coelestin Ganglbauer, durch seine glänzende Rede in lateinischer Sprache die allgemeine Aufmerksamkeit auf sich lenkte. Namens der alten Schüler sprachen in zündender Weise der ehemalige Justizminister Professor Doktor Anton Baron Hye sowie der spätere Direktor des Burg-

---

[6] 21 Jahre später konnte ich Payer in Königsberg i. Pr. die Hand drücken, als er einen Vortrag über seine Erlebnisse in Franz-Josephs-Land hielt. Er war wohl einer der mutigsten Männer, der mit seinen Kameraden, u. a. dem Kapitän Weyprecht, nach Verlassen des Schiffes „Tegetthoff", von täglicher Lebensgefahr bedroht, die vielmonatliche Schlittenreise unternahm, bis sie endlich angesichts des offenen Meeres von russischen Robbenjägern gerettet wurden. Diese weigerten sich zunächst, die halbverhungerten Expeditionsmitglieder aufzunehmen; erst als Payer einen vom Zar unterzeichneten Ukas vorwies, wonach jeder Russe Hilfe zu leisten hatte, entschlossen sie sich, diese Helden aufzunehmen und nach Tromsö zu bringen.

theaters Dr. Max Burckhard, der damals noch Universitätshörer war.

Daß in Kremsmünster während meiner Studienzeit ebensowenig als anderswo ernstlich „Sport" ausgeübt wurde, ist wohl nicht verwunderlich. Obwohl das Turnen nicht obligat war, wurde es doch so wie Schlittschuhlaufen, Rodeln und Eisschießen gerne und viel betrieben.

Schon in der siebten Gymnasialklasse entdeckte ich mein Interesse für die Naturwissenschaften, besonders für die Medizin. Ich hatte in der Schloßleithen eine tote Katze gefunden und wollte, angeregt durch die interessanten Vorträge, die uns einer unserer Professoren über den Bau des menschlichen und tierischen Körpers gehalten hatte, das Tier genau darauf ansehen. Zu diesem Zwecke öffnete ich Brust- und Bauchhöhle mit einem Taschenmesser und wiederholte den gleichen Anschauungsunterricht noch des öfteren bei frisch getöteten Katzen und Kaninchen. Das große Interesse, das diese Versuche in mir erweckten, ließ bald den festen Entschluß in mir reifen, Medizin zu studieren.

Im Juli 1878 legte ich die Maturitätsprüfung ab. Diese stellt einen wichtigen, großen Abschnitt im Leben des Studenten dar und ist für den Kandidaten mit mehr oder weniger großen Aufregungen verbunden. Mir machte das Schlußexamen aus Latein, noch mehr das aus Griechisch Sorge, doch es ging befriedigend. Später wurden wiederholt Stimmen laut, den für manchen Schüler mit der Matura verbundenen Schock möglichst gering zu gestalten. Aber diese Bestrebungen wurden meiner Ansicht nach übertrieben; in den Neunzigerjahren, vielleicht auch zu Beginn unseres Jahrhunderts, war die Maturitätsprüfung entschieden zu leicht gemacht. Jedenfalls soll das Reifeexamen auf die Studenten Eindruck machen, was zu unseren Zeiten wohl sicher der Fall war. Auch ich träumte noch nach Jahren den typischen, wenig angenehmen Maturatraum, obwohl ich die Prüfung, wie oben erwähnt, bestanden hatte.

Die Patres waren mit verschwindenden Ausnahmen streng, aber gerecht. Sie erzogen uns nicht zu Frömmlern, wohl aber in christlichem Geiste und gut deutsch. Von meinen Lehrern sei vor allem erwähnt P. Adalbert Ziegler, Professor für Deutsch, der begeistert und uns begeisternd die deutschen Klassiker vortrug und erläuterte, zum Beispiel Goethes Faust. Seine schwungvollen Ansprachen anläßlich feierlicher Ereignisse waren inhaltlich und formell glänzend. Er ist leider viel zu früh verstorben. P. Sebastian Mayr, der meiner Klasse im Untergymnasium Deutsch, in den späteren Jahren allen Schülern des Gymnasiums Französisch, Englisch und Italienisch als nicht obligate Gegenstände vortrug, war ein ganz vorzüglicher Schulmann. Als langjähriger Konvikts- und späterer Gymnasialdirektor hat er sich als wahrer Freund der Jugend erwiesen und sich eines großen Ansehens erfreut. Er ist als Senior des Stiftes 1933 gestorben. Der spätere Abt des Stiftes, Pater Leonhard Achleitner, ein glänzender Pädagoge, hat es verstanden, uns besonders für Griechisch zu interessieren. Bei all seinem würdevollen, ja man könnte fast sagen hoheitsvollen Auftreten war er ein Freund der Studenten.

Zum Schluß möchte ich nochmals des gütigen Religionsprofessors P. Coelestin Ganglbauer gedenken, der später nach Wien an die höchste kirchliche Stelle berufen wurde. Die mit dieser Würde verbundene Bürde drückte diesen einfachen Mann aus dem Volke derart, daß er sich seiner hohen Stellung nicht recht freuen konnte. P. Ganglbauer hat stets die Studenten beim Verlassen des Gymnasiums ermahnt, ihrem Glauben treu zu bleiben, jedenfalls aber, wenn sie darin wankend würden, nicht andere darin zu beeinflussen, solange sie nichts Besseres zu bieten hätten.

Wer die Lage des Stiftes Kremsmünster in der herrlichen Gegend, die Aussicht auf die Bergkette mit dem Traunstein, Großen Priel, Warscheneck, Gesäusebergen usw. im Süden, den lieblichen Wiesen und Feldern bis an den Schacherwald mit seinen interessanten Fischteichen im Norden, kennt, der begreift, daß die Studenten unter der wenn auch strengen, so doch wohlwollenden Leitung der Mönche, fernab vom Weltgetriebe unverwöhnt und anspruchslos erzogen, wirklich glücklich waren. Es ist mir heute immer noch eine besondere Freude, von der

Plattform des „mathematischen" Turmes aus die herrliche Gebirgsaussicht zu bewundern und der alten Zeiten zu gedenken. Von den beachtenswerten Kunstschätzen und den wertvollen Sammlungen sowie der interessanten ausgedehnten Gebäudeanlage des Stiftes verstanden wir damals nur wenig.

Wir alle bewahren unserer Bildungsstätte das beste Andenken. Die Dankbarkeit gegenüber dem Stift und unseren Lehrern und das treue Festhalten an den geknüpften Banden der Freundschaft fürs Leben zeigt sich u. a. auch darin, daß mein Jahrgang, der 1878 die Maturitätsprüfung ablegte, vom Jahre 1888 an alle fünf Jahre, meistens zu Pfingsten, in Kremsmünster sein Maturajubiläum feierte, woran auch stets einige Professoren teilnahmen und wobei es immer anregend und gemütlich zuging. Beim 55jährigen Wiedersehensfeste waren von den zehn noch lebenden Kollegen (bei der Matura waren wir zwanzig) sechs anwesend.

In den „Mauleselferien", so heißen die Sommerferien nach glücklich überstandener Matura, habe ich mich zu Hause bei Eltern und Brüdern besonders wohl gefühlt, sehr viel gelesen, fast immer an einem lauschigen Platz im Garten oder hoch oben auf dem Dachboden, von einer vor kurzem dort angelegten Luke aus von Zeit zu Zeit die geliebten Berge bewundernd. Mehrmals in der Woche ging es zusammen mit Bruder Peter zur Rebhühnerjagd in die Nachbargemeinde Sipbachzell.

AN DER UNIVERSITÄT

Im Herbst 1878 bezog ich die Universität Wien und wohnte mit meinem Bruder, dem Studenten der Jurisprudenz und der Hochschule für Bodenkultur, in der Familie eines Staatsschuldenhauptkassiers. Dieser höchst gewissenhafte Beamte war der Typus eines ebenso braven als spießbürgerlichen Mannes. Jeden Plan zu einem größeren Ausflug — mich lockten namentlich Schneeberg und Rax — versuchte er aus Ängstlichkeit und übertriebenem Verantwortlichkeitsgefühl zu unterdrücken. Es wurde allerdings zu jener Zeit der Bergsport noch sehr wenig gepflegt; wenn sich dabei ein Unglück ereignete, wurde es auf das breiteste durch die Zeitungen gezogen. Heute machen solche Nachrichten auf die Öffentlichkeit und auf die bergsportliebende Jugend weniger Eindruck.

Wenn ich mich erinnere, wie zur Zeit meines Universitätsstudiums eine Anzahl der Studenten den Sonntagnachmittag im Kaffeehaus bei Billardspiel oder mit Lesen von nur zum Teil bildender Lektüre verbrachte, so muß ich sagen, daß die Vorteile des Sportes für die heranwachsende Jugend ungleich größer sind als die Nachteile, die der einzelne durch Spitzenleistungsversuche gelegentlich erleiden kann. Damit soll nicht jenen Touristen das Wort gesprochen werden, die bei Überschätzung der eigenen Kraft verwegene Touren machen und damit nicht nur sich, sondern auch die auf ihre SOS-Rufe herbeigeeilte Rettungsexpedition gefährden. In seltenen Fällen mag nicht so sehr die Liebe zu den Bergen als vielmehr die Sucht, bekannt zu werden, eine Rolle spielen.

Wenn es nach unserem Quartiergeber gegangen wäre — ich bewahre ihm sowie seiner Familie im übrigen ein gutes Andenken — so wären wir beide Brüder Erzpfründner geworden. Davor schützten wohl auch die häufigen Besuche bei unserem geliebten Onkel Peter Pirquet und seiner Familie in Hirschstetten, wo es immer fröhlich zuging, sowie Einladungen bei Verwandten und Bekannten, namentlich bei den Onkeln Louis und Moritz Faber, die uns immer mit besonderer Herzlichkeit und Gastfreundschaft aufnahmen. Gelegentlich waren wir auch bei den Eltern des späteren Ministerpräsidenten aus der Kaiserzeit Dr. M. V. Baron Beck geladen; schon seine Mutter war mit der unseren seit ihrer Mädchenzeit eng befreundet. Ab und zu kam ich in ein Theater. Im Sommer ging es gelegentlich mit dem lustigen Onkel Eugen von Provenchères [7], einem leiblichen Vetter meines Vaters — seine Mutter Claudia war eine geborene Eiselsberg —, hinaus zu einer fröhlichen Wanderung ins Grüne, die meist beim Heurigen endete.

Er war es auch, der uns das australische gekrümmte Wurfholz, „Bumerang" genannt, brachte, in dessen Handhabung ich eine große Fertigkeit erlangte.

Meine Studien nahmen mich bald ganz und gar in Beschlag und füllten eigentlich meine ganze Zeit aus. Die Vorlesungen in Anatomie hörte ich bei Professor Karl Langer, der klar und sachlich vortrug und sehr gut unterrichtete. Manch junger Mediziner dünkte sich besonders tapfer, wenn er im Seziersaal neben den Leichen zum Gabelfrühstück ein Paar Würstel verzehrte. Ich bin gewiß nicht zimperlich, aber das lag mir nicht.

Bei v. Wedel hörte ich sehr gute Vorlesungen über Histologie, bei Barth über Chemie, bei v. Schmarda über Zoologie, bei v. Kerner über Botanik, bei v. Tschermak über Mineralogie und gelegentlich bei Seligmann interessante Vorträge über Geschichte der Medizin. Nur der Vortrag Viktor v. Langs, dieses ganz großen Gelehrten, über Physik konnte kein Interesse bei uns erwecken. Lang gehörte ebenso wie der weltberühmte Phy-

---

[7] Ein handgezeichnetes Porträt zeigt ihn in der damaligen touristischen Ausrüstung und ist mit folgendem launigen Vers versehen: „Ein Ritter ohne Furcht und Tadel — Geht er schon aus in aller Früh, — Nie ohne die Versicherungsnadel, — Nie ohne Plaid und Paraplui."

siologe Ernst v. Brücke zur Kategorie derjenigen Professoren, „die ausgezeichnete Gelehrte, aber nicht ebensolche Lehrer sind[8]".

Die Vorlesungen über Anatomie fanden in der sogenannten Gewehrfabrik in der Schwarzspanierstraße statt, die meisten anderen Vorlesungen spielten sich in der nächsten Umgebung der „Gewehrfabrik" ab; einige wurden unter den bescheidensten äußeren Verhältnissen in Privathäusern abgehalten.

Im Allgemeinen Krankenhaus hatte der erstjährige Mediziner nichts zu suchen. Es war im Sommersemester 1879, meinem zweiten Semester Medizin, als ich einem älteren Kollegen meine Pläne, im kommenden Studienjahr 1879/80 ins Ausland zu gehen, mitteilte. Daraufhin forderte er mich dringend auf, mit ihm bald das Allgemeine Krankenhaus anzusehen, „da dasselbe während des nächsten Jahres abgerissen und sämtliche Kliniken neu erbaut würden. Als künftiger Arzt müsse ich das altehrwürdige Gebäude gesehen haben". So betrat ich mit ihm von der Garnisonsgasse aus das Allgemeine Krankenhaus und kam auch an die Erste Chirurgische Klinik des Professors J. Freiherrn v. Dumreicher, wo ich einer Operation zusah, den Saal aber baldigst verlassen mußte, da der Anblick der blutenden Wunde zu mächtig auf mich wirkte.

Nun, so eilig, wie mein inzwischen schon längst verstorbener Kollege es damals gemeint hatte, war es nicht, denn nach meiner Rückkehr aus dem Ausland im Herbst 1880 fand ich noch das Krankenhaus ebenso vor, wie ich es verlassen hatte. Bei diesem meinem ersten Besuch der Klinik hatte ich es mir weder träumen lassen, daß ich 22 Jahre später als Vorstand in diese Klinik einziehen und durch dreißig Jahre hindurch dieselbe leiten würde, noch daß bis heute, 58 Jahre nach meinem Besuch, der damals schon projektierte Neubau nur teilweise erstanden sein würde. Allerdings erfolgten im Laufe dieser langen Jahre zum Teil gründliche Verbesserungen.

---

[8] Siehe Molisch „Erinnerungen und Welteindrücke eines Naturforschers" (Verlag E. Haim, Wien-Leipzig 1934).

Im Frühjahr 1879 meldete ich mich in Wien freiwillig zur Stellung, um im folgenden Studienjahre ungehindert ins Ausland gehen zu können. Die bei der Assentierung gemachten Beobachtungen sind mir noch im Gedächtnis. Im Adamskostüm wurden die Abzustellenden vorgeführt und vom Regimentsarzt genau untersucht, worauf dieser sein Gutachten abgab, dem sich der vorsitzende Oberst anschließen konnte, aber nicht mußte. Als mich der Regimentsarzt untersucht hatte, lautete sein Urteil: „Blähhals, untauglich." Meine Schilddrüsenvergrößerung war wohl äußerst gering, jedenfalls hatte sie mich niemals im geringsten belästigt und verschwand ohne irgend welche Behandlung nach wenigen Jahren vollkommen. Ich wollte das Freiwilligenjahr durchmachen und so erwiderte ich mit lauter Stimme: „Der Blähhals behindert mich durchaus nicht", worauf der Oberst sagte: „So, er geniert Sie nicht; dann erkläre ich Sie auf meine Verantwortung für tauglich!" Ich wurde in einen Nebenraum geführt, wo alle für tauglich Befundenen versammelt waren, um dann neuerlich der Kommission, nunmehr angekleidet, vorgeführt zu werden und den Schwur als Soldaten zu leisten. Es machte auf mich einen merkwürdigen Eindruck, daß einige der Schwurkameraden in diesem feierlichen Augenblick nicht mehr nüchtern waren und Gelegenheit finden konnten, sich dort am frühen Vormittag Alkohol zu verschaffen. Dieser Unfug wurde später abgestellt.

Mein jüngerer Bruder Willy war nach Vollendung des Untergymnasiums in Kremsmünster in die Marineakademie zu Fiume eingetreten. Natürlich interessierten wir Brüder uns lebhaft für diesen Beruf. Es war daher naheliegend, daß ich mich in der Marinesektion meldete, um das Einjährig-Freiwilligen-Jahr als marineärztlicher Eleve abdienen zu können. Dort wurde ich an einen älteren Linienschiffsleutnant gewiesen, der mich zuerst warten ließ und, nachdem er kurz mein Anliegen gehört hatte, mir sagte, ich solle meine Formulare aus dem Nebenzimmer holen. Ich verfehlte aber die Türe und kam in das Zimmer des allgewaltigen Linienschiffskapitäns, eines stattlichen Marineurs mit dem damals üblichen Kotelettbart, dem ich mein Anliegen vorbrachte, worauf er laut rief: „Wondraschek!" Eine Tür tat sich auf und herein kam Wondraschek, der niemand anderer war als der Herr Schiffsleutnant, der mich eben in das Nachbarzimmer gewiesen hatte und nun, da ich irrtümlich zum hohen Chef eingedrungen war, ein Donnerwetter über mich ergehen ließ, so daß der Schiffskapitän sagte: „Sagen Sie dem jungen Mann genauer, wo er hingehen soll."

Mein drittes Semester studierte ich in Würzburg, wo ich außerordentlich wertvolle Kollegien hörte. Ich erwähne zunächst die ausgezeichneten, anregenden mikroskopischen Übungen des großen Anatomen A. v. Kölliker, die ich mit dem größten Interesse besuchte. Ich legte mir dort eine Sammlung der besten mikroskopischen Schnitte an, die ich als kostbaren Schatz auch in späteren Jahren aufbewahrte und oft mit Freude durchsah, bis sie mir verloren ging. Die Vorlesungen bei Roßbach über Rezeptur-Kunde waren äußerst lehrreich, ebenso die von Geigel und Kunkel über Hygiene. Als wichtigstes Kolleg hörte ich das über Physiologie von A. v. Fick, der geistvoll vorzutragen wußte. Eines Tages tötete er in der Vorlesung ein Versuchskaninchen durch den allen Jägern bekannten Nackenschlag und nahm sofort durch einen Bauchschnitt die noch lebenswarme Leber zur Glycogen-Bestimmung heraus. Ich hatte selbst schon manchen auf der Jagd angeschossenen Hasen durch diesen Nackenschlag von seinen Qualen erlöst. Obwohl mir der Aufenthalt in der Anatomie niemals einen unangenehmen Eindruck verursacht hatte, fiel ich ohnmächtig auf meinen Nachbarn und erwachte erst einige Zeit später im Zimmer des Professors, wohin man mich getragen hatte. Auch in den nächsten Semestern lief ich noch ab und zu beim Zusehen von Operationen Gefahr, ohnmächtig zu werden; später habe ich mich wohl ganz daran gewöhnt.

Als klinischer Lehrer habe ich des öftern meine Studenten, die von einem ähnlichen Mißgeschick beim erstmaligen Anblick einer blutigen Operation befallen waren, durch die Erzählung meiner eigenen Erlebnisse getröstet.

Von den klinischen Größen Würzburgs lernte ich einige auch

persönlich kennen. Bei dem bekannten Frauenarzt Scanzoni war ich einmal geladen und dem großen Chirurgen Ernst v. Bergmann habe ich, als er nach einer schweren Blutvergiftung wieder genesen war, zusammen mit Hunderten von Studenten einen Fackelzug gebracht.

Sehr gut hat, wie erwähnt, Professor v. Kölliker unterrichtet. Ich hatte an ihn eine Empfehlung und wurde sehr freundlich empfangen. Er riet mir, in Wien einmal die Tochter eines Professors zu heiraten, dann wäre mein Weg schon gemacht. Der Rat war allerdings verfrüht, stand ich doch erst im 20. Lebensjahr. Ich habe ihn auch später nicht befolgt und doch meinen Weg gefunden.

Die Abende brachte ich meist in meiner kleinen, netten Studentenbude zu und arbeitete die tagsüber gehörten Vorträge aus. Die Unterhaltung kam aber dabei nicht zu kurz. Im Jänner und Februar gab es wöchentlich Tanzunterhaltungen in der Harmonie oder bei angesehenen Persönlichkeiten. Unter anderem erinnere ich mich an heitere Bälle im Hause Scanzonis und Köllikers sowie an einen bis in die Morgenstunden dauernden Ball beim Oberpräsidenten Grafen Luxburg, bei dem ich besonders mit den anmutigen Fräuleins Treßberg, Urlichs, Scanzoni und der Baronin Gumppenberg fleißig tanzte. Der damalige Winter war so kalt, daß der Main vollständig zugefroren war und gute Gelegenheit zum Schlittschuhlaufen bot. Bei Frühlingsbeginn aber gewährte das Reiten in den Main-Auen einen herrlichen Genuß.

Mehrere Aufforderungen, in eine Burschenschaft oder ein Korps einzutreten, lehnte ich ab, da ich zu sehr von dem Bestreben erfüllt war, möglichst ungestört lernen zu können.

Wie mancher junge Mediziner, der sich eifrigst mit seinen Studien beschäftigt, kam auch ich auf den Gedanken, die in der Vorlesung besprochenen Symptome einer Erkrankung auf mich zu beziehen. Ich bildete mir eine beginnende Lungentuberkulose ein und befragte einen Assistenten der Klinik, der mich jedoch nach eingehender Untersuchung für vollkommen gesund erklärte. Er fand die richtige Art, wie es ja auch die Aufgabe des guten Arztes in einem solchen Falle ist, den Patienten zu beruhigen, ohne ihn dabei zu verlachen.

Ich hatte wenige, dafür gute Freunde, so u. a. den Juristen Emil Paur und den gleichaltrigen Mediziner Fritz Hammer, den ich gelegentlich in späteren Jahren, zum letztenmal im November 1934 in Stuttgart wieder traf, wo er eine angesehene Stellung als Primararzt für Hautkrankheiten inne hatte.

Nach den Osterferien fuhr ich über München und den Bodensee nach Zürich, um dort meine Studien für ein Semester fortzusetzen. Als Hauptkolleg besuchte ich das über Physiologie bei Professor Ludimar Hermann, der klar und äußerst lehrreich vortrug. Ich führte im Laboratorium dieses berühmten Physiologen meine erste experimentelle Arbeit aus, die sich mit dem Eintritt der Totenstarre bei Tieren beschäftigte. Unter seiner Leitung schrieb ich darüber eine kleine wissenschaftliche Arbeit, in der ich nicht uninteressante Ergänzungen zu dem von dem Franzosen Nystén gemachten Befund über den Eintritt der Totenstarre bringen konnte. An einer Reihe frisch getöteter Tiere wurde unmittelbar nach Eintritt des Todes der Hauptnerv eines Fußes durchtrennt, wobei sich zeigte, daß die von diesem Nerv versorgten Muskeln wesentlich später die Zeichen der Todesstarre aufwiesen. Weitere, später in meiner Heimat fortgesetzte Experimente ergaben, daß, wenn das Tier durch indianisches Pfeilgift (Curare) getötet worden war, ein Gift, das bekanntlich die Endigung der Nerven in den Muskeln lähmt, der zeitliche Unterschied in der Totenstarre nach Durchschneidung des Hauptnerven ausbleibt. Es scheint also noch nach dem Tode der Nerv einen vom Zentrum zur Peripherie gehenden, den Eintritt der Totenstarre beschleunigenden Einfluß auszuüben.

Ich nahm auch später Gelegenheit, mich mit diesem Problem zu befassen. Während meiner Dienstzeit als militärärztlicher Eleve im Garnisonsspital I in Wien hatte ich durch Wochen einen alten, pensionierten Offizier zu betreuen, der infolge eines Schlaganfalles halbseitig gelähmt war. Nach seinem Tode blieb ich bis nach Mitternacht in der Leichenkammer und beobachtete von Stunde zu Stunde den Eintritt der Totenstarre, wobei ich auch feststellen konnte, daß die Muskeln der gelähmten Körperseite auch etwas später erstarrten als die der gesunden.

Sechzehn Jahre später wurde ich als Professor der Chirurgie in Königsberg der Kollege meines Züricher Lehrers Prof. L. Hermann, der mich und meine Frau, als wir zum erstenmal im Kreise der Professoren der medizinischen Fakultät in seinem Hause geladen waren, in einer herzlichen Tischrede auf das freundlichste begrüßte. In meinem Dank erwähnte ich unter anderem, daß ich in Hermann meinen Lehrer aus der Züricher Zeit begrüßen dürfe, unter dem ich meine ersten wissenschaftlichen Sporen verdient hätte. Daraufhin erhob sich Hermann nochmals zu einer Antwort, in der er launig erwiderte, daß diese Arbeit, die ich seinerzeit unter seiner Leitung in Zürich ausgeführt, mich nicht gerade zum Chirurgen befähigt habe, denn sie lautete „Über Totenstarre". Mit diesen Worten rief er allgemeine Heiterkeit hervor.

Zweimal wöchentlich las Prof. Hermann Mayer (der sogenannte „Knochen-Mayer") über topographische Anatomie von sechs bis sieben Uhr in der Früh! Ab und zu besuchte ich die Vorlesung für pathologische Anatomie von Prof. Eberth, dem späteren Entdecker des Typhusbazillus. Regelmäßig fand ich mich bei den je ein bis zwei Stunden in der Woche abgehaltenen Kollegien von Avenarius über Philosophie, Gottfried Kinkel über Literaturgeschichte und Johannes Scherr über Geschichte ein.

Gottfried Kinkels Kolleg war von mehr Hörerinnen als Hörern besucht. Eine nicht geringe Zahl dieser Hörerinnen stammte aus Polen und Rußland. Kinkel, der Verfasser des Gedichtes „Otto, der Schütz", war während der Vorlesung voll zarter Aufmerksamkeit gegen die Studentinnen und zog, wenn die Sonne durch ein Fenster auf eine von ihnen schien, eigenhändig die Vorhänge zu. Damals kannte man die gesunde Einwirkung der Sonnenstrahlen auf die Haut des menschlichen Körpers noch nicht, man fürchtete sich vielmehr vor ihnen.

Kinkel wußte sehr dramatisch mitzuteilen, daß er im Jahre 1848 in seiner deutschen Heimat aus politischen Gründen zum Tode verurteilt ward und fügte hinzu, indem er eine sehr charakteristische Bewegung an seinem Hals machte, „es wäre doch vielleicht schade um diesen Kopf gewesen", welche Bemerkung natürlich einen mächtigen Beifallssturm auslöste.

Johannes Scherr trug die Geschichte des Jahres 1866 vor. Da ich seinerzeit im Gymnasium zwar genau das Datum jeder Schlacht zwischen Griechen und Persern, Athenern und Spartanern, Römern und den übrigen Völkerschaften lernen mußte, der Unterricht sich jedoch nur bis zum Tode Napoleons I. erstreckte, sah ich diesen Vorträgen mit großem Interesse entgegen. Leider ließen sie aber viel an Objektivität vermissen.

Die Chirurgische Klinik in Zürich, deren Vorstand Edmund Rose der direkte Nachfolger Theodor Billroths war, besuchte ich nur einmal als Kiebitz. Ich litt noch immer ab und zu an Anwandlungen, beim Anblick von Blut ohnmächtig zu werden.

Die Samstage und Sonntage wurden meist zu Ausflügen in die Berge und nach dem Vierwaldstättersee benützt, oft unter der kundigen Führung des Professors der Botanik Dodel-Port. Dieser machte uns einmal bei einer Wanderung zum Katzensee auf die fleischfressende Pflanze (Drosera rotundifolia) aufmerksam und wir bedauerten lebhaft, daß nicht noch mehr solch braver Blüten zur Bekämpfung der Fliegenplage sproßten! Da ich bei Dodel-Port wohnte, hatte ich Gelegenheit, ihn näher kennen zu lernen; in seinem Hause wurden viele Gespräche über Darwinismus und moderne Weltanschauung geführt. Ein großes Erlebnis war für mich meine erste Rigi-Besteigung: bei Sonnenaufgang bot sich eine herrliche Fernsicht auf die Berner Alpen und die übrige Bergkette. Es war ein unvergleichliches Bild!

Während meines Züricher Aufenthaltes freundete ich mich mit meinen Studienkollegen Körner, Wieshaupt und Th. Baenziger an. Letzteren sah ich noch ab und zu in späteren Jahren; er war als Schüler Prof. Horners ein weit über die Grenzen des

Kantons Zürich hinaus bekannter und geschätzter Augenarzt geworden.

Reich an Erlebnissen, die vielfach auf mein späteres Leben nachwirkten, kehrte ich nach Semesterschluß wieder in die Heimat zurück und hatte die Freude, in Steinhaus auch meinen Bruder Willy anzutreffen, der in den letzten zwei Jahren auf weiten Reisen mit dem Schulschiff viele fremde Länder und Meere kennen gelernt hatte.

Im Herbst 1880 bezog ich neuerlich die Wiener Universität und begann mit allem Eifer, mich auf das erste Rigorosum vorzubereiten, das ich im Wintersemester 1880/81 durchwegs mit Auszeichnung ablegte. Ich hörte die klinischen Vorlesungen aus interner Medizin bei Duchek und später bei v. Bamberger, Chirurgie bei Nicoladoni als Vertreter v. Dumreichers, vor allen anderen aber zog es mich immer zu Billroth.

Duchek bildete in seinen Vorlesungen den Mediziner zum praktischen Arzt heran.

H. v. Bamberger, der geniale, geistvolle Internist, ein Schüler v. Oppolzers, war ein Meister der Diagnostik. Er war es auch, der uns Schülern immer einschärfte, Auge, Ohr und Tastgefühl zur Ermittlung der richtigen Diagnose zu verwenden. Uns Studenten hat es einen großen Eindruck gemacht, als er einmal beim Eintritt in das Wartezimmer der ambulanten Kranken sofort zu dem ihn begleitenden Assistenten sagte: „Da muß ein Patient mit einem Durchbruch eines Speiseröhrenkrebses anwesend sein." In der Tat fand sich unter den zahlreichen Wartenden bald der Mann, der bei genauer Untersuchung die klassischen Symptome dieses Krankheitsbildes darbot, von dem die Ärzte, die schon wiederholt das Wartezimmer passiert hatten, in keiner Weise etwas bemerkt hatten.

Mancher Kinderarzt hat, bevor er noch den scharlach- oder masernkranken Patienten gesehen hat, durch das Geruchsorgan diese Diagnose gestellt; jedenfalls ist es gut, auch dieses Sinnesorgan zur Diagnostik heranzuziehen. Der Sohn Bambergers, Eugen, mit dem mich eine innige Freundschaft verband, hatte vom Vater den diagnostischen Scharfblick geerbt. Als Primararzt des Rudolfs-Spitales verblüffte er u. a. oft Ärzte und Schwestern durch sein feinentwickeltes Geruchsorgan, das ihm manche Diagnose ohne Zuhilfenahme der Inspektion, Auskultation und Palpation ermöglichte.

Als ich noch Assistent an der Wiener Klinik war, besuchte uns einmal ein Arzt aus Rußland, der erzählte, in seiner Heimat sei ein älterer praktischer Arzt als Diagnostiker besonders angesehen; ihm soll durch Kosten von ein paar Tropfen Harn manche Diagnose mit erstaunlicher Genauigkeit geglückt sein!?

Bambergers Vorlesung war auch sprachlich so formvollendet, daß sie direkt hätte gedruckt werden können.

Ich hörte auch einen chirurgisch-propädeutischen Kurs von A. Wölfler, dem ersten Assistenten Billroths, der uns mit ebensoviel Begeisterung als Eifer in die Anfänge der chirurgischen Praxis einführte. Der Kurs fand Samstag und Sonntag von 11 bis 2 Uhr, häufig bis 3 Uhr statt, außerdem noch Mittwoch von 5 bis 8 Uhr abends und war wirklich ungemein lehrreich und klar. Wölfler war geduldig mit den Studenten und gut mit den Patienten, sehr strenge mit dem Wartepersonal. Er ist mir später ein lieber und treuer Freund geworden. Er wußte wie selten ein Lehrer die Schüler für die Chirurgie zu interessieren, für die er selbst begeistert war. Seine Arbeiten über Schilddrüse und Zungenkarzinom haben ihm einen großen Namen in der Chirurgie gesichert.

Billroth hat von Wölfler auch als Operateur viel gehalten und ihn wiederholt, wenn er bei freigewordenen Lehrkanzeln in Deutschland von den betreffenden Professorenkollegien um Rat gefragt wurde, warm empfohlen. Wölfler kam nach seiner Assistentenzeit als chirurgischer Abteilungsvorstand an die Poliklinik in Wien und von da als Ordinarius nach Graz und später nach Prag. In verhältnismäßig jungen Jahren mußte er als Opfer einer Infektion, die von einer Fingerverletzung ausging, seinen Beruf aufgeben; er starb 1917.

Während der Osterferien 1881 machte ich ein achttägiges Praktikum in der Linzer Apotheke „Zum schwarzen Adler", bei dem mir durch die Familie v. Dornfeld verwandten Apotheker F. Rucker, wobei ich in das reine Handwerk der Apotheker: Drehen von Pillen, Abteilen von Pulvern, Anreiben von Salben und Bereitung von Mixturen, eingeweiht wurde. Die Kenntnis dieser Handgriffe ist für jenen Arzt besonders zweckmäßig, der später auf dem Lande eine eigene Apotheke führen muß. Heutzutage hat sie etwas an Bedeutung verloren, weil der Arzt fast alle Medikamente, meist in Form von Pastillen, Tinkturen und zugeschmolzenen Ampullen direkt vom Laboratorium oder auf dem Umweg der Apotheke geliefert bekommt, von den Fabriken mit Probemustern oft überschüttet wird.

In der Chirurgie interessierte ich mich, wie bereits erwähnt, neben den Kursen von Wölfler für die Vorlesungen von Karl Nicoladoni, dem ältesten Assistenten der I. Chirurgischen Klinik, der seinen schwer erkrankten Chef, Professor Freiherrn v. Dumreicher, vertrat und nach dessen Tode durch ein volles Semester supplierte. Ich lernte in ihm einen glänzenden Lehrer kennen; er war nach Billroth einer der genialsten Chirurgen, nicht nur Österreichs, sondern des großen deutschen Sprachgebietes im letzten Viertel des vorigen Jahrhunderts.

Seine Arbeiten über Sehnentransplantation, wonach bei gelähmten Sehnen durch Verpflanzung von normalen die ausgefallene Funktion wieder hergestellt werden kann, haben ungemein befruchtend gewirkt und sind heute in so hohem Maße Gemeingut der Orthopädie geworden, daß viele Orthopäden den Namen Nicoladonis bei ihren Publikationen gar nicht erwähnen.

Nicoladoni hat dann später als Professor in Innsbruck erstmalig bei Skalpierung der Haut des Daumens, einer Verletzung, welche bis dahin immer mit der Abtragung des Daumens behandelt wurde, denselben dadurch mit Erfolg erhalten, daß er aus der Brusthaut einen Hautlappen schnitt, ihn zu einer Rolle zusammennähte und mit dem Mutterboden durch einen ernährenden Stiel in Verbindung ließ. In diese wunde Hautrolle hinein wurde nun der skalpierte Daumen gesteckt, und die Hand durch einen Verband genau festgehalten. Nach zwei Wochen wurde der Stiel durchtrennt, wobei ein zwar etwas klobiger, aber vollkommen brauchbarer Daumen zustandekam. Im Eifer dieser zum erstenmal ausgeführten Transplantation war die Brustwarze des Jungen mitüberpflanzt worden, die dann später durch einen kleinen Eingriff entfernt wurde.

Ganz verloren gegangene Daumen und Zeigefinger hat Nicoladoni als Erster durch Überpflanzung der ersten oder zweiten Zehe mit ausgezeichnetem Erfolg ersetzt. Der Erfolg war in einem solchen Falle, in dem ich nach dieser Methode bei einem 18jährigen Burschen einen weggerissenen Zeigefinger durch eine zweite Zehe ersetzte, auch kosmetisch günstig, so daß ich, als dieser Patient nach Jahr und Tag beim Examen in Königsberg einem Prüfungskandidaten zur Beurteilung vorgestellt wurde, zur Antwort erhielt, an der Hand sei nichts Abnormes zu sehen. Und doch hätte ihm die Kleinheit des verpflanzten Zehennagels gegenüber der Größe eines normalen Zeigefingernagels auffallen müssen. Ich sagte dem zu Examinierenden, daß seine Erklärung, es handle sich um einen normalen Zeigefinger, allerdings für mich schmeichelhaft sei, für seine Beobachtungsgabe weniger.

Die Tragik Nicoladonis lag darin, daß er sich als Assistent bei einer Operation an einem Finger infizierte und als ehrlicher Mensch seiner Braut offen mitteilte, nicht zur Ehe geeignet zu sein. Die Braut hielt ihm die Treue und blieb unvermählt. Damals gab es noch keine schützenden Gummihandschuhe zur Verhütung einer Infektion bei der Operation und keine v. Wagner-Jauregg'sche Malaria-Kur zur radikalen Ausheilung dieser Krankheit durch Mobilisierung der Spirochaeten, die dann nach Verabreichung von Salvarsan zur Zerstörung gelangen.

Die größte Begeisterung erfüllte mich für Theodor Billroth, der damals auf der Höhe seines Ruhmes stand. Wenn ich hier schon den Entwicklungsgang Billroths und seine Leistung als Lehrer, Operateur und Gelehrter eingehender bespreche, so geschieht es aus dem Grunde, weil in den weiteren Ausführungen besonders über meine Erlebnisse als Operations-Zögling und Assistent so oft von dem Meister gesprochen werden wird, daß es mir gut erscheint, wenn jetzt schon der Leser sich ein Bild von diesem großen Mann machen kann.

Billroth hatte in Berlin bei dem Großmeister der Chirurgie B. v. Langenbeck seine Ausbildung genossen und sich nebenbei derartig in der mikroskopischen Untersuchung der Körpergewebe, besonders der Geschwülste, ausgebildet, daß er zweimal als Professor der pathologischen Anatomie an kleineren deutschen Universitäten vorgeschlagen wurde. Glücklicherweise hat er diese Berufungen nicht angenommen und blieb der Chirurgie erhalten.

Billroth war 1860 als Professor und Direktor der Chirurgischen Klinik nach Zürich gekommen, wo er durch sieben Jahre tätig war und durch ernste wissenschaftliche Arbeiten seinen Ruf als einer der ersten deutschen Chirurgen begründete. Dort schrieb er die so berühmt gewordenen „50 Vorlesungen über Allgemeine chirurgische Pathologie und Therapie", welche in 16 Auflagen erschienen und in acht fremde Sprachen übersetzt wurden. Dieses Buch, das auch heute noch überall als das Vorbild eines Lehrbuches der allgemeinen Chirurgie gilt, und seine Arbeit über Wundinfektionskrankheiten verschafften ihm ein so hohes Ansehen, daß er im Jahre 1867 nach Wien berufen wurde. Billroths Schüler Czerny, der später durch mehrere Dezennien Professor in Heidelberg war, sagt darüber: „Österreich konnte sich 1867 keine schönere Rache für Königgrätz nehmen, als daß es den Preußen Billroth, den ersten Chirurgen des deutschen Sprachgebietes, nach Wien berief." Es kann Kaiser Franz Joseph nicht hoch genug angerechnet werden, daß er, kaum ein Jahr nach Sadova, dem entsprechenden Vorschlag des Wiener medizinischen Professorenkollegiums Folge gab.

Billroth war bald einer der beliebtesten Lehrer. Der bei seiner Berufung nach Wien 38jährige Professor verstand es, die Kluft, die manchmal zwischen Lehrer und Studenten besteht, zu überbrücken. Sein Vortrag, der ihm in kultivierter Sprache, ohne allen gesuchten rednerischen Schmuck, von den Lippen floß, regte die Hörer zum Mitdenken an. Es war keine schematische Einpaukerei, allerdings setzte Billroth schon einiges Wissen bei den Studenten voraus. Es war eine gute Fügung des Schicksals, daß während der letzten zwölf Jahre von Billroths Tätigkeit in Wien E. Albert der anderen Lehrkanzel für

Chirurgie vorstand, der durch seinen formvollendeten lebendigen Vortrag den Hörer in die Anfangsgründe der Chirurgie vortrefflich einzuführen verstand und dafür auch besonders geschätzt wurde, so daß sich die beiden chirurgischen Lehrer glücklich ergänzten.

Jeder Arzt und Student bewunderte Billroths Technik. Er war als Operateur von einer ganz unerreichten Geschicklichkeit und Kühnheit, die sich stets mit Vorsicht paarte. Billroth hat die erste Magenresektion und die erste Kehlkopfentfernung wegen Krebs mit Erfolg ausgeführt und überhaupt die Technik zahlreicher Operationen, so der Kropf- und Bauchoperationen, ganz besonders gefördert. Er war auch ein auf der Höhe der modernen Technik stehender gynäkologischer Operateur.

Die Studenten lernten von Billroth die rücksichtsvolle Art des Verkehrs mit den Kranken. Beispielgebend war es, ihn am Krankenbett zu sehen, wie er sich um die Einzelheiten der Pflege kümmerte, die Kranken selbst vom Operationstisch in das Bett hob, und vor allem auf größte Reinlichkeit in der Klinik bedacht war. Als er nach Wien kam (1867), war es Sitte, daß an Samstagen, an welchem Tag die praktischen Prüfungen in der Chirurgie stattfanden, ein Kadaver vom Leichenhof in den chirurgischen Hörsaal heraufgetragen und auf denselben Operationstisch gelegt wurde, auf dem in den ersten fünf Tagen der Woche Operationen an Lebenden ausgeführt wurden! Billroth, der sich eingehend mit Studien über Wundfieber und Wundkrankheiten beschäftigt hatte, war schon damals überzeugt, daß das Wundfieber nicht, wie man es bis dahin vielfach meinte, notwendig zur Wunde gehöre, sondern durch eine Verunreinigung der Wunde mit besonderen Stoffen zustande käme. Aus dieser Überzeugung heraus stellte er sofort diesen Mißstand ab, die Prüfungen am Kadaver fanden von nun an immer im Leichenhof statt.

Hier in Wien setzte Billroth vor allem seine Arbeiten über Wundfieber und dessen Ursache fort und vertiefte sich in mühevolle Studien, welche ihn Jahre hindurch beschäftigten und in einem Buche: „Die Vegetationsform der Coccobacteria septica" niedergelegt wurden. Darin hat er viele, später von Robert Koch so genau beschriebene und bis in die Einzelheiten differenzierte Bakterien aufgezählt. Er hat sie auch benannt; so wurde der Name Streptokokkus für die zu Ketten aneinander gereihten Kugelbakterien geprägt. Billroth erkannte sie allerdings noch nicht mit Sicherheit als die Ursache der Infektion und schrieb ihnen eine weit größere Umwandlungsfähigkeit zu, als später angenommen wurde. Robert Koch hat wiederholt darauf hingewiesen, daß diese Arbeit des großen Chirurgen ihn zu seinen eigenen epochemachenden Studien angeregt habe.

Von Interesse ist es nun zu erfahren, welche Beobachtung Billroth zu dieser Arbeit veranlaßt hatte. In der Vorrede zu seinem Buche lesen wir darüber folgendes:

„Im Dezember 1867 übernahm ich die Behandlung einer Dame mit unoperierbarem, ausgedehnten ulzerierten Brustkrebs: der ekle Gestank, welchen das Geschwür verbreitete, verpestete die elegante Wohnung der unglücklichen, übrigens noch sehr stattlich aussehenden Frau. Es blieb nichts unversucht, was ich zu raten vermochte. — Eines Tages zeigte sie mir die Gebrauchsanweisung zu einem Verband bei offenen stinkenden Geschwüren, welcher aus getrockneten, in Milch gekochten Feigen bestand und zwei- bis dreimal des Tages aufgelegt werden sollte. — Ich war nicht wenig erstaunt, als ich nach drei Tagen den Gestank der Wunde nicht nur verringert, sondern fast ganz verschwunden fand! Die Dame konnte noch mehrmals ins Theater und in Gesellschaften gehen, da viele Stunden nach dem Verbinden keine Spur von üblem Geruch zu bemerken war. Diese Beobachtungen hatten einen so tiefen Eindruck auf mich gemacht, daß ich immer wieder daran denken mußte: Ist es der Feigensaft? Sind es die in und an den Feigen haftenden Hefe- und Schimmelsporen? Was wirkt desodorisierend? Die erwähnten Gedankenkreise zogen mich mit magnetischer Gewalt immer wieder in ihre Bahnen; und als ich einmal angefangen hatte, mich mit Untersuchungen in dieser Richtung zu befassen, war ich für lange Zeit daran gefesselt."

Die neue antiseptische Wundbehandlung, von Josef Lister in Glasgow und Edinburgh eingeführt, war von Billroth anfangs skeptisch aufgenommen worden. Er schloß sich nur zögernd dieser Methode an, da er mit der alten, offenen Wundbehandlung nach V. v. Kern verhältnismäßig gute Erfolge erzielt hatte. Als er aber einmal die Richtigkeit der neuen Lehre erkannt hatte, nahm er sie vollkommen an, allerdings ohne manche Übertreibungen, die zu Beginn vorkamen. So lehnte er sehr bald den Karboldampf-Zerstäuber (Spray) ab, der anfangs als besonders wichtig vorgeschrieben war. Ich habe noch als Student Operationen unter Spray ausgeführt gesehen; nicht nur das ganze Operationsfeld war mit einem undurchsichtigen Nebel bedeckt, der für die Zuseher alles verschleierte, auch Patient, Operateur und Assistent waren in die Wolke gehüllt und haben dabei oft zu viel Karbol eingeatmet.

Billroth ist derjenige Chirurg gewesen, der in prophetischer Voraussicht sagte, der Tag werde kommen, an dem sich der Chirurg nicht mehr mit Karbol oder einem anderen sogenannten Antiseptikum waschen, sondern mit gründlicher Händereinigung durch Seife und Bürste in heißem Wasser das Auslangen finden werde. Er vertrat diesen Standpunkt auch als Sachverständiger vor Gericht und verhalf einem Arzt zum Freispruch, der sich erwiesenermaßen seine Hände vor der Operation sorgfältig mit heißem Wasser, Seife und Bürste gewaschen hatte und dem die Außerachtlassung der Waschung mit Karbolsäure als Vergehen gegen die körperliche Sicherheit angekreidet werden sollte, da der Patient an einer Wundinfektion starb.

Gar manche besorgte Mutter hat damals zur Vermeidung einer Infektion nach einer oft ganz kleinen Verletzung am Finger, beunruhigt durch die öfters in den Tageszeitungen verbreiteten Berichte über die Allgegenwart der itererregenden Bakterien, nichts Eiligeres zu tun gewußt, als beim Apotheker oder Drogisten Karbolsäure zu kaufen, und diese, wenn schon nicht als konzentrierte, doch als viel zu starke Lösung mit einem Umschlag aufzulegen. Da wurde wiederholt beobachtet, daß schon nach kurzer Zeit der Finger unempfindlich wurde, sich schwarz verfärbte und dann abstarb! Als einmal mehrere Kinder mit solchen Karbolfingern innerhalb kurzer Zeit in die Ambulanz der Klinik kamen, machte Billroth in einer Tageszeitung das große Publikum auf die Gefahr dieser Karbolumschläge aufmerksam, ließ einige Skizzen dieser Karbolfinger beilegen und trug dadurch viel zur Vermeidung weiterer Schäden bei.

Billroth besaß in vollendetem Maße die Fähigkeit, jeden freien Augenblick für seine Arbeiten auszunützen und auch die Nacht zur Arbeit heranzuziehen. Nur dadurch war es ihm möglich, so viele wissenschaftliche Arbeiten zu verfassen. Das meiste davon ist nur für den Fachmann von Interesse, aber der Jahresbericht seiner an der Klinik in Zürich und später in Wien erzielten Erfolge, bzw. Mißerfolge sei besonders hervorgehoben. Billroth legte die Scheu, die so viele andere Chirurgen besaßen, eigene Fehler und Mißerfolge einzugestehen, vollkommen ab; dies wird auch heute aus praktischen, aber wenig ethischen Gründen öfters unterlassen. Obwohl mancher Kollege Billroth von dieser streng wahrheitsgetreuen Darstellung abriet, ließ er sich nicht davon abhalten und ermöglichte es dadurch, klarer über den Wert einzelner bis dahin noch umstrittener Operationen zu urteilen. Die besten und fähigsten Männer seines Faches wußten ihm dafür Dank. Kürzer und schöner hat wohl niemand dieses Lob zusammengefaßt als der große russische Chirurg Pirogoff, der an Billroth schrieb: „Sie haben zuerst die Wahrheit gesagt."

In einer offenen Kritik „Über das Lernen und Lehren der Medizinischen Wissenschaft" legte Billroth seine Hand auf manchen wunden Punkt des Medizinstudiums. Vor allem wandte er sich gegen das Überhandnehmen der aus dem Osten des alten Österreich zum Studium herandrängenden Studenten, worunter die Wiener und andere Deutschösterreicher litten. Die Erregung, die dieses Buch in der Öffentlichkeit hervorrief, war groß; sogar der Unterrichtsminister mußte im Abgeordnetenhaus zur Frage Stellung nehmen.

Billroths Streben, den Verwundeten zu helfen, und seine Liebe fürs Vaterland hatten ihn in den Krieg von 1870 geführt, aber noch glühender als seine Vaterlandsliebe war seine Menschenliebe. Er schrieb darüber: „Daß unsere nationalen Empfindungen das Sakrament der Humanität und ärztlichen Pflicht dem verwundeten Feinde gegenüber nicht beeinträchtigen, habe ich in Deutschland nicht nötig zu versichern, wir betrachten es als selbstverständlich."

Billroths kriegschirurgische Briefe aus den Lazaretten Mannheim und Weißenburg haben mit Recht während und nach dem Krieg von 1870 größtes Aufsehen bei den Chirurgen gemacht. Meisterhaft geschrieben, bringen sie eine Fülle von interessanten Mitteilungen über seine Erlebnisse im Kriegsspital und spannende Berichte über die Behandlung der Schußverletzten.

Sein vornehmlichstes Interesse widmete Billroth in späteren Jahren der Heranbildung der Krankenpflegerinnen, die in erster Linie für den Kriegsfall bestimmt waren. Er gründete den „Rudolfinerverein zur Erbauung und Erhaltung eines Pavillon-Krankenhauses" und scheute keine Mühe, dieses Ziel zu erreichen. Er schrieb darüber in der Tagespresse, hielt Vorträge, wandte sich an wohlhabende Kreise Wiens zwecks Sammlung von Geldbeträgen usw. Es war ein großer Triumph für ihn, daß das Vorurteil, das sich anfangs in breiten Kreisen gegen sein Werk geltend machte, langsam schwand. Es war gesagt worden, er als Protestant und Preuße wolle durch dieses neue Krankenhaus die Tätigkeit der katholischen Schwestern irgendwie schädigen, was selbstredend durchaus nicht der Fall war. Dieser vermeintliche Vorwurf war von vornherein zu entkräften, haben doch die katholischen Klosterschwestern stets tadellos ihre Aufgabe in den verschiedenen Spitälern erfüllt und tun dies auch heute noch.

Es gelang Billroth, in Unterdöbling einen Grund zu kaufen und dort nach eigenen Entwürfen eine Krankenanstalt zu bauen mit Platz für 50 Kranke und 18 Pflegerinnen. Der Eröffnung dieses Spitals stellten sich beträchtliche Schwierigkeiten in den Weg, vor allem von seiten der anstoßenden Villenbesitzer, die glaubten, eine chirurgische Station würde die Luft verseuchen! Wenn der Laie einmal ein Vorurteil in medizinischen Fragen gefaßt hat, es mag noch so unsinnig oder egoistisch sein, so läßt er sich davon nur schwer abbringen.

Die Opposition dieser „menschenfreundlichen" Nachbarn gegen die Eröffnung des Rudolfinerhauses war so stark, daß sich die behördliche Bewilligung immer wieder verzögerte. Schließlich wurde die Schwierigkeit dadurch gelöst, daß eine Anzahl der im Aufstand der Bosniaken in der Crivoscie (Dalmatien 1881) verwundeten Soldaten nach Wien kam und von Billroth zur Behandlung übernommen wurde. Damit eröffnete er das Rudolfinerhaus, das seit dieser Zeit wiederholt vergrößert wurde. Er nahm dort vorwiegend chirurgische, ausnahmsweise auch interne Kranke auf, teils in den Zahlstock, teils in die großen, allgemeinen Abteilungen. Billroth operierte dort um den halben Preis des Privathonorares, behielt aber für sich selbst nicht einen Kreuzer, sondern widmete die ganze Summe dem Rudolfinerverein, wodurch das Spital erst lebensfähig gemacht wurde. Für die Schwestern dieses Spitals schrieb er ein Buch „Die Krankenpflege in Haus und Hospital", das in neun Auflagen erschienen ist und in keinem Hause fehlen sollte.

Es sei noch auf Billroths Briefe, die schon in fünf Auflagen erschienen sind, aufmerksam gemacht, insbesondere auf den ersten, der Jenny Linds, der „schwedischen Nachtigall", Besuch in Göttingen schildert; auch der Briefwechsel Billroth-Brahms ist nicht nur für den Tonkünstler von Interesse [9].

Ein mir unvergeßliches Erlebnis aus meiner Studienzeit, das sich im November 1881 abspielte, sei hier erwähnt. Ich war eifriger Turner und gehörte einer Riege an, die vorwiegend aus Juristen bestand. Im Unterstock des Polizeigebäudes am Schottenring, *also in der allernächsten Nähe des Ringtheaters,* wurde zweimal wöchentlich geturnt. Dabei geschah es, daß ein älterer

---

[9] „Billroth und Brahms im Briefwechsel", von Otto Gottlieb Billroth, 1935, Urban & Schwarzenberg.

Turnkollege, der Staatsanwalts-Substitut Dr. L. v. Z., beim Sprung über den Bock stürzte und einen offenen Unterschenkelbruch erlitt, so daß das obere Ende des Schienbeines durch die Turnhose herausragte. Außer mir war noch ein Mediziner aus dem gleichen Semester wie ich anwesend. Wir bemühten uns um den Verletzten und lagerten ihn so gut als möglich; ich eilte dann in das obere Stockwerk, um mir von der Polizei Hilfe für den Transport in das Krankenhaus zu erbitten. Man beschied mich dahin, die vorhandene Tragbahre sei nur für Unglücksfälle, die sich auf der Straße ereignen, nicht aber für solche in einem Hause bestimmt.

Da meine dringlichen Vorstellungen fruchtlos blieben, fuhr ich ins Allgemeine Krankenhaus. Als begeisterter Hörer der Vorlesungen Billroths ersuchte ich den Assistenten der Klinik, den von mir so geschätzten Dozenten Dr. Wölfler, um Aufnahme des Verunglückten. Diese wurde mir sofort zugesagt, wobei sich aber eine neue Schwierigkeit ergab: die Klinik besaß keinerlei Einrichtung zur Abholung Kranker, das war Sache der Direktion, bzw. der Aufnahmskanzlei! Dort wurde mir ein ähnlicher Bescheid zuteil wie auf der Polizeidirektion und nur über meinen wiederholten Vorhalt, daß es sich um einen Verletzten handle, der sofort versorgt werden müsse, wenn sich nicht lebensgefährliche Folgen einstellen sollten, gelang es mir endlich, den Aufnahmsbeamten zu veranlassen, mir ausnahmsweise, falls ich mir selbst einen Wagen besorgte, zwei Träger und eine Tragbahre zur Verfügung zu stellen. Ich mußte aber eine Leihgebühr von 10 Gulden für die Tragbahre erlegen, eine ausgiebige Summe, über die ich glücklicherweise verfügte, da erst wenige Tage zuvor der „Monatswechsel" von Steinhaus eingetroffen war.

Inzwischen war viel kostbare Zeit verloren gegangen; erst etwa zweieinhalb Stunden nach dem Unfall fuhr ich mit dem Viersitzer vor dem Polizeigebäude vor. Nunmehr konnte der Kranke auf die Tragbahre gelegt und in die Klinik gebracht werden, woselbst die komplizierte Fraktur in Narkose versorgt wurde. Augenscheinlich hatte doch das lange Unverbundenbleiben der offen zu Tage liegenden Knochenbruchflächen auf der staubigen Turnmatratze zu einer schweren Infektion geführt, so daß wenige Tage später der Oberschenkel amputiert werden mußte, worauf Heilung erfolgte.

Als ich mit dem Schwerverletzten an der Klinik vorfuhr, waren außer dem Assistenten noch fünf Hilfsärzte anwesend. So lernte ich hier zum erstenmal die segensreiche Bereitschaft der Klinik während der Nacht für den Fall eines plötzlich notwendig werdenden Eingriffes kennen, die sich auch ganz vortrefflich bewährte, was umso höher eingeschätzt werden muß, weil es damals weder Telephon noch Auto, vor allem auch keine dringlichen Blinddarmoperationen gab und Verletzungen nur selten eingeliefert wurden.

Wenige Wochen später ereignete sich der fürchterliche Ringtheaterbrand. In den folgenden Tagen waren im Leichenhofe die erstickten und verkohlten Opfer des Brandes zur Agnoszierung ausgestellt. Oft noch erinnere ich mich mit Schaudern der maßlos aufgeregten Menschen, die ihre verbrannten Angehörigen suchten und der herzzerreißenden Szenen, die sich beim Auffinden eines lieben Familienmitgliedes abspielten. Es waren 418 Menschen um das Leben gekommen.

Nichts konnte die ganze Unzulänglichkeit, ja den völligen Mangel jeder vorbedachten Hilfsbereitschaft in grellerer Beleuchtung erscheinen lassen als dieses unsagbare Unglück. Da war es ein nicht hoch genug einzuschätzender Entschluß dreier Aristokraten im besten Sinne des Wortes, aus reiner Menschenliebe heraus Vorkehrungen und Einrichtungen zu treffen, um das Versagen der öffentlichen Fürsorge zu ersetzen: die Grafen Hans Wilczek, Dr. Eduard Lamezan und Dr. Jaromir Baron Mundy gründeten die Wiener Freiwillige Rettungsgesellschaft, die sich wie ein Phönix aus der Asche des Wiener Ringtheaterbrandes erhob.

Anfangs mußte diese humanitäre Einrichtung unter recht bescheidenen Verhältnissen am Fleischmarkt 11 arbeiten, wo Mundy mit einer beispielgebenden Hingabe nur ein Ziel vor Augen hatte, dem erkrankten Menschen selbstlos zu helfen. In einem kleinen Parterrezimmer hielt meist er selbst bei Tag und oft auch des Nachts Permanenzdienst, und das in einer Zeit, in der es weder Fernruf noch elektrisches Licht gab. Wiederholt habe ich ihn dort besucht und diese Altruistik des unbelohnten Samaritertums bewundert. Allmählich vergrößerte sich die Station, bald wurde sie volkstümlich und beliebt und damit ein Vorbild für alle anderen Großstädte der Welt.

Die Rettungsgesellschaft hat sich von Anfang an ungemein große Verdienste um das Leben und das Wohl der verletzten und erkrankten Mitmenschen erworben. Sie fragt nicht nach Stand, Konfession und Partei des Verunglückten, sie hilft immer schnell, gut und unentgeltlich. Wiederholt hat sie bei Massenunfällen vorbildliche Dienste geleistet, auch außerhalb Wiens, ja über die Grenzen Österreichs hinaus. Ihre ersprießliche Tätigkeit während der Erdbebenkatastrophe in Messina wurde von den Italienern rückhaltlos anerkannt. Zu Kriegszeiten hat sie ebenfalls unter Graf Wilczeks persönlicher Leitung großzügig beim Transport der Verwundeten von den Bahnhöfen Wiens in die Spitäler mitgeholfen.

Im Jänner 1882 hatte ich das ungewöhnliche Glück, als Student im siebenten Semester zum außerordentlichen Operationszögling von Billroth gewählt zu werden und mit ihm arbeiten zu dürfen. Die Veranlassung dazu war folgende: Mehrere Operationszöglinge der Klinik mußten als Reservemilitärärzte anläßlich der Bekämpfung des Aufstandes in der Crivoscie einrücken. Billroth nahm in der Voraussetzung, daß die Einberufung nicht lange dauern würde, an ihrer Stelle nur Studenten. So kam ich mit meinen Kollegen J. Hochenegg und R. Weiser als provisorischer Operationszögling, man nannte uns damals Operatoide, an die Klinik.

Anfangs fürchtete ich, da ich im Herbst das Einjährig-Freiwilligenjahr als militärärztlicher Eleve begonnen hatte und zum Dienst im Garnisonsspital Nr. I verpflichtet war — allerdings nebenbei immer die klinischen Vorlesungen besuchen konnte —, ich würde die Erlaubnis, diese Stelle anzunehmen, nicht bekommen. Ich bin dauernd dem Chefarzt dieses Spitals,

"Operatoid" an der Klinik Billroth 57

dem damaligen Oberstabs- (späteren Generalstabs-) Arzt Doktor Ignaz Neudörfer zu Dank verpflichtet, daß er mir in entgegenkommender Weise sowohl den Dienst im Garnisonsspital wie den an der Klinik Billroth ermöglichte. Er teilte mich einem Marodenzimmer zu, wo ich schon um 6 Uhr früh Visite machen mußte, dann aber von 8 Uhr an den ganzen Tag über bis zur Abendvisite für meine Tätigkeit an der Klinik Billroth Zeit hatte.

Neudörfer war ein äußerst ideenreicher Chirurg, der als Regimentsarzt nach der Schlacht bei Solferino bei ausgebluteten Verwundeten die zu dieser Zeit vollkommen verpönte Bluttransfusion von einem gesunden auf den verletzten Soldaten mehrmals vornahm. An einige Erfolge reihten sich dann Mißerfolge, so daß man damals von dieser Behandlung wieder vollkommen Abstand nahm, wovon noch später gesprochen werden wird.

Nie werde ich vergessen, mit welch glückseligem Gefühl ich am 31. Jänner 1882 zum erstenmal im weißen Ärztemantel, dem Gewande des klinischen Chefs und aller klinischen Ärzte, in den vollbesetzten Hörsaal einziehen durfte.

Ich kann sagen, daß mich das Leben und die Arbeit an der Klinik direkt begeisterte. Ich war wie in einem ständigen Glücksrausch, Billroth, diesem großen Mann, immer in der Nähe sein zu dürfen. Dabei war der Verkehr mit den Assistenzärzten Wölfler und v. Hacker und den Operationszöglingen, unter denen besonders A. Fabritius, A. Fraenkel, M. Schustler und E. Hauer erwähnt seien, ein äußerst angenehmer.

Daneben wurden noch Vorlesungen gehört, aber den Großteil des Tages, bis spät in die Nacht hinein, verbrachte ich an der Klinik Billroth, freute mich von einem Tag auf den anderen auf die klinische Vorlesung und die Operationen und war glücklich, als ich zum erstenmal an Stelle eines abwesenden Operationszöglings instrumentieren durfte, noch mehr, als ich einmal unter direkter Leitung Billroths — es war gerade ein Assistent erkrankt und Billroth führte selbst die Ambulanz —

eine Balggeschwulst entfernen durfte, wobei mir der Meister nach vollendetem Eingriff sagte: „Das haben Sie ganz gut gemacht." Billroth, der so karg mit seinem Lob war, machte mich damit zum frohesten Menschen.

Aus den vermeinten paar Wochen waren neun Monate geworden und so durfte ich schon als Student dreiviertel Jahre unter dem Meister dienen! Mein Entschluß, unter Billroth Chirurg zu werden, stand fest.

Obwohl meine Mutter Französisch und Italienisch so gut wie Deutsch, auch Englisch ziemlich geläufig sprach, hatte ich, wie man oft in jungen Jahren ungeschickte Vorurteile hat, eine ausgesprochene Abneigung gegen die französische Sprache und erbat mir auch von den Eltern die Erlaubnis, im Gymnasium Englisch und nicht Französisch als Freigegenstand lernen zu dürfen. An der Universität sah ich bald ein, daß auch die französische Sprache für mich wichtig wäre. Ausgelöst wurde diese Erkenntnis durch einen Besuch meiner Eltern bei unserem lieben Nachbarn Baron Handel-Albmegg, wo eine junge Gouvernante der Kinder durch ihre in französischer Sprache lebhaft vorgebrachten Erzählungen den ganzen Kreis interessierte und oft zu stürmischer Heiterkeit brachte. Ich kam mir als einziger Anwesender, der nicht genügend Französisch verstand, so lächerlich vor, daß dieser Anlaß in mir den Entschluß reifte, ein Semester in Paris zu studieren, wozu mir die Eltern gerne ihre Einwilligung gaben.

Ende Oktober 1882 fuhr ich, nachdem ich mich durch mehrere Wochen mit meiner guten Mutter in Steinhaus eifrigst im Französischen geübt hatte, über Straßburg nach Paris. Der Aufenthalt dort war außerordentlich interessant und anregend, die Kosten stellten sich kaum höher als in Wien. Ich wohnte mitten im Quartier Latin, besuchte vormittags Spitäler, hörte nachmittags und abends die theoretischen Vorlesungen in der École de Médecine.

In der Salpetrière wohnte ich regelmäßig den äußerst interessanten Vorlesungen des großen Charcot bei, der packend, vielleicht etwas theatralisch über Hysterie, Lethargie, Katalepsie, Somnambulismus vortrug. Ich konnte mich dabei wohl des Eindruckes nicht erwehren, daß dieses wiederholte Vorstellen der hysterischen Mädchen ihren Zustand nicht vorteilhaft beeinflusse. Daneben gab es herrliche, tief durchdachte und genau vorbereitete Vorlesungen über Hirn- und Rückenmarkserkrankungen, die auf einer anatomisch nachweisbaren Veränderung der betreffenden nervösen Zentren aufgebaut waren und so gut wie ausnahmslos stimmten, also einen Beweis dafür abgaben, wie vollendet Charcot die Diagnostik beherrschte.

Interessant waren die Operationen bei Professor Tillaux, einem ebenso geschickten wie gütigen Chirurgen. Dem so berühmten Operateur Péan sah ich jeden Samstag in seinem Hospital St. Louis bei Operationen zu. Seine Technik war glänzend. Befremdend war es für mich, daß er immer im Frack und mit schwarzer Krawatte operierte und sich nur eine Serviette vor das Frackhemd steckte.

Auch der glänzenden psychiatrischen Vorlesungen von B. Ball im Asyl St. Anne möchte ich gedenken. Die Fahrt im Stellwagen dahin dauerte über eine halbe Stunde. Wie packend und lehrreich dieser Unterricht war, geht daraus hervor, daß ich nicht oft eine Vorlesung versäumte, trotzdem sie nur Sonntag vormittag stattfand.

Die Chirurgen Verneuil, Trélat und Guyon besuchte ich in ihren Spitälern. Weiters hörte ich Vorlesungen von Dieulafoy, Rendu, Vulpian und Strauß. Dieser, ein Schüler Pasteurs, höchstens 15 Jahre älter als ich, war mir besonders wohlgesinnt. Er führte mich einmal in das Laboratorium Pasteurs, sagte mir aber, er wolle mich ihm bei der bekannten Abneigung des Meisters gegen alle Deutschen nicht persönlich vorstellen; daher bekam ich den berühmten Mann nur von weitem zu sehen.

Die medizinische Fakultät, bzw. ihre Professoren, waren äußerst gastfreundlich. Ich bekam eine Karte zum freien Besuch aller medizinischen Vorlesungen als „Élève bénévole", ohne daß dafür auch nur ein Franken als Eintrittsgebühr oder Kollegiengeld erhoben wurde.

Ich kann sagen, ich habe in Paris viel gelernt, sowohl für meinen Beruf als fürs Leben. Dauernd bleibt mir u. a. das Leichenbegängnis von Léon Gambetta, der Ende des Jahres 1882 starb, in Erinnerung. Das Vorüberziehen des Leichenzuges dauerte über fünf Stunden. Ein übermannsgroßer Veilchenkranz trug die Überschrift „Alsace Lorraine" und wurde von der harrenden, spalierbildenden Menge ganz besonders bejubelt.

Auch eine Sitzung des Abgeordnetenhauses, zu der man als Fremder nur schwer Zutritt bekam, werde ich nie vergessen. Ich habe durch zwölf Stunden stehend, ich kann wohl sagen größtenteils mit atemlosem Interesse, zugehört, ohne auch nur ein einziges Mal den Platz zu verlassen, den ich sonst verloren hätte. Damals wurde das Gesetz beschlossen, die Thronerben der verschiedenen königlichen und kaiserlichen Dynastien aus dem Heere auszuscheiden. Es hatte geraume Zeit gedauert — für die Republikaner ein banges Zuwarten —, bis sich ein aktiver General (Thibaudin) bereit fand, als Kriegsminister diesen Beschluß durchzuführen. Man zeigte mir die bedeutendsten Parlamentarier und ich hörte auch mehrere von ihnen sprechen, u. a. den Ministerpräsidenten Jules Ferry, den Bonapartisten Paul de Cassagnac und Dr. med. G. Clemenceau, der damals schon im Rufe stand, Ministerien zu stürzen. Wer hätte gedacht, daß der Armenarzt von Montmartre vom Schicksal dazu ausersehen werden sollte, Deutschland und Österreich nach dem Weltkrieg so schwer zu schädigen, daß daraus hauptsächlich das Nachkriegselend erwuchs und ein wahrhafter Friede und eine Beruhigung der Völker unmöglich wurden.

Hocherfreuend war es für mich, die persönliche Bekanntschaft mit Jules Verne zu machen. Ich hatte seine sämtlichen Werke mit größtem Interesse gelesen und als besonders anregend und genial hochgewertet. Von vielen wurden sie als geistvolle Hirngespinste bezeichnet; heute kann man nur sagen, daß die Mehrzahl seiner „Phantasien" bereits Wirklichkeit wurde, so das Unterseeboot und der Flug in die Stratosphäre. Das lenkbare Luftschiff mit dem Prinzip „schwerer als die

Luft" hat er in seinem Buche „Robur le Conquérant" nicht nur ungemein interessant und spannend, sondern auch derart eingehend beschrieben, daß man eigentlich nicht begreifen kann, warum es nicht schon damals gebaut wurde; für die praktische Durchführung fehlte „nur" der richtige Brennstoff (Benzin) und — der geeignete Motor! Jules Vernes Beschreibungen der sibirischen Landschaft galten als mustergültig, obwohl er niemals Sibirien betreten hatte. Ich wurde von Professor de Wekker, dem beschäftigten Augenarzt in Paris, dessen Bekanntschaft ich einer Empfehlung des berühmten Wiener Chirurgen Professor v. Mosetig verdankte, Jules Verne bei der Aufführung seines Theaterstückes „Die Reise ins Unmögliche" in einem Zwischenakt auf der Bühne des Theaters Porte St. Martin vorgestellt. Ich konnte ihm zu seiner großen Befriedigung sagen, daß das Stück „Die Reise um die Erde in achtzig Tagen" kurz vorher im Carl-Theater in Wien einen durchschlagenden Erfolg erzielt hatte.

Im März 1883 kehrte ich über Belgien in die Heimat zurück. In Lüttich besuchte ich die belgischen Verwandten Hénoul, wobei es zu einer heiteren Verwechslung mit einer älteren Cousine kam, die ich immer ganz ungehörigerweise als „Tante" ansprach, bis sie mir sehr erregt erklärte: «Mon cher Toni, je suis la fille de mon père» und dabei auf ihren Vater, den ich für ihren Gatten angesehen hatte, zeigte. Im Alter von 22 Jahren hält man jede auch nur etwas ältere Dame für eine „ganz Bejahrte". Nachher haben wir Freundschaft geschlossen und ich habe die „Tante" noch von Utrecht aus zweimal besucht, einmal zusammen mit meiner Mutter. Inzwischen ist sie längst gestorben. Ihren Bruder Léon sah ich als Procureur Général du Roi i. P. im Jänner 1932 zum letztenmal in Brüssel. Er ist 1936 im 93. Lebensjahr gestorben.

Nach Steinhaus zurückgekehrt, traf ich meine gute Mutter mit einer leichten Versteifung des rechten Schultergelenkes an. Jetzt erst erfuhr ich folgendes: Wenige Wochen nach meiner Abreise nach Paris wurde sie von einem Fohlen, das etwas stürmisch herzulief, um das obligate Stück Brot zu erhalten, umgestoßen und erlitt dabei eine Verletzung der Schulter. Der herbeigeholte Arzt verordnete Umschläge. Nach Abklingen der Geschwulst zeigte sich die Schulter verrenkt. Es war dies im Spätherbst 1882. Wie das häufig geschieht, besonders wenn der Patient selbst das Bestreben hat, möglichst rasch wieder funktionstüchtig zu werden, war meine Mutter mit der Hand bald wieder arbeitsfähig, nur die Schulter konnte sie nicht gut heben. Um mich nicht zu beunruhigen, durfte mir über diesen Unfall nichts geschrieben werden. Als ich vier Monate später aus Paris zurückkam, konnte ich eine Verrenkung der Schulter nach innen mit auffallend geringen Ausfallserscheinungen, also mit verhältnismäßig recht guter Funktion, feststellen.

Wenige Tage später brachte ich meine Mutter zu Billroth in die Privatordination. Er untersuchte sie genau, bestätigte das Vorhandensein der Verrenkung und war über die gute Funktion erstaunt. Ich hatte meiner Mutter, seitdem ich von Medizin etwas zu verstehen begann, oft den Puls gefühlt und das Herz abgehorcht und war immer beunruhigt über die schweren Pulsunregelmäßigkeiten und ein lautes systolisches Geräusch, wodurch aber ihr Wohlbefinden nicht gestört war. Mit Rücksicht auf diesen Herzbefund wollte Billroth nicht zu einem Einrenkungsversuch raten. Nun spielte hier der Zufall eine merkwürdige Rolle. Meine Mutter wurde, nach Hause zurückgekehrt, von demselben Pferd nochmals niedergestoßen — und die Schulter war eingerenkt!

In Wien setzte ich mit Eifer meine Studien fort. Die Vorlesungen bei Arlt, dem berühmten Lehrer der Augenheilkunde, sind mir in angenehmster Erinnerung. Die Grundbegriffe der Geburtshilfe lernte ich bei Professor C. v. Braun, einem sehr erfahrenen Frauenarzt. Sein Assistent Dr. E. Pritzl lehrte uns am Phantom in unübertrefflich klarer Weise das Wichtigste für die geburtshilfliche Praxis. Er war ein ganz besonders begabter Lehrer und glänzender Operator. Leider starb er wenige Jahre später.

Sehr interessant war Professor S. Strickers Kolleg über allgemeine Pathologie. Stricker hat als Erster lehrreiche Projektionsvorführungen von Tierversuchen gezeigt, zum Beispiel über die Wirkungen der verschiedenen Herzgifte, und ist ganz im Lehren aufgegangen. Er war allerdings ein Experimentator ohne Hemmungen, der den Versuchstieren immer Kurare gab und ganz von dem Bestreben erfüllt war, für seine Schüler möglichst anschaulich vorzutragen. Wie geistvoll er war und wie ernst er sich mit Problemen befaßte, die erst Jahre später ihre praktische Lösung fanden, zeigen seine Versuche, von einem Ufer des Donaukanals auf das gegenüberliegende mittels je einer in die Erde versenkten Metallplatte ohne Drahtverbindung zu telephonieren; allerdings führten sie damals zu keinem brauchbaren Erfolg.

Bekanntlich war der pathologische Anatom Professor Freiherr v. Rokitansky einer der Sterne der Wiener Medizinischen Fakultät um die Mitte des vorigen Jahrhunderts. Leider habe ich ihn ebensowenig kennengelernt wie den so geistvollen, glänzenden Lehrer der Anatomie Josef Hyrtl. Rokitanskys Nachfolger, Professor Heschl, war ein guter Lehrer, hat aber mit Vorliebe überlegen und sarkastisch Diagnose und Therapie des Klinikers bei den Sektionen bekrittelt. Sein Schüler Hans Chiari, der spätere Professor in Straßburg, war ein glänzender Lehrer und Obduzent.

Gerichtliche Medizin wurde von E. v. Hofmann gelehrt, der einer der Schöpfer und Begründer dieses für die praktische Medizin äußerst wichtigen Spezialfaches wurde und sein Fach schon damals beim dritten Rigorosum streng prüfte. In Deutschland wurde es erst Dezennien später zum obligaten Prüfungsfach erhoben.

Professor Freih. v. Widerhofer war ein ausgezeichneter Lehrer der Pädiatrie, ein Kinderarzt von ungewöhnlich großer Erfahrung und Pflichttreue. Sein langjähriger Assistent Dr. Karl Foltanek, der später durch viele Jahre die Kinderabteilung des Wilhelminen-Spitales vorbildlich leitete, wurde uns ein lieber Freund und treuer Berater unserer Kinder.

Sekundararzt im Rudolfinerhaus

Anfangs Jänner 1884, nachdem ich alle Prüfungen bestanden hatte, und zwar, von einer Vorprüfung abgesehen, alle mit Auszeichnung — nur die Promotion war noch ausständig —, wurde ich von Billroth aufgefordert, als Sekundararzt in das Rudolfinerhaus einzutreten, so daß sich mir wieder Gelegenheit bot, den von mir so verehrten Meister aus nächster Nähe bewundern zu können. Ich durfte ihm wiederholt assistieren; einmal hat er mir bei der Ausführung eines Bauchschnittes zwecks Entfernung einer großen Eierstock-Zyste selbst assistiert. Ich hatte dabei das Mißgeschick, ihn, wenn auch nur oberflächlich, mit der Nadel in den Finger zu stechen. Auf meine Entschuldigung antwortete Billroth nichts, nur bei der nächsten Naht sagte er: „Nähen Sie weiter, aber diesmal mit Umgehung meiner Finger!"

Im Rudolfinerhaus sah ich viele Eingriffe von der Meisterhand Billroths und Gersunys ausgeführt. Innige Freundschaft verband mich bald mit dem um fünf Jahre älteren Dr. Rosmanit, dem ersten Sekundararzt am Rudolfinerhaus, der seinerzeit ebenfalls bei Billroth als Operationszögling gedient hatte. Er war ein leidenschaftlicher Bergsteiger und Naturfreund, ein guter Klavierspieler und begeisterter Musikliebhaber.

Hier erwuchs auch meine Freundschaft zu dem Primararzt des Rudolfinerhauses Robert Gersuny und zu der vortrefflichen Oberin Maria v. Erlach, die ein strenges, aber gerechtes und umsichtiges Regiment führte. Auch den gemütlichen Sekretär Karl Beer behalte ich in guter Erinnerung.

PROMOTION UND OPERATIONSZÖGLING BEI BILLROTH

Am 13. Februar 1884 wurde ich zum Dr. med. univ. promoviert. Mein Onkel Peter Pirquet gab mir eine sehr schöne Festfeier, bei der er eine warme, zu Herzen gehende Rede hielt. Meine Eltern fanden sich mit einem lieben Telegramm und selbstverfaßten Gedichten ein, kamen aber nicht nach Wien. Im Tagebuch meiner Mutter findet sich darüber folgende Stelle: „Wir wären wohl gern dabeigewesen, aber es hätte uns zu sehr gerührt, wir mußten schon bei der Beschreibung des Festes weinen und das paßt in keine Gesellschaft."

Kurze Zeit nachher wurde ich zum Korvettenarzt in der Reserve ernannt. Im Juli machte ich als Gast die Kaisermanöver von Pola auf demselben Schiff mit, auf dem mein Bruder Willy als Seekadett erster Klasse diente. Die Erfüllung meines Wunsches, in der Hängematte schlafen zu dürfen, bedeutete allerdings bei der drückenden Hitze kein restloses Vergnügen. Im übrigen waren diese paar Tage sehr abwechslungsreich. Ich speiste mit den Seekadetten, war auch öfters in die Offiziersmesse geladen. Mit welchem Minimum an Eigenraum für Kleidungsstücke, Wäsche usw. damals ein Seekadett auskommen mußte, davon macht man sich heutigentags keinen Begriff.

Im Herbst 1884 trat ich als ordentlicher Operationszögling in die Klinik Billroth ein und damit begann eine ebenso interessante wie reichlichst ausgefüllte Lernzeit in der Chirurgie. V. v. Hacker und F. A. Salzer waren die beiden Assistenten. Billroth lenkte mich auf bakteriologische Arbeiten und verfolgte dieselben mit großem Interesse. Er war es auch, der mir unter Mithilfe der Fürstin Metternich die Erlaubnis erwirkte, zusammen mit zwei anderen österreichischen Ärzten (Prof. A. v. Frisch und Stabsarzt Dr. Fickel) im Dezember 1884 einen Cholera-Kurs in Berlin bei dem großen Forscher Robert Koch zu besuchen.

R. Koch war durch seine Arbeiten über Mäusesepticaemie, den Milzbrand, vor allem aber durch die Entdeckung des Tbc.-Bazillus schon weltberühmt, als ihm die auf den ersten Blick so bedeutungslose Schaffung eines festen Nährbodens für die Züchtung der Bakterien (erst gekochte Kartoffel, später auf Glasplatten ausgegossene Gelatine- oder Agarlösung, die im wesentlichen die chemischen Bestandteile des Blutes enthielt) ganz neue Forschungen ermöglichte. Koch hat dadurch die von Pasteur begründete Bakteriologie ungemein gefördert und die moderne aseptische Wundbehandlung vorbereitet.

Welch epochemachende und dauernd wertvolle Funde haben Koch und seine Schüler durch mühevolle Untersuchungen und unzählige Tierexperimente an Kaninchen, Meerschweinchen, Ratten, Mäusen und größeren Tieren gemacht! Wenn wir heute den Starrkrampf mit Erfolg behandeln, noch besser ihn von vornherein verhindern und die Diphtheritis heilen können, so verdanken wir dies letzten Endes den wissenschaftlichen Forschungen R. Kochs und seiner Mitarbeiter. R. Koch hatte schon als praktischer Kreisarzt in Pommern, tagsüber mit laufender Berufsarbeit überhäuft, die Abende und Nächte dazu verwendet, um unter den einfachsten Bedingungen die Wissenschaft mit epochemachenden Funden zu bereichern, so daß er bald als Direktor an das neugegründete Reichsgesundheitsamt nach Berlin berufen wurde und dort mit seinen Schülern eine segensreiche Tätigkeit entfalten konnte.

Dieser vierzehntägige Cholera-Kurs in Berlin verging unglaublich schnell. Von acht Uhr früh an, nur von einer kurzen Pause unterbrochen, während der wir das Gesundheitsamt nicht verlassen durften, wurde bis sechs Uhr abends gearbeitet. Vor dem kalten Mittagimbiß wurden natürlich ebenso exakt die Hände gewaschen wie vor einer Operation, um nicht etwa die Cholerakeime und andere pathogene Organismen, mit denen wir zu tun hatten, zu verschlucken.

Wir hörten Vorlesungen, wurden in der Züchtung von Bakterien unterwiesen, es wurde überaus fleißig gearbeitet. Ich lernte dabei die Technik, die ich bei meinen späteren bakteriologischen Arbeiten im Laboratorium der Klinik Billroth gut verwerten konnte; so bei dem Nachweis der großen Widerstandskraft des Starrkrampfbazillus, der sich außerhalb des Körpers jahrelang, eingetrocknet auf Holz z. B., lebend erhalten kann, was für die Klärung mancher Fälle von Bedeutung ist. Ich stellte u. a. auch das Vorhandensein von Rotlaufkeimen in der Luft von Krankenzimmern fest, in denen Rotlaufkranke liegen, erbrachte ferner den Nachweis von Eiterkokken im Blut als diagnostisches Hilfsmittel.

Ich hatte wiederholt an Wundinfektionen zu leiden, denen man damals sehr ausgesetzt war, da es noch keine Gummihandschuhe gab. Diese schützen, wenn sie gründlich ausgekocht sind, nicht nur den Patienten vor einer Infektion durch die vielleicht doch nicht ideal gereinigte Hand des Arztes, sondern bewahren auch diesen vor einer Infektion bei der Behandlung eitriger Fälle. Wiederholt mußte bei mir wegen akuter Infektionen von kleinen Verletzungen an den Fingern operativ eingeschritten werden, mehrmals in allgemeiner Narkose! — damals gab es noch keine Leitungsanästhesie. Zum Glück blieb niemals ein Dauerschaden zurück. Billroth, der mich einmal bei einer anfangs ernst aussehenden Infektion, die mehrere Einschnitte im Vorderarm in tiefer Narkose erforderte, in meiner kleinen Spitalsbude besuchte und sich teilnahmsvoll um mein Befinden erkundigte, riet mir vollkommene Bettruhe und Alkohol in kleinen Dosen; er brachte gleich das Medikament für diese Behandlung, zwei Flaschen vorzüglichen Weines, mit.

Wie viel erlebte man an der Klinik, immer gab es etwas Neues, Interessantes zu sehen! Es war wunderbar, an dieser Klinik, unter diesem Manne dienen zu dürfen, wenn auch die Arbeit 12 bis 14 Stunden im Tag dauerte! Billroth hat einmal gesagt, mit einem Achtstundenarbeitstag würde er das Auslangen nicht finden. Nach fünfmonatlicher Lehrzeit als Operateur wurde ich zum erstenmal einer kleinen Privatoperation zugezogen, die von Wölfler ausgeführt wurde; ich hatte dabei zu assistieren. Das dafür erhaltene Honorar verwendete ich zum Ankauf einer Flasche ganz alten Bordeaux, die ich meinem Vater brachte. Auf der Flasche war ein Zettel mit einem kleinen Gedicht von mir angeklebt, das nach meiner Ansicht das beste war, das ich als Laiendichter geleistet habe. Es wäre aber anmaßend, wenn ich bedauern würde, daß es verloren gegangen ist.

Bei Magenresektionen war es zur Regel geworden, die Patienten in den ersten Tagen nach der Operation auf äußerst schmale Diät zu setzen, damit nicht die frische Magennaht gezerrt würde. In den ersten zwölf Stunden wurde nur löffelweise kühler Tee, ohne Milch, verabreicht. Die Wärterinnen hatten die Aufgabe, strenge darüber zu wachen, daß keiner der Kranken seinen Durst durch größere Mengen von Tee stillen könne, jede feste Nahrung war verboten. Während meiner Dienstzeit ereignete sich nun Folgendes: eine Patientin, der Billroth zwei Tage vorher ein großes Stück des Magens wegen bösartiger Neubildung entfernt hatte, fühlte sich so wohl, daß sie mit dieser knappen Diät nicht genug hatte. In einem unbewachten Augenblick nahm sie ihrer Nachbarin ein halbes Brathuhn weg und verzehrte es in kürzester Zeit, so daß nur mehr die abgenagten Knochen übrig blieben. Als die Wärterin zurückkam, war sie über den Vorfall nicht wenig erschrocken und meldete diesen sofort dem diensthabenden Assistenten. Wir mußten mit der Möglichkeit eines Aufgehens der Magennaht auf diese Belastung hin rechnen. Ein übereifriger, junger Operationszögling erlaubte sich sogar den Vorschlag, durch Wiedereröffnung der Bauchdeckennaht den Magen bloßzulegen und die als so gefährlich angesehenen Fleischstücke zu entfernen. Natürlich wurde diese Idee rundweg zurückgewiesen, aber wir beobachteten in den folgenden zwölf Stunden die Patientin unablässig, um im Falle als sich Symptome eines Platzens der Magennaht einstellen sollten, unverzüglich die Operation auszuführen. Es ging aber alles gut und von diesem Tage an wurden die strengen Diätvorschriften für frischoperierte Magenpatienten ganz wesentlich gemildert.

Zwanzig Jahre später wurde an meiner Klinik einem Schwerkranken wegen eines ausgedehnten inoperablen Magenkrebses eine Ernährungsfistel am oberen Ende des Dünndarms angelegt. Der in diese Fistel eingelegte kleine Kautschukschlauch diente dazu, dem Patienten Milch mit Tee, kräftig eingekochte Suppen und verschiedene Nährpräparate zu verabreichen. Dadurch blieb der Kranke vor dem sicheren Hungertode bewahrt und erholte sich zusehends. Das Röhrchen wurde auch dazu benützt, um dem Patienten Medikamente einzugeben, wie Rizinusöl, beruhigende Mittel und Schlafmedizin, bei Schwächezuständen etwas Kognak. Mein Patient, der früher mit großer Vorliebe dem Alkohol zugesprochen hatte, goß sich in Abwesenheit der Schwester den Inhalt einer fast vollen Kognakflasche durch die Fistel in den Darmkanal, worauf er in einen tiefen, narkoseähnlichen Schlaf verfiel, aus dem er erst nach 40 Stunden, ohne weiteren Schaden genommen zu haben, aufwachte; uns fiel ein Stein vom Herzen.

Im Jahre 1886 kam eine Anfrage, ob ich als Arzt den Grafen Bardi, einen jüngeren Bruder des Herzogs von Parma, auf einer von ihm geplanten Weltumseglung begleiten wolle. Dieser Antrag war außerordentlich verlockend. Ich war 26 Jahre alt und hätte wohl brennend gerne die große Welt gesehen, wollte aber unter keiner Bedingung meine Stelle als Operationszögling an der Klinik Billroth aufgeben, da ich hoffte, einmal Assistent zu werden. Jedenfalls wollte ich keine Entscheidung fassen, ohne die Zusicherung zu haben, nach meiner Rückkehr wieder in die Klinik eintreten zu können. Die Aussprache mit Billroth zeigte mir seine wohlwollende väterliche Zuneigung. Er wies auf das angebotene geradezu lächerlich kleine Honorar hin — er meinte, der Kammerdiener des Prinzen habe sicherlich doppelt so viel — und betrachtete dies als Gradmesser für die Einschätzung des Schiffsarztes durch den hohen Herrn. Mir war dieser Ausspruch maßgebend und ich verzichtete auf das Angebot. Das war mein Glück. Der Prinz erhielt auf den Antillen die Nachricht von dem Tode des Grafen Chambord und kehrte daraufhin unverzüglich nach Europa zurück.

Alljährlich zu Beginn des Dezember kam Herzog Karl Theodor von Bayern, ein Bruder unserer Kaiserin Elisabeth, zu Besuch auf die Klinik. Er war in München zum Doktor der Medizin promoviert worden und interessierte sich sehr für die Chirurgie. Später hat er sich ausschließlich der Augenheilkunde gewidmet und viele Tausende von Staroperationen, immer von seiner Gattin assistiert, mit bestem Erfolg ausgeführt.

Zu Beginn der Achtzigerjahre wohnte er bei seinen Besuchen an der Klinik Billroth den klinischen Vorlesungen und Operationen bei und führte auch selbst unter der Leitung Billroths und seiner Assistenten Wölfler und Hacker Operationen aus. Ich hatte wiederholt Gelegenheit, ihm bei den Operationen als „Instrumentarius" zu assistieren. Im Dezember 1885 wurde ich während einer Operation des Herzogs durch ein Telegramm verständigt, möglichst bald zu meiner schwer erkrankten Mutter zu kommen. Billroth gewährte mir selbstverständlich sofort den Urlaub und so verbrachte ich die Weihnachtsferien in der Heimat, wo wir alle die Freude erlebten, daß die gute Mutter von ihrer Lungenentzündung wieder vollkommen genas. Im Dezember des nächsten Jahres kam der Herzog wieder an die Klinik und wurde von uns begrüßt; er ging direkt auf mich zu mit der Frage: „Wie ist es voriges Jahr Ihrer Mutter ergangen? Hat sie sich gut erholt?" Diese warme Teilnahme habe ich dem hohen Herrn niemals vergessen und es war mir eine große Ehre und Freude, zwanzig Jahre später seiner Tochter, der Königin der Belgier, anläßlich der Internationalen Krebskonferenz in Brüssel vorgestellt zu werden.

Die antiseptische Wundbehandlung mit Karbol wirkte sich nicht nur für die Patienten, sondern auch für die Ärzte, die regelmäßig damit zu tun hatten, nachteilig aus. Durch das viele

Einatmen des Karbolnebels kam es zu grasgrünem Karbolharn. Die häufige Benetzung der Finger mit selbst stark verdünnter Lösung bewirkte gelegentlich äußerst lästige Ekzeme, die eine Reihe von Bläschen entstehen ließen und nicht nur großen Juckreiz verursachten, sondern auch jede gründliche Händewaschung, wie sie vor der Operation erfolgen muß, unmöglich machten.

Ich habe als Operationszögling wiederholt durch längere Zeit an diesem sehr lästigen Karbolekzem der Hände gelitten. Ich war weniger durch das Jucken belästigt als durch das Verbot, mich zu waschen; höchstens durfte ich ab und zu die Finger mit Salizyl-Alkohol betupfen. Auftragen der Unna'schen Zinkoxydgelatine, Verwendung von Puder und Tragen weißer Zwirnhandschuhe leistete mir ausgezeichnete Dienste, so daß ich stets nach wenigen Wochen zur Dienstleistung wieder fähig war.

Es ist allgemein bekannt, daß diese Störung eine so starke und immer von neuem auftretende werden konnte, daß mancher junge, hoffnungsvolle Chirurg das Operieren aufgeben mußte, wie z. B. Adolf Lorenz, der deswegen seine Stelle als Assistent an der Klinik Albert zurücklegte. Er wurde nach fleißigem Studium einer der Schöpfer der modernen unblutigen Orthopädie und hat sich durch seine Methode der unblutigen Einrenkung der Hüftgelenksverrenkung dauernde Verdienste um die Menschheit erworben; er gelangte dadurch zu Weltruhm.

Die Arbeit an der Klinik begann im Sommer um 7 Uhr, im Winter um 8 Uhr mit der Visite; von einem der beiden Assistenten wurde sofort mit den angesetzten Operationen begonnen. Billroth kam im Sommer vor 9 Uhr, im Winter vor 10 Uhr an die Klinik, besah sich kurz die Frischoperierten und begann mit akademischem Viertel die klinische Vorlesung, die meist über eineinhalb Stunden dauerte und öfters ganz von Operationen, die Billroth mit seiner bekannten Ruhe durchführte, ausgefüllt war. Stets wohnten ein oder mehrere ausländische Ärzte, Reichsdeutsche, Engländer, Franzosen, Holländer, Japaner usw. der Vorlesung bei; meistens waren es Ärzte aus Nordamerika, auch aus Skandinavien, was Billroth, der mütterlicherseits schwedisches Blut in seinen Adern hatte, immer besonders freute.

Nach Beendigung der klinischen Vorlesung besuchte Billroth noch die Schwerkranken, die Assistenten mit den Operationszöglingen operierten weiter. Erst zwischen ½2 und 2 Uhr ging es zu einem raschen Mittagessen, meistens im Restaurant Riedhof — damals gab es für den Krankenhausarzt noch keinen Mittagstisch im Krankenhaus selbst, den führte erst der verdienstvolle Direktor Dr. V. Mucha ein —, dann zurück an die Klinik zu einem Verbandkurs am Phantom, bzw. der Studenten untereinander, oder zu einem Operationskurs an der Leiche. Um 5 Uhr war Visite, darnach wieder eine Operation; nach dem Abendessen wurde im Arbeitszimmer der Klinik, in den Räumen des Pathologischen Institutes, die wissenschaftliche Arbeit begonnen.

Eine starke Gelbsucht vermochte meine Tätigkeit an der Klinik nicht zu unterbrechen, obwohl die dabei auftretende Müdigkeit und Schlaffheit nur mit dem Aufgebote größter Willenskraft bekämpft werden konnte, wollte man ihr nicht unterliegen. Noch heute erinnere ich mich, welch besonders angenehmes Gefühl es war, mich nach vollendetem Tagewerk in dem beruhigenden Bewußtsein niederlegen zu können, im Nachtdienst durch einen Kollegen vertreten zu sein.

Ein als Gast anwesender ausländischer Chirurg war einmal, während Billroth einen Oberarm wegen einer bösartigen Geschwulst in der Schulter auslöste, etwas umständlich damit beschäftigt, seine Brillen mit dem Taschentuch zu reinigen. Er war noch nicht damit fertig, als der entfernte Arm schon weggetragen wurde. Billroth besaß die von seinem Lehrer übernommene Geschicklichkeit im schnellen Operieren, die seinerzeit besonders gewertet wurde, da es noch keine Narkose gab. So ist bekannt, daß Baron Larrey, der Feldchirurg Napoleon I., der von seinem obersten Kriegsherrn stets als der tapferste unter allen Offizieren bezeichnet wurde, in den ersten 24 Stun-

Billroth inmitten seiner klinischen Assistenten und Operationszöglinge. Sommersemester 1887
Untere Reihe: Scheimpflug, Eiselsberg, Salzer, Billroth, Hacker, Tief, Schwarz
Obere Reihe: Pilz, Klotz, Meyer, Pawlecka, Hochstetter, Hinterstoisser, Brunner, Dittel, Rosthorn, Stöhr

Mit meinen klinischen Assistenten in Utrecht 1895
(Siehe Seite 123)

Obere Reihe: v. Lelyfeld, G. Walther, Folmer, Bosscha
Sitzend: Bosch v. Oudameliesfeld, Eiselsberg, Cartier van Dissel, D. Boks

den nach der Schlacht von Eylau mehr als 200 Absetzungen der Gliedmaßen der oberen und unteren Extremitäten ausführte.

Die Beziehungen der Ärzte der Klinik untereinander waren sehr herzlich; der freundschaftliche Verkehr hinderte aber die genaue und strenge Ausführung der Pflicht durchaus nicht. Jeder war bestrebt, sein Bestes zu leisten und sah es als Ehre an, unter Billroth arbeiten zu dürfen. In diesen klinischen Lernjahren wurden Freundschaften für das ganze Leben geschlossen, so mit V. v. Hacker, F. A. Salzer, A. v. Rosthorn, A. Brenner, W. Otto, Emil Pilz, J. Oberth, H. Hinterstoisser, F. Schüßler u. a.

Der März 1887 brachte für mich den Verlust meines lieben, guten Vaters, der an den Folgen einer chronischen Nephritis starb. Für ihn bedeutete der Tod eine wahre Erlösung. Er hatte immer gehofft, meine Ernennung zum Assistenten noch zu erleben. Die frohe Botschaft, daß Billroth mir kurz vorher die nächste freiwerdende Assistentenstelle an seiner Klinik in sichere Aussicht gestellt hatte, war einer seiner letzten Lichtblicke in seiner Todeskrankheit gewesen.

Im Mai desselben Jahres drohte eine schwere Lungenentzündung Billroth hinwegzuraffen. An einem Abend wurden mehrere Ärzte der Klinik zu ihm beschieden, er wollte ein paar Schüler nochmals sehen. Auch ich war darunter. Es war rührend, wie Billroth uns mit kaum vernehmbarer Stimme zu weiterer genauer, gewissenhafter Arbeit aufmunterte und das Wohl der Patienten immer hochzuhalten empfahl. Glücklicherweise besserte sich die schwere Erkrankung; der Aufenthalt in seinem geliebten Sommersitz St. Gilgen am Wolfgangsee brachte die Gesundheit wieder. In der Rekonvaleszenz zeigte sich die große Tatkraft unseres Meisters; er kräftigte das ganz und gar nicht trainierte Herz durch immer größere Spaziergänge und Bergpartien, so daß er gesünder wurde, als er es während der letzten zehn Jahre gewesen war, und noch fast sechs Jahre hindurch arbeiten konnte.

Während meiner ganzen Lehrzeit als Hörer der Klinik und als Operationszögling hatte ich so viel von dem großen Chirurgen Lister in London, dem Schöpfer der antiseptischen Wundbehandlung, gehört, daß es mich drängte, ihn zu besuchen. Wenn auch um die Mitte der Achtzigerjahre die Karbolsäure schon durch Sublimat und Jodoform verdrängt war, Lister erschien mir darum nicht weniger bewundernswert und ein Besuch bei ihm so interessant, daß ich zusammen mit meinem lieben Freund Dr. Alfons v. Rosthorn nach London zu pilgern beschlossen hatte, um diesen ganz großen Gelehrten und Wohltäter der Menschheit kennen zu lernen. Billroth hatte uns Empfehlungskarten mitgegeben. Wir traten Ende Juli 1887 erwartungsvoll unsere Reise an, die uns über Ostende nach London führte.

Wir waren vom Glück begünstigt. Am zweitnächsten Tag unseres Londoner Aufenthaltes war eine Operation angesetzt, die Lister selbst ausführte — nebstbei bemerkt war es, wie ich später hörte, eine seiner letzten Operationen in der Klinik —. Er empfing uns ungemein gütig und erkundigte sich angelegentlich nach dem Befinden unseres Lehrers. Die Operation bestand in einem blutigen Zurückbringen einer veralteten Schultergelenksverrenkung. Langsam, aber ruhig und zielbewußt wurde der Eingriff ausgeführt und glatt beendet. Diese Stunde bei Lister bleibt mir mein ganzes Leben hindurch unvergeßlich.

Am Morgen dieses Tages hatte uns ein in der gleichen Pension wohnender englischer Student der Medizin, der unmittelbar vor der Schlußprüfung stand, zu einem großen Tennismatsch eingeladen. Mit Rücksicht auf unseren Besuch bei Lister lehnten wir dankend ab, worauf zu unserem nicht geringen Erstaunen der junge Kollege fragte: „Who is Lister?" Bei der in England üblichen Heranbildung der Ärzte ist diese auf den ersten Blick recht merkwürdig klingende Frage eines Mediziners, der fünf Jahre ohne Unterbrechung in London studiert hatte, bis zu einem gewissen Grade erklärlich, da damals an einem Dutzend von Spitälern Londons die Möglichkeit bestand, den gesamten theoretischen und praktischen Unterricht in der Medizin vom Anfang bis zum Ende zu erhalten. Es kam nur sehr selten vor, daß ein Mediziner, der seine Studien an einem Spital, z. B. dem St. Bartholomew oder Guy's Hospital begonnen hatte, auch eine andere medizinische Unterrichtsstätte Londons, wie etwa das St. Thomas- oder Kings College oder das Universitäts-Hospital, wo Lister wirkte, besuchte; vielmehr war es gebräuchlich, die ganze Studienzeit in demselben Spital durchzumachen. Aber immerhin kam uns die Richtigkeit des Ausspruches „Nemo propheta in patria" zum Bewußtsein.

Beim 6. Internationalen Hygiene-Kongreß, September 1887, der in den Räumen der Wiener Universität abgehalten wurde, hatte ich die ehrenvolle Aufgabe, von den in französischer oder englischer Sprache gehaltenen Vorträgen sofort einen kurzen Auszug in deutscher Sprache zu geben. Schwieriger war es mir, einen englischen Vortrag gleich in französischer Sprache wiederzugeben und umgekehrt, doch auch das gelang leidlich zur Zufriedenheit des Vorsitzenden und des Auditoriums.

Der bisherige Assistent Dr. v. Hacker war im Sommer zum Abteilungsvorstand der Allgemeinen Poliklinik ernannt worden, so daß ich nach seinem Abgang die freigewordene Assistentenstelle bekam. Das Leben des klinischen Arztes hat mein Freund und Kollege Dr. Emil Pilz in ausgezeichneter Weise zeichnerisch dargestellt, wozu ich anläßlich der Abschiedsfeier Dr. v. Hackers das nachfolgende Poem verfaßte:

Ein Tag Operateur an der Klinik Billroth

Sieben Uhr hat's kaum g'schlag'n am Directionsgebäud' ob'n,
Der Morgen ist herrlich, die Amseln die lob'n
Unsern Herrgott und zwitschern und pfeifen so schön,
Man hört gar gern zu, bleibt selbst a weng steh'n — —
Da stürmt's in aller Eil' gegen d'neunte Stiege daher,
Wer wird's denn auch sein? ... der Operateur;
Schnell geht er ins Kammerl von der Wärterin 'nein,
Kommt heraus im weißen Rock und beginnt gleich zu schreib'n:

Acht Kilo Eis, zwei Zetteln auf's Bad;
Die eine von den Wärterinnen holt daweil g'rad'
Den Speisbog'n daher und fangt an zum Dictir'n:
8 Einbrenn, 4 Klare, 12 Eier, 2 Hirn,
6 Rindfleisch, 2 Schnitzeln, ich bitt', beide panirt,
12 Weine, 8 Mehlspeis, ein Beefsteak fachirt
Für'n Magenkranken, und endlich 12 Semmeln, 8 Brot,
Vor lauter Schreib'n wird Ein'm der Finger halb todt
Und mit ang'schriebenen Zetteln ist der Tisch schon ganz voll;
Da bringt d' and're Wärterin erst noch 's Protokoll:
»Zwei Neuche zum Eintrag'n und Einer geht z'haus«
Und damit ist meistens die Schreiberei aus.
Es sei denn, dass noch etwas B'sonderes wäre,
Eine Verletzungs-Anzeige oder gar a Parere.
Jetzt wascht man sich gründlich mit Hypermangan
Und Oxalsäure d'rauf und d' Visit, die geht an.
Wie gehts? Wie hab'n's g'schlaf'n, druckt der Verband irgendwo?
Ich dank' schön, Herr Doctor, es geht schon so, so, — —
Und dann wird verbunden,
Granulirende Wunden
Werd'n mit'n Lapis touchirt,
Abscesse werd'n g'spalten und Narben massirt.
Ein Belag auf den Wunden ist kaum mehr zu seh'n,
Und sollt's dennoch ab und zu einmal g'scheh'n,
So blast man's mit Woefflers Zerstäuber fest ein,
Um die Bacillen und Coccen nur schnell zu vertreib'n.
Auf *16* unten kommt Alles dann z'samm',
D'Assistenten und Zögling'. »Was kommt denn heut' dran?«
Fragt der Eine den Andern mit freudigem G'sicht,
Da meldet die Wärterin den Herrn Hofrath in Sicht.
Er kommt und fragt gleich: »»Was steht heut am Programm?««
»Zwei Klumpfuss', drei Caries, eine Osteotomie
»Und d' Frau mit dem Magen zu Laprotomie,
»Und dazu noch d'Studenten, die wollen colloquir'n!«
»»Nun beginnen sie draussen zu narkotisir'n!««
Vollpfropft ist der Gang mit lauter Patienten
Ambulanten und klinischen, dazwischen d'Studenten!
Da steht Einer mit a frischer Radius-Fractur,
Der And're, der fragt weg'n a Jodwasser-Cur,

Ein Dritter der kommt wegen »g'fallene Mandeln«
Und dicht neben seiner steht der: Nix ze handeln
Mit Kaftan und Paies, da weiss man's ja schon,
Dem Herrn, dem fehlt's g'wiss in der unter'n Region.
Eine Bäu'rin vom Land mit Kindsader-Füss',
A Frau aus Korneuburg mit an verschluckten Gebiss;
Panaritien, Angiome, Polypen, Phlegmonen,
Eing'wachsene Nägel, ein paar
                 Contusionen — —
Inmitten d e r Menge wird narkotisirt,
Mit dem Rosthorn'schen Korb, der nach unten drainirt,
Zur Vermeidung von Schorfen: »Machen S' d'Augen schön zu,
»Zähl'n S' nach in aller Ruh'........
Indes hat die Vorlesung lang schon begonnen,
Herr Hofrath spricht g'rad über Exstirpationen
Des Uterus nach Schröder, d'Idee ist genial,
Käm' dann nicht die Sepsis fast allemal,
Deshalb hat v. Hacker den Stumpf suspendirt,
Auf die Art die Methode gut modificirt.
Die Patientin wird vorg'stellt, jetzt kommt ein anderer d'ran,
Es ist dies ein sechzigjähriger Mann;
Er kam in die Klinik, es stimmt jedes Symptom
Für ein primäres Larynx-Carcinom:
Das Alter, das latente Entsteh'n der Beschwerden,
Der heisere Husten, das Dickerwerden
Des Kehlkopfs, dazu noch der Larynx-Befund
Von Chiari — zum Glück war frei noch der Schlund —
»»Ich machte hier die Total-Exstirpation,
»»Wie Sie seh'n, kam der Mann ganz glücklich davon,
»»An Hunden von Czerny gar oftmals probirt,
»»Bevor ich sie am Menschen hab' ausgeführt,
»»Trotz Mangel an Stimmband spricht Patient
                 — er ist Hauer—
»»Mittels künstlichen Kehlkopfs nach Gussenbauer.««
Der Professor noch weiter über Carcinome spricht,
Inzwischen wird alles fein hergericht't:
Instrumente und Seide liegt im Carbol,
Von Nadeln und Klammern sind zwei Schüsseln ganz voll,

Die Gaze, die Dochte, mit Compressen der Topf,
Sind alle steril vom Fuß bis zum Kopf.
Die Patientin wird g'waschen und sauber rasirt,
Mit dem Irrigator noch abg'spült und desinficirt.
»Ich bitt', es kann geh'n, sie ist narkotisirt.«
»»Ach, lesen Sie schnell die Anamnese noch vor,
»»Ich wasch' mich einstweilen«« — und Alles ist Ohr —
»Die Frau, 50 Jahr — ihr Mann ist Vertrauter,
»Hat niemals gebor'n — d'Studenten schrei'n: »Lauter!«
»Will stets bis vor einem Jahr' g'sund g'wesen sein,
»Da erbrach sie spontan des öfteren Schleim,
»Sie konnte zwar Alles und ungenirt schlucken,
»Doch bekam sie darauf meist heftiges Drucken
»Im Magen, sie merkt, sie verliert an Gewicht,
»Und isst sie was Festes, konstant sie es bricht
»Zwei Stunden darauf — seit vier ein halb Wochen
»Hat selbst flüssige Nahrung sie häufig gebrochen,
»Sie magert rasch ab und wird ganz zum Krüppel,
»Seit drei Wochen fühlt sie an harten Dippel
»Im rechten Hypochondrium,
»Seit zwei Wochen bricht sie des öfteren Blut.« — — —
Der Hofrath winkt ab und sagt: »»'s ist schon gut,
»»Die Anamnese gibt Ihnen ein deutliches Bild
»»Des Processes, der sich bei der Kranken abspielt.
»»Sie leidet, Sie Alle errathen es ja,
»»An Krebs der Regio pylorica. — — — —
»»Ich mache hier gleich eine grosse Incision,
»»Dass der Fall nicht ganz leicht, das dacht' ich mir schon,
»»Der Pylorus ringsum derb infiltrirt,
»»Und leider greift die Neubildung ganz ungenirt
»»Auf die Leber herüber, die einzige Therapie
»»Ist die Woelfler'sche Gastro-Enterostomie.««
All's ist ruhig, ein Jeder staunt nur und schaut,
Wie sich d'rin' der Herr Hofrath herum z'greifen traut!
Und er macht All's so ruhig und Alles so fein,
Da ist man erst stolz, auf *dieser* Klinik zu sein.
Der Ausdruck ist z'schwach, wenn ich sag': Es ist schön,
Vom ersten Messerzug an bis zum Bauchdeckendrain.

Ein Tag Operateur an der Klinik Billroth

Gottlob, die Operation wäre glücklich vorbei,
Jetzt kommt noch zum Schluss eine Struma an d'Reih — — —
D'Vorlesung ist aus und man bringt vom Journal
Eine Hernie oder sonst einen b'sonderen Fall.
Hierauf d'Ambulanz von 12 bis um 2,
Sie ist ja sehr int'ressant, doch dann meiner Treu
Geht man gern zum Essen. — — — — —
Nur schnell z'rück auf d'Klinik, denn 3 Uhr ist's kaum,
Ist schon wieder g'steckt voll der Ambulantenraum.
Tumor albus, Pes varus, Fracturn, Ankylosen,
Bei Coxitis machen wir gypserne Hosen
Und zwar Einer allein — seit ersonnen hat
v. Hacker den Assistenten-Erspar-Apparat.
Contracturen des Knie's hat man früher narkotisirt
Und dann mit Gewalt die Stellung corrigirt,
Dabei kam es — nach Salzer ist's dreimal gescheh'n —
Zur Zerreissung der Ader und rascher Gangrän.
Jetzt ist's nimmer so gefährlich, man streckt sie ganz sacht,
Da Gersuny den Korkverband glücklich erdacht.
Genu valgum wird mittels Drain redressirt,
Wie's Mikulicz hat im Archiv publicirt.
In der Ambulanz, da gibt's Mieder, welche Mašek geschickt
In corrigirtester Stellung dem Rumpfe anschmiegt.
Dann heißt's im Museum oder Arbeitszimmer hocken,
Der Eine schneid't Tumorn, der And're fängt Coccen,
Und stinkt's auch mitunter, ist's gleich oft recht schwül,
Mich beschleicht in dem Zimmer ein hehres Gefühl:
Entstand doch an diesem Orte da
Die Cocco-bacteria septica.
Beim Riedhof, alle Monat, kommt d'Klinik dann z'samm',
Man wart't nur, bis Alle ihr Glaserl voll hab'n,
Die erste Blume, die ist seit undenklicher Zeit
Nebst einem kräftigen Schluck unserm Hofrath geweiht.
Die zweite, die gilt — es ist immer so g'wen,
Den beiden Vice-Präsidien.
Und so befolg' ich auch heut' die überkommene Lehre,
Und rufe im Namen der Operateure:
Unser Senex soll leb'n,
Und seine Schüler daneb'n!

ASSISTENT BEI BILLROTH

Meine Tätigkeit als zweiter Assistent der Klinik begann im Oktober 1887 und war für mich ebenso befriedigend als beglückend, wenn es auch reichlich Arbeit gab. Jetzt häuften sich die von mir persönlich auszuführenden großen Eingriffe. Daneben oblag mir die Sorge für die Hälfte der Patienten der Klinik, der praktische Operationskurs an der Leiche und abends die Arbeiten im Laboratorium der Klinik, die mich bis nach Mitternacht, oft bis in die Morgenstunden daselbst festhielten. Mein Interesse daran war so groß, daß darüber meist die körperliche Anstrengung vergessen und der Müdigkeit nicht viel geachtet wurde.

Im Herbst hatten mein Bruder Peter und ich die große Freude, daß unsere gute Mutter ganz zu uns nach Wien kam und damit der Mittelpunkt der Familie wurde. Sie bezog eine Wohnung in der Nähe des Krankenhauses, so daß ich sie täglich, wenigstens für kurze Zeit, besuchen konnte, meistens auch ganz schnell die Mahlzeiten bei ihr einnahm.

Von wissenschaftlichen Arbeiten, die ich in diesen Jahren ausführen konnte, sei die über die physiologische Funktion einer im Brustbein zur Entwicklung gekommenen Ablagerung eines Schilddrüsenkrebses besonders erwähnt.

Die Schilderung meiner klinischen Dienstzeit wäre nicht vollständig, wenn ich nicht auch über gelegentliche Erholungsfahrten berichtete. An dienstfreien Sonntagen ging es in die Umgebung Wiens, um einen tüchtigen Marsch zu machen; alle vier bis sechs Wochen wurde ein Ausflug ins Gebirge unternommen, vor allem auf den so leicht erreichbaren Schneeberg, aber auch auf die Rax, sehr viel seltener wegen der mehr zeitraubenden Zufahrt auf Schneealpe oder Hohe Veitsch. Bei diesen Ausflügen konnte man sich in frischer Luft wieder für die darauffolgenden Arbeitstage stärken. Der vierwöchentliche Sommerurlaub wurde teils in der Heimat, teils im Gebirge verbracht. Die Bergfahrten wurden meist zusammen mit den Kollegen Professor Ottokar Chiari, Professor Heinrich Lorenz, dem späteren Finanzminister v. Böhm, dem Wagenfabrikanten Ludwig Lohner, Dr. Julius Oberth, öfters mit dem Zahnarzt Dr. Otto Zsigmondy und dem Chirurgen J. Rosmanit unternommen. Es ging ins Zillertal (Mösele), ins Ötztal (Wildspitze), in die Hohen Tauern (Großglockner und Großvenediger), auf den Piz Buin, auf den Triglav, aber auch manch anderer Gipfel, wie Monte Cristallo und Ortler, wurde erstiegen.

Am 20. November 1888 hielt ich einen populären Vortrag über das Thema „Die Pflanzen als Mörder der Menschen", der von mehr als 300 Personen beifälligst aufgenommen wurde.

Im Jänner 1889 besuchte ich das Seehospiz San Pelagio bei Rovigno, wo ich mich von der außerordentlich günstigen Wirkung der Seebäder, die im Winter durch Heizen erwärmt wurden, und der Sonnenbehandlung für Kinder, die an Skrofulose und Gelenkstuberkulose litten, überzeugen konnte. Ich meine, daß der Sonnenbehandlung die noch größere Bedeutung zukommt.

Kurz nach meiner Rückkehr erschütterte der Tod des Kronprinzen Rudolf, eines Mannes, der zu den schönsten Hoffnungen berechtigte, die ganze Welt, besonders uns Wiener. Die Gegenwart macht sich keinen Begriff, welch tiefen Eindruck das tragische Ende dieses hochbegabten Prinzen in ganz Österreich und im Auslande machte. Billroth verehrte und schätzte ihn wegen seiner unvoreingenommenen, freien, offenen Beurteilung und Würdigung kultureller und politischer Fragen. Ich war dem Kronprinzen bei der Eröffnung des Rudolfs-Pavillons im Rudolfinerhaus durch meinen Lehrer vorgestellt worden. Alle trauerten aufrichtig um ihn.

Anfangs Februar ging mein Kollege Dr. Salzer auf eine längere Studienreise, die ihn u. a. nach Glasgow zu dem berühmten Chirurgen Mac Ewen führte. Von dort brachte er die erfreuliche Erkenntnis mit, daß verschluckte Fremdkörper, sobald sie einmal im Magen angelangt sind, nur ausnahmsweise operativ entfernt werden müssen. Selbst wenn an den verschluckten Zahnersatzstücken spitze Häkchen und Klammern angebracht waren, konnte (ich wiederhole, wenn der Fremdkörper bereits in den Magen gelangt war) dies meist den Erfolg der einzuleitenden Kartoffelkur nicht beeinträchtigen. Es ist für Billroths Denkungsart bezeichnend, daß er mit Begeisterung diese nichtoperative Behandlung begrüßte und annahm.

Während Fritz Salzers Abwesenheit in England wurde an die Klinik ein Patient mit einem verschluckten Gebiß eingeliefert, das man durch einen Bauchschnitt sofort aus dem Magen entfernte. Der Eingriff hatte sich insoferne aufregend gestaltet, als Billroth nach Eröffnung der Bauchhöhle und Abtasten des Magens durch lange Zeit nichts finden konnte. Endlich war der Fremdkörper ganz hinten in einer Aussackung des Magens, die nach der Wirbelsäule zu gelegen war, zu fühlen und konnte leicht mit bestem Erfolg entfernt werden.

Wenige Wochen nach der Rückkehr Salzers ereignete sich ein ähnlicher Fall, bei dem wir die unblutige Behandlung versuchten. In der Tat stellte sich Erfolg ein und im Laufe des fünften Tages ging das Gebiß auf normalem Wege ab.

Da Salzer diese Behandlungsmethode von seiner Reise nach England mitgebracht hatte, habe ich dann zwei Jahre später gelegentlich seiner Abschiedsfeier von der Klinik ein Gedicht in oberösterreichischer Mundart verbrochen, das ich hier wiedergebe:

Die Erdäpfelkur

Der Franzl Hirslegger, vom Kramer der Sohn,
— Jetzt hört's nur die schreckliche G'schicht —
Der spielt vor der Tür mit an Stück Dekagramm
Vom neuchen metrischen G'wicht;
Bald schupft er's, bald hupft er, dann hat er sich buckt,
Dabei nimmt er's ins Maul — und auf einmal ist's g'schluckt.

Z'erst lacht er, dann stutzt er, aft wird er a weng' ernst
Und danach hebt zum platzen [10] er an,
Der Vater, der fluacht und die Mutter, die zahnt [11],
Der Bua', der flennt [12], was er kann;
Der Magen, der, sagt er, der thuat ihm schon weh
Und d' Magenwind stößt's ihm schön sauber in d' Höh'.

Schnell' nein ins Spittal zu an Doctor nach Wien,
Der sagt: „Sie mei Lieber, geb'n S' Acht",
„Das G'wicht ist zu groß, da bleibt nix anders nöt",
„Als daß man den Bauch ihm aufmacht".
Der Vater wird hanti und sagt plötzlich: „Nein",
„Und wenn's Kind auch d'raufgeht, i' lass' ihn nöt schnei'n".

Der Kramer voll Zorn mit'n trenzenden [13] Bub'n
Zu an anderen Doctor dann geht;
Den bitt' er, er sollt' ihm a Mittel verschreib'n,
Dass 's G'wicht von selba abgeht —
Und richti', der Arzt redt von Schneid'n gar kei Spur,
Sagt nur: „Da probier'n wir die Erdäpfelkur".

Zum Frühstück, auf d' Jausen, z' Mittag und auf d' Nacht
Nur Erdäpfel, d' einzige Speis;
Ma glaubert, es kriegt schon der Magen a Loch,
Kartoffel, bald kalt und bald heiß:
Als Salat und als Nudeln, als bachen und Purée,
Als Heurige mit Butter, als Schmarrn und Sauté.

---

[10] [11] [12] [13] = weinen.

Verschlucken von Fremdkörpern

A so wird fortg'stopft durch volle acht Tag,
Wie a Trommel is der Bauch z'letzt;
Dann kriegt er an Achtel Senna Klystier,
Und hernach wird auf's Töpferl er g'setzt:
Auf einmal hat's kracht und an Rumpler hat's g'macht,
Der Deka war draußt — und der Bub', der hat g'lacht —

Der bekannte Professor Krönlein in Zürich wurde eines Morgens an seiner Klinik durch die Meldung überrascht, die langjährige erste Krankenschwester sei in größter Aufregung, weil sie ihr Gebiß, das sie nachts in einem Glas auf dem Nachtkästchen verwahrt hatte, vermutlich beim Wassertrinken im Schlaf verschluckt habe. Krönlein ließ unverzüglich alles für die von der Schwester dringend gewünschte Operation vorbereiten, und gab erst Auftrag, ihr Zimmer genau zu durchsuchen. In der Tat fand sich das Gebiß unter dem Bett! Was alles die Einbildung machen kann!

Ich nehme hier einige einschlägige Beobachtungen aus der Zeit vorweg, während der ich die Klinik leitete, und kann berichten, daß wir im Laufe der Jahre zahlreiche Patienten sahen, die verschiedenste Fremdkörper meist absichtlich verschluckt hatten, z. B. Rasierklingen, Porzellanscherben, Sardinenbüchsenschlüssel, Dietriche usw. Die meisten dieser Fremdkörper erheischen heute keinen Eingriff mehr, sondern werden durch die Kartoffel- oder Krautkur entfernt.

Einem Nadelschlucker war der Fremdkörper nicht in die Speiseröhre, sondern in die Luftröhre gedrungen. Er hatte nur wenige Beschwerden und verweigerte die Entfernung der weit offen stehenden Sicherheitsnadel, die im Röntgenbild ausgezeichnet sichtbar war, da sie ihm als Talisman gegen die Verbüßung einer längeren Freiheitsstrafe diente.

Nur wenn große Fremdkörper im Magen sind, kann die Entfernung durch Operation notwendig werden. So haben wir einmal aus dem Magen eines Mannes, der wegen eines Diebstahles in der Untersuchungshaft saß, drei schwere Eisenstücke von je elf cm Länge, 2,5 cm Breite und 0,5 cm Dicke mit Erfolg entfernt, die der Häftling geschluckt hatte, um womöglich bei Transferierung in ein Spital einen verwegenen Fluchtversuch ausführen zu können. Die Eisenstücke waren im Magen liegen geblieben und wenn der Mann sich schüttelte, hörte man deutlich das „Scheppern" der Fremdkörper. Diese Eingriffe gehören zu den dankbarsten und leichtesten.

Sowohl Haustiere, wie zum Beispiel Kühe, als auch in Freibahn lebende Gemsen verschlucken durch das Belecken ihrer Haardecke Haare, was meist unschädlich ist; nur ausnahmsweise ballen sie sich im Magen oder Darmkanal zu einem festen Knollen zusammen, der Störungen in der Darmpassage und sogar den Tod der Tiere verursachen kann.

Hysterische Mädchen haben manchmal die Gewohnheit, die Spitzen ihrer Haare abzubeißen und zu verschlucken. Der Fall von Stelzner (Dresden) ist wohl der bekannteste: Zwei Freundinnen, eine schwarz- und eine blondhaarige, die einander kämmten, hatten den absonderlichen Geschmack, sich gegenseitig die Haarspitzen abzubeißen und zu verschlucken. Während nun die blonden Haare im Darmkanal der Schwarzhaarigen keinerlei Störung verursachten, ballten sich die schwarzen Haare bei der Blonden zu einem Knäuel zusammen, der operativ entfernt werden mußte.

In Königsberg mußte ich bei einem jungen Mädchen aus Litauen, dem wegen starker Magenbeschwerden das Essen von rohen Schwarzwurzeln empfohlen worden war, operativ eingreifen und konnte einen kindsfaustgroßen Knollen zusammengeballter roher Schwarzwurzeln mit bestem Erfolg entfernen.

Ich habe im Laufe der Jahre, besonders im ersten Dezennium dieses Jahrhunderts, mehrere solcher Operationen ausgeführt. Einmal wurde an meiner Klinik bei einem Patienten, der allerlei Ungenießbares verschluckt hatte, durch meinen damaligen Assistenten E. Ranzi ein vollkommener Ausguß des Magens und Zwölffingerdarms, der aus Bändchen, Spagatschnüren und Haaren bestand und zu einer schweren Verstopfung des Magens geführt hatte, operativ entfernt und vollkommene Heilung erzielt. Das im Museum der Klinik aufgehobene

Präparat hat immer das besondere Interesse der Ärzte und Hörer erregt.

Bei Tischlern sind die sogenannten Schellacksteine beobachtet worden, verursacht durch Trinken spiritushältiger Politur, wodurch Knollenbildungen im Darmkanal und dadurch Störungen hervorgerufen werden.

Im April 1889 wurde in überaus feierlicher und dabei herzlicher Weise der 60. Geburtstag Billroths begangen, bei dem sich wieder die große Liebe und Anhänglichkeit der Schüler an ihren Lehrer in schönster Weise erwies.

Die Festschrift, die damals erschien, und zu der ich mehrere Beiträge lieferte, ist allen ein liebes Andenken an diesen unvergeßlichen Tag geworden. Ich will hier meinen Beitrag für die Festschrift mitteilen:

Wie unser Hofrath noch Christl war —
Blauaugert, mit goldblondem Haar —
's is jetzt schon bald 60 Jahr,
Da war all's voll von Staunen
Ueber das Büberl — keine Launen,
Kei Bosheit, kei Schlechtigkeit hat's an ihm geb'n,
Er ist wohl der bravste von seinen vier Brüdern da g'wen.
Kommt ins Gymnasium nach Greifswald hinein
Und 's fleissige Lernen war bald blos mehr Schein.
Was lernt man nöt heutz'tag im Gymnasium für Sachen,
Ohne Zweck, ohne Nutzen, für nix, 's is zum lachen!
Mit Mathematik und Griechisch wird manch' Stunde vergeud't,
Und doch, wie gut könnt' man s' nöt brauchen, die Zeit!
Unser Billroth, das war halt der richtige Mann,
Selbst find't er's heraus, dass 's wo fehlt im Lehrplan,
Und ganz in der Stille elaborirt er bequem
Für sich und a paar Freunderl a neuches System,
A feine Studienordnung, wo unter andern statt Latein,
Mathematik und Griechisch, was anders steht drein:
Z. B. Musik, deutsche Literatur.
Der Erfolg war nicht gut, d'rum besteht er auch nur,

Mit sehr knapper Mühe und einigem G'frett,
Am End' des Gymnasiums die Maturität.
Das meiste Vergnügen, das meiste Geschick
Zeigt nun unser Billroth allein für Musik.

        Inscribirt war er zwar
        Schon durch a halbs Jahr
        Im Colleg zur Medicin,
        Doch geht er nie hin.

Meiner Treu, was er heut is, das wäre er kaum —
Käm da nicht als Retter Professor Baum,
Der hat den ganzen Umschwung gemacht.
Herr Billroth studiert nunmehr Tag und Nacht.
Drum lassen wir leben Professor Baum!!

Voll Fleiss und voll Eifer hat er weiter studirt,
Anno 50 und 2 zum Doctor promovirt;
D'rauf macht er wie's in Preussen Mode g'rad war,
Sein einjährig-freiwillig Viertel-Jahr,
Und dann geht's nach Wien ins Krankenhaus,
Bei Hebra, Oppolzer fühlt er sich bald z' Haus,
Mittags nach der Klinik wird beim Hirschen dinirt
Und abends dann fleissig im Prater promenirt
Und nur ganz vereinzelt, ja ausnahmsweis,
Tragt es Dr. Billroth die Riedhof-Preis!
Denn die, meine Herrn, war'n damals gar hoch,
Den einen Trost haben wir, sie sind's heutzutag noch.
Und z'rück in Berlin, macht er dann d'rauf
Unter „riesigem Zulauf" die Barbier-Stub'n auf.
Zwei Monat vergingen, jetzt kommt der Moment,
Der entscheidende für's Leb'n, er wird Assistent,
Bei Langenbeck, dem Meister der Chirurgie.
Was von nun unser Meister geschafft und getrieben,
Das findet sich überall niedergeschrieben
In zahlreichen Werken, es mehrt sich sein Ruhm,
Es dauert nicht lang, man berufet ihn d'rum
Nach Zür'ch zum Professor, und kaum ist er dort,
Da woll'ns ihn schon wieder an einem andern Ort.

Ganz jung, er hat noch den Schnalzer nicht g'hört,
Wird er stürmisch in Wien zum Professor begehrt.
Doch nicht alle Collegen waren ihm grün;
Die einen hab'n g'sagt, er kann nicht operiren,
Die ander'n wieder, er is nichts zum dociren,
Das Facit davon: daß sich beide blamiren.
Von Zürich und Wien die klin'sche G'schicht,
Die find't sich geschrieben im Jahresbericht
Ohne Schwindel und Trug, da ward es erst klar
Wie falsch die alte Statistik oft war.
Sein Lehrbuch, die Menge von Operationen
Am Kehlkopf, am Magen, die Billroth ersonnen,
Sein Schaffen im Feldzug, seine Stellung im Land,
Das ist ja wohl allen genügend bekannt.
Ein Meister im Lehren, gleich groß mit dem Messer,
Macht er alles so gut, kein Mensch kann es besser,
Verehrt und geliebt von Aerzten und Lai'n.
Wo immer er mitwirkt, da muß es gedeih'n. —
Was brauch ich noch mehr über Billroth zu sagen,
Den schönsten Beweis hatte er in den Tagen
Seiner schweren Krankheit, wie die ganze Stadt
Mit seiner Familie gezittert hat! — —
Die Freude hernach, jetzt wieder der Jubel!!
So sei mir vergönnt inmitten dem Trubel
Zu sag'n: Daß Jedem jetzt und nach Jahren
Das Höchste sein wird, daß wir Schüler waren
          des *Theodor Billroth*,
D'rum bitt' ich die Herrn, ihr Glas zu erheben,
Unser verehrter Meister, unser Billroth soll leben!

    Eine herrliche Schneebergpartie, die Billroth mit Professor Riehl, Dr. A. v. Rosthorn, Dr. Rosmanit und mir unternahm, blieb uns allen in dauernder Erinnerung.

    Zwei Wochen meiner Sommerferien verbrachte ich damals zusammen mit meinem Freunde Dr. Oberth, der mit mir Operationszögling bei Billroth gewesen war. Oberth galt als ein Original; er hatte, was bis dahin niemals vorgekommen war und sich auch später nicht mehr ereignete, eine Anfrage Billroths für eine Assistentenstelle dankend abgelehnt. Er wollte sich wegen Übernahme einer Primararztensstelle in Schäßburg erst noch in der Geburtshilfe ausbilden; während der folgenden dreißig Jahre entfaltete er in seiner Heimat eine überaus eifrige Tätigkeit.

Als nach dem Kriege Siebenbürgen in rumänischen Besitz kam, mußte Oberth als Siebenbürger Sachse, trotzdem er auf der Höhe seiner Arbeitskraft stand, seine chirurgische Tätigkeit aufgeben.

So schön unsere Urlaubstour war, vom Wetter waren wir nicht begünstigt. Auf der Spitze des Großvenedigers war alles in dichte Nebel gehüllt. Nicht viel besser erging es uns auf der Spitze des Großglockners. Nur kurz hellte es auf, wobei wir allerdings durch eine prachtvolle Aussicht reichlichst belohnt wurden. Bald aber setzte immer dichter werdender Schneefall ein, so daß ein längeres Verweilen am Gipfel nicht ratsam schien.

Ein kleines Erlebnis zeigt die Volkstümlichkeit meines Freundes Dr. Otto Zsigmondy, der sich mit seinem jüngeren Bruder Karl in Kals zu uns gesellt hatte. Emil und Otto Zsigmondy zählten in Wien zu Beginn der Achtzigerjahre zu den allerbesten Bergsteigern, die immer führerlos gingen. Emil hatte im Jahre 1885 bei der Besteigung des Pic de la Meije in Savoyen, die er mit seinem Bruder Otto und dem Leipziger Professor Schulz unternommen hatte, durch Absturz sein Leben eingebüßt. Die Begeisterung für das Bergsteigen und die Liebe zu den Bergen war aber so groß, daß Otto auch weiterhin, wenn auch leichtere Touren machte; ich hatte oft die Freude, mit ihm gehen zu können.

Wir saßen im Touristenstüberl in Kals und besprachen für den folgenden Morgen den Aufbruch nach der Stüdlhütte, wozu Oberth und ich je einen Führer schon geworben hatten, während Otto Zsigmondy selbstverständlich ohne Bergführer seinen jüngeren Bruder Karl, der übrigens auch ein vorzüglicher Bergsteiger war, ans Seil nehmen wollte. Als mein Führer, der bekannte Kehrer, hörte, daß dieses so zart und schmächtig aussehende Brüderpaar, das ich ihm nicht eigens vorgestellt hatte, sich auch unserer Partie anschließen wolle, sagte er, das gehe nicht, es sei Vorschrift, daß jeder Tourist seinen Führer habe. Darauf meine Antwort: „Wissen Sie, wer der Mann ist? Es ist Otto Zsigmondy." Es war erhebend zu sehen, wie der wuchtige Mann ihm zurief: „Was, du bischt der Zsigmondy?" Er nahm ihn an der Hand und führte ihn in die Führerstube nebenan, um ihn den anderen Führern vorzustellen. Mit heller Begeisterung drängten sich alle an Zsigmondy heran, bei dem man nie wußte, was bei ihm mehr entwickelt war, seine unglaubliche Geschicklichkeit, ja sein direkter Spürsinn für alle etwa einzuschlagenden Wege bei schwierigen Touren, oder seine große Bescheidenheit, die stets auf Vermeidung jedweden Aufsehens bedacht war. Immerhin hat ihn diese spontan dargebrachte Ovation sehr gefreut.

Auf dem Rückweg vom Hochgebirge besuchte ich, einer herzlichen Einladung folgend, meinen Lehrer Billroth auf seinem Sommersitz in St. Gilgen, wobei er mir mitteilte, er habe mich als Vortragenden für die Naturforscherversammlung in Heidelberg angekündigt; meine Arbeit sei so gut wie fertig, sie brauche nur noch geschliffen zu werden. So weit war sie allerdings noch nicht! Die Zeit von Ende August bis Ende September wurde für mich wohl eine der anstrengendsten meines Lebens. Als einziger Assistent hatte ich die Klinik zu führen und spät abends, oft bis in die Nacht hinein, arbeitete ich den Vortrag aus.

Ende September 1889 traf ich in Heidelberg ein und wohnte zum erstenmal einer Tagung deutscher Naturforscher und Ärzte bei. Ich sah eine Reihe von Gelehrten, deren Namen vor allem in den Naturwissenschaften, in der Chirurgie und Medizin guten Klang hatten. Darin erblicke ich auch den besonderen Wert der persönlichen Teilnahme an solchen Tagungen, daß durch sie Gelegenheit geboten wird, Männer von Ruf, deren Namen uns aus ihren wissenschaftlichen Werken geläufig sind, auch persönlich kennenzulernen. Da war zum Beispiel Alva

Edison, der wie kein zweiter die Übertragung der experimentellen Kenntnisse über die Elektrizität praktisch durchführte und dadurch in ungeahnter Weise ihre Einführung förderte. Er wurde der praktische Schöpfer der Kinematographie. Leider war Edison schon fast taub und erschien in Begleitung seines Sekretärs, der im Namen Edisons der Versammlung herzliche Grüße entbot.

Auf der Versammlung lernte ich auch den berühmten Physiker Professor Hertz (Bonn) kennen, der einen hochwissenschaftlichen Vortrag über die von ihm gemachte Entdeckung neuer Lichtwellen (Kurzwellen), die neuestens eine so große Bedeutung erlangt haben, hielt. War mir auch vieles an dem Vortrag, den der noch junge, leider schon vom Tode gezeichnete Gelehrte hielt, nicht verständlich, das eine habe ich wohl erfaßt, daß es sich dabei um eine ganz große Entdeckung handelte.

Das Programm der Naturforscherversammlung enthielt noch manche interessante Vorträge. Ich trat damals zum erstenmal vor einem solch ausgewählten Auditorium mit einem Vortrag in die Öffentlichkeit; ich gebe am Ende dieses Buches einen Bericht über meine Experimente an Katzen zur Erforschung der Bedeutung der Schilddrüse. Der Vortrag wurde sehr beifällig aufgenommen.

Gegen Ende des Jahres starb Dr. Hofmann v. Wellenhof, ein hoffnungsvoller Assistent am Hygienischen Institut des Professors Max v. Gruber in Wien, an Rotzinfektion, die er sich im Laboratorium geholt hatte.

Wie viele Ärzte sind nicht schon das Opfer ihres Berufes geworden, auf dem Lande und in der Stadt, unbekannt und unbedankt! Ende des vorigen Jahrhunderts machte es großes Aufsehen in Wien, als ein junger Arzt, Dr. Müller, an Pest erkrankte und starb, nachdem er sich bei einem an der Klinik Nothnagel erstmalig aufgetretenen Laboratorien-Pestfall im Isolier-Spital auf der Triester Straße ganz der Pflege dieses Pestkranken gewidmet hatte. Die Marmorstatue im

9. Hof des Allgemeinen Krankenhauses hält das Andenken an dieses Opfer der Wissenschaft für spätere Zeiten wach.

Vor dem Röntgenhaus in Hamburg ist über Anregung von Prof. H. Mayer ein Denkmal errichtet, auf dem die Namen aller Röntgenologen, die als Opfer ihres Berufes starben, der Nachwelt erhalten werden.

Ende Juni 1937 wurde im 1. Hof des Wiener Allgemeinen Krankenhauses ein Marmordenkmal enthüllt, das den im Krieg gefallenen Ärzten gewidmet ist, wobei B. Breitner eine inhaltlich und formell gleich schöne Festrede hielt. G. St. A. Steiner teilte mit, daß 200 österreichisch-ungarische Ärzte vor dem Feind gefallen und 300 an Infektionskrankheiten im Kriege gestorben sind.

Im Jänner 1890 wurde ein lieber Kollege aus der Kremsmünsterer Zeit, der bis dahin anscheinend gesund war, in die Nervenklinik des Professors Meynert wegen Erscheinungen von schwerer Epilepsie sterbend eingeliefert. Er hatte, bevor er das Bewußtsein verlor, den dringenden Wunsch ausgesprochen, daß ich ihn besuchen und behandeln möge. Das Krankheitsbild war ein schweres und die Lokalisierung des Krankheitsherdes bei der tiefen Bewußtlosigkeit nicht möglich. Der Patient erlag nach kurzer Zeit seinem Leiden. Die Sektion deckte zur vollkommenen Überraschung der behandelnden Ärzte einen Großhirnabszeß auf, dessen Wandung besonders verdickt war, nach Ausspruch des Obduzenten sehr alten Datums gewesen sein dürfte und der einer Narbe entsprach, die von einer zehn Jahre zuvor durchgemachten Studentenmensur herrührte. Der Fall war besonders tragisch, weil er einem hoffnungsvollen jungen Leben so rasch ein Ende bereitete. Damals entschloß man sich noch nicht leicht zur Trepanation.

Theodor Meynert, von dessen Klinik eben die Rede war, gehört wohl zu den größten Leuchten der Wiener Medizinischen Fakultät. Durch seine originellen Untersuchungen über die Hirnanatomie erlangte er die Professur für Neurologie und Psychologie an der Wiener Medizinischen Fakultät. Sein überaus geistreicher Vortrag war trotz der langen Satzperioden von besonderem Interesse.

In diesem Jahr besuchte ich zum erstenmal die Tagung der Deutschen Gesellschaft für Chirurgie in Berlin und lernte dabei persönlich eine Reihe berühmter Chirurgen kennen, deren Namen mir aus den Vorträgen meines Lehrers Billroth nicht minder wie aus der Literatur geläufig waren.

Diese Berliner Tagungen hatten immer einen besonderen Reiz. Sie waren anstrengend, wollte man alle Vorträge mit ungeteilter Aufmerksamkeit verfolgen. An jedem dieser vier Tage fanden durch fünf bis sechs Stunden Sitzungen statt. Das dargebotene Material war so reichhaltig, daß eine große Zahl von Diskussionsbemerkungen, manchmal sogar der eine oder andere Vortrag aus Zeitmangel nicht erledigt werden konnte, was für den Leiter der Tagung immer eine Schwierigkeit bedeutete, wie ich es aus eigener Erfahrung als Vorsitzender der Deutschen Gesellschaft für Chirurgie 1908 weiß.

Am Abend des zweiten Sitzungstages vereinigte die Teilnehmer stets ein Festessen, bei dem der Vorsitzende die erste Rede dem deutschen Kaiser zu widmen hatte, eine Aufgabe, die z. B. v. Bergmann immer ganz unübertrefflich schwungvoll und mit großer Begeisterung löste.

Wir Österreicher waren bei den Tagungen gerne gesehen. Dabei gab es einmal Jahre später, als V. v. Czerny Vorsitzender war, ein kleines Mißverständnis. Beim Festmahl hielt Czerny — selbst ein geborener Österreicher und Schüler Billroths — eine Rede auf die anwesenden Gäste und ließ die Teilnehmer aus Japan, Österreich und noch einigen anderen Ländern leben. Ich wußte, daß sämtliche an dieser Tagung teilnehmenden Österreicher nicht Gäste, sondern ordentliche Mitglieder wie die reichsdeutschen Kollegen waren, und erbat mir sofort das Wort zu einer kurzen Rede, in der ich betonte, daß wir Österreicher uns als ebenso vollwertige Mitglieder der Deutschen Gesellschaft für Chirurgie fühlten wie unsere reichsdeutschen Kollegen, also keine Gäste seien. Mit einem Hoch auf V. v. Czerny schloß ich meine kurzen Ausführungen. Im Laufe der Jahre nahm ich 29mal an den Berliner Chirurgentagungen teil.

Wiederholt besuchte ich einen alten Freund meines Vaters, Christian Graf Kinsky. Er war ein prächtiger Mensch, ein klarer Kopf, dabei ebenso witzig als unterhaltend. Eines seiner zahlreichen Verdienste als Landmarschall von Niederösterreich war ein Jagdgesetz. Als verständnisvoller Weidmann setzte er unter anderem, um den Stand der Hirsche zu halten und deren Qualität zu bessern, eine Schonzeit von mehreren Monaten durch, eine Maßregel, die sich sehr bewährte.

Im Frühjahr 1890 erfolgte Salzers und meine Habilitation zum Dozenten. Ich wurde auf Grund meiner Arbeit über Tetanie im Anschluß an Kropfoperationen zur Habilitation zugelassen. Das Kolloquium, in welchem ich der aus Billroth, Albert und dem Dekan bestehenden Kommission über meine diesbezüglichen Erfahrungen, vor allem über meine eigenen Experimente berichtete, dauerte ausnahmsweise wesentlich länger, als es sonst üblich war; am Schlusse dankte mir Albert für das viele Neue, das er eben gehört hatte, und stellte dann, wie mir Billroth später erzählte, den Antrag, man möge mir in Anbetracht dieses guten Kolloquiums die Probevorlesung erlassen. Der Vorschlag wurde vom Professorenkollegium einstimmig angenommen.

Billroth hat sich in seinen „Briefen" wiederholt darüber beklagt, daß er bei seiner vorgesetzten Behörde nicht jene Anerkennung fände, bzw. seiner maßgebenden Stimme nicht jener Einfluß gewährt würde, auf den er vermöge seiner Leistungen mit Recht Anspruch erheben könne. Er empfand es als Kränkung, daß der versprochene Neubau der Klinik nicht zustandekam und bei Berufungen im Deutschen Reich und im Ausland seiner Stimme mehr Gehör geschenkt wurde als in der eigenen Fakultät und im Wiener Unterrichtsministerium.

Im Frühjahr 1890 erhielt Billroth von dem Professor der Physiologie Th. W. Engelmann, dem Dekan der Medizinischen Fakultät in Utrecht, einen Brief, in dem er um Nennung eines geeigneten Kandidaten für die dort freigewordene Lehrkanzel der Chirurgie ersucht wurde, wobei gleichzeitig der dringende Wunsch ausgesprochen wurde, womöglich einen seiner Wiener

Schüler vorzuschlagen. Daraufhin nannte Billroth an erster Stelle seinen Assistenten F. A. Salzer, dann mich und J. Hochenegg, den Assistenten Alberts. Es erfolgte die Ernennung Salzers. Bei dem ihm zu Ehren veranstalteten Abschiedsabend in Wien habe ich außer der früher mitgeteilten „Erdäpfelkur" noch folgendes von mir verfaßte Gedicht zum besten gegeben:

Die Autoplastik

A Maderl vom Land,
Recht sauber beinand,
Fünf Jahr und a halbert's grad alt —
Die Mutter putzt d'Darm von der frisch g'stoch'nen Sau,
Der Vater geht aussi in Wald. —

Auf einmal hört d'Mutter a fürchterlich's G'schrei
„Marand-Josef [14], was is denn da g'scheh'n!!"
Lauft eini in d'Kuchel, wo der Schmalztiegel kocht
Und was muss die arme Frau seh'n!?
Die Hani, die klani hat si d'Finger verbrennt,
Hochroth und verschwollen ist s' G'sicht,
Ganz furchtbar schaut 's aus, dass man 's kaum kennt,
Z'erst trenzt's [15] no und aften dann bricht 's. —

Zwei Monat danach is der Krüppel beinand:
Die Finger ganz eing'schlagen in d'Hand.
Da kommt eines Tages a Förster dahin,
Sieht 's Kind und sagt: »Drin in Wien«
»Da kenn' ich an Jager, der ist nebenbei«
»Auch Doctor, der bringt s' Kind auf glei'.«

Fritz Salzer nöt faul überlegt sich die G'schicht',
Thut s' Maderl narkotisir'n
Und schneidt von den Narben all's weg, was er siecht.
Is a Glück, daß die Flaxen functionir'n;

---

[14] Maria und Josef.
[15] weint.

Vom Hinter'n schneidt er dem Menscherl [16] a Stück
Zwei Hand groß und flickt es dann an
Und verbunden wird 's Kind! — — — ‚Es is nur a Glück,
Dass noch es sich auslüften kann.'

Zwölf Tage hernach trennt den Stiel er ganz los,
Das Kind ist geheilt, die Function ganz famos.

Billroth war über meine Dichtkunst so begeistert, daß er mich umarmte.

Zur Autoplastik sei bemerkt, daß die Finger nach Verbrennung der Hand häufig arg verkrüppelt werden. Liegt die Verbrennung in der Hohlhand, so werden die Finger ganz eingeschlagen wie zur Faust, erfolgt sie am Handrücken, so werden sie stark aufgebogen und sind ebenso unbrauchbar. Schneidet man die Narben weg und überläßt die Wunde der Heilung, so kommt eine noch stärkere Narbenbildung zustande. Deshalb machte man folgende Operation: Nach Wegschneiden der zusammenziehenden Narbe wird ein gestielter Hautlappen von der Brust- oder Bauchhaut des Patienten geschnitten und in die Wunde eingenäht. Ein Verband sorgt dafür, daß der Arm sich nicht verschieben kann. Im Laufe der nächsten zwei Wochen wird der Stiel, durch den dieser verlagerte Lappen noch mit seinem Mutterboden in Verbindung steht, allmählich durchtrennt, bis das verpflanzte Hautstück zur Gänze eingeheilt ist.

Diese Autoplastiken führten u. a. V. v. Hacker und Salzer mit besonderem Geschick aus. Auch ich habe bei zahlreichen Patienten durch diese Operation schöne Erfolge erzielt.

Durch Salzers Berufung nach Utrecht rückte ich zum ersten Assistenten vor. Eine nennenswerte Änderung in meiner Tätigkeit trat nur insoferne ein, als ich bei den häufigen Verhinderungsfällen Billroths — er litt öfters an Bronchitis — ihn bei der Vorlesung vertreten durfte, was ich immer als eine besondere Auszeichnung empfand.

Das eine oder andere Mal beauftragte mich Billroth mit seiner Vertretung bei Konsultationsreisen, nur ganz ausnahms-

---

[16] Mädel.

weise zog er mich privaten Operationen zu — eigene Privatpraxis war uns Assistenten mit Recht vollkommen untersagt. Billroth hatte drei Assistenten für die Privatpraxis: Dr. D. Barbieri, Prof. A. v. Frisch, Dr. R. Gersuny.

Eine Assistenz, die ich Billroth bei der Operation einer Gaumenspalte in einem Sanatorium leisten durfte, möchte ich hier schildern. Da ich viele solcher Eingriffe mit Erfolg an der Klinik ausgeführt hatte, wünschte Billroth, daß ich ihm dabei zu erster Hand assistiere. In tiefer Narkose war die Anfrischung der Spaltränder und die Loslösung der beiden Schleimhautlappen ausgeführt, die Nähte angelegt, aber noch nicht geknüpft worden. Sie hingen als lange Fadenschlingen zum Munde heraus. Da hörte der Patient plötzlich zu atmen auf und ich mußte durch mehr als zehn Minuten ebenso energisch wie vorsichtig die künstliche Respiration vornehmen. Wir selbst atmeten erleichtert auf, als er es wieder tat. Die Heilung erfolgte glatt und wenn die Funktion der Sprache nicht tadellos gut wurde, war dies dadurch bedingt, daß der Patient zur Zeit der Operation schon das 16. Lebensjahr überschritten hatte. Dieser mit so viel Mühe am Leben erhaltene Patient hat in späterer Zeit eine verhängnisvolle Rolle in seinem Vaterland gespielt.

Über eine ähnliche Aufregung wegen Aussetzens der Atmung berichtete A. Fraenkel anläßlich des 100. Geburtstages Billroths in der Deutschen Medizinischen Wochenschrift 1929: Ein Patient hatte während einer in tiefer Narkose ausgeführten Kropfoperation plötzlich zu atmen aufgehört und kam erst nach vielen bangen Minuten durch künstliche Atmung wieder zum Leben. Billroth sagte zu einem als Gast anwesenden französischen Chirurgen: „Der Patient ist glücklicherweise wieder zu sich gekommen", worauf er die treffende Antwort erhielt: «Il est revenu de loin.»

Am Neujahrstag des Jahres 1891 fuhr ich auf Wunsch des Primarius Klotz, meines Kollegen aus der Billroth-Zeit, nach Steyr zu einer armen Frau. Sie litt an einer ganz schweren

Migräne des Gesichtes (Trigeminus-Neuralgie) und es war schon einmal ein kleiner operativer Eingriff mit vorübergehendem guten Erfolg gemacht worden. Nun sollte ich sie radikal operieren. Im dortigen Spital, das eigentlich ein altmodisches Versorgungshaus war, sollte die Durchschneidung des so furchtbar schmerzhaften Nerven ausgeführt werden.

Um 2 Uhr nachmittags begann die Operation. Das Suchen und Finden des Nerven war recht schwierig. Mit Schrecken bemerkte ich das Fehlen einer Lampe. Auf meine Frage wurde mir der Bescheid zuteil, daß man mit ein paar Kerzen und einem Wachsstock das Auslangen finden müsse. Zum Glück gelang es mir doch, den Nerv zu finden, zu durchschneiden und ein beträchtliches Stück desselben zu entfernen, solange die Sonne am wolkenlosen Himmel stand. Die Naht konnte dann leicht bei Wachsstockbeleuchtung vollendet werden. Ich erlebte die Freude, daß die Patientin noch mehrere Jahre nachher vollkommen schmerzfrei blieb.

Dreißig Jahre später wurde ich von meinem Schüler Primarius Dr. E. Oser ins neu erbaute Steyrer Spital geladen und konnte mich daran erfreuen, wie zweckmäßig und modern das Krankenhaus eingerichtet ist und welch vortreffliche Arbeit dort geleistet wird.

Am 4. April sprach ich bei der Tagung der Deutschen Gesellschaft für Chirurgie in der Diskussion zum Vortrag des vortrefflichen Schweizer Chirurgen Konrad Brunner und teilte meine Erfahrungen über Eiterkokken im Schweiße mit.

Am 20. April führte ich über Wunsch eines älteren lieben Freundes und Kollegen bei seinem Sohn die damals übliche Abkappung beider Mandeln mit dem Tonsillotom durch. Der Eingriff spielte sich normal ab. Ich war daher nicht wenig betroffen, als ich spät abends gegen Beendigung des Operationskurses an der Leiche in der Tür den verstörten Vater auftauchen sah. Er ließ mir durch den Diener sagen, sein Sohn blute seit zwei Stunden so stark, daß er das Äußerste befürchte. Ich brach sofort den Kurs ab und fuhr zum Patienten, den ich schwer ausgeblutet vorfand. Da die Blutung noch immer nicht stehen wollte, ließ ich mir rasch das von Péan angegebene Tonsillen-Kompressorium bringen und legte es an; dann bereitete ich für den Fall, als auch dieser Druck nicht helfen sollte, alles zur Unterbindung der Halsschlagader vor. Zum Glück hörte die Blutung nach Anlegung dieses Instrumentes vollkommen auf, doch blieb ich die Nacht über beim Patienten. Später stellte sich heraus, daß er ein Bluter war, wodurch sich die bedrohliche Nachblutung erklärte. Er ist mir später ein nahestehender lieber Schüler und erfahrener Chirurg geworden.

Ein Erlebnis im Sommer dieses Jahres sei hier mitgeteilt. Billroth hatte eine Frau aus Polen wegen eines schweren Unterleibsleidens (Eierstockgeschwulst) operiert. Am dritten Nachmittag nach der Operation verschlimmerte sich das Befinden der Patientin, so daß ich sie noch nach Mitternacht besuchte, wobei ich mich von einer entschiedenen Wendung zur Besserung überzeugen konnte. In meinem Assistentenzimmer angekommen, war ich bald tief eingeschlafen, als ich durch ein Kratzen an der Türe, die niemals versperrt war, geweckt wurde. Als sich trotz meines energischen „Herein"-Rufens niemand zeigte, stand ich auf und war nicht wenig erstaunt, als sich ein junger Mann aus Ostgalizien zu meinen Füßen stürzte, mir den Saum meines Nachthemdes küßte und mich fragte, wie es der Mutter gehe. Der Jüngling hatte in seiner Besorgnis um das Befinden der Mutter sich in einem Gebüsch im Ersten Hof des Krankenhauses versteckt gehalten, obwohl er sie während der Nachtzeit doch nicht besuchen durfte. Ich konnte ihn beruhigen; die Patientin hat auch die Klinik nach drei Wochen geheilt verlassen.

Am nächsten Vormittag kam in die Ambulanz der Klinik ein kräftiger Bauer aus meiner Heimat mit seinem alten Vater, dem eine ausgedehnte krebsige Neubildung fast die Hälfte des Gesichtes, unter anderem auch das eine Auge, zerstört hatte. Auf meine angesichts dieses weit fortgeschrittenen, noch nicht behandelten Leidens dem Sohn gegenüber unter vier Augen etwas vorwurfsvoll vorgebrachte Frage, warum er so spät gekommen sei, bekam ich zur Antwort, es sei immer so viel in der Landwirtschaft zu tun gewesen, wodurch die schon seit langer Zeit geplante Fahrt in die Klinik bis jetzt verschoben werden mußte!

Es soll diese Gegenüberstellung gewiß nicht verallgemeinert werden, doch haben mir diese zwei innerhalb weniger Stunden gemachten Erlebnisse zu denken gegeben.

Einige Tage später kam der berühmte französische Chirurg Péan nach Wien, dessen Operationen ich vor Jahren im Hospital St. Louis zu Paris oft beigewohnt hatte. Es freute mich, in seiner Gegenwart eine Magenresektion ausführen zu können. Er war der erste Chirurg, der 1879 einen Magenkrebs, der allerdings nicht vorher als solcher erkannt war, entfernt hatte, ohne aber den Patienten durch den Eingriff retten zu können. Bekanntlich ist diese Operation Billroth zwei Jahre später im ersten Falle gleich gelungen.

Péan interessierte sich außerordentlich für die Operationen an der Klinik, ich mußte ihm alle Operierten zeigen. Abends lud er mich und einige Kollegen in eine Opernloge zu einer der ersten Aufführungen der „Cavalleria Rusticana" und benützte die Zwischenpausen, um eingehend die Wiener Technik der Magen- und gynäkologischen Operationen zu besprechen.

Daß gelegentlich ein junges, schönes, aufgewecktes Mädchen einen großen Einfluß auf einen Mann hat, ist wohl selbstverständlich; daß aber auch eine ältere, weder anmutige noch schöne Sennerin durch eine derbe Bemerkung eine Abmagerungskur bei einem Touristen mit Erfolg anregt, scheint mir immerhin erwähnenswert.

Mit dem englischen Regimentsarzt Dr. Kilkely, der sich auf der Rückreise von Indien nach seiner Heimat zum Besuche der Wiener Kliniken hier aufhielt, aber auch unsere herrliche Bergwelt kennenlernen wollte, fuhr ich in Begleitung meines Freundes Dr. Rosmanit zu Pfingsten 1891 ins Gesäuse, um den

Tamischbachturm zu besteigen. Obwohl mein englischer Kollege das Himalajagebirge gesehen hatte, war er von der Schönheit des Ennstales und dem Berganstieg hell begeistert. So marschierten wir beide, gut trainiert, munter den Berg hinauf, während Josef Rosmanit, der damals recht beleibt war, langsamer anstieg. Wir waren schon einige Zeit in der Sennhütte eingelangt, als ruhigen Schrittes und bedächtig auch der Nachzügler ankam. „Jetzt kimmt endli der Blade [17] a no nach", meinte die Sennerin so laut, daß es auch Rosmanit hörte. Diese Äußerung hat auf ihn einen derartigen Eindruck gemacht, daß er von nun an überhaupt kein Mittagessen mehr zu sich nahm. Es gelang ihm auf diese Weise, innerhalb eines Jahres um 25 Kilo abzunehmen, ohne das verlorengegangene Gewicht später wieder zurückzugewinnen. Er wurde dann ein ganz ausgezeichneter Bergsteiger, der die Mehrzahl der Schweizer Gipfel, Matterhorn, Monte Rosa und sämtliche hohen Berge Österreichs vielfach führerlos bestiegen hat.

Am 23. Jänner 1892 sollte Billroth zu Stambuloff, dem damals allmächtigen Ministerpräsidenten des Fürsten Ferdinand von Bulgarien, fahren. Stambuloff hatte auf einer Schlittenfahrt, die anläßlich der Eröffnung und Einweihung des Postgebäudes in Sofia stattfand, der Landessitte entsprechend Revolverschüsse in die Luft abgegeben. Beim Herausziehen des Revolvers aus seinem dicken Pelz schoß er sich unvorsichtigerweise selbst an; nun sollte durch einen Wiener Chirurgen die Notwendigkeit einer Operation entschieden werden. Billroth, der an einer Bronchitis litt, wollte die weite Fahrt nicht unternehmen; da auch der in zweiter Linie in Aussicht genommene Chirurg, Professor A. Mosetig Ritter v. Morhof, infolge eines Influenza-Anfalles dem Rufe nicht Folge leisten konnte, sandte Billroth mich nach Sofia. Ich war natürlich glücklich, diese Fahrt machen zu dürfen. Das Leben in Sofia, damals noch ein großes Dorf, von dem der fürstliche Palast sehr abstach, er-

---

[17] der Dicke.

weckte mein volles Interesse. Nach reiflicher Überlegung, ob das in der Wade steckende Projektil entfernt oder belassen werden solle, entschloß ich mich zur konservativen Behandlung, trotzdem von seiten des einen und anderen der zahlreich zu Rate gezogenen Ärzte die Frage der Entfernung des Geschosses ernstlich erwogen wurde. Selbstverständlich hatte ich alle nötigen Instrumente mitgeführt. Die Kugel heilte in der Tat ohne jede Reaktion ein und machte ihrem Träger keine weiteren Beschwerden. In mehreren Audienzen bei dem ungewöhnlich klugen Fürsten Ferdinand sowie dessen Mutter Prinzessin Clementine v. Coburg, einer würdevollen und besonders unterrichteten Frau, mit der sich trotz ihrer Schwerhörigkeit die Unterhaltung in französischer Sprache äußerst interessant gestaltete, wurde nicht nur der Krankheitsfall Stambuloffs, sondern auch die politische Lage erörtert.

Wenige Wochen später hatte ich in Vertretung Billroths zu einer Patientin mit schwerster Mittelohreiterung und folgender Nekrose (Absterben eines Knochenstückes des Felsenbeines) nach Odessa zu fahren. Die Reise ging über Krakau und Lemberg nach dem Osten. In Wolocyska betrat ich zum erstenmal den Boden des heiligen Rußland. Umständliche, kleinliche Paß- und Gepäcks-Visitation; sobald man aber im russischen Coupé saß — wegen der größeren Spurweite der russischen gegenüber allen europäischen Eisenbahngeleisen mußte man umsteigen — fühlte man sich behaglich. — Nach etwa 52stündiger Fahrt traf ich in Odessa ein, untersuchte genau die Patientin und setzte für den späten Nachmittag den operativen Eingriff fest. Er wurde in tiefer Narkose ausgeführt und es gelang mit einiger Mühe, das schon abgestorbene große Knochenstück zu beseitigen und dem dahinter befindlichen Eiter Abzug zu verschaffen. Die Operation wurde in einem gutgeheizten, glashausähnlichen Raum einer Fabrik ausgeführt. Eine gewisse Unruhe, Geflüster und Husten, das sich schon zu Beginn bemerkbar gemacht hatte, veranlaßte mich, gegen Ende der Operation aufzusehen und da gewahrte ich auf Stühlen und Leitern eine große

Anzahl Zaungäste bei den Fenstern hereinsehend. — Der nächste Tag war dem Besuch einiger Spitäler und der Besichtigung der Stadt Odessa gewidmet. Ein Generalstabsarzt, den ich bei einer am Abend zuvor mir zu Ehren veranstalteten Vereinigung der Odessaer Ärzte kennen gelernt hatte, zeigte mir das neue Gefangenenhaus. Die Räume machten einen günstigen, sauberen Eindruck; sie waren bei der herrschenden Kälte gut geheizt, auch die Kost schien gut. Wir durchschritten eine Reihe von Zimmern. Ich hatte Gelegenheit, mit dem einen oder anderen Gefangenen, soweit sie der deutschen oder französischen Sprache mächtig waren, zu sprechen. Als beim Passieren eines Zimmers der Generalstabsarzt seine Mütze abnahm, sagte er mir, es geschehe deshalb, weil es sich da um gefangene Adelige handle!

Einige Tage später fuhr ein altes Personenschiff, das seit Jahren nur mehr zum Viehtransport diente, gelegentlich aber auch einzelne Passagiere mitnahm, nach Konstantinopel. Ich erbat mir telegraphisch bei Billroth eine Urlaubsverlängerung. Da das Befinden meiner Patientin sich besserte und somit ein längeres Verweilen sich erübrigte, verließ ich Odessa mit dem seinerzeit in Glasgow im Jahre 1860 erbauten Dampfer. Wir waren also gleich alt; für einen Chirurgen sind 32 Jahre das richtige, für einen Dampfer ein bedenklich hohes Alter. Schon nach Verlassen des Hafens verursachte der starke Südwind ein schweres Rollen und Stampfen des Schiffes, was sich nicht nur bei den wenigen Passagieren, sondern vor allem bei den weit über hundert zum Transport nach Konstantinopel miteingeschifften Ochsen unangenehm bemerkbar machte, von denen eine große Anzahl auf Deck angebunden war. Dieser Sturm hielt bis zum Einlaufen in den Bosporus, 56 Stunden hindurch, an. Am zweiten Morgen der Fahrt wurde ich während des Frühstücks durch besonders lautes Schreien veranlaßt, schnell auf Deck zu laufen und da sah ich, wie Offiziere und Mannschaft nach einem Punkt der bewegten See hindeuteten und Rettungsringe über Bord warfen. Es war ein Mann über Bord gegangen, von dem ich die aus dem Wasser hervorragende

Hand zu sehen bekam. Jeder weitere Rettungsversuch war bei dem schweren Seegang ein Ding der Unmöglichkeit.

Schließlich fand diese Fahrt ihr Ende und es erfolgte bei herrlichem Wetter die Landung in Konstantinopel. Ich begab mich sofort in ein mir empfohlenes Hotel und nahm mir einen Dragoman (Führer) auf, mit dem ich den ganzen Tag über die Sehenswürdigkeiten von Konstantinopel: Moscheen, Bazars etc. besichtigte. Als ich etwa nach 5 Uhr wieder ins Hotel zurückkam, teilte mir der Portier mit, daß ich von der Polizei dringlichst gesucht werde. Dieses mir vollkommen unverständliche Interesse an meiner Person — mein Paß war in Ordnung — klärte sich bald auf: Ich hatte von Odessa aus mich telegraphisch bei Dr. Ikalovics, dem Leibarzt des Fürsten von Bulgarien, zu kurzem Besuch Stambuloffs angesagt. Nun war am Vortag meines Eintreffens in Konstantinopel auf Dr. Nelidoff, den bulgarischen Geschäftsträger in der Türkei, aus politischen Gründen ein Attentat verübt worden. Der Gesandte war durch ein langes Messer in der linken Bauchgegend schwer verletzt worden. Dieses Ereignis wurde sofort nach Sofia gemeldet und der Fürst trug den Herren der Gesandtschaft telegraphisch auf, mich bei der Ankunft in Konstantinopel zum Besuche des Kranken einzuladen und diesen, wenn nötig, durch mich operieren zu lassen. Die Konstantinopler Polizei scheint aber damals langsam amtiert zu haben, denn obwohl ich beim Landen wegen der mitgenommenen Instrumente vom Zollbeamten länger aufgehalten wurde und erst ein entsprechendes Bakschisch die Verhandlungen zu einem günstigen Abschluß brachte, begann die vergebliche Suche der Polizei nach mir erst dann, als ich das Hotel bereits verlassen hatte. Der Zustand des Gesandten verschlimmerte sich tagsüber und einer der erfahrensten Operateure Konstantinopels (Dr. Kamburoglou) hatte bereits den Eingriff ausgeführt, als ich im Krankenhaus ankam. Die Operation konnte den Patienten nicht retten, er starb nach wenigen Tagen an zunehmender Bauchfellentzündung.

Ich setzte programmgemäß spät abends meine Fahrt mit dem Orient-Expreß nach Sofia fort, fand zu meiner Freude

Stambuloff in bestem Wohlbefinden, erstattete dem Fürsten eingehend Bericht über den schwerverletzten Gesandten und kehrte nach Wien zurück [18].

Es war wohl merkwürdig, daß ich innerhalb kurzer Zeit zwei Konsultationsreisen als Stellvertreter meines Lehrers nach dem Osten, bzw. Südosten Europas zu machen hatte.

Ein Jahr zuvor hatte ich Gelegenheit, in einer Nacht zwei Fälle von akuter Darmverschlingung zu operieren. Waren schon die Operationen bei innerer Darmverschlingung damals selten, so war die erfolgreiche Operation von zwei Fällen innerhalb einer Nacht wirklich als eine große Seltenheit zu bezeichnen; aber ein „Gesetz der Duplizität" vermag ich nicht anzuerkennen.

Meine Tätigkeit an der Klinik im darauffolgenden Jahr begann mit einem aufregenden Fall von Entfernung einer schwer mit der Umgebung verwachsenen Eierstockgeschwulst, wobei ich unglücklicherweise den Harnleiter durchschnitt. Eine Naht desselben, wie sie Jahre später erfolgreich ausgeführt wurde, war damals noch nicht bekannt; so blieb mir nichts anderes übrig, als sofort die betreffende Niere zu entfernen. Glücklicherweise gelang die Operation gut, noch nach fünf Jahren konnte ich mich vom vollkommenen Wohlbefinden der Patientin überzeugen.

In das Frühjahr 1893 fällt die schwere Erkrankung meines lieben Freundes A. P. Er war ein langjähriger Schüler des bekannten Prof. E. v. Hofmann und seit wenigen Semestern Professor der gerichtlichen Medizin an der Medizinischen Fakultät der Deutschen Universität Prag. Von einer bösartigen Neubildung des Oberkiefers, die bis an die Schädelbasis heranreichte, befallen, wurde er von seinem Kollegen an der Prager Universität, Professor Gussenbauer, in einem Wiener Sanato-

---

[18] Stambuloff wurde wenige Jahre später bei einer Ausfahrt in Sofia das Opfer eines Anschlages, wobei ihm beide Hände im Gelenk abgehauen wurden, so daß er verblutete.

rium operiert. Ich assistierte Gussenbauer bei dem äußerst schwierigen Eingriff. Wir sahen bald, daß das Gewächs schon so weit nach der Schädelbasis hin sich ausgebreitet hatte, daß keine Hoffnung auf Dauerheilung bestand. Es mußte fast als ein Glück betrachtet werden, daß der Tod den armen Dulder nach dreiviertel Jahren erlöste. Wir hatten durch regelmäßige Dosen von Morphin dafür gesorgt, daß er nicht zu sehr leiden mußte. Damals gab es noch keine Strahlentherapie, die gerade in diesem Falle wahrscheinlich Heilung hätte erzielen können.

Zu Ostern 1893 starb unerwartet der Professor der Chirurgie in Utrecht Dr. F. A. Salzer, mit dem mich seit sechs gemeinschaftlichen Lehrjahren an der Klinik Billroth innige Freundschaft verband. Er hatte durch fast drei Jahre, unterbrochen durch eine schwere Erkrankung, die Chirurgische Klinik in Utrecht geleitet und daselbst in besonderem Maße das Vertrauen der Patienten sowie die Liebe und Verehrung seiner Kollegen und Schüler erworben. Das allerbeste Andenken, das er zurückgelassen, veranlaßte die Majorität des Professorenkollegiums wieder einen Schüler Billroths in Aussicht zu nehmen und so fiel die Wahl auf mich, der ich schon zur Zeit der Berufung Salzers an zweiter Stelle vorgeschlagen worden war.

Mit größter Spannung sah ich der Entscheidung entgegen. Daß auch mein geliebter Lehrer sich darum sorgte, habe ich erst vierzig Jahre nach seinem Tode durch einen Brief erfahren, den er an eine Dame der Wiener Gesellschaft schrieb, die mir Einblick in denselben gewährte.

PROFESSOR IN UTRECHT

Im holländischen Ministerium gab es begreiflicherweise wie überall in ähnlichen Fällen Strömungen, einen tüchtigen Inländer zu ernennen. Meine Berufung nach Utrecht wurde dadurch gefördert, daß ich zur gleichen Zeit auch vom Professoren-Kollegium der Amsterdamer Gemeindeuniversität[19] primo loco als Nachfolger des in Pension getretenen Professors Tilanus in Aussicht genommen worden war.

Gegen meine Berufung war auch von manchen der Einwand erhoben worden, daß ich als Katholik nicht an die Universität Utrecht passe. In der Tat war in Utrecht noch niemals ein Kliniker katholischer Konfession ernannt worden, nur der Pathologe Spronck, der sich als besonders tüchtiger Bakteriologe auszeichnete, war Katholik.

So war auch in Leiden bis zum Jahre 1910 kein Katholik zum Professor ernannt worden. Ähnlich verhielt es sich in Rostock, wenigstens bis zu Kriegsbeginn. Ich halte es nicht für überflüssig zu erwähnen, daß an den österreichischen Universitäten Wien, Prag, Graz, Innsbruck, Krakau, Lemberg, Czernowitz, die Frage, ob der zu ernennende Professor katholischer oder evangelischer Religion sei, unter dem alten Kaiser keine wesentliche Rolle spielte.

Im ersten Jahr meiner Tätigkeit in Utrecht teilte mir in einer Gesellschaft meine liebenswürdige Nachbarin mit, sie habe es sehr bedauert, daß ich wenige Monate zuvor nicht zur Operation ihrer schwer erkrankten Mutter herangezogen werden konnte. Ich erwiderte ihr

---

[19] In Holland gibt es drei Reichsuniversitäten: Leiden, Utrecht und Groningen und eine Gemeindeuniversität in Amsterdam, an der die Ernennung der Professoren durch den Bürgermeister erfolgt, während die der Professoren an den drei Reichsuniversitäten durch den Unterrichtsminister vollzogen wird.

ganz ahnungslos, ich sei damals nicht von Utrecht abwesend gewesen, worauf sie zur Antwort gab, ihre Mutter sei eine so überzeugte Anhängerin der reformierten Kirche, daß sie niemals in eine Behandlung, geschweige denn eine Operation durch einen katholischen Arzt eingewilligt hätte.

In dem vortrefflichen Buch des amerikanischen Chirurgen Robert Morris „50 years a surgeon", E. P. Dutton & Co., New York 1935, findet sich folgende Mitteilung: Zur Zeit als die Entfernung auch nur etwas entzündeter Eierstöcke sozusagen Mode war, habe er einer Patientin, die nur einseitig operiert werden mußte, ein kleines Stückchen des gesunden Eierstockes entnommen und dieses einer anderen am Nebentisch liegenden Kranken, die beiderseits operiert worden war, verpflanzt. Beide Eingriffe wurden in tiefer Narkose ausgeführt. Nach dem Erwachen aus der Betäubung war die erste Frage der Empfängerin an den Arzt, ob die Spenderin eine Methodistin oder Episkopalin gewesen sei!

Im Juli bekam ich die Nachricht von meiner Ernennung zum Professor in Utrecht. Die nächste klinische Vorlesung gestaltete sich äußerst herzlich. Billroth wurde bei seinem Kommen mit donnerndem Applaus empfangen und sagte: „Ich danke Ihnen. Ich nehme an, meine Herren, daß Sie mich dazu beglückwünschen, geistige Vaterfreuden erlebt zu haben, indem mein erster Assistent Dr. v. Eiselsberg, zum Professor nach Utrecht ernannt worden ist. Ich lasse ihn nur ungern ziehen, aber ich bin sicher, daß er seinen Weg machen wird." Wenige Tage später gab mir Billroth bei Sacher im Prater ein Abschiedsfest, bei dem herzliche Reden gewechselt wurden.

Ende Juli fuhr ich zur Vorstellung, Besprechung, Wohnungssuche etc. nach Utrecht. Ich gewann von Land und Leuten den allergünstigsten Eindruck mit Ausnahme der Klinik, die zwar durch die Bestrebungen Salzers schon verbessert war, aber doch, in einem alten Gebäude untergebracht, noch große Mängel aufwies [20].

---

[20] Salzer hatte schon einen vortrefflichen Plan für einen Neubau nahezu fertig ausgearbeitet. Aber erst mein zweiter Nachfolger im Lehramt, der jetzt noch als Direktor der Klinik wirkende Professor Laméris, den ich mit

Mitte September fuhr ich nach Utrecht und hielt daselbst meine Antrittsvorlesung, die immer in festlicher Weise in dem großen Saal der „Staaten General" stattfindet, einem historischen Raum, in dem nach dem Spanischen Erbfolgekrieg der Friede geschlossen worden war. Alle Würdenträger der Stadt waren dabei versammelt: der Statthalter der Provinz Utrecht, Baron Schimmelpennink van der Oye, dort „Kommissaris der Königin" genannt; der Kurator der Universität, Baron Roell; der Bürgermeister Dr. Reiger; sämtliche Kollegen nicht nur der medizinischen, sondern auch der anderen Fakultäten, alle in der Professorentoga, die auch ich trug; nahezu alle Studenten, auch die der anderen Fakultäten. Ich hatte vorher den Dekan der medizinischen Fakultät, Professor Theodor W. Engelmann, einen Physiologen von Weltruf, mit dem mich bald innige Freundschaft verband, gefragt, wie lange die Rede beiläufig dauern solle. Die Antwort lautete: „Wenn Sie sich die Hochachtung der Zuhörer erwerben wollen, dann sprechen Sie eine Stunde, wollen Sie die Liebe derselben gewinnen, dann nur dreiviertel Stunden." Ich hielt es mit der Liebe — die Zuhörer waren anscheinend befriedigt.

Im nachfolgenden soll diese Antrittsrede wiedergegeben werden:

Bevor ich auf das eigentliche Thema übergehe, erachte ich es als meine heilige Pflicht, eines Mannes zu gedenken, den Sie als einen hervorragenden Kollegen, Lehrer und Arzt hochschätzen und lieben gelernt haben, in dem ich einen meiner besten Freunde verlor:

Fritz Salzers Bild, seine Tätigkeit hier in Utrecht, in deren Lob ja alles einig ist, ist noch zu sehr in Ihrer Erinnerung, als daß ich weiter davon zu sprechen brauchte.

Wenn nun ich als sein langjähriger Freund und Kollege zu seinem Nachfolger auserwählt wurde, sehe ich darin zunächst eine mich hochehrende Auszeichnung und ich möchte an dieser Stelle den hochachtbaren Herren Kuratoren dieser Hochschule, sowie dem Herrn Sekre-

---

Stolz als meinen Schüler bezeichnen kann — er war durch ein Jahr Assistent an meiner Königsberger Klinik —, zog im Jahre 1910 in den Neubau der Chirurgischen Klinik ein.

tär des Kuratoriums meinen Dank aussprechen; Sie alle, hochverehrte Herren Kollegen von der Universität, begrüße ich herzlich und bitte, mich ebenso freundschaftlich in Ihrer Mitte aufzunehmen, wie Sie das gegenüber meinem Vorgänger getan haben! Den Studenten gilt mein bester Gruß!

In meiner Ernennung sehe ich weiters eine besondere Anerkennung der Verdienste Salzers und hoffe, das von ihm hier erfolgreichst begonnene Werk fortsetzen zu können.

Wenn zuerst Salzer und dann ich an die Universität Utrecht berufen wurde, muß ich den Grund hiefür darin erblicken, daß wir beide aus der Schule stammen, welche heute zu den besten Chirurgenschulen der Welt gehört, indem ich mit Stolz mich einen langjährigen Schüler Billroths nennen darf, desjenigen Mannes, welcher als Gelehrter, Lehrer und Operateur unter den lebenden Chirurgen unbestritten den ersten Platz einnimmt.

Auch hier möchte ich meinem hochverehrten, geliebten Lehrer für all das, was ich von ihm gelernt, für die wahrhaft väterliche Liebe, die er mir jederzeit bewies, meinen herzlichsten Dank aussprechen.

Alte Wechselbeziehungen bestehen zwischen den medizinischen Hochschulen Hollands und Österreichs. Verdankt doch die Wiener medizinische Schule ihren Ursprung den großen holländischen Gelehrten G. van Swieten (1745) und Anton de Haen (1754), welche einem Rufe der Kaiserin Maria Theresia folgend, die medizinische Fakultät zu Wien reformierten und an derselben die segensreichste Tätigkeit entfalteten. Ein Gefühl patriotischen Dankes überkommt mich, indem ich mir denke, ich könnte der altehrwürdigen Hochschule Utrecht nur einen kleinen Teil der Verdienste zurückzahlen, welche sich die berühmten Schüler des großen Boerhave im vorigen Jahrhundert um Österreich erworben haben. Darin würde ich den schönsten Lohn für meine Bemühungen erblicken.

Wir besitzen jetzt eine Reihe genauer Anzeigen dafür, wann operiert werden soll und wann nicht. Trotzdem hält es gerade für den jungen Arzt schwer, im einzelnen Falle das Richtige zu treffen.

Eine dringende Anzeige zum Eingriff besteht, wenn es sich um die Stillung einer lebensgefährlichen Blutung handelt.

In anderen Fällen ist die Schaffung freier Atmung bei Verengung der Luftröhre eiligst notwendig, die entweder durch einen verschluckten Fremdkörper, durch eine akute Entzündung, durch Druck von seiten eines Kropfes oder aber durch eine Neubildung im Kehlkopf hervorgerufen wurde.

Dasselbe gilt für die Verengung an irgend einer Stelle des Verdauungskanals, wobei dessen normale Funktion aufgehoben wird.

Die Anzeige zu einer dringlichen Operation besteht auch bei gefährlicher Bedrohung des Lebens durch Entzündung im Bauche, z. B. bei rasch sich vergrößernden Eiterherden.

Die Operation des erkrankten Wurmfortsatzes wurde erst in den folgenden Jahren auf Grund der bis dorthin gewonnenen Erfahrung häufig ausgeführt.

Hiezu kommt noch die Notwendigkeit, bei Behinderung der Entleerung des Harns diesem einen Weg nach außen zu schaffen, und die Absetzung von Gliedmaßen, die entweder im Zustande schwerster Zertrümmerung oder Entzündung befindlich oder schon abgestorben, also brandig verändert sind.

Anders ist das in Krankheitsfällen, in denen eine Behebung der Störung wünschenswert, aber nicht dringlich und vielleicht auch auf nichtoperativem Wege erreichbar ist. Ich erinnere da z. B. an eine Schwellung des Kniegelenkes durch eine tuberkulöse Erkrankung desselben, in welchem Falle manchmal durch einen operativen Eingriff, besonders wenn ausgedehnte Zerstörungen der Knochenenden und Eiteransammlungen vorhanden waren, die Krankheit mit einem Schlag behoben werden kann, allerdings unter Preisgabe der freien Beweglichkeit des Gelenkes, im schlimmsten Falle durch eine Amputation. Anderseits ist aber die Möglichkeit nicht von der Hand zu weisen, daß ein längerer Aufenthalt des Patienten unter günstigen äußeren Bedingungen (Höhenluft, Sonnenbehandlung, Feststellung des Beines durch einen Gipsverband oder einen Apparat) Stillstand des Prozesses, Besserung, ganz selten Ausheilung der Krankheit erzielen kann. Die soziale Stellung des Patienten, vor allem die Frage des Kostenpunktes, spielt dabei eine wesentliche Rolle.

Der Arbeiter als Familienvater wird den dringenden Wunsch haben, in absehbarer Zeit wieder sein Brot verdienen zu können und sich zu einem operativen Eingriff, der rasche Abhilfe verspricht, eher entschließen als der vermögende Patient, der vielleicht erst eine nichtoperative Behandlung versuchen wird.

Für den Chirurgen, der durch seine Maßnahmen schwere Eingriffe, oft lebensgefährlicher Natur, am Kranken vornimmt, ist die Berücksichtigung der familiären Verhältnisse äußerst wichtig.

Es hat schon Salzer in seiner Antrittsrede vor drei Jahren diesen Punkt kurz angedeutet, indem er sagte: „Bei einiger Überlegung wird es wohl jedem klar, daß die Bedeutung gewisser Krankheiten und die Aufgabe der Behandlung derselben sehr verschieden sein mag bei verschiedenen Berufsklassen, bei jung und alt, Knaben und Mädchen, ein verkrümmtes Knie bei Schuhmacher und Briefboten, ein Krebs bei Jüngling und Greis, sie sind dem Therapeuten von verschiedener Bedeutung."

Eine der schwierigsten Fragen, die Sie sich selbst vorlegen müssen und die Ihnen auch täglich gestellt werden wird, ist die nach der Gefahr der Operation!

Die am meisten vom Chirurgen gefürchteten Mißerfolge sind Wundinfektionen, bedingt durch Verunreinigung der Wunde. Da die Erfahrung gezeigt hat, daß diese schwere Wundkomplikation in alten, unsauberen Spitälern schwerer vollkommen vermieden werden kann als in neuen, müssen wir im Interesse des Patienten den höchsten Wert auf Verbesserungen der Spitalverhältnisse legen.

Je gefährlicher die Krankheit ist, desto gefährlichere Mittel sind erlaubt, um eine Heilung herbeizuführen!

Nehmen wir an, wir zögen in Erwägung, in einem vorliegenden Fall eine Magenresektion auszuführen! Dieser Eingriff gehört bekanntlich immer noch mit zu den gefährlichsten. Ein milderes Mittel gibt es nicht und ohne Operation ist der Kranke unfehlbar dem Tode geweiht.

„Wer das Aufblühen solcher Patienten nach Beseitigung von Magen- oder Darmverengungen durch Krebs gesehen hat", sagt Billroth, „wird nicht daran zweifeln, daß diese Patienten den Teil des Lebens, der ihnen überhaupt noch vom Fatum bestimmt ist, in weit angenehmerem, erträglicherem Zustande verleben, als wenn sie nicht operiert wären."

Und die Erfahrung hat bereits entschieden, daß diese Operation in den Händen geschickter Operateure vorzügliche Resultate aufweist.

Ich habe bis jetzt immer diagnostisch klare Erkrankungen im Auge gehabt. Nun denken Sie aber an die zweifelhaften oder an solche Fälle, welche trotz der Anwendung aller uns zu Gebote stehenden Hilfsmittel (bakteriologische Untersuchung, Probe-Excision, Punktion) ganz unklar bleiben. Vor jedem Eingriff seien Sie sich der Regel eingedenk: „Primum est non nocere." Doch nicht operieren, dort, wo operiert werden soll, oder Versäumen des günstigen Momentes zur

Operation ist ebenso ein Fehler als eine ungerechtfertigte Operation. Wir machen bei gar manchen Geschwülsten des Unterleibes, wenn wir auch nicht in der Lage sind, eine genaue Diagnose zu stellen, den operativen Eingriff, sobald wir die Entfernung der Geschwulst als angezeigt betrachten. Wir unternehmen sogar gelegentlich eine Operation zur Feststellung der Diagnose (Probe-Bauchschnitt), woran sich dann unter Umständen gleich oder in einem zweiten Akte die radikale Entfernung des Krankhaften schließt oder aber sich die Unmöglichkeit einer operativen Hilfe ergibt.

Hieher sind die in der neueren Zeit schon wiederholt und mit Nutzen für den Kranken gemachten sogenannten diagnostischen Eröffnungen des Schädels, des Kehlkopfes zu zählen. Halten Sie sich stets vor Augen: je gefährlicher dieser behufs Feststellung der Diagnose unternommene Eingriff ist, desto schwerer werden Sie sich dazu entschließen, lassen Sie sich ja nicht etwa durch die Voraussetzung, der Eingriff werde ja sowieso nicht schaden, zu irgend einer zweifelhaften Operation verleiten. v. Bergmann bezeichnet treffend ein solches Vorgehen: „Ein Wagen ohne zu erwägen, was des Wagnisses Lohn und Endzweck ist."

Wie verhält man sich, wenn zwar die Diagnose klar, aber eine Therapie dafür nicht bekannt ist?

Sie sollen und müssen etwas zur Besserung, womöglich zur Heilung unternehmen! Sie haben sich vielleicht etwas Gutes ausgedacht, doch es ist neu und noch nicht erprobt, wer weiß, ob Ihr geplanter Eingriff nicht doch schadet, können Sie das vor Ihrem Gewissen verantworten? Einer muß es zum erstenmal machen; wie viele neue, ausgezeichnete Operationen sind im Laufe der letzten Dezennien ausgeführt worden, wieviel ist der Menschheit dadurch genützt worden!

Möge nur jeder, der sich zum Betreten neuer Bahnen berufen fühlt, dies nicht ohne vorausgegangenes genauestes Studium der betreffenden anatomischen, vor allem physiologischen Verhältnisse ausführen! Von höchster Bedeutung hiefür ist das Tierexperiment. Ein großer Teil der neueren Physiologie, einer Wissenschaft, deren Kenntnis für den Chirurgen so ungemein wichtig sich erweist, stützt sich auf das Tierexperiment.

Aber ganz unvermutet inmitten der Operation kann sich der Chirurg Aufgaben gegenübergestellt finden, deren Lösung ihm aus den Büchern nicht bekannt ist. Als Experimental-Objekt darf der Mensch nicht verwendet werden. Der Arzt darf bloß sich selbst, wenn er dazu

"Wenn auch Sie die Operation verweigern, bin ich verloren"

Lust hat und es sich und seiner Familie gegenüber verantworten kann, zu einem gefährlichen Experiment hergeben.

Ein Wort über die sogenannten Trostoperationen. Sie hatten einem Patienten die Notwendigkeit einer Operation vorgestellt, er konnte jedoch nicht einwilligen, der Krankheitsprozeß schreitet rasch fort, die heftigsten Schmerzen stellen sich ein, so daß der Kranke, der gestern noch nichts von einem Eingriff wissen wollte, heute darum dringend bittet. Wenn Sie sich nun sagen müssen, daß jetzt die Aussicht eines operativen Erfolges minimal, vielleicht null ist, werden Sie das auch dem Sterbenden sagen wollen?

Wer am Grünen Tisch Indikationen schmiedet, wird freilich mit dem Urteile rasch fertig sein, daß es zu spät ist und durch eine solche Operation nur die Statistik der Eingriffe verschlimmert wird, doch „wer wollte so grausam sein", sagt Billroth, „dieses Zuspät dem unglücklichen Verletzten zuzurufen". Für den jungen Arzt kann ein gewagter Eingriff aus sozialen Gründen unangezeigt erscheinen, das Laienpublikum, dem nachträglich die Zwangslage, in der sich der Arzt befand, nicht begreiflich gemacht werden kann, verliert das Vertrauen zu ihm! Wenn aber der Kranke Sie bestürmt, so werden Sie in vereinzelten Fällen, selbst auf die Gefahr hin, Ihrem Rufe als vorsichtiger Operateur zu schaden, aus humanen Gründen den Eingriff wagen.

Wie oft ist es aber dem verehrten Meister vorgekommen, daß Patienten Hunderte von Meilen herbeigereist waren, um bei ihm noch Rettung zu suchen, er war für sie die letzte Instanz. Wie oft antworteten sie auf seine Weigerung: „Mein Arzt hat mir gesagt, wenn noch etwas gemacht werden kann, sind Sie es allein, der es tun kann, nun weigern auch Sie sich, da bin ich wohl verloren!"

Das sind bittere Momente nicht nur für den Patienten, sondern auch für den Arzt und an ihn tritt jetzt die Aufgabe heran, wenn schon nicht mehr mit dem Messer geholfen werden kann, doch auf andere Weise die Beschwerden so viel als möglich zu erleichtern. Im Morphin haben wir ja zum Glück ein herrliches Linderungsmittel, man weiß, wieviel man geben kann, um den Schmerz zu nehmen.

Wir haben bis jetzt immer vorausgesetzt, daß der Kranke seine Einwilligung zum Eingriff gibt und nur solche Fälle betrachtet, wo er um die Operation bittet.

Eine wichtige Forderung, die erfüllt sein muß, bevor Sie eine Operation ausführen, ist die Zustimmung zur Vornahme der Operation, die entweder der Kranke selbst oder bei Minderjährigen die Eltern

(Vormund) geben müssen. Setzen Sie dem Kranken in kurzen, gemeinverständigen Worten Ihre Ansicht über die Krankheit, die Vorzüge und Gefahren einer allfälligen Operation auseinander, und lassen Sie ihm womöglich Zeit, sich die Sache zu überlegen. So einfach dies alles klingt, in der Praxis sind damit oft die größten Schwierigkeiten verbunden.

Der Richter, der das Urteil treffen muß, ist weder unparteiisch noch Fachmann und hat oft über nichts weniger als sein eigenes Leben zu entscheiden. Die Lage des Arztes wird aber dadurch erschwert, daß er aus rein humanitären Gründen dem Kranken unmöglich die ganze Wahrheit sagen kann! Was darf er sagen, was muß er verschweigen?

Manchen Patienten muß man sogar bis zu einem gewissen Grade die Wahl der Behandlungsmethode überlassen. Denken Sie an ein weit vorgeschrittenes Neugebilde im Kehlkopf, im Darm: die Beschwerden, im ersten Falle Lufthunger, im zweiten hartnäckige Obstipation, erfordern dringend einen Eingriff. Der Eingriff kann in beiden Fällen zweierlei Art sein: entweder rein symptomatische Behandlung (Ausführung des Kehlkopfschnittes, Anlegen einer Darmfistel) oder totale Exstirpation des erkrankten Organes.

Die erste Operationsweise ist nur wenig, die zweite sehr gefährlich; gelingt aber der radikale Eingriff, so wird der Kranke vielleicht ganz geheilt, jedenfalls ist er für einige Zeit wieder gesund, ohne die Luftröhren-, ohne die Kotfistel. Viel hängt dabei von der Psyche des Patienten ab. Der eine wird sagen, er zieht den leichteren Eingriff und damit die Sicherheit, noch einige Wochen (Monate) wenn auch mit einer Fistel zu leben, den unsicheren Aussichten der lebensgefährlichen Operation vor, der andere wird umgekehrt entscheiden, ein Dritter unter diesen Umständen auf jeden Eingriff verzichten.

Versäumen Sie nie, auf etwaige, im Anschluß an die Operation auftretende Gebrechen (wenn auch nur andeutungsweise) aufmerksam zu machen, machen Sie aber anderseits Ihrem Kranken, sobald Sie die feste Überzeugung gewonnen haben, daß operiert werden muß, den Entschluß nicht zu schwer. Wie wohl würde es Ihnen tun, in dieser schweren Stunde die rettende Hand eines Mannes zu fühlen, auf dessen Urteil Sie sich verlassen können, von dem Sie überzeugt sind, daß er nach seinem besten Wissen und Gewissen rät. Und so geschieht es häufig, daß der Chirurg statt eines entscheidenden Ja oder Nein zur Antwort erhält: „Was würden Sie tun in meiner Lage, ich verlasse mich vollkommen auf Sie." Wie verantwortungsvoll ist daher

Ihre Stellung als Arzt und wie ernst müssen Sie die Sache nehmen, um das Vertrauen vollauf zu rechtfertigen.

Wenn bei einem Verletzten der ganze Unterschenkel zerschmettert ist, daß kaum noch ein heiles Stück sich findet, dann leuchtet es dem Unglücklichen bald ein, daß der Arzt als einziges Heilmittel die Amputation vorschlägt, um von vorneherein Brand und Blutvergiftung zu vermeiden. Wenn aber in einem anscheinend leichteren Falle sich die ersten Symptome davon zeigen und jetzt der Arzt zur Vermeidung schwerer Gefahren zur Amputation rät, so wird der Kranke oft die Notwendigkeit kaum einsehen, besonders wenn er die Zehen des verletzten Fußes noch ganz gut bewegen kann. Der Kranke glaubt nicht, daß es schlimm um ihn steht! Da brauchts Vertrauen, um dem Arzt zu folgen!

Und welch großes Vertrauen muß der Patient haben im nachfolgend kurz beschriebenen Falle: Ein älterer, sonst kerngesunder Mann bemerkt, daß er seit einiger Zeit heiser ist; endlich entschließt er sich, zur Heilung dieses vermeintlich harmlosen Katarrhs einen Arzt zu konsultieren. Nach Untersuchung mit Hilfe des Kehlkopfspiegels teilt derselbe dem Kranken mit, es handle sich um eine verdächtige Wucherung am Stimmbande! Nur durch baldige Eröffnung des Kehlkopfes mit Entfernung der einen Hälfte könne der Entwicklung eines unheilbaren Leidens vorgebeugt werden! Und dabei hat der Kranke keine Schmerzen und keine anderen Beschwerden als die Heiserkeit!

Wahrlich, da braucht es Vertrauen, nicht nur in die Geschicklichkeit des Arztes, sondern auch in seine absolute Verläßlichkeit! — ein Vertrauen, welches Billroth als das „wie in ein übermenschliches Wesen" bezeichnet. —

In anderen Fällen können besondere Gründe, religiöse oder familiäre, den Patienten trotz allen Vertrauens zum Arzte auf seiner Weigerung beharren lassen.

Es ist von den Mohammedanern bekannt, daß sie, tapfer im Ertragen großer Schmerzen, sich nur schwer zu einer selbst kleinen Operation entschließen können.

Zum Beweise, daß soziale Gründe auch eine Rolle in der Verweigerung der Operation spielen können, möchte ich einen Fall erwähnen, der mir stets in trauriger Erinnerung bleiben wird: Ein junger, dem Arbeiterstande angehöriger Familienvater hatte das Unglück, einen komplizierten Bruch des rechten Vorderarmes zu erleiden; nach wenigen Tagen waren schwere Entzündungserscheinungen mit den ersten

Symptomen einer allgemeinen Blutvergiftung vorhanden, nur eine sofortige Amputation des Oberarmes konnte Aussicht auf Erhaltung des Lebens bieten! Dem Kranken, der bei klarem Bewußtsein war, wurde dies mitgeteilt, es mangelte ihm nicht an Vertrauen, nach kurzer Überlegung entschied er sich gegen eine Operation: „Wie will ich", sagte er, „ohne rechten Arm meine Frau und die Kinder ernähren, ich falle ihnen nur zur Last, besser ist, ich gehe zugrunde, vielleicht heiratet meine Frau einen anderen braven Arbeiter, der sie und die Kinder erhält." Gegen solch unheimlich klare Überlegung war nicht weiter durch Zuspruch anzukämpfen.

Ehe man eine verstümmelnde Operation — und als solche ist eine Amputation immer zu betrachten — vornimmt, kann es wichtig sein, sich die Einwilligung des Patienten in Gegenwart von Zeugen geben zu lassen.

Wenn nun aber Lebensgefahr im Verzuge ist, die Anzeige zur Vornahme eines operativen Eingriffes eine dringende wird, soll man da den Kranken, der auf seiner Weigerung verharrt, sterben lassen, während ihm vielleicht durch einen leichten, ungefährlichen Eingriff das Leben gerettet werden könnte?

Wenn ein Patient mit inoperablem Kehlkopfkrebs sich seiner Lage bewußt ist und trotz drohender Erstickungsgefahr seine Einwilligung zum Kehlkopfschnitt nicht gibt, werden Sie ihn schließlich nicht zu sehr zu überreden trachten, die Operation würde ja das Leben höchstens um wenige Wochen verlängern!

Ganz anders steht es, wenn durch den Eingriff volle Heilung zu gewärtigen und keinerlei Verstümmelung oder dauernde Schädigung zu befürchten ist. Denken Sie an den Kehlkopfschnitt wegen Diphtheritis, akuter Eiterung, Kropf oder gar wegen eines in die Kehle gelangten Fremdkörpers! Sie sehen, wie die Atemnot stärker wird! Innerhalb kürzester Zeit wird der Patient ersticken, noch aber ist er bei vollem Bewußtsein und verweigert die Operation! Soll da das objektive Urteil des Arztes, das sich auf wissenschaftliche Erfahrung und genaues Verständnis der Krankheit stützt, mit dem subjektiven Willen des Kranken gleichwertig sein?

Wenn dann der Kranke, wie dies ja meist kurze Zeit vor dem Tode zu geschehen pflegt, das Bewußtsein verliert, kann man, wenn man glaubt, daß noch Aussicht auf Erfolg vorhanden ist, die Operation ausführen, obwohl ich nicht verhehlen kann, daß in diesem Falle das Recht des Arztes zum Eingriff ein strittiges ist.

Einen einschlägigen Fall habe ich erlebt: Ein älterer Mann mit akut eitriger Entzündung des Kehlkopfes wurde eines Abends an der Klinik Billroth aufgenommen. Mein Kollege Salzer und ich setzten dem Kranken vergeblich die Notwendigkeit des sofort vorzunehmenden Kehlkopfschnittes auseinander, von Minute zu Minute steigerte sich die Atemnot . . . Der Kranke willigte nicht ein. Auf unser Zureden, wir meinten es ja gut mit ihm, hätten bloß sein Wohl mit der Operation im Auge, antwortete er: „Geld wollen Sie verdienen, ich lasse mich nicht operieren." Daß ein Mensch seinem leidenden Mitmenschen auch ohne egoistische Absichten einen Dienst erweisen könnte, vermochte der alte galizische Handelsmann, dem sein ganzes Leben lang das Geld äußerst wichtig war, nicht zu fassen! Er wollte nicht, wehrte sich, sobald wir nur an sein Bett herantraten, und so mußten wir warten. Wenige Minuten später verlor er infolge zunehmender Atemnot das Bewußtsein und war sterbend. Nun vollführte Salzer den Kehlkopfschnitt und rettete dem Kranken dadurch das Leben. Der Mann schien uns die Lebensrettung gegen seinen Willen verziehen und seine Meinung über uns geändert zu haben, denn als er ein Jahr später an einem eingeklemmten Bruche litt, fuhr er direkt aus seiner Heimat, über hundert Meilen weit, an die Klinik zur Operation.

Soll ein Menschenleben deshalb zugrunde gehen, weil Unvernunft oder Furcht die Einwilligung der Operation versagt? Wir erkennen ja auch sonst nicht dem Menschen das Recht zu, über sein Leben frei zu entscheiden.

Wenn Sie nun in einem solchen Falle trotz der Weigerung des Patienten doch operieren, mögen Sie vielleicht formell, vor dem Gesetze im Unrecht sein, Ihr Inneres wird Ihnen sagen, Sie mußten so handeln, Ihre heilige Überzeugung geht da dem Willen des Patienten vor, Sie hatten das Bewußtsein, ihre Pflicht erfüllt zu haben.

So begegnen wir überall dem wichtigen Einflusse, den ethische und soziale Beweggründe auf die Indikationsstellung ausüben.

Unter diesen sozialen Indikationen spielt die Kosmetik eine große Rolle. Eine Warze im Gesicht, ein leichter Blähhals, eine Doppellippe, ein schlecht gestellter Zahn, ein überzähliger Finger . . . alles das sind so unbedeutende Leiden, daß sie eigentlich nicht diesen Namen verdienen, da ihre Träger davon keinerlei Beschwerden haben.

Wie viel Vorurteile und Unwissenheit herrschen über den vermeintlich schädlichen Einfluß und die Ansteckung der harmlosesten Gebrechen! Was gilt nicht alles als ansteckend oder „erblich", wie das die Leute am Lande nennen! Ich erinnere mich da an ein ausgedehntes Feuermal, eine absolut harmlose, angeborene Gefäßneubildung in der Haut, welche in ziemlicher Ausdehnung die Nase eines Dienstmädchens einnahm. Durch die erfolgreiche Operation wurde die Patientin glücklich.

Durch die soziale Stellung des Patienten wurde die Chirurgie schon wiederholt veranlaßt, für bestimmte Gebrechen nach neuen Operationsmethoden zu suchen, es ist besonders seit Einführung der Anti- und Asepsis diesen Bestrebungen ein weites Feld geöffnet.

Oft handelt es sich um ein Gebrechen des Arbeiters, der sich nicht schonen kann. Seitdem der Paduaner Chirurg E. Bassini seine ausgezeichnete Operationsmethode des Leistenbruches angegeben hat, ist diese Operation die bevorzugte Behandlungsart bei diesem Leiden geworden, hat in allen Bevölkerungskreisen ganz große Verbreitung gefunden und fast durchwegs Radikalheilungen zur Folge gehabt [21].

Ein Moment muß ich noch zum Schluß hervorheben, welches Ihnen unter Umständen den Entschluß zur Operation wesentlich erschwert. Einem Familienvater, welcher die einzige Stütze der Seinen ist, einer armen Witwe, die allein ihre unmündigen Kinder ernährt, werden Sie in den Fällen, wo ein an und für sich nicht sehr gefährliches Leiden durch die Operation zwar geheilt werden kann, jedoch diese nicht dringlich nötig erscheint, gewiß nicht zu derselben zureden, geschweige selbst auf direktes Verlangen auch eine nur einigermaßen gefährliche kosmetische Operation ausführen. Ich möchte nicht mißverstanden sein: ich meine nicht, daß wir Chirurgen jemals bei einem Menschen — und sei dessen Leben auch so zwecklos wie das eines Idioten oder Kretins — experimentieren oder eine Operation ausführen dürften, die nach Berücksichtigung der inneren und äußeren Umstände nicht indiziert erscheint. Ich betone nur, daß diese Verhältnisse bei den relativ notwendigen Operationen berücksichtigt werden müssen. Es gibt eben Leben, deren Wert nicht das eines einzelnen, sondern mehrerer und vieler anderer bedeutet, da eben oft Einer für

---

[21] Als das 50jährige Jubiläum der Bassini-Bruchoperation in Padua gefeiert wurde (1937), dürfte diese Operation schon bei mehr als einer Million von Patienten mit Erfolg ausgeführt worden sein. Es gibt kaum einen zweiten operativen Eingriff, der so viel zum Wohl der Kranken beigetragen hat.

Tausende sich abmühen und denken muß, während so manch anderer dies kaum für sich allein fertig bringt.

Sie sehen, meine lieben Studierenden, daß Sie sich der ganzen Verantwortlichkeit Ihrer Stellung einst als Ärzte vollauf bewußt sein müssen, um in den ernsten Lebenstragödien, in denen Sie oft das entscheidende Wort zu sprechen haben werden, das Richtige zu treffen.

Dazu müssen Sie sich schon jetzt vor allem mit den einzelnen Fachdisziplinen der Medizin, unter denen die Chirurgie einen so wichtigen Posten einnimmt, genau vertraut machen. Wer das Studium so ernst und gewissenhaft nimmt, wie es genommen werden soll, der wird mit Anspannung aller seiner Kräfte und Verzicht auf gar manches Vergnügen vollauf zu schaffen haben, um den fast allzu reichlichen Stoff zu beherrschen. Es gilt daher für unseren Stand dasselbe, was für den Priesterstand immer gefordert wird: nur derjenige soll ausübender praktischer Arzt werden, der wirklich den Beruf dazu in sich fühlt. Die vielen heiklen Lagen erfordern weiters, daß er allgemeine Bildung besitze. Vor allem aber muß der Arzt das Herz am rechten Ort haben. Primum est humanitas! Bleiben Sie diesem Grundsatze treu!

Dem Arzt wird so häufig der Vorwurf des Materialismus gemacht und doch muß er, um seinen Beruf gut zu erfüllen, mehr Idealismus haben, als ihn ein anderer Stand fordert.

Sie werden als praktische Ärzte durch das Glück und die Befriedigung, den Mitmenschen helfen zu können, für die vielen Sorgen und Mühen, die der Beruf mit sich bringt, reichlich entschädigt werden!

Kurze Zeit bevor ich nach Holland kam, war auch den Realschülern das Studium der Medizin gestattet worden, wobei sich öfters die vollkommene Unkenntnis der lateinischen Sprache beim Praktizieren an der Klinik, noch mehr bei den Prüfungen unangenehm geltend machte. Dieser „Defekt" in ihrer Mittelschulbildung wurde ihnen dadurch fürs Leben aufzuprägen versucht, daß der von der Realschule kommende Student zwar praktischer Arzt werden und damit jedwede Praxis ausüben, nicht aber den Doktortitel erwerben durfte. Wie in so vielen Fällen von Verordnungen gab es auch da ein „Hintertürchen". An der belgischen Universität Gent, an der in der flämischen, einer der holländischen fast identischen

Sprache vorgetragen wurde, konnte man sich den Doktorhut und damit das Recht, sich doctor medicinae zu schreiben (nicht zu praktizieren), auf Grund einer verhältnismäßig leichten Dissertation holen, wobei die Kenntnis der klassischen Sprachen nicht gefordert wurde.

Der Verkehr mit den Kollegen in Utrecht gestaltete sich sehr angenehm. Professor Engelmann, ein Leipziger, liebenswürdig, hochgebildet, war ein echter deutscher Gelehrter, in dessen Haus ich freundschaftliche Aufnahme fand. Seine Gattin Emma, geb. Brandes, war eine der besten Klavierspielerinnen der Zeit, die den berühmten Joachim, den großen Meister der Geige, häufig begleitete. Ich nahm wiederholt an erlesenen musikalischen Darbietungen in diesem gastlichen Hause teil. Wie sehr Engelmann in Holland geschätzt war, geht daraus hervor, daß er, der Reichsdeutsche, geistiges Oberhaupt der medizinischen Fakultät und durch viele Jahre Dekan war. Er kam 1901 nach Berlin als Direktor des physiologischen Institutes, wo ihm leider kein langes Leben mehr beschieden war.

Auch mit Professor Emil Rosenberg, dem Anatomen, der ein Landsmann und Kollege Ernst v. Bergmanns aus Dorpat war und als Professor der vergleichenden Anatomie daselbst gewirkt hatte, entwickelte sich bald ein freundschaftlicher Verkehr. Rosenberg hatte als flotter Korpsstudent manch schweren Strauß in Dorpat ausgefochten, aber bald lebte er nur mehr der Wissenschaft, blieb Junggeselle und wurde ein überzeugter Antialkoholiker. Als er 1888 nach Utrecht berufen wurde, war er von Dorpat für eine Woche ohne offizielle Abmeldung bei der Universitätsbehörde abgereist, um sich Utrecht anzusehen und im holländischen Ministerium vorzusprechen. Wie peinlich war er berührt, als wenige Tage nach seiner Ankunft in Holland ihm von einem verläßlichen Freunde aus seiner Heimat die dringende Mitteilung zukam, gleich in Utrecht zu bleiben, da ihm bei seiner Rückkehr nach Dorpat die größten Schwierigkeiten erwachsen würden, ihm vielleicht sogar eine Verbannung nach Sibirien bevorstehe. Was war geschehen?

Auf Grund seiner zwanzigjährigen Tätigkeit in Dorpat als Professor der vergleichenden Anatomie hätte er bei seinem freiwilligen Ausscheiden aus der dortigen Universität auf eine Abfertigungssumme Anspruch gehabt, die anscheinend unter der Beschuldigung, er habe sich eigenmächtig aus Rußland entfernt, anderweitig verwendet wurde. Dieses Verbot, nach Rußland zurückzukehren, bedrückte Rosenbergs Gemüt und wenn ihm auch später anläßlich der Krönung des Zaren Nikolaus II. in Moskau die Amnestie erteilt wurde, so war er doch durch die erlittene Unbill so verbittert, daß er seine Heimat nie mehr betrat.

Der pathologische Anatom Spronck wurde mir ebenso wie der Internist Talma und der hervorragende Okulist Snellen bald ein lieber Freund. Der Professor der med. Chemie Pekelharing [22] wie der Gynäkologe Tjalling Halbertsma, die seinerzeit beide gegen meine Berufung nach Utrecht gestimmt hatten, klärten mir bei meinem ersten Besuch ihre damalige Stellungnahme dahin auf, daß sich diese nicht gegen meine Person, sondern darauf bezogen habe, daß wieder ein Nichtholländer die Lehrkanzel übernehmen solle. Mit beiden, ebenso mit Professor Winkler, dem Psychiater, wurde ich bald befreundet.

Unter den Professoren der theologischen Fakultät ist mir Nikolaus Beets, der in seiner Jugend unter dem Pseudonym „Hildebrand" das damals jedem Holländer bekannte prächtige Werk „Camera obscura" geschrieben hatte, als ehrwürdige Erscheinung in dauernder Erinnerung. Freundschaftlicher Verkehr entwickelte sich mit dem Ehepaar Professor Wichmann (Mineraloge) und dem Juristen Baron d'Aulnis de Bourouill, dessen feingebildete Gattin ungemein entgegenkommend war und uns eine liebe Freundin wurde. Sie stand an der Spitze des Petrus Camper-Vereines, den sie zusammen mit Professor Sal-

---

[22] Prof. Engelmann erzählte mir, daß er seinerzeit in seinem Laboratorium Gelegenheit hatte, den Utrechter Chemiker Prof. Pekelharing dem bekannten Professor der inneren Medizin aus Amsterdam, Stockfisch, vorzustellen, wodurch bei allen Anwesenden große Heiterkeit ausgelöst wurde.

zer und einer Reihe wohltätiger Frauen gegründet hatte, um armen Menschen Bruchbänder und Prothesen unentgeltlich zu verschaffen.

Mein Tagesprogramm an der Klinik war: zuerst Frühvisite — in Holland beginnt man übrigens mit der Arbeit mindestens um eine Stunde später als in Wien —, dann Kolloquium mit den demnächst zum Rigorosum antretenden Studenten, dort „Semi-artsen" genannt, das für mich nebenbei eine gute Übung in holländischer Sprache darstellte. Hierauf klinische Vorlesung, natürlich in deutscher Sprache; gegen Ende derselben Ausführung einer oder mehrerer größerer Operationen. Wie ich es bei Billroth gelernt hatte, besuchte ich die klinischen Patienten zu jeder Tag- und Nachtzeit, wenn es mir nötig erschien. Damals gab es noch kein Telephon. Es gelang mir bald, das Vertrauen der Patienten und der Ärzte zu gewinnen. Die Studenten waren fleißig. Mit den Assistenten (s. Bild S. 33) arbeitete ich im Laboratorium und hielt sie zu wissenschaftlicher Tätigkeit an. Die Nötigung, mit den Patienten holländisch zu sprechen, führte mich bald in die Kenntnis dieser Sprache ein.

In meinem Leben habe ich kaum vor einer eigenen Prüfung eine solche Unsicherheit, fast möchte ich sagen Bangigkeit empfunden, als vor der ersten, die ich in Holland zwei Wochen nach meinem Dienstantritt als Professor abhalten mußte. Ein aus Ostgalizien stammender Zahnarzt wollte das Recht der Praxis für Java erwerben. Das Gesetz schrieb vor, daß dieses Examen, das die Professoren der Anatomie, Physiologie und Chirurgie abnahmen, in holländischer Sprache abzulegen sei. Nun war jeder von uns drei Prüfern ein Deutscher. Während die beiden anderen die holländische Sprache vollkommen beherrschten, mußte ich mich auf die Fragen, die ich meinem Prüfling zu geben plante, in dem mir neuen Idiom vorbereiten. Erfreulicherweise haben wir beide das Examen bestanden.

Zu Weihnachten fuhr ich nach Wien zum Besuche meiner Mutter und Billroth's, über dessen Befinden ich ungünstige Nachrichten erhalten hatte. Es schnitt mir tief ins Herz, als ich ihn wiedersah: kurzatmig, bleich, müde, dabei geistig frisch, aber melancholisch verstimmt. Er erkundigte sich mit Interesse nach meiner Tätigkeit in Utrecht und war erfreut zu hören, wie gerne ich dort sei. Ich hatte das Gefühl, ihn zum letztenmal gesehen zu haben, und behielt leider recht.

Noch im Verlaufe des ersten Semesters erhielt ich unter glänzenden finanziellen Bedingungen eine Berufung an ein großes Sanatorium in Chicago. Da damit aber keine Lehrtätigkeit verbunden war, die ich so liebte und die mir in Utrecht besondere Befriedigung gewährte, lehnte ich postwendend unter bestem Dank diese Anfrage ab, von der ich erst nachher dem Kollegen Engelmann als Dekan der Fakultät Mitteilung machte; die medizinische Studentenschaft dankte mir für mein Verbleiben durch einen feierlichen Fackelzug. Nebstbei sei bemerkt, daß die Indikation für Fackelzüge in Holland leichter gestellt wurde als anderswo; es wurde mir noch zweimal diese Auszeichnung zuteil.

Mitte Jänner 1894 kam meine geliebte Mutter zu halbjährigem Aufenthalt nach Utrecht. Es war für mich eine große Freude zu sehen, wie rasch sie sich die Verehrung und Zuneigung meiner Kollegen erwarb. Sie war von meinem Bruder Willy, dem Marineur, begleitet, der sich nach der Operation wegen eines tropischen Leberabszesses noch in Rekonvaleszenz befand.

Das wissenschaftliche Leben außerhalb der Klinik gestaltete sich sehr anregend. Ich nahm des öftern an den Sitzungen der Medizinischen Gesellschaft in Amsterdam teil und wurde auch Mitglied eines kleinen Chirurgenringes, der aus den Ordinarien der Chirurgie und einigen führenden Primarärzten bestand und abwechselnd in Utrecht, Amsterdam und anderen Städten tagte.

Jeden Freitag Abend fand eine Zusammenkunft der Kliniker statt, wobei über die Prüfungen der letzten Tage berichtet und das weitere Schicksal der Kandidaten entschieden wurde. Bei der nun folgenden Abstimmung konnte unter Umständen bei einem Kandidaten, der in einem Gegenstand besonders gut entsprochen hatte, ein minderer Erfolg in einem anderen gutgemacht werden. Nach endgültigem Entscheid wurde der Pedell hereingerufen. Vor der Türe standen die Kandidaten, umringt von ihren Kollegen und Angehörigen, nicht selten war auch die Braut dabei (in Holland wird sehr jung geheiratet). Einer nach dem anderen wurde vorgerufen. War das Resultat ein gutes, so sagte der Vorsitzende zum Pedell mit lauter Stimme: „Laat U Mijnheer binnen komen! Deur open" („Lassen Sie Herrn — — herein. Die Tür soll weit offen bleiben"), wobei Verwandte und Freunde des Betreffenden in das Konferenzzimmer miteingelassen wurden. Alle Prüfer erhoben sich und der Vorsitzende sprach: „Es freut mich sehr, Ihnen, Herr Kandidat, mitteilen zu können, daß die Kommission mit dem Gehörten zufrieden ist und Sie damit das Recht erworben haben, die ärztliche Praxis auszuüben. Ich gratuliere", worauf jeder einzelne von uns die Gratulation durch einen Händedruck bekräftigte. Im anderen Fall beauftragte der Vorsitzende den Pedell, den Kandidaten hereinkommen zu lassen, aber sofort die Türe hinter ihm zu schließen, „Laat U Mijnheer binnen komen! Deur dicht!" Alle Wartenden wußten dann gleich, daß die Prüfung nicht nach Wunsch ausgefallen war. Wir hatten in diesem Falle nicht aufzustehen. Der Vorsitzende allein erhob sich und sagte: „Es tut mir leid, mein Herr ....., Ihnen mitteilen zu müssen, daß die Kommission mit Ihrem Wissen nicht zufrieden war" und verabschiedete sich vom Kandidaten mit einer kühlen Verbeugung ohne Händedruck.

Am 6. Februar 1894 war mein über alles geliebter Lehrer Theodor Billroth in Abbazia gestorben. Ich kam gerade noch zur Leichenfeier nach Wien zurecht, die sich äußerst feierlich gestaltete. Wie ein Fürst wurde Billroth zu Grabe getragen. Halb Wien war dabei. Die letzten Strahlen einer herrlichen Februarsonne leuchteten dem großen Toten ins Grab. Es gibt wohl kaum einen zweiten Chirurgen, der so viel für die Wissenschaft, für den Unterricht und vor allem für die leidende Menschheit geleistet hat wie Billroth!

Meine Verlobung

Die Tagung des Berliner Chirurgenkongresses stand ganz unter dem Eindruck des Hinscheidens Theodor Billroth's; in einem seine Verdienste würdigenden Nachruf wurde seiner ehrend gedacht.

Das Sommersemester war reichlich mit Arbeit besetzt. Anfangs Juli traf ich mit meiner Mutter und meinem Bruder in Steinhaus ein, um nach kurzem Aufenthalt nach Wien weiterzufahren. Meine aufrichtige und schon lange gehegte Zuneigung und Liebe zu meiner Cousine Agnes Pirquet hatte mich zur Überzeugung geführt, sie und keine andere solle meine Gattin werden. Ende Juli 1894 verlobten wir uns in Steinhaus.

Mein Schwiegervater war, wie bereits erwähnt, der um zehn Jahre jüngere Bruder meiner Mutter. In seinem 21. Lebensjahr machte er als Kürassier-Leutnant den Feldzug vom Jahre 1859 mit und wandte sich dann der diplomatischen Laufbahn zu. 1865 verehelichte er sich mit Flora Freiin von Pereira. 1868 erwarb er das landtäfliche Gut Hirschstetten bei Wien und versuchte, es möglichst intensiv zu bewirtschaften. Die von ihm angelegten Baumschulen bestehen heute noch. Peter Pirquet spielte auch als Reichsrats- und Landtagsabgeordneter eine Rolle und stand mit dem bekannten Parlamentarier und späteren Minister Dr. Ernst Baron Plener, sowie Baronin Berta Suttner und dem ungarischen Staatsmann Graf A. Apponyi an der Spitze der österreichisch-ungarischen Friedensbewegung und kämpfte in Wort und Schrift für diese Idee. Er war durch viele Jahre Präsident des Klubs der Land- und Forstwirte sowie des Vereines für Stadtinteressen und Fremdenverkehr in Wien und sorgte für die Verbesserung und Verschönerung Wiens in mannigfacher Weise. So hat er auch an der Aktion zur Freilegung des Stephansdomes wesentlich mitgewirkt und Kaiser Franz Joseph dafür interessiert.

Meine Schwiegermutter hatte in ganz jungen Jahren die Eltern verloren — ihr Vater dürfte an einer damals nicht erkannten Blinddarmentzündung gestorben sein, ihre Mutter, eine geborene Gräfin Amadé, starb ein halbes Jahr darauf, wie berichtet wurde, an gebrochenem Herzen über den Tod ihres Gatten — und war im Hause ihres Onkels, des Grafen M. Fries, herangewachsen. Sie schenkte ihrem Gatten fünf Söhne und zwei Töchter. Sie war eine fromme, gütige, ausgeglichene Frau, die sich ganz dem Wohle ihrer Familie und guten Werken widmete. Auch nachdem sie Witwe geworden, blieb sie in ihrem Schloß Hirschstetten der Mittelpunkt der Familie; Kinder, Schwiegerkinder und Enkel waren immer willkommen und fühlten sich stets heimisch.

In die Zeit meiner Verlobung fällt die Entscheidung über die Nachfolgerschaft Billroths. Das Professorenkollegium hatte ausschließlich Billroth-Schüler vorgeschlagen, und zwar an erster Stelle V. v. Czerny (Heidelberg), an zweiter J. v. Mikulicz (Breslau), an dritter K. Gussenbauer (Prag). Gussenbauer hatte 15 Stimmen, während ich, wie ich später erfuhr, 14 Stimmen für diesen tertio-loco-Platz erhalten hatte, damit in Minorität geblieben war und nicht im Vorschlag aufschien. Czerny lehnte den Ruf ab, v. Mikulicz wurde vom Unterrichtsminister, einem Polen, übergangen, weil dieser seinerzeit als Rektor der Universität Krakau mit dem damals dorthin ernannten jungen Chirurgen Mikulicz in einen Konflikt geraten war und ihm eine Mahnung erteilen mußte, nicht immer wieder in deutscher Sprache, sondern wie bei der Ernennung vereinbart, polnisch vorzutragen. Der Vorstand der I. Chirurgischen Klinik, Professor Ed. Albert, ließ es nicht an Bemühungen fehlen, trotzdem ich nicht im Vorschlag war, sich zu meinen Gunsten einzusetzen, wie er mir in zwei Briefen mitteilte. Das Ministerium hielt sich aber an das Votum der Fakultät und ernannte Gussenbauer. Ich kann der Wahrheit gemäß sagen, daß ich glücklich war, nicht der Nachfolger meines großen Lehrers zu werden, denn ich hatte die feste Überzeugung, Gussenbauer sei unvergleichlich tüchtiger und erfahrener und es bedeute für mich kein Glück, mit knapp 34 Jahren die Nachfolge eines Billroth anzutreten.

Als Nachfolger Gussenbauers in Prag war Nicoladoni (Innsbruck) und Wölfler (Graz) in alphabetischer Reihung an erster

Stelle, ich an zweiter Stelle vorgeschlagen worden. Gleich nachdem die ersten Unterhandlungen mit Nicoladoni im Gange waren, erhielt ich aus dem Wiener Ministerium eine unverbindliche Anfrage, ob ich bereit wäre, als Kliniker nach Innsbruck zu gehen. Ich glaubte, als Billrothschüler in Holland besser wirken zu können als an der Universität Innsbruck und lehnte diese Vorfrage dankend ab.

Da die Verhandlungen mit Nicoladoni gescheitert waren, wurde ich vom Ministerium eingeladen, die Prager Deutsche Chirurgische Klinik zu besichtigen und darüber in Wien mit den maßgebenden Herren im Ministerium zu sprechen. Ich fuhr nach Prag und empfing von der Einrichtung der Deutschen Chirurgischen Klinik einen äußerst schlechten Eindruck, aus dem ich auch im Ministerium in Wien kein Hehl machte [23]. Dort stellte man mir, falls Prag mir mißfiele, Graz in Aussicht. Ich konnte mich auch dazu nicht entschließen und bat schriftlich, von weiteren Verhandlungen mit mir Abstand zu nehmen, ich bliebe lieber in Utrecht.

Ich hatte die große Genugtuung, daß die Studenten meine ehrlichen Bemühungen um den klinischen Unterricht schätzten. Die meisten stammten aus gutem Hause und waren wesentlich bemittelter als die Mediziner in Wien. Die überwiegende Mehrzahl verstand Deutsch, Englisch und Französisch. Bei meiner Berufung nach Utrecht wurde mir vom damaligen Minister v. Houten gesagt, ich solle mich mit dem Vortrag in holländischer Sprache in der Klinik durchaus nicht beeilen; die Studenten hätten von einem guten Vortrag in deutscher Sprache mehr als von einem in mangelhaftem Holländisch. Diese Auffassung kann als Beispiel dafür gewertet werden, daß die holländische Regierung jeglichem übertriebenen Chauvinismus ferne stand, ohne dabei irgendwie gegen die nationale Ein-

---

[23] Dieses Urteil soll in keiner Weise irgendwie einen Vorwurf gegen Gussenbauer enthalten, der seit langem auf die Unzulänglichkeit seiner Klinik aufmerksam gemacht und immer wieder auf Verbesserung gedrungen hatte.

stellung, die immer hochgehalten wurde, zu verstoßen. Ein Gegenstück dazu bildet die früher angeführte Episode, die dazu führte, daß v. Mikulicz nicht der Nachfolger Billroths wurde.

Gerne erinnere ich mich eines heiteren Erlebnisses aus jener Zeit. Es war im Sommer 1894, ein halbes Jahr nach Billroths Tod, als bereits Gussenbauer für Wien bestimmt war und seine Nachfolge in Prag lebhaft erörtert wurde. Ich war bei meinem Onkel M. Faber auf der Jagd in der Gosau gewesen und drängte nach Steinhaus zurück, da meine Braut dort eintreffen sollte. Ich hatte am frühesten Morgen Weidmannsheil gehabt und war nun auf der Station Steeg so zeitig eingetroffen, daß ich im Wartesaal zu schlummern begann. Auf einmal wurde ich durch ein lautes Gespräch geweckt; das Prager Deutsch war unverkennbar. Ich wollte ruhig weiterdösen, da hörte ich eine der beiden Damen sagen: „Jetzt kommt Gussenbauer nach Wien. Als sein Nachfolger werden zwei genannt, Professor Wölfler aus Graz und Baron Eiselsberg aus Utrecht." Ich spitzte die Ohren, da mich dieses Gespräch, dessen unfreiwilliger Lauscher ich geworden war, interessierte, besonders als eine junge Dame sagte: „Mir wäre schon der Eiselsberg lieber" und auf die Frage der anderen, ob sie ihn denn kenne, erwiderte: „Nein, das nicht, aber er ist unverheiratet und da denke ich mir, der wär wer für die Frieda." Ich kann mich leidlich gut beherrschen, damals aber wurde ich von einem solchen Lachkrampf befallen, daß ich, wie von der Tarantel gestochen, aufsprang und aus dem Wartesaal hinauslief. Die Leute müssen mich für nicht richtig im „Oberstübchen" gehalten haben. Zum Glück kam bald der Zug. Ich habe nichts mehr von der Prager Familie gehört, auch trotz vorsichtigen Umfragens in Prag nichts über die mir zugedachte „Frieda" erfahren können.

Als ich wenige Monate später vom Wiener Ministerium eingeladen wurde, mir Prag anzusehen, drahtete ich an meine Braut nach Wien:

„Frieda freit um mich" und nach meiner Rückkehr aus Prag, zum Bleiben in Utrecht entschlossen: „Bleibe Dir und Utrecht treu."

Mitte Februar 1895 fand in der Augustinerkirche in Wien unsere Trauung statt. Die Hochzeitsfeier gestaltete sich äußerst herzlich. Unsere zehn Tage dauernde Hochzeitsreise führte uns über Steinhaus und München nach Paris, wo ich einige Kollegen besuchte, und von dort nach Utrecht.

Meine Frau lebte sich um so schneller ein, als auch die Familien meiner engeren Kollegen Engelmann, Snellen, Spronck, van Spanje, ferner die Ehepaare d'Aulnis und Quarles van Ufford, endlich die Oberin des Diakonissenhauses Gräfin Anna Bylandt-Rheydt u. a. m. uns mit einer Wärme und Herzlichkeit entgegenkamen, die nicht übertroffen werden konnte.

Am 6. Dezember 1895, als ich von der Prüfungsschlußsitzung aus der Universität nach Hause kam, überraschte mich meine Frau mit einem eben aus Berlin eingelangten Telegramm: „Bin beauftragt, Ihnen Königsberg anzubieten, erwarte Ihren Besuch morgen oder übermorgen, Althoff." Durch Freund Engelmann erfuhr ich erst, daß dies der Name des allmächtigen Ministerialdirektors im preußischen Ministerium für Kultus und Unterricht sei.

Am nächsten Morgen hatte ich noch mehrere größere Operationen zu erledigen und fuhr am Abend nach Breslau zu meinem lieben Freund Professor Johannes v. Mikulicz, der seinerzeit vier Jahre Direktor der Klinik in Königsberg gewesen war. Nach einem in anregender und angenehmer Unterredung verbrachten Tag fuhr ich die Nacht über nach Berlin, wo ich mich am Vormittag ins Ministerium begab. Althoff zeigte sich über meinen bisherigen Lebenslauf, vor allem auch über meine wissenschaftlichen Arbeiten vollkommen unterrichtet und lud mich ein, die Königsberger Klinik anzusehen und möglichst bald zuzusagen.

Ich besuchte noch einige Kollegen, vor allem Freund Professor Werner Körte und machte eine Sitzung der Freien Vereinigung Berliner Chirurgen mit, in der mich der Vorsitzende, Ernst v. Bergmann, auf das herzlichste als angehenden engeren Kollegen der deutschen Ordinarien für Chirurgie begrüßte.

Über Nacht, es war die dritte auf der Bahn, fuhr ich nach Königsberg, wo ich bei meiner Ankunft vom Schaffner nur mit Mühe aus dem Schlaf geweckt werden konnte und mir erst sein kategorischer Zuruf: „Machen Sie schnell, mein Herr, in wenigen Minuten fährt der Zug nach Rußland weiter" schleunigst auf die Beine und aus dem Zug half. Es war ein trüber, nebliger Regentag, als ich in Königsberg ankam. Die Klinik aber nahm mich, der ich bisher an der veralteten Wiener und der ebenso unmodernen Utrechter Klinik gewirkt hatte, schon nach kurzer Besichtigung gefangen. Nachdem ich den aseptischen Hörsaal, die großen Krankenzimmer und das reichliche Krankenmaterial gesehen hatte, gab es für mich keine Bedenken mehr und ich beschloß, den Ruf anzunehmen.

In angenehmem Beisammensein mit den Kollegen L. Hermann, L. Lichtheim, E. Neumann, L. Stieda verging der Tag. Ich brachte die vierte Nacht im Zuge zu und traf nach 24stündiger Fahrt wieder in Utrecht ein. Trotzdem meine Kollegen wie auch die Studenten in wirklich herzlicher Weise in mich drangen, in Utrecht zu bleiben, machte ich rasch der Ungewißheit ein Ende und erklärte mich schriftlich zur Annahme der Königsberger Lehrkanzel bereit.

Dann ging es über Weihnachten nach Wien, wohin ich auch das Ernennungsdekret, von Kaiser Wilhelm II. unterzeichnet, zugeschickt bekam. Den Wunsch des preußischen Ministers, unverzüglich nach Neujahr die Klinik zu übernehmen, konnte ich nicht erfüllen, sondern ich blieb noch durch vier Wochen in Utrecht tätig. Bei der Abreise sahen wir, wie lieb uns der Ort und die Menschen geworden waren. Als wir nach mehreren herzlichen Abschiedsfeiern den Schnellzug nach Berlin bestiegen, hatten sich nicht nur alle Kollegen der Medizinischen Fakultät, sondern auch zahlreiche Angehörige der anderen Fakultäten zur Verabschiedung eingefunden, so daß der Bahnsteig voll von Menschen war. An diesem Morgen hatten die Professoren der Medizinischen Fakultät ihre Vorlesungen abgesagt, damit auch die Studenten der Medizin uns das Geleite auf den Bahnhof geben konnten; sie waren nahezu vollzählig erschienen.

Ich kann wohl sagen, daß ich in den zweieinhalb Jahren meiner Utrechter Tätigkeit restlos glücklich und zufrieden war.

Zum Abschluß meiner Erinnerungen aus Holland möchte ich Folgendes erzählen: Gelegentlich einer Konsultationsreise nach Arnheim lud mich der Arzt nach Schluß der Beratung ein, in der Kirche eine Trauung „auf den weißen Handschuh" mitanzusehen. Es handelte sich um die in Arnheim wohnende Braut eines in Java angestellten Regierungsingenieurs. Die Trauung wurde in Holland vollzogen, damit die junge Gattin die Reise mit allen Rechten und Begünstigungen, die ihr als Frau eines Regierungsbeamten zukamen, ausführen konnte. Ein Freund des Bräutigams führte als dessen Vertreter die Braut zum Altar. Der Wechsel der Ringe erfolgte symbolisch über den weißen Handschuh.

PROFESSOR IN KÖNIGSBERG

Am 8. Februar 1896 kamen meine Frau und ich nach 24stündiger Fahrt in Königsberg an und nahmen für die erste Zeit im Hotel Germania Aufenthalt.

Ich begab mich gleich in die Klinik und da ich von Berlin aus ersucht worden war, baldigst den Unterricht zu beginnen, setzte ich, es war Samstag, meine erste Vorlesung für den übernächsten Tag an. Ich sprach dabei über die verschiedenen Krankheitsursachen, welche zu chirurgischen Operationen führen und teilte diese ein in: angeborene, durch Wachstumsstörung hervorgerufene, durch Gewaltanwendung verursachte (Traumen), endlich in solche bakteriellen Ursprungs und in Neubildungen. Die Vorlesung dauerte etwa dreiviertel Stunden. Dann führte ich eine recht schwierige temporäre Oberkieferresektion nach Langenbeck bei einem jungen Mädchen wegen bösartiger Polypen aus, die erfreulicherweise gut verlief.

Das klinische Krankenmaterial war sehr groß und erforderte reichlich Arbeit. Auch nachts ließ ich mich zu größeren operativen Eingriffen, vor allem auch zur Entscheidung, ob ein Eingriff am Platze sei oder nicht, holen.

Die Studenten waren fleißig, viele derselben in sehr bescheidenen, öfters armen Verhältnissen. In Holland fand man oft durch Monate hindurch für ein Stipendium keinen Bewerber. In Königsberg hätte es wohl einiger Dutzend Stipendien mehr bedurft; die große Armut vieler Wiener Hochschüler lernte ich später noch eindringlich kennen.

Ich lebte mich rasch ein. Nach kaum dreiwöchigem Aufenthalt hatte ich über 50 Antrittsbesuche bei den Kollegen erledigt. Die zur Regel gewordene Gewohnheit verlangte einen

Besuch mit der Gattin bei jedem verheirateten Ordinarius der eigenen Fakultät, einen Besuch des Neuangekommenen allein bei jedem Dozenten der Medizinischen Fakultät und bei jedem Professor der anderen Fakultäten.

Dabei ereignete es sich, daß ich einem älteren Kollegen — er war außerordentlicher Professor für preußische Geschichte an der philosophischen Fakultät — in der Abenddämmerung in seiner nur schwach erleuchteten Wohnung einen Besuch machte, wobei es mir auffiel, daß er eine Art Kutschermantel mit Kragen umhatte und mir, als ich ihm meine Hand reichen wollte, nicht die seine bot. Es schien, er verberge die rechte Hand unter dem Mantel; ich fragte nicht weiter und empfahl mich nach kürzester Zeit. Als er meinen Besuch erwiderte und denselben Mantel trug, der Arme und Hände verdeckte, erkundigte ich mich, ob und was er an der rechten Hand habe. Er antwortete etwas gereizt: „Wissen Sie nicht, Herr Kollege, daß ich ohne Arme geboren bin; sie fehlen mir beiderseits von der Schulter an." Ich hatte keine Ahnung davon! Erst jetzt erfuhr ich, daß dieser Unglückliche seinerzeit einem Schuster in Thorn als fünftes oder sechstes Kind geboren worden war. Als der Vater dieser Mißbildung ansichtig ward, wollte er das doch unbrauchbare Geschöpf in die Weichsel werfen. Auf dem Wege dahin ließ er sich mit dem zufällig des Weges kommenden Pfarrer in ein Gespräch ein, der ihm seine Absicht ausredete. Der Schuster brachte das Kind nach Hause zurück und zog es auf; der Pfarrer sorgte für ein Stipendium durch König Friedrich Wilhelm IV. Der vom Schicksal so hart Mitgenommene konnte dadurch nicht nur das Gymnasium absolvieren, sondern auch an der Universität studieren, Dozent und später außerordentlicher Professor für preußische Geschichte werden. Er war als Lehrer und Forscher geachtet, aber wegen seiner Gereiztheit wenig beliebt, eine Beobachtung, die nicht selten bei von der Geburt an Verkrüppelten gemacht wird. Kam er ab und zu in Gesellschaft, so nahm er sich einen Jungen mit, der ihm Löffel und Gabel zum Munde führte, während er zu Hause diese Gegenstände ebenso wie die Schreibfeder mit den durch Übung geschickt gewordenen Zehen führte.

In meiner Utrechter Antrittsvorlesung hatte ich schon über einen Fall berichtet, den Billroth uns in der Vorlesung oft erzählt hatte, wonach einem Manne infolge eines Eisenbahnunglückes beide Vorderarme amputiert werden mußten. Mehrere Jahre später erhielt Billroth von diesem Mann einen kalligraphisch mit den Zehen geschriebenen Brief; er verdiente sich seinen Unterhalt durch seine Schreibarbeiten [24].

In der Klinik hatte ich bald eine Schar strebsamer fleißiger Schüler, unter ihnen Bunge, Ehrhardt, Ludloff, Prutz, Stieda, Strehl, P. Mathes, C. Franz, die später fast alle in selbständige Stellungen als Professoren und Primarärzte kamen. Auch des aufgeweckten und talentierten Studenten Erwin Lieck, der als Amanuensis bei mir durch ein Semester tätig war und dabei seine Doktor-Dissertation schrieb, sei gedacht. Seine höchst originellen Arbeiten, die mutig Schäden aufdeckten, haben später mit Recht sehr viel Anerkennung gefunden; ich nenne vor allem sein Buch „Der Arzt und seine Sendung". Ich habe alle seine Veröffentlichungen mit Interesse gelesen und bewahre ihm als einem aufrechten guten Menschen und vortrefflichen Arzt und Chirurgen ein gutes Andenken.

Die Arbeit an der Klinik war außerordentlich anregend und interessant. Es war für mich ein Vergnügen, an der gut eingerichteten Klinik eine große Anzahl von Kranken behandeln zu können. Dadurch, daß auch viele Patienten aus Rußland kamen, hatte ich Gelegenheit, eine Reihe von Krankheiten in fortgeschrittenerem Stadium zu beobachten, als dies in Wien

---

[24] Kürzlich berichtete die Zeitung von einem Mädchen, das ohne Arme geboren, seit frühester Jugend unter den elendesten Verhältnissen aufgewachsen, dann später von guten Menschen aufgenommen und unterrichtet worden war. Sie erlangte mit den Zehen eine solche Geläufigkeit im Maschinschreiben, daß sie nicht nur ihren Unterhalt verdienen, sondern ein selbständiges Geschäft eröffnen konnte. Als sie dann später heiratete und einem normal gebildeten Mädchen das Leben schenkte, war sie restlos glücklich.

und Utrecht möglich war. Noch größer als das Interesse an einem solchen Krankheitsbild war die Befriedigung, auch solchen Kranken oft noch helfen zu können.

Wenige Wochen nach meinem Amtsantritt kam einer meiner Fakultätskollegen mit der Bitte zu mir, seinen Sohn, der auch Arzt war, in Behandlung zu nehmen. Es handelte sich um eine vor wenigen Tagen von ihm entdeckte Neubildung einer Mandel (Tonsille) mit Übergreifen auf die Umgebung. Eine andere Behandlung war ausgeschlossen, die Operation aber die einzig mögliche Rettung und so wagte ich den Eingriff, der in tiefer Narkose vorgenommen wurde. Er war schwierig, schien aber gut geglückt, da das ganze Neugebilde ohne nennenswerte Blutung entfernt werden konnte. — Die Wunde war schon in guter Heilung begriffen, als ich in der neunten Nacht darauf dringend an die Klinik geholt wurde. Mein Patient, den ich noch spät am Abend in guter Rekonvaleszenz verlassen, hatte plötzlich einen heftigen Blutsturz aus dem Munde erlitten. Ich eilte in die Klinik und fand ihn sterbend. Es kam schwarzes Blut aus dem Munde. Obwohl ich keine Nachblutung aus dem Wundbezirk entdecken konnte, war doch die Annahme am nächsten liegend, daß seit Stunden Blut aus der Wunde durch Verschlucken in den Magen gelangt und als schwarzer Inhalt erbrochen worden war. Angesichts des raschen Verfalles des Kranken mußte ich dem Herannahen des Todes, der nach einer halben Stunde eintrat, untätig zusehen. Eine Bluttransfusion gab es damals noch nicht.

Zur Klärung der Todesursache ersuchte ich den Vater, die Sektion zu gestatten. Sie ergab ein frisches Geschwür am Zwölffingerdarm, das diese schwere Blutung veranlaßt hatte; der zum Tode führende Blutverlust war also keine Folge der Operation, etwa einer schlecht angelegten Unterbindung eines Gefäßes oder eines abnormen Wundverlaufes gewesen. Als man neben diesem frisch blutenden Geschwür eine ältere Narbe fand, konnte sich der Vater nunmehr erinnern, daß sein Sohn vor Jahren einmal ein schweres Blutbrechen gehabt hatte, ohne daß eine Ursache dafür gefunden wurde. Ich fühlte mein chirurgisches Gewissen erleichtert.

Einen ganz ähnlichen Fall erlebte ich später im Jahre 1908 in Wien. Ich hatte damals einem Forstmann einen Recidiv-Kropf operiert. Durch die Operation fühlte sich der Kranke außerordentlich erleichtert und atmete wieder frei. Voll des Dankes war er neun Tage später eben im Begriffe, die Klinik zu verlassen und ging noch zuvor bei anscheinend bestem Wohlbefinden nach dem Klosett, wo er plötzlich verschied. Die Obduktion ergab ein frisches Zwölffingerdarmgeschwür, aus dem eine tödliche Blutung erfolgt war. Der Patient hatte früher niemals über Magenbeschwerden berichtet und so hatten wir von dieser ohne Symptom bestehenden Krankheit keine Ahnung gehabt.

In Königsberg war zur Ausführung der Sektion die Einwilligung der Angehörigen des Patienten notwendig und nicht das Recht der Sektion eo ipso gegeben, wie das von Kaiser Josef II. seinerzeit bei der Gründung des Allgemeinen Krankenhauses in Wien in den Statuten festgelegt worden war. Es ist insbesondere dem Kollegen der inneren Klinik in Königsberg wiederholt geschehen, daß die Angehörigen die Sektion verweigerten, wodurch oft wertvolles wissenschaftliches Material verloren ging. Die zwei obigen Fälle allein beweisen schon, wie dringend wünschenswert die obligate Obduktion an Leichen wäre. Für die nicht näher eingeweihten Leser bemerke ich, daß selbst eine sich auf alle Organe erstreckende Sektion in keiner Weise die Aufbahrung des Verstorbenen beeinträchtigt.

Ein anderer Fall, der zu Beginn meiner Tätigkeit in Ostpreußen mich und meine Assistenten besonders beschäftigte, betraf eine ältere Frau, die eine zwölf Zentimeter lange, an einem Ende mit einem gläsernen Knopf versehene gerade Nadel unvorsichtigerweise in den Mund genommen und verschluckt hatte. Ab und zu traten unheimliche Atembeschwerden auf, so daß die Frau zu ersticken fürchtete; erfreulicherweise hielten sie nur wenige Minuten an, nach kurzer Zeit war sie wieder beschwerdefrei. In diesem Zustand wurde sie am zweiten Tag nach dem Unfall in die Klinik gebracht. Wir konnten von außen nichts sehen oder fühlen, eine Untersuchung mit dem Kehlkopfspiegel ergab nichts Abnormes. Mit Rücksicht auf die schweren Erstickungsanfälle mußte man annehmen, daß die Nadel in den tieferen Lagen der Luftröhre saß, durch Hustenstöße nach dem Kehlkopf geschleudert wurde und denselben reizte. Dies war die Ursache der bedrohlichen Erscheinungen. Es war klar, daß die Nadel durch einen Kehlkopfschnitt entfernt werden mußte. Zuvor wollte ich aber noch erproben, ob die kürzlich von Röntgen entdeckten neuen Strahlen hier einen direkten Anhaltspunkt geben könnten. Die Klinik besaß damals — es war im Herbst 1896 — noch keinen Apparat, wohl aber hatte mein Kollege, der Physiologe Hermann, einen solchen in seinem Institut, wohin ich die Patientin in einem Wagen führte. Die Durchleuchtung des Kehlkopfes zeigte tatsächlich den charakteristischen Schatten einer Nadel, ein unvergeßliches Bild! Nach der Rückkehr an die Klinik machte ich unverzüglich den tiefen Kehlkopfschnitt und konnte die Nadel vorsichtig mit einer Pinzette fassen und sehr leicht entfernen. Für einen Tag wurde zur Vorsicht eine Kanüle eingelegt. Die Heilung der Wunde erfolgte ohne Störung, so daß die Patientin in kurzer Zeit, überglücklich, von ihren Atembeschwerden befreit zu sein, meine Klinik verließ. Heutzutage läßt sich eine solche Röntgenhilfe sehr leicht während der Operation durchführen.

Das unter dem Röntgenschirm sich darbietende Bild bestärkte mich in meinem Bestreben, baldigst einen Röntgenapparat für meine Klinik zu bekommen, was auch anfangs 1897 gelang. Die große diagnostische Bedeutung, die im Laufe der Jahre das Röntgenverfahren für die Medizin, besonders für die Chirurgie erlangte, ist allgemein bekannt und wird noch später erwähnt werden.

Heutzutage werden dank der Ausbildung der Endoskopie: Ösophagoskopie und Bronchoskopie, einer Technik, die nicht zum geringsten Teil durch die Wiener Medizinische Schule ersonnen, entwickelt und verbessert wurde, derlei Fremdkörper sowie auch solche, die noch tiefer unten in der Verzweigung der

Luftröhre sitzen und früher nur zu oft den Tod des Patienten zur Folge hatten, meist mit Erfolg ohne Operation entfernt. Ein hieher gehöriger Krankenfall, den ich acht Jahre später an meiner Wiener Klinik beobachtete, zeigt, wie lange unter Umständen auch in der Luftröhre und ihren Verzweigungen ein Fremdkörper verweilen kann. Im Frühjahr 1903 wurde ein dreijähriger Knabe eingeliefert, der nach Angabe der Mutter drei Monate zuvor beim Spielen einen Federkiel, der als Mundstück eines Papierzigarrenspitzes diente, verschluckt hatte. Die Mutter griff rasch zu und konnte eben noch den Fremdkörper fühlen, ihn aber ebensowenig wie der rasch herbeigeholte Arzt entfernen. Die ersten Tage stellte sich heftiges Blutbrechen ein, dann besserte sich der Zustand, doch traten auch weiterhin alle 10 bis 12 Tage schwere Erstickungsanfälle auf, so daß der Knabe ins Spital gebracht werden mußte. Außer einem Bronchialkatarrh konnte nichts nachgewiesen werden, auch das Röntgenbild war negativ. Der in der laryngologischen Klinik ausgeführte Versuch, mit einem feinen Röhrchen in die Luftröhre hineinzuleuchten, um den Fremdkörper zu sichten und mit einem langen Zängelchen herauszuziehen, mißlang. Daraufhin umspritzte ich die Gegend der Luftröhre mit Kokain und fügte eine kurze allgemeine Narkose hinzu. Nach Eröffnung der Luftröhre sichtete ich sofort den Federkiel und konnte ihn leicht entfernen. Zur Sicherheit wurde für zwei Tage eine Kanüle eingeführt. Die Wundheilung erfolgte rasch, wegen der starken Bronchitis aber wurde das Kind erst 14 Tage nach der Operation entlassen. Dieser Fall ist deswegen bemerkenswert, weil der Fremdkörper fast drei Monate in der Luftröhre steckte.

Der Besuch der Versammlungen deutscher Naturforscher und Ärzte und vor allem der jährlich zu Ostern stattfindenden Tagung der Deutschen Gesellschaft für Chirurgie in Berlin brachte einen raschen Kontakt vor allem mit den engeren Kollegen der deutschen Hochschulen und damit viel Anregung und Anknüpfung freundschaftlicher Bande. Die Schüler Billroths v. Czerny (Heidelberg), Gussenbauer (Prag), Wölfler (Graz),

v. Winiwarter (Lüttich), v. Mikulicz (Breslau) wurden schon erwähnt. Von den älteren deutschen Chirurgen waren es Ernst v. Bergmann, Thiersch, W. Körte, F. König, Trendelenburg, L. Rehn, von Schweizer Chirurgen Socin, Krönlein, Th. Kocher, C. Roux (Lausanne), denen ich näher trat, von gleichaltrigen Kollegen Garrè, W. Müller, Graser, Bier, Lexer, endlich der viel jüngere Sauerbruch, der mir später ein lieber Freund wurde.

Ein angenehmer Verkehr entwickelte sich in Königsberg mit Professor Ernst Neumann, dem berühmten pathologischen Anatomen, einem der bedeutendsten Gelehrten mit prachtvollem Gelehrtenkopf; sein Vater war Universitätsprofessor der Mathematik in Königsberg gewesen und kurz vorher über neunzigjährig gestorben; er hatte in der Schlacht bei Waterloo als junger Krieger mitgekämpft und einen Wangendurchschuß erhalten. Mit Ludimar Hermann, meinem ehemaligen Lehrer in Zürich, mit dem Anatomen L. Stieda und seiner lieben Frau, mit dem Hygieniker E. v. Esmarch und seiner Familie pflegten wir freundschaftliche Beziehungen, besonders aber mit dem Chirurgen Professor Georg Stetter und seiner Frau, die uns eine liebe Freundin fürs Leben geworden ist und uns öfters zur Freude von jung und alt in Wien oder Steinhaus besucht. Auch mit Kollegen anderer Fakultäten wurden wir gut befreundet, so mit dem Chemiker Wilhelm Lossen, dessen Frau in mütterlicher Liebe meiner Frau zugetan war, mit dem bekannten Rechtslehrer Gareis und seiner Gattin, gemütlichen Bayern. Die Freundschaft mit Lichtheim und seiner Familie, besonders seiner Tochter Else, war von beiden Seiten herzlich und blieb dauernd bestehen. Ich bin selten in meinem Leben einem so scharf kritischen, klugen Mann von lauterster Wahrheitsliebe und edler humaner Gesinnung begegnet, der in grundsätzlichen Fragen nicht um Haaresbreite nachgab. Auch mit Lichtheims Vorgänger in Königsberg, Professor B. Naunyn, Straßburg, den ich während eines Sommeraufenthaltes in Neuhäuser näher kennen lernte, und seiner lieben Frau freundeten wir uns sehr an. Naunyn und ich gaben später zusammen die

„Grenzgebiete für interne Medizin und Chirurgie" heraus und hatten dadurch dauernd Berührungspunkte.

Die Beziehungen zu den engeren Schülern der Klinik, auch zu den Hörern, waren durchaus angenehm. Unter den letzteren zeichneten sich besonders die Ostpreußen durch Tüchtigkeit und Lerneifer sowie absolute Zuverlässigkeit aus.

Bald stellte sich eine befriedigende Privatpraxis ein. Die Privatklinik war in einer nahe der Klinik gelegenen, äußerst einfach und bescheiden eingerichteten Pension, die zwei Schwestern Reichel leiteten, untergebracht. Ich mußte mir dazu Operationstisch, Sterilisationsapparat, Instrumente usw. anschaffen. Dort hielt ich dreimal wöchentlich die private Sprechstunde ab, die vornehmlich polnische und russische Juden besuchten, für welche ein eigenes Wartezimmer vorgesehen war.

Manch Interessantes boten die Konsilien in der Provinz und in den angrenzenden Bezirken Rußlands. Die Reisen nach Rußland beschränkten sich für den Königsberger Professor auf die Nachbargouvernements Kowno und Wilna; für Reisen nach Petersburg, Moskau und Kiew kamen zumeist Berliner (zum Beispiel v. Leyden, v. Bergmann) oder Wiener Professoren (früher Billroth, jetzt Nothnagel) in Betracht.

Von Königsberg aus war in etwa zweistündiger Bahnfahrt die russische Grenze erreicht. Zu Konsultationsreisen kam es meist im Winter. Unvergeßlich bleibt mir eine nächtliche Schlittenfahrt bei Mondschein, hohem Schnee und eisiger Kälte von Memel nach Polangen. Wegen der kurz zuvor gesichteten Wölfe befand sich ein Jäger neben dem Kutscher auf dem Bock der Troika, doch sahen und hörten wir nichts von ihnen.

Ich wurde einmal an einem kalten Wintertag von Königsberg aus auf ein Schloß jenseits der russischen Grenze zu einem angeblich schwer erkrankten jungen Mädchen berufen, das im höchsten Grade nervös war. Sie litt es nicht, daß das Zimmer hell gemacht wurde, damit man sie nicht im Bett liegend sehe. Es bedurfte meinerseits eines energischen Begehrens nach Licht. Daraufhin kamen alle möglichen Versuche, sich einer Untersuchung des Bauches zu entziehen. Es kostete einige Zeit, bis ich eine Darmuntersuchung vornehmen konnte. Je weniger man aber bei einem Patienten findet, desto länger und genauer muß die Untersuchung sein, um nichts zu übersehen. Ich kam schließlich zur Ansicht, daß eine gewöhnliche Verstopfung vorliege, und ordnete eine Darmspülung an, welche die Patientin unbedingt ablehnte. Um den Eigensinn der Kranken zu besiegen, erklärte ich ernst, es müsse auf alle Fälle sofort zur Operation hergerichtet werden. Auf das hin gab sie kleinlaut nach, ich machte ihr selbst den Einlauf und zog mich zurück. Während der folgenden Stunde, die ich mit den Familienangehörigen im Salon zubrachte, kamen so günstige Bulletins über die Wirkung, daß ich bei Tagesanbruch beruhigt meine Heimreise antreten konnte. Kurze Zeit nachher erhielt ich einen dankbaren Brief meiner Patientin und ihre Verlobungsanzeige.

Im Gegensatz dazu stehen Fälle von Operationssucht, wobei die Patienten — meist sind es Frauen auch aus der sogenannten guten Gesellschaft — kein Mittel scheuen, um eine Operation herbeizuführen oder wenigstens das Mitleid des behandelnden Arztes zu wecken, indem sie zum Beispiel durch Reiben des Thermometers eine höhere Temperatur oder durch Bespritzen des Hemdes mit Wasser einen Schweißausbruch vortäuschen.

Was die praktischen Ärzte auf dem Lande bei ihren Fahrten im Winter und zur Zeit der Schneeschmelze durchzumachen haben, ist kaum glaublich. Ein vielbeschäftigter, durchaus ernster Arzt erzählte mir, daß er einst bei kaltem Wetter in eine kleine, ungeheizte Hütte zu einer jungen Frau geholt wurde, da die Entbindung keine Fortschritte machen wollte. Der Doktor kam derart ausgefroren und erstarrt an, daß er sich zunächst zu seiner Patientin ins Bett legen mußte, um sich zu erwärmen, und erst dann die dringliche Wendung des Kindes erfolgreich vornehmen konnte.

Bei einer Konsultationsreise nach Kowno, die ich zu einem an schwerer Infektion darniederliegenden Patienten zu machen hatte, blieb ich nach erfolgter Untersuchung und Beratung des

Patienten mit den dortigen Kollegen beisammen, die gerne den neuen jungen Ordinarius für Chirurgie von Königsberg kennenlernen wollten. Wir blieben bis nach Mitternacht sitzen, da der Schnellzug nach Ostpreußen in den ersten Morgenstunden abging. Schon bei meinem nachmittägigen Eintreffen in Kowno war mir aufgefallen, wie ernst und düster der Arzt, der mich zum Konsilium gerufen hatte, aussah und daß er außer der sachlichen Besprechung des Falles kein Wort sprach. Er fehlte auch beim abendlichen Zusammensein in der Bahnhofrestauration. Dabei wurde mir folgendes erzählt. Er war als Student an einer russischen Universität Mitglied einer Verbindung gewesen, die man verbot, obwohl nur Geselligkeit gepflogen und in keiner Weise gegen das damals herrschende Regime gearbeitet wurde. Ein wegen einer Veruntreuung entlassener Diener rächte sich dadurch, daß er die Mitglieder politischer Umtriebe gegen Zar und Regierung verdächtigte. Eines Abends kam die Polizei und nahm alle diese jungen Leute fest. Sie wurden nach Sibirien verbannt und ihre Eltern haben nie mehr irgend eine Nachricht von ihnen erhalten! Der jetzt so stille, wortkarge Arzt war zufällig an dem besagten Abend bei seiner erkrankten Mutter zu Hause gewesen und dadurch der Verhaftung und Verschickung nach Sibirien entgangen. Das Schicksal seiner Kameraden und Freunde erschütterte ihn so sehr, daß er fortab traurig verstimmt blieb und das Lachen verlernt hatte.

Die Klinik in Königsberg war nach meinen Begriffen, ich war, wie schon gesagt, weder in Wien noch in Utrecht in dieser Beziehung verwöhnt worden, gut und zweckmäßig. In einer Ecke des geräumigen Gartens befand sich eine Diphtheriebaracke, in der mancher Kehlkopfschnitt, meist in der Nacht, vorgenommen wurde. Einmal, im ersten Jahr meiner Tätigkeit, konnten wir in einer klinischen Vorlesung drei Tracheotomien nacheinander in Gegenwart der Studenten ausführen. Dann kam die Entdeckung des Diphtherieserums durch Behring, so daß ich in den folgenden Semestern kaum in der Lage war, den Hörern eine solche Operation zu zeigen.

Das Ministerium bewilligte mir den Bau eines Laboratoriums, in dem ich mit meinen Schülern fleißig arbeitete. Eine besondere Verpflichtung des chirurgischen Klinikers in Königsberg waren die Vorlesungen beim Stabsarztkurs in den drei ersten Oktoberwochen eines jeden Jahres. Um für den Fall einer Mobilisierung mit der modernen Medizin, besonders mit der Chirurgie vertraute Reserveärzte zur Verfügung zu haben, wurde in Preußen der landsturmpflichtige Assistenzarzt nach etwa zehnjähriger Landsturmpflicht zu diesem Kurs einberufen, der als Waffenübung galt. Es bestand Uniformzwang und der Kommandant des Kurses, ein aktiver Militärarzt, hatte dafür zu sorgen, daß die zwanzig Hörer, die zum Teil schon jahrelang in der Praxis standen, pünktlich jede Vorlesung besuchten. In diesen wurde über Militärhygiene und das praktische Anlegen von Hilfsplätzen vorgetragen, die Hauptbeschäftigung der Teilnehmer bestand aber darin, daß sie jeden Morgen den chirurgischen Operationen an der Klinik beiwohnten, wobei auch einzelne von ihnen zur zweiten Assistenz herangezogen wurden. Es folgte eine eineinhalbstündige Vorlesung in der Anatomie, wobei Kollege L. Stieda hauptsächlich topographische Anatomie vortrug. Jeden Nachmittag hatte ich durch zwei Stunden den Operationskurs an der Leiche abzuhalten, wobei ich alle praktisch wichtigen Operationen für die erste Hilfe zeigte. Auf einen eben durch Gift (Nikotin) getöteten großen Hund gab einer der Teilnehmer des Kurses, der ein sicherer Schütze war, mit der Pistole je einen Schuß auf Schädel, Brustkorb und Bauch ab. Unverzüglich wurde nach L. Rehns vorbildlicher Methode die Naht am frisch verletzten Herzen geübt, beim Bauchschuß Laparotomie und exakte Darmnaht, beim Schädelschuß von den Teilnehmern eine Trepanation unter meiner Anleitung ausgeführt. Der Fortbildungskurs dauerte stets nur allzu kurz und schloß immer mit einer heiteren und lange dauernden Feier, in welcher der eine oder andere poetisch veranlagte Kursist seine Beobachtungen in Versen zusammenstellte und mancherlei Ulk getrieben wurde. Diese praktischen Kurse und Übungen waren auch für mich sehr lehrreich und ich denke

Mit meinen klinischen Mitarbeitern in Königsberg i. Pr. 1899
(Siehe Seite 135)

Von links nach rechts: stehend: C. Franz, A. Stieda, O. Erhardt, W. Noetzel, D. Boks, A. Kirstein, Bauer, H. Strehl
Sitzend: J. Storp, W. Prutz, Eiselsberg, R. Bunge, C. Ludloff

Mit meinen klinischen Mitarbeitern in Wien. Sommersemester 1907
Obere Reihe von links: Christea, Schindel, Odelga, Zadro, Koder, Diener Broger
Mittlere Reihe: Diener Carl, Ehrlich, v. Reiffenstuhl, Coudek, v. Kutscha, Aschner, Kara Michailoff, Gall
Sitzend: Leischner, Ranzi, Eiselsberg, von Haberer, von Frisch

noch mit großer Befriedigung an sie zurück. Zu meiner Freude habe ich noch Dezennien später bei gelegentlichen Zusammenkünften, zum Beispiel beim Berliner Chirurgenkongreß, mit ehemaligen Kursteilnehmern gehört, in welch angenehmer Erinnerung diese Kurse auch bei ihnen geblieben waren.

Das gesellige Leben in Königsberg war rege, im Winter gab es nur zu viel gesellschaftliche Verpflichtungen. Allmonatlich brachte ich einen Abend im „Königsberger Montagskränzchen" zu, von dem Goethe schon geschrieben hatte. Die Mitglieder versammelten sich abwechselnd bei einem der Teilnehmer; die Anwesenheit von Damen, auch der Hausfrau, war ausgeschlossen. Es waren acht Mitglieder, fast alle Angehörige des Professorenkollegiums, ich der einzige Mediziner. Unser Ehrengast war öfters Oberpräsident Graf Wilhelm Bismarck, der Sohn des großen Kanzlers, der viel des Interessanten aus seinen Erlebnissen in der Kriegszeit von 1870 sowie aus dem Leben seines Vaters erzählte. Der jeweilige Hausherr hatte aus seinem Arbeitsgebiet einen kurzen Vortrag zu halten, woran sich eine Aussprache knüpfte. So hat zum Beispiel der Kollege Baumgart als bekannter Goetheforscher einmal tiefschürfende Ausführungen über die „Büchse der Pandora" gebracht; die Juristen Gareis, Güterbock, Universitätsrichter von der Trenck sprachen über allgemein interessante Themen aus ihrem Fach. Medizinische Zeitfragen waren bei den Kollegen sehr beliebt. Das Abendessen war einfach zu halten; etwaige Abweichungen ad melius wurden nicht gerne gesehen, unsere Wiener Küche aber durchaus nicht abgelehnt. Es war eine Neuerung, als ich mir erlaubte, bei diesen Abenden Bier aufzutischen!

Auch mit anderen Kreisen als denen der Universität kam ich als praktischer Chirurg in Berührung. Ich erinnere mich mit Vergnügen an einen Besuch bei Graf Dohna in Schlobitten, einem Freunde Kaiser Wilhelms II., und der ganz ausgezeichneten verehrungswürdigen Gräfin, ferner an wiederholte Besuche bei dem so überaus sympathischen, feingebildeten, anregenden Ehepaar Graf Lehndorff in Preyl; als langjähriger Generaladjutant Kaiser Wilhelms I. wußte er viel zu erzählen.

Anläßlich des Chirurgenkongresses zu Ostern 1900 wurden sechs Vertreter der Deutschen Gesellschaft für Chirurgie, und zwar die Professoren v. Bergmann, König, v. Esmarch, Gussenbauer, Körte und ich in Audienz zu Kaiserin Augusta Viktoria befohlen. Die hohe Frau zog jeden einzelnen ins Gespräch und erkundigte sich bei mir über die Tätigkeit der evangelischen Diakonissen-Krankenschwestern an der Königsberger Klinik. Während dieses Gespräches öffnete sich die Türe und Kaiser Wilhelm II. trat unerwartet ein. Er schritt sofort auf den alten Geheimrat v. Esmarch zu und begrüßte ihn herzlich. Wegen der Schwerhörigkeit v. Esmarchs war die lautgeführte Unterhaltung im ganzen Empfangssaal zu hören. Der Kaiser fragte den Professor, wie es ihm und seiner Gattin — sie war eine Prinzessin von Schleswig-Holstein, eine Tante der Kaiserin — ginge.

Nunmehr trat der Kaiser zu Gussenbauer und sprach anläßlich der damals herrschenden starken Influenza über diese Epidemie. Er erzählte, daß er im Falle einer Erkrankung der Atmungsorgane sich gerne mit Wein behandle, und zwar mit einer Flasche guten, starken Weines, da er für gewöhnlich mit einem „ganz leichten" vorliebnehmen müsse. Es folgte dann eine kurze Aussprache über die Influenza-Bakterien und die Möglichkeit ihrer Abtötung.

Dann wandte sich der Kaiser an mich und zog mich in ein längeres Gespräch über den Grafen Lehndorff, dem ich auf seinem Schlosse Preyl bei Königsberg wenige Wochen zuvor wegen Altersbrand den rechten Oberschenkel amputiert hatte. Seine Majestät erkundigte sich eingehend über die Operation und verwunderte sich, daß der alte Herr die Narkose so gut vertragen hatte. Ich mußte zugeben, daß dies auch unsere große Sorge gewesen war; tatsächlich hatte der Graf vorübergehend in der Narkose zu atmen aufgehört. Der Kaiser trug mir auf, den Grafen herzlichst zu grüßen, er möge als alter Garde du Corps den Kopf hochhalten und der treuen Freundschaft und Zuneigung seines kaiserlichen Herrn versichert sein. — Der Kaiser schien angenehm berührt, als ich ihm auf die Frage, wie es mir, dem Österreicher, in Ostpreußen gefalle, sagen konnte, daß ich und meine Frau uns sehr gut eingelebt hätten. Hierauf brachte der Kaiser die Sprache auf den Aussatz. Einige aufgeregte Zeitungsreporter hatten kurz zuvor die Tatsache, daß in Ostpreußen zwei Fälle von Lepra beobachtet worden waren, aufgebauscht und sogar von einer Bedrohung der Provinz gesprochen. Das war auch dem Kaiser zu Ohren gekommen, der darüber meine Meinung zu hören wünschte. Ich erwiderte: „Majestät, die Lepra läßt uns ganz ruhig schlafen. Freilich kann der eine oder andere vereinzelte Fall sich in einem an Rußland grenzenden Gebiet ereignen, aber die Krankheit wird sicher um so weniger Verbreitung finden, als die Sanitätsbehörden dieser Frage eingehende Berücksichtigung widmen." Der Kaiser war über diese Mitteilung befriedigt und fügte hinzu: „Jetzt wissen Sie doch auch die Ursache der Lepra", worauf ich sagte: „Jawohl, Majestät, die Lepra kommt von einem Bazillus, der genau erforscht ist und der große Ähnlichkeit mit dem von Koch gefundenen Tuberkelbazillus hat; er ist sozusagen als ein Vetter des Tuberkelbazillus zu werten." Der Kaiser darauf: „Ja, das habe ich auch schon gehört. Ich habe aber eine alte Tante gehabt, die hat behauptet, die Lepra komme vom Fischessen. Das ist doch Unsinn." Ich antwortete: „Jawohl, Majestät. Vom Fischessen kann man den Bandwurm bekommen, aber niemals den Aussatz."

Der Hecht beherbergt in seinem Darmkanal einen für ihn nahezu harmlosen Bandwurm, den Botriocepholus latus, der, auf den Menschen übertragen, vom Darmkanal aus zu schwerer Aussaat im Körper führt, dessen Wohlbefinden stört, ja sogar das Leben bedroht. Der „rohe Fischsalat", das Leibgericht der Fischer am Kurischen Haff, ist besonders geeignet, eine solche Überleitung zu vermitteln. Die Zubereitung erfolgt auf die Weise, daß die Fische abgeschuppt, die Muskeln in feine Längsstreifen wie „Nudeln" geschnitten und mit Essig, Öl, Salz und Pfeffer als Salat angerichtet werden, wobei es gelegentlich vorkommt, daß der Darminhalt der Fische samt den daselbst befindlichen lebenden Parasiten in das „köstliche Gericht" vermengt wird. Die Vitalität der rohen Muskulatur der Fische ist eine überaus große; wenn Salz oder Pfeffer auf diese geschnittenen, rohen „Fischnudeln" gestreut wird, zeigen diese noch lebhafte Eigenbewegungen. Ein angesehener Arzt von der Südküste des Kurischen Haffs erzählte mir, daß er und seine Familie diesen rohen Fischsalat sehr gerne essen und selbst auf die Gefahr hin, den Bandwurm zu bekommen, nicht davon lassen können.

Der Kaiser verfolgte mit sichtlichem Interesse diese Erzählung und sagte dann: „Da ist mir doch der Spickaal lieber. Ihnen nicht auch, lieber Professor?", was ich bejahte, worauf ich huldvollst verabschiedet wurde.

Dem Umstande, daß meine Frau und ich dem Adelsstande angehören, verdankten wir es, zu einem intimen Diner im Hause des kommandierenden Generals Graf Finck von Finkenstein eingeladen zu werden. Als wir nach wenigen Wochen Graf und Gräfin im kleinen Kreis bei uns zu Hause begrüßen konnten, fragte mich die liebenswürdige Gräfin, wen wohl das Bild des alten Generals in unserem Speisezimmer vorstelle. Ich antwortete, es sei dies unser gemeinsamer Großvater, Feldzeugmeister Baron Pirquet, Ritter des Militär-Maria-Theresien-Ordens, und erzählte außerdem, daß auch mein Vater und sein Bruder Berufsoffiziere gewesen waren, worauf die Gräfin in verwundertem Tone sagte: „Und wieso sind Sie dazu gekommen, Medizin zu studieren?" Es lag in dieser Frage fast ein leiser Vorwurf. Ich klärte die Gräfin darüber auf, welch schöner und verantwortungsvoller Beruf der ärztliche, insbesondere der des Chirurgen sei, und daß man, falls man gesund bleibe und seine Pflicht erfülle, seine Stellung als Chef der Klinik bis zu der Altersgrenze innehaben könne. Kaum ein halbes Jahr später wurde Graf Finkenstein zur Disposition gestellt!

In Königsberg kamen unsere zwei ältesten Töchter zur Welt und damit begann für meine Frau und mich eine Zeit sich immer mehrender Pflichten, aber auch der reinsten Freuden des Lebens.

Die Beziehungen zur Heimat wurden rege aufrechterhalten. Wir hatten öfters die Freude, unsere nächsten Angehörigen zu Gast zu haben; meine gute Mutter verlebte zwei ganze Winter bei uns und erfreute sich innig an ihren zwei ersten Enkelkindern. Meine Schwiegermutter fand sich mehrmals ein; Stadt, Land und Meer weckten ihr volles Interesse. Auch meine Brüder und die Geschwister meiner Frau, u. a. mein lieber Schwager Theodor Pirquet, kamen, sich von unserem Wohlbefinden zu überzeugen.

In der schönen Jahreszeit besuchten wir öfters die Umgebung von Königsberg. Der Galtgarben, die höchste Erhebung des Samlandes, ist 100 Meter hoch; beliebter waren die Ausflüge ans Meer. In einer Bahnstunde kam man bis Cranz; ich bin wiederholt bei heftigem Sturm dorthin gefahren, um den starken Wellenschlag zu bewundern. Noch großartiger zeigt sich dieser in Warnicken und an den anderen höher gelegenen Orten der Nordküste des Samlandes, nur gab es damals keine Bahnverbindung dahin, so daß ich die Fahrt öfters mit dem Rad zurücklegte. Auch im westlich gelegenen Pillau erfreute ich mich oft der herrlichen See. Einen tiefen Eindruck machte es auf mich, bei einem Ausflug die bei Sturm untergegangene Barke „Jenny" zu sehen, bei deren Strandung die ganze schwedische Besatzung ums Leben gekommen war.

Von besonderem Reiz war das Kurische Haff; von Cranzbeck nächst Cranz fuhr man über Rositten, Nidden und Schwarzort an einem Tag nach Memel. Eine Pfingstfahrt führte uns einmal mit dem Dampfer nach Schwarzort, inmitten von tief versandeten alten Föhren, deren Wipfel oft nur zwei bis vier Meter herausragten. Der Sand läßt so viel Luft durch, daß die Bäume nicht zugrunde gehen. Sie erscheinen als wahre Naturwunder. In dieser Oase, deren Umgebung vollkommen versandet blieb, seitdem der prächtige Eichenbestand der Kurischen Nehrung seinerzeit als Kriegskontribution den Schweden verpfändet worden war, gab es viele Nachtigallen, die so herrlich und laut schlugen, daß wir nachts aus dem Schlaf geweckt wurden.

Einmal fuhr ich mit meiner Frau zu Pfingsten von Pillau aus mit einem kleinen, etwas wackeligen Passagierdampfer über Bornholm nach Kopenhagen. Diese an architektonischen und anderen Kunstwerken reiche Stadt, die Perle des Nordens, haben wir mit großem Interesse kennengelernt.

Wiederholt führten mich größere Fußtouren mit meinem Schwager Clemens Pirquet, der als Student der Medizin zwei Semester in Königsberg zubrachte, in das Samland. Im Winter wurden schöne Schlittenfahrten unternommen, einmal ein größerer „Universitätsausflug". Trotz guter Pelze und Fußsäcke war man aber immer froh, nicht völlig durchfroren nach Hause zu kommen.

Ganz neu für mich war eine Segelschlittenpartie auf dem Eis des Frischen Haff, wozu mich ein dankbarer Patient geladen hatte. Eine so schnelle Fortbewegung mit einer Stundengeschwindigkeit von 90 bis 100 Kilometer war mir vollkommen neu; damals gab es ja noch keine Autos und natürlich auch keine Flugapparate. Die Geschicklichkeit des Führers, den Segelschlitten zu lenken, war erstaunlich. Er fuhr bis nahe an die offenen Stellen heran, um dann im letzten Augenblick das Steuer herumzuwerfen und dadurch immer tragfähiges Eis unter den Kufen zu behalten.

Ein regerer Verkehr mit den Besitzern auf dem Lande hat sich deswegen nicht entwickelt, weil ich zu sehr an die Klinik gebunden war und es mir zum Grundsatze gemacht hatte, wegen einer Jagd keine Vorlesung oder Operation zu versäumen, beziehungsweise mich vertreten zu lassen. So kam ich nur ausnahmsweise zu diesem Vergnügen, war allerdings dann stets von dem Zauber der Landschaft, der Stimmung, der Beleuchtung, vom Lauschen nach den Stimmen der Natur so gefangengenommen, daß ich manchmal dem eigentlichen Zweck der Jagd zu wenig Aufmerksamkeit schenkte. Anregend waren die Entenjagden in Fischhausen an den schönen, langen Sommerabenden. Ich hatte zu diesem Zweck einen Streifen des Strandes gepachtet und konnte hier so manche Stunde der Erholung und Zerstreuung zubringen. Drei Sommer brachte ich mit meiner Familie an der See zu, einen in Cranz, zwei in Neuhäuser, von wo aus ich meinen beruflichen Verpflichtungen leicht nachkommen konnte; einen in Wien.

Ein besonderes Ereignis für mich war der Besuch meiner beiden Freunde Wölfler (Prag) und v. Mikulicz (Breslau) an der Klinik und in meinem Heim. Zahlreiche praktische Ärzte hatten sich den Hörern zugesellt. Nach herzlicher Begrüßung der beiden Gäste wurde durch sechs Stunden vor dem Auditorium operiert.

Meine liebe Frau hatte seit einiger Zeit eine zunehmende Vergrößerung der Schilddrüse gezeigt, die ihr gelegentlich auch beim Steigen Beschwerden verursachte. Vor ihrer Verheiratung hatte sie ab und zu gemäß dem damaligen Standpunkt der Therapie ein paar Tropfen Jodtinktur in den Kropf eingespritzt erhalten, wodurch das Wachstum für einige Zeit stillzustehen schien, indes nicht dauernd gestoppt wurde. Als meine beiden Kollegen mich in Königsberg besuchten, wurde vereinbart, daß während der Osterferien Mikulicz in Breslau den Kropf operieren solle, was auch geschah. Wölfler erbot sich in dankenswerter Weise, zur Assistenz aus Prag zu kommen. Der Eingriff spielte sich in Narkose glatt ab, so daß meine Frau schon acht Tage später mit mir die Fahrt nach Wien fortsetzen konnte, an die wir einen Erholungsaufenthalt in Abbazia anschlossen. Der Erfolg war vollkommen und andauernd.

Am 7. Juni 1900 wurde ich in feierlicher Weise durch Professor Lorentz, den Rektor der Universität Leiden, zum Doktor der Chirurgie h. c. promoviert. Die Feier gestaltete sich äußerst herzlich; am folgenden Tag wurde ich durch Professor v. Iterson ersucht, in der chirurgischen Klinik in Gegenwart der Studenten zu operieren.

Im Sommer 1900 fand in Paris der Internationale Medizinische Kongreß statt, der sich sehr interessant gestaltete. Ich wohnte nicht nur den Sitzungen der Chirurgensektion, sondern auch einer Reihe von allgemeinen Vorträgen bei. Die Aufnahme von seiten der Franzosen war eine äußerst herzliche und gastliche. Nach den dabei gehaltenen Reden hätte man die dauernde Erhaltung des Weltfriedens erhoffen können. Dieser Wunsch hat sich leider nicht erfüllt.

In Paris sah ich zum letztenmal den Vorstand der I. Chirurgischen Klinik in Wien, Professor Eduard Albert, der seinen großangelegten Vortrag in französischer Sprache vorlas. Kaum zwei Monate später fand er in seiner Heimat einen sanften, schmerzlosen Tod.

Gleich darnach erhielt ich von verschiedenen Freunden die Nachricht, daß ich jetzt nach Wien berufen würde. Da ich nicht nur die Vorzüge von Wien, sondern auch die Schattenseiten, vor allem die der Klinik kannte, war ich von einem Aufgeben meiner Königsberger Stelle nicht erbaut. Nur zu bald trat die Frage an mich heran. Eines Tages kündigte sich Professor Gussenbauer, der Vorstand der II. Chirurgischen Universitätsklinik, bei mir an mit dem dringenden Wunsch, daß sein bloß auf zwölf Stunden angesetzter Besuch vollkommen geheim gehalten werde, es dürfe niemand in Königsberg etwas davon erfahren. Außerdem sollte ich für ihn ein Nachtquartier bestellen.

Ich schrieb ihm, wenn sein Kommen zu mir unbekannt bleiben solle, müsse er bei uns absteigen, was er gerne annahm. Und so holte ich ihn an einem nebligen Abend Anfang November von der Bahn ab und brachte ihn in meine Wohnung.

In gemütlichem Beisammensein wurde meine allfällige Berufung nach Wien durchbesprochen und Gussenbauer bat auch meine Frau, im Sinne einer Annahme der Lehrkanzel in Wien auf mich einzuwirken. Bevor sich Gussenbauer zur Ruhe begab, äußerte er noch zwei Wünsche: am nächsten Tag unerkannt meine Klinik zu besuchen und das Kantdenkmal zu besichtigen. Ich sagte, das letztere ginge natürlich leicht, wenn er aber die Klinik unerkannt besichtigen wolle, müßten wir sehr zeitig dahin gehen. Ich würde ihn durch ein Gartentor, dessen Schlüssel ich besaß, geleiten, könne allerdings nicht dafür bürgen, daß er nicht von einem der Assistenten, denen allen Gussenbauers charakteristischer Kopf vom Chirurgenkongreß her bekannt war, gesehen werde.

Um sieben Uhr früh schlich ich mich mit Gussenbauer in meine Klinik, zeigte den Operationssaal und die Krankenzimmer, konnte aber nicht ebenso unbemerkt die Klinik verlassen. Der Portier der Klinik, ein ehemaliger Fahnenträger eines preußischen Kavallerieregimentes, das im Jahre 1866 gegen Österreich gekämpft hatte — es war eine der wenigen Fahnen, die im Nahkampfe von den Österreichern erbeutet worden waren —, hatte uns entdeckt und sofort dem Assistenten berichtet, daß ein kleiner Herr mit klugem, imponierendem Äußeren und wallendem, langem Vollbart von mir durch die Klinik geführt worden sei. Als ich vom Bahnhof, wohin ich meinen Gast geleitet hatte, zurückkam, sagten mir sofort zwei Herren, sie hätten so gut von mir diagnostizieren gelernt, daß sie mit voller Sicherheit behaupten möchten, der unbekannte Besucher sei Gussenbauer gewesen, der mich für Wien interessieren wolle. Ich konnte mein Gussenbauer gegenüber gegebenes Versprechen nicht soweit einhalten, etwa eine Unwahrheit zu sagen, und ersuchte die Assistenten, vorerst über den Besuch nicht weiter zu sprechen.

Lange Zeit blieb das Geheimnis nicht gewahrt, denn schon zehn Tage später erhielt ich die Mitteilung, ich sei von der Majorität des Professorenkollegiums unico loco vorgeschlagen, so daß die offizielle Berufung seitens des Ministeriums bevorstand.

Ich hatte mich mit meiner Frau in Königsberg so gut eingelebt, daß ich anfangs der Berufung gar nicht nähertreten wollte; bei genauer Überlegung entschied ich mich aber doch für Wien.

Bei meiner Ernennung nach Königsberg fünf Jahre zuvor hatte ich mich verpflichten müssen, vor Aufnahme irgend welcher Unterhandlungen über eine Berufung ins Ausland das Berliner Unterrichtsministerium davon in Kenntnis zu setzen. Dieser Forderung kam ich nach. Ich wurde unverzüglich telegraphisch ersucht, baldigst nach Berlin zu kommen, wo ich von Ministerialdirektor Dr. Althoff herzlichst empfangen wurde und auch bei Minister Studt geladen war. So sehr diese Herren es mir nahelegten, in Königsberg zu bleiben, und auch durchblicken ließen, daß ich für eine allfällig freiwerdende Lehrkanzel in Berlin große Aussichten habe, sie konnten sich doch der Erkenntnis nicht verschließen, wie schwer es für mich sei, eine Berufung in die Heimat abzulehnen. Auf die Frage, ob ich irgend welche Wünsche hätte, mußte ich sagen, ich könne nicht einen Neubau der Klinik fordern, zumal mir eine Reihe wesentlicher Verbesserungen auf meine Ansuchen hin glatt bewilligt worden waren. Auch wollte ich nicht aus dieser Berufung eine Gehaltsverbesserung herausschlagen.

In Wien angekommen, besichtigte ich vor allem die mir nur wenig bekannten Räume der Klinik Albert; von meiner Studienzeit her hatte ich nur den recht unzulänglichen Hörsaal, der auch für die meisten Operationen diente, in Erinnerung. Daß die Erste ebenso wie die Zweite Chirurgische Klinik alt war, wußte ich, daß sie aber so rückständig, vor allem die Ambulanz in ganz ungenügenden, engen Räumen untergebracht war, das hat mich, der ich die gute Königsberger Klinik leitete, erschüttert. Damit sei Professor Albert keinerlei Vorwurf gemacht, er hat ebenso wie Billroth häufig, leider erfolglos, auf die Notwendigkeit eines Neubaues der Klinik hingewiesen. Und so erklärte ich bei meinen Besprechungen im Ministerium, daß ich nur dann den Ruf annehmen könne, wenn unverzüglich eine Ambulanzbaracke erbaut würde. Ich bat, mich nicht früher zu ernennen, bevor nicht diese Frage einwandfrei gelöst wäre. Man sagte mir die Erfüllung dieser bescheidenen Forderung zu und stellte übrigens in Aussicht, daß die ganze Klinik in ein paar Jahren neu gebaut werde; ich hielt aber den Herren das Schicksal des geplanten und immer wieder verschobenen Neubaues der Zweiten Chirurgischen Klinik vor, der tatsächlich nicht zustande gekommen war. Diese Klinik hat erst dreizehn Jahre nach dem Weltkrieg durch Übersiedlung in eine teilweise leergemachte Frauenklinik gute moderne Räume erhalten.

Das Scheiden von Königsberg gestaltete sich äußerst herzlich. Es gab verschiedene Abschiedsessen in den befreundeten Familien und bei uns. Dann kam eine letzte Sitzung mit den Militärärzten, die ich noch einmal zu einem klinischen Demon-

Abschied von Königsberg

strationsabend in meinen Hörsaal gebeten hatte, hierauf gab es einen sehr stimmungsvoll verlaufenen Studentenkommers und einen großen Abschiedsabend vom Verein für wissenschaftliche Heilkunde in der Palästra Albertina, zu welchem Lichtheim als erster Vorsitzender und gleichzeitig Rektor auch den Oberpräsidenten Grafen W. Bismarck geladen hatte, der mich nach Lichtheims formvollendeter, warmer Abschiedsrede mit sehr herzlichen Worten begrüßte und in seinem Trinkspruch meine Frau als meine getreue Assistentin bezeichnete, von der ich mich bei meinem Scheiden von Königsberg nicht zu trennen brauche. Von allen Seiten kam große Wärme und Freundschaft zum Ausdruck, wie ich überhaupt sagen muß, daß ich ganz gerührt über die aufrichtigen Zeichen der Anhänglichkeit und des Bedauerns über unser Fortgehen war. Ein altes, oft zitiertes Wort sagt: Nach Königsberg geht der Professor unter Tränen und verläßt es unter Tränen. Die Wahrheit des zweiten Teiles dieses Satzes habe ich an mir erlebt.

DIE ERSTEN JAHRE ALS VORSTAND DER
KLINIK IN WIEN

Am 1. April 1901 übernahm ich die Klinik in Wien. Ich war unliebsam überrascht, nicht nur keine Ambulanzbaracke vorzufinden, sondern auch zu hören, daß die Verhandlungen hierüber noch zu keinem abschließenden Ergebnis geführt hatten.
Ich ging ins Ministerium, wo ich zu meinem nicht geringen Erstaunen vom Sektionsrat gefragt wurde, ob ich etwa mit Baron Gautsch, dem Chef des Obersten Rechnungshofes, persönlich bekannt sei. Auf meine Entgegnung, daß dies nicht der Fall sei und ich nicht wüßte, weshalb das notwendig wäre, meinte der Referent, der Akt zum Neubau der mir zugesagten Baracke liege noch beim Obersten Rechnungshof und eine Erledigung könne durch einen direkten Schritt von mir beschleunigt werden. Ich lehnte jedwede Intervention ab und sagte, das wäre Sache des Ministeriums, denn dies habe mir den sofortigen Bau versprochen und müsse deshalb für die Einhaltung dieser Zusage sorgen. Verärgert ging ich nach Hause und fand einen Brief des mir befreundeten Internisten Professor Pel aus Amsterdam vor, der sich auf mein Interesse und meine Liebe für Holland berief und mich wegen Besetzung der dortigen Chirurgischen Klinik um Rat fragte. Sie wollten und brauchten einen Deutschen, womöglich einen Österreicher oder Schweizer, „einen Chirurgen", wie er schrieb, „der so, wie Sie es getan, sich ebenso schnell und gut in Holland einleben würde". Ich hatte das Gefühl, es hätte für meine Berufung nur eines Winkes von mir bedurft, da ich, wie ich ohne Überheblichkeit sagen kann, ein gutes Andenken in Holland hinterlassen hatte.
Ich zeigte den Brief einem Kollegen und sagte ihm, ich hätte nicht übel Lust, mich selbst als Kandidaten in Amsterdam zur Verfügung zu stellen. Nach zwei Tagen erhielt ich ein per-

sönlich von Unterrichtsminister Hartel gezeichnetes Schreiben, in dem er mir mitteilte, jede Schwierigkeit in Sachen der Geldbeschaffung für die Baracke sei behoben. Nach kurzem wurde mit den Erdarbeiten begonnen und die Baracke stand nach mehreren Wochen fertig da; sie leistet auch heute noch vorzügliche Dienste. Ihr Bau kostete 23.000 Kronen. Damit war einer der größten Mängel der Klinik behoben.

Am 6. Mai hielt ich meine Antrittsvorlesung im überfüllten Hörsaal:

Nach feierlicher Bewillkommnung der anwesenden Vertreter des Ministeriums begrüßte ich in herzlichen Worten die Kollegen und Studenten und entrollte ein Bild meines Vorgängers E. Albert, der als glänzender Lehrer in der Erinnerung seiner Schüler noch lange Zeit fortleben wird. Dann sprach ich des längeren über die wissenschaftliche und praktische Bedeutung meines Lehrers Billroth. Hierauf erinnerte ich die Studenten an ihre vornehmste Pflicht, sich gründlich auf ihren schweren Beruf vorzubereiten und die im Doktoreid beschworene Ethik stets hochzuhalten. Ich machte dann auf die immer mehr zunehmende Bedeutung des Röntgenverfahrens als eines der wertvollsten diagnostischen Hilfsmittel für die praktische Medizin sowohl wie für den Unterricht aufmerksam und erörterte einzelne Symptome, die die richtige Diagnose erleichtern. Als schlagenden Beweis dafür, daß ein einzelner Befund nur unter Berücksichtigung des ganzen Menschen gewertet werden darf, führte ich folgende Beobachtung an:

Ein Mann hatte sich den Unterschenkel gebrochen, ein Splitter des Schienbeines hatte die Haut an einer kleinen Stelle durchspießt. Darüber war vom behandelnden Arzt ein kunstgerechter Gipsverband angelegt worden, nach dessen Abnahme sich an der verletzten Stelle ein mächtiger Pfropfen gewucherter Fleischmassen (Granulation) zeigte. Der darüber geängstigte Arzt exzidierte ein Stückchen und schickte es zur Feststellung der Diagnose in ein pathologisch-anatomisches Institut. Von dort kam der Bericht, daß es sich um ein sehr zellreiches Spindelzellensarkom handle. Wir wissen, wie ähnlich tatsächlich das junge Granulationsgewebe mit dem Sarkom[25], besonders mit dem Spindelzellensarkom, ist. Auf Grund dieses Berichtes hatte man dem Patienten die Amputation des Oberschenkels vorgeschlagen. Ich

---

[25] Eine dem Krebs ähnliche Erkrankung.

konnte ihn, zur Konsultation gerufen, ganz beruhigen; mit Hilfe einiger kräftiger Bestreichungen des Pfropfens mit Lapis war derselbe bald verschwunden und der Patient nach kurzer Zeit auch ohne Operation geheilt. Dieser Fall soll nicht den außerordentlichen Wert der mikroskopischen Untersuchung ausgeschnittener Tumorstückchen einschränken, sondern dazu veranlassen, den ganzen Patienten zu berücksichtigen und sich vor Augen zu halten, daß die Diagnose bösartiger Tumoren besonders beim Sarkom immer auch klinisch und nicht mikroskopisch allein gestellt werden kann.

Ich wandte mich dann gegen die immer mehr und mehr zunehmende Popularisierung der medizinischen Wissenschaft durch die Tagespresse, die oft genaue Berichte z. B. vom Berliner Chirurgenkongreß bringe, wodurch bloß Unruhe in das Laienpublikum getragen werde. Ich schloß mit den folgenden Ausführungen:

Leider tragen die Ärzte selbst wesentlich zu dieser Art von Popularisierung bei. Ich erinnere an die fast in allen Tagesblättern wiederkehrenden Annoncen der Ärzte. Je weniger der Arzt in der Tageszeitung steht, desto besser ist es! Für ihn gilt dasselbe, wie für die gute Hausfrau, von welcher diejenige die beste ist, von der am wenigsten öffentlich geredet wird.

Die gerechtfertigte Forderung, daß der Laie in seinem Urteil über ärztliche Kenntnisse und die verschiedenen Behandlungsmethoden etwas zurückhaltender sein möge, wird wohl stets ein unerreichtes Ziel bleiben.

Eine Ausnahme von der unerwünschten Verbreitung medizinischer Kenntnisse unter die Laien macht das Bestreben, die erste Hilfe in weitesten Kreisen der Bevölkerung zu verbreiten. Es wäre dringend zu wünschen, daß schon die heranwachsende Jugend in den Grundprinzipien der ersten Hilfe unterrichtet würde. In dem herrlichen Büchlein von v. Esmarch „Erste Hilfe bei Unglücksfällen" und in seinem „Samariterleitfaden" besitzen wir zwei Werke, denen die weiteste Verbreitung im Interesse der Menschheit gewünscht werden kann. Das Studium dieser Leitfaden kann ich auch Ihnen, den angehenden Ärzten, nur auf das dringendste empfehlen!

Daß gerade hier in Wien die erste Hilfe, und zwar eine ärztliche, bei Unglücksfällen durch die rastlosen Bestrebungen des unvergeßlichen Baron Mundy und der Grafen Wilczek und Lamezan zu der für alle Großstädte mustergültigen Einrichtung der Freiwilligen Rettungsgesellschaft geführt hat, hebe ich mit besonderer Freude hervor!

Ich habe Ihnen, meine Herren, ausführlich über die großen Schwierigkeiten des ärztlichen Berufes gesprochen, nicht, um Sie davon abzuschrecken, sondern zur Vorbereitung auf die äußerst verantwortungsvolle Aufgabe.

Sie können sich darüber freuen, in einer Zeit zu studieren, in welcher die Medizin so große Fortschritte gemacht hat, so daß, viel mehr als es früher der Fall war, der leidenden Menschheit geholfen werden kann.

Schon jetzt als Studierende prägen Sie sich den Spruch ein, der über dem Tor des Allgemeinen Krankenhauses steht:

„Saluti et solatio aegrorum."

Diese Devise leite Sie später als praktische Ärzte bei der Behandlung Ihrer Kranken!

Nach Beendigung meiner Vorlesung legte ich am Ehrengrabe Billroths am Zentralfriedhof einen Kranz nieder.

Ich lebte mich in Wien bald ein und empfand es als besonderes Glück, meine gute Mutter täglich, wenn meist auch nur kurz, besuchen zu können. Meine Frau kam oft ins Elternhaus und so erfreuten wir uns alle des langentbehrten gemütlichen Beisammenseins.

Der Verkehr mit alten Freunden, durch meine Abwesenheit unterbrochen, wurde bald wieder aufgenommen und gestaltete sich so herzlich, als dies bei meiner starken Inanspruchnahme überhaupt möglich war. Die Klinik erforderte meine ganze Arbeit. War auch der Operationssaal viel zu klein und auch sonst vielfach unzureichend, das Krankenmaterial war gut, ebenso der Arbeitswille und Fleiß der Assistenten, so daß ich von dieser Seite her keinerlei Schwierigkeiten hatte und gute Operationserfolge erzielen konnte.

Am 8. Juni war ich in Audienz bei Kaiser Franz Joseph, um ihm für meine Ernennung zu danken. Das Bild, das sich den wartenden Audienzbewerbern bot, war sehr interessant. Offiziere, vom Feldzeugmeister bis zum Leutnant, geistliche Würdenträger, neuernannte Beamte des Reiches, ungarische Magnaten in ihrer Tracht, waren da versammelt, eine lebhafte Unterhaltung, wenn auch nur im Flüsterton, wurde geführt. Auch einige Damen, Witwen von Staatsbeamten, die Gesuche wegen einer Gnadenpension oder einer Erhöhung der Pension überreichten, hatten sich eingefunden. Der diensthabende Flügeladjutant ordnete die Reihenfolge, in der die Audienzbewerber zugelassen wurden. Vor der Türe, die zum Gemach Seiner Majestät führte, hielt je ein österreichischer und ein ungarischer Gardeoffizier mit gezücktem Säbel Wache!

Obwohl ich der Reihe nach als der 43. zur Audienz befohlen und schon vor Beginn der Audienz anwesend war, kam an mich nach Ablauf von weniger als einer Stunde die Weisung, knapp vor der Türe zu warten.

Ein eigenes Gefühl überkam mich beim Anblick der ehrfurchtgebietenden Gestalt des Monarchen. Man hatte bis knapp vor Seine Majestät hinzutreten, sich in Habtachtstellung zu begeben und dem Kaiser unter Nennung seines Namens den Dank für die Ernennung auszudrücken. Der Kaiser sagte mir die üblichen Worte, es habe ihn gefreut, meine Ernennung zu vollziehen und fügte den Wunsch hinzu, ich möge mich in meiner alten Heimat wieder gut einleben; freilich wären die Spitäler in meiner bisherigen Wirkungsstätte in Königsberg vielleicht moderner eingerichtet gewesen; in den Wiener Spitälern „happere" es noch vielerorts, doch werde es hoffentlich bald besser werden. Mit einem huldvollen Kopfnicken und dem Wunsche, es möge mir hier gut gehen, wurde ich entlassen. Das alles spielte sich zwar schnell, aber mit viel Würde ab. Die Audienz ließ mir einen großen Eindruck zurück.

Als Nachfolger Alberts hatte ich auch die ehrenamtliche Stelle als Berater des Wiener „Verein Seehospiz" übernommen, der es sich zur Aufgabe machte, schwächliche und skrofulöse arme Wiener Kinder in den beiden Hospizen Sulzbach bei Ischl und San Pelagio bei Rovigno unterzubringen. Mit Professor Monti besichtigte ich beide Anstalten und wir konn-

Die neuernannten Ehrenmitglieder des Royal College of Surgeons of England 1913: Sitzend: Murphy, Körte, Hartmann, Fuchs, Eiselsberg, Kocher, Tuffier. Stehend: Nicolaysen, Crile, Byrd, Shepherd, Bastianelli, W. Majo, Cushing
(Siehe Seite 215)

Frontreise im Malteserzug. 1914. Von links nach rechts: Dr. Irk, Graf Franz Crenneville, Admiralstabsarzt Frh. v. Eiselsberg, Graf Th. Westphalen, Dr. P. v. Walzel

(Siehe Seite 223)

ten feststellen, daß sich die Gesundheit der jugendlichen Pfleglinge unter dem günstigen Einfluß von Sonne, Luft, häufigen Bädern im gewärmten Seewasser und geeigneter Kost ganz erheblich verbesserte.

Bereits gegen Ende des Semesters war ich mit meiner Mutter, meiner Frau und den beiden Kindern nach Waldmühle bei Kaltenleutgeben gezogen, um von dort täglich in der Früh in die Klinik und erst spät abends wieder zurückzufahren. Damals leistete mir mein Freund Gersuny wertvolle Hilfe, für die ich ihm dauernd dankbar blieb. Meine Mutter war unter bedrohlichen Symptomen plötzlich erkrankt, die den Verdacht einer Darmverschlingung und somit eine dringliche Operation nahe legten. Der von mir an ihr Krankenbett gebetene Gersuny erkannte mit Sicherheit die Erkrankung als einen schweren Anfall von Nierenkolik, der nach wenigen Tagen unter medikamentöser Behandlung vollkommen abklang. Uns allen fiel ein Stein vom Herzen.

Im September 1901 verwirklichte ich einen schon lange gehegten Wunsch und besuchte mit meiner Frau Bad-Gastein, diese Perle der österreichischen Bäder. Auf der Fahrt zeichnete ich im Eisenbahncoupé mit dem Finger allerlei Figuren in die vom Reif stark beschlagenen Fenster, woran ein nebenan sitzender Reisender lebhaften Gefallen fand. Er stellte sich als Besitzer eines Ansichtskartenverlages in München vor und fragte mich, ob ich bereit wäre, für ihn Ansichtskarten zu zeichnen. Ich war über diese mir bisher ganz neue Einschätzung meiner zeichnerischen Fähigkeiten zwar erfreut, lehnte aber unter Hinweis auf anderweitige Inanspruchnahme dieses Angebot dankend ab.

Ende September fuhr ich nach Hamburg zur Tagung deutscher Naturforscher und Ärzte. Sie brachte viele interessante Vorträge und bot auch eine Überfülle gesellschaftlicher Veranstaltungen. Bei einem bis nach Mitternacht dauernden Symposion hatte ich ein langes, anregendes Gespräch mit Ernst v. Bergmann, dem ich zu seiner Überraschung erzählen konnte, ich hätte als Student in Würzburg an dem ihm nach Genesung von schwerer Erkrankung dargebrachten Fackelzug teilgenommen, was ihn sichtlich erfreute.

Im Oktober folgte ich einer Einladung zum 50. Stiftungsfest des Vereines für wissenschaftliche Heilkunde nach Königsberg. Die Feier begann um 6 Uhr abends und schloß mit einem Festessen. Eine Reihe von Professoren, darunter auch ich, wurden zu Ehrenmitgliedern des Vereines ernannt, es wurden verschiedene herzliche Ansprachen gehalten. In Königsberg endete damals nach altem Brauch ein reichliches Abendessen des öftern in der sogenannten „Fleckbude", einem einfachen Gasthaus, in dem „Kuttelfleck" (gekochter Kälbermagen) frisch bereitet, möglichst heiß gegessen werden. Dieses Gericht stellt für einen hergenommenen Magen eine Organotherapie dar, deren heilsame Wirkung bei jung und alt anerkannt war.

Im nachfolgenden will ich die eine und andere Aufzeichnung aus meinem Tagebuch 1902 kurz anführen.

Graf Hans Wilczek lud meine Frau und mich zum Abendessen mit dem bei ihm zu Gaste weilenden Ehepaar Graf Lehndorff ein. Wir lernten dabei Fürstin Pauline Metternich kennen, mit der wir bald freundschaftlich verkehrten und die unsere Kinder sehr lieb gewann.

Wiederholte Einladungen führten mich in das gastliche Haus des Großindustriellen Lobmayr, des Besitzers einer der größten Glasfabriken Österreichs, der alljährlich im Laufe des Winters eine Reihe von Professoren der Universität und der Technischen Hochschule in seine mit herrlichen Bildern ausgestattete Wohnung lud, wobei man Gelegenheit hatte, mit manchen bis dahin nur dem Namen nach bekannten Kollegen in persönlichen Verkehr zu treten.

Im Mai dieses Jahres erkrankte mein lieber Freund und älterer Kollege aus der Billrothzeit Guido v. Török, Primarchirurg am Sophienspital, an Diphtherie, die er sich bei einem Kehlkopfschnitt geholt hatte, und wurde innerhalb weniger Tage ein Opfer seines Berufes.

Im Juni wurde ich dringend nach Troppau zu einem Studienkollegen, Dr. Zinsmeister, Primarius der großen chirurgischen Abteilung, gerufen. Bei einer Operation hatte er sich vor vielen Jahren eine Infektion des Fingers zugezogen, die geheilt worden war, aber eine schmerzlose Schwellung der Drüsen in der Achselhöhle zurückließ. Nach kleinsten Fingerverletzungen bei Operationen vergrößerte sich jedesmal das Drüsenpaket und wurde leicht druckempfindlich, um dann unter Ruhe und heißen Umschlägen wieder vollkommen abzuklingen. Wiederholt äußerte er sich mir gegenüber, er wolle sich, um Ruhe zu haben, diese Drüsen entfernen lassen. — Es war hier nicht leicht, einen Rat zu geben. Mir schwebte immer der Fall vor, von dem uns Billroth oft in der Vorlesung erzählt hatte, wonach einer seiner Züricher Schüler ein solches nach einer Infektion entstandenes Drüsenpaket der Achsel trotz ausgiebiger Incision des primären Herdes zurückbehalten hatte. Im Anschluß an eine anstrengende Gebirgstour, wobei er viel den Bergstock benützte, flammte die Entzündung in der Drüse neuerdings auf und führte zu einer Eiterung, die durch einen Einschnitt behoben wurde. — Mit Rücksicht auf den Beruf des Patienten und den Umstand, daß er sich häufig bei den Operationen verletzte und dann fast jedesmal an akuten Entzündungen erkrankte, die sogar wiederholt von Rotlauf begleitet waren, widerriet ich die Entfernung der Drüsen. Ich ging dabei von der Überlegung aus, daß dieses Drüsenpaket für unseren Kranken zwar eine lästige Sache sei, aber einen guten Schutzdamm gegen das Einwandern von Infektionskeimen von den Fingern in den Körper abgebe. Mein Freund ließ sich trotz meines Abratens von seinem ersten Assistenten die Drüsen gründlich ausräumen. Die Heilung erfolgte zwar glatt, aber schon wenige Monate später entwickelte sich nach einer kleinen Verletzung am Finger eine Infektion mit Rotlauf, dem diesmal beim Weiterschreiten nach dem Rumpf mangels der Drüsen kein Halt mehr geboten war, so daß der Patient innerhalb weniger Tage an allgemeiner Sepsis starb. — Das einmalige Überstehen einer Infektionskrankheit bewirkt bei zahlreichen

Erkrankungen eine Immunität, die fürs ganze Leben dauern kann. In diesem Falle kam es zu einer Überempfindlichkeit, die gerade das Gegenteil bewirkte. Es ist dies eine Beobachtung, die wiederholt bei Rotlauf gemacht worden ist. Seit der später erfolgten Einführung der Gummihandschuhe kommen ähnliche Infektionen, wenn überhaupt, nur sehr selten vor.

Im selben Jahr kam ein alter, stark hinkender Mann in meine Sprechstunde. Als Ursache seines schlechten Ganges war ein mit sehr starker Verkürzung von 9 cm ausgeheilter Bruch des rechten Oberschenkels festzustellen. Er machte deshalb dem Arzt, der ihn seinerzeit behandelt hatte, keinerlei Vorwurf, war ihm vielmehr dankbar ergeben, wollte aber von mir wissen, ob durch eine Operation zwei gleichlange Gliedmaßen erzielt werden könnten. Ich untersuchte ihn genau und kam zu folgendem Entschluß: man könnte durch Durchmeißeln des Knochens an der Stelle des alten Knochenbruches, bzw. etwas höher oben oder weiter unten, und durch nachfolgenden Zugverband versuchen, einen Teil der Kürzung zum Ausgleich zu bringen; wie weit aber diese Verbesserung sich auswirken würde, ließ sich nicht bestimmen. Der Patient meinte, es wäre einfacher, den anderen Oberschenkel entsprechend zu kürzen und auf diese Weise eine Gleichheit beider Beine zu erzielen, worauf ich erwiderte, einen solchen Eingriff schon wiederholt in Erwägung gezogen, aber noch nicht ausgeführt zu haben. Er wollte eine allfällige weitere Operation noch überlegen und verabschiedete sich. Nach wenigen Minuten wurde mir gemeldet, dieser Herr sei nach Verlassen meiner Wohnung auf der Stiege gestürzt und könne sich nicht erheben. Ich eilte hinunter und brachte ihn mit Hilfe des Portiers in mein Sprechzimmer zurück. Es stellte sich heraus, daß der Oberschenkel der gesunden Seite an genau derselben Stelle gebrochen war, wie vor Jahren am anderen Bein. Ich benützte diesen Wink des Schicksals, um diesen Knochenbruch ohne jeden Streckversuch zur Heilung zu bringen, was auch leicht gelang und somit kaum 1½ cm Unterschied zwischen dem seinerzeit gebrochenen und dem jetzt absichtlich ohne Zug behandelten Oberschenkel verblieb. So spielte hier der Zufall eine merkwürdige Rolle.

Ende September hielt ich in der Vollversammlung der Tagung deutscher Naturforscher und Ärzte in Karlsbad einen Vortrag über das Thema „Die Bedeutung der Schilddrüse im Haushalt der Natur". Mit Freude und Stolz erfüllte es mich, daß der große Geologe Eduard Sueß, der die Sitzung präsidierte, sich äußerst anerkennend darüber aussprach.

Am 4. Dezember starb der geniale Grazer Chirurg Nicoladoni, dessen Bedeutung ich früher gewürdigt habe. Ich habe ihm im Namen der Wiener Medizinischen Fakultät am offenen Grabe einen Nachruf gehalten.

Zu Beginn des Jahres 1903 erhielt ich von Professor Köster, dem Direktor des Pathologischen Institutes in Bonn, die Anfrage, ob ich bereit wäre, an Stelle des verstorbenen Chirurgen Professor Schede an die Chirurgische Klinik in Bonn zu gehen. Stimmte ich zu, so würde ich wohl zweifellos vom Professorenkollegium an erster Stelle vorgeschlagen und auch vom Minister ernannt werden. Ich freute mich über diesen Antrag umsomehr, als die Bonner Klinik erst vor kurzem neu eingerichtet, jedenfalls wesentlich besser als meine Wiener Klinik war. Trotzdem konnte ich mich zu einem neuerlichen Wechsel nicht entschließen. Daraufhin wurde mein Freund Bier berufen, der von da aus seinen Aufstieg zu einem der ersten Chirurgen, nicht nur Deutschlands, nahm.

In Anerkennung meines Entschlusses, in Wien zu bleiben, schlug Minister v. Hartel dem Kaiser meine Ernennung zum Hofrat vor. Zur Zeit der Monarchie war dieser Titel für einen erst 43jährigen Staatsbeamten eine große Auszeichnung; nach dem Zusammenbruch wurde er von der sozialdemokratischen Regierung so freigebig verliehen, daß das Professorenkollegium der Medizinischen Fakultät Mitte der Zwanzigerjahre beschloß, kein ordentlicher Professor solle ihn fürderhin annehmen.

Für meine Ernennung mußte ich dem Kaiser in einer Audienz meinen Dank abstatten. Er gab seiner Freude Ausdruck, daß ich die Berufung abgelehnt habe, und fügte hinzu, daß der richtige Österreicher, besonders der Wiener, wenn er einmal wieder in der Heimat sei, nicht leicht mehr neuerlich fortgehe. Dann kam der Kaiser noch darauf zu sprechen, daß sich bei dem großen Andrang zu den medizinischen Studien seiner Ansicht nach der praktische Unterricht in der Chirurgie sehr schwierig gestalten müsse. Ich erwiderte, gerade diese Frage sei für den Lehrer der praktischen Chirurgie ein Hauptproblem, doch habe im letzten Sommer die Zahl der Medizinstudenten nicht unwesentlich abgenommen. Die Antwort des Kaisers darauf war: „Dann können Sie diese kleinere Zahl der Studenten umso besser unterrichten."

Im März hielt ich in der Wiener Gesellschaft der Ärzte einen größeren Vortrag über das Thema: „Wandlungen in der modernen Chirurgie" und erörterte dabei den gegenwärtigen Stand der wissenschaftlichen und praktischen Chirurgie. Ich will diese Ausführungen nur ganz kurz bringen, da ich in einem späteren Kapitel diese Fragen zusammenfassend behandeln werde.

Ich beschränke mich darauf, den Schluß meiner damaligen Ausführungen zu wiederholen:

Vielleicht gelingt es noch einmal, ein gänzlich ungefährliches Narkotikum ausfindig zu machen.

Könnte die weitere Ausbildung der Serumdiagnostik und -Therapie dem Chirurgen bei der Behandlung schwerer pyämischer und sephthämischer Prozesse bei den verschiedenen Arten der Bauchfellentzündung und Hirnhautentzündung ein Mittel an die Hand geben, dann wäre wohl auch die bisher noch ungelöste Frage der Desinfektion einer infizierten Wunde beantwortet. Von so zahlreichen Krankheiten (ich erwähne z. B. die Basedowsche Krankheit) bleibt noch vieles, ja alles zu forschen übrig. Nicht viel besser verhält es sich mit der Ursache der Arteritis (Veränderung der Wandung der Schlagader durch Entzündung oder Verkalkung). Welch ein ungeheurer Gewinn wäre es, ein Mittel zu finden, welches diese schreckliche Krankheit, die oft zum Verlust der Gliedmaßen führt, rechtzeitig bekämpfte.

Und gar erst die Ursache der Geschwülste! Durch Erkenntnis der wahren Ätiologie könnte auch die Therapie gefördert werden, so wie dies für die Diphtherie und den Tetanus geschehen ist, und welch unendlicher Segen erwiese sich für die Menschheit, wenn es gelänge, ein wirksames Krebsmittel zu finden. Dann würden auch jene unglücklichen, unheilbaren Krebskranken nicht mehr ein Ausbeutungs- und Experimentierobjekt für die Phantasie derjenigen Spekulanten und „Gelehrten" abgeben, welche von Zeit zu Zeit kommen und behaupten, ein Heilmittel gegen den Krebs gefunden zu haben.

Bleiben diese Wünsche auch noch einige Zeit hindurch unerfüllt, so wurden bei vielen anderen Krankheiten doch schon große Erfolge erzielt. Ich erinnere nur an die prophylaktische Operation von Krankheiten in ihrem ersten Stadium: z. B. Operation des freien Leistenbruches (Bassini), der Entfernung der Tonsille usw.

Ich fasse jedoch den Ausdruck Prophylaxe noch weiter. Ich meine, die Prophylaxe der Krankheiten sollte schon beim Unterricht in der Schule viel mehr gewürdigt werden dadurch, daß der Jugend die Grundprinzipien der Hygiene gelehrt würden. Ich verhehle mir nicht, daß die praktische Ausführung dieser Forderungen auf Schwierigkeiten stoßen wird, z. B. dadurch, daß man den heranwachsenden Jüngling durch die Mitteilung über die Gefahren des Geschlechtslebens erst auf dasselbe aufmerksam macht. Es wäre wohl ein würdiges Gebiet für unsere Pädagogen, diese Frage in richtiger Weise zu lösen. Mögen über diesen Punkt die Ansichten noch geteilt sein, keinem Widerspruch wird die Forderung begegnen, daß in allen Schulen Vorträge über erste Hilfe obligat sein sollten. v. Esmarch sagt treffend: „Für das 20. Jahrhundert möchte ich den Wunsch aussprechen, daß in demselben alle Menschen zu hilfsbereiten Samaritern erzogen werden."

Auf einen Punkt sollte sich die Prophylaxe, besser gesagt die Vorsicht, in Hinkunft erstrecken, das ist die Vermeidung der voreiligen Mitteilung therapeutischer Vorschläge, die ohne genügende Begründung veröffentlicht werden, so daß mitunter der der Menschheit daraus erwachsende Schaden größer ist als der Nutzen. An die in vielen Fällen völlig unbegründete und durchaus nicht immer unschädliche Darreichung der Organpräparate sei hier nur beiläufig erinnert. Ich habe ferner die verschiedensten medizinischen Präparate im Auge, mit denen heutzutage Ärzte und Patienten überschwemmt werden. Der Arzt vermeide es, sich von einer chemischen Fabrik zu einer voreiligen Empfehlung verleiten zu lassen.

Und erst, wenn es sich um eine neue Operationsmethode handelt! Hier ist der Erfinder des neuen Verfahrens zu leicht geneigt, Vorteile zu überschätzen und Nachteile zu übersehen, etwaige Mißerfolge durch andere mit der Operation nicht im Zusammenhang stehende Ursachen zu erklären. Dieser Mangel an Objektivität kann im Interesse des Fortschrittes nicht genug bedauert werden. Hier sei von neuem auf das unsterbliche Verdienst Billroths hingewiesen, der zu einer Zeit, da die Erfolge der Chirurgie noch schlechter waren, durch Erforschung des weiteren Schicksals der Patienten die nackte und ungeschminkte Wahrheit mitteilte und durch diese seine Berichte dem Chirurgen manche Illusion über den Wert der einen oder anderen Operation nahm.

In den Osterferien dieses Jahres fuhr ich nach Rovigno, wo ich mich neuerlich von der Heilwirkung der See- und Sonnenbäder des Hospizes San Pelagio überzeugen konnte. Bei einigen Kindern, bei denen diese konservative Behandlung nicht wirkte, mußte ich Knochenoperationen vornehmen, die sich im wesentlichen auf die Entfernung abgestorbener Knochen, Auskratzung hartnäckig weiterbestehender Fisteln und Korrektur von in schlechter Stellung ausgeheilten Gelenken beschränkten.

Mit meiner Frau ging es dann weiter über Florenz nach Rom, wo Natur und Kunst überwältigend auf uns wirkten. Unvergeßlich bleibt meiner Frau und mir die Audienz bei Papst Leo XIII., diesem durchgeistigten, von einem eisernen Lebenswillen beseelten Kirchenfürsten, dessen Augen ungewöhnlich lebhaft leuchteten. Wenige Monate später ist er gestorben. Er hat sich mit Recht den Namen eines „sozialen Papstes" erworben, da er in richtiger Erkenntnis der drängenden Fragen der Zeit die Aufmerksamkeit der ganzen Welt auf die Lösung der Arbeiterfrage lenkte.

Knapp vor Wiederbeginn unseres Semesters folgte ich einer Einladung des Direktors der I. Chirurgischen Universitätsklinik in Budapest, Professor Dr. Julius Dollinger, und sah bei ihm eine Reihe von schweren Eingriffen mit besonderer Geschicklichkeit ausgeführt, wie z. B. die Entfernung der tuberkulösen Halsdrüsen bei Kindern und Frauen durch einen innerhalb des

Gussenbauer als Chirurg 169

Haarbodens gemachten Schnitt, wodurch jede äußere Narbe vermieden wird. Heute wird wohl diese Operation nur mehr ganz selten ausgeführt, da oft ein Aufenthalt in der Sonne unter guten äußeren Bedingungen die Krankheit zur Heilung bringt. Gerade dafür erweist sich das warme Seebad und die Sonne, mit Vorsicht angewendet, als vorzüglich.

Dieses Jahr tagte anfangs Juni, nicht wie sonst zu Ostern, die Deutsche Gesellschaft für Chirurgie in Berlin. Bei dieser Gelegenheit teilte mir Ernst v. Bergmann unter vier Augen mit, daß, wenn sein Kollege Professor Franz König in Berlin bei erreichter Altersgrenze im nächsten Jahr vom Lehramt zurücktrete, ich als sein Nachfolger in Vorschlag kommen werde. Ich erblickte darin eine ganz große Auszeichnung.

Mitte Juli starb unerwartet mein engster Fachkollege Professor K. Gussenbauer, der Schüler und Nachfolger Billroths. Ich möchte auf den Werdegang dieses interessanten Mannes kurz eingehen.

Gussenbauer war der Sohn eines Chirurgen in Ober-Vellach. Intelligent und fleißig, wie er war, machte er sich während seines Hochschulstudiums in Wien von seinen Eltern unabhängig und verdiente durch Stundengeben seinen Unterhalt. Er mußte äußerst bescheiden leben und hatte oft während des ganzen Tages nicht mehr als ein großes Stück Brot und etwas Käse zu essen, aber er hielt durch. Durch längere Zeit war er Erzieher und Lehrer der Brüder Arthur und Alfons v. Rosthorn, die unter der spartanischen Erziehung Gussenbauers oft seufzten. Zum Doktor promoviert, reichte Gussenbauer um eine freigewordene Stelle als Operationszögling an der Klinik Billroth ein. Er bestand die praktische Prüfung an der Leiche mit so gutem Erfolg, daß Billroth ihn sofort aufnahm und, als er seinen Fleiß und seine eiserne Energie kennen lernte, bald zum Assistenten ernannte.

Es war im Februar 1876, als in die vollbesetzte Sprechstunde Billroths ein Beamter aus dem belgischen Unterrichtsministerium kam und ihn ersuchte, ihm bei der Wahl eines Chirurgen für die Klinik in Lüttich behilflich zu sein und hiefür, wenn irgend möglich, einen eigenen Schüler namhaft zu machen. So erfreut Billroth über diesen

Beweis des Vertrauens war, mußte er doch dem belgischen Abgesandten zunächst sagen, er bezweifle sehr, ob einer seiner Schüler ausreichend französisch spreche; seinen tüchtigen ersten Assistenten hielte er sonst durchaus für diese Stelle geeignet. Übrigens, meinte Billroth, sei Gussenbauer so intelligent und energisch, daß er es vielleicht zustande brächte, die Sprache in einem halben Jahr zu meistern. Gussenbauer, von Billroth am nächsten Tag befragt, wie es mit seinen Kenntnissen in Französisch stünde, erwiderte, er könne nicht mehr als das, was im Gymnasium in diesem Fache gelehrt worden sei, und das sei recht wenig; trotzdem erklärte er sich bereit, die Stelle im Herbst anzutreten. Er bekam einen längeren Urlaub, hielt sich zwei französische Lehrmeister, einen für Vormittag, einen für Nachmittag und abends, fuhr im Sommer nach Paris, besuchte daselbst täglich die „Comédie française" und fand auch bald einen Lehrer, der allerdings nach kurzer Zeit streikte, weil sein Schüler täglich mehr als fünf Stunden Unterricht haben wollte. Im Herbst hielt Gussenbauer in Lüttich eine tadellose französische Antrittsvorlesung und trug auch weiterhin regelmäßig in französischer Sprache zur vollsten Zufriedenheit der Studenten vor.

Er erlangte in Lüttich nicht nur durch sein operatives Geschick und sein allgemein medizinisches Wissen, sondern auch dadurch, daß er keinerlei konventionelle Lüge kannte, ein großes Ansehen. Das Kind eines Journalisten, der gegen die Anstellung dieses Arztes als eines Ausländers in einer Zeitung gewettert hatte, erkrankte wenige Monate später an einer schweren Diphtheritis und wurde von Gussenbauer durch einen Kehlkopfschnitt gerettet. Da er mehrere ähnliche günstige Fälle hintereinander zu verzeichnen hatte, wurde er bald sehr populär.

Wie sehr man Gussenbauers Tätigkeit in Belgien geschätzt hatte, wird dadurch erwiesen, daß als sein Nachfolger A. v. Winiwarter, ebenfalls ein Assistent Billroths, gewählt wurde, der seine Stellung durch fast vier Jahrzehnte aufs beste versah.

Gussenbauer kam nach vierjähriger Tätigkeit in Lüttich nach Prag und von dort als Nachfolger Billroths an die Zweite Chirurgische Klinik nach Wien, wo er bis zu seinem Tode wirkte. Ich hatte noch die Freude, zwei Jahre mit ihm in Wien gemeinsam tätig zu sein. Seine Studien über Sepsis und über die Perlmutter-Krankheit besitzen dauernden Wert. Endlich sei noch sein Standpunkt erwähnt, bei krebskranken Patienten durch äußerst radikale Operationen eine Ausrottung der Neubildung zu erzielen, wobei er allerdings gar manche Patienten, die von anderen Chirurgen als inoperabel abgelehnt wurden, unter das Messer nahm und, wenn auch nicht häufig, bemerkenswerte Erfolge erzielte. Bei mikroskopischer Untersuchung frisch entfernter, an Krebs erkrankter Brustdrüsen fand er die von ihm so genannten corpusculaeren Elemente, die er mit der Ursache des Krebses in Zusammenhang brachte.

Als sein engerer Kollege und Freund habe ich bei der Beerdigung im Familiengrab zu Ober-Vellach und bei der im folgenden Jahr stattfindenden Enthüllung seines Reliefs die Gedächtnisrede gehalten.

Die intensive Tätigkeit an der Klinik von früh bis spät bot viel erfreuliche Erfolge, aber auch manch Trauriges wie folgende Mitteilung erweist:

Ein Hausmeister, infolge seiner Zuverlässigkeit bei allen Gelegenheiten zur Mithilfe herangezogen, wurde eines Tages von seinem Herrn aufgefordert, in den Keller zu kommen, wo ein neugekaufter Revolver gegen ein Holzbrett als Zielscheibe eingeschossen werden sollte. Der Keller war gut erleuchtet. Beim ersten Schuß prallte die Kugel entweder von dem Brett oder der Betonwand ab, drang dem braven Mann in der Höhe der obersten Brustwirbel ein und fügte ihm eine totale Zerstörung des Rückenmarks zu, so daß der Bedauernswerte wie vom Blitz getroffen niederstürzte und in den unteren Extremitäten, an der Blase und am Mastdarm vollkommen gelähmt war und blieb. Auch ein Versuch, durch einen operativen Eingriff Hilfe zu schaffen, blieb ergebnislos, der arme Krüppel mußte sein Leiden tragen, bis ihn der Tod nach einem halben Jahr davon erlöste. Die Ergebung, mit welcher dieser unheilbare Kranke sein Leiden trug, war vorbildlich. Bei diesem Patienten konnten wir übrigens die bemerkenswerte Beobachtung machen, daß ein von einer kleinen Wunde an der Ferse ausgehender Rotlauf sich rasch nach oben zu ausbreitete und genau die Grenze zwischen der empfindlichen und unempfindlichen Hautpartie in Nabelhöhe erreichte, so daß der Rotlauf sich nur auf die gelähmte Partie ausdehnte, die normal empfindlich gebliebene Haut aber nicht befiel. Mein Schüler O. Kren beschrieb diesen Krankheitsfall genau.

Dieses Unglück war letzten Endes dadurch veranlaßt worden, daß man Vorkehrungen treffen wollte, um im Falle eines Einbruches den Dieb mit Erfolg verjagen und allenfalls bestrafen zu können! Es ist ein Beweis dafür, welchen Schaden ein Revolver, der leider so leicht käuflich ist, anrichten kann. Hier sei vorweggenommen, daß ich während der kurzen Zeit, die ich dem Herrenhause angehörte, in einer Rede angeregt habe, den Verkauf der Handfeuerwaffen, also in erster Linie der Revolver, zu erschweren. Ich konnte da ein Dutzend von Krankengeschichten liefern, die flammende Proteste gegen die Leichtfertigkeit darstellten, mit der diese gefährlichen Waffen verkauft werden. Es seien hier nur einige Beispiele angeführt:

Ein Student der Medizin, der bei einer Prüfung versagt hatte, schoß sich aus Furcht vor seinem Vater, der ihn wegen seines Leichtsinnes zur Rede stellen würde, in die rechte Schläfe. Beide Augen wurden zerstört, der junge Mensch kam mit dem Leben davon, blieb aber dauernd blind!

Ein Piccolo eines großen Kaffeehauses bekam vom „Ober" mit der flachen Hand eine Züchtigung ins Gesicht. Sein Ehrgeiz war gekränkt. Er ging hin, schoß sich in die Schläfe, verletzte beide Sehnerven und wurde dauernd zum Krüppel. Derartige Zerstörungen beider Augen durch einen in selbstmörderischer Absicht abgegebenen Schuß, wobei das Leben, ich möchte fast sagen „leider", erhalten blieb, habe ich viermal erlebt. Eine vielfach größere Zahl sah ich als Folge von Kriegsverletzungen.

Einmal wurde ein vierzehnjähriger Bursch aus Dornbach eingeliefert, der sich aus Unvorsichtigkeit mit dem Revolver angeschossen hatte. Auf meine Frage, wozu er einen Revolver brauche, bekam ich zur Antwort: in Dornbach sei es nach neun Uhr abends unsicher. Er hatte recht; wenn solche Helden abends ausgehen, dann wird die Gegend unsicher.

Diese Beispiele könnte ich aus meinen Protokollen aus der Unfallstation sowie aus meiner Privatpraxis beträchtlich vermehren.

Gelegentlich einer Hühnerjagd in Purgstall bei meinem Vetter Herbert Graf Schaffgotsch sah ich einen schönen Dachshund von weitem auf mich zukommen und auf etwa 20 Schritte an mir vorbei und weiterlaufen. Der Jagdherr rief mir laut und eindringlich etwas zu, was ich aber wegen der großen Entfernung durchaus nicht vernahm. Auf Hörweite angelangt, sagte er mir aufgeregt, er habe den Verdacht, dieser Dachshund sei wütend und er habe mir zugerufen, ich solle ihn erschießen. Der Dachshund wurde, nachdem er zwei Hunde gebissen hatte, erschossen. Die Untersuchung im tierärztlichen Institut ergab einwandfrei Wutkrankheit, weshalb auch die beiden gebissenen Hunde vertilgt wurden.

Ich hätte der Aufforderung, den wutverdächtigen Hund zu erschießen, um so lieber entsprochen, als mir immer noch der einzige Fall von Wutkrankheit beim Menschen, den ich Mitte der Achtzigerjahre zu beobachten Gelegenheit hatte, lebhaft in Erinnerung stand. Ein Gastwirt aus Mähren war in die Klinik des Professors v. Bamberger gekommen. Eine Bißwunde, vier oder fünf Wochen früher von einem tollen Hunde zugefügt, war bereits längst geheilt. Der Patient hatte diesen Unfall so gut wie vergessen, als er plötzlich an Schluckkrämpfen erkrankte, die schon beim Anblick von Wasser auftraten. Versuchte der von verzehrendem Durst Geplagte auch nur einen Schluck Wasser in den Mund zu nehmen, so wurden dadurch die heftigsten Anfälle ausgelöst. Der Kranke gab das Wasser von sich, spuckte und spuckte, bis er keinen Speichel mehr im Munde hatte, denn auch das Schlucken des Speichels, selbst der Anblick eines mit Wasser gefüllten Glases, löste in ihm die Krämpfe aus. Dabei war er aufgeregt, schlug um sich, begann mit dem Wartepersonal Händel, so daß ein handfester Wärter von der Psychiatrie und der Diener Broger von der Klinik Albert geholt wurden; beide konnten nur mit großer Mühe den Patienten im Bett erhalten. Unser Lehrer sagte uns, daß der Kranke rettungslos verloren sei. Am vierten Tag, nachdem er immer aufgeregter geworden war und nur mittels starker Morphindosen etwas beruhigt werden konnte, trat endlich der erlösende Tod ein. Selten hat mich das Schicksal eines Kranken so ergriffen! Beim Menschen gibt es kaum eine schrecklichere Krankheit als die Wutkrankheit. So ausgezeichnet verdienstvoll das von Pasteur erfundene Verfahren der Wutimpfung ist, es hilft nur prophylaktisch, das heißt möglichst bald nach dem Biß, also zu einer Zeit angewendet, wo noch kein Symptom der Wut bei dem Gebissenen aufgetreten ist.

Der Weg und die Art der Infektion ist bei der Wut ähnlich wie beim Starrkrampf: bei der Wut ist es der Speichel, der durch den Biß in die Wunde eindringt und das Wutgift überträgt. Zum Starrkrampf kann es kommen durch Verunreinigung einer kleinen Wunde mit Erde, durch Einziehen eines selbst kleinen Holzsplitters oder endlich, wenn sich der Pferdewärter bei einer geringen Verletzung mit Pferdeexkrementen beschmutzt, die ebenfalls oft diese Keime enthalten können, ohne daß das Pferd selbst krank war. Glücklicherweise aber tritt eine solche Infektion nur äußerst selten ein; immerhin kommt nach solchen Verletzungen eine prophylaktische Impfung mit Starrkrampfserum in Betracht. Die Betreffenden brauchen ebensowenig wie der vom wütenden Hund Gebissene irgend eine nennenswerte Entzündung an der Wunde aufzuweisen, und doch sind durch sie die Tetanusbazillen, bei der Wut die noch nicht sichergestellten Erreger eingedrungen.

Nach dem Hundebiß kann die sogenannte Inkubationsdauer, das ist die Zeit, die zwischen dem Biß und dem ersten Ausbruch der Symptome (Aufregung und Schluckbeschwerden) liegt, noch viel länger, selten bis zu einem halben Jahr, dauern.

Es war in den Achtzigerjahren, daß R. Koch nach dem Bekanntwerden der prophylaktischen Impfung, wie sie im Institut Pasteur durchgeführt wurde, die Frage aufwarf, ob nicht etwa eine solche Impfung in denjenigen Fällen, in denen der Hund nicht wütend war, sich nachteilig auswirken könnte. Dr. Emmerich Ullmann, Assistent Alberts, später Primarius und Professor in Wien, fuhr zu Pasteur und stellte sich selbst für dieses wissenschaftliche Experiment zur Verfügung; er konnte mit gutem Gewissen sagen, daß er noch niemals von einem wütenden Hund gebissen worden sei. Pasteur war über dieses Anerbieten gerührt und nahm es an. Ullmann überstand die Serie der Impfungen ohne jede Störung und trug damit nicht unwesentlich zur Klärung dieser noch offenen Frage bei.

Wenn alle Hundeliebhaber, die jedwede Einschränkung der Freiheit bei den von ihnen oft übertrieben geliebten Tieren energisch bekämpfen, einmal einen von Wutkrankheit befallenen Menschen sehen könnten, sie gäben sicherlich ihre Zustimmung zu jeder von den Fachmännern im Interesse der Menschen angeordneten Maßregel, also auch zum Maulkorbzwang, wenn nötig auch zur Tötung wutverdächtiger Tiere.

Von den zahlreichen Operationen des Jahres 1904 sei ein Fall erwähnt, wo eine größere Lücke im Schädel nach einer Verletzung zurückgeblieben war und durch einen aus dem Schienbein des Patienten entnommenen Knochenspan mit bestem Erfolg geheilt wurde. Einen ähnlichen Eingriff hatte ich wenige Jahre zuvor in Königsberg ausgeführt. Der mit Vorsicht entnommene frische Span lag damals, in sterile Kompressen gehüllt, auf einem Nebentischchen bereit. Als er mir gereicht wurde, fiel er zu Boden. Ich ließ ihn auskochen, legte ihn ein und erlebte die Freude, daß er, ebenso wie in dem oben erwähnten Falle, dauernd einheilte.

Das Einlegen eines Knochenstückes zwecks Deckung einer Lücke im Schädeldach ist übrigens alten Datums. Schon vor mehreren Jahrhunderten soll u. a. ein russischer Chirurg eine im Schädel befindliche Lücke durch ein entsprechendes Stück Schädelknochen, das einem frisch getöteten Hund entnommen worden war, mit Erfolg ersetzt haben, bis Jahre nachher auf Betreiben eines russischen Priesters dieser Hundeknochen entfernt wurde. Vor fünfzig Jahren hat Alexander Fraenkel die Methode angegeben, eine Schädellücke durch Einlegen einer Zelluloidplatte zu schließen, womit wiederholt Dauererfolge erzielt wurden.

Ein junger, kräftiger Mann, der ebensosehr der Jagd als dem Zigarettenrauchen huldigte, fuhr während des Monates Mai auf seinem Motorrad häufig ins Semmeringgebiet zur Pirsch auf einen Bock. Infolge des andauernden Zigarettenrauchens litt er an einem chronischen Katarrh, zu dessen Bekämpfung er Kodein nahm, um durch sein Husten den Bock nicht zu vergrämen. Auf der Rückfahrt von einem solchen Jagdausflug kam er mit seinem Motorrad zu Fall und brach sich zwei Rippen. Nunmehr schmerzte nicht nur jeder Hustenstoß, sondern auch jeder tiefere Atemzug. Der Patient getraute sich nicht mehr zu husten und litt unter den schwersten Atembeschwerden infolge von Schleimansammlung, so daß von einem jüngeren Kollegen sogar ein Kehlkopfschnitt erwogen und ich zum Konsilium gerufen wurde. Da die Ursache der erschwerten Atmung nicht im Kehlkopf, sondern in der Lunge selbst gelegen war, konnte meiner Ansicht nach keine Operation, sondern nur ein Brechmittel Hilfe bringen, die beste Methode, um ein dickes, die Lunge ausstopfendes Sekret zum Aushusten zu bringen. Ich verordnete Cuprum Sulphuricum. Die ersten Brechbewegungen verursachten zwar die heftigsten Schmerzen, doch innerhalb kurzer Zeit war die Atemnot behoben, nachdem das schleimige Sekret ausgehustet war. Der Patient dankte mir noch später wiederholt für meine Verschreibung, versicherte mir allerdings, nie geahnt zu haben, daß eine Medizin solch heftige Schmerzen verursachen könne.

Am 2. Juli 1904 kam der offizielle Ruf nach Berlin. Ich war vom Berliner Professorenkollegium an erster Stelle als Nachfolger des berühmten Franz König vorgeschlagen worden. Da ich gerade an einer starken Bronchitis litt, wartete ich mehrere Tage, bis ich, dem Wunsche des preußischen Ministeriums folgend, zu einer persönlichen Rücksprache nach Berlin fuhr, um mir die dortige Klinik anzusehen. Der Operationssaal in der Charité war neu gebaut und vorzüglich eingerichtet. Auch sonst schien die Klinik zweckmäßig, jedenfalls war sie unvergleichlich besser ausgestattet als meine Wiener Klinik. Die Mehrzahl der Professoren, darunter selbstverständlich E. von Bergmann, Friedrich Kraus, Waldeyer, die ich beim Abendessen im Hause Professor Franz Königs traf, redeten mir herz-

Der Mutter wegen abgelehnt 177

lich zu, die Stelle anzunehmen. Auch Freund Körte zeigte sich über mein voraussichtliches Kommen hocherfreut. Im preußischen Ministerium war man äußerst zuvorkommend. Es wurde mir ein Gehalt geboten, der die Höhe meines bisherigen jährlichen Einkommens in Wien, Gehalt und Privatpraxis zusammen, erreichte. Ich besah mir auch bereits die eine oder andere in Betracht kommende Wohnung und fuhr mit dem Versprechen zurück, mich innerhalb von acht Tagen zu entscheiden.

Der Umstand, daß ich mich nach der Bronchitis noch schlaff und schwach fühlte, hat wohl nicht unwesentlich meinen Entschluß einer dankenden Absage mitbestimmt; der Hauptgrund war wohl ein persönlicher: ich wollte mich von meiner Mutter nicht mehr trennen, die über meine vor drei Jahren erfolgte Rückkehr nach Wien so beglückt war. Obwohl sie mich dringend bat, bei meiner Entscheidung keinerlei Rücksicht auf sie zu nehmen, lehnte ich ab. Ich scheue mich nicht zu sagen, daß ich meinen Entschluß im Laufe der nächsten Jahre oft bereute, besonders dann, wenn sich im täglichen Leben eine Widerwärtigkeit ereignete oder wenn ich bei meinen jährlichen Besuchen beim Chirurgenkongreß den gewaltigen Aufstieg Berlins, ja ganz Deutschlands miterlebte. Aber ich habe auch in Wien bis zu meinem im Jahre 1931 wegen erreichter Altersgrenze erfolgten Rücktritt ein überaus reiches Arbeitsfeld an einem auserlesenen Krankenmaterial und die Mithilfe von ausgezeichneten Schülern gefunden. Ebenso konnten mich die Lehrerfolge zufriedenstellen. Der Unterrichtsminister erbaute mir einen kleinen Operationssaal und besserte mir spontan meinen Gehalt auf.

Ende September fuhr ich mit meiner achtjährigen Tochter Maria nach Triest, um mit ihr eine kleine Seereise zu machen und ein wenig auszuspannen. Beim Anlegen in Cattaro wurde mein Name ausgerufen. Ein Telegramm meines Freundes A. v. Gleich, der mein Privatassistent war, rief mich nach Wien zurück, da meine Mutter plötzlich schwer erkrankt war. Wenige Stunden später traten wir die Rückfahrt an. Eine schwere Lungenentzündung ließ uns für ihr Leben zittern. Sie hatte uns das Versprechen abgenommen, im Falle einer ernstlichen Erkrankung baldigst einen Priester an ihr Krankenbett kommen zu lassen, welcher Wunsch treulich erfüllt wurde. Tags darauf schon verfiel sie in Bewußtlosigkeit, aus der sie nicht mehr erwachte. Ein leichter, sanfter Tod beschloß ihr engelgleiches Leben. Was haben wir mit dieser, nur uns Kindern lebenden, für sich ganz anspruchslosen Mutter verloren, die durch ihre unvergleichliche Milde mehr erreicht hat als durch Strenge. Ich bin der Vorsehung dankbar, daß diese gütige Frau bis wenige Tage vor ihrem Tode sich ihrer vollen geistigen Frische erfreute und auch bis zuletzt in leidlich guter körperlicher Verfassung sich befand. In der Familiengruft zu Steinhaus fand sie an der Seite ihrer Eltern und ihres Gatten die letzte Ruhestätte.

Freie Sonntage im Winter verbrachte ich öfters mit Freund Rosmanit in Lilienfeld, wo uns Meister Zdarsky eifrigst im Skilauf unterrichtete. Ihm, dem Bahnbrecher des österreichischen Skilaufes, verdankte ich auch in den folgenden Jahren manch genußreiche Stunde auf weißer Flur.

Anfangs Jänner 1905 fuhr ich mit meinen Assistenten Clairmont und Ranzi nach Breslau zur Operation meines Freundes J. v. Mikulicz. Es blieb bei der Probe-Inzision.

Mitte April fuhr ich mit meiner Frau nach Meran, wo wir mit dem kranken Mikulicz samt seiner Familie und Lichtheims zusammentrafen. Trotz des herrlichen Wetters erlebten wir in Anbetracht des Zustandes von Mikulicz doch recht traurige Tage. Es war ein Jammer, diesen lieben, früher so lebhaften, von Humor übersprudelnden Mann in seinem körperlichen Verfall anzusehen.

Kurze Zeit später, Ende Mai, richtete Mikulicz aus Breslau einen herzlich warmen Abschiedsbrief an mich, den ich als wertvolles Andenken hochhalte. Bald darauf ist er seinem Leiden erlegen; ich wohnte mit meiner Frau seiner Beerdigung in Polsnitz bei.

J. v. Mikulicz zeichnete sich durch lebhaften Geist und besondere Geschicklichkeit aus. Er beherrschte das Klavierspiel in so vollkommener Weise, daß er sich als Hochschüler durch Geben von Klavierlektionen vom Elternhaus unabhängig machen konnte. Er teilte buchstäblich seine Zeit an der Hochschule zwischen fleißigem Studium der Medizin und Klavierspiel am Konservatorium. Als junger Arzt kam er zu Billroth, der seine ungewöhnliche Begabung bald erkannte, schrieb ihm doch Billroth einstmals als Kritik einer Arbeit: „Es drängt mich, Ihnen auszusprechen, wieviel Freude ich an Ihren Untersuchungen gehabt habe." Billroth stand auf der Höhe seines Ruhmes, als er Wölfler und Mikulicz als treue, unermüdliche Helfer zur Seite hatte. Nach einer Studienreise zu Lister nach Edinburgh und v. Volkmann nach Halle bekleidete Mikulicz später durch fünf Jahre das Ordinariat der Chirurgie in Krakau, dann während vier Jahren dasselbe in Königsberg und kam von dort nach Breslau, wo er bis zu seinem Tode blieb.

Unter den vorzüglichen Arbeiten sei u. a. die Monographie über das X-Bein erwähnt. Die dabei von ihm mühsam erhobenen Knochenbefunde erwiesen sich, als später das Röntgenbild eine Kontrolle ermöglichte, als vollkommen richtig. Mikulicz hat die Bedeutung des von v. Mosetig in die Chirurgie eingeführten Jodoform vollauf erkannt. Seine Lebensarbeit galt der Verbesserung der Operationsresultate dadurch, daß er weitestgehend bemüht war, auch die kleinsten Fehler bei der aseptischen Wundbehandlung auszuschalten. Der modernst eingerichtete Operationssaal der Breslauer Klinik und die dort unter den strengsten Regeln der Asepsis ausgeführten Operationen waren für die Chirurgen der ganzen Welt maßgebend. Seine Erfolge bei großen, besonders Bauchoperationen, gehörten mit zu den besten. Mikulicz veranlaßte seinen Schüler Sauerbruch zu anatomischen und tierexperimentellen Studien an der Speiseröhre und an der Lunge, zunächst im Unterdruckverfahren.

Durch Injektionen von Nucleinsäure erzeugte er künstlich eine Temperatursteigerung und bereitete den zu operierenden Patienten durch Vermehrung der weißen Blutkörperchen zu einer höheren Widerstandskraft gegen Infektionen vor.

Groß ist die Zahl seiner bedeutenden Schüler, die an zahlreichen Stellen Deutschlands, aber auch des Auslandes tätig waren und noch sind.

Seine äußere Erscheinung bleibt jedem, der ihn einmal gesehen, in dauernder Erinnerung. Klein, immer beweglich, mit sprühenden Augen, die verkörperte Aktivität. Die kleinen Hände, um die ihn manche Dame beneiden konnte, machten aus dem schwierigsten Eingriff eine glatte Operation, so daß ein fremder Arzt einmal sagte, daß es bei Mikulicz keine komplizierten Operationen zu sehen gäbe; am Abend meisterten dieselben Hände mit Leichtigkeit das schwerste Klavierstück.

Am 6. Juli starb Professor Hermann Nothnagel. Er war ein ausgezeichneter Lehrer der klinischen Medizin, großer Arzt und guter Mensch; ich bewahre ihm ein gutes Andenken.

Daß es für die Ausführung nicht dringlicher Operationen keine feste Regel gibt, soll nachfolgendes Erlebnis erweisen: Im Sommer dieses Jahres kam eine schöne junge Frau mit ihrem Sohn höchst aufgeregt in meine Sprechstunde und erbat sich von mir genaue Auskunft, ob eine Operation bei ihrem Kinde gefährlich sei. Es handelte sich um eine geplante Radikaloperation eines offenen Leistenkanals, aus dem der Bruch noch niemals herausgetreten war; trotzdem wurde die Operation vom Arzt dringend angeraten. Das Kind war schon im Sanatorium angemeldet und sollte am nächsten Tag operiert werden, aber die besorgte Mutter wollte sich vorher noch meine Ansicht erbitten. Nach Beantwortung vieler Fragen über die Gefahren der Narkose u. a. m. konnte ich endlich an die Untersuchung gehen, die keinen Bruch, höchstens einen kaum nennenswert erweiterten Leistenkanal ergab. Die Mutter verfolgte mit ängstlichen Blicken und aufgeregt meine Untersuchung. Das Kind wurde wieder hinausgeleitet. „Also, was ist Ihre Meinung?" „Ich finde keinerlei Veranlassung zu einer Operation." Im nächsten Augenblick wurde ich für diesen Ausspruch durch eine herzhafte Umarmung und einen Kuß überrascht. „Aber wie kann der Doktor eine Operation für notwendig finden?" „Gnädige Frau", sagte ich, „der Begriff des offenen Leistenkanals ist ein relativer." Mich interessierte es, ob die

Operation trotzdem zur Ausführung kam. Ganz unvorhergesehen wurde meine Neugierde durch den Direktor des Sanatoriums befriedigt, der mir nach wenigen Tagen klagte, mit welchen Schwierigkeiten er oft zu kämpfen habe; erst kürzlich habe eine junge Frau mit ihrem Kinde, das an einem offenen Leistenkanal litt, am Tag vor der angesetzten Operation das Sanatorium verlassen!

Im Sommer folgte ich einer Einladung der Universität Edinburgh und des Royal College of Surgeons of Edinburgh zur Verleihung der Ehrenmitgliedschaft der Edinburger Wundärztegesellschaft und des Ehrendoktorates beider Rechte. Ich unternahm die Reise in Begleitung meiner Frau. Einen mehrstündigen Aufenthalt in Ostende benützte ich zum Besuche eines Patienten, an dem ich etwa zwei Monate zuvor über besonderen Wunsch von Mikulicz eine Magenoperation in Breslau ausgeführt hatte. Mikulicz hatte so viel Interesse an diesem Fall genommen, daß er sich an sein Krankenbett, auf dem er hoffnungslos darniederlag, eine Telephonleitung legen ließ, um jeden Augenblick während der Operation am Laufenden zu bleiben.

In Edinburgh waren wir bei dem bekannten Herzspezialisten Gibson zu Gast. Wer je englische Gastfreundschaft kennenlernte, weiß, wie ungemein herzlich sie geboten wird.

An dieser Vierhundertjahrfeier des Royal College of Surgeons nahm die ganze Stadt teil. Ein Gottesdienst in der St.-Giles-Kathedrale eröffnete das Fest. Die aus dem Ausland gekommenen Chirurgen saßen in den alten, herrlich geschnitzten Chorstühlen rechts und links neben dem Altar. Die englischen und schottischen Würdenträger hatten ihre eigenen prunkvollen Trachten, nicht etwa wie bei uns eine einheitliche Beamtenuniform. Besonders auffallend war die Tracht der Gerichtsbeamten. Sie trugen lange, weiße Allongeperücken, altertümliche Röcke, kurze schwarze Hosen, weiße Strümpfe und mit Silberschnallen verzierte Lackschuhe. Der äußerst sympathische Chirurg Watson Cheyne erschien in der Tracht eines königlichen Bogenschützen (Royal archer), wobei er in der Hand einen mächtigen Bogen und den dazu gehörigen langen Pfeil trug.

Wir erhielten den Titel eines Honoray Fellow of the Royal College of Surgeons Edinburgh (H. F. R. C. S. Edinburgh), einige auch den eines Doktors beider Rechte (L. L. D.).

Von deutschen Chirurgen wurden v. Bergmann, Bier und ich durch die Verleihung beider Würden ausgezeichnet. Bei der Promotion zum Ehrendoktor wird während der Ansprache, die der Dekan der jur. Fakultät hält, ein stattlicher Doktorhut über den in eine wallende rotblaue Toga gekleideten Promovenden gehalten, der die Eidesformel nachspricht und kurz, natürlich in englischer Sprache, dankt. Während die Ehrenmitgliedschaft der Schottischen Wundärztegesellschaft auch in absentia verliehen werden kann, muß der zum Ehrendoktor zu Promovierende persönlich den Doktorhut in Empfang nehmen.

Unter den verschiedenen Festfeiern spielte das große Bankett, das an sechshundert Teilnehmer vereinigte, eine besondere Rolle. In der Mitte der Längsfront, auf einem erhöhten Podium, hatten die Spitzen der Behörden unter dem Vorsitz des Präsidenten der Wundärztegesellschaft Sir Patrik Watson und die neuernannten Ehrenmitglieder ihre Plätze. Nach dem langdauernden vorzüglichen Mahl, das zunächst durch keinerlei Rede unterbrochen war, kam der sogenannte Toastmaster, stellte sich neben den Präsidenten, der mit einem Hammer dreimal auf den Tisch klopfte und die Gesundheit des Königs ausbrachte. Es geschieht dies in vorbildlich kurzer Weise, indem er sagt: „Gentlemen, I propose the health of the King", worauf alle sich mit dem Ruf erheben: „The King! The King! The King!" Gleich darauf wird in ähnlicher Weise die Gesundheit der Königin, des Prinzen of Wales und der ganzen königlichen Familie ausgebracht.

Nunmehr kam eine wahre Flut längerer Ansprachen. Die erste Rede, die auch der vorsitzende Präsident hielt, gipfelte in einem herzlichen Wunsch für das Wohlergehen der in diesen Tagen promovierten Ehrenmitglieder. Diese hatten in alphabetischer Reihenfolge zu danken. Ich führte aus, daß ich heute während einer mehrstündigen Fahrt durch die schöne Umgebung Edinburghs zahlreiche Armen-, Waisen-, Siechen- und Krankenhäuser gesehen habe und zur Überzeugung gelangt sei, die Fahne der Nächstenliebe und Humanität werde in diesem Lande besonders hochgehalten. Dieser Rede, deren Kürze, wie mir mehrere Kollegen versicherten, vorteilhaft gegen die manchmal langatmigen Reden verschiedener Herren abstach, folgte lebhafter Beifall. Alle Reden wurden in englischer Sprache gehalten. Bier sagte mir, er habe die meine am besten verstanden, eine Kritik, die ich nicht mit Sicherheit als Lob für mein Englisch werten konnte.

Daß uns die Sehenswürdigkeiten Edinburghs unter allerbester Führung gezeigt wurden, versteht sich von selbst. Das ganze Leben der Stadt war so sehr auf die Festfeier eingestellt, daß es mir nicht gelang, einer Operation beizuwohnen, und doch hätte ich so gerne eine solche, von der Meisterhand Cairds oder Harald Stiles ausgeführt, gesehen.

Die wenigen Mahlzeiten, die wir im kleinsten Kreise bei unseren Gastgebern einnahmen, verliefen ebenso ungezwungen als anregend. Der Sohn des Hauses wußte viel vom Burenkrieg zu erzählen, die reizende Tochter war verlobt. — Einen besonders angenehmen Abend verbrachten wir bei dem berühmten Chirurgen Caird.

Auf der Rückreise machten wir einige Besuche; meine Frau fuhr zu einer ihrer ehemaligen Lehrerinnen ins Kloster Sacré-Coeur nach Blumental, ich zu Freund Bier nach Bonn, um aus eigener Anschauung seine neue Methode der Stauung und Saugung entzündlicher Prozesse kennenzulernen, die mir sein ausgezeichneter Assistent und Schüler Klapp praktisch vorführte.

Mitte September fuhr ich zur Tagung der Internationalen Krebskonferenz nach Brüssel; die Sitzungen fanden unter dem Präsidium Professor Kochers statt. Eine Reihe interessanter Vorträge wurden geboten. Ich konnte zur chirurgischen Behandlung des Magenkrebses einen Beitrag liefern, der von den Kollegen beifällig aufgenommen wurde.

Ich erwähnte bereits, daß ich im Jahre 1884 zum Korvettenarzt i. R. ernannt wurde. Als Professor zu Utrecht hatte ich mit meiner österreichischen Staatszugehörigkeit auch die Charge als Korvettenarzt im Range eines Oberleutnants beibehalten. Zum Professor in Königsberg ernannt, wurde ich preußischer Untertan und mußte die österreichische Korvettenarztstelle in der Reserve niederlegen. Im letzten Jahr meiner Tätigkeit in Königsberg wurde ich am Geburtstag Kaiser Wilhelms II. zum Generaloberarzt im Verhältnis a. D. ernannt. Als ich nach Wien berufen wurde, suchte ich um Beibehaltung dieser militärischen Charge der preußischen Armee an, was aber mit der Begründung abgelehnt wurde, daß dies bloß bei Mitgliedern von Königs- oder Fürstenhäusern möglich sei, als österreichischer Universitätsprofessor, daher österreichischer Staatsbürger, müßte ich die Charge eines preußischen Generaloberarztes ablegen.

Gar bald wurde ich in Wien der Operateur zahlreicher Marineoffiziere, die von meinem Bruder an mich empfohlen worden waren. Als Anerkennung für die schönen Operationserfolge wurde ich am 5. Juni zum Admiralstabsarzt (mit Generalsrang) im Verhältnis a. D. ernannt.

Ich litt schon seit Jahren öfters an Unbehagen und Schmerzen in der rechten Unterbauchgegend, was zunächst zur Folge hatte, daß ich das Radfahren, das ich früher gerne betrieb, vollkommen aufgab. Am 25. Juli 1906 steigerten sich diese Beschwerden ohne Fieberanfälle so heftig, daß ich nach guter Beendigung zweier Privatoperationen im Sanatorium Fürth meinen Assistenten Ranzi bat, nunmehr mich zu operieren.

Da ich am Morgen nur einen leeren Tee genommen hatte und Herz und Lunge in Ordnung waren, wurde die Operation in Narkose mit Billroth-Mischung ausgeführt. Mein dritter Assistent Haberer assistierte, Clairmont war auf Urlaub. Nach glücklich überstandener Operation lag ich noch im Halbschlaf mit festgeschlossenen Augen, die Abendsonne schien ins Zimmer — ich wollte keine Verdunkelung — als ich eine Hand sanft über meinen Kopf streichen fühlte, die vibrierend eine angenehme, ganz leichte Massage ausübte. Ich wußte sofort, diese zarte Hand konnte nur die meines lieben Freundes Dr. Rudolf Fröschl sein, trotzdem er sich wenige Tage zuvor vor Antritt seines Sommerurlaubes von mir verabschiedet hatte. Meine Vermutung war in der Tat richtig. Seine Abreise hatte sich verspätet, er hatte von meiner Operation gehört und besuchte mich sofort. Fröschl war einer meiner liebsten Kollegen und Freunde aus der Studienzeit. Er war einer der besten Hausärzte, dem ich je begegnet bin, ein Therapeut und guter Mensch, der selbst für den Schwerkranken immer noch eine Erleichterung wußte, vor allem stets noch Hoffnung zu erwecken verstand.

Es war damals eben Mode geworden, frisch Operierte am Abend des Operationstages, spätestens am folgenden Tag zur Vermeidung der Embolie aufstehen zu lassen. Ich empfand aber keine Lust dazu, hatte Bedürfnis nach Ruhe und Schlaf und fühlte mich bald außerordentlich wohl und frisch. Die Mode des Frühaufstehens nach Operationen flaute auch bald ab; das eine Gute ist seither geblieben: das lange Betthüten wurde verkürzt und die meisten Patienten durften im Laufe der ersten Woche nach der Operation das Bett verlassen.

Gewiß, nicht umsonst wird die leichte Hand des Arztes, insonderheit des Chirurgen, hoch geschätzt. Das zeigt sich sehr deutlich bei der Untersuchung eines Knochenbruches, noch mehr bei der Behandlung entzündeter Körperstellen. Ich denke dabei in erster Linie an die Furunkeln oder an ein Panaritium (schwürige Fingerkuppe) nach kleinen Verletzungen, die schon bei geringer Berührung äußerst schmerzhaft sind. Gerade von sehr beschäftigten Ärzten wird der Patient gelegentlich laut aufgefordert: „Halten Sie sich ruhig, das kann doch nicht so wehe tun, das ist ja gleich vorbei." Ich habe wiederholt beobachtet, daß Ärzte, wenn sie selbst einmal an einer schmerzhaften Erkrankung leiden, bei der Behandlung nichts weniger als Helden sind. Häufig sprach ich an der Klinik davon, es liege im Interesse der Patienten, wenn der Chirurg an sich selbst einmal die Untersuchung und Behandlung eines Panaritiums zu studieren Gelegenheit hatte, damit er die Bedeutung einer leichten und schweren Hand abschätzen lernt.

Am 20. Oktober 1906 starb nach langer Krankheit mein lieber, guter Schwiegervater Peter Pirquet. In feierlicher, würdiger Weise wurde er in der Familiengruft zu Hirschstetten beigesetzt.

Am 15. März 1907 fand die Zentenarfeier der Gründung des Operateur-Institutes statt: vormittag Feier an der Klinik, abends in der Aula der Universität, wohin mein engerer Fachkollege Professor v. Hochenegg und ich als die Vorstände der beiden Chirurgischen Kliniken 500 Gäste geladen hatten. Die ganze Feier verlief sehr harmonisch. Alexander Fraenkel hielt einen ausgezeichneten Festvortrag „Von Kern bis Lister", in dem er die Entwicklung der Wundbehandlung im 19. Jahrhundert klar und kritisch entwickelte.

Der 25. März brachte der deutschen Chirurgie durch den Tod Ernst v. Bergmanns einen empfindlichen Verlust. Ich habe ihn oftmals bei den Tagungen der Deutschen Gesellschaft für Chirurgie in Berlin sprechen gehört und war des öftern in seinem gastlichen Hause sowohl in Berlin am Alexander-Ufer, wie auch in seiner Villa in Potsdam zu Gast geladen. Er war es auch, der, wie schon erwähnt, mir im Jahre 1903 dringend zuredete, die Nachfolge Franz Königs zu übernehmen. Anläßlich der Feier seines 70. Geburtstages durfte ich ihm mit meinen eigenen Glückwünschen auch diejenigen der Gesellschaft der Ärzte, der Wiener Medizinischen Fakultät und der Wiener Klinischen Wochenschrift überbringen.

v. Bergmann war ungewöhnlich begabt und mit einem besonderen Rednertalent ausgestattet, das ihn zu einem ungemein beliebten, glänzenden Lehrer machte. Bei wissenschaftlichen Diskussionen war er ebenso geachtet wie als kritischer Redner gefürchtet. Er hatte als junger Dorpater Professor auf preußischer Seite den Feldzug von 1866 mitgemacht und war durch mehrere Monate im Feldzug 1870/71 auf deutscher Seite äußerst ersprießlich tätig gewesen, worüber sich auch Billroth in seinen kriegschirurgischen Briefen aus dem Spital Mannheim in höchst anerkennenswerter Weise aussprach. Im russisch-türkischen Feldzug 1878 hat er als Kriegschirurg die Schußwunden der Gelenke durch frühzeitige Anlegung eines Dauergipsverbandes fixiert und damit zahlreiche Extremitäten erhalten.

v. Bergmann war zuerst Direktor der Chirurgischen Klinik in Dorpat, dann in Würzburg und kam als Nachfolger v. Langenbecks (nachdem Billroth diese Berufung abgelehnt hatte) nach Berlin, wo er durch nahezu 25 Jahre tätig war. Was er dort als Lehrer, Gelehrter und Operateur unter anderem auf dem Gebiete der Gehirnchirurgie geschaffen hat, ist Gemeingut unserer Wissenschaft geworden. Er hatte weiters an Stelle der Carbolsäure das Sublimat in die antiseptische Wundbehandlung eingeführt und dann später die aseptische Wundbehandlung ganz besonders gefördert. Auch sah er immer auf strengste Indikationsstellung.

Besondere Erwähnung verdient sein Verhalten im „Prozeß Seidl". Er nahm sich freiwillig als Verteidiger dieses vortrefflichen Chirurgen, der durch verleumderische Anklagen seiner Assistenzärzte in den Tod getrieben worden war, an. Durch seine Rede als Zeuge — der Richter wollte ihm wiederholt das Wort entziehen, sobald die Zeugenaussage zu einem Sachverständigengutachten wurde — stellte er die Ehre des Verstorbenen wieder her[26].

Beim Chirurgenkongreß im April 1907 wurde ich für das kommende Jahr zum Präsidenten der Deutschen Gesellschaft für Chirurgie gewählt. Man sagte mir allgemein, ich werde zum Nachfolger Bergmanns vorgeschlagen werden. Wenige

---

[26] Ich verweise nicht nur die Chirurgen, sondern auch die anderen Ärzte auf die von Arend Buchholz anziehend geschriebene Lebensgeschichte v. Bergmanns (Vogel, Leipzig). Auch von vielen Nichtärzten habe ich begeisterte Urteile über dieses Werk gehört.

Wochen darauf wurde dies auch in Wien durch die Zeitungen bekannt, so daß mir beim Betreten der Klinik eine herzliche Begrüßung bereitet wurde. Cand. med. B. Breitner hielt eine Ansprache und brachte die Bitte vor, ich möge Wien nicht verlassen. Ich erwiderte, ich sei vom Kollegium primo loco vorgeschlagen, werde aber nicht gefragt werden, da ich schon einmal einen Ruf nach Berlin abgelehnt habe; ich behielt damit recht.

Im Sommer dieses Jahres wurde ich zum Generalchefarzt des Deutschen Ritterordens ernannt und meldete mich beim Hochmeister des Ordens, Erzherzog Eugen, der mich in der historischen Innsbrucker Hofburg liebenswürdigst empfing. Am nächsten Tag fuhr ich mit meinem ältesten Töchterlein nach Zell am See, von wo wir über den Kesselfall zum Moserboden anstiegen und eine ganz herrliche Fernsicht genossen.

Mitte September hielt ich anläßlich der Deutschen Naturforscherversammlung in Dresden einen Vortrag über Hypophysen-Operationen.

In den ersten Jännertagen 1908 nahm ich in Berlin an der Ausschuß-Sitzung der Deutsch. Gesellsch. f. Chirurgie teil, in deren Namen ich bei der Trauerfeier für den bekannten Orthopäden Hoffa an dessen offenem Grabe eine kurze Rede hielt.

Am 24. Februar hielt ich an der Klinik für Professor F. v. Esmarch, den berühmten Kieler Chirurgen, einen Nekrolog, den ich nach einer Woche in der Aula wiederholte. Esmarch, dem die Chirurgie die blutleeren Operationen an den Extremitäten dankt, war es, der weiteste Laienkreise dazu anregte, sich mit der ersten Hilfe bei Unglücksfällen eingehend vertraut zu machen. Seine Katechismen für die erste Hilfe, mit trefflichen Abbildungen versehen, sind geradezu Muster von kurzgefaßter, klarer Darstellungsweise und, was nicht minder erfreulich ist, in einer großen Zahl nicht nur in deutschen Landen verbreitet.

Mitte April führte ich beim Chirurgenkongreß in Berlin den Vorsitz. Diese Auszeichnung war mit reichlicher Vorarbeit verbunden. Es gab eine Fülle interessanter Vorträge, jeder Tag war von früh bis abends voll ausgefüllt.

Am 12. Juli fand der außerordentlich schöne und glanzvolle Festzug zu Ehren des 60jährigen Regierungsjubiläums unseres Kaisers statt; dies Bild ließ einen unvergeßlichen Eindruck zurück. Die erhebende Festlichkeit war von herrlichem Wetter begünstigt.

Am 2. Dezember, am 60. Jahrestag der Thronbesteigung Kaiser Franz Josephs, führte eine prächtige Festbeleuchtung viele Tausende von Menschen auf die Straßen. Es gab stellenweise ein lebensgefährliches Gedränge.

Noch in der Nacht wurde in die Klinik ein kräftiger junger Mann, der wiederholt in seiner Heimatstadt Berlin als Boxer aufgetreten war, eingeliefert. Er war im Gedränge zu Boden gestoßen worden, hatte sich einige Zeit hindurch trotz seiner Stärke nicht erheben können und zahlreiche leichte, auch einige schwere Aufschürfungen und Quetschwunden durch Fußtritte der über ihn hinwegflutenden Menschenmenge erlitten. Die kräftige Konstitution des Verletzten ermöglichte baldige Heilung.

Ausbrüche von ungehemmtem Egoismus werden des öftern bei der Flucht aus brennenden Theatern oder Kinos, von sinkenden Schiffen usw. geschildert. Hier zeigt sich oft, wie die Menschen in solchen Augenblicken auf alle angelernte Rücksicht und Gesittung vergessen. Allerdings gibt es auch rühmliche Ausnahmen, die besonders hoch gewertet werden müssen. So konnte sich beim Sinken der „Titanic" eine alte Frau, die mit ihrem Mann seit vielen Jahren glücklich verheiratet war, nicht entschließen, allein in das Rettungsboot der Frauen zu steigen, und zog es vor, mit ihrem Gatten in den Tod zu gehen. — Im kleinen Maßstab sieht man täglich, z. B. auf der Eisenbahn, wie die anerzogenen Schranken der Höflichkeit gegenüber den

Mitmenschen durchbrochen werden, eine Folge des immer mehr zunehmenden Egoismus und der Nervosität.

Bei Erkundigungen über die näheren Umstände eines Unfalles spielen sich manchmal auch heitere Szenen ab. So kam einmal ein kräftiger, etwas rauher Mann mit einem verrenkten Schultergelenk in die Unfallstation und gab an, er habe schon früher einmal eine Verrenkung gehabt, heute wollte er nur mit seiner Alten, mit der es einen kleinen Streit gegeben, „deutlich reden". Als er mit der Hand zu dieser Aussprache ausholte, sei ihm dies Mißgeschick neuerlich widerfahren! Die Schulter ließ sich leicht einrichten und dem Patienten wurde der dringende Rat erteilt, in Hinkunft bei ähnlichen Anlässen handgreifliche Gespräche mit seiner Gattin zu unterlassen.

Am 28. September operierte ich im Sanatorium Fürth Freund Naunyn, den emeritierten Kliniker der Universität Straßburg, wegen eines Krankheitsbildes, das alle Symptome einer krebsigen Neubildung des Blinddarmes darbot; bei der Operation erwies sich diese vermeintliche Neubildung als eine auffallend große Schleimcyste des Wurmfortsatzes. Naunyn erholte sich gut und lebte noch 14 Jahre.

Am 15. Oktober erkrankte meine liebe Frau unter den Erscheinungen einer Blinddarmreizung, die sich von Stunde zu Stunde verschlimmerte, so daß ich ihr abends die Notwendigkeit einer Operation klarmachte. Sie willigte sofort ein mit der dringenden Bitte, daß ich sie selbst operieren möge! Nach kurzer Überlegung entschloß ich mich dazu. Meine Frau wurde ins Sanatorium Fürth gebracht und um 1 Uhr nachts in Narkose operiert. Zu Beginn der Operation mußte ich wohl alle persönlichen Bindungen zu der mir so nahestehenden lieben Patientin in den Hintergrund drängen. Als ich aber des prall mit Eiter gefüllten Wurmfortsatzes, der frei in die Bauchhöhle hineinragte, ansichtig wurde, fiel mir ein Stein vom Herzen; bei weiterem Zuwarten hätte leicht eine Perforation schwerste Lebensgefahr heraufbeschwören können. Der Verlauf der Operation war glatt.

Sechs Wochen später wiederholten sich bei unserer Ältesten schon früher aufgetretene Blinddarmbeschwerden. Auch sie wollte gerne von mir operiert werden. Es fand sich eine deutliche akute Entzündung vor, wenn auch nicht so weit fortgeschritten wie früher bei meiner Frau. Im Laufe der nächsten Jahre habe ich auch alle meine anderen Kinder wegen der Entzündung des Wurmfortsatzes operiert, die jeweils entweder akut oder in chronischer Form in Erscheinung trat und bei der anatomischen Untersuchung stets charakteristische Veränderungen darbot. Wir können als Kronzeugen dafür auftreten, daß entgegen der allerdings nur vereinzelt ausgesprochenen Meinung die Entfernung dieses rudimentären Organes keinerlei nachweisbare Schädigungen, bzw. irgend welche Ausfallserscheinungen zur Folge hat.

Unter den zahlreichen „Blinddarmoperationen", die ich im Laufe der Jahre vornahm, führte ich mehrere bei mir nahestehenden Verwandten, wie Schwägerinnen, Neffen und Nichten aus.

Anfangs März 1909 konsultierte mich ein kleiner, äußerst lebhafter Geschäftsmann aus Kischinew, der von mir die Frage entschieden wissen wollte, ob sein mäßig großer freier Leistenbruch, wie ihm sein Hausarzt dringend angeraten hatte, in der Tat operiert werden müsse. Ich untersuchte den fast siebzigjährigen Patienten genau, erfuhr, daß er dieses Leiden schon seit längerer Zeit ohne nennenswerte Beschwerden habe und daß es immer gelänge, den Bruch mittels eines Bruchbandes zurückzuhalten. Ich kam zur Ansicht, daß wohl eine Operation gemacht werden könne, wegen ausgesprochener Zuckerkrankheit aber nicht ungefährlich sei, keinesfalls dringend in Frage komme. Ich riet ihm zu einem Bruchband und überzeugte mich nach einigen Tagen, daß er es selbst gut anlegen könne und es wirklich gut sitze. Der Patient war über meinen Ausspruch beruhigt und reiste befriedigt nach seiner Heimatstadt Kischinew zurück.

Der kundige erste klinische Diener Broger bleibt wohl mehreren Studentengenerationen wegen seiner Originalität trotz mancher kleiner Fehler dauernd in guter Erinnerung. Er war ein verläßlicher Diener seiner Herren, erst meines Vorgängers Albert und dann von mir. Er hielt treu zur Klinik, sah auf Ordnung und war den Kranken gegenüber sehr gut. In einen angenehmen Aufregungszustand geriet er, wenn er bei einem Gipsverband assistieren durfte; er hatte es im Vorrichten und Anpassen von Gipsverbänden zu einer besonderen Fertigkeit gebracht. Broger trachtete, bei jeder Hinrichtung anwesend zu sein; er erbat sich regelmäßig vom Scharfrichter ein Stück des Strickes, um es als Kuriosität zu verwahren. Ab und zu kam es vor, daß er sich gelegentlich den einen oder anderen Übergriff einem Arzt oder einer Krankenschwester gegenüber zuschulden kommen ließ. So mußte ich einmal von ihm verlangen, der Oberschwester, die er beleidigt hatte, Abbitte zu leisten. Dieser Befehl ging ihm anscheinend sehr gegen den Strich und veranlaßte ihn zu dem Ausspruch: „Meinerseel, Herr Hofrat, das ist schwer, da häng i mi lieber auf!" Ich sagte ihm bloß: „Broger, es wär schad um den Strick", worauf er eilig die Schwester um Entschuldigung bat.

Unangenehm für seine Geldbörse, nur sehr selten auch für seine Umgebung, war seine Einstellung zum Alkohol. Broger vertilgte tagsüber eine ganz gewaltige Zahl von „Vierterln" Wein, mit Soda oder „Gieß" gespritzt. Er betrank sich zwar nicht, verausgabte aber auf diese Weise einen nicht geringen Teil seiner schönen Einnahmen. Manche behaupten, daß der Alkohol, konstant durch lange Zeit genossen, eine chronische Reizung in der Speiseröhre veranlasse, die zu einer Entwicklung eines Krebses eine gewisse Disposition darböte; das gilt wohl für Schnaps und ähnliche scharfe Getränke in erster Linie. Broger erkrankte an einer Neubildung der Speiseröhre, für die eine Radikaloperation ganz ausgeschlossen war. Ich legte ihm eine Ernährungsfistel (Gastrostomie) an; sechs Wochen darauf starb er. Broger war sich des tragischen Ausganges seines Leidens vollkommen bewußt gewesen, da er Jahre hindurch den Vorlesungen beigewohnt hatte.

Zwei Stunden nach seinem Tode berief mich ein Telegramm zu dem oben erwähnten Patienten nach Kischinew, da sein Fuß Zeichen einer Ernährungsstörung darbot. Ein Professor aus Kiew hatte ihm die Amputation des Fußes vorgeschlagen, doch wollte er sich ohne meine Begutachtung nicht dazu entschließen. Ich beauftragte meinen ersten Assistenten Clairmont mit meiner Vertretung in der Klinik und beim Leichenbegängnis Brogers und reiste ab.

Nach 52stündiger Bahnfahrt kam ich infolge meterhohen Schnees mit Verspätung in Kischinew an, begab mich sofort zum Patienten und stellte Altersbrand eines Beines fest. Sein Allgemeinzustand war kein günstiger, geistig war er vollkommen klar, war glücklich über mein Kommen und bat mich um mein Urteil, wobei er mir gleich rundweg erklärte, sich niemals zu einer Amputation zu entschließen, da wollte er lieber sterben. Nach genauer Untersuchung kam ich zur Überzeugung, daß die Aussichten einer Operation tatsächlich sehr gering seien, und das war mir maßgebend. Sonst hätte ich es für meine Pflicht erachtet, unbeschadet der ablehnenden Haltung des Patienten, die Amputation vorzuschlagen. Es wäre dann seine Sache gewesen, darauf einzugehen oder nicht.

Dieser Ansicht stimmten auch die neun mit mir am Krankenlager versammelten Ärzte zu, so daß ich in diesem Sinne den Angehörigen berichtete, mir aber vorbehielt, den Patienten vor der endgültigen Entscheidung am folgenden Morgen bei Tageslicht noch einmal anzusehen. Als ich der Familie meine düstere Prognose im zweiten Zimmer neben dem Krankenzimmer mitteilte, stimmten alle wie auf Kommando ein Wehklagen an, was sie allerdings auf meine energisch vorgebrachte Vorstellung, den alten Vater nicht aufzuregen, sofort abstoppten.

Am folgenden Morgen fand ich meinen Patienten wesentlich schwächer. Wenn ich schon am Vorabend keinerlei Veranlassung gehabt hatte, ihm die Operation vorzuschlagen, so war ich jetzt in dieser Ansicht durchaus bestärkt worden. Auf seine

Bitte, ihm ein Mittel gegen seine Krankheit zu verschreiben, mußte ich wohl durchblicken lassen, daß mir kein Heilmittel zur Verfügung stehe, daß ich aber für die starken Schmerzen gerne beruhigende Tropfen aufschreiben wolle. Dann folgte eine abermalige gründliche Untersuchung und lange Besprechung mit dem Kranken und seinen Angehörigen. Auf ihre Frage, wie lange es noch bis zu dem bald drohenden Ende dauern könne, sagte ich, daß nach meiner Meinung der Tod jederzeit zu erwarten sei. Hierauf begab ich mich in das kleine, aber gut eingerichtete Spital, um dort einem griechischen Arzt, den ich tags zuvor als Konsiliarius meines Patienten kennen gelernt hatte, eine kleine Neubildung am Kopf zu entfernen, ein Eingriff, der unter Lokalbetäubung rasch erledigt war.

Ich wollte nun meinen Kranken vor meiner Abreise nochmals besuchen und fuhr im Schlitten vor seinem Hause vor. Der griechische Arzt begleitete mich. Wir waren etwas verwundert, die Läden des Geschäftes sowie alle Fensterläden des Wohnhauses geschlossen und die Haustüre versperrt zu finden. Während wir dastanden, kehrten die Angehörigen meines Patienten bereits von der Beerdigung zurück! Es war erst 2 Uhr nachmittags und mein Patient, mit dem ich um 9 Uhr vormittags noch gesprochen hatte, war schon begraben! Er war etwa eine Stunde nach meinem Besuch gestorben, wurde dem strengen jüdischen Ritus entsprechend in ein Leintuch gewickelt, auf einem Eichenbalken von den nächsten Verwandten nach dem Friedhof getragen und beerdigt. Auch die feierliche rituelle Zeremonie war bereits vorüber.

Diese Beerdigung knapp nach dem Tode war dadurch polizeilich ermöglicht worden, daß sich die Angehörigen eine nicht von mir gezeichnete Bestätigung zu verschaffen wußten, wonach der Kranke schon tags zuvor gestorben war.

Ich verließ Kischinew programmgemäß um halb 4 Uhr nachmittags um so lieber, als man mir sagte, daß infolge der Schneeschmelze der Dnjepr derartig steige, daß möglicherweise die Eisenbahnbrücke bald unpassierbar sein würde. Ich hätte dann über Bessarabien und Rumänien zurückkehren müssen, wodurch, da ich für die Fahrt durch Rumänien kein Paßvisum vorgesehen hatte, mindestens Verzögerungen meiner Reise sich ergeben hätten. So fuhr ich denn wieder 52 Stunden nach Wien zurück, von wo ich im ganzen 124 Stunden, also fünf Tage, abwesend gewesen war.

Gleich nach meiner Rückkehr nach Wien erstattete mir der erste Assistent Bericht über das inzwischen an der Klinik Vorgefallene. Dabei wurde mir auch gemeldet, daß die Witwe meines Dieners Broger beschlossen habe, mit der Beerdigung ihres Gatten bis zu meiner Rückkehr zu warten. Angesichts der herrschenden empfindlichen Kälte wurde dieser Aufschub auch erlaubt. Das Leichenbegängnis fand noch am Nachmittag statt. Hinter dem Sarg ging die Witwe, dann ich mit meinen klinischen Mitarbeitern, die bis auf den Diensthabenden vollzählig waren. Eine stattliche Musikkapelle in Uniform begleitete den Verstorbenen in die Kirche, wo die feierliche Einsegnung erfolgte.

Als mich Frau Broger wenige Tage später besuchte, um sich für meine ärztlichen Bemühungen und die Anwesenheit beim Leichenbegängnis zu bedanken, gab ich meiner Vermutung Ausdruck, daß ein so prunkvolles und kostspieliges Leichenbegängnis wohl den Spargroschen, den sie durch die Versicherung bekommen habe, wahrscheinlich zum größten Teil aufgebraucht haben werde. Sie gab dies ohne weiteres zu, meinte aber, wenn ihr seliger Mann bei diesem schönen Begräbnis hätte zuschauen können, ihn dies mit besonderer Freude und Befriedigung erfüllt haben würde; so habe sie gerne das Geld geopfert. Gegen diese Begründung konnte ich nichts einwenden!

Am 9. Juli wurde ich zum Ehrendoktor der Universität Genf promoviert. Die schönen und würdigen Feierlichkeiten waren leider von schlechtestem Wetter begleitet, das beide Tage unvermindert anhielt.

Am 9. August starb mein lieber Freund Professor Alphons v. Rosthorn auf der Hofalpe bei Knittelfeld ganz unerwartet; es war an seinem zweiten Ferientag. Das ganze Sommersemester hindurch hatte er eifrigst gearbeitet, um ein wissenschaftliches Werk zu vollenden, dabei mit Kaffee und Zigaretten sich bis spät in die Nacht hinein wach erhalten. Ganz untrainiert war er durch mehrere Stunden zur Jagdhütte aufgestiegen, hatte trotz starken Jagdfiebers mit sicherer Hand einen Rehbock zur Strecke gebracht und war dann, vom Schlag gerührt, zusammengebrochen. Sein Herz war dieser Zumutung des Steigens in der Sommerhitze und der Erregung durch die Jagd nicht gewachsen gewesen.

Mit Alphons v. Rosthorn ist ein ausgezeichneter Lehrer, gütiger Arzt, großer Gelehrter, mir ein lieber Freund gestorben. Mit seinem Bruder Arthur verbindet mich seit langem Freundschaft. Die mutige Rolle, die Arthur als österreichisch-ungarischer Gesandtschaftsrat in Peking und seine Frau während des Boxer-Aufstandes spielten, hat bekanntlich Pierre Loti in seinem berühmten Roman „Les derniers jours de Pékin" festgelegt.

EINE REISE NACH AMERIKA

August 1909 nahm ich am Internationalen medizinischen Kongreß in Budapest teil, wo interessante Eröffnungsansprachen und Vorträge zu hören waren. Auch ich kam mit einem kurzen Vortrag zu Wort.

Das große Ereignis des Jahres 1910 war eine Reise nach Amerika, die ich Ende März in Begleitung meiner lieben Frau unternahm, vor allem, um die mir bekannten hervorragenden Chirurgen am Ort ihrer Tätigkeit zu besuchen und die vielfach ganz neuen, hochmodernen Spitäler und medizinischen Institute kennenzulernen; außerdem hatte ich für den amerikanischen Chirurgenkongreß in Washington einen Vortrag zugesagt. Wir ließen unsere Kinder in guter Obhut, die größeren in Hirschstetten, die kleineren in Steinhaus, zurück.

Die Überfahrt erfolgte von Hamburg, bzw. Cuxhaven aus auf dem 27.000-Tonnen-Dampfer „Kaiserin Augusta Viktoria", einem auf das modernste eingerichteten Schiffe. Wir hatten eine sehr angenehme Kabine, waren aber fast den ganzen Tag teils auf Deck, teils in den verschiedenen Gesellschaftsräumen, speisten am Kapitänstisch und lernten dadurch eine ganze Reihe von Deutschen und Amerikanern kennen. Auf diesem Dampfer, einem Meisterwerk moderner Technik, hatte man das Gefühl größter Sicherheit. Die tadellose Ordnung, die in allen Räumen des Dampfers herrschte, kann nicht lobend genug hervorgehoben werden. Unangenehm war nur der Nebel und das Ertönen der Nebelsirenen. Vom Kapitän auf die Kommandobrücke geladen und vom Oberingenieur durch alle Maschinenräume geleitet, sahen wir, wie musterhaft sich alles auf dem Ozeanriesen abspielte.

Auf unserem Schiff fuhren als Zwischendeckpassagiere auch zahlreiche Auswanderer, die den Vereinigten Staaten nicht erwünscht sind. Ein Land, das jährlich fast eine Million neue Einwohner erhält, kann sich strenge Bedingungen für die Einwanderer leisten und diese vor ihrer Aufnahme genau ansehen. Nach der Landung ging es zunächst zur Zollrevision. Ich sah den Zollbeamten nach Untersuchung des Reisegepäcks auf jeden Koffer, selbst auf jedes Paket eine Marke aufkleben, die er mit der Zunge befeuchtet hatte; das schien mir eine für den Beamten höchst unhygienische Beschäftigung. Ich sagte ihm dies und teilte ihm ferner mit, daß unsere Finanzbeamten zu diesem Zweck ein Schwämmchen benützten. Dieses Vorgehen schien ihm sehr nachahmenswert und er bat mich, die Zollbehörde auf diesen Mangel aufmerksam zu machen. Daraufhin sah er von jeder weiteren Untersuchung unseres Gepäckes ab; wir hätten auch wirklich nichts zu verzollen gehabt. Wir wurden von Dr. Kammerer in Vertretung meines erkrankten Schwagers Clemens Pirquet begrüßt.

Eine orientierende Fahrt durch New York gab uns einen kleinen Überblick über die interessante, den Felsen abgetrotzte Anlage der Riesenstadt mit ihren in die Höhe wachsenden Baulichkeiten. Im Nationalmuseum wurden wir auf eine Kollektion von Whistler-Bildern und auf ein Gemälde von Frans Hals aufmerksam gemacht, das unlängst ein reicher Amerikaner einem Engländer für schweres Geld abgekauft hatte.

Die nächsten Tage in New York widmete ich hauptsächlich dem Besuche des großartigen Rockefeller-Institutes. Rockefeller, der im Jahre 1937 im Alter von 97 Jahren starb, hatte schon damals große Summen für die Wissenschaft gespendet und ermöglichte die Erbauung und Führung medizinischer Institute. Er ist auf diese Weise ein großer Wohltäter der Menschheit geworden. Das eigens zur Erforschung medizinischer Probleme errichtete Gebäude hat viele Stockwerke. Dort wirkt seit Jahren der berühmte französische Gelehrte und Chirurg Doktor Alexis Carrel, dem mein Besuch galt. Dieser Forscher verfügt neben einem ganz umfassenden medizinischen und philosophischen Wissen[27] über eine ganz ungewöhnliche technische Geschicklichkeit; sie versetzt ihn in die Lage, an größeren und kleineren Tieren wichtige Fragen der Medizin und Chirurgie zu studieren. Zu diesem Zweck stehen modernst eingerichtete ausgezeichnete Operationssäle und Krankenräume mit zahlreichen, bestens geschulten Hilfskräften zur Verfügung. Die Tiere werden wie schwerkranke Menschen vor und nach der Operation versorgt, vom erstklassigen Narkotiseur angefangen bis zur verläßlichen Pflegerin an ihrem „Krankenlager", immer unter strenger Befolgung aller chirurgischen und hygienischen Regeln.

Während meiner Anwesenheit führte Carrel folgenden Eingriff aus: Er nahm einem narkotisierten Hund eine Niere heraus, legte sie auf einen durch Auskochen keimfrei gemachten Teller und setzte sie nach wenigen Minuten wieder dem gleichen Tier ein. Sie heilte so vollkommen ein, daß die nach wenigen Wochen vorgenommene Entfernung der anderen Niere keine nachteiligen Folgen hatte. Die Perspektiven, die sich auf Grund derartiger Experimente eröffnen, brauchen nicht gleich am Menschen verwirklicht zu werden und sind es auch heute noch nicht, soweit ich dies überblicken kann. Ich möchte aber doch besonders jetzt, wo die Blutgruppenbestimmung für die Erfolge der Transfusion maßgebend und bereits überall durchgeführt ist, die Möglichkeit nicht von der Hand weisen, daß es in der Zukunft gelingen könnte, eine erkrankte Niere durch die gesunde eines Mitmenschen zu ersetzen. Wenn sich kein freiwilliger Spender findet, so gibt es doch zumindest in den Großstädten stets eine Zahl von bis dahin gesunden Menschen, die durch einen Unfall ums Leben kommen. Übrigens ist es Carrel gelungen, einem Versuchstier beide Nieren zu entfernen und es durch Transplantation von Nieren, die einem Tier der gleichen Art entnommen worden waren, bis zu 16 Tagen gesund, und dann noch weitere 14 Tage, wenn auch krank, am Leben zu erhalten.

---

[27] Ich verweise auf sein kürzlich erschienenes Buch „L'homme cet inconnu", Paris, Librairie Plon, 1935.

Ich sah auch noch ein zweites merkwürdiges Experiment. Carrel amputierte einem schwarzen Pudel kunstgerecht ein Bein in tiefer Narkose. Unmittelbar darnach wurde einem durch Narkose getöteten weißen Pudel das Bein an derselben Stelle amputiert, an der es beim schwarzen Pudel abgesetzt worden war. Mit feinster Technik und vorbildlicher Geduld wurde nun das weiße Pudelbein exakt an den frischen Amputationsstumpf des schwarzen Pudels genäht, also Knochen, Beinhaut, Gefäße, Nerven, Muskeln, Haut auf das genaueste miteinander durch feinste Naht vereinigt. Ein zum Schluß angefertigter Gipsverband sorgte für die Erhaltung der Ruhelage. Das verpflanzte Bein heilte zunächst ein. Bei einem früher unternommenen Versuch heilte das Bein ebenfalls und blieb fast vier Wochen erhalten; leider ging der Hund an der Staupe, 27 Tage nach der Operation, zugrunde.

Wenn auch solche chirurgische Kunststücke bis heute am Menschen noch nicht ausgewertet worden sind, so hat die von A. Carrel am Hund oft erprobte Naht der großen Schlag- und Blutader, deren Gelingen die Hauptbedingung für die eben erwähnten, interessanten Experimente ist, große praktische Bedeutung für den kranken Menschen. Dies sei durch nachfolgenden Fall erläutert:

Im Jahre 1902, also lange, bevor die Gefäßnähte in der praktischen Chirurgie eingebürgert waren, wurde mir während der klinischen Vorlesung ein junger Mann eingeliefert, dem eine halbe Stunde zuvor eine schwere Halswunde zugefügt worden war. Die große Halsschlagader war fast ganz durchschnitten, der Patient verdankte nur dem Umstand sein Leben, daß die Rettungsgesellschaft in allerkürzester Zeit zur Stelle war und der Rettungsarzt während der ganzen Fahrt zur Klinik mit seinem Daumen das verletzte blutende Gefäß zudrückte. Gemäß der damals üblichen Versorgung solch schwerer Gefäßwunden unterband ich die große Schlagader herz- und hirnwärts von der Verletzung und ließ mehrere Liter Kochsalzlösung in die Blutadern des Patienten einlaufen, um den schweren Blutverlust einigermaßen zu ersetzen, worauf sich der blasse, ausgeblutete Patient erholte. Bald nach dem Erwachen aus der Narkose bemerkte man Lähmungserscheinungen, wie sie durch ungenügende Blutversorgung des Gehirns zustandekommen, und zwar erstreckte sich die Lähmung auf die nichtverletzte Körperseite, da bekanntlich die Nervenbahnen vom Gehirn, bevor sie in die Peripherie kommen, sich kreuzen. Die Lähmung hielt fast unverändert über zwanzig Jahre an. Wäre damals die eben besprochene Gefäßnaht schon praktisch erprobt gewesen, so hätte man diesen Patienten durch eine zirkuläre Naht der durchschnittenen Halsschlagader wieder ganz herstellen können und es wäre zu keiner halbseitigen Lähmung gekommen.

Bei seinen Experimenten verbesserte A. Carrel die erstmalig durch Jassinowski, J. B. Murphy, Stich-Makkas u. a. versuchte Technik der Naht der großen Schlag- und Blutader, so daß sie zum Gemeingut der Chirurgie wurde. Was mit dieser Gefäßnaht während des Weltkrieges geleistet werden konnte, wird noch später ausgeführt werden.

Eine dritte, äußerst interessante Versuchsgruppe war gerade damals bei Alexis Carrel im Gange. Es handelte sich um die Verpflanzung von Herzstückchen, die Hühner-Embryonen und ganz jungen Hühnern entnommen worden waren und die in einer geeigneten Lösung wochen- und monatelang sich fortbewegten, Leben und Wachstum zeigten. In einen zweiten Nährboden verpflanzt, blieben sie auch noch durch einige Zeit am Leben. So mancher könnte das als Spielerei bezeichnen. Aber die Entdeckung des berühmten italienischen Physikers Galvani im 18. Jahrhundert, wonach eigenartige Zuckungen der Froschschenkel bei Berührung mit Kupfer- oder Eisendrähten zu beobachten sind, wurde anfangs auch belächelt und doch hatte Galvani damit die ersten Anfänge des Elektrizitätsgeheimnisses gelüftet. So ist auch bei den Experimenten Carrels nicht die Möglichkeit von der Hand zu weisen, daß im Laufe der Jahre diese genialen, manchem etwas phantastisch scheinenden Versuche großen Nutzen für die kranken Menschen bringen können.

Ich war jedenfalls über all das, was ich bei Carrel sah, begeistert und habe dem unermüdlichen Forscher und fleißigen, peinlich genauen Experimentator aufrichtige Bewunderung gezollt. Die drei Vormittage in seinem Institut vergingen nur zu schnell. Ich besuchte auch noch einige Spitäler, die zum größten Teil luxuriös gebaut und durchaus zweckmäßig eingerichtet sind.

Die gute Orientierungsgabe meiner Frau hatte es ihr ermöglicht, mit großer Sicherheit sich in New York allein zurechtzufinden. In der Subway- und Untergrundbahn fuhr sie zwischen Brooklyn und Manhattanville viel herum.

Meine Frau und ich wurden von den Kollegen stets auf das allerherzlichste aufgenommen und häufig zu Autofahrten oder Theaterbesuchen geladen. In den Straßen fielen uns die dort zu jener Zeit schon streng gehandhabten Vorschriften zur Einhaltung der Fahrordnung auf, die erst viel später bei uns eingeführt wurden. Auch auf den Bahnhöfen und vor den Theatern herrschte die größte Ordnung. Der Verkehr wurde durch Lichtsignale geregelt.

In Baltimore wurden wir von meinem Freund, dem führenden Chirurgen Halsted, in sein gastliches Haus geladen. Mein an der John-Hopkins-Universität in Baltimore als Professor der Kinderheilkunde wirkender Schwager Clemens Pirquet war ebenso wie seine Gattin an Trichinose erkrankt, die zwar milde verlief, aber immerhin beide verhinderte, sich uns zu widmen.

Unter anderen lernte ich den bekannten Chirurgen Finney, vor allem aber Halsteds Mitarbeiter, den seither weltberühmt gewordenen H. Cushing, persönlich kennen. Dieser gilt ganz unumstritten als einer der erfolgreichsten Operateure der Gehirngeschwülste und ist seit Jahren ausschließlich auf diesem Spezialgebiete tätig. Es verdient bemerkt zu werden, daß er zuerst an einer großen Zahl von Hunden die Entfernung des Hirnanhanges experimentell studiert hat. Damals war er noch Assistent seines Lehrers Halsted und hielt jeden Samstag von 12 bis 18 Uhr einen Operationskurs mit vier Gruppen von je vier Studenten ab, die an tief narkotisierten Hunden eine Operation machen mußten. An dem Tag, an dem ich zusah, war allen die Aufgabe gegeben, eine Gastroenterostomie auszuführen. Ein Student war der Operateur, ein zweiter der Assistent, ein dritter der Narkotiseur, der vierte fungierte als Instrumentarius.

Ich brachte fast die ganzen Tage an den Kliniken zu. Meine Frau war viel bei ihrem erkrankten Bruder und seiner Gattin. Die übrige Zeit war kleinen Einladungen und Spazierfahrten gewidmet, wobei sie Gelegenheit hatte, das Leben und die Gepflogenheiten der dortigen Familien kennenzulernen. Über Veranlassung ihres Bruders machte sie auch Besuch bei Kardinal Gibbons.

In Philadelphia gab mir der Nestor der amerikanischen Chirurgen W. Keen (der erst vor wenigen Jahren hochbetagt starb) ein Bankett, zu dem im ganzen dreißig Chirurgen geladen waren. In seiner Tischrede betonte er, wie sehr er ein überzeugter Feind jeglichen Alkoholgenusses sei, selbst bei dieser Feier würde uns kein Tropfen vorgesetzt werden. Am Schluß des Abendessens gab es noch eine ganze Reihe von Reden mit Obstsäften und Mineralwasser! Einen Beweis dafür, daß die Alkoholabstinenz verhältnismäßig viel verbreitet ist, hatten wir schon wenige Tage zuvor erhalten. Im Speisewagen zwischen New York und Baltimore hatte ich zum Mittagessen eine kleine Flasche kalifornischen Weines bestellt, der auf der Speisekarte verzeichnet war. Der Kellner gab darauf zur Antwort: „Entschuldigen Sie, mein Herr, wir sind im Staate New Jersey und da darf kein Alkohol im Zuge ausgefolgt werden." Ich war mit einer Flasche Mineralwasser auch zufrieden und blieb der Aussicht wegen noch einige Zeit im Speisewagen sitzen. Als mir der Kellner meldete, wir seien nunmehr im Staate Pennsylvanien, wo Alkohol erlaubt sei, machte ich keinen Gebrauch mehr davon.

In rasender Fahrt ging es weiter nach Chicago. Da bei den Straßenübersetzungen keine Schranken sind, läutet der Lokomotivführer fast ununterbrochen mit einer mächtigen Glocke. Ich erkundigte mich, warum zur Verhütung von Unfällen keine

Bahnschranken angebracht seien, worauf mir die Antwort zuteil wurde, das Aufstellen solcher Schranken würde viel mehr kosten als auch noch so hohe Entschädigungen, die gelegentlich eines Unfalles ausbezahlt würden!

Bei unserer Ankunft in Chicago wurden wir von der Familie Murphy erwartet. Während meine Frau von Mrs. Murphy in ihr schönes Heim geleitet wurde, führte mich mein Fachkollege an die Klinik des Professors Bevan, der mich herzlichst begrüßte und, wie es schon der Zufall will, mir einen Wiener Patienten vorstellte — einen aus Galizien stammenden Mann, bei dem ich mehrere Jahre zuvor einen Hypophysen-Tumor (Hirnanhang-Geschwulst) mit Erfolg entfernt hatte. Ich mußte gleich einen kurzen, improvisierten Vortrag über Hypophysen-Operationen in englischer Sprache halten, mit dem ich reichen Beifall erntete. Nach dem im Hause Murphy eingenommenen Abendessen waren wir noch in die Oper geladen, wo wir den unerreichten italienischen Sänger Caruso hörten.

Am folgenden Tag besuchte ich die bekannten Chirurgen Brüder Ochsner und K. Beck in ihren Spitälern, wo ich manch Interessantes zu sehen bekam. Den chirurgischen Höhepunkt bildete ein Vormittag im St.-Mary-Hospital, wo Murphy glänzend vortrug und dann mehrere Operationen ausgezeichnet ausführte. Ich halte ihn für einen der allerbesten amerikanischen Chirurgen, sowohl in seinen Leistungen als Forscher und Operateur wie auch als Lehrer. Auch Bevan schätze ich als Operateur, guten Arzt und prächtigen Menschen hoch ein.

Nach mehrtägigem Aufenthalt ging es in einer Nachtfahrt über den Mississippi nach Rochester (Minn.) weiter, wo wir Gäste Charles Mayos, des jüngeren der beiden Brüder, waren. Sein Bruder William befand sich auf einer Studienreise in Europa.

Über die Mayo-Klinik ist schon so viel geschrieben worden, daß ich mich hier nicht zu verbreiten brauche. Das hervorragende Organisationstalent und die Geschicklichkeit der beiden Brüder haben es ermöglicht, daß jeden Vormittag eine sehr große Zahl von Operationen ausgeführt werden kann. In vier

Operationssälen, in denen strengste Aseptik herrscht, wurden zum Beispiel an einem Vormittag zehn Kropfoperationen in aller Ruhe tadellos erledigt. Die Mehrzahl dieser Kröpfe kann sich allerdings an Größe mit unseren Alpenkröpfen nicht messen. In den drei Tagen meines Aufenthaltes sah ich außerdem Gallenblasen- und Magen-Operationen, die von Charles Mayo und seinem Assistenten, dem außergewöhnlich geschickten Doktor Judd, ausgeführt wurden. Die Stadt Rochester ist durch die Klinik Mayo, an der damals katholische Schwestern als Verwalterinnen und Krankenpflegerinnen wirkten, weltberühmt geworden.

An einem Nachmittag ging es in schnellster Autofahrt zu einem im Bau begriffenen Landhaus Charles Mayos, wo uns eine sehr praktisch eingerichtete Farm gezeigt wurde; die Gegend erinnerte uns sehr an die von Steinhaus.

Eine Nachtfahrt brachte uns nach Chicago zurück, wo wir bei Murphy noch zwei Tage verweilten, der uns u. a. das große Schlachthaus der Firma Swift zeigte, wo alle Arbeit am laufenden Band nach dem Taylor-System durchgeführt wird.

Unsere Abreise sollte mit dem „Twentieth century train" erfolgen. Ganz knapp vor der Abfahrt erreichten wir den Bahnhof. Ich ging rasch auf den diensthabenden Beamten zu und frug ihn, wann der Zug nach Cleveland abginge. Er legte seine Hand beruhigend auf meinen Arm und sagte: „Mein Herr, kein Grund zur Eile, Zeit genug, in einer halben Minute" (Sir, plenty of time, no need of hurry, in half a minute), worauf wir einstiegen und abfuhren. Dieser Ausspruch ist in unserer Familie ein geflügeltes Wort geworden. In unserer Heimat wäre vielleicht der so spät Kommende mit den Worten begrüßt worden: „Was kommen S' denn so spät, höchste Zeit, steigen S' nur gleich ein!" Ländlich, sittlich. Wenn man nur mitkommt, das ist die Hauptsache!

In diesem Zug konnte man während der Fahrt telephonieren, einem Schreibfräulein diktieren, ein Bad nehmen; ein Friseur und ein Masseur fuhren mit zur Bedienung der Fahrgäste.

Dieser Zug beförderte nur Reisende, die bis nach New York fuhren, uns aber war dank der Fürsprache Murphys erlaubt worden, schon in Cleveland auszusteigen. Diese Begünstigung wäre uns beinahe zum Verhängnis geworden. Wir mußten in dem dort abzukoppelnden Speisewagen warten und dann über alle Schienen zum Ausgang gehen. Es war eine nebelige Nacht, der Bahnhof wenig beleuchtet. Vater und Sohn Dr. Humiston hatten uns erwartet und geleiteten uns zum Ausgang. Vorne ging ich mit Vater Humiston, hinter mir meine Frau mit dem Sohn. Plötzlich tauchte vor mir im Nebel ganz nahe das Licht einer gegen uns fahrenden Lokomotive auf. Ich sprang rasch beiseite, wandte mich um und dankte Gott, daß es auch meiner Frau gerade noch geglückt war, der Lokomotive zu entrinnen. Mir war das Herz stillgestanden; jedenfalls blieb mir der Schreck noch lange in den Gliedern und gar oft hatte ich in späteren Jahren diesen kritischen Augenblick im Traum vor Augen. Meine Frau hinwiederum hatte den Eindruck gehabt, eine Stimme zu vernehmen, die ihr zuflüsterte: „Grundsätzlich nicht innerhalb der Schienen gehen", und als sie auf die Seite blickte, ob ein Anlaß zur Vorsicht sei, war die Maschine knapp vor ihr!

Am nächsten Tag besuchte ich den Chirurgen George Crile, der mir eine Bluttransfusion vorführte und seine eigene Technik bei den Kropfoperationen erklärte. Er legt bei der Behandlung seiner zahlreichen Kropfpatienten größten Wert darauf, den Schreck vor der Operation, den die Vorbereitung zum Eingriff bei manchen Kranken mit sich bringt, möglichst zu vermeiden, und trachtet dieses Ziel in folgender Weise zu erreichen: Crile kommt jeden Morgen an der Spitze seiner Assistenten und Hilfsschwestern auf seinem Rundgang in die einbettigen Krankenzimmer, in denen sich ein zu operierender Patient befindet. Alles wird zur Operation hergerichtet. Der Narkotiseur gibt angeblich ein paar Tropfen Äther, in Wirklichkeit ist es Kölnerwasser, der Patient muß die Augen schließen, bekommt einen großen Verband und bleibt im Zimmer. Dieser „Zauber" wird durch mehrere Tage wiederholt, so daß der Kranke an die aufregenden Vorbereitungen zur Operation „gewöhnt" wird. Nach einigen Tagen bekommt er statt des Kölnerwassers Äther und die Operation wird im Zimmer selbst ausgeführt. Crile spricht von diesem Verfahren als von einer Anisoassociation. Jedenfalls ist Criles Statistik der Kropfoperationen eine ausgezeichnete. Er hat große, lückenlose Serien von Erfolgen, auch bei Basedow-Erkrankungen, aufzuweisen.

Von Cleveland ging unsere Reise weiter nach Buffalo, wo wir von Dr. Odd empfangen wurden, der uns zum Niagarafall führte. Man befindet sich in einer Ebene, hört schon lange das Rauschen des Wasserfalls, kann sich aber nicht erklären, wo eine so beträchtliche Flächenstufe sein könne, bis man im letzten Augenblick zu einem Abbruch des Geländes kommt und sich der herrliche Katarakt dem Auge zeigt. Ein unvergleichliches Bild!

Unsere Fahrt führte uns weiter nach Boston, wo wir bei dem Chirurgen Mixter wohnten, der mir zu Ehren ein schönes Gartenfest gab, das von rund 150 Personen besucht war. Ich machte auch seiner Klinik einen Besuch und sah dort, wie auch beim Chirurgen Richardson, manch Interessantes. Das Weekend verbrachten wir mit Familie Mixter auf ihrem Sommersitz in Swamscott. Von der Glasveranda des schönen, gut altmodisch eingerichteten Landhauses genießt man einen herrlichen Ausblick auf den Atlantischen Ozean.

Zum Interessantesten, was ich in Boston erlebte, gehört ein Besuch des Ätherzimmers im Massachusetts-Hospital. Dort wurde am 16. Oktober 1846 durch Dr. Warren, den Seniorchirurg des Spitals, die erste Äthernarkose ausgeführt. Bei einem Patienten entfernte er eine ausgedehnte Blutgefäßgeschwulst am Hals, ohne daß der Mann irgend einen Schmerz äußerte. Das Zimmer, in dem dieser Eingriff geschah, ist heute noch aus Pietät so belassen, wie es damals vor fast hundert Jahren war. Die Narkose war ausgeführt worden, nachdem der Chemiker Jackson die schmerzstillende Wirkung des Äthers erkannt und seinem Freund, dem Zahnarzt Morton, davon Mitteilung gemacht hatte, der bei sich und einigen Studenten das

Narkotikum gleich anwandte. Die Kunde von dieser durch Warren ausgeführten Operation verbreitete sich wie eine Wundermär über die ganze Welt. Wie unerwartet sie kam, wird wohl am besten dadurch erwiesen, daß der große französische Chirurg Velpeau noch wenige Jahre zuvor geschrieben hatte: „Daß wir einmal schmerzlos operieren werden, das bleibt wohl ein Hirngespinst."

Damit diese große Entdeckung der studierenden Jugend dauernd in Erinnerung bleibe, wird alljährlich an der Universität Boston der 16. Oktober als sogenannter Äthertag feierlich begangen und dabei durch Vorträge und Schriften auf die Bedeutung dieser Großtat hingewiesen.

Am nächsten Tag ging es nach New York zurück, wo ich noch mehrere modern eingerichtete Spitäler besichtigte, so das Mount Sinai Hospital, eine Spende der jüdischen Gemeinde, wo vorzügliche Ärzte (Chefchirurg ist der tüchtige Ungar Arpad Gerstner) tätig waren; dann das Lying-In'Hospital, in dessen Vorhalle auf kostbarer Marmortafel in schwer vergoldeten Lettern die Namen aller Wohltäter und Stifter verewigt sind. Sehr interessant war ein Lunch bei einem Milliardär, zu dem ich mit meiner Frau durch einen bekannten Chirurgen geladen war. Das Essen war sehr gut, jedoch weder überreichlich, noch protzig, aber auf goldenen Tellern serviert. Zum Schluß gab es Madeira, der über hundert Jahre alt war. Ich bin zu wenig Kenner, um den Feingeschmack ganz würdigen zu können; jedenfalls mundete er gut. Im Rauchzimmer war eine Reihe der herrlichsten Bilder von Meistern wie van Dyck, Murillo und Raffael zu sehen. Der Hausherr sagte, sein Schwiegervater sei beim Bahnbau nach dem Westen beteiligt gewesen und habe dabei gut verdient!

Dann ging die Reise nach Washington zur Tagung der Amerikanischen Chirurgengesellschaft, wo ich in englischer Sprache einen Vortrag über Hypophysen-Operationen hielt, an den sich eine angeregte Debatte schloß. Auch hier wurde mir wie überall von seiten der Kollegen ein herzlicher Empfang zuteil.

Bei einem kurzen Aufenthalt in Baltimore am Rückweg sah ich Cushing eine Hypophysen-Operation ausführen, die er nach seiner neuen Methode in tiefer Narkose vom Munde aus machte. Die Operation gelang tadellos, allerdings dauerte sie gegen 5 Stunden.

In New York gab mir der Chirurg Gibson, ein prächtiger Kollege, einen gemütlichen Herren-Abschieds-Abend.

Im Hafen bestiegen wir den größten Passagier-Luxus-Dampfer des Norddeutschen Lloyd „George Washington". Die Überfahrt erfolgte gemeinsam mit meinem als Professor der Kinderheilkunde nach Breslau berufenen Schwager Clemens Pirquet und seiner Frau. Auf dem Schiff trafen wir auch den Münchner Orthopäden Professor Lange mit Frau, der von einer Vortragstour durch die Vereinigten Staaten sehr befriedigt zurückkehrte.

Bei ruhiger See, vom schönsten Frühlingswetter begünstigt, wurde die Rückfahrt nach Europa angetreten. Diese sieben Tage waren wirklich Tage der Ruhe und Erholung, die nach den interessanten, aber immerhin anstrengenden Fahrten und Besichtigungen in Amerika und den verschiedenen gesellschaftlichen Veranstaltungen als wahre Rasttage empfunden wurden. Mit den angenehmsten Erinnerungen verließ ich das gastliche Amerika, wo u. a. so viel für Kranke und Arme getan wird; freilich stehen auch reichliche Mittel hiefür zur Verfügung.

In Cherbourg gingen wir von Bord. Die überaus schnelle Fahrt nach Paris auf der kurvenreichen Strecke bei stark ausgefahrenen Geleisen war fast der ungemütlichste Teil unserer Amerikareise. Nach eintägigem Aufenthalt in Paris ging es über München und Steinhaus zurück nach Wien, wo mich wieder reichliche Arbeit an der Klinik erwartete.

Mitte September 1910 fuhr ich in Begleitung meiner Frau zur Naturforscherversammlung nach Königsberg. Wir freuten uns sehr, die uns so lieb gewordene Stadt, noch mehr aber, manche liebe Freunde wiederzusehen.

Im Oktober tagte in Paris der internationale Karzinom-Kongreß, bei dessen Eröffnung ich im Namen Österreichs sprach. Bei einem in einem prächtigen Garten stattfindenden Nachmittagstee sah ich zum erstenmal eine Dame, deren Gesicht emailliert war. Sie hatte das Aussehen eines Ölgemäldes, konnte kaum lächeln und mußte jede stärkere mimische Bewegung vermeiden, da sonst das Email einen Riß bekommen hätte. Es ist merkwürdig, was sich manchmal die Frauen von der Mode vorschreiben lassen, nur um interessant zu erscheinen.

Da gleichzeitig mit dem Krebskongreß auch der französische Chirurgenkongreß tagte, hatte ich Gelegenheit, auch daran teilzunehmen. In der Debatte machte ich eine kurze Bemerkung in französischer Sprache über Basedow-Erkrankungen.

Von Paris fuhr ich am 5. Oktober zur Berliner Neurologentagung, wo ich in der Diskussion zum Vortrag Horsley's über Hirn-Chirurgie das Wort ergriff.

Am 6. November hielt ich im Kolosseum vor tausend Ärzten einen Vortrag über „Die ärztliche Ausbildung des Zahnarztes"; die Zuhörer waren von meinen Ausführungen befriedigt.

DIE LETZTEN VORKRIEGSJAHRE IN WIEN

Am 15. Februar 1911 starb mein Kollege Professor Dr. Theodor Escherich. Tiefe Trauer erfüllte uns alle um diesen wissenschaftlich so erfolgreichen, begabten, vorzüglichen Lehrer und Arzt, der als glänzender Organisator eine Zierde der Wiener Fakultät war. Ihm dankt die Wiener Kinderklinik ihren Neubau und ihre moderne Einrichtung.

Anfangs August besichtigte ich in Dresden die lehrreiche Hygiene-Ausstellung. Damals gab ich die Anregung, die wichtigsten Schauobjekte dieser Ausstellung von Stadt zu Stadt zu bringen und so die Bevölkerung über Krankheitsverhütung aufzuklären. Erfreulicherweise ist diese Ausstellung vielfach auf Reisen gegangen, allerdings, wie ich vermute, unabhängig von meinem Vorschlag. Das ist aber eine Nebensache.

In diesem Jahr kam eine Dame mit ihrem erwachsenen Sohn zu mir, der an starken Atembeschwerden durch Kropf litt. Nach genauer Untersuchung erklärte ich die baldige Operation für unbedingt angezeigt, worauf die Mutter fragte: „Ja, Herr Professor, können Sie auch diese Operation?" Ich erwiderte ihr: „Die Leute sagen es." Es war gut, daß ich diese Frage leicht nahm und nicht in gekränktem Ton beantwortete, denn die Operation gestaltete sich unvorhergesehen schwierig, ja sogar kritisch. Es ging aber alles gut vorbei und ich erwarb mir die Dankbarkeit der ganzen Familie.

Im Februar 1912 verlor ich meine gute Schwiegermutter Flora Pirquet nach monatelangem schwerem Leiden. Ich möchte auf sie die schönen Worte anwenden, die A. v. Arneth in seinen Erinnerungen seiner Schwiegermutter gewidmet hat: „Eine wackere, pflichttreue, liebe und freundliche Frau, an welcher das banale, gegen Schwiegermütter sich kehrende Vorurteil wahrhaft zuschanden wird." Ich bewahre ihr das beste Gedenken.

Im April kamen zahlreiche Teilnehmer des Englischen Reise-Chirurgenklub an meine Klinik zu Besuch, unter ihnen Moyniham, Grey-Turner, James-Perry usw. Ich führte in ihrer Gegenwart folgende Operationen aus: Temporäre Aufklappung des Schädels, 1. Akt, wegen Verdacht auf Hirntumor; Kropfoperation; Resektion des Magens nach Billroth II wegen Magenkrebs; ferner eine Gastroenterostomie in einem weit fortgeschrittenen Fall von Krebs. Alle Operationen verliefen gut. Nach einem angestrengten Vormittag vereinigte ein Frühstück in unserem Haus 30 Personen. Am Abend luden uns die englischen Kollegen zu einem gemütlichen Symposion ins Hotel Sacher, bei welchem Anlaß herzliche Ansprachen gewechselt wurden.

Ende Juni erhielt ich an meiner Klinik den Besuch amerikanischer Chirurgen, unter denen sich die hervorragenden Gelehrten Murphy, Mayo, Crile befanden. Ich konnte in ihrer Gegenwart einen schweren Kropf operieren, eine Hypophysen-Exstirpation (meine 16.), eine Gastroenterostomie und eine Nagel-Extension wegen Oberschenkelbruch ausführen. Am nächsten Tag machte ich eine Aufklappung des Kleinhirns, da sich aber der vermutete Tumor nicht vorfand, wurde von einem weiteren Eingriff abgesehen. Bei allen Operationen war der Wundverlauf normal und der Erfolg gut.

Auch die amerikanischen Kollegen, von denen viele ihre Frauen mitgebracht hatten, waren in meinem Hause zu einem Frühstück geladen, an dem auch der amerikanische Botschafter teilnahm. Im ganzen waren 41 Gäste anwesend.

Am 10. Juli wurde durch die Rettungsgesellschaft ein Patient mit frischem Herzschuß eingeliefert. Der Kranke hatte sich selbst angeschossen, die Kugel hatte die linke Herzkammer durchschlagen. Mein Assistent Ranzi operierte den von der „Rettung" glücklicherweise gleich nach dem Unfall eingebrachten

Patienten in Narkose und Überdruck und konnte durch einige Nähte beide Lücken im linken Herzen vollkommen schließen. Die Heilung erfolgte rasch, so daß der Mann während des Krieges vier Jahre Felddienst leisten konnte und sich noch vor wenigen Jahren an der Klinik gesund vorstellte.
Kurze Zeit darauf hat Assistent v. Winiwarter an meiner Unfallstation einen Herzschuß ebenfalls mit Erfolg operiert.

In der zweiten Julihälfte machte ich mit meiner Frau, ihrer Schwester Margarethe, unserer Tochter Maria, meinem Bruder Willy und meinem Freund Dr. Rosmanit auf dem Dampfer „Großer Kurfürst" von Bremen aus eine herrliche Nordlandsreise. Sie führte uns zuerst nach Edinburgh, dann ging es in schönster Fahrt nach Island weiter. Mehrere Ausflüge in das Innere der Insel waren äußerst interessant. Wundervoll war der Blick auf die gewaltigen Gletscher, zu denen die üppige Vegetation in den Tälern in einem eigenartigen Gegensatz stand. Millionen von Wasservögeln belebten das Landschaftsbild. Über Jan Mayen erreichten wir in Spitzbergen den nördlichsten Punkt unserer Fahrt auf 82 Grad. Auf der Rückreise lernten wir die Westküste von Norwegen mit ihren außerordentlich malerischen Fjorden kennen. In Bergen nahmen wir Abschied von Norwegen. Noch jetzt sehe ich oft und gern die herrlichen Photos der Gletscher und Fjorde an.
Die Schiffszeitung brachte u. a. die Nachricht vom Tode Edmund v. Neussers, Vorstand der II. Medizinischen Klinik in Wien. Er war ein Schüler H. v. Bambergers und ein ganz genialer wissenschaftlicher Arzt, der das Erbe seines Lehrers in der meisterhaften Diagnostik übernommen hatte. Er war u. a. der Erste, der auf die medizinischen Eigenschaften der Radium-Emanation aufmerksam machte. Neusser war mir nach meiner Rückkehr aus Königsberg ein lieber Freund geworden.
Der vor kurzem in Salzburg verstorbene Professor Dr. N. v. Ortner war sein Schüler und wie Neusser ein vortrefflicher Diagnostiker; dasselbe gilt von den beiden Neusser-Schülern Professor Franz Chvostek, der zu den gesuchtesten Lehrern

der internen Medizin gehörte, und Professor R. Schmidt in Prag.

Noch auf dem Schiff erreichte mich ein Telegramm des Generalstabsarztes Dr. v. Kerzl, des Leibarztes des Kaisers, mit dem Ersuchen, nach Ischl zu kommen, um dort Erzherzog Hubert Salvator[28] wegen seiner Blinddarmaffektion zu untersuchen. Gleich nach meiner Rückkehr fuhr ich nach Ischl weiter, wo ich als Gast des Kaisers im Hotel „Kaiserin Elisabeth" einquartiert wurde. Auf Grund der Vorgeschichte und nach genauer Untersuchung riet ich zur Operation, die ich am folgenden Tag im neuerbauten Ischler Krankenhaus, das von Regierungsrat Dr. Mayer musterhaft geleitet war, mit gutem Erfolg ausführen konnte.

Den nächsten Tag blieb ich noch in Ischl zur Beobachtung des Patienten. Vormittags war ich zum Kaiser in Audienz befohlen. Seine Majestät empfing mich in seinem Arbeitszimmer im ersten Stock der Villa und erkundigte sich eingehend über die Erkrankung, den Befund bei der Operation und die weiteren Aussichten für die Heilung. Der Kaiser schien über meinen Bericht befriedigt, verabschiedete mich huldvollst und forderte mich auf, die im Hof ausgestellten Geweihe der von ihm und seinen Jagdgästen in den letzten Tagen erlegten Hirsche anzusehen; sie seien zwar alle noch im Bast, doch könne er, da er am 19. August Ischl verlasse, nicht warten, bis die Hirsche verfegt hätten.

Nach Genesung des Erzherzogs Hubert ließ mir der Kaiser seine Photographie mit eigenhändiger Unterschrift in einem schönen Rahmen zukommen. Das Bild schmückt seither mein Arbeitszimmer als ein mir besonders wertvolles Andenken.

Am 31. Jänner 1913 hielt mein Schüler Clairmont in der Gesellschaft der Ärzte einen vorzüglichen Vortrag über „Kriegschirurgische Erfahrungen aus dem Balkankrieg", obwohl ihn schon eine Blinddarmreizung plagte. Am nächsten

---

[28] Ein Sohn des Erzherzogs Franz Salvator und der Kaisertochter Erzherzogin Marie Valerie, also ein Enkel Kaiser Franz Josephs.

Tag habe ich ihm über seinen Wunsch den Wurmfortsatz entfernt, ein Eingriff, den ich bei einer Reihe meiner Schüler ausführte.

Am 27. März fuhr ich zum Chirurgenkongreß nach Berlin, wo ich einen Vortrag über Hirntumoren und deren Behandlung hielt.

Am 1. Juni machte ich einen Besuch bei Fürst Batthyany und lernte dort die Arbeitsstätte dieses ausgezeichneten Augenarztes und vorbildlichen Familienvaters kennen.

In diesem Sommer machte ich in Begleitung meiner Frau und meiner beiden ältesten Töchter meine dritte Reise nach London. Wir fuhren zuerst nach Hamburg und schifften uns in Cuxhaven auf dem eben erst fertig gewordenen größten deutschen Dampfer „Vaterland" bis nach Southampton ein. Dieses schwimmende Hotel bot jede erdenkliche Bequemlichkeit.

Der Internationale Medizinische Kongreß in London brachte manches Interessante. Ich selbst hatte ein kurzes Referat zu halten, das beifällig aufgenommen wurde. Es erfolgte die Promotion zu Ehrenmitgliedern der kgl. Wundärztegesellschaft Englands, und zwar wurden im ganzen 14 promoviert; aus Deutschland kam Körte (Bier wurde am ersten Abend dringend abberufen), aus Österreich Fuchs und ich. Der Kongreß bot für mich viel des Interessanten, so zum Beispiel das wiederholte Zusammensein mit dem berühmten englischen Hirnchirurgen Sir Victor Horsley, bei dem ich mehrere Kopfoperationen mit ausgezeichneter Technik durchgeführt sah. Seine zahlreichen Schädeleröffnungen unter der Diagnose Hirngeschwulst wurden vielfach in medizinischen Zeitungen besprochen. Horsley hat damals bei einer vor mir ausgeführten Trepanation, bei der der vermutete Tumor nicht gefunden wurde, aber ein dringender Verdacht auf Lues vorlag, das bloßgelegte Hirn mit einer Sublimatlösung berieselt, womit er, wie er mir mitteilte, oft schöne Erfolge erzielte! Ich bewunderte auch die Geschicklichkeit, mit der Horsley sein Auto im Straßengewühl Londons führte, wobei mir auffiel, daß es ein Schimpfen oder übermäßiges Tuten, wie es vielfach in Wien üblich war, nicht gab.

Auch den bekannten Neurologen Ferrier lernte ich kennen. Der Gastfreundschaft wurde wohl fast zu viel geboten; das viele Tafeln mit den unvermeidlichen Tischreden zum Schluß eines jeden Dinners war etwas ermüdend.

Am 21. September tagte die Versammlung deutscher Naturforscher und Ärzte in Wien, in der eine Reihe interessanter Themen zur Sprache kamen. Wir hatten durch drei Tage hintereinander eine größere Zahl von Gästen, vorwiegend ausländische Kollegen mit ihren Damen.

Zu Beginn 1914 ahnte wohl niemand, daß dieses Jahr den Weltkrieg bringen würde. Anfangs April machte ich mit Haberer eine Autofahrt über den Brenner nach Brixen, um das herrlich gelegene Palmschoß zu besichtigen, das sich infolge seiner geschützten und sonnigen Lage als Kurort für Tuberkulöse vorzüglich geeignet hätte. Durch den Krieg wurden leider unsere schönen Pläne zunichte.

Im Juni überwies mir der Generalstabsarzt Dr. v. Kerzl den Leibkammerdiener des Kaisers, Josef Ketterl, zur Behandlung. Im Laufe der letzten Zeit hatte ihm sein großer Kropf starke Atembeschwerden verursacht. Nach genauer Untersuchung mußte ich unbedingt zur Entfernung des Kropfes raten, die sich etwas schwierig gestaltete. Die untere Schilddrüsenader war über bleistiftdick. Erfreulicherweise verlief der operative Eingriff glatt, auch der Wundverlauf war normal. Während dieser Zeit mußte täglich um 7 Uhr früh der Kabinettskanzlei des Kaisers Bericht erstattet werden, da Seine Majestät eine besondere Anteilnahme für den Patienten an den Tag legte.

In diese Zeit hinein drang wie ein Donnerschlag die Nachricht von der Ermordung des Thronfolgers Erzherzog Franz Ferdinand und seiner Gemahlin. Ketterl wollte sofort auf seinen Posten zurück, um, wie er mir sagte, seinen über alles geliebten hohen Herrn in dieser Zeit „nicht allein zu lassen". Ich konnte diesem Vorhaben Ketterls nicht zustimmen und besprach mit Kerzl, der jeden Tag an die Klinik kam, die weiteren Maßnahmen. Der Kaiser verfügte, daß der brave Diener für zehn Tage zur Erholung nach Miramar reise. Nach Ablauf dieser Zeit trat Ketterl wieder seinen Dienst an. Der Kaiser war über die Heilung sehr befriedigt und ließ mir durch seinen Generaladjutanten Grafen Paar mit einem sehr huldvollen Handschreiben für die gelungene Operation danken und eine goldene Zigarettendose übersenden, auf der die Initialen Franz Joseph I. in kleinen Brillanten eingelegt waren. Natürlich stattete ich in einem Schreiben meinen ergebensten Dank ab und verband damit den Wunsch, daß die beim bevorstehenden Waffengang ausrückenden österreichischen Heere siegreich sein möchten. Anscheinend war Seine Majestät von meinem Brief angenehm berührt, denn er ließ mir in einem nochmaligen huldvollen Schreiben seinen Dank für meine Wünsche aussprechen.

Bereits im Frühjahr dieses Jahres hatte ich eine Aufforderung erhalten, am englisch-amerikanischen Chirurgentag, der für die letzten Julitage in London geplant war, teilzunehmen. Ich verließ Wien am 25. Juli. Bei der Reise durch Deutschland brachten sämtliche Zeitungen in ausführlicher Weise die Überreichung des österreichisch - ungarischen Ultimatums an Serbien.

In London wurde ich als Gast im Hause des Chirurgen Dr. Ormend, des Schwiegervaters von Dr. Christopherson, herzlichst aufgenommen. Tagsüber waren die Teilnehmer an der Tagung in verschiedenen Spitälern Zuseher bei Operationen, abends fanden im Cecil-Hotel von auswärtigen Chirurgen Vorträge in englischer Sprache statt, u. a. von Tuffier aus Paris und mir.

Die allgemeine Stimmung war eine gespannte, mir gegenüber zurückhaltende. Ich merkte dies vor allem bei einem Dinner, das mir der Chirurg Sir Gould Pearce gab, dessen Kinder wir vor wenigen Monaten in Wien kennengelernt hatten.

Ich war der jüngste unter den anwesenden 15 namhaften Chirurgen und saß neben Sir Watson Cheyne, dem letzten noch lebenden Assistenten des großen Lister (Lister war erst 1912 gestorben, hatte aber schon in den Neunzigerjahren seine Stelle als Universitätsprofessor und Spitalschirurg aufgegeben). Wir sprachen viel zusammen. Er erzählte mir, daß er jedes Jahr nach den Faröer-Inseln fahre, um dort zu fischen, und lud mich freundlich ein, einmal mit ihm ein paar Wochen dort auszuspannen. Es kam leider nicht mehr dazu, da Watson Cheyne einige Jahre nach Kriegsende gestorben ist.

Mit Rücksicht auf die zwar korrekte, aber auffallend kühle Haltung der englischen Kollegen frug ich Watson Cheyne, ob er nicht glaube, daß ich meinen Aufenthalt hier abbrechen und, da ich meinen Vortrag am Vorabend bereits gehalten hatte, nach Österreich zurückkehren solle. „Return as soon as possible" war sein wohlgemeinter Rat! Ich befolgte diesen Wink und reiste am nächsten Tag zeitlich früh nach der Insel Wight, um meine zwei Töchter abzuholen. Maria hatte nahezu ein Jahr im Sacré-Coeur von Bonchurch zur Erlernung der englischen Sprache zugebracht, während Elisabeth zur Erholung nach ihrer Blinddarmoperation seit einigen Wochen in einer dortigen Pension weilte. Wir fuhren unverzüglich nach London zurück, gleich nach Dover weiter und schifften uns nach Ostende ein, wo kein Träger unser Gepäck übernehmen wollte, da wir unvorsichtigerweise deutsch gesprochen hatten. Mit Mühe gelang es uns, mit vereinten Kräften die Koffer, von denen einige recht schwer waren, von der Landungsstelle zum Zug zu tragen. Auf dem Lütticher Bahnhof war es mir trotz längeren Aufenthaltes unmöglich, ein Frühstück zu besorgen. Die Halle war gesteckt voll von jungen Männern in Käpi und Radmantel, anscheinend einberufenen Soldaten. Mit nur einer Minute Verspätung trafen wir an der deutschen Grenze in Herbesthal ein, von Herzen froh, wieder deutschen Boden erreicht zu haben.

DAS ERSTE KRIEGSJAHR

Inzwischen war die Kriegserklärung erfolgt. Ich begab mich unverzüglich nach Wien, wo mich gleich reichliche Arbeit erwartete, obwohl noch keine Verwundeten angekommen waren. Jetzt galt es, allerlei Verfügungen zu treffen, mehrere der Assistenten und Hilfsärzte waren schon ins Feld gezogen.

Allseits herrschte gehobene Stimmung, besonders als die günstigen Berichte von der deutschen Front einlangten.

Gegen Ende August besuchte ich für einige Tage meine Familie in Steinhaus und wollte mit meinem Auto, das von einem vorzüglichen Chauffeur gesteuert wurde, nach Wien zurückkehren. Mit mir fuhr mein jüngster Bruder Paul, Hauptmann i. P., um sich in Linz zur Dienstleistung zu melden.

Auf der großen Reichsstraße zwischen Wels und Linz kam uns ein Wägelchen entgegen, dem ein junges Pferd vorgespannt war. Ein alter Bauer lenkte nach landesüblicher Art mit einem einzigen Leitseil. Obwohl der Chauffeur die Fahrt verlangsamte, fing das Pferd im letzten Augenblick an, unruhig hin und her zu tänzeln, so daß die Deichselstange quer über die Straße zu stehen kam. Das Auto war offen, mein Bruder saß rechts von mir im Rücksitz des Wagens. Um auszuweichen, fuhr der Chauffeur hart an den äußersten linken Rand der Straße. Unwillkürlich duckte ich mich, die Spitze der Deichsel knapp vor mir, hörte einen leichten Schlag und sah mit einem Blick nach links das unruhige Pferd und dann nach rechts gewendet, meinen Bruder bewußtlos, tief röchelnd, weit zurückgelehnt, über dem rechten Stirnbein eine Schwellung ohne äußerliche Verletzung. Ein Griff nach meinem kleinen Rettungskoffer, ein Stückchen weiße Gaze auf die verletzte Stelle; all das war das Werk eines Augenblicks. Die Untersuchung ergab, daß eine Zertrümmerung des rechten Stirnbeines vorlag. Ich zählte den Puls, es waren siebenundzwanzig (!) Schläge in der Minute. Weder der Chauffeur noch ich hatten die Verletzung mit der Deichselstange im Momente des Geschehens bemerkt. Ich ließ sofort das Auto umkehren. In schneller Fahrt fuhren wir ins Welser Spital, wo ich meinen Bruder mit Hilfe der Krankenschwester auf den Operationstisch lagerte — ich konnte mir das erlauben, da ich mit Primarius Spechtenhauser gut befreundet war. Nach entsprechender Vorbereitung legte ich ohne Narkose die verletzte Stelle bloß. Unter Assistenz des diensthabenden Sekundararztes entfernte ich die hineingeschlagenen Knochenstücke, die glücklicherweise die harte Hirnhaut nicht nennenswert verletzt, wohl aber zu einer stark schwappenden Blutansammlung unter ihr geführt hatten. Erst bei den letzten Stichen der Hautnaht zeigte mein Bruder leichte Schmerzempfindungen und kam gerade wieder zu sich, als der Verband fertig angelegt war. Es traf sich, daß meine Tochter Maria damals zur Erlernung der Krankenpflege im Welser Spital praktizierte. Sie half tapfer mit.

Das Erste, was mir mein guter Bruder sagte, war: „Es ist ein Glück, daß ich rechts und du links gesessen bist, denn im umgekehrten Fall hätte ich dir nicht so gut helfen können wie du mir." Er ist im Jahre 1925, also zehneinhalb Jahre später, ohne jemals irgend welche Nachwirkungen dieser Kopfverletzung gespürt zu haben, an einem Herzschlag gestorben. Ich verlor an ihm einen sehr anhänglichen, lieben Bruder.

Anfangs September kam der erste große Transport von Schwerverwundeten an meine Klinik, deren Versorgung unverzüglich begann und bis in die späten Nachtstunden dauerte.

Mein Arbeitsfeld während des Krieges blieb in erster Linie meine Klinik. Ihr Belegraum war durch Zuteilung einer Reihe von Zimmern interner Stationen des Allgemeinen Krankenhauses wesentlich vergrößert worden, wozu später noch eine Baracke auf den Gründen der neuen Kliniken des Allgemeinen Krankenhauses kam, in der vorwiegend Schußverletzungen des Rückenmarks untergebracht waren. Diese Verwundeten erforderten eine besonders sorgfältige Pflege und vielfach operative Eingriffe. Es wurden im Laufe der Jahre über hundertfünfzig Laminektomien (Eröffnung des Wirbelkanals) ausgeführt. Wir konnten zum Glück in einer ganzen Anzahl von Fällen durch die Entfernung des Druckes Besserung, bei einigen Kranken vollkommene Heilung erzielen, wenn das Rückenmark nicht zertrümmert, sondern von einem vorstehenden Knochenstück oder seltener durch ein Geschoß nur gedrückt war. Dort, wo die Lähmung der unteren Extremitäten in keiner Weise zu beheben war, wurde versucht, mit Apparaten den Verletzten Hilfe zu bringen. Eine dem Rücken genau angepaßte Schale aus Bandeisen mit Lederüberzug wurde mittels Binden fixiert; mit Hilfe eines sogenannten Gehbänkchens konnten sich die Patienten ohne weitere Unterstützung im Zimmer allein fortbewegen. Wenn das auch kein wirkliches Gehen war, so erweckte diese Art der Fortbewegung in ihnen doch das Gefühl der Besserung und damit neuen Lebensmut.

In der Renngasse 20 war eine Schule in ein Lazarett umgewandelt worden, dessen Leitung mir im dritten Kriegsjahre übertragen wurde. Bei einem Belegraum von 80 Betten beherbergte das Spital ausschließlich Verwundete mit Steckschüssen, die auf die Notwendigkeit der Entfernung des Geschosses hin genau untersucht und, wenn nötig, operiert wurden, wobei mich mein Assistent Dr. Paul Odelga unterstützte. Nach Angabe von Holzknecht war ein Operationstisch eingerichtet worden, unter dem eine Röntgenröhre angebracht war, so daß die bei der Operation assistierenden Röntgenologen (zuerst Doktor F. Eisler, dann Dr. M. Sgalitzer) mich in jedem Augenblick über die Lage der Kugel genau unterrichten konnten. Die Entfernung des Fremdkörpers wurde dadurch sehr erleichtert.

Neben der Versorgung der Verwundeten galt es noch die klinischen Patienten zu behandeln sowie jüngere Hilfskräfte in Operationen zu unterweisen. Da ich sehr erfahrene Mitarbeiter an der Klinik hatte, vor allem den ersten Assistenten E. Ranzi sowie den zweiten Assistenten W. Denk, konnte ich zahlreiche, meist auf kurze Zeit bemessene Fahrten an die Front aus-

führen, die dem Besuche der von meiner Klinik entsandten
Chirurgengruppen sowie der vier vom Deutschritterorden auf-
gestellten Feldspitäler galten [29]. Diese Frontreisen gingen auf
eigene Kosten, die allerdings nicht beträchtlich waren, da die
offene Ordre freie Eisenbahnfahrt ermöglichte und ich in den
Orten, wo ich mich aufhielt, meist Gast des betreffenden
Korpskommandos, des Feldspitals oder der Chirurgengruppe
war. Einen Gehalt oder eine Zulage als Admiralstabsarzt habe
ich nie bezogen.

Ich sah immer darauf, nicht nur selbst mit den im Felde
stehenden Chirurgen zu operieren, sondern ihnen bei den Operationen zu assistieren und Neuerungen zu besprechen; jedesmal hielt ich Vorträge mit Erörterung von aktuellen Fragen.
Die dienstfreien Ärzte auch aus der weiteren Umgebung meines
jeweiligen Standortes kamen auch dazu, so daß die Versammlungen oft von mehr als 200 Kollegen besucht waren.

Wenn ich bei Nennung der Namen der Chirurgen, die aus
meiner Schule stammen (Assistenten, Operateure) es vermeide,
ihre Leistungen und ihr Pflichtbewußtsein in jedem Falle
eigens hervorzuheben, wie ich das der Wahrheit entsprechend
nahezu ausnahmslos tun müßte, so geschieht dies aus dem
Grunde, weil meine von Herzen kommenden und begründeten
Lobesworte wegen ihrer stetigen Wiederholung banal klingen
würden. In meinem ersten Entwurf dieses Buches hatte ich den
Versuch gemacht, bin aber bei der Durchsicht zur Überzeugung
gekommen, daß damit der Zweck nicht erreicht würde. So entschloß ich mich nach reiflicher Überlegung, von einer kritischen
Beurteilung der einzelnen Chirurgen Abstand zu nehmen. Ich
bin fest überzeugt, daß die meinem Herzen nahestehenden
Schüler dies verstehen und billigen werden. Meiner uneinge-
schränkten Anerkennung können sie sicher sein. Sie alle sind erfolgreiche und zum Teil berühmte Chirurgen geworden, die ihre
Stelle voll und ganz ausfüllen.

---

[29] In einem kurzen Aufsatz „Aus meinem Kriegstagebuch", der im „Or-
vosi Hetilap", der Festschrift zur 350jährigen Jubelfeier der Universität
Budapest, 1935, erschien, habe ich einiges über diese Fahrten veröffentlicht.

Während der vier Kriegsjahre unternahm ich 26 derartige Reisen, die mich an die russische, italienische und serbische Front führten. Auch besuchte ich dreimal über Einladung die deutsche Front. Ich legte zu allen Fahrten selbstverständlich die Admiralstabsarztuniform an, die nahezu identisch mit der eines Konteradmirals ist. Daß sie vielfach von der Mannschaft, aber auch den Offizieren unseres Landheeres nicht als solche erkannt wurde, zeigte folgende heitere Begebenheit.

Ich erwartete auf einer meiner Frontreisen auf dem Lemberger Bahnhof um Mitternacht einen Zug und ging auf dem Perron auf und ab. Plötzlich kam ein junger Leutnant auf mich zu und fragte: „Sagen Sie mir, wann geht der nächte Zug nach Wien?" Ich antwortete: „Das weiß ich nicht." Ich wußte es wirklich nicht, sonst hätte ich ihm gerne Auskunft gegeben. Darauf er: „Das sollten Sie aber wissen als Bahnbeamter." Ich entgegnete ihm: „Ich brauche es nicht zu wissen, aber Sie sollten als Offizier die Uniform der k. u. k. Kriegsmarine kennen"; darauf erfolgte Vorstellung, Entschuldigung, Abwinken [30].

Im Oktober 1914 machte ich meine erste Kriegsfahrt als Gast des Malteserzuges, der von den Grafen Crenneville und Westphalen kommandiert wurde und dem mein Assistent Doktor Peter v. Walzel-Wiesentreu als Chefchirurg zugeteilt war. Die Fahrt ging nach Sillein, wo der Zug auf unbestimmte Zeit stehen blieb. Ich besuchte das modern eingerichtete Spital in Bielitz, wo der ausgezeichnete Primarius Reinprecht aus der Schule Albert als Chirurg und Gynäkologe tätig war, machte einen kurzen Besuch bei Erzherzog Karl Stephan in Saybusch und fuhr nach Wien zurück, wo ich reichliche kriegschirurgische Arbeit vorfand. Die Bahnfahrt Saybusch—Wien dauerte 31 Stunden! Als ich zwei Jahre zuvor zur Erzherzogin Maria

---

[30] Meine mir so lieb gewordene Marineuniform kam nach dem Kriegsende erst 1934 wieder in Verwendung. Ich habe sie von da an ab und zu bei besonderen Anlässen getragen, so beim feierlichen Leichenbegängnis des Generals E. Fischer, bei der Marinefeier in der Michaeler-Kirche, bei der Hochzeit meiner Tochter Margarethe usw.

Theresia, die einen Bobsleigh-Unfall erlitten hatte, nach Saybusch gefahren war, wurde dieselbe Strecke mit dem fahrplanmäßigen Zug in acht Stunden zurückgelegt!

Vierzehn Tage später traf ich gleichzeitig mit dem Malteserzug, der am Tage zuvor dahin beordert worden war, in Teschen ein, wo ich das musterhaft eingerichtete Landesspital besuchte, das mein Freund aus der Billroth-Zeit, H. Hinterstoisser, seit mehr als zwanzig Jahren ausgezeichnet leitete. Ich hatte Gelegenheit, ihm bei der Entfernung einer Milz zu assistieren.

Ein Kind hatte nach einer Verschüttung die Symptome einer starken Blutung in der Bauchhöhle dargeboten, so daß die Wahrscheinlichkeitsdiagnose auf einen Riß der Milz gestellt wurde. Der unverzüglich ausgeführte Bauchschnitt bestätigte die Richtigkeit dieser Annahme und die zerrissene, stark blutende Milz wurde entfernt. Es erfolgte eine glatte Heilung.

Ich wurde bei dieser Operation lebhaft an einen Fuhrmann erinnert, der 21 Jahre zuvor in die Utrechter Klinik gekommen war. Er war durch einen Hufschlag unter dem linken Rippenbogen schwer getroffen worden, bot die Erscheinungen eines Schocks und hatte kleinen Puls. Er erklärte sofort, sich nicht operieren zu lassen. Der Puls wurde immer kleiner, der Bauchumfang immer größer. Da der Patient angab, seinerzeit in den Tropen eine schwere Malaria überstanden und davon eine große Milzgeschwulst zurückbehalten zu haben, mußte die Diagnose auf eine Milzzerreißung gestellt werden. Ich riet dringend zur sofortigen Operation, die er noch immer verweigerte. Ich blieb bei ihm; erst als er im Verlauf der nächsten Stunden noch elender wurde, willigte er ein. Wenngleich ich kaum eine Hoffnung hatte, ihn noch zu retten, eröffnete ich das Bauchfell und fand eine große Menge von Blut angesammelt, die sehr große Milz fast ganz durchrissen. Bevor noch diese entfernt war, erlag der Patient dem Blutverlust. Damals gab es leider noch keine lebenrettende Transfusion.

Für die schweren Milzrisse ist auch jetzt noch die Entfernung des Organs die einzige Behandlung. Seit Einführung der Bluttransfusion haben sich die Erfolge dieser Operation ganz wesentlich gebessert.

Um Mitternacht fuhr der Malteserzug nach Galizien weiter. Wir begegneten vielen Verwundetenzügen. Ich traf zwei Chirurgengruppen meiner Klinik, die erste von ihnen in Lancut. Der Ort war vollgepfropft von Militär und galizianischen Juden. In dem schönen Schloß des Grafen Potocki, das von den Russen vor ihrem Abzug nicht zerstört worden war, hatte man u. a. ein Spital des Deutschen Ritterordens etabliert. Ich machte eine Trepanation wegen schwerer Kopfverletzung, die glatt verlief. Der Malteserzug war mittlerweile weitergefahren. Vom Armeekommandanten erhielt ich ein Auto für die Fahrt nach Przeworszk zugewiesen. Die Reichsstraße säumten zahlreiche Grabhügel, deren einfache Holzkreuze die Ruhestätten der Unseren bezeichneten; die Russengräber hatten Doppelkreuze. Im Tode ruhten alle friedlich nebeneinander.

Von Przeworszk fuhr ich abends mit einem anderen Malteserzug, dessen Lichter gelöscht waren, bis nach Jaroslav, knapp hinter die Front. Das Geschütz- und Maschinengewehrfeuer wurde immer lebhafter. Auf einem hohen Bahndamm, von nur wenigen abgeblendeten Lichtern erleuchtet, verluden wir 140 Verwundete. Dort traf ich den immer heiteren Kollegen Landsturmarzt Dr. Fischelhammer aus Wels, der später mit einem Spitalschiff in der Adria torpediert wurde.

Vorsichtig fuhr der mit Kranken gefüllte Zug nach Przeworszk zurück. Am anderen Morgen stand ich zeitig auf. Soweit das Auge reichte, sah man gefangene Russen. Ich traf hier die Ärzte und Schwestern des Spitals des Deutschen Ritterordens Nr. III, denen eben eine große, vollkommen ausgeräumte Zuckerfabrik als Notspital angewiesen worden war. Einige große elektrische Lampen erleuchteten die Räume. Im Laufe der nächsten Stunden wurden immer mehr Verletzte eingeliefert. Sie mußten anfangs auf dem nackten Boden liegen, da man das vorhandene Stroh zum Stopfen einiger hundert Strohsäcke brauchte. Bis zum Abend gab es Stroh in ausreichender Menge. Es waren aber auch bereits über tausend Verwundete da. Auch eine Frau lag dabei, der bei der Feldarbeit eine Granate den Bauch aufgerissen hatte; sie ist bald gestorben.

Von drei Schwestern des Deutschen Ritterordens begleitet, ging ich durch die Räume, um einen Überblick über die Patienten zu bekommen. Da ging es los: „Herr Doktor, helfen Sie!" „Herr Regimentsarzt, ich habe Hunger!" Eine der Schwestern machte über meine Anordnung den am meisten Leidenden Morphin-Injektionen, die zweite verteilte aus einem großen Kruge heißen Tee, die dritte reichte den Schwerverletzten Urinflaschen, bzw. Leibschüsseln. Zum Glück fand sich in der Nebenkammer ein großer Vorrat von Zuckerhüten, der allerdings laut Befehl des Ortskommandanten nicht verwendet werden durfte. Ich kümmerte mich nicht um dieses Verbot, beorderte zwei Sanitätssoldaten, mit den Bajonetten die Zuckerhüte zu zerkleinern und erntete durch die Verteilung bei den Verwundeten reichlichen Dank. Darin bestand meine ärztliche Tätigkeit in der ersten Stunde! Nach dieser orientierenden ersten Visite wurden zunächst die Schwerverwundeten vorgenommen, die nur halbwegs Transportfähigen verbunden und geschient, um sie im Malteserzug einwaggonieren zu können. Diese Versorgung der Verwundeten wurde gleichzeitig an mehreren Stellen durchgeführt, eine Arbeit, die während der ganzen Nacht und den nächsten Tag hindurch fortgesetzt wurde.

Am darauffolgenden Abend bestieg ich den Malteserzug, der sich mittlerweile mit Frischverwundeten gefüllt hatte. Die Umwandlung des Gepäckswagens durch Walzel in einen Operationsraum gelang gut. Während der langsamen Fahrt wurden nunmehr bis spät nach Mitternacht vier Amputationen — auch ich machte eine — und andere Operationen ausgeführt. Erst während der Fahrt nach dem Westen erfuhren wir, daß alle Verwundeten für Teschen bestimmt waren. Dort leitete auf dem Bahnhof Gräfin Thun-Larisch mit ihrer anmutigen Tochter bei Ankunft des Zuges den Ordnerdienst. Ich fuhr sofort ins Spital und assistierte Hinterstoisser noch am selben Abend bei der Operation eines schwerverletzten Einjährig-Freiwilligen, am folgenden Tag bei der Operation eines schweren Hirnschusses.

1915. Die ersten Kriegsmonate waren vergangen. Sorge und Leid standen an der Schwelle des neuen Jahres, doch hoffte man auf baldigen Sieg und Frieden.

Am 3. Jänner fuhr ich nach Wadowice in das Spital des Deutschen Ritterordens Nr. III, wo ich mit den Ärzten die Verwundeten begutachtete und die einzelnen Verletzungen besprach. Dann ging es nach Bielitz weiter, um mit Primarius Reinprecht einen preußischen Major aus Düsseldorf wegen eines Kleinhirnschusses zu operieren. Der Eingriff war schwierig, führte aber erfreulicherweise zu einer vollkommenen Heilung, die durch Jahr und Tag anhielt. Darauf besuchte ich Erzherzog Karl Stephan in Saybusch, der sich angelegentlichst der in seinem Schlosse untergebrachten verwundeten Offiziere und Mannschaften annahm. Über Kattowitz setzte ich meine Fahrt nach Krakau fort. Dort meldete ich mich bei dem tapferen Kommandanten der Festung, FZM. Karl Kuk, der einen ebenso energischen als ruhigen Eindruck machte und den Ärzten besonders freundlich gesinnt war. Es ist seiner großen Umsicht zu danken, daß Krakau, das kurze Zeit arg bedrängt war, nicht von den Russen erobert wurde[31].

In Krakau besuchte ich einige Sanitätsanstalten und die Chirurgische Klinik des Professors B. Kader, den Professor Mikulicz immer als einen seiner geschicktesten Schüler bezeichnet hatte. Am folgenden Tag wurden noch einige weiter nördlich gelegene Sanitätsanstalten genau besehen. Ich meldete mich u. a. bei Generaloberst Graf Kirchbach, dessen Frau verwundete und typhuskranke Soldaten vorbildlich pflegte.

Dann ging die Fahrt über Wieliczka und Bochnia weiter nach

---

[31] Es war mir eine große Freude, FZM. Kuk nach dem Kriege als Mitglied einer Wiener Marschkolonne, die vorwiegend aus Pensionisten besteht, zu treffen und freundschaftliche Beziehungen mit ihm anzuknüpfen. Die Mitglieder dieser Marschkolonne machen jeden Samstag einen Spaziergang in die Umgebung von Wien. Kuk ist leider im Jahre 1935 gestorben. Alle, die ihn kannten, bewahren ihm das beste Gedenken.

Teschen, wo ich den Ärzten einen Vortrag hielt und abends bei Feldmarschall Erzherzog Friedrich geladen war. Mit Hinterstoisser operierte ich einen hoffnungslosen Fall, ein schweres Aneurysma der Carotis und Subclavia, so daß die Arteria anonyma unterbunden werden mußte. Der Patient starb nach zehn Tagen.

Unter Aneurysma versteht man die Erweiterung einer Schlagader. Es bildet sich ein Sack, in den das Blut durch den Pulsschlag hineingelangt und durch sein Klopfen heftige Schmerzen verursacht. Die peripheriewärts von der Verletzung liegenden Teile leiden nicht nur in ihrer Funktion, sondern auch in ihrer Ernährung. Diese Erweiterung kann entweder durch Nachgeben der chronisch erkrankten Gefäßwand oder wie hier durch eine Schußverletzung bedingt sein. Die Hauptgefahr beim Aneurysma besteht darin, daß es durch eine geringfügige Anstrengung platzt und der Kranke sich dabei verblutet.

Der 22. März 1915 brachte den Fall der Festung Przemysl!

Im März hielt ich in Krakau vor den Ärzten einen Vortrag über Amputationen, besonders über die Bildung tragfähiger Amputationsstümpfe. FZM. Kuk wohnte dem Vortrag bei.

Von Krakau fuhr ich über Bochnia nach Brzesko zum Besuch eines Spitales des Deutschen Ritterordens. Von dort setzte ich meine Fahrt in der Richtung nach Tarnow fort, um dem Abfeuern eines 30,5-cm-Mörsers beizuwohnen. Dreißig Schritte hinter dem Rohr stehend konnte man das fliegende Geschoß durch mehrere Sekunden mit freiem Auge verfolgen. Die einige Kilometer weiter vorne abseits der Schußlinie auf Bäumen sitzenden Beobachter berichteten der Batterie telephonisch über die Wirkung des Schusses.

Am 7. April folgte ich einer Einladung des Feld-Sanitätschefs der Deutschen Armee Exzellenz Professor v. Schjerning zur feldärztlichen Tagung der deutschen Chirurgen nach Brüssel, die sich sehr interessant gestaltete. Es wurde eine Fülle von aktuellen Zeit- und Streitfragen der Kriegschirurgie eingehend besprochen. Tags darauf fuhr ich weiter über Brügge und Gent bis knapp vor Ypern.

Überall herrschte Zuversicht und vorbildliche Ordnung. Im schwer zerschossenen Comines war ich mit den Professoren Enderlen, Sauerbruch und Stöckel zusammen, die alle als Oberstabsärzte Kriegsdienste leisteten. In eingehenden Besprechungen erörterten wir die Behandlung der Bauchschüsse.

ZU KÖNIG KONSTANTIN NACH ATHEN

Am 25. Mai, als ich eben an meiner Klinik mit einer Operation beschäftigt war, kam der mir seit langem bekannte Kinderarzt Dr. D. v. Galatti mit dem griechischen Gesandten Gryparis zu mir und ersuchte mich dringend, sofort nach Griechenland zu dem erkrankten König Konstantin zu fahren. Ich erklärte mich grundsätzlich dazu bereit, da aber der Krieg gegen Italien drei Tage zuvor ausgebrochen war, mußte ich als Admiralstabsarzt i. R. baldige Verwendung gewärtigen und sprach daher in der Marinesektion vor. Der Kommandant derselben, Vizeadmiral Kailer, riet mir, unbedingt zu fahren; der König von Griechenland sei bei seiner Vorliebe für die Zentralmächte eine sehr wichtige Persönlichkeit, und wenn es mir gelänge, ihm zu helfen, würde ich unter Umständen meinem Vaterlande einen großen Dienst erweisen; zudem seien in Pola noch keinerlei Verletzte eingelangt und wohl auch nicht so bald zu gewärtigen.

Vor meiner Abfahrt teilte mir der griechische Gesandte mit, daß mich ein Torpedobootzerstörer in Dedeagatsch erwarten werde; auf der Rückreise werde mich, falls Rumänien inzwischen den Krieg erklärt habe — diese Möglichkeit wurde lebhaft besprochen — ein griechisches Schiff nach Sebenico oder Pola bringen.

Der Schnellzug kam mit starker Verspätung in Budapest an, so daß ich damit rechnen mußte, die Fahrt nicht gleich fortsetzen zu können. Mittlerweile hatte das Ministerium des Äußeren aus Rücksicht für den erkrankten König einen Extrazug bereitgestellt. Da Professor F. Kraus aus Berlin, der mit mir zum König berufene Internist, nicht eingetroffen war, fuhr ich allein weiter. Und so ging es an einem heißen Nachmittag quer durch Ungarn, zuerst durch die ungarische Tiefebene, in welcher die Ernte außerordentlich günstige Resultate versprach. Ich lud einen reichsdeutschen Kurier, der nach Konstantinopel fuhr, ein, in meinem Extrazug Platz zu nehmen; die Fahrt gestaltete sich daher kurzweiliger.

Am Morgen waren wir in Predeal, der ersten rumänischen Station, zugleich Zollstation. Von da ging es im Schnellzug nach Bukarest. Im Zug gesellte sich mir bald ein Erzpriester von Sinaia bei, der schon aus den Zeitungen von meiner Reise nach Griechenland gehört hatte. Er riet mir, bald wieder zurückzukommen, da seiner Überzeugung nach Rumänien in der allernächsten Zeit Österreich den Krieg erklären werde. Diese Versicherung war nicht gerade ermutigend, aber ich tröstete mich mit der Vermutung, der Archimandrit gehöre vielleicht zu jener Klasse von Diplomaten, die mit ihren politischen Prognosen gelegentlich daneben treffen!

Am herrlichen Sinaia vorbei war in wenigen Stunden Bukarest erreicht. Auf der ganzen Strecke sah man Übungen rumänischen Militärs. In Bukarest erwartete mich der griechische Gesandte und bat, sofort im bereitgestellten Extrazug Platz zu nehmen.

Nachmittags traf ich in Ramadam, bzw. Gjurjewo ein; die Donau ist hier sehr breit. Mit einem ungarischen Lloydschiff ging es weiter nach Rustschuk. Der Kapitän dieses Schiffes, Ch., ein sympathischer Siebenbürger, erklärte mir auf mein Befragen, warum er so schlecht aussehe, er fühle sich seit einigen Tagen nicht wohl. Bei der Untersuchung konstatierte ich eine Entzündung des Wurmfortsatzes und riet ihm, sofort nach Schäßburg in Siebenbürgen zu fahren, um sich bei Primarius Oberth, der auch dem Kapitän dem Namen nach bekannt war, behandeln zu lassen [32].

Ich wartete noch den nächsten Dampfer ab, doch Kraus kam wieder nicht, wohl aber Leutnant F., mein Reisebegleiter vom

---

[32] Bei der Rückfahrt, drei Wochen später, erfuhr ich, daß sich der Kapitän, von Oberth operiert, auf dem Wege der Heilung befand.

Tage zuvor, der mir versicherte, daß Kraus wegen der politischen Komplikationen mit Rumänien bestimmt nicht kommen werde. Ich startete also allein; Leutnant F. durfte leider auf bulgarischem Boden meinen Extrazug nicht benützen.

Die Gegend ist fruchtbar und reich. Tirnovo, die alte bulgarische Krönungsstadt, liegt besonders malerisch. Der Zug hielt nur selten. Gegen Morgen wurde ich durch ein Telegramm von König Ferdinand von Bulgarien geweckt: „Vor allem heiße ich Sie, lieber Professor und Freund, bei uns willkommen. Hatte meinen Zug zu einer Begegnung mit Ihnen bereitet, allein Ihr von unseren Bahnen beschleunigter Fahrplan hätte uns gegen drei Uhr früh einander zugeführt, womit ich Ihre ohnedies so ermüdende und schicksalsschwere Fahrt nicht belasten wollte. Ich hoffe, vielleicht auf Ihrer Rückreise aus Hellas mit Ihnen aus der Erinnerung vergangener Zeiten schöpfen zu können. Ferdinand, R." Ich dankte natürlich sofort und war erstaunt, einen tadellos deutsch sprechenden Stationsvorstand zu finden.

Nun ging es in die Türkei hinein. Adrianopel mit der herrlichen Moschee wurde im Bogen, ohne Aufenthalt, umfahren. Die Stadt hat einen sehr schönen Bahnhof; eine große Zahl türkischer Truppen mit Kanonen waren zu sehen. Die Brücke bei Adrianopel, die seinerzeit Schükri Pascha gesprengt hatte, um sich erfolgreicher gegen die Bulgaren verteidigen zu können, war noch nicht wiederhergestellt worden, der Zug fuhr über die Notbrücke. Ein Soldat stand Posten. Bis auf seine „Schlapfen" (Pantoffel) war er ganz richtig militärisch gekleidet. Die türkischen Truppen machten sonst im allgemeinen einen vortrefflichen Eindruck. Die Reise führte durch fruchtbares Gefilde: an Mais- und Maulbeerbaumpflanzungen und endlosen Schaf- und Rinderherden vorbei, endlich durch eine sumpfige Gegend mit viel Störchen und Fischreihern und großen Geiern. Auf den Telegraphendrähten hockten zahlreiche Mandelkrähen.

Nach einigen Stunden Fahrt durch die Türkei gelangten wir auf bulgarischen Boden. Auffallend war die große Zahl von

Windmühlen. Neben der Bahn auf einer großen Reichsstraße zogen Büffel eine Straßenwalze. Auch in diesem Teil Bulgariens fiel es mir angenehm auf, daß zahlreiche Beamte, auch kleiner Stationen, ganz gut deutsch sprachen.

Mittags kam das Meer und Dedeagatsch in Sicht. Aus der früher rein griechischen Stadt waren nach Besitzergreifung durch die Bulgaren zahlreiche Griechen ausgewandert. Als mein Extrazug einlief, war eine große Menschenmenge versammelt. Der dortige Arzt stellte sich als mein Schüler vor. Man geleitete mich gleich zum Hafen, wo zwei griechische Torpedobootzerstörer, „Jerax" und „Aetos", neben zwei italienischen Frachtdampfern vor Anker lagen. Auf dem Fallreep des „Jerax" erwartete mich der Schiffskapitän Georg Kakoulicles, neben ihm die Schiffsoffiziere. Die Konversation in französischer Sprache kam bald in Fluß. Unverzüglich wurden die Anker gelichtet und nun ging es mit einer Geschwindigkeit von 27 Knoten die Stunde nach Athen, so daß wir diese Fahrt in neuneinhalb Stunden machten, ein Rekord, der, wie mir der Schiffskommandant sagte, bisher kaum erzielt worden war. Von den Dardanellen her war das dumpfe Grollen der Kanonen hörbar.

Gegen Abend wurde die Beleuchtung des Horizonts immer großartiger und der Blick auf die Bergrücken von Griechenland immer malerischer. Noch bevor die Sonne unter der Kimm verschwand, ging auf der anderen Seite der Mond auf, ein Bild in Farbtönen, wie ich es bisher noch nicht gesehen hatte. Endlich wurden die ersten Lichter von Phaleron, des Kriegshafens von Athen, sichtbar und die zwei dort liegenden großen Schlachtschiffe ließen ihre Scheinwerfer spielen, ein schönes Bild. Nachdem der Anker geworfen war, legte ein Motorboot mit dem Vertreter des Ministeriums des Äußern Jean Caradja in voller Uniform zu meiner Begrüßung an. Am Quai erwartete mich eine zahlreiche Menschenmenge, die laut rief: „Zito o basilews!" (Es lebe der König!), was ich lebhaft erwiderte. Professor Gerulanos, der Direktor der Chirurgischen Klinik in Athen, hatte sich auch zu meinem Empfang eingefunden. Nun ging es im Auto in schnellster Fahrt durch die fünfeinhalb Kilometer lange Straße nach Athen. Immer deutlicher hob sich die Akropolis und der sie noch überragende Lykabettos vom dunkelblauen Firmament ab. Im Hotel „Grande Bretagne" standen zwei Zimmer für mich bereit. Da der Besuch beim König auf den nächsten Morgen verschoben worden war, machte ich mit Gerulanos einen Nachtspaziergang nach der Akropolis, die im Mondlicht herrlich schön hervortrat und mir einen unvergeßlichen Eindruck hinterließ. Auf dem Rückweg, noch im Bereich der Akropolis, begegneten wir den gesamten griechischen Ministern. Ich unterhielt mich längere Zeit mit dem hochstehenden, feingebildeten Ministerpräsidenten Gunaris, der tadellos deutsch sprach.

Am folgenden Morgen wurde ich von Professor Gerulanos ins Palais geführt. Vor dem Königspalast wartete eine große Volksmenge. Das Leibregiment des Königs, die Evzonen, stellte die Wache für den Palast. Die Soldaten der Leibgarde erinnerten in ihren kurzen, steifen Röcken an die schottischen Hochländer. Dazu trugen sie Schnabelschuhe mit einer großen Quaste an der Spitze, weiße Handschuhe und Strümpfe. Ich wurde schnell mit den Ärzten bekannt. Es waren dies die Hausärzte Professor Dr. Savas und Oberstabsarzt Dr. Anastosopoulos, ferner Professor Christomanos, Generalstabsarzt Dr. Mannos, Professor Zaijmis, Professor Mervinga und Professor Louros.

Der König, eine schöne, große, imponierende Erscheinung, war äußerst liebenswürdig. Er beherrschte neben seiner dänischen Muttersprache die griechische, deutsche, französische, englische und italienische Sprache.

Ich will gleich betonen, daß alle Gerüchte, die Krankheit sei die Folge eines Attentats gewesen, vollkommen unrichtig waren. Es handelte sich vielmehr um ein spontan aufgetretenes Empyem (Vereiterung eines Rippenfellexsudates); acht Tage zuvor war von den griechischen Kollegen zunächst das Rippenfell durch einen Schnitt eröffnet worden, wie ihn vor 2000 Jahren schon Hippokrates angegeben hatte. Die Erfahrung hat in solchen Fällen gezeigt, daß oft nachher noch die Resektion von ein bis zwei Rippen notwendig wird; hier schien aber der Abfluß so gut, daß augenblicklich keine Veranlassung zu einem derartigen Eingriff vorlag. Nachdem ich den König untersucht hatte, erstattete ich der Königin ausführlichen Bericht.

Königin Sophie, eine Schwester Kaiser Wilhelms II., eine hehre, ungewöhnlich kluge Frau, pflegte ihren Gatten mit aller Hingebung. Sie zeigte mir wiederholt die neuesten Telegramme und interessierte sich für alles, was meine Heimat betraf. Inzwischen war doch Professor Kraus aus Berlin angekommen, untersuchte den König und schloß sich meiner und der anderen Ärzte Auffassung an, worüber nunmehr ein offizielles Bulletin ausgegeben wurde.

Hierauf machte ich die Bekanntschaft des Kronprinzen, der mir den besten Eindruck machte und vollkommen über die ganze politische Lage unterrichtet war, sowie seiner beiden jüngeren Brüder, des Prinzen Alexander, eines feschen Artillerieoffiziers und geübten Automobilisten und des dreizehnjährigen Prinzen Paul, eines aufgeweckten, sympathischen Jünglings.

Die ältere Tochter, Prinzessin Helene, die spätere Königin von Rumänien, war eine ungewöhnliche Schönheit, dabei natürlich und ungemein anmutig. Beim jüngsten Königskind, einem zweijährigen, reizenden, blonden Mädchen, das zu Beginn des Krieges geboren worden war, waren Heer und Marine Taufpate gestanden.

Mittags fuhr ich zum österr.-ungar. Gesandten Herrn von Szillassy. Ich lernte dort mehrere Herren kennen, unter anderen Forstrat Dr. Stengel, der seit vielen Jahren in offizieller Sendung zur Wiederaufforstung des ganz baumlosen Hymettos hier weilte, sowie den Generalkonsul Ritter v. Zambaur, einen früheren Generalstabsoffizier, der während der Belagerung von Skutari dort österreichisch-ungarischer Generalkonsul war. Seine Frau und Kinder hatten damals durch sieben Monate ein Kellerleben geführt, da die Montenegriner die Stadt andauernd mit schweren Geschützen beschossen hatten.

Dem Frühstück beim Gesandten war das Ehepaar Prinz Ypsilanti beigezogen. Der Prinz hatte den Balkanfeldzug im Jahre 1912 mitgemacht; die Prinzessin, eine Ungarin, hatte schon wiederholt die Gefangenenlager der Österreicher und Ungarn in Nisch besucht und wußte viel von dem ganz großen Elend unserer armen Helden dort zu erzählen.

Abends machte ich dem König einen halbstündigen Besuch. In seinem Gemach wie auch in den Vorzimmern war eine große Zahl von mit Gold und Silber verzierten wundertätigen Heiligenbildern aufgestellt, unter denen besonders jenes der Madonna von Tinos zu nennen ist. Vor wenigen Tagen war es von der Insel geholt und vom Hafen von Piräus in einer großen Prozession zum Palast getragen worden, wobei Männer und Frauen laut beteten: „Nimm uns unsere Kinder, o Herr, aber erhalte unserem geliebten König die Gesundheit!"

Während der kritischen Nacht hatten viele tausend Athener den Palast umstanden und auf neue Nachrichten geharrt. Die Leute waren barfuß gegangen, um die Ruhe des Königs nicht zu stören.

Bei Professor Caro, dem Vorstand des deutschen archäologischen Institutes, lernten wir die deutsche Kolonie kennen: den deutschen Gesandten Grafen Mirbach, Botschaftsrat Freytag, Hauptmann v. Falkenhausen und den Vertreter von Krupp in Athen Baron Schenk v. Schweinsberg.

Unser Besuch weckte manche Sympathie für unsere Heimat. Wir wurden überall herzlichst aufgenommen, auch laute Ovationen wurden uns des öftern dargebracht. Die medizinische Fakultät ernannte uns durch einstimmigen Beschluß zu Ehrendoktoren.

Die feierliche Promotion fand am 31. Mai statt. In der Aula der Universität, einer Schöpfung Meister Hansens, wurden wir von einem fast tausendköpfigen Publikum lebhaft akklamiert. Rektor Professor Messolorus leitete den Festakt durch eine griechische Ansprache ein, dann promovierte uns der Dekan der medizinischen Fakultät, Professor Louros. Kraus und ich dankten in kurzer Rede. Die meine ließ ich in griechischen Worten ausklingen, die ich mir vorher mit Hilfe eines griechischen Kollegen zurechtgelegt hatte.

Ein einsamer Spaziergang auf den Lykabettos beendete diesen schönen Nachmittag. Im kleinen Kirchlein, das gegenüber der tiefergelegenen Akropolis den Sieg des Christentums über Griechen- und Römertum versinnbildet, opferte ich, einem alten griechischen Brauche folgend, einige Kerzen für die Gesundheit des Königs.

Die Namenstagsfeier für den kranken König Konstantin gestaltete sich großartig! Ganz Athen war von früh an auf den Beinen. Morgens war Reveille der sehr frisch und gut aussehenden Truppen, dann Kirchgang. An unserem Hotel zogen vorbei: die Königin mit dem Kronprinzen und den anderen Mitgliedern der königlichen Familie, die verschiedenen Gesandten, Generäle, Admiräle, alle in weißer Uniform, die für diese Hitze sehr praktisch ist. Nur der Oberstallmeister, Prinz Ypsilanti, mußte in einer scharlachroten Uniform neben der königlichen Karosse reiten. Dann schlossen wir uns in Frack und mit den Ordensauszeichnungen an, die uns der König am Morgen verliehen hatte. Wir wurden von der zahlreich anwesenden Menge lebhaft begrüßt. In der Kirche kamen wir weit vorne zu stehen — auch die Königin steht — und konnten somit die ganze Feierlichkeit aus nächster Nähe betrachten. Die Bischöfe hatten mit Gold und Edelsteinen reich bestickte Ornate und prachtvolle Kronen auf dem Kopf.

Das diplomatische Korps war vollständig erschienen. Neben den österreichischen Gesandten kam der italienische zu stehen; beide schienen von einander keine Notiz zu nehmen. Beim Gebet für den König knieten alle nieder. Die Feier war erhebend; sie dauerte nicht lange, was bei der sommerlichen Hitze angenehm empfunden wurde.

Mittags war ich bei Minister a. D. Streit zu Gaste, dessen Vater seinerzeit aus Bayern mit König Otto nach Athen gekommen war. Er hatte seine ganze Jugend in Deutschland verbracht, auch Wien war ihm wohlbekannt. Die Unterhaltung war äußerst anregend.

Am Abend des gleichen Tages sollten wir zurückreisen, da aber der König etwas weniger wohl schien, beschlossen wir zu bleiben. Dies war auch gut, denn nach weiteren zwei Tagen kamen wir zur Überzeugung, daß doch eine Operation nötig sei. Ich führte sie am 5. Juni unter lokaler Novocain-Anästhesie aus, während der König eine Zigarette rauchte. Er spürte nichts von der Operation, nur merkte er in dem Augenblick, als die Rippe mit einer Schere durchtrennt wurde, einen leichten Knacks und fragte, ob ein Instrument gebrochen sei. Seine Aufmerksamkeit war dadurch voll in Anspruch genommen, so daß er von der Operation selbst ganz abgelenkt wurde.

Die folgenden 50 Stunden gestalteten sich äußerst aufregend. Ebenso wie nach dem ersten Eingriff erfolgte auch diesmal ein starker Temperaturanstieg mit schweren Allgemeinsymptomen. Wir fürchteten für das Leben des Patienten und im Falle eines ungünstigen Ausganges für den Verlust der frisch errungenen Sympathien, welche Deutschland und Österreich in Griechenland seit kurzem erworben hatten. Wir waren uns unserer Verantwortung voll bewußt. Des Königs Brüder waren angeblich ebenso wie Venizelos französisch gesinnt und die Königin allein hatte keinen Einfluß auf die Politik. Der Kronprinz galt, wie erwähnt, als besonders klug, so daß er von den Ententemächten später abgelehnt wurde. Wie ausgezeichnet er seit seiner Thronbesteigung im Jahre 1935 sein hohes Amt versieht, ist allgemein bekannt.

Endlich trat nach langen, bangen Stunden, volle zwei Tage nach der Operation, im Befinden des Königs eine entscheidende Wendung zum Besseren ein! Gott sei Dank!

Im modern eingerichteten Spital Evangelismos, einer Stiftung der verstorbenen Königin von Griechenland, besuchte ich die chirurgische Abteilung Professor Makkas, eines Schülers des Professors Garrè in Bonn.

Der reiche Grieche zieht sich gerne in seinem Alter nach Athen zurück und stiftet dort für schöngeistige und humanitäre Zwecke große Summen. So ist zum Beispiel die Akademie der Wissenschaften eine Stiftung von Baron Sina, dessen Name in Wien auch gut bekannt ist. Das Stadion, aus herrlichem panteleischem Marmor erbaut, ist auch die Widmung eines reichen Griechen. Aus demselben Marmor war vor mehr als 2000 Jahren die Akropolis errichtet worden. Das Stadion hat Platz für 75.000 Zuseher; hier wurden die großen panhellenischen Spiele gefeiert, aus denen später die Olympiaden hervorgingen. Ein anderer Mäzen namens Averoff hat seinem Vaterland ein großes Kriegsschiff zum Geschenk gemacht und nur die eine Bedingung daran geknüpft, daß das Schiff seinen Namen trage.

Ich besichtigte in Athen mehrere Spitäler und sah viel Interessantes. Sehenswert ist das Spital für Hautkrankheiten und Syphilis — ebenfalls eine Stiftung eines reichen Griechen — mit vorzüglichem Auditorium, mustergültigen Ambulanzräumen und Krankensälen.

Ich hatte auch Gelegenheit, einige Privatkliniken zu besuchen, am eingehendsten die von Professor Gerulanos. Die Räume sind klein, einfach und tadellos sauber. Überall fiel mir auf, wie sparsam man mit dem Wasser umging, da im Sommer die Quellen sonst nicht ausreichen. Beim Händewaschen vor Operationen wird von einem Gehilfen Wasser aus einem Krug in sehr dünnem Strahl über die Finger geträpfelt, die dabei auch einwandfrei rein werden.

Bemerkenswert ist die große Zahl von Steinerkrankungen der Niere. Ich sah konsiliariter wohl mehr als ein halbes Dutzend solcher Fälle.

Ferner fiel mir die große Verbreitung des Echinococcus auf, der alle menschlichen Organe befällt, vorwiegend die Leber, aber auch Lunge und Milz. Gerulanos hat schon über 400 derartige Operationen ausgeführt.

Echinococcus oder Blasenwurm kommt beim Menschen meist in der Leber zur Entwicklung, seltener in der Lunge, Milz oder Niere. Die Krankheit tritt besonders häufig dort auf, wo die Menschen — z. B. Hirten — in innigem Kontakt mit den Hunden zusammen leben. Während die Krankheit für den Hund keine nennenswerte Belästigung nach sich zieht, kann sie für den Menschen äußerst störend und sogar lebensgefährlich werden. Es ist daher durchaus unhygienisch, während des Essens mit der Hand dem Hund einen Bissen zu reichen oder dessen gutgemeinte Liebkosungen über sich ergehen zu lassen und damit eine Gelegenheit für eine Infektion zu schaffen.

Gerulanos vollführte in formvollendeter Weise eine schwere Choledocho-Duodenostomie [33]; die Gallenblase war schon in einem früheren Akt entfernt worden. Es war mir eine Freude, ihm dabei assistieren zu können.

In einem Militärspital sah ich vier österreichische Infanteristen. Zu Beginn des Feldzuges waren 42 gefangene Österreicher von Serbien über griechisches Gebiet nach einem anderen serbischen Orte überführt worden. Sobald König Konstantin davon erfuhr, bestand er auf deren Auslieferung und internierte sie auf der Insel Syra, wo sie es wesentlich besser hatten als ihre in Serbien zurückgebliebenen Kameraden, nur klagten sie über Wassermangel. Als ich einen von ihnen operierte — er hatte einen Schuß im Unterkiefer mit Splitterung — fing er trotz der gut wirkenden lokalen Betäubung an, nervös und unruhig zu werden. Ich flüsterte ihm ins Ohr: „Mach deinem Landsmann ka Schand; sei stad!" und erzielte damit die beste Wirkung.

Die Besserung im Befinden des Königs hielt erfreulicherweise an. Minister Gunaris wünschte, daß wir noch über die Wahlen blieben, wozu wir uns bereit erklärten.

Am letzten Tag meines Aufenthaltes übergab mir unser Gesandter, Herr v. Szillassy, ein großes und ein kleines Paket mit wichtigen Nachrichten für das Ministerium und ersuchte, das kleine um den Hals zu tragen.

Ich wohnte noch einer Prüfung an der deutschen Schule bei, die eine nicht genug zu lobende Kulturarbeit leistet. In ihr werden jährlich 120 Kinder unterrichtet, und zwar nicht nur etwa die Kinder der deutschen, sondern auch aus den besten griechischen Familien.

---

[33] Bildung einer Fistel zwischen Gallengang und Zwölffingerdarm.

Abends nahmen wir vom König und der Königin Abschied, die uns herzlichst dankten. In einem offenen Brief an die Leibärzte betonten wir, wie angenehm uns die Zusammenarbeit mit ihnen war. Dann wurden wir im Auto zum Phaleron geführt und bestiegen vom dichtgedrängten Landungssteg aus ein Motorboot, das uns zum Torpedobootzerstörer „Aetos" brachte, der von Korvettenkapitän Perikles Joannides befehligt wurde. Mit uns fuhren noch zwei griechische Konsuln, der eine nach Berlin, der andere nach Ekaderinodar, was eine Reise von 12 bis 16 Tagen bedeutete. Bemerkenswert war, daß dieser zehn lebende Sprachen, aber nicht die deutsche beherrschte!

Am folgenden Mittag kamen wir in Dedeagatsch an, wo von den Dardanellen her die Kanonade schwach hörbar war. Wir konnten nicht direkt über Tirana fahren, sondern mußten einen vielstündigen Umweg über Sofia machen. Dort wurde ich von einem Abgesandten des Königs begrüßt und aufgefordert, Seine Majestät zu besuchen. Auch mein vortrefflicher Schüler Primarius Dr. Kara Michailoff war zum Empfang erschienen.

König Ferdinand empfing mich sehr herzlich in eineinhalbstündiger Audienz. Ich gewann die Überzeugung, daß er mit Österreich, seiner eigentlichen Heimat, voll sympathisiere; er erzählte sehr viel Interessantes, darunter manches, was für unseren Außenminister Baron Burian bestimmt war. Mittags war ich bei der königlichen Familie zu Gast geladen. Nach der Tafel führte Königin Eleonore mit mir ein längeres Gespräch über das Rote Kreuz und das Rudolfinerhaus in Wien. Dann wurde ich vom König, der als Ornithologe und Botaniker allgemein anerkannt ist, im Auto in die Gärten und in die Menagerie geführt. Ich war erstaunt, wie gut König und Kronprinz nicht nur über den Namen jedes Baumes und jeder Pflanze, sondern auch über deren Physiologie und den Fundort Bescheid wußten.

Spät abends verließen wir Sofia und erreichten am folgenden Mittag Rustschuk. Dort vernahmen wir, wie ablehnend die „neutralen" Rumänen alles behandelten, was von Deutschland oder Österreich kam. Wir trafen mit einem Separatzug in Bukarest ein. Auch dort hörten wir viel von der geringen Liebe für die Deutschen und Österreicher, besonders aber für die Ungarn. Über Sinaia, Predeal und Kronstadt erreichten wir Budapest. Dort trennte ich mich von Kraus. In Wien angekommen, entledigte ich mich meines Auftrages, übergab Baron Burian die Geheimbriefe und besuchte auch den deutschen Botschafter Herrn v. Tschirschky, dem ich meinen Dank für die Verleihung des Eisernen Kreuzes II. Klasse aussprach. Dann ging es wieder mit Hochdruck an die Arbeit.

AN DEN FRONTEN IN SÜD UND NORD

Ein Wunsch des obersten Befehlshabers gegen Italien, des von mir hochverehrten Feldmarschalls Erzherzog Eugen, eine kurze Besichtigung der sanitären Einrichtungen an einem Abschnitt der Isonzofront vorzunehmen, führte mich am 18. Juli nach Dornberg, dem Sitz des Armeekommandanten FZM. Wenzel v. Wurm; in dessen Generalstabschef, Oberst Körner, lernte ich einen klugen und erfahrenen Offizier kennen, mit dem ich auch über allgemeine medizinische Fragen angenehm sprach. Er war durch den wenige Tage zuvor erfolgten Tod seines Bruders, eines Artillerie-Obersten, der im nahen Görz von einer Granate zerrissen worden war, sehr bedrückt. Oberst Körner schloß sich in späterer Zeit ganz der sozialdemokratischen Partei an.

Am nächsten Morgen wurde die Fahrt gegen Görz, wobei ein Offizier die strategische Lage erklärte, und hierauf zum Plateau von Doberdo fortgesetzt. Ich meldete mich bei Erzherzog Josef, der seine Soldaten durch sein vorbildliches Beispiel zur Tapferkeit entflammte. Er kam eben von einer Inspizierung der vordersten Linien zurück, zu Pferd, die Brust mit Orden bedeckt, der Gefahr nicht achtend. Er hatte sich schon im Vorjahr in Serbien durch ungewöhnlichen Mut und Kaltblütigkeit das Vertrauen seiner Untergebenen erworben.

Ich besuchte ein ganz nach dem Süden vorgeschobenes Feldspital, das in einem herrlichen Schloß untergebracht war und von meinem lieben Schüler, Stabsarzt Dr. Schindel, geleitet wurde.

Abends führte mich Leutnant Baron O., der mir als Lenker des Autos zugeteilt war und an allen von den Italienern eingesehenen Stellen besonders schnell vorbeifuhr, nach Görz.

Ich stieg vor dem überbelegten Spital der Barmherzigen Brüder ab und besuchte die beiden Chirurgen und Primarärzte Weinlechner und Defranceschi, die ich in voller Tätigkeit antraf. In den oberen Teil des Spitals hatten zahlreiche Schrapnellkugeln eingeschlagen, ohne wesentlichen Schaden anzurichten. Während meiner Anwesenheit waren ein schwerer Bauchschuß und drei schwere Schädelschüsse eingeliefert worden, die sofort operativ versorgt wurden. Ein Soldat hatte eine den ganzen Rücken aufpflügende Schußverletzung, in deren Tiefe deutlich das zertrümmerte Rückenmark bloßlag. Die Verletzung mußte durch ein großes Granatstück erfolgt sein, es war ein ganzes Stück von Haut und Muskeln herausgerissen. Zum Glück, ich kann bei der vollkommenen Aussichtslosigkeit nichts anderes sagen, verstarb dieser Unglückliche, dessen Qualen wir durch Morphin linderten, nach wenigen Stunden.

Der Offizier, der das Auto gelenkt hatte, war, nachdem er mich vor dem Spital abgesetzt hatte, zur Isonzobrücke hinabgegangen und dort von einer Schrapnellkugel getroffen worden. Die Rasanz der Kugel war glücklicherweise durch die Kleider und eine dicke Brieftasche so gemildert, daß die unheimlich aussehende Einschußöffnung in der Herzgegend sich erfreulicherweise als ein Brustwand-Steckschuß erwies. Da Leutnant O. über einen reichlichen Fettpolster verfügte, taufte ich diese Verletzung in „Speckschuß" um. Nach Jahr und Tag habe ich meinen „Chauffeur" in voller Gesundheit wiedergesehen. Durch den erlittenen Schuß war er ziemlich hergenommen; ein anderer Offizier übernahm die Führung des Autos und brachte mich, längs des Isonzos fahrend, beinahe in die feindlichen Linien hinein, erkannte aber zum Glück noch rechtzeitig den Irrtum. Wir kamen dabei zu einer Kranken-Halte- und Verband-Station, die in den letzten Tagen wiederholt schwer beschossen worden war. Hier wurde der Abschub zur Bahn mit Hilfe von kleinen Karretten, niedrigen, gutgefederten, zweirädrigen Karren, die von einem Pferd gezogen wurden, auf dem der Kutscher ritt, äußerst schonend besorgt. Im Wagen selbst waren zwei Tragbahren nebeneinander untergebracht. Zu diesen Karretten wurden die Kranken von Trägern der Divisions-Sanitäts-Anstalt gebracht; je vier Mann trugen einen Kranken auf der Tragbahre z. B. aus fast 1000 m Höhe am Krn in einem vier bis fünf Stunden dauernden Marsch herunter.

In einem vierstündigen Anstieg erreichte ich die Divisions-Sanitäts-Anstalt am Krn, wo die Verwundeten aus der nächsten Umgebung gesammelt wurden. Die zwei hier tätigen Kollegen besaßen ein ungewöhnliches Improvisationstalent, das sich bei der Einrichtung des Verbandplatzes zeigte: aus Eichenpfosten waren kleine Häuschen erbaut und die den Kugeln des Feindes ausgesetzten Wände durch mächtige Baumstämme verdoppelt worden. Nur schwere Bauch- und Schädelschüsse kamen in dieser provisorischen Station zur Behandlung, alle anderen Patienten wurden mit Notverband in der vorerwähnten Weise abgeschoben.

Dieser Hilfsplatz war meiner Ansicht nach zu sehr dem Feuer ausgesetzt. Die beiden Ärzte versahen opfermutig ihre Pflicht. Die Tapferkeit der Kämpfer und Ärzte, der Heroismus, mit dem viele Verwundete ihre Wunden trugen, all das machte mir einen tiefen Eindruck. Die Nörgler und Übergescheiten im Hinterland, die alles kritisierten und besser wissen wollten, sollten einmal selbst eine solche Fahrt zur Front machen!

Der Sanitätschef erzählte folgende Begebenheit, die der Vergessenheit entrückt zu werden verdient: Das Korps mußte im Herbst 1914 in Serbien auf dem Rückzug tausend Verwundete zurücklassen. Es wurde befohlen, ein österreichischer Arzt müsse zur Fortsetzung der Behandlung bei den Verwundeten auch nach deren Übernahme durch die Serben bleiben. RA. Doktor P. Ledvinka erbot sich freiwillig, mit dem dazu bestimmten RA. Dr. W. Milota zu tauschen, da dieser jung verheiratet und Familienvater sei, während er selbst als Unverheirateter die Gefangenschaft leichter ertragen und der Zukunft ruhiger entgegensehen könne. Der Sanitätschef überließ die Entscheidung beiden Freunden. Der zuerst dazu bestimmte, verheiratete Arzt setzte es durch, daß es bei der ursprünglichen Einteilung blieb; sein Kollege sei zwar nicht verheiratet, habe aber einen alten Vater zu Hause. Wenige Wochen später erlag RA. Dr. Milota einer Infektion an Flecktyphus. Ehre dem Andenken dieses Helden!

Vom Krn ging es hinunter an den Isonzo und dann über Tolmein nach Laibach, wo ich mich bei Erzherzog Eugen meldete.

Auf der Rückreise besuchte ich in Klagenfurt Primarius Dr. Arlt, einen Nachkommen unseres großen Wiener Ophthalmologen, der in seinem Spital gute Arbeit leistete. Bei der Weiterfahrt hielt ich mich im Spital des Deutschen Ritterordens in Friedau auf, wo ich reichlich zu tun fand und auch meinem Schüler Dr. V. Kroph bei mehreren Operationen assistierte.

Nach kurzem, nur drei Tage währenden Aufenthalt in Wien machte ich eine Fahrt an die Tiroler Front. Nach 13½stündiger Fahrt in Innsbruck angekommen, besuchte ich zuerst H. v. Haberer in seiner Klinik und sah bei ihm eine höchst interessante Operation eines Aneurysmas der Subclavia; ein Aneurysma der großen Halsschlagader (Carotis communis) hatte er zwei Wochen vorher durch die Naht erfolgreich behandelt.

Am nächsten Morgen fuhr ich mit Haberer im Auto weiter. Über das leere und vereinsamte Meran erreichten wir Eyers-Spondinig, wo uns Oberst von Abdorf sein Auto zur Verfügung stellte, mit dem wir über das zerstörte Gomagoi nach dem verlassenen Trafoi und noch weiter hinauf bis zum halben Weg zwischen Franzenshöhe und Ferdinandshöhe fuhren. Nun hieß es aussteigen, um vorsichtig die Paß-(Ferdinands-)Höhe zu erreichen. Das dort errichtete Paßhaus hatte vor wenigen Tagen einen Granatvolltreffer erhalten. Der Kommandant dieses Sektors, ein Hauptmann, übernahm die weitere Führung. Einzeln und etwas gebückt kamen wir zu dem Punkt, wo Österreich, die Schweiz und Italien zusammenstoßen. Die Beobachtungs- und Horchposten dieses Grabens durften die vorbeigehenden Offiziere nicht grüßen, sondern mußten ihre ganze Aufmerksamkeit ihrer Aufgabe zuwenden. Durch kleine Luken, die rückwärts mit einem schwarzen Vorhang gedeckt waren, sah man zur vierten Cantoniera hinunter, vor der sich mindestens ein Bataillon Italiener herumtummelte, mit freiem Auge wie ein sich lebhaft bewegender Ameisenhaufen anzusehen. Das Stilfser Joch war zu Kriegsbeginn von nur 29 Mann der Unsern besetzt und nach wenigen Tagen von den Italienern genommen worden, wodurch diese eine volle Einsicht bis hinunter zum Franzenshöhe-Hotel bekamen. Durch den schneidigen Angriff einer österreichischen Patrouille eine Woche vor meinem Besuch wurden die Italiener aus ihrer Stellung vertrieben und konnten trotz verschiedener Gegenstöße nicht wieder in den Besitz dieses sehr wichtigen Beobachtungspostens gelangen. Schützengräben und Stacheldraht erstreckten sich bis weit hinauf zum Gletscher, ja sogar über denselben hin in der Richtung zum Ortler. Wie anders war meine nasse, aber friedliche Ortlerbesteigung 25 Jahre zuvor!

Wir stiegen weiter bis fast zur höchsten Spitze — die Dreisprachenspitze ist auf Schweizer Boden — empor, auf der hundert Schweizer Soldaten untergebracht waren. Begrüßung und Vorstellung konnte nur über den Stacheldrahtzaun hinweg erfolgen, das Betreten des Schweizer Bodens war verboten. Ich besuchte die Unterstände unserer Offiziere und Mannschaften knapp neben dem Schweizer Gebiet. Beim Abstieg besichtigte ich einen schrapnellsicheren Hilfsplatz, der äußerst praktisch angelegt war. In einem Feldspital knapp unter der Franzenshöhe traf ich meinen ehemaligen Schüler Dr. Riegele aus Linz und erfuhr, wie er und sein Bruder, Notar in Linz und berühmter Alpinist, sich durch verwegene Rekognoszierungen und Rettungsexpeditionen in den höchsten Gletscherregionen unter Einsatz des eigenen Lebens auszeichneten.

Weiter ging die Fahrt nach Bozen und am folgenden Morgen über die Mendel nach Cles und Malé, wo ich einen sehr gut eingerichteten Sanitätszug der schmalspurigen Bahn sehen konnte. Ein Rotes-Kreuz-Spital war recht zweckmäßig in einem Hause untergebracht; zwei Schüler Haberers waren dort tätig.

Die nächste Station machten wir in Fucine, wo General (Oberstjägermeister) Graf Thun Kommandant war. Mit einem Innsbrucker Dozenten unternahm ich eine Fahrt zum Besuche der beiden Hilfsplätze unterhalb des Tonale-Passes, von denen der eine ausgezeichnet in den Steilhang eingebaut war und bombensichere Unterstände besaß. Nach Besichtigung aller Frischverletzten ging es zu Fuß zu einem anderen Hilfsplatz hinunter, der nur wenige Verwundete barg. Einen an akuter Appendicitis erkrankten Leutnant nahmen wir nach Dinaro mit, wo er sofort vom Assistenten Haberers operiert wurde. Zwei Landsturmmänner, die, schon sehr ermüdet, noch einen weiten Weg vor sich hatten, waren begeistert, als Haberer sie einlud, im Auto Platz zu nehmen.

Am späten Nachmittag trafen wir in Madonna di Campiglio ein. Der prachtvolle Ort war ganz verlassen. In steilen Serpentinen ging es nach Pinzola hinunter und abends weiter nach Tione. Dort zeigte mir der bestbekannte Dornbirner Arzt Dr. Bertolini einen angeblich schrapnellsicheren Hilfsplatz, der jedoch schon wenige Tage später so stark unter italienischem Feuer lag, daß er aufgelassen werden mußte. Ich sah dort in einem alten Fort eine Reihe von mächtige Kanonen vortäuschende Baumstämme, die auch wiederholt von den Italienern beschossen wurden. Durch einen langen, unterirdischen, feuchten Gang, nur von wenigen Laternen erleuchtet, gelangten wir zu einem 28-cm-Mörser, der ganz genau einzementiert war. Offiziere und Mannschaft waren in Unterständen untergebracht, die keinerlei Licht und nur wenig Luft boten; die Leute hatten wirklich viel auszuhalten.

Dann wurde die Fahrt nach Trient fortgesetzt, wo ich mich beim Divisionär meldete. Unser weiterer Weg führte uns auf einer Bergstraße durch mehrere Ortschaften in exponierter Lage. Haberer lenkte das Auto in flotter Fahrt über die eingesehenen Stellen. Wir besuchten den auf weit vorgeschobenem Posten stehenden General v. Verdroß; einer seiner Söhne war gefallen, ein zweiter verwundet, der dritte ist heute ein hervorragender Professor an der juridischen Fakultät in Wien.

Weiter ging es nach Folgaria bei Lavarone, wo Peter Walzel wieder unerhört viel Arbeit hatte. Man konnte vom Spital aus mit freiem Auge auf ein italienisches Fort sehen, von dem selten, dann aber ausgiebig, schwere Granatschüsse herüberkamen. Wenige Tage zuvor war fünfzig Schritte vor Walzel eine mächtige Granate geplatzt, deren Gase Ärzte und Schwestern durch zwölf Stunden recht belästigt hatten. Über die steile, in dichten Nebel gehüllte Straße, wurde der Sattel erreicht, von wo der Weg zu einem zweiten Malteserspital hinabführte, in dem mein Assistent Dr. Denk mit den freiwilligen Malteserschwestern oft auch in der Nacht am Operationstisch stand.

Auf der Rückfahrt in Bozen wurde ich telephonisch ersucht, meine Inspektionsreise zu beenden und möglichst bald nach Budapest zum schwerverwundeten Bruder des Ministerpräsidenten Grafen Tisza zwecks Konsultation zu kommen.

Am nächsten Tag besuchten wir noch das Feldspital in Vigo di Fassa und kehrten dann über Brixen und den Brenner nach Innsbruck zurück, wo ich knapp vor Abgang des Wiener Zuges eintraf.

Von Wien fuhr ich sofort nach Budapest weiter und besprach mit Dollinger die weitere Behandlung des Schwerverletzten, der dank der Bemühungen meines Freundes nahezu hergestellt werden konnte. Ich hatte Gelegenheit, mich lange mit dem Ministerpräsidenten, Grafen Istvan Tisza, diesem klugen, energischen und dabei so liebenswürdigen Mann zu unterhalten. Nach Kriegsende wurde er von ungarischen Kommunisten brutal hingemordet! Ungarn verlor mit ihm einen seiner besten Söhne.

August 1915 besuchte ich das mit zahlreichen verwundeten Offizieren belegte Spital in Neuhaus bei Weißenbach. Die

Patienten wurden mustergültig vom Besitzer Graf Simon Wimpffen verpflegt.

In meinem Tagebuch finde ich vermerkt: unter Assistenz meines Schülers Leischner nahm ich Mitte September bei einem zehnjährigen Mädchen in Brünn die Entfernung einer vereiterten Niere vor. Ich erlebte die Freude, die Patientin 16 Jahre später in voller Gesundheit wiederzusehen; sie ist jetzt verheiratet und Mutter eines gesunden Kindes.

In der zweiten Septemberhälfte unternahm ich eine Fahrt nach Villach. In St. Michael stieg der bestbekannte Grazer Hygieniker Professor Prausnitz zu mir ein, der als Oberstabsarzt vorzüglich Dienst machte und eine freiwillige hygienische Hilfskolonne ins Leben gerufen hatte. Ich lernte auch einen Oberleutnant kennen, einen der Helden des kleinen Palü, der bei dessen Eroberung entscheidend mitgekämpft hatte. Mit Oberstabsarzt Professor Mattauschek fuhr ich nach Pörtschach zur Besichtigung eines Roten-Kreuz-Spitales, das in einem Hotel sehr gut untergebracht war. Ein dort liegender Oberleutnant war der einzig Überlebende einer Gruppe von zwölf Kriegern, in deren Mitte eine Granate eingeschlagen hatte.

Am nächsten Morgen fuhren wir im Auto nach Kronau, womit ich einen Besuch meines Schülers Dr. Schindel und seiner Patienten verband. Über den neu angelegten Serpentinenweg, an dessen Fertigstellung 6000 Russen arbeiteten, erreichten wir die Höhe und verließen das Auto. Nach mehrstündiger Wanderung kamen wir zur Baumbachhütte. Die herrliche Fernsicht konnte ich nur kurz genießen, da eben ein am Schädel schwer verwundeter Russe eingeliefert wurde, bei dem sich eine sofortige Operation als notwendig erwies, die vom Regimentsarzt unter meiner Assistenz ausgeführt wurde. Zahlreiche Verwundete, auch Typhuskranke, waren in mehreren kleinen Wohnhäusern untergebracht, die sich um die Baumbachhütte gruppierten. Leider war die Wasserleitung noch nicht fertig, so daß alles Wasser aus dem reißenden Isonzo geholt werden mußte.

Der nächste Besuch galt der Divisions-Sanitäts-Anstalt in Soča, die mehrere Tage zuvor mit 50 Schwerverwundeten belegt worden war. Kurz darauf hatte eine schwere Beschießung eingesetzt, doch konnten erfreulicherweise alle Patienten unverletzt abtransportiert werden. Unter ihnen war auch ein Soldat, dem eine Granate beide Füße in der Höhe der Knie glatt abgerissen hatte.

Nach kurzer Ruhe ging es um 2 Uhr früh in landesüblichen kleinen Wagen erst längs des Isonzo vorwärts, dann weiter in der Richtung der Flitscher Klause. Die Mondnacht war hell, so daß die Italiener die regelmäßige Beschießung fortsetzten. Mehrere italienische Granaten flogen während der kurzen Zeit unserer Fahrt über uns hinweg. Nach einiger Zeit gelangten wir in Deckung unseres Forts und an die Klause. Bald war auch Oberbreth erreicht, von wo ein Stollen mehrere hundert Meter unterhalb des Raibl-Sees auf die Nordseite des Berges führt. Auf dem dort eingerichteten Verbandplatz wurde eben ein Soldat mit einer frischen Bauchschußverletzung eingeliefert und von dem bekannten Hohenemser Chirurgen Dr. Neudörfer operiert, dem Sohn des bei der Erzählung meiner Lehrjahre bei Billroth erwähnten, seither verstorbenen Generalstabsarztes.

Die Fahrt durch den Stollen ging erst auf kleinen Hunden vor sich, dann durch einen stockfinsteren Förderschacht mit einer Schale senkrecht nach oben. Beim Austritt aus dem Schacht sah man in herrlichem Sonnenschein tief unten Raibl liegen. Da diese Stelle von den Italienern eingesehen war und oft unter feindlichem Feuer lag, hieß es rasch über die Treppe zu eilen, an dem Denkmal vorbei, das die schreckliche Katastrophe des Jahres 1910 in Erinnerung bringt. Damals tat sich die Erde wie bei einem Erdbeben auf und das dort stehende Werkspital samt zwei Ärzten, deren Angehörigen, mehreren Pflegerinnen und Patienten wurde vom Erdboden verschlungen. Nur ein Junge, der rittlings in einem offenen Parterrefenster saß, konnte sich retten und hat dieses Unglück als einziger Augenzeuge berichtet, dessen Ursache niemals mit Sicherheit ermittelt werden konnte; wahrscheinlich ist sie auf Arbeiten im Bergwerk zurückzuführen.

Von Raibl ging es weiter nach Tarvis, das mehrere Tage zuvor durch eine Beschießung stark gelitten hatte. Ich besichtigte das knapp an der Landwehrkaserne liegende Marodenhaus mit dem ganz modern eingerichteten Operationssaal. Um das Marodenhaus herum waren etwa 70 italienische Granattrichter zu sehen, die von Geschossen stammten, die aus 12½ km Entfernung abgefeuert worden waren. Man kann sich den Schrecken der Patienten und des Pflegepersonals denken, als die Beschießung begann. Glücklicherweise war keiner der Patienten oder der zugeteilten Offiziere, Ärzte und Mannschaften verletzt; nur die Leichenhalle war von einem Volltreffer erreicht und beschädigt worden. Über ausdrückliche Bitte des dortigen Militärarztes besichtigte ich das geräumte Gebäude, hielt mich aber nicht lange darin auf, um bald auf den Bahnhof von Tarvis zu kommen, wo ein Roter-Kreuz-Zug eingetroffen war; dann ging es weiter nach Thörl, wohin das ganze ärztliche Personal aus Tarvis übersiedelt war. In Villach angekommen wurde mir telephonisch mitgeteilt, daß ganz kurze Zeit, nachdem wir das Marodenhaus in Tarvis verlassen hatten, dessen Beschießung durch die Italiener wieder aufgenommen und das Spital in Brand gesteckt worden war. Ein Artillerieoffizier sprach die Meinung aus, die italienischen Beobachter hätten mit einem guten Fernrohr meine goldbetreßte Uniform wahrgenommen und daraufhin die Beschießung veranlaßt. Jedenfalls hatten wir Glück gehabt.

Das nächste Ziel war Hermagor, wo ich zuerst das an die erfolgreichen Kämpfe gegen die Franzosen im Jahre 1813 erinnernde Denkmal besichtigte, auf dem, wie schon einmal erwähnt, mein Großvater Peter Pirquet verewigt ist. Als Einlage für die Spitalsbetten fand ich in Hermagor in praktischer Weise Tannenreisig an Stelle der Strohsäcke, das sehr angenehm desodorisierend wirkt und keinem Ungeziefer Unterkunft bietet.

In Mauthen, am Nordabhang des Plöckenpasses, besah ich

eine Reihe von Verwundeten, die in sechs verschiedenen Häusern untergebracht waren. Die Weiterfahrt verband ich mit einem Besuch bei meinem Schüler Dr. J. v. Winiwarter, Primarius in Hollabrunn, der in einem ungarischen Spital in Ober-Drauburg tätig war, in dem unter anderen Aristokratinnen die junge Gräfin Esterhazy, die kurze Zeit vorher ihren Mann durch einen Kopfschuß verloren hatte, Typhuskranke pflegte.

Am nächsten Tag fuhr ich nach Marburg, um Erzherzog Eugen über meine Reise kurzen Bericht zu erstatten und von dort nach Friedau, wo ich mit meinem Schüler V. Kroph zwei Rückenmarksschußverletzte operierte, deren Heilung mir später zu meiner großen Freude berichtet wurde. Ich besuchte auch die recht zweckmäßig als Spital eingerichtete Schule und die eben fertig gestellte Barackenstadt Sterntal bei Pettau, die gegen 10.000 kranke Soldaten aufnehmen sollte. Über Laibach und Klagenfurt kam ich nach Friesach und führte im Spital des Deutschen Ritterordens mehrere Operationen aus.

Mitte November besuchte ich das unter der Leitung von Dr. Hirn stehende Innsbrucker Reservespital, das in dem Jesuiten-Konvikt Canisianum eingerichtet war. Dann fuhr ich nach Schloß Mentelberg, einem Besitz des Herzogs von Vendôme. In ein Lazarett für Soldaten umgewandelt, eignete es sich für Liegekuren im Freien auf das beste. Im Innsbrucker Pädagogium leitete mein ehemaliger Schüler aus Königsberg, der Professor für Frauenheilkunde in Innsbruck, Prof. P. Mathes, die Behandlung der dort untergebrachten Verletzten. Dann machte ich einen Besuch in der Chirurgischen Klinik v. Haberers; ich sah wieder eine ganze Reihe von mit bestem Erfolg behandelten schweren Gefäßverletzungen.

Abends traf ich, von Haberer begleitet, in Innichen ein, wo ich die Kranken- und Verwundetenstation besuchte. Es waren dort mehrere vortreffliche Ärzte tätig, unter ihnen Dr. v. Kahn und Dr. Innerhofer als Internisten, sowie der Innichener Arzt Dr. Brunner, ein erfahrener und geschickter Chirurg. Dr. v.

Kahn, der angesehene Internist von Martinsbrunn bei Meran, teilte uns manches Interessante über die Ernährung der Truppen mit. So beobachtete er bei älteren Soldaten nach regelmäßigem Genuß von Tee und schwarzem Kaffee im Zusammenhang mit der durch die Höhenlage schon bedingten Blutdrucksteigerung eine noch weitere Zunahme derselben und damit heftige Krämpfe beim Harnlassen. „Herr Doktor, i kann's nit derschiffen", drückte sich ein Tiroler drastisch aus.

Am nächsten Tag ging es talein zur Lanzinger Säge. Der Talschluß mit den kühnen Zacken der Dreischusterspitze erinnerte mich an meine Besteigung dieses herrlichen Berges im Sommer 1888; damals hatte uns knapp unterhalb der Spitze ein Schneesturm zur Umkehr gezwungen. Ein deutsches Kriegslazarett war in zahlreichen kleinen Werkhäuschen untergebracht, der daselbst tätige Arzt war ein origineller Oberinntaler und stand mit seinen Patienten auf besonders gutem Fuß.

Das eine schwache Gehstunde taleinwärts gelegene Sexten hatte durch die Beschießung der Italiener vielfach schwere Schäden erlitten. Die schöne Kirche war durch einen Volltreffer, der gerade über dem Chor eingedrungen war und die Orgel zertrümmert hatte, schwer beschädigt. Es gab kein Haus in Sexten, das nicht größere oder kleinere Spuren der Zerstörung aufwies.

Im Auto ging es zurück nach Innichen und von dort nach Alt-Toblach; wir kamen zur Krankenhilfsstelle und Entlausungsstation, die an der Straße sehr geschickt in den Wald hineingebaut und der Fliegersicht entzogen war. Diese Sanitätsanstalt war erst vor kurzem errichtet worden und stand gegenwärtig unter der umsichtigen Leitung des Berner Chirurgen Dr. Niehans, der als provisorischer Regimentsarzt durch 15 Monate an der Südfront ausgezeichnet Dienst machte und mit den Tirolern bald Freundschaft geschlossen hatte. Er führte uns nach genauer Besichtigung der ganzen Sanitätsanstalt über die Grenze des erlaubten Rayons hinaus gegen Landro, wo wir den überaus stimmungsvoll gelegenen Friedhof besuchten. Manch braver Tiroler und Innerösterreicher, aber auch mancher

Italiener hat hier seine letzte Ruhestätte gefunden. Jedesmal, wenn Eltern den Wunsch aussprachen, daß ihr für das Vaterland gefallener Sohn in die Heimat überführt werde, sandte ihnen der Doktor das Lichtbild des Friedhofs. In der Mehrzahl der Fälle nahmen dann die Angehörigen von der Exhumierung Abstand und beließen den lieben Toten in der fremden Erde mit dieser herrlichen Umrahmung.

Nach Toblach zurückgekehrt, besuchte ich kurz das in ein Rotes-Kreuz-Spital umgewandelte große Südbahnhotel. Die Hauptfront dieses schönen Gebäudes liegt nach Norden, die Nebenräume gehen nach Süden. Beim Bau des Hotels, der Dezennien zurückliegt, wurde die günstige Wirkung der Sonnenstrahlen noch durchaus nicht geschätzt, vielmehr das Abbrennen der Haut gefürchtet.

In Bruneck, unserer nächsten Station, besichtigte ich ebenfalls das Spital, an dem Dr. Karl Rupp, der bis zu Kriegsbeginn Chirurg am Deutschen Spital in London gewesen war, als Oberarzt Dienst machte. Ihm war als Assistent der Augenarzt Dr. Adalbert Fuchs [34], Sohn des großen Wiener Professors, beigegeben.

Am nächsten Morgen fuhren wir trotz der Warnung des Stabsarztes, daß die Straße vollkommen vereist sei, hinein ins Gadertal. Das tags zuvor angekommene neuerbaute Transportauto des Deutschen Ritterordens sollte mit Dr. Fuchs nachkommen und gleich auf seine Verwendbarkeit geprüft werden. Haberer hatte vorsichtigerweise Eisketten im Auto mitgenommen, die uns vortrefflich zustatten kamen.

Nach zweistündiger Fahrt hatten wir Stern erreicht, wo ich u. a. den äußerst tüchtigen Arzt Dr. Förster antraf, der zweimal wöchentlich in die höchsten Schützengräben hinaufstieg. Jetzt ist er seit vielen Jahren ein allgemein gesuchter Internist in Klagenfurt.

Auf der steilen Straße ging es weiter nach Corvara. Zwei

---

[34] Seit Jahren Professor und Vorstand der Augenabteilung der Wiener Poliklinik.

Doktoren legten sich als fingierte Kranke ins Sanitätsauto hinein, ich saß neben dem Chauffeur. Das Auto nahm tadellos alle Steigungen und erwies sich als gut gefedert. In Corvara besahen wir eine von den Deutschen erbaute sehr zweckmäßige Krankenabschubstation.

Der inmitten eines herrlichen Gebirgskessels gelegene Ort bot als Sehenswürdigkeit eine große Bronzestatue des Mädchens von Spinges, der Heldin von 1809. Die Statue, ein interessantes Kunstwerk, wurde später von ihrem ursprünglichen Standort weggebracht, um sie vor einem Umgießen zu Kugeln durch die Italiener zu bewahren. So mancher österreichische und reichsdeutsche Soldat, der in Corvara stand, ließ sich mit der ehernen Jungfrau photographieren, die mit der Heugabel in der Hand dargestellt ist.

Nach kurzem Besuch der Offiziersmesse in Corvara ging es auf der von russischen Gefangenen erbauten Straße hinauf bis auf eine Höhe von 1770 Meter. Dann stiegen wir zu Fuß zur letzten 30,5-cm-Mörser-Stellung an, die 100 Meter höher lag und unter dem Kommando eines jungen Wiener Leutnants stand. Von da ab waren es noch drei Kilometer Luftlinie bis zum berühmten Col di Lana. In diesen Tagen war die Beschießung nicht stark. Jeder schwere Schuß war von einem vielfachen Echo begleitet. Trotz schönen Sonnenscheins herrschte bittere Kälte. Ständig begegneten wir Proviantträgern und österreichischen und deutschen Soldaten.

In Corvara hatte mittlerweile der Stabsarzt zwei Schwerkranke in das neue Auto verladen und nun ging es wieder hinunter, an zahlreichen Kolonnen vorbei. Am Ziel angelangt, fragte ich die Kranken, wie sie sich während der Fahrt gefühlt hätten. „Wie in einem Himmelbett, Herr Doktor", sagte ein Tiroler. Er hatte außer einem schweren Rheumatismus einen Schuß im Bein, so daß dieser Verletzte die Güte des Autos würdigen konnte!

Mit Haberer trat ich dann die Rückfahrt über Bozen und den Brenner nach Innsbruck an. Ohne die Schneeketten wären wir auch auf der Brennerstraße wohl kaum klaglos durchgekommen. In der Innsbrucker Klinik machte ich Visite bei den Schwerverletzten.

Auf der Heimfahrt besuchte ich in Wels das Depot des Roten Kreuzes, das von Dr. John sen. geleitet wurde, dem Fräulein Rosa Rabl unermüdlich zur Seite stand.

Nach fast dreiwöchiger angestrengter Arbeit an der Klinik machte ich meine nächste Fahrt zum Besuch des Spitals des Deutschen Ritterordens Nr. III, Kommandant Stabsarzt Göbel, nach Cholm. Das Spital war in einer großen Scheune gut untergebracht. Tags zuvor waren die meisten Patienten über Befehl abtransportiert worden, um freie Betten zu schaffen. Ich ging daher in das Reservespital Nr. 11, das von Kukula-Schülern aus Prag besorgt wurde. Der Vorgänger des derzeitigen Chefarztes war ein besonders tüchtiger Chirurg gewesen, der vorzüglich operierte und sich der Heranbildung der Pflegerinnen vorbildlich annahm. Er erkrankte an Typhus und starb.

Die Einnahme von Cholm durch die Österreicher war den Russen seinerzeit ganz unerwartet gekommen. General Iwanow hatte die Stadt um 5 Uhr früh in seinem Auto verlassen; schon um 6 Uhr waren die Österreicher Herren der Stadt.

Die Weiterfahrt gegen Kowel ging nicht ohne Hindernisse vor sich. Bereits nach dreiviertelstündiger Bahnfahrt stoppte der Zug und blieb viereinhalb Stunden stehen. Wenige Kilometer vor Kowel war abermaliger Aufenthalt. Ich zog es vor, zu Fuß längs des Geleises zur Bahnstation Kowel zu gehen, die von den Russen vor ihrem Abzug gründlich zerstört worden war. Auf dem Bahnhof wurde ich von einigen Ärzten des Spitals des Deutschen Ritterordens und der mobilen Chirurgengruppe Nr. 3 begrüßt. Das Spital des Deutschen Ritterordens war in einer vor zehn Jahren erbauten, modernen russischen Kaserne untergebracht, in der sich u. a. auch heizbare Klosetts befanden [35].

---

[35] Im ersten Kriegsjahr war eine dringende Eingabe des leider so früh verstorbenen Prof. Wiesel, der im Wiener Garnisonspital Nr. 1 eine große Dysenterie-Krankenabteilung geführt hatte, um Einrichtung von Heizvorrichtungen in den Klosetts als überflüssig abgelehnt worden!

Eine griechisch-katholische Kirche war mit Leichtverwundeten voll belegt. Vor den Altar war ein Vorhang gespannt, der am Sonntag während des Gottesdienstes zurückgezogen wurde. Alle Patienten, gleichgültig welcher Konfession sie angehörten, wohnten, wie ich hörte, der heiligen Handlung mit Andacht bei.

Am folgenden Morgen fuhr ich mit dem Kommandanten meiner Gruppe nach Luck.

Knapp hinter der vorderen Linie besuchte ich ein neues Feldspital, das halb unter der Erde eingebaut war. Ein noch weiter nach der Front vorgeschobenes Feldspital war zum Schutz gegen Kälte und Fliegersicht um mehr als die Hälfte unterirdisch eingebaut. Hier wurden Schädel- und Bauchschüsse oft schon eine Stunde nach der Verletzung operiert. — In einer Krankenabschubstelle traf ich meinen späteren Schüler, Doktor Fritz Kauders, in voller Tätigkeit.

Am nächsten Morgen besah ich die sanitären Einrichtungen in einem alten russischen Spital jenseits des Styr. Mein Schüler Dr. R. Rauchenbichler, der bestbekannte Primararzt bei den Barmherzigen Brüdern in Salzburg, und Regimentsarzt Doktor Marconi waren dort tätig. Bei eisiger Kälte fuhr ich zurück nach Luck, wo ich noch am selben Abend und am folgenden Tag die Patienten meiner Chirurgengruppe eingehend besichtigte.

Bei der Weiterfahrt blieb der Zug fünf Kilometer vor Sokal stehen, da vor uns eine Maschine entgleist war. Nun hieß es warten. Bald meldete sich ein Regimentsarzt mit einem Handpferd und fragte, ob ich nach Sokal reiten wolle, da mein Zug voraussichtlich noch viele Stunden stehen werde. Gerne bestieg ich das Pferd und wir ritten in flottem Tempo los. Die im Zug zurückgebliebenen Offiziere und Soldaten mögen mich wohl mit kritischen Augen betrachtet haben. Ich war wohl der Erste, der in der Uniform eines Admiralstabsarztes in Galizien über die Felder ritt, und meine, die Prüfung gut bestanden zu haben.

Sokal war der Schauplatz erbittertster Kämpfe gewesen. Die Russen hatten vor ihrem Abzug die sehr zweckmäßig eingerichtete Krankenabschubstation ganz zerstört. In Sokal war jedes jüdische Haus, dessen Besitzer sich nicht losgekauft hatte, niedergebrannt worden. Die Stadt war ein einziger großer Friedhof. In den Gärten neben der Straße waren überall Kreuze mit deutschen, polnischen oder russischen Inschriften. Eine von ihnen lautete: „Hier liegen zwei Österreicher und drei Russen im Tode vereint." Das Spital des Deutschen Ritterordens unter der umsichtigen Leitung des Stabsarztes Dr. Nikolaus Nürnberger war gut untergebracht. Ich war von der dort geleisteten Arbeit sehr befriedigt.

Am selben Nachmittag und am nächsten Morgen hielt ich große Visite in den Spitälern und kehrte nachts nach Wien zurück.

EINE ZWEITE REISE NACH ATHEN

Nach einigen arbeitsreichen Tagen sollte ich meine Klinik ganz unvorhergesehener Weise wieder für längere Zeit verlassen.

Am Nachmittag des 23. Dezember — ich hatte eben eine länger dauernde Operation glücklich beendet — kam der griechische Gesandtschaftsrat Canellopoulos zu mir und ersuchte mich im Namen der griechischen Regierung, noch einmal nach Athen zu kommen, da im Befinden des Königs eine leichte Verschlechterung eingetreten sei; weder der König noch die Königin hätten jedoch Kenntnis von der geplanten Fahrt und es müßte daher über die ganze Reise strengstes Stillschweigen beobachtet werden. Ich erklärte mich sofort zur Abreise bereit und verließ Wien am Abend des Christtages, zusammen mit Canellopoulos, der in Athen seine kranke Schwester besuchen wollte.

In Budapest traf ich programmgemäß mit Kraus aus Berlin zusammen, der von der deutsch-französischen Front kam und während der langen Bahnfahrt viel von seinen Kriegserlebnissen zu erzählen wußte. Ein schrecklicher Anblick bot sich ihm einmal, als er die ganze Bemannung eines Schützengrabens von Chlorgasen erstickt sah. Ich habe später in Heidenschaft ähnliches erlebt.

Von Budapest ging die Fahrt über Peterwardein und Karlowitz nach Semlin, wo uns mitgeteilt wurde, daß wir am Nachmittag unsere Reise mittels Dampfer über Belgrad nach Semendria und von dort wahrscheinlich im Militärzug bis nach Nisch fortsetzen könnten. Semendria war stark zerschossen, die Straßen in ein Kotmeer verwandelt, wie ich es selbst in einer russischen Stadt nicht erlebt habe. Der deutsche Bahnhofskommandant erklärte sich sofort bereit, uns mit dem nächsten Militärzug nach Nisch zu befördern.

Die Überschreitung der 1500 Meter breiten Donau bei Semendria bei Hochwasser und Südsturm unter schwerstem Gewehr- und Geschützfeuer muß zu den hervorragendsten Taten der Verbündeten in diesem Feldzug gezählt werden.

Wir waren in einem Coupé 2. Klasse mit mehreren deutschen Offizieren beisammen. In Alexinac war langer Aufenthalt; gleich nachher blieben wir neuerlich stehen. Daraufhin ersuchten wir um schnellere Beförderung. Es wurde uns eine Automobildraisine vor den Zug gestellt, eine kleine Gepäcksdraisine angehängt und nun ging es in flotter Fahrt weiter. Kurz vor Nisch wurde die in den Kämpfen zerstörte und nun wieder notdürftig instand gesetzte Brücke passiert. Zahlreiche zerschossene Häuser säumten die Straße.

In Nisch erfuhren wir, daß Feldmarschall von Mackensen abends mit einem Extrazug nach Sofia fahre. Auf unsere telephonische Anfrage erhielten wir sofort eine Einladung zum Abendessen im Hauptquartier und zur Mitfahrt. Wir besichtigten kurz die Stadt und kamen abends im Reiseanzug ins Hauptquartier. Das gemeinschaftliche Essen fand im früheren serbischen Offizierskasino statt, in dem noch allerlei serbische Photographien und Bilder hingen. Am Ende des großen Saales war ein Baldachin errichtet, unter dem noch anfangs November, also vor knapp zwei Monaten, König Peter der letzten Skupschtinasitzung präsidiert hatte.

Die Offiziere des Hauptquartiers kamen nun alle rasch hintereinander, auch der österreichische Generalstabsoberst von Lustig. Mit großer Freude wurde ich von einem Adjutanten Mackensens, dem Major M. Freiherrn v. N., erkannt, dem ich zwanzig Jahre zuvor einen schlecht geheilten Vorderarm neu gebrochen und eingerichtet hatte; er begrüßte mich als seinen Retter. Auch General v. Seeckt, der berühmte Generalstabschef v. Mackensens, war anwesend. Endlich kam der Feldmarschall selbst, dieser tapfere, prächtige Mann. Sein wohlgeformter Kopf mit dem rosigen Gesicht verlieh ihm ein jugendliches Aussehen. Ich saß zu seiner Rechten, Kraus zur Linken. Bald kam es zu einer lebhaften Konversation. v. Mackensen erzählte mir sehr interessant über seine Audienz bei Kaiser Franz Joseph. Er hatte über eine Stunde bei ihm verbracht und fand den ehrwürdigen hohen Herrn ausgezeichnet über alles informiert und sehr rüstig.

Um 10 Uhr wurden wir zur Bahn geführt und in unser Schlafabteil geleitet. Bevor wir uns zur Ruhe begaben, kam Mackensen und sagte, er müsse sich doch überzeugen, ob seine Professoren gut untergebracht seien. Wir fuhren über Pirot nach Sofia.

Am nächsten Morgen kam Mackensen noch einmal in unseren Waggon, um sich von uns zu verabschieden. Im festlich geschmückten Bahnhof von Sofia war die Ehrenkompagnie des Prinz-Alexander-Regimentes aufgestellt. Mackensen, in der Uniform eines Feldmarschalls, in feldmäßiger Ausrüstung, sprang elastisch vom Zug, den Marschallstab in der Rechten, und schritt die stramm salutierende Ehrenkompagnie unter den Klängen von „Heil dir im Siegerkranz" ab. Dabei rief er mit lauter Stimme: „Guten Morgen, Soldaten!", was diese mit einem: „Guten Morgen, Herr Generalfeldmarschall!" in deutscher Sprache erwiderten. Von Kronprinz Boris begleitet, begab er sich in die Stadt; nun durften auch wir den Zug verlassen. Um 3 Uhr nachmittag sollte ein Schnellzug in der Richtung Philippopel—Adrianopel weitergehen; bis dorthin nahm sich der griechische Gesandte in Sofia, Exzellenz Naum, freundlichst unser an.

Mein erster Besuch hätte der Chirurgengruppe meiner Klinik gelten sollen, die im großen Spital des Roten Kreuzes tätig war. Ich wurde aber fälschlicherweise zuerst ins Ivan-Vasoff-Spital geführt, wo ausschließlich Haut- und Geschlechtskranke untergebracht waren. Dort erfuhr ich, daß die Geschlechtskrankheiten in Bulgarien mit Kriegsbeginn als Selbstverstümmelung erklärt worden seien und auch scharf bestraft wurden, wenn nachgewiesen werden konnte, daß die Krankheit während des Krieges erworben worden war. Eine beachtenswerte Verfügung!

Bei meinem Besuch in der Österreichisch-Ungarischen Gesandtschaft traf ich Baron Mittag, der mich zu meiner Chirurgengruppe in der Gladstoneschule brachte, die sehr zweckmäßig in ein großes Spital umgewandelt worden war. Eine genaue Visite mußte auf die Rückreise verschoben werden, denn unser Zug fuhr pünktlich ab. Die Fensterscheiben der Waggons waren zum Teil durch Bretter ersetzt, die noch vorhandenen Glasscheiben von außen mit dicker Ölfarbe bestrichen, so daß man vom Coupé aus leider nichts von der Gegend sehen konnte. Die bulgarischen Vorschriften wurden streng gehandhabt. Es wurde bald finster, Beleuchtung gab es nicht, und so machten wir es uns auf unseren Plätzen bequem.

Am nächsten Tag hatten wir wiederholt längere Aufenthalte, so in Adrianopel und in Kilkeli-Burgas, wo sich der Zug teilte. Unser nach dem Süden gehender Teil sollte erst nach fünfstündigem Aufenthalt starten. Nach dem Essen wollte ich etwas spazieren gehen, doch war es strengstens verboten, die kleine Bahnstation zu verlassen. Ich ging zum diensthabenden Offizier und erklärte ihm auf französisch, daß ich Österreicher, also Verbündeter sei und er mir einen kleinen Spaziergang gestatten möge, worauf er mir einen zur Dienstleistung eingezogenen Ingenieur aus Sofia mitgab, der uns nach der interessanten Ruine Kilkeli-Burgas führte: ein Turm aus der Römerzeit gemahnt an jene Zeit, da vor bald 2000 Jahren die alte große Römerstraße hier vorbei nach Byzanz geführt hatte.

Die Weiterfahrt über Dimotica Feretschik in einem ungeheizten und unbeleuchteten Coupé bot wenig Annehmlichkeiten. Am 30. Dezember kamen wir nach Xanthe, einer herrlich gelegenen Stadt. Im Norden von hohen Bergen umgeben, die einen mächtigen Schutzwall gegen den Nordwind abgeben, dehnt sich im Süden der Stadt eine fruchtbare Ebene aus, die sich bis zur Lagosbai erstreckt, wo es besuchte Seebäder gibt.

Feigen- und Olivenbäume waren hier zu sehen; außerdem wächst in Xanthe der beste Tabak.

Auf dem Bahnhof wurde ich von einem bulgarischen Major begrüßt, den ich vor einigen Jahren operiert hatte, und von dem griechischen Konsul, der die besten Beziehungen zu den bulgarischen Behörden unterhielt. Bei herrlichem Wetter ging es weiter zur Grenzstation Ogzillar, wo wir von den Griechen feierlich empfangen wurden. Unter einer alten Platane war im Freien ein Tisch gedeckt. Das gute und reichliche Essen mundete uns nach dem vorausgegangenen Hungertag vortrefflich. Wir gingen bis zu einer kleinen Anhöhe, auf der ein Grenzdetachement der Griechen stationiert war; zehn Mann und vier große bissige Schäferhunde bewachten das kleine Blockhaus. Jeder, der nicht in Uniform hinkam, lief Gefahr, sofort von den Hunden gebissen zu werden. Während unserer Anwesenheit wurde jeder der Hunde von einem griechischen Soldaten gehalten. Es bot sich eine herrliche Rundsicht bis zum Meer, auf dem wir vier Rauchsäulen sahen. Zu Füßen des Hügels zog der mächtige Strom Nestus dahin, der Thrazien und Mazedonien scheidet und an dessen Mündung die Stadt Abdera liegt.

Die geradezu großartig angelegte Bahn führte uns über Drama und Toxat weiter, an den Ruinen von Philippi vorbei, durch ein starkes Lager griechischen Militärs hinauf auf die Anhöhe oberhalb Kawalas und dann in scharfen Serpentinen hinunter in die Stadt. Hier traf ich den Arzt Dr. Loghis, der mir von Wien her gut bekannt war. Er überreichte mir im Auftrage eines angesehenen Tabakgroßhändlers, dem ich vierzehn Jahre zuvor in Wien eine halbseitige Kehlkopfexstirpation mit bestem Erfolg gemacht hatte, zwei Schachteln vorzüglicher Zigaretten, die er mir zu Ehren „Eiselsberg" genannt hatte. Sie haben meinen Gästen köstlich geschmeckt.

Nach kurzem Aufenthalt fuhren wir im Auto zum Kai, von wo uns ein Motorboot an Bord des „Jerax" brachte. Mit uns fuhr der griechische General Soutzo. Die Ausfahrt aus dem Hafen von Kawala war herrlich, ringsum alles beleuchtet. In schneller Fahrt gewannen wir die hohe See; trotz des stürmischen Wetters blieb ich seefest.

Am nächsten Tag, es war der 1. Jänner 1916, war ein prachtvoller Sonnenaufgang. Bald war der Hafen von Athen erreicht. Wir waren wieder im Hotel Grande Bretagne bequartiert und wurden von dort gleich ins Palais abgeholt, um unverzüglich den König zu untersuchen. Es waren alle Ärzte anwesend, die wir bei unserem ersten Besuch kennengelernt hatten. König und Königin begrüßten uns sehr herzlich. Der König sah vorzüglich aus, fühlte sich wohl, doch bestand noch eine Fistel entsprechend der alten Operationswunde, die indes dem König kaum Beschwerden verursachte!

Man hätte zwecks Beschleunigung der Heilung an eine Nachoperation denken können, die aber keinesfalls eilig schien. Wir baten den König, ihn vor einer endgültigen Entscheidung noch am nächsten Tag ansehen zu dürfen, und kamen dann zum Entschlusse, gegenwärtig nicht zu einer Operation zu raten. Diese Meinung deckte sich mit dem Wunsche der Minister, die es mit Rücksicht auf die politische Lage für besser hielten, die Operation, wenn sie nicht dringend sei, zu verschieben. Nun galt es, ein vorsichtig abgefaßtes Bulletin zunächst in deutscher Sprache zu verfassen, in dem jedes Wort auf die Waagschale gelegt wurde.

Am Morgen des nächsten Tages machten Kraus und ich einen abermaligen Besuch beim König. Für ein Uhr waren wir ins Palais zu Tisch geladen. Wir saßen rechts und links von der Königin, ihr gegenüber der König. Außer dem Herrscherpaar waren noch vier Kinder anwesend. Das Essen war einfach, mit einem Gläschen Likör zu Beginn und griechischem Wein zum Schluß. Das Hauptgericht bestand aus Bries, zu dem Kraut, belegt mit geröstetem und rohem Speck, gereicht wurde.

Ich überreichte dem König zwei österreichische Kriegsbecher, die ihn anscheinend erfreuten. Der Königin übergab ich einen Rucksack für die erste Hilfe, wie ich ihn in Wien für den Gebirgskrieg zusammengestellt hatte, und demonstrierte ihn vor der königlichen Familie. Er schien allgemeines Interesse zu erwecken.

Der König rauchte starke Zigarren, zwischenhinein zahlreiche Zigaretten. Alle Versuche, ihn zu einer Reduktion zu bewegen, blieben erfolglos. Er erzählte sehr interessant über seine Erlebnisse im Krieg 1912/13. Von der gegenwärtigen Lage wurde nicht viel gesprochen. Mit Venizelos hatte der König einen harten Kampf. Auf seinen Vorhalt: „Sehen Sie denn nicht ein, daß unsere Meinungen so weit auseinandergehen, daß Sie fortmüssen?" erhielt er von Venizelos zur Antwort: „Ich glaube, Majestät, bei einiger Geduld könnten wir ganz gut beisammenbleiben."

Besonders empört war der König darüber, daß er noch während der Unterhandlungen mit dem eigens aus Paris abgeschickten französischen Deputierten Denis Cochin vom französischen Gesandten in Athen Guillemin die Mitteilung erhalten hatte, daß diese Verhandlungen aussichtslos seien und bloß pro forma geführt würden.

Viel angenehmer hatte sich der König mit General Kitchener gesprochen, der als Soldat klar und offen mit ihm unterhandelte. Er teilte dem König mit, die Engländer wollten ursprünglich an keiner Expedition nach Saloniki teilnehmen, seien schließlich nur deshalb mitgegangen, um den Riß zwischen England und Frankreich nicht zu verstärken.

Über die Bulgaren sagte der König, daß sie sehr tapfer seien, doch wären ihnen die Griechen im Bajonettangriff überlegen. Der für ihn aufregendste Moment im griechisch-bulgarischen Feldzug sei gewesen, als von seinen 125.000 Mann binnen wenigen Tagen 25.000 infolge Cholera und anderer Infektionskrankheiten ausscheiden mußten. Trotzdem konnten die Griechen einen entscheidenden Sieg erringen. Der König ist sehr oft, ohne Schaden zu nehmen, mit Cholerapatienten in Berührung gekommen.

Nachmittags fuhr ich im königlichen Automobil auf die Akropolis und ins Restaurant Aktaeon, das am Phaleron liegt. Dort hatte unser Gesandter, Herr v. Szillassy, die österreichisch-ungarische Kolonie zu einem Tee geladen. Er war vor Kriegsbeginn mit dem englischen Gesandten Elliot sehr befreundet gewesen, der sich väterlich des jungen Diplomaten angenommen hatte. Als Szillassy unmittelbar nach Kriegsausbruch den Engländer am Strande von weitem kommen sah, nahm er kurz entschlossen seinen Hut ab und ging barhaupt dem Gesandten entgegen. Elliot grüßte sehr freundlich und seither waren die beiden auf dem Grüßfuße, allerdings ohne ein Wort miteinander zu wechseln.

Am folgenden Morgen besuchten wir den König nicht, wohl aber besprachen wir die Rückreise, wobei die Griechen den Landweg vorschlugen. Beim bulgarischen Gesandten, Herrn Passareff, lernten wir Regierungsrat Griebl aus Berlin kennen, der als Hauptmann bei der deutschen Gesandtschaft in Athen in dienstlicher Verwendung stand. Er sollte mit uns die Rückreise bis Bulgarien antreten.

Am 4. Jänner, dem Tag vor unserer Abfahrt, waren wir zum dritten- und letztenmal beim König [36]. Hierauf fuhr ich ins Garnisonsspital, um einen schwerkranken Kollegen aufzusuchen und traf dort den noch immer internierten, ein halbes Jahr zuvor von mir operierten österreichischen Soldaten, der im Felde einen Schuß durch den Unterkiefer bekommen hatte und durch die Operation geheilt worden war, doch nach wie vor im Spital blieb. Ich konnte seinen Wunsch, ihn in die Heimat mitzunehmen, nicht erfüllen, aber fünf Wochen später nahm ihn Legationsrat Freytag als Diener nach Wien mit, von wo er sofort an die Front einrückte.

Wir machten einen längeren Besuch beim Minister des Inneren, Gunaris, von dem ich wieder einen besonders günstigen Eindruck bekam. Er sah die politische Lage für sehr ernst an.

---

[36] Der König wurde 1917 von der Entente gezwungen, zu Gunsten seines Sohnes Alexander abzudanken und das Land zu verlassen. Er lebte mehrere Jahre in der Schweiz, wo ich ihn auf seinen Wunsch besuchte. Im Oktober 1917 wurde in Zürich vom Direktor der dortigen Klinik, Professor Sauerbruch, unter meiner Assistenz eine Nachoperation gemacht, die eine vollständige Heilung der Fistel zur Folge hatte.

Die Entente hielt sämtliche griechische Getreideschiffe voll amerikanischen Mehls in Malta zurück und gab nur soviel frei, um Griechenland für eine Woche damit zu versorgen. Hätte die Entente auch dies verhindert, so wäre unwiderruflich in Griechenland die Hungersnot ausgebrochen, weil die Griechen ihre eigenen Produkte: Früchte, Schaffleisch, Honig, Hühner usw. zum Großteil ausführen und selbst von eingeführtem Getreide leben. Zudem konnte die Entente die Kohlenzufuhr vollständig unterbinden, so daß damals schon überall mit dem elektrischen Licht gespart werden mußte. Endlich hätte die englische Flotte in einer halben Stunde Athen, Patras und die anderen an der Küste gelegenen Orte vollständig zerstören können. Dazu kam noch, daß Venizelos nach wie vor viel Einfluß und Ansehen hatte und mit den Vertretern Englands und Frankreichs täglich verkehrte. Da außerdem den Griechen die Gegnerschaft gegen Bulgaren und Türken im Blute liegt, was hinsichtlich der Bulgaren auf Gegenseitigkeit beruht, war es wirklich nicht zu verlangen, daß Griechenland mit den Mittelmächten gehe. Sein weiteres Neutralbleiben muß dem König als großes Verdienst gebucht werden.

Mit Freund Gerulanos unternahm ich eine gemeinschaftliche Fahrt nach Piräus, um dort die herrliche Villa des griechischen Ingenieurs Zachariou zu besichtigen. Sie ist auf der kleinen Halbinsel Castella ins Meer hineingebaut, ihrer Lage und inneren Einrichtung nach ein wahres Schmuckkästchen. Zachariou war wegen seiner Deutschfreundlichkeit der Entente sehr mißliebig. Er sowohl wie seine Gattin, eine geborene Bremerin, sind uns später liebe Freunde geworden.

Wir machten unseren Abschiedsbesuch bei der Königin und beim Ministerpräsidenten Skuludis, der uns sehr gedrückt schien. Er sagte uns: «Messieurs, sous différents points de vue je préfère que vous rentriez par chemin de fer et non par torpilleur.» Nachträglich erfuhren wir, daß der englische Gesandte ihm offen gesagt hatte, die Engländer und Franzosen würden sicherlich alles tun, uns bei der Rückkehr zu Wasser oder zu Land gefangen zu nehmen. Da ihnen dies am Seeweg mit absoluter Sicherheit gelungen wäre, mußten wir den Landweg nehmen. So danke ich den Engländern und Franzosen eine interessante Heimfahrt.

Am 5. Jänner zeitlich früh ging es zur Bahn. Ein schönes Abteil 1. Klasse mit seitlicher Aussichtsterrasse war uns zur Verfügung gestellt. Die Bahnfahrt ist an landschaftlichen Reizen dem Semmering vielfach überlegen. In Larissa wurden wir als Gäste der Regierung im Hotel Panhellenikon sauber untergebracht. Es kamen auch in den nächsten Stunden Patienten, um uns zu konsultieren. Am nächsten Morgen, dem Dreikönigstag, hätte die Reise fortgesetzt werden sollen. Es traf aber ein Expreßtelegramm an unseren Begleiter, Hauptmann Griebl, ein, in dem der deutsche Gesandte vor der Weiterreise warnte. So mußten wir uns entschließen, 24 Stunden zu warten. Abends sollte ein deutscher Kurier aus Athen eintreffen, um uns das Nötige mitzuteilen.

Wir benützten die Zeit zur Besichtigung der Stadt Larissa, in der es manche Sehenswürdigkeiten gibt. Sie liegt am Flusse Penassos, der sich durch das Tal Tempe durchzwängt und dem Golf von Saloniki zuwendet. Vom Präfekten der Stadt wurde gleich ein Autoausflug nach Agija veranstaltet, wo wir von der gesamten Bevölkerung festlich empfangen wurden. Unter einer mehrhundertjährigen Platane war im Freien ein vortreffliches Mahl bereitet, an dem außer dem Bürgermeister mehrere angesehene Bürger des Ortes teilnahmen. In der Nähe von Agija liegt das königliche Schloß Polidendri, das tags zuvor von den Engländern genau auf das Vorhandensein von Benzin untersucht worden war.

Die Fahrt ging — bei einer Geschwindigkeit von 85 km in der Stunde — durch die sehr fruchtbare Ebene, die von Tausenden von Wildgänsen belebt war. Mächtige Adler kreisen in den Lüften, unzählige Kibitze, Schwärme von Staren und Krametsvögeln flogen umher. Vorbei an den Türkengräbern aus alter Zeit, die in großen Pyramiden gipfeln, vorbei an zahlreichen Lamm- und Ziegenherden — es ist in Griechenland Sitte, die Milch von den täglich die Straße durchziehenden

Ziegenherden, somit ganz frisch und unverfälscht direkt von der Ziege zu kaufen — kamen wir zurück nach Larissa.

Abends kam der erwartete Bote aus Athen, der uns sagte, die Entente versuche in der Tat, uns gefangenzunehmen. Es wurden uns daher die wichtigsten Geheimbriefe für unsere Regierungen, die Kraus und ich mitbekommen hatten, gegen Rückscheine wieder abgenommen. Bis in die späten Abendstunden ordinierten wir den zahlreich erschienenen Patienten und spendeten auch diese Honorare für das Griechische Rote Kreuz.

Am nächsten Morgen brachen wir auf. Wir saßen zu viert im Auto: vorne unser ausgezeichneter Auto-Offizier, neben ihm der junge Makkas, Student der Chemie in München, ein Sohn des Professors in Athen, der uns als Dolmetsch beigegeben war, rückwärts Kraus und ich. Uns folgten in einem Lastauto fünf Gendarmen, fünf Infanteristen, Diener Beneschik und unser Gepäck. Sehr viel konnten wir dieser starken Bewachung nicht vertrauen, da unser Chauffeur-Offizier sofort sagte, er habe den strengen Auftrag, unter keinen Umständen unsere militärische Bewachung auf Franzosen oder Engländer feuern zu lassen, so daß wir nur gegen etwaige Räuberbanden Schutz gehabt hätten. Diese zehnstündige Fahrt war der Glanzpunkt der ganzen Rückreise, die uns zunächst nach Tyrnavos führte. Vor der Ortschaft erweitert sich der dort vorbeiziehende Seriasfluß zu einem größeren Teich, der von Wasserwild geradezu wimmelte. In sehr steilen Serpentinen ging es einen Vorberg des Olympos hinan, dann ebenso steil wieder hinunter nach Elassona. Dort wie überall, auch in kleinen Städten auf griechischem Boden, wurden wir angelegentlich nach dem Befinden des Königs befragt.

Die Straße war vielfach mit Schnee und Eis bedeckt. Die Wintersonne beleuchtete das stark zerklüftete Massiv des Olympos. Starke Schwefeldämpfe, die aus kleinen Kratern aufstiegen, verliehen dem ganzen Bild etwas Gespensterhaftes und man versteht es, daß der Schauplatz der klassischen Walpurgisnacht in diese Gegend verlegt wird.

Vor Servia winkte uns ein dort postierter Evzone sehr aufgeregt; er zeigte uns den Flußübergang, da die Brücke für ein Auto nicht passierbar war. Die Fahrt ging weiter nach Coziani, wo wir bei einer angesehenen Witwe namens Balthadoru zum Mittagessen geladen waren. Der Vater des Königs sowie der jetzige König waren bei ihr schon zu Gast gewesen. Die Hausfrau sprach bloß griechisch, war sehr lebhaft und schien über unseren Besuch erfreut. Den im Vorzimmer versammelten Notabilitäten wurden Likör und schwarzer Kaffee sowie das übliche Erdbeergelee vorgesetzt. Zum Mittagstisch waren der griechische General und wir drei geladen.

Nach mehrstündiger Fahrt über Kailar kamen wir in Sorovic an, verabschiedeten uns dankend von unserem ausgezeichneten Chauffeur-Offizier und seinem Adjutanten und bestiegen die Bahn nach Florina, wo wir vom Präfekten der Provinz empfangen wurden und in einem geschlossenen, schlecht gelüfteten, mit Pferden bespannten Wagen Platz nehmen mußten. Auf holpriger Straße erreichten wir in dreiviertel Stunden die Präfektur. Der Hausherr sprach fließend Deutsch und stand trotz seiner Jugend — er war erst 26 Jahre alt — einer der größten Präfekturen Griechenlands vor. Präfekt von Saloniki zu werden, hatte er klugerweise abgelehnt. Über Nacht war ich bei einem Türken einquartiert. Über eine schmale Holztreppe wurde ich in mein Zimmer geführt. Das Bett war tadellos rein, dicke Ziegenfelle dienten zum Zudecken und das war nötig, denn die Nacht war kalt.

Am nächsten Morgen, als es noch finster war, hörte ich Pferdegetrappel. Das für mich bestimmte Reitpferd stand bereit. Ich hatte mit Freude den Vorschlag, den Wagen mit einem Reitpferd zu vertauschen, angenommen. Ich ritt zur Präfektur und nach längerem Zuwarten war die Kavalkade zusammengestellt. Voran der Kawaß des Präfekten, dann kam er selbst, ein Regimentsarzt und ich in der Mitte, rückwärts zwei Polizeiunteroffiziere, dann folgten die Wagen. In dem einen saß Kraus mit Regierungsrat Dr. Griebl, im anderen war das Gepäck verstaut, auf dem hoch oben mein Diener thronte. Den Schluß machten einige berittene Gendarmen. Für die Insassen der Wagen war die Fahrt ein kleines Martyrium. Der Präfekt — auf griechisch Naumarch — war anscheinend kein geübter Reiter, denn er klagte schon nach kurzer Zeit über Schmerzen in allen Gliedern. Mit Stolz erzählte er, daß die ihm unterstehende Provinz für zwei Wochen mit Getreide versorgt sei. Da wir viel Trab und Galopp ritten, kamen wir lange Zeit vor den anderen in Negociani an und stiegen vom Pferd. Am Brunnen sah man malerische Gruppen von Frauen und Kindern, die zum Wasserholen gekommen waren. Es wurden uns gekochte Eier angeboten, die griechischen Soldaten reichten uns Brot. Sie bedienten sich dabei einfachster Taschenmesser, bei uns „Zaukerln" genannt, wie sie seit Jahrhunderten im Ennstal, z. B. in Ternberg bei Steyr, verfertigt werden.

Dann ging es in der neutralen Zone zu Fuß bis zu den zwei von den Bulgaren gestellten Autos. Es begleiteten uns Rittmeister Perikles Spiropoulos und der Militärarzt Kawawitis, Direktor des Militärspitals in Florina.

Monastir, das wir in einstündiger Fahrt erreichten, ist herrlich gelegen. Wir fuhren beim Generalkommando der Ersten Bulgarischen Armee vor, wo wir vom Generalstabschef Azmaloff sofort zum Essen geladen wurden. Es waren auch einige reichsdeutsche Offiziere anwesend, von Österreichern bzw. Ungarn der ungarische Prinz Ludwig Windischgraetz, der bereits den ersten bulgarischen Feldzug mitgemacht hatte und sehr viel Interessantes berichtete.

Für die Nacht wurde ich im Österreichisch-Ungarischen Konsulat einquartiert. Es waren dort viele aus der serbischen Gefangenschaft befreite österreichisch-ungarische Soldaten, die ein Bild des Jammers darboten. Verlaust, verwahrlost, die Kleider in Fetzen vom Leibe hängend, in diesem Zustande waren mehrere Dutzend erst vor wenigen Tagen angekommen. Die Leute hatten selbst gebeten, ihnen kein Stroh zu geben, weil man die Läuse aus diesem gar nicht wegbekäme. Die Erzählungen der armen Leute klangen geradezu erschütternd und riefen unser tiefes Mitgefühl wach. Um das Los dieser Armen haben sich, wie ich hörte, außer Prinz Ludwig Windischgraetz auch

Oberleutnant Stern vom 81. Infanterie-Regiment und vor allem Oberleutnant Halas Verdienste erworben.

Nachdem ich die verschiedenen Orte, in denen die befreiten Gefangenen untergebracht waren, besichtigt hatte, fuhr ich mit dem Sanitätschef ins Garnisonsspital, das von den Türken äußerst zweckmäßig erbaut worden war. Es war mir eine Freude, hier meinem Schüler Dr. Sokoloff, der im September 1915 anläßlich der bulgarischen Mobilisierung meine Klinik nach einjähriger Dienstzeit verlassen hatte, zu begegnen. Ich besuchte die chirurgischen, Kraus die internen Patienten, durchwegs österreichische Gefangene. Alle erklärten, sie fühlten sich hier im Spital glücklich im Vergleich zu dem Elend, das sie früher durchzumachen hatten.

Am nächsten Morgen fuhren wir bei trübem Wetter nach Prilep. Während der zweieinhalbstündigen Fahrt mußten wir endlosen Büffelkolonnen ausweichen. Die braven Büffel zogen ebenso wie die Esel alle Munitions- und Proviantwägen; Bulgarien könnte ohne sie nicht bestehen.

In Prilep waren wir zu Mittag bei General Nerenoff geladen, der ausgezeichnet französisch sprach.

Bei der Weiterfahrt geriet das Auto an einer starken Straßenkrümmung infolge leichter Vereisung des Weges ins Gleiten und wurde, um nicht seitlich zu kippen, vom Lenker geistesgegenwärtig einen kurzen, steilen Abhang senkrecht hinuntergesteuert. Glücklicherweise war der Boden noch weich, so daß die Vorderräder stecken blieben. Das Auto stand buchstäblich auf dem Kopfe, ohne umzustürzen. Wir stiegen aus und warteten bei strömendem Regen, bis es den beiden überaus geschickten Chauffeuren gelungen war, von den Begleitern einiger vorüberfahrender Ochsenwagen unterstützt, das Auto wieder flott zu machen. So kamen wir noch glücklich über diesen Unfall hinweg. Zufolge unserer Panne versäumten wir allerdings in Veles die Abfahrt des letzten Zuges. In Skoplje (Uesküb), wohin uns der Zug hätte bringen sollen, waren telegraphisch Zimmer für uns bestellt, während nach Versicherung der deutschen Offiziere von einem Nachtquartier in Veles keine Rede sein konnte, da auch der kleinste Raum mit deutschen und bulgarischen Offizieren überbelegt war. Wir ersuchten den bulgarischen Stationschef, um eine Maschine nach Skoplje zu telegraphieren. Nach einer Stunde erhielten wir die Zusage, aber gleichzeitig die Mitteilung, daß die Maschine nicht vor 11 Uhr abends eintreffen könne. Nun ergab sich eine neue Schwierigkeit:

In Veles gab es keine Personenwagen zur Weiterfahrt, es wurde uns daher der Antrag gemacht, ein auf einem offenen Lastwagen verladenes Auto zu besteigen. Auf diese Weise verfrachtet fuhren wir um Mitternacht bei Schneetreiben und heftigem Sturm ab. Es ging durch zahlreiche Tunnels, bis wir endlich nach 3 Uhr früh in Skoplje ankamen. Da wir trotz vielfachen Suchens in keinem Hotel Platz fanden, machten wir es uns im Kaffeehaus „Paris" auf Rohrstühlen bequem, tranken Tee, später türkischen Kaffee und verbrachten den Rest der Nacht so gut es ging.

Bei Tagesanbruch besichtigte ich Skoplje, das malerisch am mächtigen Wardaflusse liegt und von einem alten Türkenkastell überragt wird, in dem nur Verwundete lagen. Ich besuchte meinen Schüler Oberstabsarzt Dr. Gantscheff, der ein großes Spital bestens leitete und sich über meinen Besuch sehr erfreut zeigte. Wir versahen uns mit dem nötigen Proviant für die Weiterreise.

Die 200 km lange Fahrt von Skoplje nach Nisch dauerte 22 Stunden! Das Coupé war weder beleuchtet noch geheizt, aber in unsere Pelze gewickelt schliefen wir trotzdem gut.

Endlich in Nisch angekommen, war unsere erste Frage, wann ein Zug nach Belgrad, bzw. nach Sofia weiterginge. Kraus, der direkt zurückfahren wollte, hatte schon nach zwei Stunden einen Zug nach Belgrad, ich aber hatte mich in Sofia angesagt und mußte auf meinen Anschluß noch längere Zeit warten. In Nisch traf ich den als Regimentsarzt eingerückten Dr. Arzt, den nachmaligen Professor der Wiener Universität, der mich mit seinem Wagen ins Generalkommando führte, wo ich gleich zum Mittagessen eingeladen wurde.

In Sofia 275

v. Mackensen war leider nicht da, er war am Tag zuvor zu einem zweitägigen Besuch seiner 91jährigen schwerkranken Mutter nach Danzig gefahren. Bei Tisch saß ich zwischen seinem Generalstabschef, General v. Seeckt, und dem Herzog von Mecklenburg-Schwerin, der das Bindeglied zwischen dem deutschen Hauptquartier und dem König von Bulgarien darstellte. Wir hatten eine anregende Konversation. Während unseres Zusammenseins kam die Depesche von der Eroberung des Lovcen, die natürlich große Begeisterung auslöste.

Spät abends kam ich nach Sofia und besuchte am folgenden Morgen meinen Schüler Dr. E. Suchanek sowie die Mediziner L. v. Dornfeld und Gustav Riehl im Gladstone-Spital; dann machte ich bei den Verwundeten Visite. Suchanek hatte sich u. a. durch Einrichtung eines Hebra-Wasserbettes im Gladstone-Spital Verdienste erworben. Am Nachmittag suchte ich meinen Schüler Kara Michailoff auf, der als Oberstabsarzt im Garnisonsspital tätig war. Er hatte zahlreiche Verletzte zu behandeln, darunter auch eine größere Anzahl von englischen Soldaten, die fast alle aus Irland stammten. Einem von ihnen waren durch einen Schuß beide Augen zerstört!

Abends besuchte ich das Malteserspital, an dessen Spitze Graf Wilhelm Wurmbrand stand, dem ich fünf Jahre zuvor einen großen Kropf entfernt hatte. Er empfing mich außerordentlich herzlich. Die Ärzte des Spitals waren von der II. Chir. Klinik Prof. v. Hocheneggs entsendet worden. Ich lud die österreichischen Kollegen zum Abendessen ins Hotel de Bulgarie, wo wir in einem Extrazimmer im 1. Stock speisten. Nebenan war die Wohnung des amerikanischen Gesandten, zu dem sich acht Tage zuvor ein Mitglied des englischen Konsulates geflüchtet hatte. In der Wohnung des Gesandten, die als exterritorialer Boden gilt, durfte der Geflüchtete nicht verhaftet werden, wohl aber stand ein bulgarischer Soldat mit aufgepflanztem Bajonett vor der Tür Wache.

Am nächsten Vormittag machte ich im Gladstone-Spital nochmals Visite. Um 11 Uhr war ich bei der Königin zur Audienz geladen, die eine Stunde dauerte. Während des größten

Teiles der Audienz war auch die älteste Tochter anwesend. Die Königin war äußerst huldvoll und bestellte Grüße für Wien, insbesondere für das Rudolfinerhaus. Sie war über meine Reise genau unterrichtet. Ich empfahl den englischen Arzt Dr. Christopherson, der seit zwei Monaten in Serbien als Gefangener interniert war, ihrer besonderen Gunst. Christopherson, ein erfahrener Spezialist für Tropenkrankheiten, ist auch heute noch als solcher in London tätig.

Abends überreichte mir der Adjutant der Königin am Bahnhof einen reich gefüllten Proviantkorb. Ich lud drei Österreicher, Hauptmann B., Leutnant N., Tierarzt L. und noch einen österreichischen Kurier, der mit wichtigen Papieren für das Ministerium des Äußeren reiste, zu mir in den Salonwagen, den mir der bulgarische Eisenbahnminister bis Lompalanka zur Verfügung gestellt hatte. Von dort ging es in einem recht einfachen Wägelchen durch die ziemlich ausgedehnte Stadt zum Donaudampfschiffahrts-Anlegeplatz. Der Kapitän, ein alter Dalmatiner, der zehn Sprachen beherrschte und sich vor wenigen Wochen zum zweitenmal verheiratet hatte, führte seine junge Frau mit sich. Auf dem Schiff hörte ich auch allerlei über die Ententefreundlichkeit der mit uns angeblich „noch" verbündeten Rumänen, die in jeder Beziehung uns und den Deutschen Schwierigkeiten bereitet hatten, während sie den Russen gestatteten, „mit Kriegsschiffen bis fast gegen Orsova hinaufzufahren". Sobald die Rumänen gemerkt hatten, daß Deutschland aus der Türkei viel Baumwolle über ihr Land bezog, wurde der Transport von größeren als 5-kg-Paketen verboten. Infolgedessen sind Hunderttausende von 5-kg-Paketen mit Baumwolle ständig durch Rumänien durchgegangen, wodurch der Transport ebenso verteuert als erschwert wurde.

Als wir abends in Orsova gut ankamen, schien der Kapitän heilfroh zu sein, hatte man doch allerlei von losgerissenen Minen gemunkelt.

Am nächsten Morgen fuhr ich mit der Bahn nach Budapest weiter, wo ich nach dreizehnstündiger Fahrt eintraf und am Bahnhof von meiner Frau und meiner ältesten Tochter erwartet wurde. Der Nachtzug brachte uns nach Wien. Der Schlafwagenkondukteur entpuppte sich als ehemaliger Patient, den ich vor 22 Jahren bei Billroth operiert hatte.

Wenige Tage nach meiner Rückkehr aus Athen wurde ich nach Schönbrunn geladen, um dem Kaiser von meiner Reise Bericht zu erstatten. Der greise Herrscher lud mich ungemein huldvoll ein, ihm gegenüber Platz zu nehmen und nun mußte ich erzählen. Der Kaiser stellte zahlreiche Zwischenfragen, wobei ich sowohl sein außergewöhnliches Interesse als auch seine Personen- und Sachkenntnis auf dem ganzen ihm doch ferner liegenden medizinischen Gebiet feststellen konnte. Unglaublich schnell verging die Zeit während dieser Unterredung, in der der Kaiser auch auf meine wiederholten Reisen zur Front, von denen er erfahren hatte, mit anerkennenden Worten zu sprechen kam. Wie mir später der Adjutant sagte, hatte die Audienz über 20 Minuten gedauert, so daß die Herren im Vorzimmer ob meines langen Verweilens beunruhigt waren. Schließlich verabschiedete mich der Kaiser sehr huldvoll, dankte mir für meinen Bericht und gab mir die Hand, was bekanntlich eine besondere Auszeichnung bedeutete. Von irgend einem Nachlassen der geistigen Frische konnte ich nichts feststellen. Der Eindruck, den ich von Sr. Majestät empfing, war auch diesmal ein nachhaltiger. So viel Hoheit, umfassendes Wissen, strenge Sachlichkeit bei diesem gütigen, vom Schicksal so furchtbar mitgenommenen hohen Herrn, das war es, was die Audienzen zu einem unvergeßlichen Erlebnis prägte.

Ende Jänner 1916 fuhr ich, vom Armee-Ober-Kommando ersucht, nach Ost-Galizien, um dort die Schußfrakturenbehandlung eines höheren aktiven Militärarztes zu begutachten. Auf Grund dessen, was ich sah, mußte ich seine Art der Versorgung dieser Schwerverletzten gänzlich ablehnen. Mein entsprechender Antrag wurde auch vom Sanitätschef des Armee-Ober-Kommandos, dem Oberstabs- und späteren Generalstabsarzt Dr. J. Steiner, der mit vorbildlicher Arbeitskraft von früh morgens bis spät in die Nacht hinein sein schweres Amt versah, angenommen.

Das vorzügliche Wirken dieses Mannes ist zu wenig gewürdigt worden. Er hat sich als Sanitätschef des A. O. K. große Verdienste erworben, u. a. auch durch sein umsichtiges und nimmermüdes Eintreten für die Stellung der Ärzte und durch das Heranziehen gut ausgebildeter Chirurgen für die Feldspitäler.

Am 13. Februar 1916 war ich mit meiner Frau zu einem Abendessen in kleinem Kreis bei Fürstin Metternich geladen. Solche Abende in ihrem gastlichen, schönen Haus, denen sie in unerreichbar vollendeter Weise und in ihrer lebhaften und geistreichen Art ein einzigartiges Gepräge gab, boten stets viel Anregung und Unterhaltung. Ihr großer Wohltätigkeitssinn ließ sie immer darauf bedacht sein, den armen und kranken Mitmenschen zu helfen. Großer Beliebtheit erfreuten sich in früheren Jahren ihre originellen Wohltätigkeitsfeste, die dank ihrer ungewöhnlichen Rührigkeit und Tatkraft der guten Sache stets einen großen finanziellen Erfolg brachten.

Am nächsten Tag speiste Fregattenkapitän Pachner [37], der Held der „Zenta", bei uns. Er war Kommandant dieses rühmlichst bekannten Kreuzers gewesen, der im Feuer der ganzen französischen Flotte mit wehender Flagge unterging. Seine Erzählungen, auch über seine montenegrinische Gefangenschaft, waren ungemein spannend.

---

[37] Gestorben Herbst 1937.

EINE FAHRT AN DIE WESTFRONT

Meine nächste Kriegsfahrt führte mich an die Westfront, wobei ich einen doppelten Zweck verfolgte: ich wollte in Singen am Fuße des Hohentwiel das Spital meines Freundes Sauerbruch, des damaligen Direktors der Chirurgischen Klinik in Zürich, besichtigen und bei Freund Bier an der deutschfranzösischen Front die von ihm verwendete rhythmische Stauungsbehandlung der Gasphlegmonen, wie sie Stabsarzt Dr. Thieß angegeben hatte, kennen lernen, wozu ich vom Sanitätschef der deutschen Armee, G.St.A. Prof. v. Schjerning, eine Einladung erhalten hatte.

In Innsbruck stieg Haberer zu mir, in Bregenz wurde ich von meinem Schwager Major Peter Pirquet erwartet, der im ersten Kriegsjahr an der russischen Front gestanden und dann als Etappenkommandant von Vorarlberg nach Bregenz zurückversetzt worden war. Dann ging es über Konstanz nach Singen, wo wir Sauerbruch und den ihm als Hilfsarzt zugeteilten Dr. Stadler aufsuchten. Von fremden Ärzten war Dr. Trump aus München anwesend, der zehn Jahre hindurch beim König von Siam als Oberstabsarzt der dortigen Armee gewirkt hatte.

Sauerbruch führte nach seiner Methode zwei Operationen aus, bei denen wir assistierten. Nachher wurden die Amputierten, die mit Muskelübungen zur Erlernung des Gebrauchs der Prothese fleißig beschäftigt waren, genau besichtigt, wobei wir uns von den guten Erfolgen überzeugen konnten.

Die Sauerbruchsche Amputationsmethode stellt eine wesentliche Verbesserung des vom italienischen Prof. Ceci gemachten Vorschlages dar. Sie besteht darin, daß mitten durch die noch erhaltenen Muskeln des Amputationsstumpfes ein mit Haut ausgekleideter Kanal geschaffen wird, durch den nach erfolgter Heilung ein runder, polierter Knochenzapfen geschoben wird, an dessen beiden, seitlich vorstehenden Enden die Angriffspunkte für die Bewegung der Kunsthand, bzw. der Kunstfinger liegen.

Nachmittags bestiegen wir unter Führung des evangelischen Theologie-Professors Dr. Arnold Mayer bei herrlichem Wetter den Hohentwiel, der Ekkehard-Erinnerungen in uns wachrief.

Von Singen ging es nach Baden-Baden, wo ich meinen Freund Naunyn besuchte, der trotz seines Alters — er war seit zehn Jahren emeritiert — jeden Tag im großen Lazarett freiwillig ärztliche Dienste leistete. Seine liebe, kluge Frau war an seiner Seite als Krankenschwester tätig. Durch ihn lernte ich einen Herrn kennen, der — wie mich Naunyn darauf aufmerksam machte — in seinen Gesichtszügen, der Kleinheit der Hände und Füße und sogar mit seinem Puls von 60 Schlägen eine merkwürdige Ähnlichkeit mit dem großen Napoleon besaß. Seine Urgroßmutter soll das schönste Mädchen von Ulm gewesen sein. Im Jahre 1805 wurde sie dazu auserkoren, vor Napoleon einen Fußfall zu machen, um die Stadt vor Plünderung zu bewahren, die auch unterblieb.

Die Weiterfahrt führte über Diedenhofen und Charleville nach Mezières; am Bahnhof wurde ich vom Adjutanten des Sanitätschefs erwartet und als Gast des Hauptquartiers in das Hotel Terminus geleitet. Im selben Zimmer hatte vor wenigen Tagen der rühmlichst bekannte Graf Dohna (Schlodien) genächtigt, der, von seiner Heldenfahrt mit der „Möve" glücklich zurückgekehrt, zur Berichterstattung zum Kaiser befohlen worden war. Gleich darauf wurde mir für den folgenden Tag eine Einladung zum Frühstück bei Kaiser Wilhelm übermittelt.

Ich besuchte zunächst meinen Freund Professor Kümmell, den berühmten Hamburger Chirurgen, der hier seit mehreren Monaten als beratender Chirurg tätig war. Sein Spital hatte bald einen ungewöhnlichen Andrang von Patienten, vor allem auch einheimischen Franzosen. Ich sah mehrere Entrindungsoperationen der Niere in Fällen von schwerer akuter Nierenentzündung (Nephritis), die um diese Jahreszeit bei den Soldaten in den Schützengräben nach einer Erkältung sehr häufig auftrat. Durch diese vom Amerikaner Edebohls erstmalig angegebene Operation wurden in einer Reihe von Fällen günstige Erfolge erzielt; sie bezweckt nach Entfernung der Nierenkapsel eine Verwachsung zwischen der nunmehr bloßliegenden Nierensubstanz und der Umgebung, wodurch eine bessere Durchblutung der kranken Niere zustandekommt.

Abends war ich bei Sanitätschef von Schjerning eingeladen. Den nächsten Vormittag verbrachte ich im Spital.

Kaum ins Hotel zurückgekehrt, meldete sich der Chauffeur, der mich zum Kaiser führen sollte. Er empfahl mir, mich möglichst warm zu kleiden, da das Frühstück im Freien stattfinden würde!

Dabei war es ein kühler, regnerischer Tag im Monat März! Die Villa, die der Kaiser bewohnte, lag etwas außerhalb der Stadt, da das frühere Quartier gegenüber dem Bahnhof häufig von Fliegerbomben belegt worden war. Zur Sicherheit war noch ein Fangnetz oberhalb der Villa angebracht, um die Durchschlagskraft etwaiger Bomben zu vermindern. Außerdem kreiste ein deutscher Flieger bei schönem Wetter täglich über der ganzen Gegend. Obwohl ich meine Uniform als Admiralstabsarzt trug, wurde mein Auto aufgehalten und der Schlagbaum erst aufgezogen, als auf eine telephonische Anfrage beim diensthabenden Offizier die Bewilligung hiezu erfolgt war. Vor der Villa stand das Auto des Generalstabschefs von Falkenhayn, der dem Kaiser eben Vortrag hielt.

Im kleinen Salon hatten sich Fürst Hatzfeld, Fürst Pleß, Generaloberst von Plessen, noch einige Generäle und der Leibarzt des Kaisers versammelt, mit denen es bald zu einer anregenden Unterhaltung kam. Wir wurden dann gebeten, in den Garten zu einem kleinen Pavillon vorauszugehen, vor dem zwei Tische mit ein paar Stühlen im Freien aufgestellt waren. Bald kam der Kaiser, ging direkt auf mich zu, begrüßte mich herzlich und erkundigte sich genau über das Befinden meines Patienten, des Königs Konstantin von Griechenland. Dann wurde zu Tisch gegangen. Zur Rechten des Kaisers saß Fürst Hatzfeld, zur Linken ich. Obwohl sich das Wetter aufgeklärt hatte, war die warme Kleidung notwendig; ich bedauerte, nicht auch so hohe Filzstiefel zu haben, wie sie der Kaiser und seine anderen Gäste trugen; leider hatte ich Lackschuhe an! Die Bedienung wurde durch Soldaten besorgt. Zuerst gab es eine dicke, vorzügliche Erbswurstsuppe, dann Pfannkuchen mit Kirschenkompott und zum Schluß Käsebrötchen, dazu je ein Glas Rot- und Rheinwein. Der Kaiser sprach viel mit mir über unseren greisen Monarchen und wünschte ausführlichen Bericht über sein Befinden. Ich konnte neueste und verläßliche Nachrichten überbringen. Kaiser Wilhelm erinnerte sich gerne an seinen Aufenthalt in Mürzsteg und bemängelte nur, daß es dort im Speisezimmer immer zu heiß war, weil die Fenster nicht aufgemacht werden durften. Ich dachte mir, daß ich momentan den Aufenthalt in einem selbst ungelüfteten Zimmer dem Sitzen im feuchtkalten Garten entschieden vorziehen würde.

Der Kaiser war ungewöhnlich ernst, es war ihm kurz vorher der Heldentod eines seiner besten Artillerie-Offiziere gemeldet worden, außerdem hatte der Vortag an einem Frontabschnitt einen Rückschlag gebracht, überdies hatte die Tirpitz-Krise begonnen.

Ich mußte dem Kaiser von der einen und anderen Frontreise und ehemaligen russischen Konsultationsfahrten erzählen und von meinen Eindrücken über den Sauerbruch-Kunstarm berichten. Seine Majestät sprach sich sehr anerkennend über die Leistungen der deutschen Sanität, besonders der Chirurgen aus. Reges Interesse brachte er meinen Reiseberichten von der Südwestfront, vor allem denen über die tapferen Tiroler Standschützen entgegen. Dann stand der Kaiser auf, nahm mit Händedruck freundlich von mir Abschied und sagte: „Leben Sie wohl, mein lieber Professor". Sein Gefolge verabschiedete er durch eine elegante Handbewegung und mit den Worten: „Ich gehe jetzt an meine Arbeit, Holz zu fällen". Wir hörten dann auch in der Nähe Axthiebe dröhnen. Mit General-

Oberst von Plessen machte ich einen Rundgang durch den Park, wobei wir von weitem den Kaiser an seiner Arbeit sahen.

Ich stattete hierauf dem Generalleutnant Freytag von Loringhofen einen kurzen Besuch ab und meldete mich bei Generalstabschef von Falkenhayn. Ins Hotel zurückgekehrt, hatte ich mit Kümmell eine angeregte Diskussion über kriegschirurgische Zeit- und Streitfragen. Beim Essen erzählte einer der Offiziere, der längere Zeit in Mozambique stationiert gewesen war, daß er daselbst „eine Million Quadratmeter Grund" besitze, die aber wohl ebenso wie die anderen deutschen Werte verlorengehen würden. Leider hat er mit dieser Voraussage Recht behalten.

Am nächsten Morgen holte mich Exzellenz v. Schjerning im Auto ab. Wir fuhren durch eine Reihe von Ortschaften, die teilweise durch den Krieg arg mitgenommen worden waren. In einem hügeligen Gelände wurde uns eine Verwundetensuche durch Hunde des Roten Kreuzes vorgeführt. Diese Schäferhunde waren darauf abgerichtet, keinen stehenden Mann, sondern nur den liegenden anzunehmen. Die die Verwundeten markierenden Soldaten hatten eine Leder-(nicht Leber-)wurst, das sogenannte „Bringsel", in der Hand, das der Hund nahm, seinem Herrn brachte, um diesen dann direkt zu dem anscheinend Verletzten hinzuführen, der sich nicht bewegen durfte, weil sonst die Hunde, wie es vorgekommen sein soll, aus Übereifer zubissen. Die entsprechenden Erläuterungen wurden von dem Prüfungskommissarius, einem lebhaften bayrischen General gegeben. Unterdessen war auch der bayrische Kriegsminister, General von Pfeil, gekommen, mit dem ich mich sehr anregend unterhielt. Er teilte mir viel Interessantes mit, unter anderem auch, daß die Zahl der französischen Gefangenen in Deutschland gegen 300.000 betrage, während in Frankreich sich gegen 100.000 Deutsche befänden. Waren die deutschen Gefangenen in den französischen Lagern schlecht behandelt worden, so hatte man ähnliche, wenn auch nie so scharfe Vergeltungsmaßnahmen gegenüber den französischen Gefangenen angewendet, worauf sich jedesmal die Lage der deutschen Gefangenen etwas besserte.

Der Rückweg führte uns über Sedan. Am Wege dahin stiegen wir an der historischen Stelle in Donchery ab, an der 1870 die Unterredung zwischen Napoleon III. und Bismarck nach der Schlacht stattgefunden hatte. Das berühmte Häuschen gehörte einer alten Witwe, die uns einige Geldstücke zeigte, die sie von ihren beiden illustren Gästen damals bekommen hatte. In der kleinen Stube standen noch die zwei Stühle, auf denen Napoleon und Bismarck gesessen waren. Sie machte darauf aufmerksam, daß der Napoleons schon morsch und wackelig, der andere heute noch ganz fest sei!

In Sedan machte ich einen kurzen Besuch bei Professor Payr, dem Direktor der Leipziger Chirurgischen Klinik, der an zwei Spitälern viele und sehr gute chirurgische Arbeit leistete und sich vor allem um die konservativ-operative Methode der Kniegelenksschüsse Verdienste erwarb. Ich sah ferner bei Payr einen Fall, bei dem er zwecks Vermeidung von späteren Verwachsungen ein Goldschlägerhäutchen zwischen Gehirn und Knochen einzuheilen versucht hatte. Er zeigte mir auch einen starken Magnet, mit dem Granatsplitter aus dem Gehirn gezogen wurden.

Unter den Verwundeten war auch ein Elsässer, der zu Beginn des Krieges seiner Pflicht gegen Deutschland vergessend, nach Frankreich flüchtete und gegen Deutschland gekämpft hatte. Er war in schwerverwundetem Zustand von den Deutschen gefangen worden und ging nun nach mehreren Operationen seiner Heilung und damit dem Kriegsgericht entgegen.

Abends war ich in das Militärkasino geladen. Am folgenden Morgen ging es in einem Tempo von über 80 km von Sedan nach Malmédy, wo der bekannte Berliner Chirurg Professor Rotter tätig war. Dieser war ein überzeugter Anhänger der offenen Wundbehandlung. In die geöffnete Wunde wurde für 24 Stunden ein Gazeschleier (Mikulicz-Tampon) eingelegt, der Gazestreifen dann herausgezogen, während der Gazeschleier zurückblieb!

Ich traf dort den von mir hochgeschätzten berühmten Internisten von Heidelberg, Professor L. Krehl, der leider im Jahre 1905 eine Berufung nach Wien als Nachfolger Professor Nothnagels abgelehnt hatte. Es wäre mir eine Freude gewesen, mit ihm zusammen arbeiten zu können. Immer wieder sagte er: „Wie soll diese Sache ausgehen? An diesem furchtbaren Krieg ist nur der Mangel an Religion schuld; es gibt zwar viel Kultur, aber weder innere Bildung noch Religion, so daß sich der blinde Haß der Völker gegeneinander hemmungslos austobt." Krehl las seit Jahren keine Tageszeitung mehr, seitdem ihm ein führender Politiker gesagt hatte, daß nur ein kleiner Teil der politischen Nachrichten sich als vollkommen wahr herausstelle. Ich habe wiederholt versucht, seinem Beispiel zu folgen, konnte aber diese Abstinenz niemals lange durchhalten.

Ich sah bei Krehl ganz moderne Desinfektionseinrichtungen. Die auf drei Automobilen untergebrachte Dampfwäscherei konnte in ganz kurzer Zeit in Tätigkeit gesetzt werden und arbeitete ebenso schnell als verläßlich.

Dann fuhr ich weiter nach Longuyon, einer schön gelegenen Stadt, die aber einen traurigen Anblick bot. Nach dem Einzug der Deutschen im Jahre 1914 waren trotz der feierlichen Versicherung der Stadtbehörden, daß niemand mehr ein Gewehr habe, ein deutscher Oberst und mehrere Offiziere aus den Fenstern meuchlings erschossen worden. Als Sühne dafür wurden u. a. die Häuser der drei größten Straßen der Stadt niedergebrannt. Ich wurde in ein sauberes Quartier zwischen zusammengeschossenen Häusern gewiesen, wo ich im zweiten Stock Unterkunft fand. Sodann besuchte ich Professor Bier, der mit Professor Völker aus Heidelberg ein großes Lazarett leitete, das in einem alten, winkelig gebauten Kloster untergebracht war, in dem bis zum Krieg heranwachsende junge Mädchen, größtenteils aus Deutschland, in verschiedenen Sprachen ausgebildet worden waren. Etwa 200 Verwundete waren hier untergebracht. In den Zimmern für Schwerkranke lagen anfangs Deutsche und Franzosen beisammen. Die Verletzungen waren schwer, viele der Verwundeten starben. Besonders viel

Opfer forderte die Gasbrand-Epidemie, eine bösartige Form von Wundinfektion.

Durch einen Holzschupfen, in dem ich 24 Leichen nebeneinander liegen sah, gelangte man in den Seziersaal, in dem der berühmte Freiburger Pathologe Professor Aschoff von früh bis abends tätig war.

Ich konnte mich in den drei Tagen, in denen ich Bier und seine Patienten zu beobachten Gelegenheit hatte, davon überzeugen, daß die Methode der rhythmischen Stauung der Gasphlegmone in manchen Fällen sehr Gutes leistete. Jedenfalls war die Behandlung eine ganz andere als jene, die ich tags zuvor bei Payr in Sedan gesehen hatte.

An einem Nachmittag machten wir einen Spaziergang nach dem Friedhof, auf dem in großer Zahl deutsche und französische Soldaten friedlich beisammen liegen; neben bekannten finden sich auch viele Namen unbekannter Krieger, die den Heldentod für das schwer bedrohte Vaterland gestorben sind. Als wir den Friedhof verließen, marschierte eben ein Trupp württembergischer Infanterie laut und lustig singend vorbei. Am nächsten Tag schon sollten sie an den Feind heran.

Bier führte mich dann in die Nähe der schweren Marinegeschütze, deren mächtige Sprache weithin hörbar war. Wir begegneten einem Zug von über tausend französischen Gefangenen, von denen mehrere sagten: «Pour moi la guerre est finie.»

In der folgenden Nacht war das Schießen besonders heftig, so daß ich, so paradox dies klingen mag, die Fenster weit geöffnet ließ, um das Klirren der Fensterscheiben abzuschwächen; in meinem guten, tiefen Schlaf wurde ich allerdings durch den Kanonendonner nicht lange gestört.

Am nächsten Morgen besuchte ich die Baracke, in der Professor Martens, Primarchirurg aus Berlin, arbeitete. Hier lagen zahlreiche Tunesier, vorwiegend mit Verwundungen der Extremitäten. Andere Spitäler waren mit verwundeten Deutschen und Franzosen überreichlich belegt. Man hörte, daß auch hier, wie bei uns, die Einteilung der Ärzte gelegentlich nicht ganz stimme, z. B. Zahnärzte als Chirurgen Verwendung fänden.

Das müßte sich doch vermeiden lassen. Man schickt doch auch keinen Infanteristen ins Feld, der nicht mit dem Gewehr umgehen kann.

Mit Bier und seinem Assistenten Specht besuchte ich ein Feldlazarett und eine in nächster Nähe befindliche Ambulanz, in der eben — es gab augenblicklich keine verwundeten Soldaten zu versorgen — bei einem Pferde mehrere Kugeln entfernt wurden. Auf dem Rückweg sah man vielfach am Himmel Schrapnellwölkchen stehen, mehrere Flieger und ein Fesselballon wurden sichtbar. Ein französischer Flieger war eingebrochen, wurde von zwei deutschen Fliegern verfolgt und abgeschossen.

Im Auto fuhren wir im schnellsten Tempo — mir schien dieses rasende Fahren gefährlicher als ein selbst langsamer Spaziergang unter feindlichen Fliegern und Schrapnellwölkchen — zu einer Kranken-Halte- und Abschub-Stelle, die von einem Oberstabsarzt geleitet wurde und sehr gut eingerichtet war. Hier konnten gegen 400 Kranke übernachten und direkt in die Eisenbahn einwaggoniert werden. Am Vortag war ein großes, zum Glück unbesetztes Sanitätsauto von einer feindlichen Granate zerstört worden. Merkwürdigerweise trug der Chauffeur keinerlei ernstere Verletzungen davon.

Mein Ersuchen, bis zum Hauptverbandplatz vorgehen zu dürfen, wurde vom Generalstabsarzt entschieden abgelehnt; der Weg stünde unter zu mächtigem französischen Sperrfeuer, das könne er unter keinen Umständen verantworten.

Am 15. März, nachmittags, ging es über Metz und Straßburg nach Mannheim, wo ich in den Morgenstunden ankam und noch am Vormittag den bekannten Orthopäden Stoffel besuchte. Er zeigte mir seine Nervenoperationen, mit denen er sehr gute Erfolge aufzuweisen hatte.

Am Nachmittag fuhr ich nach Heidelberg weiter, wo ich zwei emeritierte Professoren der Chirurgie besuchte: V. v. Czerny, einen der ältesten Schüler Billroths, der nach vieljähriger erfolgreicher Tätigkeit als Direktor der Heidelberger Chirurgischen Klinik altershalber zurückgetreten war und seinen Nachfolger A. Narath. Dieser, der jüngste Schüler Billroths, der ein Ordinariat erreichte, war 1896 mein Nachfolger in Utrecht geworden und hatte nach vieljährigem, äußerst ersprießlichem Wirken die Nachfolge Czernys in Heidelberg angetreten. Wenige Jahre später zwang ihn ein schweres Leiden zur Aufgabe seiner Stellung. Seine Frau, die jüngste Tochter des Utrechter Physiologen Professor Engelmann, pflegte ihn mit vorbildlicher Liebe, bis er im Jahre 1921 die Augen schloß und damit von den rasenden Schmerzen — er nahm niemals ein Morphin-Präparat — erlöst wurde.

In Würzburg besuchte ich Freund E. Enderlen und sah ihm bei einer Reihe von Operationen zu, die er meisterhaft ausführte. Ich besichtigte auch die neuen, aber noch unvollendeten, außerhalb der Stadt gelegenen klinischen Gebäude.

In München traf ich meinen alten Freund, den emeritierten Utrechter Professor E. Rosenberg, der sich in Rekonvaleszenz nach einer Katarakt-Operation befand, in bester Verfassung.

Nach Wien zurückgekehrt erwartete mich an der Klinik wieder reichliche Arbeit.

WIEDER AN DEN FRONTEN

Am 22. Mai unternahm ich eine Fahrt zum Besuche zweier Chirurgengruppen meiner Klinik an der russischen Front. Über Stanislau ging es nach Sadowskaja bei Dubno. Die Nacht war sehr kühl, aber unter einer Papierdecke, die mir eine fürsorgliche Pflegerin am Nordbahnhof mitgegeben hatte, fühlte ich mich behaglich warm. Solche Decken, aus geknülltem Zeitungspapier angefertigt und mit Stoff überzogen, sind ein sehr guter Notbehelf. Von meinem Schwiegervater hatte ich Jahre zuvor gelernt, wie vorzüglich beim Reiten, besonders gegen den Wind, einige Zeitungsblätter unter der Weste wärmten.

Als ich abends in Stanislau ankam, wurde ich am Bahnhof vom Führer meiner Chirurgengruppe Nr. 3, Regimentsarzt Dr. Stangl, erwartet, der seinerzeit drei Jahre Operateur an meiner Klinik war [38]. Unter den Medizinern dieser Gruppe war auch einer, dem durch Frühoperation eines Bauchschusses das Leben erhalten geblieben war.

Am nächsten Morgen machte ich eine eingehende Visite bei allen Verwundeten, die in dem zu einem Spital umgewandelten Gefängnis untergebracht waren, aus dem seinerzeit der Mörder des Grafen Potocki mit Hilfe der Russen entkommen war. Auch bei diesen meinen Schülern sah ich gute Erfolge; zahlreiche Schußverletzungen des Oberschenkels waren tadellos eingegipst worden und befanden sich in Heilung.

Das ungarische Honved-Spital war ausgezeichnet eingerichtet, — ob es zweckmäßig war, so nahe der Front ein großes Spital zu errichten, bleibe dahingestellt.

---

[38] Er hat manche gute wissenschaftliche Arbeit veröffentlicht und ist 1934 als Gemeindearzt in Pöchlarn gestorben.

In Stanislau wurde bis knapp vor dem Krieg ein großes russisches Klubhaus geduldet; ein früheres Verbot wäre zweckmäßiger gewesen. Die Einheimischen, Polen, Ruthenen und Juden, harmonierten, wie ich hörte, nicht gut miteinander, nur wenn es galt, gegen Deutschösterreicher vorzugehen, hielten sie zusammen.

Am Abend fuhr ich mit dem Sanitätschef des Armeekommandos im Auto nach Czernowitz, das ganz im Zeichen des Krieges stand: leuchtende Scheinwerfer, Aufblitzen schwerer Kanonen und dumpfes Einschlagen der Geschosse.

Am nächsten Morgen wurde die Autofahrt nach Sadagora fortgesetzt. Dort besichtigten wir unter anderem auch das Schloß des Wunderrabbi, der das Oberhaupt der orthodoxen Juden für Galizien, die Bukowina und die benachbarten Teile von Rußland war. Kein orthodoxer Jude unternahm dort etwas Wichtiges, ohne den Rabbi erst um Rat gefragt, keiner ließ sich operieren, ohne erst seine Wohlmeinung darüber eingeholt zu haben. Der Rabbi hatte seine Residenz vor dem Einmarsch der Russen rechtzeitig verlassen. Das Gebäude wurde dann als Spital benützt, in dem auch katholischer Gottesdienst gehalten wurde. Auf meine Frage, was der Wunderrabbi dazu sagen würde, gab mir ein junger Rabbiner mit treffender Anspielung auf das Meßopfer die Antwort, er hätte sich gewiß sehr geehrt gefühlt, daß in seinem Haus ein noch viel größerer Rabbi täglich, wenn auch nur für kurze Zeit, anwesend sei.

Bei der Weiterfahrt besuchten wir eine Sanitätsanstalt, die, halb unter der Erde eingebaut, von der russischen Front nur wenige Kilometer entfernt, durch äußerst geschickte Anlage den russischen Fliegern verborgen war. Oberst Papp, den ich gerne besucht hätte, befand sich auf Inspektion der Stellungen. Ich hörte hier viel von dem ausgezeichneten Oberst Ed. Fischer erzählen, der als Gendarmerieoffizier zu Kriegsbeginn den Widerstand gegen die Russen großartig organisiert und das Vorrücken derselben ganz wesentlich verzögert hatte. Dieser so verdienstvolle tapfere Offizier ist 1935 in Wien gestorben und wurde mit den höchsten militärischen Ehren bestattet.

Nach Czernowitz zurückgekehrt, besuchte ich die Chirurgengruppe Jedlicka aus Prag. Auch in dem zweckmäßig eingerichteten Spital des Regierungsrates Primarius Dr. Philippovich, des Vaters meines Schülers, sah ich gute Arbeit.

In Kolomea, wo ich neuerlich Station machte, war ich beim Armee-Kommandanten GO. Pflanzer-Baltin zu Gast, der mir viel Interessantes erzählte. Am nächsten Tag assistierte ich in Stanislau bei einer Reihe von Operationen und kam spät abends nach Lemberg, wo ich im Post-Spital einen merkwürdig gelegenen Psoas-Abszeß operierte. Beim Besuch der Chirurgischen Klinik befremdeten mich die in polnischer Sprache verzeichneten Krankheitsnamen auf den Tafeln am Kopfende der Betten, während sonst überall die lateinische Sprache als übernational verwendet wird, so daß mir mein Begleiter erst die Diagnosen verdolmetschen mußte.

Am nächsten Morgen fuhr ich mit G.St.A. Dr. Szabo schon zeitig früh im Auto nach Radziechow, einer Stadt, die vorwiegend von Juden bewohnt war und durch die Beschießung schwer gelitten hatte; auch die Kirche war von Schüssen durchsiebt. Je näher man der russischen Grenze kam, desto mehr Gräber sah man längs der Straßen. In der dortigen Umgebung hatte — wie man mir erzählte — jedes, auch das kleinste Dorf, eine große russische Kirche, die alle zum Teil mit russischem Geld erbaut worden waren, was die politischen Behörden in Verkennung der Gefahr, die der österreichischen Herrschaft daraus erwuchs, zum mindesten weitgehend geduldet hatten.

Auf einer sogenannten Prügelstraße ging es weiter nach Berestetcko zum Armeekommandanten General der Infanterie von Puhallo, der in einem großen, schönen Schloß einquartiert war, dessen Besitzer sich meist im Ausland aufhielt. Das Schloß lag am Styr, der dort einen großen See bildet. Jetzt herrschte Ruhe, aber die Ruhe vor dem Sturm. Nach wenigen Wochen bereits erfolgte unter General Brussilow der Durchbruch bei Luck, der zur sofortigen Aufgabe der Stellungen nötigte.

Nach Tisch ging es auf ein ausnehmend schön gelegenes Schloß eines polnischen Grafen; ich sah dort eine Reihe mit bestem Erfolg behandelter Schwerverletzter. Unter anderem konnte mir mein Schüler Dr. I. Amreich[39] einen geheilten Soldaten zeigen, den er vor wenigen Wochen wegen eines frischen Bauchschusses sofort operiert und dabei acht Löcher im Darm vernäht hatte. Außer den Verwundeten wurden auch Zivilpatienten aufgenommen, unter ihnen Frauen, die ihrer schweren Stunde entgegensahen.

Abends trafen wir bei General Haas ein, der uns für den übernächsten Morgen zu einer Fahrt in die Festung Dubno einlud. So wurde ich für den nächsten Tag frei zum Besuch meiner Chirurgengruppe in Sadowskaja, die unter der Leitung meines Assistenten Dr. R. Sparmann stand, der mit Dr. Novak, ebenfalls einem meiner Schüler, eine Reihe von großen Eingriffen mit Erfolg ausgeführt hatte[40]. Man stellte mir so manchen schwerverletzt Eingelieferten als Rekonvaleszenten vor, was mich für Patient und Arzt herzlich freute. Ich lernte dort Schwester Angela kennen als eine unermüdlich fleißige und geschickte Helferin bei allen Operationen. Nach dem Kriege wurde sie meine Privatsekretärin und ich möchte ihr für ihre weit über das gewöhnliche Maß hinausgehende wertvolle Hilfe an dieser Stelle meinen besonderen Dank sagen. Meiner Familie und mir wurde sie eine treue Freundin.

Sadowskaja ist ein idyllisch gelegenes wolhynisches Dorf, ganz von Pflaumenbäumen umgeben, die damals in vollster Blüte standen. In kleinen Bauernhäuschen waren die Ärzte, zwei Pflegerinnen und der Operationssaal untergebracht; daneben standen zwei Baracken für 60 Kranke, eine Entlausungsstation, ein Desinfektionshaus und nicht weit davon entfernt

---

[39] Seit 1936 Ordinarius der Frauenheilkunde in Innsbruck.
[40] Beide sind seit 1922 als angesehene Chirurgen in Java erfolgreich tätig.

ein großer, schön gelegener Friedhof, über dessen Eingang folgender Vers stand:

Fern unsrer Heimat liegen wir — nach blut'gem Streit in Frieden hier.
Der Tod, der hat uns sanft vereint — in gleicher Scholle Freund und Feind.

Die ganze Anlage konnte als eine Musteranstalt bezeichnet werden. Bis spät abends wurden die Verwundeten besehen und ich habe es, wie überall, auch hier nicht versäumt, wichtige Zeit- und Streitfragen mit meinen Schülern zu besprechen.

Am nächsten Morgen ging es in schnellstem Tempo, da die Strecke von den Russen eingesehen war, nach Dubno hinein. Während der Fahrt in zwei aufeinander folgenden Autos — im ersten saßen der General und ich, im zweiten Generalstabsarzt Szabo, Dr. Edelmüller und mein Schüler Sparmann — sahen wir einen österreichischen Fesselballon über unseren Häuptern. Die Russen standen nördlich, östlich und südlich von Dubno, konnten also von drei Seiten zugleich einfallen. Der Kommandant der Festung, ein älterer, äußerst pflichteifriger Oberstleutnant, war besonders zuversichtlich! Drei Wochen später wurde Dubno durch die Brussilow-Offensive russisch! Wir besichtigten die sanitären Einrichtungen, vor allem die Bauchschußstation der Chirurgengruppe, in der die Herren bemerkenswerte Erfolge erzielten, und die gut eingerichtete Zahnklinik, die nach meinem Ermessen viel zu weit an die Front vorgeschoben war.

Auf dem Weg zum Kastell mußten wir an einer Reihe von jüdischen Einwohnern vorbei, die zähe am Verbleiben in ihrem Heim festhielten; die Nacht vorher waren tausend nach dem Westen abgeschoben worden. Die Festung lag im äußersten Osten der Stadt, knapp an der Ikwa, und zeigte überall schwerste Spuren der Beschießung. Sie war von Schützengräben durchzogen, durch die ich mit dem General wanderte. Wenn auch nicht gerade lebhaft geschossen wurde, so hörte man doch immer wieder das Pfeifen und Singen der Kugeln und ich durchschritt in gebückter Haltung die Gräben.

Auf der Weiterfahrt traf ich in einem Feldspital meinen Schüler Dr. v. Reiffenstuhl, jetzt in Baden bei Wien. Nachdem ich seine Verwundeten besichtigt hatte, brachte er mich in einem kleinen Fuhrwerk nach einem nahegelegenen Ort, wo ich im Hause eines Apothekers übernachtete. Am nächsten Tag besuchte ich das Spital und die sehr guten Desinfektionsanlagen.

Dann fuhren wir zurück nach Radziechow zur Quartiermeisterabteilung der I. Armee, die in einem großen, schönen Schloß ihren Sitz hatte. Hier lernte ich den bekannten Oberst des Generalstabes Sendler kennen. Ich besuchte auch das große Infektionsspital. Der ungewöhnlichen Energie des Oberstabsarztes Professor Dörr und des Generalstabsarztes Dr. Szabo war es zu verdanken, daß die Ausbreitung von Infektionskrankheiten bei der Armee ganz wesentlich eingedämmt, vielfach verhindert werden konnte.

Diese Frontreise lehrte mich die Zweckmäßigkeit der seinerzeitigen Einrichtung von Chirurgengruppen schätzen. Wenn auch zeitweise weniger beschäftigt, haben sie sich doch besonders dann gut bewährt, wenn es galt, lebenrettende Eingriffe knapp hinter der Front auszuführen.

Seit Kriegsbeginn hatte ich mir vorgenommen, nach Pola zu fahren, da doch meine Kriegsdienstbestimmung „Hafenadmiralat Pola" lautete. Bei meinen wiederholten Anfragen in der Marinesektion war mir aber immer gesagt worden, ich könne in Wien und anderswo mehr leisten als in Pola, man würde mich, sobald mein Kommen erwünscht sei, gleich benachrichtigen. Da mir von verschiedenen Seiten mitgeteilt wurde, daß die Ärzte in Pola, besonders die jüngeren, Vorträge über kriegschirurgische Fragen zu hören wünschten, erklärte ich mich bereit, zu kommen. Dieses Anerbieten wurde allseits mit Freude angenommen. Generalstabsarzt Dr. Okuniewski entwarf ein Programm für drei Tage Aufenthalt; ich nahm modernes Heilgerät und zahlreiche Abbildungen mit.

In Pola angekommen, machte ich sofort kurze Besuche bei den Admirälen. Zur selben Zeit, als ich Vizeadmiral Kirchmayr besuchte, verunglückte sein Sohn als Führer eines Hydroplans auf der Höhe der Brionischen Inseln tödlich. Wenige Stunden später traf die Trauerbotschaft in Pola ein. Dann besuchte ich Großadmiral A. Haus auf der „Viribus unitis", der ebenso wie Freund Vizeadmiral Rodler mich herzlich begrüßte. Den Abend verbrachte ich in Gesellschaft der Marineärzte im Speisesaal des Marinekasinos. Als es dunkelte, mußten die Fensterläden hermetisch verschlossen werden, damit auch nicht ein schwacher Lichtschein den Fliegern, aber auch nicht den Fliegen und Mücken, den Weg zeige.

Am nächsten Morgen holte mich Generalstabsarzt Okuniewski zur Besichtigung der sanitären Einrichtungen ab. Auf S. M. S. „Tegetthoff" wurde mir gezeigt, wie die Schwerverwundeten aus den Untersuchungsräumen, in schmale, japanische Verwundetenmatten verpackt, ins Bordspital, beziehungsweise in den Operationsraum, befördert wurden. Die Verwundeten wurden wie Mumien einbandagiert und konnten dann durch unglaublich enge Luken hinabgelassen werden. Der Operationsraum war klein, aber zweckmäßig ausgestattet, der Hauptverbandraum für den Kriegsfall unter der Wasserlinie panzersicher untergebracht. An den Innenwänden der Kriegsschiffe hatte man überall den Ölanstrich entfernt, da der Lack im Falle eines Treffers sich ablöst und wie kleine Projektile dem Menschen in die Haut dringt, außerdem eine große Brandgefahr bedeutet.

Am Nachmittag waren über 150 Zuhörer, darunter 100 Ärzte, zu meinem ersten Vortrag gekommen. Ich sprach bei einer Knallhitze durch fast zwei Stunden über Wundbehandlung im allgemeinen, Behandlung der Schußfrakturen usw. Abends vereinigte uns ein gemütliches Beisammensein mit Großadmiral Haus auf der „Viribus unitis".

Am nächsten Morgen besuchte ich das Marinespital, das, herrlich gelegen, auf den ersten Blick einen guten Eindruck machte: große Räume, helle, luftige Korridore. Die Krankenzimmer waren recht wenig zweckmäßig, lang und dunkel. In der chirurgischen Abteilung lagen zwei durch Absturz schwer verletzte Flieger. Dann ging ich in das deutsche Gymnasium, das zu einem Reservespital eingerichtet worden war, und in das Zivilspital, das der Gemeinderat von Pola bezeichnenderweise in den reichsitalienischen Farben gestrichen und gut eingerichtet hatte. Den chirurgischen Pavillon versah Regimentsarzt Dr. Vogel, der erst mein, dann Clairmonts Schüler gewesen war. Die Frau des Konteradmirals Baron Meyern-Hohenberg assistierte ihm zu seiner vollen Zufriedenheit. Ein Motorboot brachte mich zum Kommandanten des „Erzherzog Karl", Konteradmiral Seidensacher, und von dort zurück zu meinem zweiten Vortrag, der bei nicht geringerer Hitze als der erste stattfand. Nach einem erfrischenden Seebad kam ich abends mit Generalstabsarzt Dr. Okuniewski und Professor Prausnitz zusammen, um hygienische Fragen zu besprechen.

Am folgenden Tag holte uns ein Auto zur Fahrt nach Barbariga ab, wo mir die erfolgreiche Malariabekämpfung nach Robert Koch unter der Führung eines ungarischen Ingenieurs, der sich schon bei der Theißregulierung bewährt hatte, gezeigt wurde. Alle Tümpel waren entweder zugeschüttet oder regelmäßig zweimal im Monat mit Petroleum übergossen worden. Das Mißliche dabei war nur, daß das Vieh aus diesem Wasser saufen mußte. Die Esel zeigten sich dabei als die klügsten Tiere: sie steckten ihre Schnauze rasch tief in das Wasser hinein und vermieden dadurch ein Schlucken des an der Oberfläche schwimmenden Petroleums. Wir gingen bis zum größten der vorerwähnten Teiche. In seinem Bereich brüteten im Sommer Billionen von Anophelen (Stechmücken), deren Weibchen die Malaria verbreiten. Mit großen Kosten war ein Kanal durch den felsigen Boden geschlagen worden, damit Seewasser zufließen könne, das den Anophelen keine günstigen Entwicklungsbedingungen bietet. Überall war man bemüht, die Malaria zu bekämpfen. Obgleich es damals über einen Monat nicht geregnet hatte, stand alles in üppigem Grün.

Mein Chauffeur, der im allgemeinen sicher fuhr, litt an Fahrkoller. In zwar guten, aber engen Straßen fuhr er meist mit einer 80-km-Geschwindigkeit; einmal wären wir beinahe mit einem Ochsenwagen zusammengestoßen. Ich halte es da schon lieber mit einem ehemaligen Kutscher meines Schwiegervaters, der sich den guten Ausspruch geleistet hat: „Ich kann das ewige Jucken nit leiden. Wann i schnell fahren will, fahr i halt a Viertelstund früher weg."

Am Nachmittag holte mich Vizeadmiral Rodler zu den U-Booten ab. Kapitänleutnant Adams erklärte uns die Einrichtungen eines modernen deutschen U-Bootes. Es war U 21, das unter Kapitänleutnant v. Hersing im Kampf bei den Dardanellen siegreich geblieben und mehrere große englische Schlachtschiffe versenkt hatte. Auch das damals im Umbau befindliche ehemals französische U-Boot „Curie", das beinahe unserer Flotte zum Verderben geworden wäre, wurde besichtigt. Am Abend hielt ich meinen dritten, fast zwei Stunden dauernden Vortrag, womit der Zyklus beendet war; es folgte ein kurzes Zusammensein im Marinekasino. Viel Interessantes erzählte mir der Marinestabsarzt Dr. Dub, dessen Mutter ich fünf Jahre zuvor mit Erfolg operiert hatte. Er hatte auf der „Elisabeth" im Jahre 1914 den Krieg gegen die Japaner mitgemacht, wurde von ihnen gefangen genommen, sehr gut behandelt und als Sanitätsoffizier freigelassen. Über San Francisco war er nach New York und mit einem norwegischen Kapitän nach Bergen gekommen, von wo er heimkehrte.

DIE ZWEI LETZTEN KRIEGSJAHRE

Meine nächste Frontreise führte mich nach Galizien zum Besuche der Spitäler des Deutschen Ritterordens, der mobilen Chirurgengruppen Nr. 2 und 3 meiner Klinik und der Spitäler des Malteser-Ritterordens, die unter der Leitung meiner Assistenten standen.

Am 29. September traf ich in Lemberg ein. Auch hier stimmten zahllose Soldatengräber zu beiden Seiten der Bahn unendlich traurig. Ich machte eine gründliche Visite bei allen Verwundeten und Kranken des Spitals des Deutschen Ritterordens Nr. 2. Den Abend verbrachte ich mit Oberstabsarzt Professor Franz, den ich in Königsberg in die Chirurgie eingeführt hatte und der dann, durch viele Jahre bei Professor v. Bergmann in Berlin als Oberarzt der Chirurgischen Klinik, sich den besten Namen als Chirurg erwarb. Ich besprach mit ihm kriegschirurgische Fragen.

Tags darauf besuchte ich das deutsche Lazarett. Die Franzsche Oberschenkelschiene wurde mit gutem Erfolg verwendet. Am späten Vormittag hielt ich für alle Ärzte einen Vortrag über „Streitfragen der Kriegschirurgie", dem auch der beratende Internist des deutschen Hospitals, Professor His aus Berlin, beiwohnte.

Nach dreistündiger Autofahrt erreichte ich Dolina. Dort hatte mein Assistent Walzel ein Spital des Malteser-Ritterordens in einem bis jetzt als Zivilspital dienenden Haus gut eingerichtet. Nach dem Mittagessen verbrachte ich kurze Zeit bei Professor Dr. A. v. Tschermak, dem bekannten Physiologen der Deutschen Prager Universität, der als Spitalsleiter und Oberstabsarzt tätig war. Sein Chirurg war mein Assistent, der jetzige Vorstand der II. Chirurgischen Klinik in Wien,

Professor Denk. Auch den aktiven Oberstabsarzt Professor Dörr besuchte ich, der später als Ordinarius für Hygiene nach Basel berufen wurde.

Den Rückweg nahm ich über Kalusz. Ich besah mir auch einige Autos, die ein reicher Gönner dem Spital des Malteser-Ritterordens geschenkt hatte, und die vorne und rückwärts mit Panzerschildern versehen waren, um die Kranken in den Wagen gegen Kugeln zu schützen. Ein Nachteil lag in der Schwerfälligkeit dieser Autos. Die große Bedeutung der Panzerwagen für die Kriegführung als Tanks wurde erst später, leider von unseren Gegnern (Winston Churchill als erstem) erkannt. Die leichten Wagen des Deutschen Ritterordens kamen auf jedem Feldweg gut weiter; es waren ihrer sechzehn für die Südwestfront kürzlich gestiftet worden.

Nach einer mehrstündigen Autofahrt, während große Schwärme von Wildgänsen über uns hinwegzogen, kamen wir in Stryj an, wo meine dritte mobile Chirurgengruppe, mit meinem früheren Schüler Dr. Egon Pribram an der Spitze, gut untergebracht war. In den letzten Tagen wurden täglich hundert bis zweihundert meist schwerverwundete Türken eingeliefert; sie waren ruhig, gefaßt und sahen intelligent aus. Leider war jedwede sprachliche Verständigung mit ihnen unmöglich. Ich sah sofort, daß es viel Arbeit gäbe, und verlängerte meinen Aufenthalt um mehrere Tage.

Bei den Türken fielen mir besonders die tadellosen Zähne auf, was bei ihnen ausschließlich ihrer guten Konstitution und nicht der Benützung der Zahnbürste zuzuschreiben ist, womit ich aber keineswegs gegen diese Zahnpflege sprechen will! Mit der Kost waren die Türken zufrieden, sie klagten nur über den Mangel an Zigaretten, die tägliche Ration war mit fünf Stück bemessen.

Am Nachmittag operierte ich ein blutendes Aneurysma der Carotis. Der Blutverlust war ein so starker gewesen, daß sich der Patient trotz gut gelungener zirkulärer Naht nicht zu erholen vermochte. Wir hatten damals noch nicht die Bluttransfusion eingeführt. — Am Abend hielt ich vor den Ärzten der

Garnison einen längeren Vortrag, dem auch der bekannte Münchener Chirurg Professor Stubenrauch beiwohnte. Es gab jeden Tag bis in die späten Abendstunden hinein reichliche Arbeit.

In dem von Dr. Chiari, dem als Regimentsarzt eingerückten Linzer Internisten und Sohn meines Freundes Ottokar Chiari, tadellos geleiteten Infektionsspital waren zahlreiche Ruhr-, Fleckfieber- und Scharlachkranke untergebracht. Ich besuchte dort meinen an Flecktyphus darniederliegenden engeren Landsmann Professor Heinrich Reichel, den ausgezeichneten Hygieniker.

Der Friedhof von Stryj mit seinen endlosen Reihen von Kreuzen, unter denen Deutsche, Österreicher und Russen begraben liegen, hatte auch zahlreiche türkische Grabstätten, die an Stelle des Kreuzes einen aus Ton gebildeten Fes trugen, unter dem ein Halbmond zu sehen war. Es wurden eben Russen begraben, der letzte mit der Nummer 11.230, während die Zahl der dort beerdigten Österreicher und Ungarn 19.000 betrug! Das ist der Krieg!

Der Chirurgengruppe in Stryj war auch mein Operationszögling Dr. L. Schönbauer (der jetzige Professor und Primarius am Spital der Stadt Wien) und Dr. Albert, ein Neffe meines Vorgängers im Wiener Lehramt, zugeteilt.

Am 6. Oktober ging es zurück nach Lemberg, wo ich das in der Technischen Hochschule mustergültig eingerichtete Reservespital besuchte, an dessen Spitze der Wiener Prof. O. Zuckerkandl stand. Hier sah ich außer mehreren verwundeten russischen Offizieren einen ungarischen Feldkuraten, der im wahrsten Sinne des Wortes ein Opfer seines Berufes geworden ist. Während er einen gefallenen Helden einsegnete, traf ihn eine Kugel in die Gegend des Hinterhauptes, so daß er in das offene Grab zu dem Toten stürzte. Das Geschoß war schon vor fünf Tagen durch Zuckerkandl entfernt worden und der Kurat befand sich auf dem besten Wege zur Heilung.

Von Lemberg fuhr ich weiter nach Kowel, wo ich von meinem Schüler Dr. Philippovich in sein Spital geführt wurde, das in einer großen, geräumigen, russischen Kaserne untergebracht war. Ich machte genaue Visite, ließ eine Reihe von Verbänden öffnen und assistierte bei mehreren Operationen.

Über Einladung des deutschen Generalstabsarztes Dr. Wasmuth fuhr ich am folgenden Tag nach Brest-Litowsk, wo mein lieber Freund Wilhelm Müller, Professor der Chirurgie in Rostock, als beratender Chirurg tätig war. Im Abteil des Zuges traf ich mit dem preußischen Generaloberstabsarzt Exzellenz B. v. Kern zusammen, der, nebenbei bemerkt, bedeutende philosophische Werke geschrieben hatte. In Brest-Litowsk besichtigte ich einige gut improvisierte Baracken für Leichtverwundete. Dann wurde ich von Freund Müller in sein Spital geführt. Die herzgewinnende Freundlichkeit Müllers gegenüber den Patienten und Krankenschwestern fiel mir besonders angenehm auf. Beim Mittagessen war auch der Oberrabbiner der deutschen Armee anwesend. Er sah derart orientalisch aus, daß ich ihn anfangs für einen Delegierten aus Persien hielt. Müller führte mich hierauf im Auto durch die Stadt und die nähere Umgebung. Die Stadt war von den Russen gründlich zerstört worden, so daß sie einem großen Trümmerhaufen glich. Es traf sich gut, daß Müller am folgenden Tag nach seiner Rostocker Klinik fahren sollte, daher alle ihm unterstehenden Spitäler noch einmal besuchte, wobei ich ihn begleitete. Abends hielt ich eine Vorlesung über aktuelle Fragen der Kriegschirurgie, besonders über Aneurysma. Nach Schluß derselben wurde ein Zungenschuß eingeliefert, bei dem die Blutung durch Unterbindung der Zungenschlagader gestillt werden mußte. Überall sah ich schwere Erfrierungen der Füße.

In einer mir zur Verfügung gestellten Autodraisine ging es in schneller Fahrt zurück nach Kowel. In Wladimir-Wolinsk, wo ich meine Fahrt wieder unterbrach, besuchte ich den Armee-Kommandanten v. Tersztyánszky, der fast täglich in den vordersten Schützengräben einen ausgiebigen Rundgang machte. Hierauf besuchte ich ein Spital, das in einer sehr geräumigen Kaserne untergebracht war, die man seinerzeit mit übertriebener Verschwendung erbaut hatte; aber auf Wasserleitung und Kanalisation war vergessen worden. Von außen war die Kaserne prächtig anzusehen, innen hatte man vielfach nur Riegelwandbau verwendet, vielleicht war schon beim Bau zu viel „daneben" gegangen. Ich besah mir die chirurgische Station, an der mein Schüler Dr. Rauchenbichler unter Generalstabsarzt Dr. Szabo tätig war.

Am Abend fuhr ich nach Cholm weiter, wo ich nach Mitternacht ankam und gleich am nächsten Morgen im Spital des Deutschen Ritterordens Nr. III große Visite abhielt. In einem bayrischen Spital sah ich einen Riesenmagnet, den ein junger Korporal, der in Friedenszeit Elektrotechniker war, improvisiert hatte. Die Entfernung großer Granatsplitter aus dem Auge muß mit besonderer Vorsicht gemacht werden, da es sonst zu einer gefährlichen Durchspießung der unverletzten Hornhaut kommt. In einem mir gezeigten Falle handelte es sich um Kupfersplitter im Auge, die leider auf den Magneten in keiner Weise reagierten.

Abends hielt ich einen Vortrag. Es war gerade Laubhüttenfest und die Zahl der auf der Straße promenierenden Juden überaus groß. Man sah dabei die seltsamsten Typen. Ich besah mir auch von außen die auf einem Hügel liegende russische Kirche, die wie die anderen sechs orthodoxen Kirchen und die einzige katholische Kirche vor dem Abzug der Russen ihrer Glocken beraubt worden war; zum Glück vermochten sie nicht das Kupferdach der größten Kirche abzulösen, das dann von den Unseren abgenommen wurde und 38.000 kg Kupfer ergab.

Cholm hatte in Friedenszeiten außer den Geistlichen, Beamten und Militärpersonen nahezu keine russisch-orthodoxen Einwohner, und doch stellten die russisch-orthodoxen Kirchenväter eine achte russisch-orthodoxe Kirche in Bau. Für die katholischen Polen war nur eine, allerdings geräumige Kirche vorhanden. 85 bis 90 Prozent der Bevölkerung waren Juden, denen keine Synagoge, sondern nur einige sehr unscheinbare Bethäuser zur Verfügung standen.

Am nächsten Abend verließ ich Cholm bei starkem Sturm und Regen und reiste über Krakau, wo ich Professor Kader besuchte, nach Wien zurück.

Am 31. Oktober fuhr ich zum Besuch des Spitals des Deutschen Ritterordens nach Friedau, wo mein Schüler Dr. Kroph als Chirurg und Dr. Heiß als langjähriger Spitalsarzt tätig waren. Da mehrere Schwerverletzte im Spital lagen, wurde sofort mit der Arbeit begonnen. Ich entfernte zuerst bei einem Verwundeten, der an den beiden unteren Extremitäten gelähmt war, ein Granatstück und mußte dabei feststellen, daß das Rückenmark nicht nur stark gedrückt, sondern größtenteils stark zerquetscht war, so daß die Operation, wie dies auch der weitere Verlauf zeigte, keinen nennenswerten Erfolg erzielen konnte. Wesentlich günstiger stand es bei einem zweiten Verletzten, der fast dieselben Lähmungserscheinungen darbot. Hier hatte die Schrapnellkugel das Rückenmark wohl gedrückt, aber nicht zerstört, so daß nach ihrer Entfernung die schweren Lähmungserscheinungen fast vollkommen verschwanden. Es wurden noch einige andere Operationen ausgeführt und schließlich alle Patienten frisch verbunden. Es war ein arbeitsreicher Tag.

Am zweitnächsten Tag setzte ich die Fahrt nach Klagenfurt fort, wo ich über das Thema „Die Schußwunde durch Granatsplitter" sprach. Ich hob dabei hervor, daß die Granatschußwunde fast durchwegs als infiziert zu betrachten sei.

Am folgenden Morgen fuhr ich nach Friesach weiter. Ins dortige Spital des Deutschen Ritterordens war eben ein auf Urlaub befindlicher Landwehrmann mit Bruch beider Knochen des Unterschenkels eingeliefert worden. Er hatte sich selbst einen durchaus zweckentsprechenden Verband mit Watte und einigen Holzspänen sowie den Soldatenwickelgamaschen angelegt. Immerhin war es angezeigt, diesen durch eine Dorsal-Gipsschiene zu ersetzen, die des Patienten vollste Zufriedenheit fand. Nachmittags besuchte ich die 83jährige, fast blinde Oberin der Schwestern des Deutschen Ritterordens. Die Vize-

Oberin war trotz ihrer 84 Jahre noch vollkommen rüstig und arbeitsfähig.

In Knittelfeld, meinem nächsten Reiseziel, besuchte ich zum zweitenmal Oberstabsarzt Professor Dr. Wittek, den Grazer Orthopäden, in seinem Reiche. In 66 Baracken war für 4000 Verwundete Platz geschaffen worden. Damals war die Belegzahl etwa 2000, wovon eine nicht unbeträchtliche Zahl der Infektionsabteilung angehörte. Für Patienten mit frischer Tuberkulose waren räumlich weit von den anderen Kranken entfernte, nach dem Süden zu offene Liegehallen errichtet worden. Witteks Verwaltungstalent bewährte sich bestens. Er versorgte aus der Anstaltswirtschaft sämtliche Inwohner mit Fleisch, Milch und Mehl, hatte eine Dampfbäckerei und Dampfwäscherei eingerichtet. Auch das große Schwimmbassin, das bei Errichtung der ganzen Barackenstadt zunächst für die Gefangenen gebaut worden war, verstand Wittek zu verwerten: da infolge der schlechten Witterung die gemähte Gerste nicht trocknete und zu faulen drohte, ließ er das nasse Getreide in das entleerte Bassin bringen, die Öfen heizen und ermöglichte auf diese Weise dessen Verwendung. Das Laboratorium, in dem die Malaria-Präparate untersucht wurden, der Operationssaal, der Gipsraum, das Kasino, die Wirtschaftsräume, alles war zweckmäßig erdacht und durchgeführt, so daß das Ganze als eine Musteranstalt bezeichnet werden konnte. — Über Selztal fuhr ich nach Wien zurück.

FML. v. Weeber hatte mich dringend aufgefordert, die Sanitätsanstalten von Montenegro zu besichtigen. Außerdem hatte mich auch der Landessanitätschef von Bosnien, Hofrat Dr. Kobler, ersucht, in Sarajewo einen kriegschirurgischen Vortrag zu halten. So fuhr ich denn in dem wie gewöhnlich überfüllten Schnellzug über Budapest nach Sarajewo und dort in den Konak. Auf dem Wege dahin passierte ich die Stelle, wo zwei Jahre zuvor das Thronfolgerpaar ermordet worden war. Eine Gedenktafel mit ewigem Licht am Tatort wurde nach dem

Umsturz entfernt und in zyrillischer Schrift eine Erinnerungstafel an den „Befreier" Princip angebracht!

Im Konak wurde ich von FML. Baron Sarkotic und der Baronin auf das herzlichste aufgenommen. Am Nachmittag hielt ich im Festsaal vor einem großen Publikum einen populären Vortrag, am nächsten Morgen noch einen ausschließlich für Ärzte. Dann besuchte ich das Türkenviertel, die Begova-Moschee, das Garnisons- und Landesspital, an dem Primarius Dr. Preindlsperger durch Dezennien eine erfolgreiche Tätigkeit entfaltet hatte, und die Leproserie, in der etwa zehn Aussätzige versorgt wurden, endlich das schön gelegene, modern eingerichtete Tuberkulosenheim des Landes Bosnien, um dessen Erbauung sich der Direktor Dr. Knotz große Verdienste erworben hatte.

Abends setzte ich meine Reise fort, die über den Ivan-Sattel nach Mostar und über Zelenika in die Bucht von Cattaro führte. Bei der Ankunft wurde ich von meinem Schüler Linienschiffsarzt Dr. Fraß begrüßt. Gleich darauf meldete sich Linienschiffsleutnant Baron Richard Doblhoff im Auftrag des Kommandanten der Kreuzerflottille und nun ging's in einem Motorboot zu Torpedoboot 55, das uns bei frischem Südwind nach Cattaro brachte. Der Militärgouverneur von Cetinje hatte uns bereits sein Auto entgegengesandt, in dem wir die berühmten und, ich füge hinzu, gefürchteten Serpentinen hinauffuhren. Im Laufe der Monate waren schon zwanzig schwere Autos bei den Kurven abgestürzt. Die Insassen hatten sich meist durch Abspringen retten können, während die Chauffeure immer schwer, öfters tödlich verletzt wurden. Bei strömendem Regen kamen wir nach Njegus, dem Orte, aus dem die Dynastie stammte, die in Montenegro bis zur Einnahme durch die Österreicher geherrscht hat. Ich besah mir das ziemlich dürftig eingerichtete Barackenlazarett. Die Sommervilla des Exkönigs war von der Militärbauleitung bewohnt.

Nach kurzem Aufenthalt ging es auf der steil zum Sattel des Lovcen ansteigenden Straße weiter und jenseits der Höhe ebenso steil hinunter nach Cetinje. Wir fuhren zunächst beim österreichisch-ungarischen Gesandtschaftspalais vor, einem schönen, geräumigen Gebäude mit stattlichen Repräsentationsräumen. Ich wurde vom Gesandten Dr. Otto auf das herzlichste begrüßt und in sein gastliches Haus geladen und traf dort Generalstabsarzt Dr. Palmrich, einen ebenso tüchtigen wie sympathischen aktiven Militärarzt. Ich besah mir die zwei Hauptstraßen Cetinjes und das Regierungsgebäude, in dessen großem Sitzungssaal früher die montenegrinischen Abgeordneten ihre Sitzungen hielten; nunmehr diente er als Speisesaal für die etwa 60 Offiziere und Beamten des Stabes. Nach Tisch besichtigte ich das Danilo-Spital mit unfreundlichen engfenstrigen Krankenzimmern und viel zu schmalen, steilen Stiegen, über die nur schwer ein auf der Tragbahre liegender Kranker gebracht werden konnte.

Eine früher von Russen geleitete Mädchenschule war in ein Spital umgewandelt worden. Vor allen Ärzten der Garnison hielt ich dort einen Vortrag. Abends war ich bei Gouverneur General v. Weeber geladen. Es gab Suppe, Kartoffel mit Kohl und eine kleine Mehlspeise; dazu ein Glas Bier und eine Tasse schwarzen Kaffee. Ich erwähne dieses Menü, da es in seiner Einfachheit vorteilhaft von manch zu üppigen Essen bei anderen Stäben abstach. General v. Weeber kümmerte sich um alles, was ihm untergeordnet war — und es war ihm alles unterstellt. Damals beschäftigte ihn die Regelung der Fischerei im Skutari-See; die Fische sollten in geräuchertem Zustand ins Hinterland kommen.

Montenegro ist zwar nicht groß, aber ungemein schwierig zu verwalten. Nach Osten gab es — wenigstens damals — nur eine gute Straße bis Podgorica, von da an Saumwege, die meist nur im Sommer gut zu begehen waren. Wollte nun z. B. FML. v. Weeber oder der Sanitätschef das im Osten gelegene Ipek besuchen, so mußte er von Cetinje in Ermanglung eines Flugzeuges über Cattaro, Sarajewo, Belgrad, Nisch, Üsküb, Mitrovica dahin reisen. Die Luftlinie beträgt 80 Kilometer, der Umweg ungefähr 1000 Kilometer!

Es läßt sich denken, welche Energie ein Kommandant haben

mußte, um eine so schwer zu bereisende Provinz in Ruhe zu erhalten. General v. Weeber war nicht übermäßig streng, doch bestand er mit allem Nachdruck auf der Ausführung seiner Befehle. Als er im damaligen Sommer von einem geplanten Putsch Kenntnis erhielt, wurden noch rechtzeitig alle freigelassenen montenegrinischen Offiziere eingezogen. Dabei hatte der frühere montenegrinische Kriegsminister den Oberleutnant, der ihn verhaften sollte, niedergeschossen, den Unteroffizier schwer verletzt und sich selbst in Sicherheit gebracht.

In Cetinje stellte sich mir ebenso wie kurz zuvor in Mostar ein Leutnant als dankbarer Patient vor; beide hatte ich wegen Blinddarmentzündung operiert.

Mittags schlug FML. v. Weeber eine Fahrt nach Skutari zum Besuch der dortigen Sanitätsanstalten vor. Ein äußerst interessanter Höhenweg führte über Rjeka nach Podgorica. Weiter ging die abwechslungsreiche Fahrt längs des Sees nach Skutari, wo wir von General Trollmann, einem engeren Landsmann von mir, erwartet wurden. Dann ging es zur Menage, an der gegen 40 Herren teilnahmen, u. a. Fregattenkapitän Wünschek, ein guter Kamerad und Freund meines verstorbenen Bruders Willy. Er war Kommandant S. M. S. „Lika" gewesen, die gleich am Tage nach der italienischen Kriegserklärung den italienischen Torpedobootzerstörer „Turbine" versenkt hatte, im Dezember 1915 vor Durazzo auf zwei italienische Minen gefahren und im Feuer der Küstenbatterien brennend gesunken war. Damals war auch mein jetziger Schwiegersohn Hans Freiherr v. Jordis als Fregattenleutnant an Bord, der sich mit seinem Kommandanten und den übrigen Überlebenden schwimmend auf S. M. S. „Triglav" rettete, nach dessen Untergang infolge Minentreffers alle auf einen dritten Zerstörer überstiegen, mit dem sie nach einem erbitterten Durchbruchsgefecht glücklich am anderen Tag in Sebenico einliefen. Wünschek wurde später der Kommandant der Seeflieger.

Am nächsten Morgen wurde ich ersucht, einem geistlichen Würdenträger meinen ärztlichen Rat zu erteilen. Wir verständigten uns lateinisch. Er bat mich, seine ihn schmerzende Achillessehne anzusehen. Als ich mir zum Vergleich den gesunden Fuß zeigen lassen wollte, machte er Schwierigkeiten und gestand dann, daß er nicht gewaschen sei. Unser kurzes Gespräch lautete: „Mihi necessarium est videre etiam alterum pedem." „Non est lavatus." „Facit nihil, saepe vidi farcimentum." Mein Kremsmünsterer Lateinprofessor P. Paulus Proschko hätte wohl an meinem Latein keine reine Freude gehabt.

Dann wurde ich von FML. v. Weeber zur Zitadelle geführt. Sie bestand aus alten, mächtigen, ursprünglich türkischen Befestigungen, in denen die Montenegriner sich festgesetzt hatten, bevor sie überwältigt wurden. Gegenüber, die Festung um vieles überragend, lag der hohe Berg Tarabosch, den seinerzeit die Türken so gut verteidigt hatten. — Nun ging es durch die Stadt zurück in das österreichisch-ungarische Spital, das vor ungefähr zehn Jahren erbaut und recht gut eingerichtet, nunmehr als Offiziersspital diente. Im großen Saal hielt ich einen Vortrag über Kriegschirurgie.

Nach Cetinje zurückgekehrt, setzten wir das Programm für den folgenden Tag fest: über Antivari, Spizza, Budua sollte ich nach Teodo fahren; doch der Mensch denkt und der Wettergott lenkt. Um drei Uhr früh brach ein Orkan los, dem sich ein Regenguß in einer Stärke zugesellte, wie ich ihn bisher nicht erlebt hatte. Die geplante Fahrt mußte aufgegeben werden. Mit FML. v. Weeber fuhr ich über die Serpentinenstraße zurück nach Cattaro, wo ich im dortigen Infektionsspital Frau v. Weeber besuchte, die sich nach Typhus, den sie sich als freiwillige Pflegerin geholt hatte, in Rekonvaleszenz befand.

Mit Torpedoboot 72 ging es dann zur „Gäa", dem früheren deutschen Dampfer „Fürst Bismarck", der von den Russen 1904 als „Moskava" im japanischen Krieg verwendet, von uns vor neun Jahren gekauft worden war, und auf dem die deutsche Unterseebootmannschaft einquartiert war.

Am nächsten Morgen, es war der 22. November, wurde ich mit der Nachricht geweckt, daß unser Kaiser Franz Joseph gestorben sei. Alle Schiffe flaggten Halbtopp. Ich war sehr ergriffen, als ich hörte, daß dieser große Dulder auf dem Kaiserthron, dieser nur dem Wohle seiner Untertanen lebende Monarch, nach 68jähriger Regierung seinem Lande und seinen Völkern durch den Tod entrissen worden war. Eine Woche später nahm ich in Marineuniform an der eindrucksvollen großen Leichenfeier in Wien teil.

Nach Besichtigung des Spitalschiffes „Afrika", das mir sehr gut eingerichtet schien, kehrte ich auf die „Gäa" zurück und hielt dort zwei Vorträge.

Abends lernte ich, bei Vizeadmiral Fiedler geladen, die beiden so berühmt gewordenen Offiziere Schiffsleutnant Singulé, Kommandant von U 4, und Schiffsleutnant Konjovic, Kommandant der Flugstation, kennen.

Am nächsten Tag ging es auf Torpodeboot 92 bei starkem Wind nach Cattaro zu einem nochmaligen Spitalsbesuch. Bei der Rückfahrt besichtigte ich die Tuberkulosenstation in Perasto; in Risano machte ich dem Spitalschiff „Sophie Hohenberg" — Kommandant des Spitals war Oberstabsarzt Dozent Dr. Brosch — einen Besuch. In diesem Spital war auch das von ihm erfundene Darmbad eingerichtet, das schon früher, besonders aber seit dem Kriege sich sehr bewährt hat, aber wie so manche bedeutende österreichische Erfindung erst über das Ausland eingebürgert wurde. Ich traf auch mit Regimentsarzt Dr. Groß zusammen, der in seiner langen serbischen Kriegsgefangenschaft ein schweres Fleckfieber glücklich überstanden hatte.

Ich fuhr dann nach Baosic zur Besichtigung des Epidemiespitals, dessen vorzügliche Einrichtung anerkennenswert war, und weiter nach Castelnuovo, von wo ich über Zelenika und Bosnisch-Brod nach Budapest gelangte; dort verbrachte ich den Abend bei meinem Freund Professor Dollinger.

Am Tag nach meiner Rückkehr nach Wien starb Dr. Alfred v. Gleich, der langjährige Primarius der chirurgischen Abteilung am Spital der Barmherzigen Brüder in Wien. Er hatte mir durch seine Geschicklichkeit und Pflichttreue als Privatassistent vorzügliche Dienste geleistet; ich bewahre ihm das beste Andenken.

Im Steckschußspital gab es jetzt viel Arbeit; zahlreiche Kugeln und Granatsplitter wurden entfernt. Die Kranken waren nachher immer restlos glücklich und erbaten sich den entfernten Fremdkörper zum Andenken.

Ende Jänner waren Großadmiral Haus und der Flottenstabschef Konteradmiral Rodler von Kaiser Karl nach Wien befohlen worden, um dann an dem großen Kriegsrat in Pleß teilzunehmen, wo die beiden Kaiser mit ihren Paladinen eine wichtige Entscheidung wegen des U-Boot-Krieges fällen wollten. Nach Wien zurückgekehrt, machten beide Admiräle mir und meiner Familie die Freude, zum Mittagessen zu kommen. Es war ein wirkliches Vergnügen, dem Großadmiral zuzuhören, der ebenso anregend als gemütlich plauderte. Bei allem, was immer besprochen wurde, verblüffte er durch sein Wissen und klares Urteil. Die Hausfrau freute sich darüber, daß ihm das Essen schmeckte, ich über seine wiederholte Versicherung, wie wohl er sich seit der vor vier Jahren von mir ausgeführten Magenoperation fühle. Er klagte allerdings über seine Augen und darüber, daß Professor E. Fuchs ein langsam sich entwickelndes Starleiden festgestellt habe. „Jünger möchte ich sein", sagte er. Nach Tisch setzte er sich ans Klavier und spielte ergreifend schön Schuberts „Am Meer".

Als uns die beiden Gäste verließen, dachte ich wohl alles andere, als daß ich den Großadmiral dreizehn Tage später zu Grabe geleiten sollte!

Spät abends fuhr er mit Rodler zurück nach Pola, wo beide am nächsten Nachmittag wohlbehalten ankamen. Der Großadmiral war sehr aufgeräumt und brachte die erste Nacht an Bord der „Viribus unitis" bei bestem Wohlbefinden zu. Am nächsten Morgen fühlte er sich fiebrig, erledigte aber die laufenden Geschäfte. Am Nachmittag legte er sich zu Bett, es entwickelte sich rasch eine Lungenentzündung, der er am 8. Februar erlag. Die Trauer um ihn war eine große und aufrichtige.

Freitag, den 9. Februar, als ich soeben an der Klinik eine schwere Kropfoperation gut vollendet hatte, wurde mir der Besuch der Kaisertochter Erzherzogin Marie Valerie gemeldet, die wiederholt den Kranken auf der Klinik Gedenkbilder des verstorbenen Kaisers Franz Joseph und Zigarren überbrachte und stets ein besonders gern gesehener Gast war. Auf das herzlichste wurde von ihr der berühmte Flieger, L.Sch.Lt. Baron Banfield begrüßt, der an der Klinik in Rekonvaleszenz nach einer Schußwunde durch eine Phosphorkugel lag.

Erzherzogin Marie Valerie erzählte mir, daß Kaiser Karl am Abend zum Begräbnis des verstorbenen Marinekommandanten nach Pola fahren werde, worauf ich gesprächsweise erwähnte, daß mir der Großadmiral als ehemaliger Patient und Freund sehr nahe gestanden sei. Ich war angenehm überrascht, als mich in den späten Nachmittagsstunden Graf Berchtold im Auftrage des Kaisers zur Fahrt nach Pola einlud, was ich natürlich mit Freude annahm.

Gleich nach der Abfahrt des Zuges wurde ich von Erzherzog Karl Stefan aufgefordert, in sein Abteil zu kommen. Bald gesellte sich auch Erzherzog Friedrich zu uns und so blieben wir bis Baden in angeregtem Gespräch beisammen.

Nächsten Mittag wurden 16 Personen aufgefordert, an der Tafel des Kaisers teilzunehmen; auch ich war darunter. Die Gäste der sogenannten Marschallstafel speisten in einem anderen Waggon. Als der Kaiser beim Essen erschien, dankte ich ihm für die Möglichkeit, die Fahrt mitmachen zu können. Außer den Erzherzogen Friedrich und Karl Stefan waren u. a. noch Generaloberst Conrad v. Hötzendorf und Generaloberst v. Boroevic, den ich von früher her gut kannte, anwesend. Nach der Tafel, die der Kaiser bald aufhob, ging er mit einigen Herren seiner Begleitung in den kleinen Rauchsalon.

Vor drei Uhr trafen wir in Pola ein. Am Landungsplatz harrten mehrere Motorboote. Das erste bestieg der Kaiser; Kommandant des Bootes war der rühmlichst bekannte L.Sch.Lt.

v. Trapp, der sich als U-Boots-Kommandant besonders ausgezeichnet hatte. Im zweiten Boot saßen die G.O. Conrad v. Hötzendorf und Boroevic, mehrere Generäle und ich. In rascher Fahrt ging es zur „Viribus unitis", deren Heck reich mit Kränzen geschmückt war.

Der Kaiser stieg das Fallreep hinan und wurde von Konteradmiral Rodler empfangen, den er mit den Worten begrüßte: „Ich spreche Ihnen meine besondere Teilnahme aus, denn Sie haben einen warmherzigen Freund verloren."

Kaum war der Kaiser auf Deck, als schon die Einsegnung durch die Marinegeistlichkeit begann. Der Sarg stand unter den Rohren des achteren Trippelturmes. Während er in ein Motorboot hinabgelassen wurde, besuchte der Kaiser die Witwe Haus, die mit ihren Söhnen vor wenigen Stunden in Pola angekommen war, in der Admiralswohnung.

Während der Fahrt gaben die Schiffe den Trauersalut ab. Das Wetter war herrlich klar, wenn auch kalt. Hoch in den Lüften kreisten die Flieger, um scharfen Auslug zu halten. Auf den Schiffen waren die Flak-Batterien bemannt, die U-Boote alle ausgelaufen, kurzum, es war ein genauer Wachdienst eingerichtet.

Nach kurzer Fahrt langte der Kondukt am Ausschiffungsplatz an. Der Sarg wurde auf eine Lafette gehoben, die von Matrosen gezogen wurde. Hinter dem Sarg schritten die Söhne, dann der Kaiser, die Erzherzoge, die Admiralität und Generalität, ein langer Leichenzug. Unter herrlichen Zypressen fand der Großadmiral seine letzte Ruhestätte auf dem Marinefriedhof. Von vielen Marineoffizieren wurde ich herzlichst begrüßt, gar manchen von ihnen hatte ich operiert.

Hierauf nahm der Kaiser — an seiner Seite stand als Vertreter des deutschen Kaisers Kapitän v. Freyberg — den Vorbeimarsch der ausgerückten Truppen ab. Auf dem Rückweg zum Bahnhof bildeten die Truppen, die defiliert waren, Spalier; in der Höhe des Arsenals standen ausschließlich Arsenalarbeiter ohne jede Gendarmeriebewachung, was die Arbeiter dem Kaiser als ein Zeichen des Vertrauens hoch anrechneten;

er wurde mit „Hoch"-, „Zivio"- und „Evviva"-Rufen warm
begrüßt. Kurze Zeit nach unserer Ankunft am Bahnhof ging
der Zug ab.

Nach Beendigung des bald darauf im kaiserlichen Salonwagen servierten einfachen Abendessens lud mich Prinz Lobkowitz in den Rauchsalon an den Tisch des Kaisers, der mir seine Sorge darüber aussprach, daß dem Großadmiral die Fahrt nach Pleß geschadet und zur tödlichen Lungenentzündung geführt haben könne. Ich konnte diese Vermutung allerdings nicht von der Hand weisen, fügte aber hinzu, der Großadmiral sei durch diesen verhältnismäßig milden Tod vielleicht vor weiteren Alterserscheinungen, die er besonders fürchtete, bewahrt geblieben, hatte doch die Untersuchung durch Professor E. Fuchs einen auf beiden Augen einsetzenden Star ergeben. Der Kaiser schien durch diese Mitteilung wesentlich beruhigt. Am nächsten Morgen brachte mich Erzherzog Karl Stefan in seinem Auto an meine Klinik, wo er L.Sch.Lt. Baron Banfield besuchte und ihm im Namen Sr. Majestät den „Kaiserlichen Gruß" übermittelte.

Zwei Dinge dieser Reise werden mir unvergeßlich bleiben: die tiefe und allgemeine Trauer um den aus dem Leben geschiedenen Marinekommandanten — und der ausgezeichnete Eindruck, den Kaiser Karl durch seine Haltung beim Leichenbegängnis in Pola, wie auch durch seine im Gespräche geäußerten Ansichten, erweckte.

In der zweiten Hälfte Februar 1917 fuhr ich nach Lemberg, um an der feldärztlichen Tagung der III. Armee (Böhm-Ermolli) teilzunehmen. Sie wurde durch eine kurze, sehr ärztefreundliche Ansprache des Generalobersten Böhm-Ermolli eröffnet. Dann regte Generalstabschef Dr. Bardolff in einem vortrefflichen Vortrag über das Sanitätswesen an, daß die Ärzte den Offizieren gleichgestellt werden sollten, ein Vorschlag, der inzwischen in verschiedenen Staaten — in Österreich noch nicht — verwirklicht worden ist.

Hierauf sprach Prof. Paltauf über „Die Medizin im gegenwärtigen Krieg", Prof. Alexander Fraenkel schloß sich mit einem Referat über die „Wundbehandlung im Krieg" an. Nachmittags hielt ich einen Vortrag über „Fremdkörperlokalisierung und Röntgenoperation"; die Fragen der Röntgentechnik wurden von Prof. Holzknecht eingehend erläutert. Die Professoren Dollinger und Zuckerkandl sprachen über Amputationen, die Professoren Albrecht, Lieblein, Franz und Ghon über Gasbrand. Wertvolle Mitteilungen über die Bekämpfung der Geschlechtskrankheiten gaben Hofrat Finger, Prof. Lukasiewicz und Dozent Moldovan. Über den Stand der epidemischen Krankheiten (Fleckfieber) sprach Prof. Kutschera. Die Professoren v. Haberer und Verebely referierten über Gefäßchirurgie, wobei bemerkenswerte Erfolge bekanntgegeben wurden. Prof. Kader sprach über den infizierten Oberschenkelbruch. Die Vorträge waren alle sehr interessant und standen durchwegs auf wissenschaftlicher Höhe.

Am 7. März beschenkte mich meine Frau mit dem langerwarteten Sohn. Er war ein wohlgebildetes, kräftiges Kind. Am 18. März fand durch meinen hochgeschätzten Universitätskollegen Prälaten Professor Dr. H. Swoboda im größeren Familienkreis die Taufe statt, in der der Neugeborene die Namen Hans Otto erhielt. Taufpate war der liebe alte Graf Hans Wilczek, der sich schon seit Jahren für dieses Amt freundschaftlich angetragen hatte.

Am 31. März fuhr ich nach Belgrad, um, einer Einladung des Sanitätschefs des Generalgouvernements Belgrad folgend, vor den Sanitätsoffizieren einen Vortrag zu halten. In Budapest traf ich mit meinem Freund, Professor v. Grosz, dem Direktor der Augenklinik zusammen, so daß wir gemeinsam unsere Reise fortsetzten.
Am nächsten Morgen wurde das serbische Garnisonsspital besichtigt. Wir besaßen in ganz Österreich-Ungarn kaum ein ähnlich modern eingerichtetes Militärspital, wie es die Serben schon acht Jahre zuvor gebaut hatten. Es lagen dort chirurgische Kranke aller Nationalitäten, vor allem viele Russen, Serben und Italiener. In der Kriegsprosektur des Dozenten Milosla-

vitsch (jetzt in Amerika) sah ich den ihm als Assistenten beigegebenen Dr. Sieglbauer [41] bei seiner Arbeit; er hatte täglich eine große Zahl von Blutuntersuchungen auf Malaria auszuführen. Hierauf besichtigte ich das Augenspital. Aus sämtlichen Trachom-Patienten hatte man, ebenso wie aus den Malaria-Kranken, je ein Arbeiterbataillon gebildet, so daß dem Staate nur wenig gesunde Arbeitskräfte entzogen wurden.

Ich meldete mich beim Stellvertreter des Generalgouverneurs, der mich äußerst liebenswürdig empfing; seinen Schwiegersohn, einen aktiven Hauptmann, hatte ich vor Jahren durch eine Operation wieder hergestellt. Für den Nachmittag waren im Militärspital die Vorträge angesetzt, zu denen auch mehrere Generäle und höhere Offiziere erschienen. Als Erster sprach Professor E. v. Grosz, der in seinen Ausführungen eine vorzügliche Übersicht über seine umfassende augenärztliche Tätigkeit, vor allem über Augenverletzungen, gab. In Ungarn waren damals schon über 200 durch Schuß verletzte Krieger vollkommen erblindet. Dann kam ich zu Wort und sprach über Blutungen und Infektion der Schußwunden.

Am folgenden Tag sah ich dem ungarischen Arzt Mutschenlechner bei der Operation eines Aneurysmas zu, die sehr geschickt ausgeführt wurde. Bei einer Rundfahrt durch die Stadt wurden mir die Marken des Wasserstandes bei Hochwasser in Donau und Save gezeigt, das so plötzlich eintreten kann, daß z. B. ein Jahr zuvor sechshundert Deutsche und Österreicher in der Save allein ertrunken sein sollen. Zur Erinnerung an den Besuch Kaiser Wilhelms war ein Relief des Kaisers angebracht worden, der sich damals an Ort und Stelle genau informieren ließ, wo und wie im Jahre 1717 Prinz Eugen den historischen Brückenschlag bewerkstelligt hatte. — Abends fuhr ich nach Wien zurück.

Nach einigen Wochen angestrengtester Arbeit an der Klinik trat ich eine neuerliche Frontreise an, die mich zunächst nach Friedau und Prosecco führte. Am Morgen des 19. Mai kam

---

[41] Seit Jahren als Professor der Anatomie in Innsbruck hervorragend tätig.

ich in Friedau an, hielt große Visite und operierte mehrere Verwundete. — Am nächsten Tag meldete ich mich in Adelsberg bei dem ausgezeichneten Truppenführer Generaloberst v. Boroevic, der mich zu einem vorbildlich einfachen Essen einlud. Beim Besuch der chirurgischen Abteilungen, zusammen mit Generalstabsarzt Thomann, meinem Jahrgangskollegen aus der Studienzeit in Wien, sah ich u. a. ein Kind, dem bei der Explosion einer Handgranate beide Augen zerstört worden waren. Im Auto ging es zunächst nach Sesana zu kurzem Besuch des Feldzeugmeisters W. Wurm und dann weiter nach Opcina. Dort traf ich einen meiner Schüler, der in einem kreisförmig um eine Doline erbauten Barackenlazarett eine gute Arbeitsstätte gefunden hatte.

Die Weiterfahrt führte mich nach Prosecco zu meinem Schüler Oberstabsarzt Schäffler, einem ausgezeichneten Chirurgen (der leider im Jahre 1926 plötzlich gestorben ist). Er brachte mich in einem kleinen Nebenhaus unter, das im Ganzen etwa der Größe eines mittelgroßen Zimmers entsprach. Im Garten war ein mächtiger Erdtrichter, der von einer wenige Tage zuvor von italienischen Fliegern abgeworfenen Bombe herrührte, die glücklicherweise nur eine leere Entlausungsstation zerstört hatte. — Das Schießen der schweren italienischen Geschütze hielt unverändert an. Ständig wurden neue Verletzte gebracht, bei deren Versorgung ich fleißig mithalf. Bei einem kleinen abendlichen Rundgang sah ich die ganze Gegend von Hermada und Kostanjevica im Scheine der Leuchtraketen: das Aufblitzen bot stets einen schauerlich-schönen Anblick.

Am nächsten Morgen wurden zahlreiche Verwundete eingeliefert, die in Autos vom Ausgang des nahen Tunnels abtransportiert worden waren. Da dieser Weg ständig unter feindlichem Feuer lag, bedeuteten diese Fahrten keine geringe Gefahr; erst tags zuvor war ein alter, braver Chauffeur einem Schrapnellvolltreffer zum Opfer gefallen. Wir arbeiteten den ganzen Tag. Eine abends eingetretene Pause — nach Versorgung aller eingelieferten Verwundeten — nützte ich aus, um im offenen Wagen, bei herrlichem Wetter, nach Triest zu fahren. Das Meer, von keinem einzigen Schiff befahren, machte einen vollkommen verlassenen Eindruck. Im Hafen von Triest lag eine einzige Fischerbarke.

Bei Konteradmiral Baron Koudelka traf ich meinen Freund Baron Banfield, auf den die Marine wegen seiner unvergleichlichen Taten ganz besonders stolz ist. Banfield sah schlecht aus, da er fünf Tage zuvor mit seinem Flugzeug abgestürzt und drei Meter unter Wasser stecken geblieben war. Er riß sich die Kleider vom Leib und es gelang ihm, im letzten Augenblick die Oberfläche zu erreichen. Dann wurde ihm ein Rettungsgürtel zugeworfen und er schwamm zur „Viribus unitis", ließ sich frottieren, schlief ein paar Stunden und flog mit einem anderen Apparat allein nach Triest zurück. Da ich bei ihm eine auffallende Pulsverlangsamung konstatierte, bat ich ihn dringendst, sich zu schonen.

Besonders interessant waren die Andenken und Geschenke, die Banfield in seinem Zimmer hatte. Am meisten freute ihn eine silberne Plakette mit Lorbeerkranz, eine Widmung der Obstlerinnen und Marktfrauen von Triest, die dem erfolgreichen Verteidiger der Stadt damit ihren Dank aussprachen. Banfield erzählte sehr fesselnd über seine zahlreichen Flüge, unter anderem auch über den kühnen Flug über die Sdobba-Batterie, in deren Sperrfeuer er kürzlich geraten war: Er konnte sich nur dadurch retten, daß er im Sturzflug bis auf 50 m oberhalb des Wassers niederging und dann eiligst davonflog, bevor noch der Feind seine steil aufgerichteten Geschütze genügend senken konnte.

Spät abends ging es im Auto Banfields zurück nach meinem kleinen Gartenhaus in Prosecco. Zur Illustrierung der Art der Verletzungen, die an dieser Verwundetenstation eingeliefert wurden, diene Folgendes: Als einmal eine durch eine Gewehrkugel verursachte Schußwunde gebracht wurde, liefen die Ärzte zusammen, da im Laufe der letzten Tage ausschließlich Granat- und Schrapnellverletzungen eingebracht worden waren.

Bei der Weiterfahrt über Berestizze kamen wir an fröhlich aussehenden Truppen vorbei. In Veliki Dol hatte mein Schüler StA. Dr. Krondl eine geradezu vorzüglich eingerichtete Barackenstation, in der unter anderen drei frischoperierte Bauchschußpatienten, darunter auch eine Frau, lagen. Durch heftige Schüsse veranlaßt ins Freie zu eilen, sah ich acht italienische Caproni-Flugzeuge schräg über uns kreisen, die von Abwehrbatterien in intensives Feuer genommen wurden. Einer der Flieger steuerte direkt auf das Spital zu. Bevor er uns überflog, platzte ein Schrapnell so nahe vor seinem Bug, daß er es vorzog, wieder abzuschwenken.

Dann ging es nach Skopo, wo wir einem großen Teil des 47. Infanterie-Regimentes begegneten, brave Steirer, die wohl etwas müde aussahen. Auf meine Frage, wie es gehe, bekam ich zur Antwort, daß sie mehr als einen Monat im Schützengraben gelegen waren, in der letzten Nacht abgelöst wurden und nun auf zehntägige Retablierung hätten gehen sollen. Schon nach sechs Stunden aber erreichte sie der Befehl, unverzüglich wieder an die Front einzurücken, da der Kampf mit den Italienern äußerst erbittert und die italienische Übermacht enorm sei. „Wir san allweil die Wurzen", sagte einer und spielte darauf an, daß überall dort, wo es besonders ernst zugehe, die alpenländischen Regimenter herhalten mußten. — Um 11 Uhr nachts kamen wir nach Prosecco zurück.

Um 5 Uhr früh wurde ich durch ein donnerartiges Getöse, das das ganze Haus erzittern ließ, aus dem Schlaf geweckt. Feindliche Monitore, begleitet von zwölf Sicherungsfahrzeugen (Torpedobooten und Panzermotorbooten) waren in den Golf von Triest eingedrungen und beschossen in genauer Kenntnis des Umstandes, daß uns in diesem Bereich weittragende Abwehrkanonen fehlten, die Abschublinie Nabresina—Santa Croce —Prosecco. Da das Spital gerade in der Schußlinie lag, wurde es von über 20 Geschossen überflogen. Merkwürdigerweise richteten sie nahezu keinen militärischen Schaden an, wohl aber wurden einer jungen Mutter ihre drei Knaben getötet, sie selbst erlitt einen Knochenbruch am Bein. Die Beschießung der

Flieger durch unsere Abwehrkanonen wirkte sich unter Umständen durch herabfallende Schrapnells unheilvoll aus. Dem unvergleichlichen Banfield und seinen ihm unterstellten Fliegern gelang es glücklicherweise, zwei der drei feindlichen Monitore durch je einen Bombentreffer zum sofortigen Rückzug zu zwingen. Da auch ein feindliches Torpedoboot dasselbe Schicksal erfuhr, war noch im Laufe des Vormittags die Ruhe wieder hergestellt [42].

Schon um 7 Uhr früh, mitten in der Beschießung, hatten wir einen durch ein Granatstück durchlochten Magen genäht, nachher konnten wir in vollkommener Ruhe zwei Bauch- und zwei Gefäßschüsse operieren und noch einige andere frische Verletzungen versorgen. Die Arbeit war so reichlich, daß man oft nicht wußte, wo man zuerst anpacken sollte.

Spät abends wurde es wieder ruhig; und so fuhr ich plangemäß nach Triest und trat um Mitternacht die Rückreise über Laibach an. Im Zuge traf ich einen Offizier, den wir vor Jahresfrist wegen eines schwer infizierten Knochenschusses operiert hatten; er war vollkommen geheilt.

August 1917 operierte ich einen meiner liebsten Freunde, einen Universitätskollegen. Vor Jahresfrist hatte er einen Hirsch erlegt und denselben über eine steile Lehne zum Weg hinaufgezogen. Da er gleich darauf Schmerzen empfand und sich eine größere Geschwulst in der Achselhöhle zeigte, die leicht pulsierte, war die Annahme naheliegend, daß ein Riß in der Hauptschlagader erfolgt sei und zur Bildung eines Aneurysmas der Arteria axillaris geführt habe. Seit dieser Zeit hatte sich die Geschwulst langsam vergrößert, der Kranke hatte

---

[42] Zu dieser Aktion war Banfield mit fünf Bombenseeflugzeugen und einem Jagdflugzeug aufgestiegen und griff in 50 m Höhe die feindlichen Einheiten an, wobei zwei seiner Flugzeuge im Luftkampf von feindlichen Jagdflugzeugen abgeschossen wurden. — Banfield war in stetem Luftkampf mit den feindlichen Jagdflugzeugen und erzielte aus nächster Distanz Treffer.

starke Schmerzausstrahlungen in der Hand, der ganze Arm magerte stark ab. Als später die Pulsation verschwunden war, mußte man auch an eine bösartige Geschwulst denken. In Äthernarkose legte ich die Geschwulst bloß und es fiel uns ein Stein vom Herzen, als wir meinten, feststellen zu können, daß ein Neurofibrom vorliege, eine Fasergeschwulst nicht bösartiger Natur des nervus radialis, der selbst ganz in der Geschwulst aufgegangen war. Die beiden Nervenstümpfe ließen sich gut vereinigen und wurden durch ein Foramittiröhrchen [43] noch gesichert. Anfangs schien alles gut zu gehen. Die mikroskopische Untersuchung, von Paltauf ausgeführt, bestätigte die günstige Diagnose Neurofibrom; mein Freund konnte sich aber nicht erholen. Nach zweieinhalb Monaten zeigte sich eine kleine, harte Drüse in der Achselhöhle, die ich über seinen Wunsch in Narkose entfernte. Die Drüse selbst war leicht zu beseitigen, von ihr aus aber zog ein harter, dünner Strang, der sich längs des Nervenverlaufes nach oben verfolgen ließ. Zu unserem Schrecken ergab die sofort durch Paltauf vorgenommene mikroskopische Untersuchung ein sehr zellenreiches Sarcom, das ohne Auslösung des Armes aus der Schulter doch nicht zu beseitigen gewesen wäre. Es wurde daher von einem weiteren Eingriff abgesehen. Schon wenige Wochen später fand sich, entsprechend einer Dämpfung der Lunge, röntgenologisch eine ausgedehnte Verschattung dieser Brusthälfte vor. Von da an ging es rasch abwärts und nach mehreren Monaten war mein lieber Freund seinem Leiden erlegen. War hier die Fasergeschwulst des Nerven im Anschluß an die Überanstrengung (Zerrung) ein Jahr vor der Operation zustande gekommen und hatte sich, von da ausgehend, eine bösartige Neubildung des Mittelfeldes entwickelt oder war die Neubildung unabhängig davon aufgetreten? Der Fall blieb ungeklärt. Das tragische Ende unseres lieben Freundes hat uns alle tief erschüttert. Ihm, der mit unzerstörbarem Optimismus einen guten Ausgang des

---

[43] Ein desinfiziertes und gehärtetes Stückchen Schlagader vom Kalb.

Krieges sicher erwartete, blieb es glücklicherweise erspart, den Jammer und das ganze Elend des Zusammenbruches und der Nachkriegszeit mitzuerleben.

Im zweiten Jahr des Weltkrieges war von dem weltbekannten Chirurgen A. Carrel (Newyork), über den ich bei meiner Amerikareise ausführlich berichtete, auf Grund günstiger Erfahrungen die Dauerdesinfektion der frischen Granatwunde mittels Spülens nach Dr. Dakin empfohlen worden. Diese Lösung enthielt Chlor in statu nascendi als hauptsächlich wirksamen Bestandteil. Diese Behandlung war mir von vornherein sympathisch, da der große Arzt Semmelweis den Ärzten und Hebammen der Wiener Gebärklinik schon in den Fünfzigerjahren — lange vor Lister — die Anwendung der Chlorlösung als Desinfiziens der Hände bei Entbindungen nicht nur empfohlen, sondern geradezu von ihnen gefordert hatte. Besonders verbot Semmelweis prophylaktisch jede Verunreinigung der Hände des Arztes im Seziersaal mit Leichenteilen. Semmelweis wurde durch diese seine Forderung der Vorläufer der modernen Asepsis, als deren oberstes und maßgebendstes Prinzip er in erleuchteter Voraussicht die Vorsorge gegen die Kontaktinfektion erkannte.

Am 10. September 1917 fuhr ich über Marburg nach Friedau und kam im dortigen Spital des Deutschen Ritterordens gerade zur Nachmittagsvisite zurecht. Für den nächsten Morgen wurde eine Reihe von Operationen angesetzt. Unter den zahlreichen Eingriffen, die uns von früh bis in den Nachmittag hinein in Anspruch nahmen, scheint mir die erfolgreiche Entfernung von sechs Rippen, die miteinander knöchern vereinigt waren, zwecks Ausheilung einer eitrigen Brustfellentzündung nach einer Schußverletzung bemerkenswert. Noch am selben Abend hatte ich in Marburg bei Feldmarschall Erzherzog Eugen eine längere Aussprache über Transport und Verteilung der Verwundeten und konnte mit Freude feststellen, daß er sich auch für diese Fragen lebhaft interessierte.

Am nächsten Vormittag setzte ich die Reise nach Laibach fort und besprach abends vor 140 Militär- und einigen Zivilärzten aktuelle kriegschirurgische Fragen. Anschließend daran hielt der Chemieprofessor an der Deutschen Universität in Prag, Zeynek, einen höchst interessanten Vortrag über die neuesten Gasbomben der Italiener.

Mit GStA. Thomann fuhr ich nach Adelsberg weiter und von dort über Zoll nach Kote 809, wo ein Feldspital reichliche Arbeit bot. Auf der Durchfahrt in Angelscagore meldete ich mich beim kommandierenden General, dem rühmlichst bekannten Generaloberst Fürst Schönburg-Hartenstein. Er kam eben von einer Inspektion der Stellungen zurück, die ihn bis in die vordersten Schützengräben geführt hatte; durch eine knapp neben ihm einschlagende Granate wäre er bald ums Leben gekommen. Er hatte von den Explosionsgasen zum Glück nicht viel abbekommen, während sein Adjutant stark mitgenommen war. — Die Beschießung des Monte San Gabriele durch die Italiener war sehr heftig und bot einen schauerlichen Anblick dar. So mag ein feuerspeiender Berg aussehen!

Nun ging es weiter nach Heidenschaft, wo ein behelfsmäßig zu einem Spital umgewandeltes Fabriksgebäude voll belegt war. Hier erprobten wir den Wert der Dakinlösung bei den schweren Granatverletzungen. Diese Behandlung nahm den Großteil des Tages in Anspruch. An einigen Abenden wurden Sanitätsanstalten in der näheren und weiteren Umgebung im Auto besucht, wo überall gute ärztliche Arbeit zu sehen war.

Bei der reichlichen Arbeit der nächsten Tage hatten wir viel unter der Fliegenplage zu leiden. Sie setzten sich auf die Wunde sowie auf Hände und Gesicht und stellten eine starke Geduldprobe für den Arzt, für den Patienten außerdem noch eine Gefahr dar und vereitelten nicht selten eine glatte Heilung. Der englische Chirurg Mc. Cormac hatte, wie früher erwähnt, über die entsetzliche Fliegenplage im Burenkrieg geklagt. Merkwürdigerweise wurde nach dem Krieg von amerikanischen

Kollegen die Behandlung stark eiternder Wunden, besonders Knochenhöhlen, mittels Fliegenmaden auf Grund günstiger Erfahrungen empfohlen. Ich selbst beobachtete gerade während dieser Frontreise wiederholt beim Lüften länger liegender Verbände zahlreiche Maden, meist ohne daß die Wunde nennenswerte Reizerscheinungen gezeigt hätte.

An einem der nächsten Nachmittage machte ich einen kurzen Besuch in einer Wurstfabrik. Das frisch gewonnene Blut wurde getrocknet, der Blutkuchen in feine Würfel zerschnitten, mit etwas Haferstroh und Mais versetzt und den Pferden als Futter gereicht, die dieses, wie ich hörte, auch annahmen. So wurden die Pferde in ihren letzten Lebenswochen noch künstlich zu Fleischfressern gemacht! — Spät in der Nacht fuhren wir über Wippach nach Heidenschaft zurück.

Einen Abend verbrachte ich in der tadellos gehaltenen chirurgischen Abteilung eines Schlosses, wo Dozent Hans Salzer Chefchirurg war.

21. September: Herbstanfang! Ein von mir vor wenigen Tagen operiertes Aneurysma begann zeitlich morgens zu bluten; zum Glück gelang es, die Blutung erfolgreich zu stillen, so daß die Extremität erhalten blieb. Schrecklich sahen die an diesem Tag eingelieferten Verletzungen aus. Bei einem Verwundeten, dem wegen Gasbrand der Oberarm ausgelöst worden war, trat eine schwere Nachblutung ein, die gerade noch rechtzeitig gestillt werden konnte. Im weiteren Verlauf des Tages kamen drei schwere Bauchschüsse, bei denen so ausgedehnte Zerreissungen des Darmes vorlagen, daß selbst der sofort ausgeführte Eingriff, der jedesmal eine vielfache Durchlöcherung des Darmes bloßlegte und versorgte, das tödliche Ende nicht hintanzuhalten vermochte. Hierauf wurden mehrere schwere Gesichts- und Schädelverletzungen gebracht, bei denen durch Minenwerfer auch die Augen beschädigt worden waren; begreiflicherweise fragten die Patienten höchst aufgeregt, ob sie wieder sehend würden. Unter den Verwundeten war auch ein Soldat, dem ein Auge schwer verletzt, die linke Hand und vier Finger der rechten Hand weggerissen worden

waren; außerdem hatte er noch mehrere Verletzungen am Oberschenkel und am übrigen Körper! Die meisten Verwundeten trugen auch die schwersten Verletzungen mit Ruhe und Heldenmut und wer hätte Vereinzelten, die klagten und sich gegen das grausame Schicksal aufbäumten, einen Vorwurf machen können?!

Der Zustrom von Verwundeten hielt den ganzen Tag bis spät in die Nacht hinein an. Noch um 11 Uhr assistierte ich einem der Ärzte bei der erfolgreichen Operation eines Bauchschusses, nachdem ich vorher eine zerrissene Arteria femoralis bei gleichzeitig ausgedehnter Zertrümmerung des Oberschenkels vergeblich zu nähen versucht hatte; schließlich mußte doch amputiert werden. Von den mit Chlorlösung Behandelten lagen noch mehrere in schwerem Fieber, kurzum, der Tag brachte viele Sorgen und nur wenig Befriedigung.

Die Behandlung der schweren, durch Granaten gesetzten Wunden mit Dakinlösung zeitigte wiederholt sehr bemerkenswerte Erfolge. Seitdem die primäre Versorgung der Rißquetschwunden im Krieg durch mechanische Desinfektion (Friedrich) sich mehr einbürgerte, haben wir die Chlorberieselung zu Gunsten der Friedrichschen Methode um so leichter aufgegeben, als die Chlorlösung, wenn nicht ganz besonders darauf geachtet wird, und das ist gerade im Felde nicht immer möglich, die Wäsche sehr stark zerstört, unter Umständen sogar die Haut reizt. Die Berieselung mit Dakinlösung wird heute vorwiegend bei infizierten Wunden viel angewendet.

Auf der inneren Abteilung sah ich eine Reihe von Gasvergifteten, unter denen sich auch mehrere engere Landsleute aus Oberösterreich befanden. Der Eindruck, den diese schwer um Luft ringenden Kranken machten, war ein erschütternder, der Ausgang dieser Vergiftungen fast immer ein tödlicher! Auch der fanatischeste Kriegshetzer würde wohl bei einem solchen Anblick von seinem Wahn geheilt. Jedenfalls wird jeder, der diese unbeschreiblich traurigen Bilder mitangesehen hat, jetzt alle in Friedenszeit abzuhaltenden Gasschutzübungen begrüßen und fördern.

Auf dieser kurzen Fahrt zur Front habe ich viel Schweres erlebt. Vom Wirken der Ärzte in den vorderen Linien nahm ich einen günstigen Eindruck mit.

Am 12. Oktober führte ich in Gegenwart der Teilnehmer der waffenbrüderlichen Vereinigung der deutschen und österreichisch-ungarischen Ärzte an meiner Klinik zwei Rückenmarksoperationen aus, eine wegen eines Steckschusses, die andere wegen Entfernung einer bösartigen Geschwulst; beide Male erfolgte gute Heilung.

Anfangs Dezember machte ich meine nächste Fahrt zur Front, die mich in das Kriegsgebiet am Isonzo führte, das durch unseren Sieg bei Karfreit frei geworden war. Am 2. Dezember kam ich über Opcina nach Nabresina, von wo mich der als Oberarzt eingerückte Kritzendorfer Arzt Dr. Bergmann in einem leichten Wägelchen nach Görz weiterführte. Die Straße war unglaublich schmutzig und voll von Granatlöchern. Ich fuhr durch die Vorstadt St. Peter in die Stadt. In St. Peter war buchstäblich kein Haus mehr ganz, die Kirche auf das schwerste beschädigt. In Görz selbst waren keine zwanzig Häuser intakt geblieben, die Stadt war zu einer großen Ruine geworden. Aus allen Fenstern hingen die Fensterläden so unheimlich herunter, daß man meinte, der nächste Windstoß würde sie zu Boden schleudern. Ich nächtigte in einem Haus, das einen Volltreffer erhalten hatte; die Fensterscheiben waren durch Bretter ersetzt.

Am nächsten Morgen ging die Fahrt längs des Isonzo nach Plava weiter. Die zerstörte Vorstadt Salcano mit der ganz zertrümmerten Brücke bot ein Bild greulichster Verwüstung. Unglaublich viel Munitionsmengen waren hier von den Italienern zurückgelassen worden, die Granaten lagen zu kleinen Bergen gehäuft umher. Überall liefen Ratten herum, die sich nicht vor den Menschen scheuten und durch die zahlreichen, noch ungeborgenen Leichen vor Hunger gesichert waren. Die Italiener waren Meister im Einbau von Kavernen, deren Eingänge durch Sandsäcke tadellos maskiert waren; auch die ganz niederen Türen, die gerade ein Hineinschlüpfen ermöglichten, waren nicht zu sehen. In einer solchen Kaverne war ein Notspital eingebaut, das bis zu 100 Betten faßte, die wie in einem Schiff übereinander angebracht waren. Gegen Feuchtigkeit dichteten Reisstrohmatratzen gut ab. Wegen des Leichengeruches war ein längerer Aufenthalt nicht einladend.

Wieviel Unheil durch die Explosion von Handgranaten verursacht wurde, davon konnte ich mich am nächsten Tag in Cormons überzeugen, wo sich ein von Kindern überbelegtes großes Krankenzimmer befand. Die Kinder hatten alle mehr oder weniger schwere Verletzungen, Ausreißung einer Hand oder eines Fußes, oft auch Zerstörung eines, selbst beider Augen. Diese schweren Unfälle waren beim Absuchen des Schuttes und Spielen mit Handgranaten zustande gekommen. Über die zahlreichen Unglücksfälle, die in den Nachkriegsjahren durch solche Explosionen verursacht wurden, berichten häufig genug die Tageszeitungen. — Wie zweckentsprechend die Italiener auch die sanitären Vorbereitungen getroffen hatten, zeigten die Transportmittel, so z. B. die zweirädrigen und anderen Karetten sowie die Sanitätsautos, von denen eine stattliche Anzahl zurückgeblieben war.

Am Rückweg nach Görz besuchte ich den so heiß umstrittenen Friedhof. Er war von einem italienischen Schützengraben durchzogen, dessen Anmarschlinie ganz ausgezeichnet gegen Einsicht vom Monte Gabriele aus, der bekanntlich auch in den schlimmsten Zeiten von den Unseren gehalten wurde, geschützt war. Als Kugelschutz waren neben zahlreichen großen Weinfässern, die mit Sand gefüllt waren, Tausende von Sandsäcken verwendet worden. Der Friedhof hatte mehrere mächtige Trichter, Treffer von 30-cm-Granaten! In den Schützengräben lagen überall Brustpanzer umher!

Am folgenden Nachmittag begegnete mir auf dem Wege nach Cormons mein ehemaliger Schüler aus Holland, Stabsarzt Dr. Tenhove, der mit einem anderen holländischen Kollegen von einer kurzen Informationsreise zur Front zurückkehrte.

Ich besichtigte auch die heiß umstrittene, berühmt gewordene Podgora-Stellung. In Cormons angekommen, galt mein erster Besuch dem Zivilspital, wo ich unter anderen auch meinen Schüler Dr. Kroph antraf. Ich machte bei allen Verwundeten Visite und besprach einige schwierige Fälle. Dann bezog ich mein Quartier, das mir beim dortigen Pfarrer, einem Friauler, zugewiesen worden war. In der Mitte der Stube brannte ein offenes Feuer, darüber war zum Abzug des Rauches ein regenschirmartiges Eisendach angebracht. Der Pfarrer und sein Kooperator empfingen mich sehr höflich und geleiteten mich in ein Zimmer im ersten Stock. Durch mehr als zwei Jahre war es bis vor kurzem von einem italienischen Oberst bewohnt gewesen, der eine schon etwas zerrissene Zeitung zurückgelassen hatte, die seinerzeit in zahlreichen Exemplaren verbreitet worden war: ans Kreuz genagelt war in der Mitte der deutsche Kaiser abgebildet, als böser Schächer ihm zur einen Seite unser guter, alter Kaiser und auf der anderen der Sultan. Darunter stand in italienischer Sprache: „Das sind die Urheber dieses schrecklichen Weltkrieges!"

Am folgenden Tage fuhr ich nach Udine. Das dortige Zivilspital war mit modernen Laboratorien gut eingerichtet. Es war vorzugsweise von internen Kranken belegt. Dann besuchte ich die chirurgische Abteilung in Doppo, die in einem Erziehungsinstitut für Knaben untergebracht war, das schon von den Italienern zu einem Spital umgewandelt und sehr hygienisch eingerichtet worden war. Von dort ging es in ein großes Spital außerhalb der Stadt, in dem Professor Freih. G. v. Saar, der durch mehrere Jahre mein Schüler gewesen, die chirurgische Station leitete. v. Saar war ebenso wie Breitner zu Kriegsbeginn in Gefangenschaft gekommen, entfaltete eine erfolgreiche, besonders auch operative Tätigkeit in Tobolsk, wurde ausgetauscht und war als Kriegschirurg wieder in seiner Heimat tätig. Ihm wäre noch eine schöne Zukunft beschieden gewesen; er erlag leider 1919 einer Grippe. v. Saar wurde durch meinen Schüler Axel Brenner, den Sohn meines Freundes, des Linzer Chirurgen, als Sekundararzt unterstützt. Das Spital war in einer früheren Reiterkaserne untergebracht. Es war gut eingerichtet, doch fehlte das Heizmaterial zur Gänze. Die Patienten konnten noch leidlich durch Decken vor der Kälte geschützt werden. Störend war das Erstarren der Finger des Operateurs.

Am Morgen des nächsten Tages fuhr ich weiter nach Della Carnia und von dort nach Piani, wo das Deutschordensspital mit StA. Dr. Haas in einem vor eineinhalb Jahren tadellos errichteten Barackenbau untergebracht war. Ich fand dort wieder zahlreiche verwundete Kinder, die bei den Aufräumungsarbeiten durch Explosion von Handgranaten verletzt worden waren. Die Rückfahrt machte ich in einem nach Norden abgehenden Lastzug, der auch einen Personenwagen mitführte und erreichte erst nach 24stündiger Fahrt das stark zerschossene Pontebba. Dort gelang es mir, im Packelwagen eines überfüllten Schnellzuges Platz zu bekommen; wir waren zu 18 in dem kleinen Raum untergebracht. Der Gepäcksraum war derart mit Menschen und Koffern beladen, daß der Boden des Wagens des öftern an den Rädern schleifte. Zum Glück erfüllte sich die trübe Prognose eines mitfahrenden sachverständigen Offiziers nicht, daß baldigst eine Entgleisung oder ein Achsenbruch erfolgen müsse.

Am Spätnachmittag traf ich in Friesach zum Besuch des Spitals des Deutschen Ritterordens ein. Bei der Abendvisite wurden für den nächsten Tag einige Fälle zur Operation bestimmt, die ich zusammen mit Ordinarius Dr. v. Knappitsch ausführte. Hierauf Besuch verschiedener, in Privathäusern und Klöstern untergebrachter Ruhr- und Typhuspatienten und Weiterfahrt über Selztal nach Steinhaus und Wien.

Es sei mir erlaubt, einige kurze Worte über Feldmarschall Erzherzog Eugen einzufügen. Seit meiner Ernennung zum Generalchefarzt des Deutschen Ritterordens (1907) hatte ich häufig Gelegenheit gehabt, von dem hohen Herrn in Audienz empfangen zu werden, wobei ich jedesmal wahrnehmen konnte, ein wie großes Interesse der Feldmarschall schon zur Friedenszeit den sanitären Fragen zuwandte. Ich hatte jedes Jahr sowohl die in Nordböhmen und Schlesien gelegenen Spitäler des Ordens als auch jene in Kärnten und Südsteiermark zu besuchen und jeweils Bericht zu erstatten.

Nach dem Zusammenbruch der Armee Potiorek in Serbien wurde Erzherzog Eugen als dessen Nachfolger Kommandant der Südarmee, die er anfangs von Peterwardein, später von Marburg aus leitete. Von dort aus hat er auch alle Isonzo-Offensiven der Italiener als oberster Armee-Kommandant abgewehrt. Nach der elften, für Österreich so erfolgreichen Offensive war sein Hauptquartier nach Udine übersiedelt. Bei dem eben geschilderten Besuch hatte mich der Feldmarschall eingeladen, bald wiederzukommen, er wolle mit mir die ganze Front abfahren. Ich nahm die Einladung mit größter Begeisterung an und plante, nach etwa zehn Tagen wieder nach Udine zu kommen. Leider kam es nicht mehr dazu. Ganz unerwarteterweise wurde der Feldmarschall, drei Tage nachdem ich ihn besucht hatte, seiner Stelle enthoben. Ein gütiges Geschick schien ihn davor bewahrt zu haben, in führender Stellung den Zusammenbruch der Front miterleben zu müssen. Seit er zu Weihnachten 1914 in Peterwardein die äußerst schwierige und verantwortungsvolle Aufgabe eines Oberkommandierenden übernommen hatte, war seine Tätigkeit bis zur siegreichen 11. Isonzo-Offensive, die ihn als Oberkommandierenden nach Udine gebracht hatte, fast ununterbrochen von Erfolgen gekrönt gewesen.

Wie sehr Erzherzog Eugen auch um das Wohl seiner Soldaten besorgt war, schilderte mir ein von der Vorlesung her bekannter — an Semestern reicher — Mediziner, ein Südtiroler, der als Unteroffizier eine kleine Abteilung Soldaten befehligte, die hoch im Gebirge, weit gegen die italienische Front hin vorgeschoben war. Ganz unerwartet kam im Winter bei bitterer Kälte mitten in der Nacht ein hoher General, um die Stellung zu inspizieren. Es war dies der erste hohe Offizier, der die Eiskaverne besuchte. Auf seine Fragen nach etwaigen Wünschen bat der Mediziner um baldige Zusendung der schon seit längerer Zeit versprochenen warmen Filzstiefel, da die Leute in diesen Höhlen durch die Kälte schwer litten. Der General sagte sofortige Abhilfe zu, die nach zwölf Stunden durchgeführt wurde. Der General war — wie mir der Mediziner mit Begeisterung sagte — Erzherzog Eugen gewesen.

Meine erste Fahrt im Jahre 1918 führte mich über Berlin zur feldärztlichen Tagung nach Brüssel, die zwei Tage in Anspruch nahm und viel Interessantes bot. Die Rückreise ging über Luxemburg, Metz, Straßburg, Baden-Baden.

Am 9. März hielt ich eine Rede im Herrenhaus, deren Inhalt ich hier auszugsweise wiedergeben möchte:

Der Zug führt in Österreich zumeist keinerlei Verbandzeug für die erste Hilfe mit, während dies auf den ungarischen und deutschen Bahnen schon seit Jahren geschieht. Der erste Verband spielt eine große Rolle, mit ihm ist häufig das weitere Schicksal des Patienten entschieden. Gelingt es, die Wunde von vornherein vor Infektion zu schützen, so ist der spätere Verlauf oft gesichert. Ich hatte schon wiederholt versucht, diesem Mangel an Rettungsmaterial abzuhelfen, so im Jahre 1904, als ich im Obersten Sanitätsrat eine entsprechende Anregung vorbrachte, die zwar einstimmig angenommen wurde, aber kein Resultat zeitigte. Im Jahre 1910 oder 11 fand sogar eine Sitzung im Eisenbahnministerium statt, der ich gleichfalls zugezogen war. Es wurden lange Debatten geführt, aber geschehen ist nichts. Ich selbst hatte zusammen mit Chefarzt Dr. Rosmanit und Matthias Zdarsky die Ausstattung eines solchen Koffers angegeben, der die Verbände für die erste Hilfe enthält. Die Ausführung wurde von dem maßgebenden Herrn im Eisenbahnministerium immer wieder verzettelt.

In einem solchen, für die erste Hilfe bestimmten Koffer muß Verbandmaterial mitgeführt werden, das auch ein Laie anwenden kann, um den Verletzten durch Anlegen eines praktischen Verbandes vor weiteren Infektionen zu schützen. Ich richtete an den Herrn Eisenbahnminister die dringende Bitte, in den Budgetvoranschlag auch noch diese, sicherlich nicht sehr große Summe aufzunehmen, die für die Anschaffung von Rettungskoffern ausgeworfen werden müßte. Diese sanitäre Fürsorge kommt ja der ganzen Bevölkerung, auch Frauen und Kindern, zugute, die sich der Bahn anvertrauen. Unter Umständen kann ein Leben gerettet werden, das bei Mangel eines solchen ersten Verbandes zugrunde geht.

Um das Ganze zu sabotieren, mindestens hinauszuschieben, war das Gerücht verbreitet worden, wir wollten aus dem Patent pekuniäre Vorteile ziehen. Es ist richtig, daß wir diesen Koffer patentieren lassen mußten, um einen Unternehmer zu seiner Ausführung zu finden. Wir hatten beschlossen, etwaige pekuniäre Vorteile nicht für uns anzunehmen, sondern der österreichischen Krebsgesellschaft zu widmen. Leider kam es zu gar keiner Bestellung. Im Jahre 1930, 26 Jahre nach der von mir und dem Chefarzt der Südbahn gegebenen Anregung, wurde ein, wenn auch nicht der von uns vorgeschlagene Koffer, den Meister Zdarsky so praktisch ersonnen hatte, eingeführt. Erst so manches Eisenbahnunglück mußte die Unzulänglichkeit unserer Einrichtungen für die erste Hilfe beweisen, um die Lösung der Frage endlich zu erzwingen, statt daß man die Stimme von Männern, denen doch eine gewisse Erfahrung hätte zugetraut werden können, rechtzeitig gehört hätte!

Im März 1918 wurde ich vom Kriegsministerium aufgefordert, nach Konstantinopel zu fahren, um dort mit den führenden türkischen Sanitätsoffizieren in Verbindung zu treten und einen Vortrag über aktuelle Fragen der Kriegschirurgie zu halten. Ich machte die Reise zusammen mit dem mir befreundeten Kollegen Professor Wenckebach[44], der zu einem Vortrag über interne Medizin geladen war und mit Professor Bamberger von der Wiener Technik. Ich hatte mir ausgebeten, meine älteste Tochter Maria mitnehmen zu dürfen, für die diese Fahrt ein Erlebnis bedeutete. Schon nach einstündiger Fahrt wurde an einer Station Bambergers Name laut ausgerufen. Durch ein Expreßtelegramm erhielt der Professor die Wei-

---

[44] Seit 1913 Professor der internen Medizin in Wien.

sung, sofort zurückzukehren, um Kaiser Karl einen mündlichen Bericht über Giftgase zu erstatten.

Die Reise wickelte sich programmäßig ab. Bei der Fahrt durch Bulgarien erfuhren wir, daß wenige Tage zuvor, allerdings ohne Erfolg, durch englische Flieger versucht worden sei, an verschiedenen Stellen das Bahngeleise zu zerstören.

In Konstantinopel wurde ich vom Sanitätschef, dem türkischen Generalstabsarzt Professor Dr. Suleiman Nouman Pascha begrüßt, mit dem ich am nächsten Tag die verschiedenen Sanitätsanstalten, vor allen anderen die Verwundetenspitäler, besuchte und mit den türkischen Kollegen eingehende Aussprachen führte. Natürlich wurden auch die Sehenswürdigkeiten der Stadt besichtigt, so die Hagia Sophia, der Sultanspalast, der schön gelegene Friedhof usw. Auch der jede Woche am Freitag stattfindenden Fahrt des Sultans in die Moschee, einer prächtigen Feier, konnte ich beiwohnen. Ich lernte bei dieser Gelegenheit den alten Grafen Szechenyi Pascha, einen ungarischen, altruistisch eingestellten Aristokraten kennen, der seit Dezennien die Feuerwehr Konstantinopels meisterhaft leitete und vom Sultan besonders geschätzt wurde.

Am vorletzten Tag meines Aufenthaltes hielt ich in Skutari meinen angesetzten Vortrag. Da viele der anwesenden türkischen Ärzte weder die deutsche noch die französische oder englische Sprache beherrschten, wurde mir ein türkischer Militärarzt, der fließend deutsch sprach, beigegeben, der jedesmal, so oft ich ein oder mehrere Sätze langsam deutsch gesprochen hatte, diese ins Türkische übertrug. Dadurch hat der Vortrag sicherlich nicht gewonnen; aber mein Anerbieten, meine Ausführungen in französischer oder allenfalls englischer Sprache zu wiederholen, wurde dankend abgelehnt.

Am Tag vor meiner Abfahrt wurde ich von Enver Pascha in Audienz empfangen. Ich konnte mich eine Viertelstunde mit ihm unterhalten. Der General, eine schöne Erscheinung von seltenem Ebenmaß, machte einen äußerst energischen und klugen Eindruck. Leider wurde er kurze Zeit nachher von einem politischen Feind meuchlings ermordet.

Nach einem sechstägigen Aufenthalt in Konstantinopel trat ich die Rückreise an, die ich in Sofia unterbrach, um die unter der Leitung des Assistenten Dr. Suchanek stehende Chirurgengruppe meiner Klinik zu besuchen und einen für Laien bestimmten Vortrag über moderne Kriegschirurgie zu halten. Ich hatte die Freude, unter den Anwesenden auch Kronprinz Boris sowie seine beiden Schwestern, die Prinzessinnen Eudoxia und Nadeschda, begrüßen zu dürfen. Der König hatte sein Fernbleiben entschuldigt, wohl aber empfing er mich am darauffolgenden Tag vor meiner Abfahrt in einer längeren Audienz, die mir einen unvergeßlichen Eindruck zurückließ. Der hohe Herr sagte mir nämlich — es war Mitte April 1918 — mit Sicherheit voraus, daß noch im Herbst 1918 sowohl er selbst, als auch seine beiden Verbündeten, der Deutsche Kaiser und Kaiser Karl, nicht mehr regieren würden. Meinen Einwand, daß er hoffentlich doch zu schwarz sehe, lehnte der König entschieden ab und behielt mit seiner düsteren Prognose auch in bezug auf den Zeitpunkt des Eintretens des Umsturzes leider vollkommen recht.

Am 22. April kamen 24 holländische Ärzte nach Wien, um die kriegschirurgische Tätigkeit an meiner Klinik und an den mir unterstellten Filialspitälern kennen zu lernen. Es war mir eine Freude, ihnen an der Klinik mehrere Vorträge halten und eine Reihe von einschlägigen Operationen zeigen zu können.

In der zweiten Hälfte Mai unternahm ich eine neuerliche Fahrt an die italienische Front; damals ahnte ich noch nicht, daß es meine letzte Kriegsfahrt werden sollte. Mein erster Besuch galt der Innsbrucker Chirurgischen Klinik, dann suchte ich meinen alten Freund und Kollegen aus der Assistentenzeit, Professor C. Mayer, auf, der der Nerven- und psychiatrischen Klinik vorstand. Nach kurzem Aufenthalt ging die Fahrt nach Bozen weiter, wo ich das von Dr. L. Böhler geleitete Spital besichtigte, in dem eine größere Zahl von Verwundeten mit Schüssen und Brüchen der Ober- und Unterschenkel durch Zug mittels der Schmerzschen Klammer mit sehr gutem Erfolg behandelt wurde. Mein nächstes Reiseziel war Trient, wo mein früherer Assistent Primarius Dr. Josef v. Winiwarter als Regimentsarzt im Festungsspital arbeitete. Ich sah dort u. a. einen Mann, dem beide Augen zerstört und beide Füsse weggeschossen waren; dazu hatte er noch eine Verletzung an der Brust. Könnte man doch allen Kriegshetzern einen solchen armen Krüppel zeigen!

Von Feldmarschall Krobatin, bei dem ich mich meldete, wurde ich äußerst liebenswürdig empfangen.

Am Abend ging es weiter nach Levico, wo ich in langer Unterredung mit GStA. Dr. Raday und dem als Oberstabsarzt eingerückten ausgezeichneten pathologischen Anatomen Professor C. Sternberg kriegschirurgische Fragen besprach und interessante Berichte über einen erfolgreichen Rutengänger namens Peichl zu hören bekam.

Am nächsten Morgen wurde die Fahrt im Auto fortgesetzt. Es regnete so stark, daß die italienischen Flieger, die sich sonst täglich über der Gegend zeigten, nicht sichtbar waren. Über Primolano ging es nach Piovega di Sopra, wo in einem früheren italienischen Sperrfort meine Chirurgengruppe Nr. 4 unter Leitung meines schon erwähnten Schülers Dr. Philippovich, jetzt Primarius in Czernowitz, untergebracht war. Mit ihm arbeiteten noch meine beiden Schüler Dr. Gandusio, von dem noch später gesprochen werden wird, und Dr. Mülleder (der jetzige Primarius in Stockerau). An der dem Fort gegenüberliegenden Felswand sah man die Spuren zahlreicher Treffer. Unter solchen äußeren Umständen erforderte die chirurgische Tätigkeit auf die Dauer gute Nerven. Dazu kam noch, daß bei halbwegs klarem Wetter täglich Flieger kreisten, die das ganze Tal bis knapp an das Fort heran abstreiften und mit Bomben belegten.

Nach Besichtigung aller Verwundeten und Rücksprache mit den Herren kehrten wir in das ganz zerschossene Primolano zurück. Mit Staunen erfuhr ich, daß dort ständig Truppen untergebracht waren. Über Tezze, wo ein sehr umfangreiches Munitionslager etabliert war, das bisher erfolglos durch italienische Flieger bombardiert worden war, ging es weiter nach

Grigno. Dort konnte ich während eines eineinhalbstündigen Aufenthaltes meine Schüler StA. Dr. Schindel [45] und OA. Dr. A. Escher besuchen. Beide hatten viel zu tun und mußten jeden Verwundeten, der halbwegs transportfähig war, gleich abschieben. Neben dem Spital befand sich ein guter Unterstand gegen Fliegerbomben, der sogenannte „Heldenkeller". Die ganze Straße und mehrere frisch erbaute Baracken zeigten vielfach Spuren schwerster Treffer.

Auf der herrlichen Fukka-Straße ging es weiter hinauf nach Malga Belen, wo vom Malteserorden ein Spital errichtet worden war. Mit meinem Schüler, dem als Oberarzt eingerückten Assistenten meiner Klinik Dr. Adolf Winkelbauer, besichtigte ich das ganze Spital mit den zahlreichen Verwundeten. Winkelbauer wurde später Vorstand der chirurgischen Abteilung der Poliklinik, dann Primarius am Kaufmännischen Krankenhaus in Wien. Unter den Krankenschwestern waren auch einige Damen aus der Wiener Gesellschaft tätig. Der „Frühmesser", Kurat Gebhardt Wendelin Kunz, der mit Vorliebe, sobald er Zeit hatte, ungeachtet des schwersten Feuers in die vorderen Stellungen ging, wußte viel Interessantes zu erzählen. Am Abend hatte ich eine Besprechung mit den Ärzten.

Den folgenden Tag benützte ich zu einer Frühvisite in einem Feldspital, in dem mein Schüler Dr. Rauchenbichler tätig war. Die Patienten waren in Grals untergebracht, die von den Italienern seinerzeit als Mühlen benützt worden waren. Ein vor kurzer Zeit eingeschlagener Volltreffer hatte zum Glück niemanden verletzt.

Dann ging es über die Fukkastraße wieder zurück nach Trient und von dort nach Friedau, wo ich mich angesagt hatte, bis in die Nachmittagsstunden operierte und auch Dr. Kroph assistierte. Von Friedau fuhr ich direkt nach Wien zurück.

Am 24. Juni kam die Hiobspost von der Aufgabe des Montello. Am 2. Juli erfreuten mich meine Schüler durch eine intime

---

[45] Schindel, einer meiner Lieblingsschüler, ist leider gegen Ende des Feldzuges an einer Wundinfektion gestorben.

Feier anläßlich der 25. Wiederkehr des Tages meiner Ernennung zum Ordinarius der Chirurgie. Auch die Studenten begrüßten mich in einer herzlichen Ansprache. Abends fand ein gemütliches Beisammensein mit meinen engeren Schülern und Freunden statt. Bei dieser Feier gab es einen witzigen Lichtbildervortrag in Versen und Karikaturen unter dem Titel: „Die Menagerie Eiselsberg". Mir bleiben diese Stunden als ein Lichtpunkt in dieser so traurigen Zeit dauernd in Erinnerung.

Wenige Tage später kam Regierungsrat Mousson vom Schweizer Unterrichtsministerium zusammen mit Prof. Zangger von der medizinischen Fakultät Zürich nach Wien, um mit Clairmont bekannt zu werden, der für die chirurgische Lehrkanzel in Zürich als Nachfolger Professor Sauerbruchs in Aussicht genommen worden war. Ich konnte bei dieser Gelegenheit wahrnehmen, wie ernst und gewissenhaft diese Herren ihre Aufgabe bei der Berufung eines Professors erfüllten. Es schien anfangs nicht ganz leicht, Clairmont die Möglichkeit zu bieten, öffentlich bei mir im Hörsaal zu sprechen, da er als Assistent schon aus der Klinik ausgeschieden und seit Jahren als Primararzt am Rudolfsspital tätig war. Es war ihm gelungen, seine chirurgische Station mit Hilfe von namhaften Beträgen, die ihm von verschiedener Seite, unter anderem von dankbaren Patienten zugekommen waren, zu einem Musterinstitut auszugestalten.

Anläßlich meines eben erwähnten 25jährigen Professorenjubiläums hatten mir meine lieben und fleißigen engeren Schüler eine Reihe von interessanten Arbeiten überreicht, die einen ganzen Band des Archivs für klinische Chirurgie füllten. Dabei hatte sich Clairmont mit einer besonders interessanten Arbeit über den interlobären Lungenabszeß (Eiteransammlung im Zwischenraum der Lungenflügel) eingestellt. Nun war kürzlich ein Patient in die Klinik eingeliefert worden, der an dieser Krankheit litt. Ich lud die Kommission und Professor Clairmont zu meiner klinischen Vorlesung ein, teilte die Krankengeschichte des Patienten mit und sagte dann, es läge hier ein Krankenbild vor, über das mein Schüler Clairmont in der Festschrift eine ganz vorzügliche Arbeit publiziert habe, so daß er am besten darüber sprechen könne. Ich forderte hierauf Clairmont auf, die Vorlesung weiter zu halten, und nahm selbst neben der Kommission Platz. Die vollendete und klare Form, in der Clairmont sich seiner Aufgabe entledigte, machte auf die Kommissionsmitglieder den besten Eindruck und ließ sie den Entschluß fassen, seine Ernennung für Zürich durchzusetzen. Sie hatten auch allen Grund, mit ihrer Wahl restlos zufrieden zu sein; Clairmont ist einer jener Lehrer der medizinischen Fakultät in Zürich, den Regierung, Kollegen und Studenten besonders schätzen und auf den sie stolz sind.

Am 26. Juli hielt ich im Verein der Militärärzte Wiens einen Vortrag über Frakturenbehandlung. Wenige Tage später war ich im Kriegsministerium zu einer Besprechung über Assentierungsvorschriften geladen.

Immer unverkennbarer wurden die Symptome des drohenden Zusammenbruches. Die Katastrophe konnte nicht mehr lange hinausgeschoben werden. Während der Schützengraben noch tapfer standhielt, brach hinter ihm alles zusammen. Die Ereignisse überstürzten sich.

KRIEGSCHIRURGISCHE ERFAHRUNGEN

Im nachfolgenden möchte ich einige Erfahrungen und Gedanken, welche ich mir als Chirurg bei der Behandlung der Verwundeten an der Front und im Hinterland machte, aussprechen.

Der größte Wert muß darauf gelegt werden, die verletzten Krieger so früh als möglich zur Blutstillung und Wundversorgung zu bekommen. Beides geht Hand in Hand. Sicher hat die erstdurchgeführte Blutstillung durch Fingerdruck oder Esmarchschen Schlauch, bzw. einen behelfsmäßigen Ersatz desselben, vielen Menschen das Leben gerettet. Der große Wert des Esmarchschen Kautschukschlauches, bzw. der Martinschen Kautschukbinde wird noch später eingehend erörtert werden.

Die chirurgische Behandlung strebte vor allem Schaffung von reinen Wunden an, Entfernung von Fremdkörpern, um die vis reparatrix naturae, die jedem Organismus innewohnende Heilungstendenz, in ihre Rechte treten zu lassen. Glänzende Erfolge wurden erzielt bei Gesichts- und vor allem Kieferschüssen. Es waren wenige Eingriffe überhaupt, die so befriedigende Erfolge gezeitigt haben, wie bei diesen entstellenden Verletzungen. Die Knochenbrüche der unteren Extremität wurden, wenn das Einrichten mit folgendem festem Verband nicht ausreichte, meist durch einen beim Oberschenkel am unteren Bruchstück, beim Unterschenkel am Fersenbein angreifenden Dauerzug in die richtige Lage gebracht. Der Zug wurde entweder durch einen den Knochen durchbohrenden Metallhaken oder Metallstab ermöglicht und damit gute Erfolge erzielt. — Auch die Behandlung der Schußverletzungen des Schädels hat der Krieg mächtig gefördert. Es würde hier zu weit führen, auf alle diese Spezialkapitel der Kriegschirurgie näher einzugehen. Ich beschränke mich daher auf die kurze Erörterung einzelner Verletzungen.

In Bezug auf die Behandlung der Bauchschüsse hat der bekannte englische Chirurg Mc. Cormac über seine Erfahrungen im Burenkriege, wie schon erwähnt, geäußert: In diesem Kriege sterben die durch Bauchschüsse verletzten Krieger, welche man operiert — die nichtoperierten bleiben eher am Leben. Der Ausspruch ist in dieser Form nicht aufrecht zu erhalten; die beste Methode besteht gegenwärtig in frühzeitiger Operation mit Stillung der Blutung, Entfernung des infektiösen Darminhaltes aus der Bauchhöhle und Vernähung der Löcher im Magen-Darmkanal, wie dies schon früher in der Friedenspraxis ausgeübt wurde. Allerdings kann auch ein in bester Weise ausgeführter Bauchschnitt das Leben des Patienten, der sich von dem erhaltenen Schuß und dem darauffolgenden Transport her noch in einer Art Schockzustand befindet, gefährden und den Erfolg der gelungenen Operation vereiteln, besonders wenn zahlreiche Durchlöcherungen vorliegen. Bei mehreren der von mir gelegentlich meiner Frontreisen ausgeführten Operationen der frisch eingelieferten Bauchschüsse mußte ich leider auch diese Erfahrung machen. Das war wohl der Grund, warum es manche Chirurgen vorzogen, wenn irgend möglich die ersten 24 Stunden nach dieser Verwundung zuzuwarten und die ganz Schwerverletzten, bei denen die Operation nahezu aussichtslos schien, nur mit Morphin zu versorgen; das Zuwarten bedeutete wohl meist den Tod.

Eine Erschwerung der Entscheidung tritt ein, wenn bei einer Chirurgengruppe unvermittelt zahlreiche Verletzte eingeliefert werden, deren Versorgung ein baldiges Handeln erheischt. Da kann durch die Ausführung eines Bauchschnittes zur Versorgung einer Magen- oder Darmverletzung viel wertvolle Zeit verloren gehen, wodurch mehrere andere Leben gefährdet werden. Einer meiner Schüler bekam eines Tages vom Verbandplatz her zu gleicher Zeit vier Bauchschußverletzte und zwei Dutzend Verwundete mit Schüssen im Schädel und in den Extremitäten zur Behandlung. Die Bauchschußverletzten waren in einem derart schlechten Zustand und die Aussicht auf einen allfälligen Erfolg so gering, daß die Zeit, die für den Versuch einer Versorgung nötig gewesen wäre — eine solche Operation kann ein bis zwei Stunden kosten — besser für die zahlreichen anderen Schwerverletzten verwendet wurde, die mehr Aussicht auf Heilung boten. Das war vis major.

Die Friedenserfahrungen, die in den chirurgischen Stationen, z. B. in den Unfallstationen gemacht wurden, sprechen dafür, schwere Fälle, wenn sie nicht von vornherein ganz aussichtslos sind, baldigst unter entsprechender Vorbereitung mit Transfusion und herz- und kreislaufstärkenden Mitteln zu operieren. Auch für die im Felde Verwundeten gilt dieselbe Regel.

Fast schwieriger liegt die Entscheidung in jenen Fällen, in denen der Patient einen relativ günstigen Allgemeinzustand darbietet. Dieses anscheinende Wohlbefinden ist oft eine Täuschung, da die schweren Symptome der fortschreitenden Bauchfellentzündung schon nach wenigen Stunden eintreten können; dasselbe gilt für die stumpfe Bauchverletzung, z. B. durch Hufschlag.

Jedenfalls liegt viel aufopfernde Arbeit der Chirurgen aller Nationen bei der Versorgung der Bauchschüsse vor! Unter welch großen Schwierigkeiten wurden diese Operationen in der vordersten Linie ausgeführt! Über die Erfahrung mit Bauchschüssen in Friedenszeit wird noch später berichtet werden.

Es ist ganz unmöglich, all die Ärzte und Gelehrten zu erwähnen, die durch ihre Forschungen in den Laboratorien und ihre praktische Tätigkeit so viel geleistet haben, daß verhältnismäßig viele, selbst Schwerverletzte wieder hergestellt worden sind. Eines Mannes soll hier gedacht werden, dessen Entdeckung, wenn auch vor langer Zeit gemacht, unendlich viel zur Linderung der Leiden der Kriegsverletzten wie überhaupt Kranker und von Schmerzen Gepeinigter beigetragen hat. Es war das der Apotheker F. W. Adam Sertürner, der 1803 in Paderborn auf Grund seiner Laboratoriums-Arbeiten das Principium somniferum entdeckte und nach Versuchen an sich selbst und drei Freunden im Jahre 1811 als Morphin beschrieb. Welche Qualen und unerträgliche Schmerzen Sertürner damit in den letzten 100 Jahren behoben oder wenigstens erleichtert hat, das braucht nicht eigens hervorgehoben zu werden. Wenn auch zahlreiche Fabriken, welche sich mit der Herstellung von neuen medizinischen Präparaten beschäftigten, einen ungefährlichen Morphiumersatz geschaffen haben, so bleibt das Verdienst Sertürners ungeschmälert, zumal auch heute für schwere Fälle Morphin das beste Schmerzstillungsmittel ist.

Welches Volk hat der Krieg im Hinblick auf sanitäre Einrichtungen und Vorbereitungen wirklich gut ausgerüstet gefunden? Überall wurde der weitaus größte Teil des Budgets für die Anschaffung von Kanonen und anderen Zerstörungsmaschinen verwendet. Die Vorkehrung für die erste Hilfe, vor allem für den Abtransport der Verwundeten, mußte manchmal ungenügend bleiben. Man halte sich die bei großen Gefechten immer wieder auftretenden äußeren Schwierigkeiten der Bergung der Verwundeten vor Augen, die im Gebirge bei schlechten Wegen oder beim Abtransport Schwerverwundeter aus dem Schützengraben und weiter auf den vom Feind eingesehenen Straßen vorhanden waren. Welche Schmerzen hatten alle diese Verletzten zu erdulden!

Der Andrang der Verwundeten war oft ein so großer, daß jede noch so gute Vorbereitung sich quantitativ als ebenso unzulänglich erwies wie das Verbandspäckchen, das, an und für sich vorzüglich, wegen seiner Kleinheit bei den großen, durch Granaten geschaffenen Verletzungen, viel zu klein, daher vollkommen ungenügend war. Die Zahl der vorhandenen Tragbahren war gering, meist mußte der Verwundete von der einen auf die andere mühsam überhoben werden, was immer mit Schmerzen verbunden war. Der vor dem Feinde Verletzte sollte, wenn es die Schwere seiner Verletzung erfordert, wenigstens auf derselben Bahre vom Schlachtfeld bis ins Hinterland gebracht werden.

Die Erfahrung im Krieg hat allerdings gezeigt, daß nötigenfalls auch mit ganz einfachen Mitteln Gutes geleistet werden kann. Früher wurde erwähnt, daß einmal im Gepäckwagen des fahrenden Zuges, der dazu behelfsmäßig hergerichtet worden war, Amputationen ausgeführt wurden. Selbst Bauchschüsse wurden unter einfachsten äußeren Verhältnissen mit Erfolg operiert. Wenn auch gute Ergebnisse unter schwierigen Umständen möglich waren, bleibt doch für den Arzt immer der Grundsatz bestehen, daß für die Behandlung des verletzten oder erkrankten Mitmenschen das Beste gerade gut genug ist!

Über die Ursachen und die Entstehung des Weltkrieges haben zahlreiche Berufenere ihr Urteil abgegeben. Wie viel trug da Übertreibung, vor allem die Zeitungshetze durch Entstellung der wahren Tatsachen, zum Ausbruch des Krieges bei! So manchem Kanonen- und Patronenfabrikanten, Verwaltungsrat oder Direktor von Fabriken für Waffenerzeugung war eben der Krieg Geschäft. Der Einfluß der Kriegshetzer war ein gewaltiger und — da sie so viel Geld zur Verfügung hatten — leider erfolgreich. Wie jeder große Notstand, so hat auch der Krieg für viele gewissenlose Menschen die traurige Gelegenheit geschaffen, daraus persönlichen Vorteil zu ziehen, auf unlautere Weise Reichtum zu erwerben und eine ganze Gesellschaftsklasse „Reicher" hervorgebracht, die durch ihr Beispiel eine schwere Gefahr für die allgemeine Moral wurde. Fast will es scheinen, daß nicht nur bei den Amerikanern, sondern auch in andern Ländern energische Versuche gemacht werden, persönliche Millionengewinne einzelner Unternehmer nicht mehr zu dulden.

Was der große Weltkrieg der Menschheit und den einzelnen Menschen genommen, das brauche ich als Arzt wohl nicht näher auszuführen. Er hat Millionen Menschen auf der Höhe ihres Schaffens getötet, und andere Millionen zu dauerndem Siechtum verurteilt, er hat ungezählte der tüchtigsten und tapfersten Männer hinweggerafft oder auf das schwerste geschädigt. Wieviel tapfere Krieger, gerade unter den geistigen Arbeitern, fanden, vom Kriege zurückgekehrt, ihre Stelle mit solchen Menschen besetzt, die durch ihre ethische Minderwertigkeit es verstanden hatten, sich von den Verpflichtungen fürs Vaterland loszuschrauben. Der Krieg hat vielen gutdenkenden Menschen den Glauben an das veredelnde Band von Kultur und Wissenschaft genommen.

Soviel Häßliches der Krieg an den Charakteren der Menschen gezeitigt, so fürchterlich viel Elend er hervorgerufen hat, er hat anderseits auch einiges Gute gegeben. Ich denke dabei natürlich nicht in erster Linie an die so oft günstige Entwicklung des Einzelmenschen, der, im Krieg vor große Aufgaben gestellt, sich in seinen Leistungen verbessert und in seinem Charakter gefestigt hat. „Es wächst der Mensch mit seinen höheren Zielen" (Schiller).

Als Arzt denke ich vorerst daran, was die im Kriege gesammelten Erfahrungen der medizinischen Wissenschaft genützt haben. Die praktische Heilkunde ist entschieden zu den Kriegsgewinnern zu zählen, und zwar ohne den häßlichen Beigeschmack, der sonst dem Wort anhaftet; aber ich wiederhole: leider ist dieser Gewinn teuer erkauft. Es muß ferner gesagt werden, daß der Krieg edle Regungen bei gutdenkenden Menschen aller Nationen geweckt hat, die sich ganz in den Dienst und die Sorge um das weitere Schicksal der Verwundeten gestellt haben. Ich erinnere nur an die Tätigkeit der verschiedenen Vereine, z. B. des Roten Kreuzes, an die Bestrebungen um den Austausch der Kriegsgefangenen und an die Bemühungen um die Obsorge für die Kriegsblinden und um das weitere Schicksal und die Berufswahl der Verstümmelten. Was haben die im Felde stehenden Offiziere und Mannschaften für Heldentaten strengster Pflichterfüllung unter Aufopferung des eigenen Lebens vollbracht, welch herrliche, selbstlose Kameradschaft bildete sich in den Schützengräben, Freundschaften für das Leben wurden geschlossen.

Wieviel Frauen aus allen Ländern haben sich in selbstloser, hingebender Weise der Verwundeten und Kranken angenommen, an der Front und im Hinterland! All diese Beweise von Heldenmut gehören zu meinen ergreifendsten Erinnerungen aus dem Weltkrieg.

Daß der Arzt, der mehr schwere Verletzungen gesehen hat als die meisten anderen Bürger des Staates, aus voller Überzeugung gegen den Krieg Stellung nimmt und dessen Berechtigung nur in den seltensten Ausnahmen gelten läßt, ist wohl begreiflich.

Aber bei aller gerechten Abneigung gegen den Krieg wird der Arzt, der sein Vaterland liebt, auch anerkennen müssen, daß es seltene Fälle geben kann, in denen jeder, der sich noch rühren kann, zur Waffe greift, um die Heimat, nicht nur gegen den äußeren Feind, zu verteidigen. Doch kann man nur sehnlichst wünschen, daß uns ein neuer Krieg erspart bleibe!

Es ist richtig, daß das Hinterland u n d die Front Chirurgen braucht, damit überall tüchtige Ärzte sind, die jederzeit dem kostbarsten Material, das ein kriegführender Staat in Gestalt seiner Menschen besitzt, Hilfe bringen können. Ein viel häufigerer obligatorischer Austausch zwischen den Chirurgen im Hinterland und an der Front wäre zu wünschen. Manch erfahrener Chirurg hat es aber vorgezogen, im Hinterland zu bleiben, ein paar Stunden militärärztliche Arbeit zu leisten, im übrigen seiner Praxis nachzugehen; ein anderer war ständig bei der Truppe, setzte sein Leben aufs Spiel und kam, wenn er schon gesund zurückkehrte, nur schwer in seine alte Praxis wieder hinein.

Sein Beruf brachte es mit sich, daß man dem Arzt im Falle der Gefangennahme gestattete, bei seinen mitgefangenen Landsleuten ärztlich tätig zu sein. Dadurch trug der Arzt sein hartes Schicksal etwas leichter als der Offizier, obwohl auch sein Los kein rosiges war. Ich verweise Ärzte und Laien auf das höchst interessante Werk meines Schülers Dr. Burghart Breitner „Unverwundet gefangen", vor allem auf sein segensreiches Wirken in der Gefangenschaft, wovon noch später die

Rede sein wird. Auch mehrere andere meiner Schüler, so die DDr. R. Demel, W. Goldschmidt, Freih. v. Saar, M. Sgalitzer, O. Stricker u. a., haben in Rußland viel Gutes leisten können. Auch sie widmeten sich ganz ihren verwundeten und kranken gefangenen Kameraden, um deren Los nach Möglichkeit erträglicher zu gestalten.

Möge wenigstens für die Zukunft, wenn einmal der Haß der Nationen verschwinden könnte, das herrliche Wort Goethes in Erfüllung gehen, das er in Clavigo geprägt hat:

„Die Wissenschaften sind's allein, die uns mit den anderen Nationen verbinden, sie sind's, die aus den entferntesten Geistern Freunde machen und die angenehmste Vereinigung unter denen selbst erhalten, die leider durch Staatsverhältnisse öfters getrennt werden."

DIE ERSTEN NACHKRIEGSJAHRE BIS 1927

Schrecklich war der Winter 1918/19 mit seiner tatsächlichen, aber heute auch in der Erinnerung kaum mehr vorstellbaren Hungersnot und dem entsetzlichen Kohlenmangel ...
Um der großen Not an den notwendigsten Lebensmitteln und an Heizmaterial zu steuern, versuchte ich mit verschiedensten ausländischen Stellen und Organisationen in Berührung zu treten. Ich konnte manche meiner ausgedehnten Verbindungen im Dienste der guten Sache ausnützen.

Wie schwer die meisten Menschen, die nicht mit Glücksgütern gesegnet waren, an Entbehrungen gelitten, ja direkt gehungert haben, ist schon wieder vielfach vergessen worden. Ein kleiner Trost ist es, daß dadurch eine Vereinfachung des Essens entstand. Wer hätte es früher für möglich gehalten, daß der Fleischgenuß dauernd so eingeschränkt werden könnte, als dies jetzt vielfach zur Gewohnheit geworden ist. Vielen schien e i n fleischloser Tag in der Woche wie eine besondere Leistung, obwohl oft der Fisch das Fleisch ersetzte, so daß man da nicht von „fleischlos" sprechen kann.

Hier möchte ich ein heiteres Erlebnis erzählen, das gleichzeitig einen Beweis dafür bildet, wie hartnäckig sich eine in die Öffentlichkeit übergegangene Erzählung erhält. Bei Professor Eiselsberg, so erzählte eine Zeitung im Winter 1918/19, sei an einem vorgeschriebenen fleischlosen Tag eine Gans gebraten worden; der verräterische Duft habe sich im ganzen Haus verbreitet. Kurz nachher sei auch schon ein Organ der Polizei gekommen, um eine Strafe zu verhängen. Die schlagfertige Köchin habe sich damit gerechtfertigt, der Professor esse am liebsten die Gans kalt, daher müsse sie den Tag vorher gebraten werden. Damit habe sich der Polizeimann zufriedengegeben, sei aber nach zwei Stunden unvermutet zurückgekommen und habe nur mehr die abgenagten Gänseknochen vorgefunden. Professor Eiselsberg sei daraufhin zu einer hohen Geldstrafe verurteilt worden. Ich habe leider in dieser ganzen kritischen Zeit niemals eine Gans auf meinem Tisch gesehen, wurde auch niemals zu einer Buße verurteilt, aber die Fama erhielt sich und ich wurde später noch öfters wegen dieser Tragikomödie bemitleidet; noch vor wenigen Jahren hat mich ein alter Kollege gelegentlich eines zufälligen Wiedersehens wegen der mir widerfahrenen Gansstrafe aufrichtig bedauert. Ich hielt seinerzeit Umfrage und erfuhr, daß ein ebenfalls im 1. Bezirk wohnender Kollege dieses Mißgeschick mit dem Gänsebraten tatsächlich gehabt haben soll. Es fällt mir aber nicht ein, den Namen des Kollegen, von dem das behauptet wird, bekanntzugeben, denn vielleicht wurde ihm dieses Erlebnis ebenso angedichtet, wie es mir geschah.

Im März 1919 wurde ich zum Präsidenten der Gesellschaft der Ärzte gewählt, nachdem ich schon durch mehrere Jahre neben dem bisherigen Präsidenten Siegmund v. Exner Vizepräsident gewesen war. Ich weiß die Ehre dieser Wahl voll zu schätzen; meine Vorgänger in den letzten 60 Jahren waren Frh. v. Rokitansky, v. Hebra, v. Bamberger, Billroth, v. Dittel, Chrobak und Exner gewesen.

In diesem Frühjahr führte ich meine dritte Tochter Agnes als Schülerin in die Landwirtschaftliche Frauenschule nach Bruck a. d. Leitha.

Ein kleines Erlebnis, das die damaligen Zustände in Österreich kennzeichnet, sei hier angeführt. Im August 1919 fuhr ich mit dem Dampfer von Linz donauabwärts nach Wien. Vor der Abfahrt wurde mein Gepäck einer genauen Untersuchung unterzogen, ob nicht Lebensmittel aus Oberösterreich „nach Wien verschleppt würden". So weit war es in der Nachkriegszeit gekommen!

In diesem Jahre kam ich öfters mit Dr. Dautwitz zusammen, der sich als Spezialarzt für Radiumtherapie in Amstetten niedergelassen hatte. Leider wurde ihm von seiten der Wiener Kollegen nicht genügende Unterstützung zuteil, um seine umfassenden praktischen Kenntnisse für das Wohl der Kranken verwerten zu können. Ich war einer der wenigen Professoren, die ihn zur Behandlung von meist inoperablen Krebskranken und zur Nachbehandlung von Krebsoperierten heranzogen, ihn nach Wien kommen ließen oder die Patienten nach Amstetten sandten. Manch guten Erfolg konnte ich beobachten. Dautwitz war ein ebenso bescheidener als tüchtiger und gewissenhafter Arzt. Seine Finger waren durch die ständige Handhabung mit Radium schwer geschädigt worden; sie boten zwar keine Geschwüre dar, waren aber ganz atrophisch. Ich hatte eine ähnliche Eintrocknung der Finger, die verschmälert, bläulich verfärbt, ein Bild darboten, das an eine beginnende Mumifikation erinnerte, nur einmal bei einem älteren erfahrenen Kollegen in Ostpreußen gesehen, bei dem nicht die Radium-Beeinflussung, sondern reichlicher und regelmäßiger Alkoholgenuß als Ursache der Veränderung anzusehen war; er bot dabei keinerlei Funktionsstörungen dar. Bei Dr. Dautwitz stellte sich später beginnender Star beider Augen ein. 1931 ist er, ein Opfer seines Berufes, gestorben.

Im Frühjahr 1917 hatte ich an meiner Wiener Klinik und in den Baracken eine große Zahl von Rückenmarksschußverletzten zu betreuen. Gelegentlich eines Besuches der Kaiserin Zita, ein halbes Jahr vor dem Zusammenbruch, hatte ich ihr diese bedauernswerten Kranken vorgestellt und es war gewiß auf ihre Anregung zurückzuführen, wenn Kaiser Karl die edle Absicht hegte, in einem Nebengebäude der Hermes-Villa im Lainzer Tiergarten ein Erholungsheim für Rückenmarksschußverletzte zu errichten. Der Plan kam leider nach dem Umsturz nicht zur Durchführung.

Schon im Jahre 1916 hatten gutherzige Menschen in Holland unter Führung und werktätiger Mithilfe meines Schülers Doktor Peter Dijkgraaf, eines angesehenen Chirurgen im Haag, beschlossen, bedürftige Wiener Kinder einzuladen und dort, in Gruppen verteilt, durch Monate als Gäste zu verpflegen. Der erste Kinderzug ging am Todestag Kaiser Franz Josephs von Wien ab, was meiner Familie deshalb lebhaft im Gedächtnis blieb, weil unsere Tochter Maria unter den Begleiterinnen war. Die anderen Länder folgten diesem edlen Beispiel und leiteten auch umfassende Aktionen ein, die in der schweren Nachkriegszeit viele Tausende von Wiener Kindern ins ferne Ausland brachten, wo ihnen die so lang entbehrte kräftige Nahrung in reichlichem Maße zuteil wurde. Meine Tochter Flora, die sich damals mit Kinderfürsorge beschäftigte, wurde von Frau Oberst Fock, Gattin des dänischen Rotkreuzdelegierten, für die dänische Aktion gewonnen. Flora hat als eine der ersten Österreicherinnen mit den Wiener Kindern dänischen Boden betreten; sie wurde in Kopenhagen mit den entsprechenden Kanzleiarbeiten betraut. Viele dieser Aktionen, besonders die dänische, unter der vorzüglichen Leitung des Obergerichtsanwaltes Dr. S. Jakobsen stehend, wurden auch in den späteren Jahren als Ferienaktionen für österreichische Kinder fortgesetzt. In den letzten Jahren hat sich Frau Professor Barbara Kauders (Graz) um die Weiterführung dieses Werkes besondere Verdienste erworben.

In den Monaten nach dem Zusammenbruch kamen wiederholt Lebensmittelspenden aus den verschiedenen Staaten für die notleidende Bevölkerung. Eine norwegische Spende von hundert Zehnliterfäßlein Lebertran, die ich zur freien Verteilung erhielt, kam in erster Linie den Patienten des Allgemeinen Krankenhauses zugute; im Sinne des edlen Spenders konnte ich damit auch anderen Bedürftigen große Hilfe bringen. So wurde mir u. a. berichtet, daß die Salesianerinnen am Rennweg infolge großen Rückganges und Entwertung der ihnen bis dahin regelmäßig zufließenden Einnahmen ganz unterernährt seien. Um den Zöglingen nichts zu entziehen, darbten die Klosterfrauen in so großem Maße, daß nach Berichten des Hausarztes sogar Knochenverbiegungen selbst bei älteren Schwestern beobachtet wurden. Im Andenken an meine Mutter und an meine Großmutter, die, wie früher berichtet, als junge Mädchen durch Jahre hier erzogen worden waren, war es mir eine Freude, dem Kloster ein Fäßchen Lebertran zukommen zu lassen, der in kurzer Zeit ganz ausgezeichnete Erfolge zeitigte, wie sie mir bei Erwachsenen bisher nicht vorgekommen waren.

Anfangs 1919 kam ich mit Dr. med. Ferrière aus Genf und dem Schweizer Oberst Frey zusammen, die beide eine weitgehende Unterstützung der hilfsbedürftigen Wiener zusagten, die in reichlichem Maße durchgeführt wurde. — Aus Nordamerika kamen unter der Leitung des späteren Präsidenten Hoover die großzügigen, durch Jahre fortgesetzten Spenden an Lebensmitteln und Geld; mein Schwager Clemens Pirquet organisierte dieses Hilfswerk in Wien mit Umsicht und Tatkraft. Diese großzügige Hilfe hat viele Tausende von Kindern aus den verschiedensten Kreisen unserer darbenden Bevölkerung nicht nur in Wien, sondern auch in den Bundesländern vor Hunger und Siechtum bewahrt und ihren Eltern erhalten.

Außer dieser ganz großen Hilfe hatte sich u. a. unter Vorsitz des Chirurgen Professors Carl Beck in Chicago eine Vereinigung von Wohltätern für unser armes Österreich gebildet mit der Bestimmung, daß dem Vollzugskomitee in Wien Frau Marianne Hainisch, Professor Adolf Lorenz, Exzellenz Arthur v. Rosthorn, der Wiener Vizebürgermeister Winter, der alte Herr Anton Beck, ein Onkel des oben erwähnten, in Chicago tätigen Chirurgen und endlich ich angehören sollten. Dieses Wiener Komitee arbeitete selbstverständlich ehrenamtlich und beschloß in einer Reihe von Sitzungen, die alle in meiner Wohnung stattfanden, die Art der Verteilung, wobei wir uns redlich bemühten, die Bedürftigsten und Ärmsten auszuwählen. Es war wohl Mühe und Arbeit damit verbunden, doch nahm dies jeder gerne auf sich in Anbetracht des guten Zweckes. Ich bekam dadurch auch einen tiefen Einblick in die Leiden vieler durch den Weltkrieg in bedrängte Lage versetzten geistigen Arbeiter.

Um dieselbe Zeit rief der sowohl in seiner Heimat wie auch im Ausland rühmlichst bekannte argentinische Arzt und Forscher Dr. F. Perez, der in Wien sein Vaterland als Gesandter vertrat, eine umfassende Wohltätigkeitsaktion zur Unterstützung von verarmten Wienern aus den Kreisen der Intelligenz ins Leben, wofür er viel Dank erntete. Ich nahm wiederholt an den Sitzungen des Komitees teil und konnte die Umsicht und Energie bewundern, die Perez dabei an den Tag legte.

Ende 1919 war der Verkehr auf den Bahnen nicht immer geregelt. Eine Fahrt von Wien nach Steinhaus bei Wels gehörte damals nicht zu den Annehmlichkeiten. So mußte ich einmal, es war knapp vor Weihnachten, von 9 bis 12 Uhr auf der Westbahn warten, bis ich den Zug besteigen konnte. Ein Verlassen des Wartesaals während dieser Zeit war unmöglich, da sonst der Platz verloren gegangen wäre. Für eine der nächsten Fahrten hatte mir nun ein befreundeter Bahnarzt zugesichert, daß er mir für meine zahlreiche Familie ein Coupé III. Klasse reservieren werde, was auch wirklich geschah. Noch bevor die Perrontüren geöffnet wurden, führte er uns durch einen Seitenausgang auf den Bahnsteig und erzählte mir dabei folgendes: Als er um das für mich reservierte Coupé gefragt habe, hätten sich einige Bahnarbeiter aufgehalten und ihren Unmut zu erkennen gegeben, daß man nur ein Coupé III. Klasse bereit gestellt habe. Dem Professor Eiselsberg, meinten sie, der schon so viele Eisenbahner erfolgreich operiert habe, hätte man schon ein Coupé I. Klasse geben können!

Ende Jänner 1920 wurde für die verwaiste Lehrkanzel der pathologischen Anatomie vom Wiener Professorenkollegium Professor Ludwig Aschoff, der noch heute im Rufe eines der ersten pathologischen Anatomen Deutschlands steht, vorgeschlagen. Um ihm den Entschluß zu erleichtern — er hatte an der Wohnungsfrage in Wien, vor allem aber auch an der großen Teuerung Anstoß genommen — wandte ich mich in privaten Schreiben an eine Reihe wohlhabender Wiener mit der Bitte, sie möchten für den Fall, daß er den Ruf wirklich annehmen würde, eine Summe nach eigenem Ermessen beisteuern, damit eine gute Wohnung genommen werden könne. Innerhalb einer Woche hatte ich Zusicherungen auf so bedeutende Summen erhalten, daß ihr Gesamtbetrag fast den Ankauf einer Cottage-Villa ermöglicht hätte! Leider konnte sich Aschoff trotzdem nicht entschließen, sein ihm so lieb gewordenes Freiburg zu verlassen, und so blieb mir nichts anderes übrig, als allen Spendern für ihren guten Willen zu danken. Einer von ihnen, der mir eine namhafte Summe schon in barem übermittelt hatte, überließ mir das Geld mit der Bestimmung, es nach eigenem Ermessen an Hilfsbedürftige zu verteilen, an denen es wahrlich keinen Mangel gab.

Ende Juni 1920 kam der schon lange vorhergesehene, von uns allen mit Bangen erwartete Tag, an dem unsere älteste Tochter Maria für immer das Elternhaus verließ, um den Schleier der Ordensfrauen vom heiligsten Herzen Jesu (Sacré-Coeur) zu nehmen. Schon von frühester Kindheit an hatte sie den Gedanken gehabt, ihr Leben Gott zu weihen. Dieser kindliche Wunsch war im Laufe der Jahre zu einem festen, wohlüberlegten Entschluß ausgereift, dessen Ausführung ich nicht hindernd im Wege stehen wollte und konnte, wenn mir auch das Herz dabei sehr schwer wurde.

Tiefe Befriedigung gewährt es meiner Frau und mir, daß wir bei wiederholten Besuchen unserer Tochter in Blumenthal bei Aachen, Riedenburg, Graz, Budapest und Wien uns stets von dem vollen Glück überzeugen konnten, das sie in ihrem Beruf gefunden hat.

Für Ende Oktober war an der Chirurgischen Klinik in München ein Operationstag angesetzt, an dem ein kleiner Kreis befreundeter Chirurgen: Sauerbruch, Enderlen, Hofmeister, Perthes, F. König, v. Haberer und ich teilnahmen. Sauerbruch vollführte eine ganze Reihe größerer Operationen, während Enderlen einen schwierigen Kropf, Hofmeister einen komplizierten Gallenfall operierte; Haberer machte eine Magenresektion wegen eines dem Durchbruch nahen Magengeschwüres, ich eine Hypophysen-Operation nach Aufklappung der Nase. Da sich diese Eingriffe im engsten Kreis abspielten, war auch Gelegenheit, im Anschluß an die Operationen strittige Fragen der Technik zu besprechen, wodurch der Wert solcher Operationstage noch erhöht wird. Alle diese Eingriffe verliefen gut.

Am 6. November 1920 kam mein Schüler Dr. Breitner von seiner sechs Jahre dauernden Gefangenschaft aus Sibirien zurück. Seine Rückfahrt ab Triest, besonders aber von der neuen österreichischen Grenze ab, gestaltete sich zu einem wahren Triumphzug; es war ihm überall der Ruf des „Engels von Sibirien" vorausgeeilt. Der Empfang beim Betreten des Landes, noch mehr aber seiner Vaterstadt Salzburg, war nach der Schilderung aller Augenzeugen überwältigend. Aber auch seine Ankunft in Wien wurde für uns alle, die ihn erwarteten, ein unvergeßliches Ereignis. Tief gerührt über die ihm allerorts bekundete Liebe verließ er den Zug und kam direkt auf mich zu; ich war ebenfalls so ergriffen, daß ich die ihm zugedachte herzliche Begrüßungsansprache nicht halten konnte und ihn stumm in meine Arme schloß.

Breitner konnte mit Recht auf seine altruistische Tätigkeit — stand er doch durch mehr als sechs Jahre Tag und Nacht seinen verwundeten mitgefangenen Landsleuten zur Verfügung — mit Befriedigung und Stolz zurückblicken; diesen Gedanken brachte ich zum Ausdruck, als ich ihn tags darauf in der überfüllten Klinik vor meinen Hörern in einer von Herzen kommenden Ansprache willkommen hieß. Des Beifalls und der Begeisterung für Breitner war kein Ende.

In der darauffolgenden Woche hielt Breitner im großen Konzerthaussaal vor einem ihm zujubelnden dankbaren Publikum, das sich nicht zum geringsten Teil aus ehemaligen Mitgefangenen und Patienten zusammensetzte, einen Vortrag über seine Erlebnisse in Rußland. Er, der Meister der Rede in Inhalt und Form, hielt noch Vorträge in Linz, Wels, Salzburg, Graz und über meine Bitte im Schloßhof von Steinhaus. Nachdem es bekannt geworden war, daß Breitner an einem Sonntag Nachmittag sprechen werde, strömte fast die ganze Gemeinde herbei, so daß er sich kaum nach dem erhöhten Rednerplatz durchdrängen konnte.

Wie sehr Breitner durch seine Tätigkeit in Sibirien bekannt geworden war, haben mir viele Briefe bestätigt, in denen mir ganz unbekannte Personen ihren Dank aussprachen und mich dazu beglückwünschten, einen so prächtigen Menschen zum Chirurgen ausgebildet zu haben, dessen Behandlung sie ihr Leben verdankten. Auch Blumen bekam ich mehrfach zugeschickt mit der einfachen Widmung: „Dem Lehrer unseres lieben Breitner."

Im April 1921 fand wie gewöhnlich in der Osterwoche die Tagung der deutschen Chirurgen in Berlin statt. Nach Schluß derselben lud mich Freund Bier zur Besichtigung der unter seiner Leitung stehenden Heilanstalt in Hohenlychen in der Mark ein, in der Kinder mit Knochen- und Gelenkstuberkulose behandelt wurden. Die Anstalt war in einer prächtigen Föhrenwaldung untergebracht und erfreute sich infolge der erzielten Erfolge bald eines guten Rufes.

Die Sonnenbehandlung war schon im Altertum in ihrer Wirkung erkannt, im Laufe der Jahrhunderte aber wieder in Vergessenheit geraten und erst um die Mitte des vorigen Jahrhunderts, vielfach in den Händen von Nichtärzten, zu neuer Bedeutung gelangt. In Veldes am Veldeser See hatte sich z. B. ein Heilkünstler namens Rickli niedergelassen, der die Patienten, Männer und Frauen, auf zwei getrennten Hügeln mit vielstündigen täglichen Sonnenbädern erfolgreich behandelte. Auch Florian Berndl hat am Wiener Gänsehäufel mit Besonnung gearbeitet und Freunde und Anhänger gefunden. Der Schweizer Arzt Dr. O. Bernhard war der Erste, der, angeregt durch die Arbeiten von Finsen in Kopenhagen, im Oberengadiner Kreisspital Samaden die Wunden mit natürlicher Höhensonne plangemäß bestrahlte und damit die direkte Sonnenbehandlung in die chirurgische Therapie eingeführt hat. Später wurden auch Knochen- und Gelenkserkrankungen tuberkulöser Natur mit Erfolg besonnt. Kurz nach Bernhard eröffnete Rollier, ebenfalls ein Schüler Theodor Kochers, in Leysin die erste Spezialanstalt zur Behandlung chirurgischer Tuberkulose mit Heliotherapie. Der Nachfolger Bernhards, E. Ruppanner, setzte die Sonnenbehandlung fort. Seine kritischen Beobachtungen in der Behandlung haben allerdings ergeben, daß die Sonnenbehandlung im Laufe der Jahre nicht immer die ganz großen Erfolge gezeitigt hat, die man anfangs von ihr erhoffte, und daß doch gelegentlich Nachoperationen notwendig sind. Aber es wird viel Gutes damit erzielt. Heute ist die Sonnenbehandlung eine auf Erfahrung gegründete Wissenschaft geworden.

Ich möchte die niederösterreichische Sonnenheilstätte Grimmenstein und die Stolzalpe bei Murau in Steiermark nennen, die ich von mehrmaligen Besuchen in bester Erinnerung habe. An letzterer ist mein Schüler Dr. v. Schosserer als Chirurg tätig. Unter der Oberleitung des Grazer Orthopäden Professor A. Wittek ist diese Anstalt zu Bedeutung gelangt. Im Laufe der letzten Jahre sind noch einige andere Sonnenheilstätten eröffnet worden, die sich, vorwiegend im Gebirge oder an Seen gelegen, großer Beliebtheit erfreuen.

Kurze Zeit nachher besuchte ich die in Offensee von Dr. Kugler errichtete Sonnenheilstätte für Kinder, die in einem ehemaligen kaiserlichen Jagdschloß untergebracht war, das der jetzige Besitzer, Erzherzog Franz Salvator, für diese Zwecke zur freien Verfügung gestellt hatte. Hier wurde kränklichen und erholungsbedürftigen Kindern eine vortreffliche Pflege zuteil, von deren Erfolgen ich mich selbst überzeugen konnte.

Am 28. Oktober hielt ich in der Gesellschaft der Ärzte einen Vortrag über die Behandlung der parathyreopriven Tetanie (Krampfzustände nach Kropfoperation).

Bei einer Vorlesung des berühmten Südpolforschers Shakleton lernte ich diesen hervorragenden Helden der Antarktis kennen.

Ende der ersten Jännerwoche des Jahres 1922 wurden drei meiner Schüler, tüchtige, erfahrene Chirurgen, die Doktoren Sparmann, Novak und Neuberger, von der holländischen Regierung als Militärärzte für fünf Jahre nach Holländisch-Indien verpflichtet. Sie waren noch vor dem Kriege an meiner Klinik herangebildet worden und hatten während desselben als Leiter von Chirurgengruppen vorzügliche Dienste geleistet. Zwei von ihnen waren von ihren Frauen begleitet. Auf Java, beziehungsweise in der Nordwestecke von Sumatra, erwartete sie eine reiche Tätigkeit. Nach Ablauf der fünf Jahre lösten alle drei Ärzte ihr Dienstverhältnis zum holländischen Staat und widmen sich seither ausschließlich der Privatpraxis, die ihnen ein durchwegs befriedigendes Arbeitsfeld bietet.

Immer wieder konnte ich zu meiner Freude feststellen, welch segensreiche Tätigkeit die von Kollegen Jul. v. Hochenegg und mir geschaffenen Unfallstationen der beiden chirurgischen Kliniken entfalteten. Meine Unfallstation besaß einen eigenen kleinen Operationssaal und Betten für 30 Patienten. Der Verletzte konnte zu jeder Tag- und Nachtstunde ambulatorische Hilfe in Anspruch nehmen oder Aufnahme finden. Für die meiner Klinik angegliederte war ein eigener Assistent ernannt, der jeweils drei bis sechs Monate dort arbeitete; außerdem wurden auch mehrere Operationszöglinge ganz dieser Station zugeteilt; tüchtige, ausgebildete Krankenschwestern standen ebenfalls zur Verfügung.

Der Wert dieser Schöpfung nicht nur für den Verletzten, sondern auch für den Unterricht, erhellt klar aus einem Vergleich mit der geringen Zahl der Verletzten, die Ende des vorigen Jahrhunderts in die Klinik kamen. Wurde einmal zur Zeit, als Billroth die Klinik leitete, ein Patient mit einem Knochenbruch eingeliefert, so änderte man das ganze Programm, um diese Verletzung den Hörern sofort vorzustellen und in ihrer Anwesenheit zu versorgen. Nach Einführung der Unfallstation ereignete es sich einmal, daß an einem Glatteis-Sonntag größtenteils durch die Freiwillige Rettungsgesellschaft über 40 Knochenbrüche in meine Station gebracht wurden, so daß für die nächsten Tage ein ebenso reichhaltiges als lehrreiches Programm für die Vorlesung zur Verfügung stand. Wie wichtig eine zu jeder Tages- und Nachtstunde funktionierende Erste-Hilfe-Leistung ist, geht u. a. daraus hervor, daß seit ihrer Gründung im Jahre 1907 bis zu meinem Abgange im Oktober 1931 von 27 operierten Herzverletzungen 11 dauernd geheilt wurden. Heute ist infolge noch rascherer Alarmierung und beschleunigten Transportes der Verletzten der Prozentsatz der erzielten Erfolge noch höher.

Noch ein paar Worte über die geradezu gewaltige Entwicklung des Automobilwesens: Die großen Vorteile desselben brauchen nicht betont zu werden; als langjähriger Vorstand einer Unfallstation erkenne ich dankbar an, wie schnell uns das Rettungsauto den schwer blutenden oder um Atem ringenden Kranken noch rechtzeitig eingeliefert hat.

Aber bei der großen Zunahme der Kraftwagen aller Gattungen ist eine starke Vermehrung der Unfälle im täglichen Verkehr unvermeidlich geworden, wobei zugegeben werden muß, daß in vielen Fällen der undisziplinierte Fußgeher und Radfahrer, der weder in der Stadt noch auf dem Lande die Verkehrsvorschriften genügend beachtet, den Unfall verschuldet. Jedenfalls erscheint es mir wünschenswert, wenn die Autofabrikanten statt einer übertriebenen Schnelligkeit lieber eine geräuschlosere Fahrt anstreben würden und auch den Fahrer selbst anspornen könnten, seinen Stolz darin zu sehen, den Lärm der Städte nicht noch durch ratternde Geräusche zu vermehren. Haben es denn die Auto- und Motorradfahrer, besonders in der Stadt, wirklich so eilig? Unter hundert Fällen kann die Schnelligkeit vielleicht einmal begründet sein. Eine rasche, ungehinderte Fahrt soll der Polizei und Feuerwehr, ebenso der Rettungsgesellschaft gesichert sein. Eine solche Ausnahmserlaubnis für Schnellfahrt sollte auch dem Arzt, wenn er eiligst zum Patienten gerufen wird, zugestanden werden. Ich kann mir nicht denken, daß dieses Vorrecht jemals von einem ernsten Arzt mißbraucht würde, natürlich müßte sich dieser durch ein weithin sichtbares Kennzeichen dem Verkehrsbeamten gegenüber ausweisen können.

Über Anregung meines schon früher erwähnten Schülers Dr. P. Dijkgraaf im Haag war mir für erholungsbedürftige Wiener Kinder die namhafte Spende von 15.000 holländischen Gulden zugekommen, die ich nach eingehenden Besprechungen mit einem Hilfskomitee dem Direktor des Wilhelminenspitals, Hofrat Dr. Schönbauer, übergab. Er führte diesen Betrag der vom Hofschneidermeister Frank gemachten Stiftung zu, deren Ziel es war, erholungsbedürftigen, schwächlichen Kindern in einer eigenen Anstalt gute Pflege und richtige Ernährung zu verschaffen. Außerordentliche Umstände verzögerten die Verwirklichung dieser Stiftung.

Am 27. Jänner 1922 starb der edle Graf Hans Wilczek. Tapfer und unerschrocken schon als Kriegsfreiwilliger 1866, war er auch immer der erste dort, wo es galt, die Kunst, wissenschaftliche Forschungen und humanitäre Bestrebungen zu fördern, zu deren Gelingen er durch munifizente Geldspenden wesentlich beitrug. So war seinerzeit durch seine großmütige Unterstützung die von Payer und Weyprecht geleitete Nordpolexpedition verwirklicht worden, Wilczek selbst begleitete sie zu Schiff bis Nowaja Semlja. In späteren Jahren hat Wilczek, wie schon berichtet, mit Graf Lamezan und Baron Mundy die Wiener Freiwillige Rettungsgesellschaft gegründet und dort wiederholt selbst Dienst gehalten. Er hat auch Billroth bei der Gründung und dem Bau des Rudolfinerhauses beigestanden und bis an sein Lebensende das lebhafteste und werktätigste Interesse an dem Geschick des Rudolfinervereins genommen.

Am 26. März 1922 starb mein lieber Bruder Willy, dem wir alle in besonderer Liebe zugetan waren. Er hatte die zwölf letzten Jahre seines Lebens als Fregattenkapitän i. R. in Steinhaus gelebt, wo er sich eifrigst dem Wohl des Hauses widmete. Er war bei allen, die ihn kannten, wegen seines aufrechten Charakters, seiner Verläßlichkeit und Gefälligkeit beliebt und geachtet. Der vollkommene Zusammenbruch seiner geliebten Kriegsmarine hatte ihn auf das schwerste erschüttert. Er, der früher heiter war, blieb von da ab bis zu seinem Tode ernst und verschlossen. Wir verloren in ihm einen prächtigen Bruder und gütigen Onkel.

Zu Ostern dieses Jahres fuhr ich wieder zum Chirurgenkongreß nach Berlin mit kurzem Aufenthalt in Halle, um meinen lieben Freund, den hervorragenden Psychiater und Nervenarzt Professor Gabriel Anton aufzusuchen. Bei ihm lernte ich auch den berühmten Anatomen Roux kennen. Auf der Rückreise besuchte ich in Baden-Baden Bernhard Naunyn und fuhr dann nach Heidelberg, wo unser engerer Chirurgenring einen großen Operationstag abhielt. Ich führte eine Laminektomie (Eröffnung des Wirbelkanals) aus, die sich glatt erledigen ließ und gut heilte.

Am 17. Juli erfolgte meine Ernennung zum Ehrenmitglied des Wiener medizinischen Doktoren-Kollegiums.

Ende November wurde ich gelegentlich eines Konsiliums in Budapest zu dem mir persönlich von der Kriegszeit her bekannten Reichsverweser v. Horthy geladen und von ihm und seiner Familie überaus herzlich und gastfreundlich aufgenommen. Die Unterhaltung bot besonders in politischer Hinsicht viel Interessantes [46].

Am 4. Dezember 1922 hielt ich in der Gesellschaft der Ärzte einen Vortrag über das Thema: „Was hat die moderne Chirurgie durch den Weltkrieg gelernt?" Ende Dezember fuhr ich über dringende Einladung zu Professor v. Haberer nach Innsbruck, um bei seiner tausendsten Magenresektion anwesend zu sein. Es war mir eine Freude, ihm dabei assistieren zu können. Der Eingriff nahm einen glatten Verlauf.

Haberer war später durch einige Jahre Kliniker in Graz und Düsseldorf und entfaltet seit 1931 als Direktor der Chirurgischen Klinik in Köln eine ausgedehnte chirurgische Tätigkeit; die von ihm

---

[46] Vizeadmiral v. Horthy wurde als Kommandant der österreichisch-ungarischen Streitkräfte in dem für uns siegreichen Seegefechte in der Straße von Otranto am 15. Mai 1917 gegen überlegene englische und italienische Einheiten, auf der Kommandobrücke stehend, schwer verwundet. Kurze Zeit nachher kam er an meine Klinik, wo ich ihm die größten der zahlreichen Granatsplitter entfernen konnte.

ausgeführten Magenoperationen haben die Zahl 3000 bereits überschritten. 1935 wurde ihm das Amt eines Rectors magnificus übertragen.

Am 18. Jänner 1923 hielt Professor O. Spann anläßlich der Trauerkundgebung wegen der Besetzung des Rheingebietes durch die Franzosen eine ebenso begeisternde als ergreifende Rede vor der Wiener Universität, die allen einen ganz großen Eindruck machte.

Am 29. Jänner hörte ich an der Universität einen äußerst interessanten Bericht Professor Wegeners über seine erste Grönland-Reise; die zweite sollte ihm leider zum Verhängnis werden.

Ende Oktober 1923 kamen Anschütz (Kiel), Hofmeister (Stuttgart) und Perthes (Tübingen) für zwei Tage nach Wien an die Klinik. Das Programm des Operationstages bestand aus Folgendem: 1. Akt einer temporären Eröffnung des Schädels zwecks Suche nach einem Hirntumor, der auch im zweiten Akt erfolgreich entfernt werden konnte. Operation einer Rückenmarksgeschwulst, eine Magenresektion nach Billroth II, ferner eine Gastroenterostomie; endlich eine Entfernung eines Oesophagus-Divertikels. Erfreulicherweise verliefen diese Eingriffe gut und erfolgte in allen Fällen vollkommene Heilung.

Am 5. Jänner 1924 starb in Wels mein Freund Primarius Dr. O. Spechtenhauser. Eine im Mittelfell des Brustraumes liegende, rasch wachsende bösartige Geschwulst hatte ihm furchtbare Atembeschwerden verursacht, doch weigerte er sich lange Zeit hindurch mit aller Energie, größere Dosen Morphin zur Linderung der Anfälle zu sich zu nehmen; erst in den letzten Wochen entschloß er sich dazu. Stets für das Wohl anderer besorgt, war er zum Sterben in sein Spital übersiedelt, um seiner Frau die mit einem Tode in der Wohnung verbundenen Unannehmlichkeiten zu ersparen. Eine Stunde vor seinem Ende, das nach den schrecklichsten Erstickungsanfällen eintrat, habe ich schweren Herzens von ihm Abschied genommen.

Im Jahre 1937 berichtete eine amerikanische Ärztezeitung, ein dortiger Chirurg habe eine solche bisher bei uns als vollkommen inoperabel angesehene Erkrankung mit Erfolg operiert. Noch drei meiner engeren Freunde und Kollegen hatten ein ähnliches trauriges Schicksal. Nebenbei möchte ich erwähnen, daß es sich in allen diesen Fällen um äußerst starke Raucher gehandelt hat, womit ich natürlich nicht behaupten kann, daß das Rauchen eine nennenswerte Rolle bei diesem Krankheitsprozeß gespielt habe.

Am 2. Februar operierte ich die Frau eines Kollegen in Triest wegen eines großen Rückenmarkstumors, der vom dortigen Neurologen Professor Saai richtig erkannt und genau lokalisiert worden war, und erlebte dabei die Freude, durch den Eingriff vollkommene Heilung zu erzielen. Die Patientin erlangte schon nach kurzer Zeit die vollkommen normale Beweglichkeit ihrer Hände und Füße wieder, die infolge des Rückenmarksleidens gelähmt gewesen waren. Sie erfreute sich durch dreizehn Jahre bester Gesundheit. Einen ähnlichen Fall von Rückenmarksgeschwulst, der ebenso gut von demselben Neurologen diagnostiziert worden war, operierte ich wenige Jahre später in Triest mit einem gleich günstigen Dauererfolg.

In der zweiten Märzhälfte unternahm ich in Begleitung meiner Frau eine Reise nach Holland, die uns in erster Linie nach Utrecht führte, dieser uns so lieb gewordenen Stadt, mit der mich die schönsten Erinnerungen an meine dortige klinische Tätigkeit und an unser junges Eheglück verbinden.

Von meinem Schüler und zweiten Nachfolger im Lehramt, Professor Laméris eingeladen, an der Klinik zu operieren, führte ich eine Magenresektion aus und assistierte ihm hierauf bei der Operation einer großen Hirnzyste und bei der Entfernung einer Geschwulst der Vorsteherdrüse; beide Eingriffe führte er mit vorbildlicher Technik und Sicherheit aus.

Kaiser Wilhelm, der seit Kriegsende in Doorn lebt, hatte mich schon vor Monaten durch seinen Leibarzt einladen lassen, ihn anläßlich meiner Hollandreise zu besuchen. Ich meldete dem Stabsarzt meine Anwesenheit in Utrecht und erhielt sofort eine telegraphische Einladung. Der Wohnsitz des Kaisers ist ein schönes, modernes, holländisches Landhaus, von einem Weiher umgeben, inmitten einer großen, von Solitärbäumen besetzten Wiese gelegen. Ich wurde in die Empfangshalle geführt, wo bereits der Generaladjutant und ein zu Besuch weilender Admiral anwesend waren. Nach wenigen Minuten kam der Kaiser mit der ihm kürzlich angetrauten Gemahlin, der verwitweten Prinzessin Schönaich-Carolath, geb. Prinzessin Reuß, in den Saal, schritt auf mich zu und reichte mir die Hand. Ich bemerkte sofort, daß der Kaiser aus Aufmerksamkeit für den österreichischen Gast den Maria-Theresien-Orden trug. An der Tafel nahmen das Kaiserpaar, die beiden Generäle, der Stabsarzt und ich teil. Zwei Kinder der Kaiserin aus ihrer ersten Ehe waren zu kurzer Begrüßung erschienen.

Se. Majestät kam wiederholt auf Kaiser Franz Joseph zu sprechen, wobei ich wahrnahm, wie sehr er unseren verstorbenen Monarchen verehrt hatte. Im Laufe der Konversation war auch davon die Rede, daß einer der beiden Söhne des Grafen Lehndorff aus Preyl bei Königsberg i. Pr. den Heldentod fürs Vaterland erlitten habe. Als Se. Majestät an einen der beiden Adjutanten die Frage richtete, wann und wo das gewesen sei, konnte der General sofort genaue Auskunft über Datum, Ort und Art der tödlichen Verwundung geben, der dieses junge Leben zum Opfer gefallen war. Dann kam der Kaiser auf O. Spenglers Buch „Der Untergang des Abendlandes" zu sprechen und meinte, die Grenze zwischen Abendland und Morgenland sei nicht wie bisher im Ural, sondern am Rhein zu suchen, der Untergang des Abendlandes würde sich demnach nicht auf Deutschland beziehen. Überhaupt sei er der Ansicht, daß die jetzigen Verhältnisse — vielleicht schneller als man glaube — wieder wechseln und ein günstiger Umschwung im Sinne einer Restauration eintreten werde. Ich konnte mich nicht enthalten zu erwidern: „Majestät, das hoffen wohl viele, nur meine ich, daß weder Eure Majestät noch auch ich diesen Zeitpunkt erleben werden."

Der Kaiser schien durch meine Worte verstimmt, zog mich nach aufgehobener Tafel noch in ein kurzes Gespräch und verabschiedete sich mit der Bemerkung, er habe im Garten mit Baumfällen zu tun.
Nach zweitägigem Aufenthalt in Utrecht fuhren wir nach Amsterdam weiter, wo ich im Ärzteverein einen Vortrag über Kropfbehandlung hielt. — In Groningen waren wir bei Professor Koch, dem Direktor der Chirurgischen Klinik, zu Gast. Über seinen Wunsch hielt ich vor den Studenten einen Vortrag über Magengeschwüre. Im Haag traf ich zu meiner großen Freude eine Reihe alter Schüler und Freunde, unter ihnen Exalto, Dijkgraaf, Jorissen, denen ich gerne mündlich für die großherzigen Spenden dankte, die sie und ihre Kreise in den Jahren bitterster Not den Österreichern gewidmet hatten.

Das Sommersemester brachte wie gewöhnlich sehr viel Arbeit an der Klinik. — Anfangs Mai wurde in der Gesellschaft der Ärzte eine Trauerfeier für den kürzlich verstorbenen ausgezeichneten ersten Sekretär Prof. R. Paltauf gehalten, dessen hervorragende Verdienste von Professor Maresch in einer inhaltlich und formell vollendeten Gedächtnisrede gewürdigt wurden.

Ein Arzt aus dem hohen schwedischen Norden besuchte meine Klinik; er wußte viel Interessantes aus seiner Heimat zu erzählen, z. B., daß er die Patienten häufig im Flugzeug besuche und sie im Bedarfsfall nach Boden am bottnischen Meerbusen bringe, wo sich ein Lazarett befindet. Bei den Riesenentfernungen im dünnbevölkerten Land und den oft unfahrbaren Wegen bedeutet diese Art des Krankentransportes einen gewaltigen Fortschritt.

Der 1. Juni 1924 war ein Tag, der Österreich um das Leben eines seiner besten Söhne erzittern ließ. Ich war eben von einem schönen, wenn auch heißen Ausflug in das Burgenland zurückgekehrt, als mir die Meldung zukam, daß eine Stunde zuvor auf Bundeskanzler Dr. Seipel ein Revolverattentat verübt worden und meine sofortige Hilfe erwünscht sei. Der

Kanzler war in das dem Südbahnhofe nahe gelegene Wiedener Krankenhaus gebracht worden, wo ihm durch den diensthabenden Assistenzarzt der chirurgischen Abteilung sofort eine Tetanus-Antitoxin-Injektion gegeben wurde. Ich fand Doktor Seipel etwas hergenommen, doch bei klarem Bewußtsein vor. Die Untersuchung ergab, daß die Kugel in den Brustkorb eingedrungen und stecken geblieben war, eine schwerere Verletzung schien erfreulicherweise nicht erfolgt zu sein.

In den folgenden Tagen konnten wir Ärzte uns an der unerschütterlichen Ruhe und Beherrschung unseres Patienten erbauen; es war mir wirklich eine Freude, diesen klugen, abgeklärten, ungewöhnlichen Mann öfters sehen zu können. Die Sorge, die sein Befinden in den ersten Tagen verursachte, wich bald der sicheren Zuversicht, daß das Projektil ohne Schaden einheilen werde.

Eine schwer scheinende Komplikation löste sich ebenfalls zur Zufriedenheit. Der Kanzler hatte sich vor wenigen Jahren bei einem Sturz auf der Straße die Haut des Knies aufgeschürft und sofort in einem Spital eine prophylaktische Tetanus-Antitoxin-Injektion bekommen; durch die unmittelbar nach seiner jetzigen Einlieferung ins Krankenhaus verabreichte gleiche Injektion stellten sich nach wenigen Tagen bedrohliche Symptome ein, die bald als anaphylaktischer Schock erkannt wurden [47]. Nach kurzer Zeit war aber auch diese Sorge gewichen und der Patient vollkommen außer Gefahr. Er begab sich zur Erholung in das schön gelegene Zisterzienserkloster Mehrerau am Bodensee, wo in der zweiten Augusthälfte sein 50. Geburtstag gefeiert wurde. Zur gleichen Zeit war ich zufällig bei meinem Schwager Peter Pirquet in Bregenz zu Besuch und wurde zu dieser Feier eingeladen, die sich höchst eigenartig gestaltete. Nach dem Festgottesdienst in der Kirche vereinigte uns ein einfaches Mittagessen im Speisesaal des Klosters. Auf erhöhter Estrade saß der Abt, P. Cassian Haid, ein Ötztaler, ihm zur

---

[47] Wenn im Laufe der nächsten Zeit, selbst einiger Jahre, nach der ersten prophylaktischen Antitoxin-Injektion eine zweite ausgeführt wird, so kann sich bedrohliches Fieber, Bronchitis und Nesselausschlag einstellen.

Seite Dr. Seipel; die Patres hatten an der äußeren Seite des hufeisenförmig gedeckten Tisches Platz genommen. An der inneren Seite, dem Abt und Seipel gegenüber, saßen nur drei Gäste, zwei Vertreter der Behörden und ich. Die Speisen waren einfach, die Zubereitung schmackhaft. Während des Mahles las ein Laienbruder mit mächtigem Bart aus der Bibel vor. Dann hielt einer der Patres eine schwungvolle Rede, in der er mit der Erschaffung der Welt begann und über Moses und Christus rasch zu Seipel und dessen Wirksamkeit überging. Damit wurde die zur allgemeinen Befriedigung verlaufene Feier beschlossen.

Wie sehr die Mitglieder der sozialdemokratischen Partei gegen Seipel eingestellt waren, geht daraus hervor, daß sie beschlossen, ihm, wenn er als aktiver Bundeskanzler im Herbst in das Parlament geheilt einziehe, keinerlei besondere Begrüßung zuteil werden zu lassen; der großzügige Seipel verzichtete gerne um des Friedens willen auf jedwede Ovation, auch von seiten seiner Parteifreunde.

In den folgenden Jahren habe ich noch ab und zu Seipel gesehen und konnte mich davon überzeugen, daß die Kugel, ohne Schaden zu verursachen, eingekapselt war. Seine schwere Zuckerkrankheit und das Lungenleiden machten indes um so raschere Fortschritte, als er sich in keiner Weise schonte. Der Tod dieses großen Mannes in den ersten Augusttagen des Jahres 1932 war für Österreich ein unersetzlicher Verlust! Zu Lebzeiten oft verkannt und verunglimpft, wurde ihm schon wenige Jahre nach seinem Tode allgemein der Titel gegeben, den er wohl dauernd in der Geschichte führen wird: Der Retter Österreichs nach dem unglücklichen Ausgang des Krieges.

Am 6. September folgte ich einer Einladung der schwedischen Ärztegesellschaft und fuhr mit meinen Töchtern Flora und Agnes nach Stockholm. Wir verlebten einige höchst interessante Tage. Der Aufenthalt gestaltete sich sehr anregend, überall wurde uns eine herzliche Aufnahme zuteil, ganz besonders von seiten des mir schon von früher befreundeten Chirurgen Professor Einar Key und seiner lieben, gütigen Frau. Auch die anderen Kollegen, Generalarzt Dr. Bauer, die Chirurgen Giertz, Hübenneth, Troell, Jacobäus, Ackermann — um nur einige zu nennen — wetteiferten miteinander, uns den Aufenthalt angenehm zu gestalten. Wir lernten auch Schwester Elsa Brandström kennen, die mit Recht ob ihrer unermüdlichen Fürsorge für die Gefangenen der Zentralmächte den Namen „Engel von Sibirien" erhalten hatte. Auch ihrer Mitarbeiterin und Landsmännin Elsa Björkmann sei hier in Dankbarkeit gedacht. Sie wurde später die Frau des Primarius Dozent Goldschmidt und hat in Wien eine zweite Heimat gefunden.

Natürlich wollte ich auch Sven Hedin einen Besuch abstatten, um ihm als Präsidenten der Schwedischen Akademie der Wissenschaften für meine Ernennung zu ihrem ausländischen Mitglied persönlich meinen Dank zu wiederholen. Sven Hedin, der sich zur Zeit auf dem Land in der Umgebung von Stockholm aufhielt, ließ mir sagen, er käme zu mir in die Stadt. Bei seinem mehr als halbstündigen Besuch konnte ich zu meiner Freude diesen hervorragenden Mann kennenlernen, dessen Unerschrockenheit als Erforscher unerschlossener Gebiete Zentralasiens und erfolgreiche Tätigkeit im Dienste der Wissenschaft ich stets bewundert habe. Auch die Beschreibung seiner Erlebnisse an der deutschen Front im Weltkrieg hatte mich besonders für ihn eingenommen.

Im Schwedischen Ärzteverein hielt ich einen Vortrag über „Wandlungen in der Wundbehandlung im Lichte ihrer Widersprüche", aus dem ich nur einige Ausführungen kurz wiedergebe:

v. Hebra hat nach der Mitte des vorigen Jahrhunderts in Wien das Wasserbett angegeben, in welchem Kranke mit ausgedehnten frischen Verbrennungen, Gelähmte, die sich ihren Rücken und die Haut der Kreuzbeingegend durchgelegen hatten, dauernd verweilen. Das Wasser wird immerfort durch Zufluß erneuert und ist auf Körperwärme gehalten. Der Aufenthalt im Hebraschen Dauerbad bewirkt einen Saftstrom aus der Wunde, mit dem die hineingelangten Bakterien, bevor sie noch Gelegenheit zur Ansiedlung finden, wieder ausgeschieden werden. Dabei scheint auch nach den Untersuchungen meines Schülers Pfab das Material der Badewanne eine Rolle zu spielen; wenn diese verzinkt ist, so werden die Bakterien, die sich im Bade befinden, wenn schon nicht in ihrem Wachstum, so doch in ihrer Giftigkeit gehemmt.

Ich konnte besonders auf die jetzt übliche Behandlung im Dauerbad hinweisen. Trotzdem dann dieses von den verschiedenen Bakterienkeimen wimmelt, tritt selbst bei einer frischen Wunde im Wasserbett nur höchst selten eine nennenswerte Infektion ein.

Das Wasserbett darf aber nicht angewendet werden bei Lungenkranken, bei Patienten mit Bronchitis, Rippenfellentzündung mit Fistelbildung oder anderen Entzündungen, ferner nicht bei Kranken mit einem durchlöcherten Trommelfell, bei denen ein längeres Liegen im Wasserbett schon wiederholt eine Entzündung des Mittelohres zur Folge hatte.

Bei einem Ausflug nach Upsala wurde mir Gelegenheit geboten, im neueröffneten Hörsaal der Chirurgischen Klinik an die Studenten eine Ansprache zu richten, in der ich sie zu ihrem klinischen Lehrer, dem bekannten Chirurgen G. Nyström, sowie zu dem zweckmäßigen Neubau beglückwünschte. Anschließend hielt ich einen kurzen Vortrag über aktuelle chirurgische Fragen.

Ein herrliches „Weekend" in Bravalla, dem Sommersitz von Einar Key in den Schären, beschloß unseren Aufenthalt in Schweden. Die Rückreise erfolgte über Helsingborg und Kopenhagen; über Berlin ging es dann direkt nach Wien zurück.

Nach mehrtägigem Aufenthalt in Wien nahm ich am 22. September an der Naturforscherversammlung in Innsbruck teil, die sich ebenso anregend als lehrreich gestaltete.

Am 31. Oktober 1924 starb nach heldenmütig ertragenem schweren Leiden Freund Robert Gersuny, der Direktor des Rudolfinerhauses, ein seinem großen Lehrer Billroth besonders nahestehender Schüler und Freund.

Gersuny hat durch originelle neue Operationen, vor allem auf dem Gebiete der plastischen Chirurgie, u. a. Injektion von

Paraffin zwecks Korrektur der Sattelnase, und als Gynäkologe Hervorragendes geleistet; seine altruistische Tätigkeit im Rudolfinerhaus, wo er das Erbe Theodor Billroths voll und ganz übernommen und in dessen Sinne verwaltet hatte, kann vorbildlich genannt werden. Tausende von Kranken verdanken seinen Operationen Leben und Gesundheit. Großes Verdienst erwarb er sich um die Heranbildung der Krankenschwestern, die von ihm in ihren schweren Beruf liebevoll eingeführt wurden. Im Rudolfinerhaus und Rudolfinerverein wird er niemals vergessen werden, hat er sich doch mit und nach Billroth um die Entstehung und weitere Entwicklung dieser Stiftung größte und dauernde Verdienste erworben. Ärzte, Schwestern und Patienten, die diesen ausgezeichneten Mann kennenlernen durften, werden ihm ein gutes Andenken bewahren.

Über Einladung des Vereines deutscher Ärzte in Brünn hielt ich dort am 22. November einen Vortrag über Magenulcus. Ich hatte auch Gelegenheit, zum Denkmal des genialen Augustinermönches Gregor Mendel zu pilgern, das in einem ganz kleinen Stiftsgarten errichtet ist, in dem er sechzig Jahre zuvor seine epochalen Experimente ausgeführt hatte, die die Lehre von der Vererbung begründeten. Angesichts des kleinen Fleckchens Erde, in dem dieser Mann seine umwälzenden Entdeckungen gemacht hatte, wurde ich an die Richtigkeit eines Ausspruches meines großen Lehrers erinnert: Einem seiner Schüler, der sich als neuernannter Primarius vorstellte und dabei bedauerte, daß sein Spital nur 50 Betten habe, entgegnete Billroth: „Vergessen Sie nicht, daß Lister seine Wundbehandlungsmethode in einem Spital mit 25 Betten fand."

Zu Beginn des Jahres 1925 nahm ich an der Tagung des kleinen süddeutschen Chirurgenringes in Tübingen teil. An der Klinik Perthes traf ich Enderlen, Hofmeister, Trendelenburg, Gulecke, Steintal und den Aarauer Chirurgen Oberst Dr. Bircher. Vom Morgen bis in die späten Nachmittagsstunden wurde an der Klinik operiert und demonstriert. Nach getaner Arbeit vereinigte uns ein gemütlicher Abend im Hause Perthes'. Wer

Feldärztliche Tagung der Deutschen Chirurgen, Brüssel, April 1915

Feier meines 25jährigen Professoren-Jubiläums an der Wiener Klinik. Sommersemester 1926
(Siehe Seite 371) Phot. Paul de Frenes, Wien

hätte gedacht, daß diesem so feinsinnigen, lieben Menschen und ausgezeichneten Chirurgen nur mehr eine ganz kurze Lebenszeit beschieden sein sollte!

Am 18. Februar 1925 starb plötzlich mein jüngster Bruder Paul an einem Herzleiden. Der Tod dieses herzensguten Menschen war ein schwerer Verlust für die ganze Familie.

Im Mai dieses Jahres wurde ich zum Senator der Deutschen Akademie in München ernannt.

Am 1. September feierten wir in Steinhaus die Hochzeit unserer Tochter Agnes mit dem württembergischen Forstmeister Wolfram Ehrlenspiel im großen Familienkreis unter herzlicher Teilnahme der Bevölkerung. Das junge Paar lebte die ersten Jahre nach der Vermählung in Schussenried, wo meine Frau, meine Kinder und auch ich öfters zu kurzem Besuch hinkamen. Seit 1934 ist mein Schwiegersohn als Oberforstrat in Stuttgart tätig. Es ist ein glückliches Familienleben; vier Kinder beleben das Haus.

Im Februar 1926 besuchte ich drei schwerkrank darniederliegende Kollegen: Professor Wiesel, den außerordentlich erfahrenen Internisten und Primararzt des Franz-Joseph-Spitals, Professor Föderl, Schüler Billroths und Primarchirurg am Allgemeinen Krankenhaus, und endlich Professor Kyrle, Schüler Fingers, der sich sowohl als Gelehrter wie auch als Praktiker einen guten Namen erworben hatte.

Gegen Ende des Monats hielt in der Gesellschaft der Ärzte deren Vizepräsident A. Durig einen geradezu glänzenden Vortrag über Bergkrankheit.

Am 7. März starb der bekannte Augenarzt Professor Dimmer, der mir ein lieber Freund war. Er hatte ebenso wie Freund Fröschl verfügt, daß sein Leichnam in die Anatomie überführt werde, damit er auf diese Weise nach seinem Tode den studierenden Medizinern noch nützen könne.

Mitte März empfing ich an meiner Klinik den Besuch der Chirurgen Enderlen (Heidelberg), Hotz (Basel), Monnier

(Zürich), Floercken (Frankfurt a. M.) und konnte in ihrer Gegenwart mehrere Operationen ausführen. Ich operierte u. a. eine Patientin mit einem schweren Morbus Basedowii; der Eingriff verlief glatt, doch trat bald darauf infolge Herzstillstandes der Tod ein. Die Obduktion am nächsten Tag ergab, daß die glandula thymus (Bries) gar nicht resorbiert war, wie man dies bei dem Alter der Patientin hätte erwarten müssen. Dies war aber vorher nicht festzustellen. Erfahrungsgemäß neigen derartige Menschen viel leichter zu schweren Schockzuständen, die auch bei leichteren Operationen den Tod zur Folge haben.

Am 14. April feierten wir die Hochzeit unserer Tochter Elisabeth mit Dr. Fritz Starlinger. Bundeskanzler Dr. Seipel erwies uns die Freude, die Trauung zu vollziehen. Fritz Starlinger war bei mir ältester Operationszögling und unumstritten der Anwärter auf den nächsten Assistentenposten, als er mich um die Hand meiner Tochter bat. Ich gab gerne meine Einwilligung zu dieser Verbindung, wollte aber mit Rücksicht darauf meinen zukünftigen Schwiegersohn nicht gleich zum Assistenten meiner Klinik ernennen. Er nahm daher eine Assistentenstelle an der Innsbrucker Klinik bei Professor Ranzi an und kehrte nach vierjähriger Tätigkeit vor meinem Ehrenjahr an die Wiener Klinik zurück. Er wurde zu Beginn des Jahres 1936 in Anerkennung seiner wissenschaftlichen Arbeiten mit dem Titel eines Professors der Chirurgie ausgezeichnet und kurze Zeit nachher zum Primarchirurgen im Kaiser-Franz-Joseph-Spital ernannt. Der glücklichen Ehe entstammen fünf Kinder.

Ende April fuhr ich mit meiner Frau und meinem Sohn nach Brioni, um dort Heilung von einer chronischen Bronchitis zu finden, an der ich in der letzten Zeit gelitten hatte. Ich konnte mich von der vollkommenen Sanierung der Insel überzeugen, ein Triumph praktisch angewendeter moderner Wissenschaft. Die Insel, bis zum Anfang dieses Jahrhunderts von Malaria durchseucht und daher unbewohnbar, wurde durch Robert Koch, den der Besitzer der Insel Dr. Kupelwieser dorthin bat, vollkommen malariafrei gemacht und ist heute mit einer einzigartigen Flora ein herrlicher Aufenthaltsort für Gesunde und Kranke.

Am 6. Mai wurde an der I. Chirurgischen Klinik in sehr herzlicher Weise mein fünfundzwanzigjähriges Jubiläum als Vorstand derselben gefeiert. Auch Professor Sauerbruch aus München nahm daran teil. Meine Schüler stifteten mir ein originelles Ölgemälde von Erwin Lang. Es stellt eine klinische Vorlesung dar, in der ich über eine eben zurückgebrachte Schultergelenksverrenkung vortrage, während einer meiner Assistenten den Verband anlegt. Neun meiner Schüler sind auf dem Gemälde sprechend ähnlich abgebildet.

Ende Juli hielt ich vor amerikanischen Ärzten, die mir besonders empfohlen worden waren, an der Klinik einen längeren Vortrag in englischer Sprache über moderne Fragen der Chirurgie.

Ende August sprach ich über Ersuchen meines Schülers Primarius Orthner anläßlich der Festversammlung der Feuerwehr in Ried im Innviertel über erste Hilfe bei Unfällen. Ich hatte ein besonders aufmerksames, ich kann sagen andächtiges Publikum.

Mitte September nahm ich als zweiter Vorsitzender an der Naturforscherversammlung in Düsseldorf teil. Meine Tochter Flora begleitete mich. Besonders interessant war die Besichtigung von Leverkusen, wo uns der weltbekannte Direktor der I. G. Farbenwerke, Geheimrat Duisberg, über die Einrichtung dieses Unternehmens, das wohl das größte für die Erzeugung medizinischer Präparate in Europa sein dürfte, sehr aufschlußreich und fesselnd berichtete.

Anfangs Oktober besichtigte ich, geführt von meinem früheren Schüler Dr. Orel, dem Chefchirurgen der Straßenbahner, das Heim der Wiener Bahnbediensteten am Strengberg im Semmeringgebiet. Es ist erfreulich, daß für jeden Stand und Beruf gute Einrichtungen geschaffen werden, die den Kranken beste Heilungsmöglichkeiten bieten oder Altersschwachen eine dauernde gute Versorgung gewährleisten.

DIE LETZTEN JAHRE AKTIVER TÄTIGKEIT
1927—1931

Ende März 1927 wurde die Erinnerungstafel an Professor Rudolf Chrobak, den vortrefflichen Lehrer der Geburtshilfe, enthüllt, der in besonderem Maße das Vertrauen der Frauen Wiens erworben hatte.

Schon wiederholt hatte ich Gelegenheit gehabt, auf der Straße oder in der Bahn erste Hilfe zu leisten. Der nachstehend geschilderte Fall entbehrte nicht der Heiterkeit. Bei einer Fahrt im Touristenzug Payerbach—Wien wurde ausgerufen, ob etwa ein Arzt im Zuge sei. Ich meldete mich und fand eine junge Frau mit einer ganz schweren Ohnmacht vor. Rasch öffnete ich die beengenden Kleidungsstücke um Hals und Leib und legte die Kranke, deren Puls kaum fühlbar war, flach auf eine Bank. Nun regnete es Vorschläge von seiten der Mitfahrenden: „Herr Doktor, wird sich die Arme nicht verkühlen?" „Herr Doktor, die Arme liegt so hart!" „Herr Doktor, hier haben Sie einen guten Kognak. Er ist prima. Sie müssen davon der Kranken schnell etwas geben, dann wird sie gleich munter werden." Erfahrungsgemäß ist jedwede flüssige oder feste Nahrungszufuhr bei Ohnmachtsanfällen gefährlich, weil die Flüssigkeit statt in den Magen in den Kehlkopf und in die Lunge kommen und damit schwer schaden kann. Da die Spenderin aber durchaus auf der Verwendung des Kognaks bestand und ihn mir übereifrig aufnötigte, nahm ich den Kognak, um der Ohnmächtigen Gesicht, Brust und Arme einzureiben. Wenn er schon verbraucht werden sollte, so war diese Verwendung ärztlich zu verantworten. Es war lustig, das verwunderte Gesicht der Laienhelferin anzusehen, als ihr guter Kognak mit Umgehung des Magens auf diese Weise in Verwendung kam.

Ich wurde hier lebhaft an den Ausspruch Billroths erinnert: viele möchten das Glück, anderen zu helfen, genießen, wissen aber nicht, wie sie es anfangen sollen.

Im Frühjahr dieses Jahres hatte ich die mich hoch ehrende Mitteilung erhalten, daß mir von der Royal Society of England die goldene Lister-Medaille zugedacht sei. Die erste war Sir Watson Cheyne überreicht worden, ich war der zweite, dem diese Auszeichnung zuteil werden sollte.

Am 2. Juli trat ich in Begleitung meiner Tochter Flora die Reise nach London an, wo wir im Hause des Ehepaares Doktor Christopherson, über den ich schon früher berichtet habe, herzliche Aufnahme fanden. Dr. Christopherson war seinerzeit durch eineinhalb Jahrzehnte als englischer Arzt in Chartum tätig gewesen, wo er mit dem berühmten Österreicher Slatin Pascha innige Freundschaft geschlossen hatte. Ich war meinem liebenswürdigen Gastgeber auch dafür besonders dankbar, daß er meine Lister-Rede noch einer eingehenden Durchsicht unterzog und dabei manchen Germanismus ausmerzte.

Die Feier selbst wurde durch einen Tee im Royal College of Surgeons eingeleitet und fand im selben Raum statt, in dem ich vor dem Krieg mit mehreren Kollegen zum Honorary Fellow of the Royal College of Surgeons promoviert worden war. In diesem Saal befand sich eine reichhaltige anatomische Sammlung menschlicher und tierischer Präparate, wobei die einzelnen Stücke manchmal in grotesker Weise Aufstellung gefunden hatten.

An einem vorzüglich gewählten Platz war das Skelett des berühmten irischen Riesen angebracht. John Hunter, der im 18. Jahrhundert gelebt hatte und nach dem das Museum des Royal College of Surgeons auch Hunter-Museum genannt wird, hatte versucht, noch bei Lebzeiten den Riesen dafür zu bestimmen, nach dem Tode seinen Körper dem Museum zu vermachen. Der Riese selbst aber wollte nichts davon wissen, auch seine Verwandten suchten den Plan Hunters zu vereiteln. Es muß gesagt werden, daß damals (18. Jahrhundert) in ·kaum einem anderen Lande so große Schwierigkeiten bestanden, eine

Sektion auszuführen, wie in England, wo bis ins Mittelalter hinein die Todesstrafe darauf gesetzt war. Als nun der Riese gestorben war, wurde sein Leichnam, in einem Bleisarg geborgen, auf ein Schiff gebracht und ins Meer hinausgeführt, um dort versenkt zu werden und so einer Verfolgung durch Hunter zu entgehen. Hunters Späher aber überlisteten die Schiffer und retteten den toten Riesen für das Museum.

Die für den nächsten Tag um 4 Uhr angesetzte Hauptfeier nahm einen sehr würdevollen Verlauf. Die Mitglieder des Royal College of Surgeons waren alle in ihr Festgewand, eine schwarze Toga mit roten Aufschlägen, gekleidet und zogen feierlich in den festlich geschmückten Saal ein, ich als Letzter zur Rechten des Vorsitzenden, des berühmten Chirurgen Professor Moynihan, des späteren Lord of Leeds (der im September 1936 gestorben ist). Nach einer kurzen herzlichen Begrüßung wurde ich gebeten, meine Listerrede zu halten. Ich hob darin die große Bedeutung Listers als Reformator der Chirurgie und Schöpfer einer neuen Wundbehandlung hervor.

Daß ich als Assistent Lister gerade vor vierzig Jahren in seinem Spital bei einer schweren Operation zusehen durfte, stellte ich mit besonderer Freude fest. Nach meiner Rede wurde mir die Lister-Medaille überreicht und die Feier mit einem kleinen Imbiß geschlossen.

Am Abend fand ein Bankett statt, zu dem ich meine im Jahre 1913 anläßlich meiner Promotion eigens bestellte Toga als Mitglied der Königlich Chirurgischen Gesellschaft Englands benötigt hätte. Ich hatte sie aber nach Kriegsende, da nicht vorauszusehen war, daß ich sie jemals wieder gebrauchen würde, meiner ältesten Tochter überlassen und es war daraus ein klösterliches Kleid geworden. Da half mir mein Freund und Kollege Ernst Fuchs aus, der gleichzeitig mit mir im Jahre 1913 in London zum Ehrenmitglied promoviert worden war; er lieh mir seine Toga, deren unterer Rand allerdings um mehr als zehn Zentimeter eingeschlagen werden mußte. Die Geschichte meiner Toga, die ich in meine Rede bei Tisch einflocht, wurde mit Interesse und Heiterkeit aufgenommen.

Ein gemütliches Frühstück bei dem ausgezeichneten österreichischen Gesandten Georg Baron zu Franckenstein sei noch erwähnt, ebenso ein Besuch auf dem Lande in der Familie des Sir H. Lambert. Es war ein Sonntagnachmittag, als ich von dort nach London zurückkehrte, wo ich am Bahnhof von Dr. Christopherson abgeholt wurde. Bei der Fahrt durch die Stadt konnte ich den geradezu grotesken Gegensatz zwischen dem Straßenverkehr an Wochentagen und jenem an Sonntagen beobachten. Die sonst so belebten Straßen, zu deren Überquerung man oft mehrere Minuten brauchte, waren wie ausgestorben und dienten als Spielplatz für die Kinder.

Meine Tochter blieb noch ein paar Tage in London, während ich sofort meine Heimreise über Holland antrat. In Rotterdam besuchte ich eines der größten Unfallsspitäler, die ich kenne, an dem der bekannte Primarchirurg Dr. Romeinse tätig war, und sah auch einige Operationen. Selbstverständlich machte ich auch in meinem lieben Utrecht Station, ließ mich aber trotz der herzlichen Einladung meines Schülers Professor Laméris nicht bewegen, länger zu bleiben. Ich wollte so bald als möglich zurückkommen und so setzte ich ohne weitere Unterbrechung die Reise fort. Man könnte fast von Ahnungen sprechen [48]!

Noch am späten Abend ging es über Köln und Passau nach Wels; ich hielt mich in Steinhaus, trotz der Wünsche meiner Lieben, länger zu bleiben, nur ganz kurz auf und fuhr mit dem Frühzug nach Wien weiter. Während der Fahrt waren Gerüchte laut geworden, daß es am selben Tag noch einen großen Tumult in Wien geben werde, und zwar wegen eines politischen Prozesses (Schattendorf), dessen Ausgang nicht den Wünschen der Sozialdemokraten entsprach. Um 9 Uhr früh in Wien angekommen, erreichte ich auf großen Umwegen meine Wohnung,

---

[48] Es wird von vielen geglaubt, daß solche subjektive Empfindungen tatsächlich das Kommende ahnen lassen. Ich kann mich dieser Meinung nicht anschließen. Die unzähligen Fälle, in denen solche „Ahnungen" nicht stimmen, werden übersehen; wenn aber ausnahmsweise eine „Ahnung" in Erfüllung geht, dann findet dies weiteste Verbreitung.

zog mich rasch um und eilte auf die Klinik, da man mir auf meine Anfrage mitgeteilt hatte, daß große Bereitschaft angeordnet sei, Verletzte aber noch nicht eingeliefert wären.

Ich war noch keine Viertelstunde dort, als schon die ersten Schwerverletzten eintrafen, denen in den nächsten zwölf Stunden über 160 Verwundete folgten, unter ihnen 12 mit schweren Bauchschüssen. Drei dieser Schwerverwundeten waren in einem so elenden Zustand, daß an einen operativen Eingriff nicht mehr gedacht werden konnte; weitere acht wurden von meinen Assistenten und mir operiert; vier von ihnen konnten durch Zunähen der Schußlöcher im Darm gerettet werden, vier starben. Ein Patient mit einer Schußverletzung des Bauches wurde nicht operiert und ist genesen. Ein Beweis, daß tatsächlich der Darm verletzt worden war, wurde freilich nicht erbracht. Da die Verwundeten gleich nach der Verletzung eingeliefert waren, kann das Ergebnis als wenig befriedigend bezeichnet werden; allerdings handelte es sich stets um eine mehrfache Durchlöcherung des Darms, meist durch Schüsse aus beträchtlicher Nähe. Auch unter den Schädel- und Gelenksschüssen gab es mehrere sehr schwerer Natur, die überwiegende Zahl der Verletzungen aber war leichter Art. Bis lange nach Mitternacht hatten wir alle Hände voll zu tun und auch in den folgenden Tagen gab es reichlichst operative Arbeit. Der 15. Juli 1927 wird als tieftrauriger Tag in der Geschichte unseres Vaterlandes nicht vergessen werden. Die roten Führer hatten so lange geschürt, bis die Saat ihrer Hetze aufging. Manche finden freilich, daß Bundeskanzler Seipel nicht energisch genug vorgegangen sei, da er davon abstand, das Werk Warchalowski, in dem sich noch immer zahlreiche sozialdemokratische Kämpfer verschanzt hatten, stürmen zu lassen. Aber wer konnte dafür Bürgschaft leisten, daß das Militär damals auch wirklich stark genug gewesen wäre, einen solchen Auftrag zu erfüllen? Jedenfalls wurde durch Seipels Taktik viel Blutvergießen erspart.

Im Jänner 1928 wurde ich vom Verein ägyptischer Ärzte in Kairo eingeladen, dort sechs Vorträge in englischer Sprache aus dem Gebiete der Chirurgie zu halten. Als Honorar dafür wurde für mich und meine Frau die Fahrt I. Klasse in der Eisenbahn und auf dem Schiff und der Aufenthalt mit Verpflegung im Hotel angeboten. Ich sagte zu; am 2. Februar 1928 schifften wir uns in Triest ein. Die Seefahrt war außerordentlich interessant. Über Venedig und Brindisi ging es nach Ägypten. In der Höhe von Kreta wurde das Wetter etwas stürmisch und blieb so, bis wir uns der afrikanischen Küste näherten. Als Alexandrien in Sicht kam, tauchte so mancher Mitreisende, der auf der Passagierliste eingetragen war, zum erstenmal aus seiner Kabine auf, so u. a. auch ein bekannter österreichischer Aristokrat und Großwildjäger.

Bei der Ankunft in Alexandrien wurden wir von einer Reihe ägyptischer Ärzte begrüßt; in Kairo selbst hatte man das erstklassige Hotel Shepherd zu unserer Unterkunft bestimmt. Am Tage nach unserer Ankunft besuchte ich das ganz modern eingerichtete Universitätsspital und dann die Medizinische Schule; anschließend machte ich Besuch beim Rector magnificus, beim Dekan und bei mehreren österreichischen und deutschen Ärzten.

Meine Vorträge, die ich in einem großen Saal der Fakultät zu halten hatte, waren von mehr als 200 den Fes tragenden ägyptischen Ärzten und auch von einigen Engländern besucht. Ich besprach die Grundzüge der Wundbehandlung, den modernen Stand der allgemeinen Lokalanästhesie, die Magenchirurgie bei Krebs und Geschwüren, die Kropfbehandlung sowie einzelne Kapitel aus der speziellen Chirurgie. Einen Teil der Vorlesungen konnte ich erst im Hotel ausarbeiten. Meine Frau, die schon Graf Wilhelm Bismarck in seiner Rede bei meinem Abschied von Königsberg als meinen besten Assistenten bezeichnete, half mir auch diesmal beim Anfertigen von Tabellen.

In den Spitälern assistierte ich bei einigen größeren Operationen, und zwar sowohl im klinischen Spital des ausgezeichneten Chirurgen Professor Aly Ibrahim, der über eine glänzende Technik verfügte, wie auch im Privatspital des bekannten griechischen Chirurgen Professor Papayoanou.

Mit besonderem Interesse hörte ich einen Vortrag von Professor Khalil über die Bilharzia-Krankheit, die auf einen in Ägypten weitverbreiteten Wurm zurückzuführen ist. Die Arbeiter, die das aus dem Nil abgeleitete Wasser mittels Schöpfeimer in kleine Kanäle verteilen, stehen mit nackten Füßen fast bis zu den Knien im Wasser; dabei findet der im Nilwasser weitverbreitete Wurm Eingang in die Haut des Unterschenkels, gelangt von da in den menschlichen Körper und setzt sich mit Vorliebe in Niere und Leber fest. Diese langsam und schleichend auftretende Krankheit richtet schwere Verheerungen an, von denen die sehr lehrreichen Präparate, die im Medizinischen Museum aufgestellt waren, Zeugnis gaben. Nicht uninteressant ist es, daß man bei der genauen Besichtigung von Mumien, die aus der Pharaonenzeit, also tausende Jahre vor Christi stammen, auch schon das Vorhandensein dieses dem Menschen so schädlichen Parasiten feststellen konnte. Ich möchte noch erwähnen, daß ein kleiner Vogel, der die Größe der Möve nicht erreicht, der Hauptfeind dieser Parasiten ist; es wird daher durch große Maueranschläge der Bevölkerung die Schonung dieses Vogels empfohlen. Um die Behandlung dieser schweren Krankheit hat sich besonders Dr. Christopherson aus London, den ich schon früher erwähnte, bemüht und durch Injektionen mit Brechweinstein (Tartarus stibiatus) gute Erfolge erzielt.

Natürlich besuchten wir die Pyramiden und die große Sphinx und besahen uns im ägyptischen Museum die Mumie des vielbesprochenen Tut-anch-amon, die von nicht weniger als sieben Sarghüllen von herrlichem Golde umschlossen ist.

Wir waren jeden Tag eingeladen und genossen einen guten Einblick in die eigenartigen Lebensverhältnisse. — Nach elf Tagen waren die Vorträge — ich hatte im ganzen acht gehalten — beendet. Noch in der Nacht fuhren wir nach Luxor weiter, wo man für uns in dem am Nil gelegenen Hotel „Winterpalace" Zimmer reserviert hatte. An der Bahn erwartete uns ein Kollege, Dr. Ghalal, der sich während unseres zweitägigen Aufenthaltes als ebenso liebenswürdiger als kundiger Fremdenführer erwies. Er zeigte die Ruinen des groß angelegten Tempels von Luxor und führte uns am nächsten Tag in seinem Auto zu den Königsgräbern. Wenn die Pyramiden von der großartigen Technik der alten Ägypter Zeugnis geben, die die Menschen vor Jahrtausenden solche Wunderbauten errichten ließ, so ist die Kunst nicht minder zu bewundern, die vor ebensolanger Zeit die Königsgräber tief unter der Erde schmückte. Fast alle Pharaonen bauten sich in diesem Tale des Schweigens ihr Grab, in dem ihr Leichnam in einem wundervollen Sarg, bei dem das Gold oft den Hauptbestandteil bildet, bestattet wurde. Nachher wurde der Eingang unkenntlich gemacht, um der Nachwelt zu verbergen, daß sich hier ein Königsgrab befinde. Man kann sich denken, wieviel Schweiß und Blut der Sklaven diese Bauten gekostet haben! Ein Menschenleben spielte damals keine Rolle.

Auf der Rückreise hielt ich mich einen Tag in Alexandrien auf, um meinen Schüler Primarius Dr. A. Escher aufzusuchen, der dort im Schweizer Englischen Spital als Chirurg tätig war und sich einen sehr geachteten Namen erworben hat; über seinen Wunsch hielt ich dort ebenfalls einen Vortrag.

Die Rückfahrt zur See war anfangs äußerst stürmisch, die Koffer rutschten von einer Seite auf die andere, so daß meine Frau und ich, ohne seekrank zu sein, die Kabine nur wenig verließen. In der dritten Nacht änderte sich plötzlich das Wetter und ein herrlicher Morgen bei spiegelglatter See lud mich schon zeitig zu einem Spaziergang auf dem Oberdeck des Schiffes ein. Ich zählte dabei die Schritte und hatte schon 1700 hinter mir, als ich aus unbekannter Ursache ausglitt, auf den Ellbogen fiel, dabei wohl keinen Schmerz, aber einen elektrischen Schlag verspürte und gleich fühlte, es müsse etwas geschehen sein. Das rechte Hand- sowie das Ellbogengelenk waren zwar anscheinend in Ordnung, auch das Gefühl war erhalten, doch fehlte mir die Orientierung im Raum. Ein Griff auf den Oberarm ließ mich mit voller Sicherheit erkennen, daß er am oberen Ende, unterhalb des Oberarmkopfes, gebrochen war. Ich stand schon wieder auf den Beinen, als ein hilfsbereiter Matrose, der meinen Unfall bemerkt hatte, herbeisprang.

Vorsichtig geleitete er mich über die Schiffsstiege und öffnete die Kabinentür, was meiner Frau gleich auffiel, bevor ich ihr den erlittenen Unfall mitteilen konnte. Als ich dann dem jungen italienischen Schiffsarzt bei der Anlegung des Notverbandes Vorschläge machte, veranlaßte ihn das zu dem Ausspruch: «Il me semble que vous êtes un chirurgien!» Die noch zwölfstündige Fahrt machte ich bei herrlichem Wetter, auf einem Deckstuhl liegend, ohne wesentliche Schmerzen durch, von meiner Frau und dem Schiffsarzt aufmerksam betreut.

In Triest wurde ich auf meinen drahtlosen Funkspruch hin von mehreren Freunden und Schülern erwartet, unter denen sich Professor Gattorno, Professor Gall und Dr. Gandusio befanden. Ich wurde sofort ins Sanatorium gebracht, wo mir ein Gipsschienen-Verband angelegt wurde, der gut paßte und schmerzlos die Bahnfahrt nach Wien ermöglichte. Bei der Röntgenaufnahme an meiner Klinik zeigte sich, daß die Bruchstücke gut zueinander standen, weshalb mir ein leichterer zirkulärer Verband gegeben wurde. Schon vom nächsten Tag an begann ich die Finger der rechten Hand regelmäßig und unablässig zu üben; in einen kleinen Gummiball wurde ein Loch geschnitten und ich drückte diesen Ball täglich wohl tausendmal oder noch öfter zusammen, um einem Schwund der Muskeln des Armes und der Hand sicher vorzubeugen. Genau sechs Wochen nach dem Unfall konnte ich dank der inzwischen erfolgten festen Verheilung wieder operieren. Vorsichtshalber hatte ich die Operationsstunde an der Klinik auf sechs Uhr früh verlegt, da ich erst erproben wollte, wie es gelinge; es ging ganz gut und ich hatte das Gefühl der Sicherheit.

Es ist bekannt, daß gerade die Schnelligkeit der Wiederherstellung der Muskelfunktion nach solchen Knochenbrüchen nicht unwesentlich von der fleißigen Mithilfe des Verletzten abhängig ist. Diese alte Beobachtung stellt der schon erwähnte Schweizer Chirurg E. Bircher fest, wenn er sagt, daß nach seinen Erfahrungen der praktische Arzt, der einen Knochenbruch des Unterschenkels erlitten hat, am schnellsten wieder arbeitsfähig wird, weil er in dem Bestreben, möglichst bald wieder seine

Tätigkeit aufnehmen zu können, unablässig seine Muskeln übt. Langsamer, aber immerhin noch relativ schnell geht es bei der Bauernbevölkerung. Die längste Zeit für die vollkommene Wiederherstellung nach einem Bruch benötigt der Fabriksarbeiter, der manchmal auf Grund seines nicht gut funktionierenden Fußes durch Monate, selbst Jahre eine Rente beansprucht. Die moderne Unfallgesetzgebung und -versicherung leistet gewiß sehr viel Gutes — es ist ihr vor allem zu verdanken, daß der von einem Unfall Betroffene nicht mehr wie in früherer Zeit auf die Mildtätigkeit seiner Mitmenschen angewiesen ist. Sie hat aber auch ihre Nachteile, das wird heute von allen Ärzten anerkannt. Ich verweise diesbezüglich auf die sehr treffenden Ausführungen meines Schülers Erwin Lieck.

Am 23. März wurde ich zum Ehrenmitglied der Gesellschaft der Ärzte ernannt. Ich hielt im Rundfunk einen Vortrag über Bluttransfusion.

Anfangs Juni vereinigte alle Kollegen meines Jahrganges ein herzliches Beisammensein in Kremsmünster, um die vor 50 Jahren abgelegte Matura zu feiern, wobei liebe Erinnerungen längstvergangener Tage in uns lebendig wurden.

Am 20. September traf ich, zusammen mit meiner Tochter Flora, zur Naturforscherversammlung in Hamburg ein, die ich diesmal zu präsidieren hatte. Nach der Begrüßungsansprache des Bürgermeisters Peterson und des Rektors Blaschke, eines gebürtigen Österreichers, wurde mir das Wort erteilt. Ich dankte als erster Vorsitzender meinen beiden Vorrednern in besonderer Weise dafür, daß als Abzeichen dieser Tagung eine Medaille mit dem Bildnis des großen Physikers Hertz gewählt worden war, wodurch das Andenken an diesen leider zu früh verstorbenen genialen Gelehrten, der der eigentliche Vorläufer und Vorarbeiter für Marconis Entdeckungen war, geehrt wurde[49]. Dann gedachte ich der zahlreichen verstorbenen Mit-

---

[49] Hatte schon Maxwell die elektromagnetische Theorie des Lichtes vertreten, so blieb es H. Hertz vorbehalten, die elektrischen Wellen zu erforschen und den Nachweis der Übereinstimmung der Gesetze der elektrischen

glieder der Versammlung deutscher Naturforscher und Ärzte, so des Geographen Brückner (Wien), des Physikers Wien (München), des Entdeckers des Typhusbazillus Eberth (Halle), des Chirurgen Perthes (Tübingen), der mein lieber Freund gewesen, des Augenarztes Uthoff (Breslau), des großen Pathologen Marchand (Leipzig), des Hygienikers M. v. Gruber (München) und meines alten Freundes aus der Königsberger Zeit, des Klinikers Lichtheim. Hierauf setzte ich fort:

„Der Gedanke, diese Versammlung ins Leben zu rufen, wurde in Zeiten vaterländischer Not geboren. Es wurde damit zunächst eine Herstellung der Einheit auf den beiden einander so nahestehenden wissenschaftlichen Gebieten angestrebt; auch jetzt noch besteht eine enge Verwandtschaft zwischen Naturforschern und Ärzten. Mehr als je gilt es heute zu sammeln, was auf den zahlreichen verschiedenen Spezialkongressen an wissenschaftlichen Neuerungen vorgebracht worden ist, so bei der Tagung der Deutschen Gesellschaft für Chirurgie und bei den Sitzungen des Nordwestdeutschen, Nordostdeutschen, Südwestdeutschen, Südostdeutschen, des Rheinischen und Bayrischen Chirurgentages; die Fülle literarischer Neuerscheinungen auf wissenschaftlichem Gebiete kann von dem Einzelnen aber nicht mehr überblickt werden. Gerade diese Versammlungen mit den kombinierten Sitzungen der Naturforscher und Ärzte wollen versuchen, die Naturwissenschaft und Medizin zusammenzuhalten und vor einer zu weitgehenden Zersplitterung zu schützen.

Eine Reihe von Erinnerungstagen, die für den Naturforscher und den Arzt von Bedeutung sind, sollen kurz erwähnt werden: vor 350 Jahren ist Harvey, der Entdecker des Kreislaufes, geboren worden; vor 300 Jahren Malpighi, der Entdecker der Capillaren, wodurch die Entdeckung Harveys erst entsprechende Ergänzung fand. Vor 101 Jahren hat K. E. v. Baer das Säugetier-Ei gefunden; vor 101 Jahren wurde Lister geboren; vor 100 Jahren hat Wöhler die Synthese des Harnstoffes gefunden; vor 100 Jahren wurde Albrecht v. Graefe,

---

Wellenbewegung mit den für die Lichtwellen bereits bekannten Gesetzen zu erbringen. Hiemit hat er aber in stiller Laboratoriumsarbeit und mit bescheidenen Untersuchungsbehelfen jene Grundlage geschaffen, die den Ausgangspunkt der epochalen, so tief ins praktische Leben eingreifenden Leistungen Röntgens und Marconis bildete.

der Begründer der modernen Augenheilkunde, geboren; im kommenden Jahr (1929) feiern wir den 100. Geburtstag des großen Billroth, unter dem ich das Glück hatte, zehn Jahre als Schüler arbeiten zu dürfen.

Unendlich groß sind die Gebiete, die von Naturforschern und Ärzten noch unentdeckt sind; vor allem käme die Klarstellung der Ursache des Krebses in Betracht.

Die Naturforscherversammlung hat auch nationale Bedeutung. Ich möchte, wenn ich mich hier als Österreicher vorstelle, gleichzeitig sagen, wie sehr ich mich geehrt fühle, in der größten deutschen wissenschaftlichen Versammlung den Vorsitz führen zu dürfen, kommt doch in dieser Versammlung unwillkürlich der Gedanke der engeren geistigen Zusammengehörigkeit aller deutschen Stammesbrüder lebhaft zum Ausdruck. Alle unsere Mühen, Sorgen und Hoffnungen gelten dem Gedeihen und dem Ruhme unseres großen Volkes, als dessen treue Söhne wir uns stolz bekennen."

Von den Vorträgen, die in den allgemeinen Sitzungen gehalten wurden, sei besonders der von B. Breitner über die Bedeutung der Blutgruppen erwähnt. Meisterhaft in Sprache und Aufbau wurde diese Zeit- und Streitfrage im wahrsten Sinne des Wortes kritisch erörtert. Professor Defant berichtete über die interessanten Ergebnisse der deutschen Atlantis-Expedition auf dem Forschungsschiff „Meteor". Professor Gottstein sprach über „Kommen und Gehen der Epidemien" und zeigte in seiner Rede die großen Fortschritte auf, die die moderne Hygiene, Bakteriologie und Medizin, aber auch die Hebung der Kultur ganzer Völker zu verzeichnen haben. Professor Kieferle aus Kiel sprach vom Jodgehalt der Milch, der wieder vom Jodgehalt der Futterpflanzen und des Erdbodens abhängig ist, und von seiner Beziehung zum Kropf. Für die Kropfverhütung liege es nahe, daß auch die Erkennung physiologischer Momente, die Stinnes und Mac Carrison in den Mittelpunkt ihrer Anschauungen über die kranke Schilddrüsenvergrößerung stellen, eine große Rolle spielt. Für Säuglinge und kleine Kinder scheint es Kieferle das beste zu sein, wenn das Jod im Wege der damit gedüngten Pflanzen in vorwiegend organischer Verbindung in kleinsten Mengen zugeführt wird.

Während meines Aufenthaltes in Hamburg war mein alter Freund Professor Weiser, der unermüdlich fleißige und tüchtige Vorstand des Zahnärztlichen Institutes in Wien, gestorben. Er war nicht nur als ein Meister seines Faches allgemein anerkannt, sondern auch als ein Mann, der sich stets warm der Standesinteressen der Zahnärzte annahm.

Ende Oktober wurde ich zu einem Patienten nach Athen gerufen. Ich unternahm die Reise (die infolge Zusammenstoßes zweier Personenwagen auf der Fahrt durch Jugoslawien leicht verhängnisvoll hätte werden können) in Begleitung meiner Tochter Margarethe, die damals die Meisterschule für Schneiderei besuchte. In Athen herrschte in hohem Maße eine der spanischen Grippe ähnliche Krankheit, Dengé-Fieber genannt, das durch Fliegenstiche übertragen wird. Glücklicherweise blieben wir beide davor verschont. Das Befinden meines Patienten hatte sich inzwischen soweit gebessert, daß ich von einem Eingriff absah und sohin bald zurückkehren konnte.

Am 8. November wurde meine zweitälteste Tochter Flora zum Doktor der gesamten Heilkunde promoviert. Es war mir eine besondere Freude, dabei als Promotor auftreten zu können. Flora war von ihrem Beruf so erfüllt, daß sie sich kaum einige Tage der Erholung gönnte, um dann sofort ihre praktische Ausbildung zu beginnen.

Am 19. November, dem 100. Geburtstag meiner guten Mutter, besuchte ich mit meiner Frau das Grab meiner Eltern in Steinhaus.

Das Jahr 1929 brachte uns im Februar einen schweren Verlust: Clemens Pirquet, der Bruder meiner Frau, wurde uns durch einen plötzlichen Tod entrissen.

Mit Clemens, meinem um 14 Jahre jüngeren Vetter und Schwager, stand ich von seiner frühesten Jugend an auf allerbestem Fuß. Es war mir stets eine Freude, mit ihm beisammen zu sein. Ich sehe ihn noch vor meinen Augen als den lebhaften, aufgeweckten, zu jedem harmlosen Spaß bereiten, grundgescheiten und gebildeten, dabei herzensguten, lieben, jungen Menschen, den Liebling seiner Eltern und Geschwister. Meine Zuneigung wurde auch seinerseits erwidert und so war es nur natürlich, daß er mir seinen Entschluß, Priester zu werden, frühzeitig mitteilte und mit mir darüber oft Rücksprache pflegte. Bei vollster Wertschätzung dieses Berufes bat ich ihn, sich nicht zu früh zu entscheiden, da ich nicht die Überzeugung hatte, daß sein Charakter schon ganz ausgereift sei. Nach zweijährigem Studium an der philosophischen und theologischen Fakultät in Innsbruck und Löwen entschloß er sich zur Medizin. Nach Absolvierung seiner Studien in Wien, Königsberg und Graz wurde er im Jahre 1900 gemeinschaftlich mit seinem Studienfreund Hans v. Haberer zum Doktor der Medizin promoviert. Er beabsichtigte zuerst, sich der Psychiatrie zu widmen, entschied sich aber dann für die Kinderheilkunde. Clemens brachte über meinen Rat ein Semester bei dem bekannten Professor Heubner, dem Direktor der Kinderklinik in Berlin, zu und bildete sich dann in Wien unter Professor v. Escherich zum Kinderarzt heran. Durch seine Studien über Allergie wurde er rasch in der medizinischen Welt bekannt. Erst Baltimore und dann Breslau beriefen ihn zum Ordinarius der Kinderheilkunde. Im Alter von 37 Jahren kam er als Professor an die Wiener Universität und wurde dort der große wissenschaftliche und stets hilfsbereite, edeldenkende Kinderarzt. Schon früher wurde erwähnt, daß Clemens an der Spitze des von Hoover, dem späteren Präsidenten der Vereinigten Staaten, eingeleiteten, ganz großzügigen amerikanischen Kinderhilfswerkes stand, das nicht nur Wien, sondern auch die Provinz in diesen Fürsorgeapparat einbezog. Die aufrichtige Dankbarkeit gegenüber diesem um das Wohl der Kinder so unablässig besorgten großen Arzt und Gelehrten kam in den Worten zum Ausdruck, die ihm Professor Tandler als Sanitätsreferent der Gemeinde Wien in deren Namen am offenen Grabe widmete. Clemens war ein besonderer Kinderfreund und besaß eine ganz seltene Gabe, mit Kindern umzugehen.

Unsere Freundschaft hat leider durch seine Frau eine starke Trübung erfahren, doch muß anerkannt werden, daß sie es verstand, die Bedeutung seiner wissenschaftlichen Arbeiten zu erfassen und ihn unablässig zu weiterer schöpferischer Tätigkeit anzuspornen.

Ich füge hinzu, daß Clemens eine vornehme Erscheinung war, mit einem auffallend schönen und geistreichen Gesicht; er sprach Englisch und Französisch so gut wie Deutsch und war auch in der italienischen Sprache gut bewandert. Als glänzender Gesellschafter ähnelte er seinem Vater und seinem Großvater Pirquet.

Ich werde Clemens nie vergessen und bewahre ihm ein treues Gedenken. Je mehr Zeit seit seinem tragischen Tode vergeht, desto lebendiger ist meine Erinnerung an ihn als den talentvollen, lieben Menschen.

Am 9. April wurde Billroths 100. Geburtstag gefeiert. Die Gedenkfeier fand im kleinen Zeremoniensaal der Hofburg statt und wurde mit einem Chor des Männergesangvereines eingeleitet, worauf ein von meinem Schüler Breitner verfaßter, schwungvoller Prolog durch den unvergeßlichen Burgschauspieler Georg Reimers äußerst eindrucksvoll vorgetragen wurde. Ich durfte dann in einer Rede Billroths Lebenslauf und seine hervorragende Bedeutung würdigen. Zu dieser Feier waren auch zahlreiche ausländische Chirurgen gekommen, unter anderen Bier, Sauerbruch, Payr, Anschütz, der Pathologe Ernst; aus der Schweiz Clairmont und de Quervain; aus Ungarn Dollinger und v. Grosz; aus Holland Laméris; aus Schweden Einar Key. Das Andenken Billroths wurde außerdem von in- und ausländischen Chirurgen in den Tageszeitungen und medizinischen Wochenschriften gefeiert, manches persönliche Erlebnis kam dabei zur Sprache. Doppelschillinge wurden mit seinem Bildnis geprägt.

Am nächsten Tag fand ein Kollektivbesuch im Rudolfinerhaus und eine Gedenkfeier in den Arkaden der Universität vor dem herrlichen Marmorstandbild Billroths statt, das von der

Meisterhand Zumbuschs geschaffen worden war. Neben anderen Festrednern gedachte auch Professor v. Hacker aus Graz des großen Toten.

An beiden Tagen hatten meine Frau und ich die Freude, eine Reihe von Kollegen, vor allem auch zahlreiche Schüler, bei uns zu Tisch, bzw. zum Tee begrüßen zu können.

Nach der Festvorstellung in der Oper — es wurde „Rheingold" in ausgewählter Besetzung gegeben — war abends um 10 Uhr ein Empfang im Rathaus, wobei der Bürgermeister in längerer, guter Rede Billroth als den großen Bürger der Stadt Wien feierte. Professor Payr als derzeitiger Vorsitzender der Deutschen Gesellschaft für Chirurgie antwortete darauf vortrefflich im Namen der anwesenden Chirurgen. — Die ganze Festlichkeit nahm einen sehr stimmungsvollen Verlauf. Den Abschluß dieser Billroth-Gedächtnisfeiern bildete ein Vortrag, den ich am 14. Mai im großen Hörsaal der pathologischen Anatomie für 600 Pflegerinnen über die Bedeutung Billroths, besonders als Förderer der Krankenpflege, hielt.

Am 2. Juli kam der amerikanische Chirurg Ch. Mayo, der jüngere der beiden berühmten Brüder Mayo, nach Wien. Ich zeigte ihm an der Klinik u. a. die sofortige Einpflanzung einer Unterkieferprothese nach Entfernung einer großen Neubildung.

Wenige Tage später führte ich an meiner Klinik vor dem amerikanischen Verein homöopathischer Ärzte über deren Ersuchen eine Reihe von Fällen vor, die die Leistungen der modernen Chirurgie zeigten, also mit homöopathischer Behandlung schon gar nichts zu tun hatten.

Gegen Anfang des Herbstes kam ein mir dem Namen nach schon lange bekannter russischer Chirurg nach Wien, den ich zu mehreren Operationen an die Klinik lud. Beim Essen im kleinsten Kreis — ich hatte ihn, da meine Familie auf dem Land war, zum Essen ins Restaurant Regina geladen — befragte ich ihn über die Verhältnisse in Sowjetrußland und wie er als Arzt sich im neuen Rußland zurechtfinde. Erst nachdem er sich vergewissert hatte, daß kein unberufener Horcher, auch kein Kellner in der Nähe sei, erzählte er, daß es ihm bisher möglich gewesen sei, seinen Beruf auszuüben. Vorübergehend habe er im letzten Winter dadurch gelitten, daß sein höchster Vorgesetzter, der Volkskommissär, ein kaum zwanzigjähriger Mann, im Bestreben, seine Macht zu zeigen, ihn wenigstens durch eine halbe Stunde im Tag zum Aufhacken der eingefrorenen Senkgruben im Spital heranzog. Nachdem er diesem Befehl durch einige Tage nachgekommen war, ging er zum oben erwähnten Machthaber und machte ihn auf die Gefahren aufmerksam, die daraus entstünden, wenn er nach Beendigung dieses unreinen Geschäftes wieder operieren müsse; trotz gründlicher Händewaschung sei die Möglichkeit einer Infektion nicht ausgeschlossen. Der Volkskommissär war einsichtig genug, von einer weiteren Verwendung eines Chirurgen bei der Reinigung der Klosetts abzusehen.

Am 19. September fuhr ich mit meiner Tochter Flora über Budapest und Schäßburg nach Kronstadt, wo von sechs Wiener Professoren über Aufforderung des Siebenbürger-Sächsischen Ärztevereins eine Reihe von Vorlesungen gehalten wurde. An der Bahn wurden wir von meinem alten Freund aus der Billrothzeit, dem emeritierten Augenarzt A. Fabritius, empfangen und in sein gastliches Heim geleitet, in dem wir während unseres viertägigen Aufenthaltes die herzlichste und freundschaftlichste Aufnahme fanden. Fabritius und seine verehrungswürdige, sympathische Gattin und ihre erwachsenen Kinder machten uns den Aufenthalt zu einem unvergeßlichen Erlebnis.

Im Rahmen des Vortragszyklus hielt ich zwei Vorlesungen, während die Kollegen Professor Arzt, Jagic, Lindner, Rubritius und Werner mit je einer vertreten waren. Nach Beendigung meines Vortrages wurde ich dringend mit der Meldung abberufen, daß auf der Straße die Insassen eines Autos auf mich warteten. Zu meiner nicht geringen Überraschung sah ich die Königin-Witwe Sophie von Griechenland mit ihrer Tochter. Ich wurde eingeladen, im geschlossenen Auto Platz zu nehmen, wo wir unbehindert vom strömenden Regen und einer rasch wachsenden Volksmenge eine halbe Stunde in angenehmem Gespräch verbrachten und von vergangenen Zeiten, vom verstorbenen König Konstantin und über die politische Lage sprachen. Wenige Jahre später ist Königin Sophie in Florenz gestorben, ohne Griechenland wieder betreten zu haben.

Die Rückfahrt von Kronstadt war sehr ermüdend. Nach einer den ganzen Tag dauernden Bahnfahrt kamen wir endlich spät abends in Budapest an und stiegen für die Nacht im Hotel Hungaria ab. Dort wurde mir mitgeteilt, daß ich dringendst von der Wiener Polizeidirektion aufgerufen worden sei und mich mit dieser sofort in Verbindung setzen möge. Mir war es ganz unerfindlich, was das bedeuten solle. Ich dachte schon an einen Unglücksfall in der Familie. Groß war mein Erstaunen, als ich nach wenigen Minuten, die für die Herstellung der Verbindung nötig waren, von Bundeskanzler Schober gefragt wurde, ob ich in seinem neu zu bildenden Kabinett den Posten eines Unterrichtsministers annehmen wolle. Ich dankte verbindlichst und sagte, ich würde noch diesen Abend nach Wien weiterfahren und am nächsten Tag persönlich vorsprechen. Unterwegs wurde ich mir darüber klar, daß ich mich nicht entschließen könne, mir meine klinische Tätigkeit verkürzen zu lassen, die in Anbetracht meines vorgeschrittenen Alters nur mehr auf zwei Jahre beschränkt war. So lehnte ich denn am nächsten Tag diese außerordentliche Ehrung, wenn auch nicht gerade leichten Herzens, ab. Ich muß zugeben, daß ich im Laufe der nächsten Zeit meine Absage wiederholt bedauert habe, besonders als schon nach einem Jahr das Kabinett zurücktrat und ich somit meine Lehrtätigkeit an der Klinik nochmals hätte aufnehmen können. Es wäre eine interessante Episode in meinem Leben geworden! Nach meiner Absage wurde Professor Srbik zum Unterrichtsminister ernannt und ich muß sagen, daß er sicherlich mehr Eignung für dieses Amt besaß, als ich dafür mitgebracht hätte.

Ende Oktober wurde ich von einem Wiener Mäzen ersucht, gemeinsam mit seinem Freund und langjährigen Hausarzt sowie Professor Durig, Professor Wilhelm v. Neumann, Professor Volk und Dozent v. Walzel nach Berlin in die Klinik der Charité zu fahren, um dort die Gersonsche diätetische Behandlung von Lungen- und Hauttuberkulose (Lupus) und ihre bemerkenswerten Erfolge kennenzulernen. Sauerbruch führte uns alle Patienten vor, die einzelnen Fälle wurden eingehendst besprochen. Er hatte seit Jahren noch während seiner Münchener Tätigkeit mit seinem Assistenten Hermannsdörfer an der dortigen Klinik eine eigene Station für diese Kranken errichtet und mit der Gersonschen salzfreien Kost derart günstige Erfolge erzielt, daß man mit Recht behaupten konnte, es handle sich hier um eine wirkliche Zeit- und Streitfrage.

Wir fuhren dann noch zu Professor Jessionek nach Gießen, der an seiner Hautklinik vorzügliche Erfahrungen mit der diätetischen Behandlung bei Hauttuberkulose erzielt hatte.

Ich mußte meine Abwesenheit von Wien möglichst verkürzen, da mir beunruhigende Nachrichten über das Befinden meines lieben Schülers und Freundes Professor Dr. Otto v. Frisch, des Direktors des Rudolfinerhauses, zugegangen waren. Er hatte bei der Operation eines eitrigen Falles nach Durchtrennung der Gummihandschuhe eine kleine Verletzung des Fingers erlitten, die eine sofort mit heftigen Schmerzen einsetzende Blutvergiftung zur Folge hatte. Mehrere Einschnitte hatten den Prozeß nur vorübergehend zum Stillstand gebracht. Um endlich der Krankheit Herr zu werden, wurde eine große Zahl von weiteren Entspannungsschnitten in tiefer Narkose ausgeführt. Nach Abklingen dieser Entzündungserscheinungen stellte sich Rotlauf mit starken Herz- und Lungenerscheinungen ein. Erst nach bangen Wochen wurde die Krankheit überwunden und es erfolgte eine volle Heilung.

Unsere Reise brachte das erfreuliche Resultat, daß dank der energischen Befürwortung des Direktors des Wiener Wilhelminen-Spitals, Hofrat Dr. F. Schönbauer, beim Ministerium für soziale Fürsorge in der bekannten Lupus-Heilstätte baldigst eine solche Diätküche errichtet und damit die humane Absicht des Veranstalters der Reise verwirklicht wurde.

Am 8. November starb mein lieber Freund Dr. Rosmanit, Chefarzt der Südbahn, ein charaktervoller Mann, der sich u. a. auch auf dem Gebiete der Refraktion durch mehrere wichtige Veröffentlichungen verdient gemacht hat. Mit ihm hatte ich so manche schöne Berg- und Skifahrt unternommen. Ende November führte ich bei einem sehr beleibten Herrn aus der Bukowina die Entfernung einer Niere aus und erlebte die Freude, daß die besonders schwere Operation zu einem guten Abschluß kam. Wie fühlt man doch in einem solchen kritischen Fall mit dem Kranken und seinen Angehörigen, wie bangt man mit ihnen, wenn es weniger gut geht, und teilt aus ganzem Herzen die Freude über die Besserung. Der Beruf des Chirurgen ist aufregend, aber meist auch schön!

Das Jahr 1930 begann für mich mit zwei freudigen Begebenheiten: im Februar wurden innerhalb einer Woche zwei meiner aktiven Assistenten zu Primarärzten ernannt, Dozent L. Schönbauer zum Primarius der Chirurgischen Abteilung am Spital der Stadt Wien und Dozent A. Winkelbauer zum chirurgischen Abteilungsvorstand an der Allgemeinen Poliklinik. Jedem von ihnen gab ich Gelegenheit, sich in meiner Gegenwart von den Herren der Klinik in einer Vorlesung zu verabschieden, die bei den Studenten in beiden Fällen reichen Beifall auslöste.

Am 14. Februar fuhr ich, begleitet von meiner Frau und meiner Tochter Claudia, zu einem Konsilium nach Athen. Der Kranke befand sich in hoffnungslosem Zustande, war doch schon das Bestmögliche durch die dortigen sehr erfahrenen Vertreter der Chirurgie geleistet worden, ohne einen Erfolg erreichen zu können. Ich konnte wohl Trost spenden, aber nicht helfen. Während des fünftägigen Aufenthaltes waren wir viel mit meinen Athener Freunden Gerulanos und Familie und mit Ing. Zachariou und Frau beisammen. Die Heimreise auf einem modernen italienischen Dampfer führte durch den Kanal von Korinth über Venedig nach Hause.

Am 22. April nahm ich in Berlin an der sehr interessanten

Tagung der Deutschen Gesellschaft für Chirurgie teil, bei der Freund Anschütz aus Kiel den Vorsitz führte. — Am 11. Juli wurde ich zum ausländischen Mitglied der Gesellschaft der Ärzte in Oslo ernannt.

Am 31. Juli feierte ich meinen 70. Geburtstag. Der Vorabend und der Vormittag gehörten der Familie, die sich zahlreich eingefunden hatte. Die Gemeinde Steinhaus ließ es sich nicht nehmen, ihren Ehrenbürger durch Musik und Feuerwerk zu feiern. Am Nachmittag rückte eine starke Autokolonne an, die sich beim Hotel Greif in Wels Treffpunkt gegeben hatte; mehrere Freunde, über 60 meiner Schüler und mehrere Schwestern der Klinik waren gekommen. Mit warmen Worten wurde mir eine Gratulationsadresse und ein meinen Namen führendes Lehrbuch durch W. Denk überreicht, das meine Schüler herausgegeben hatten und das eine vollkommene freudige Überraschung bedeutete. Die mir während des nur zu kurzen Besuches wiederholt herzlich ausgesprochenen Wünsche, in denen so viel aufrichtiger, tiefempfundener Dank zum Ausdruck kam, haben mich herzlich gefreut.

In der zweiten Augusthälfte fuhr ich mit meiner Frau zu kurzem Kurgebrauch nach Bad Gastein. Dorthin erhielt ich nach einwöchentlichem Aufenthalt die dringende Bitte, zu meinem Schüler Dr. Gandusio, der an einer schweren Lungenentzündung erkrankt war, nach Triest zu fahren. Da an einigen Fingern seiner Hand Nageleiterungen aufgetreten waren, erfaßte den Schwerkranken die bange Sorge, er würde nach Wiederherstellung seiner entzündeten Lunge nicht mehr über den freien Gebrauch seiner Finger verfügen können; er bat mich, ihm mit meinem Rate beizustehen. Ich hatte den Patienten sowohl aus seiner Tätigkeit als Operationszögling wie auch als Mitglied einer Chirurgengruppe meiner Klinik in allerbester Erinnerung. Nach gründlicher Untersuchung konnte ich ihm volle Gewißheit geben und auf das bestimmteste versichern, daß, wenn nur einmal die Lungenentzündung gut vorbei wäre, die Fingereiterung ihn nicht im geringsten belästigen würde. Daß ich ihn infolge seines schweren Allgemeinzustandes für verloren hielt, teilte ich nur seiner jungen Frau mit. Meine Worte beruhigten den Kranken für die ihm noch gegönnten wenigen Lebenstage.

Am 21. November starb mein Kollege, der weltbekannte, große Augenarzt und hervorragende Gelehrte Ernst Fuchs, knapp vor Vollendung seines 80. Lebensjahres. Bis ins höchste Alter hinein hatte ihn der lebhafte Wunsch beseelt, von der Welt noch mehr zu sehen, als er, der Vielgereiste, schon gesehen hatte. So hatte er den Winter 1929/30 als Gast eines englischen Arztes in Addis-Abeba zugebracht, eingeborene Augenkranke behandelt und war auch in der Familie des Negus um seinen Rat befragt worden. Der Tod ereilte ihn wenige Tage nach seiner Rückkehr aus Florenz, wohin er eine Reise zur Besichtigung der Kunstschätze unternommen hatte.

Im April 1931 nahm ich wie gewöhnlich am Berliner Chirurgenkongreß teil. Die Rückreise ging über Augsburg und Schussenried, wo ich mich kurz bei meiner Tochter Agnes aufhielt und dann mit meinem Schwiegersohn nach Überlingen fuhr, um den Chirurgen H. Braun zu besuchen, der sich u. a. so besondere Verdienste um die Ausbildung der lokalen Narkose erworben hatte. Braun war auch durch seine tiefernsten philosophischen Schriften bekannt geworden. Ich bedauerte es sehr, daß er tags zuvor unerwarteterweise abgereist war.

Am 1. Juli hielt ich meine Abschiedsvorlesung an der Klinik. Rektor und Dekan nahmen daran teil, Freund Sauerbruch war aus Berlin gekommen, Clairmont aus Zürich, von nah und fern strömten ältere und jüngere Schüler herbei, um dieser letzten Vorlesung ihres Lehrers beizuwohnen. Ich gab einen kurzen Überblick über den Standpunkt der modernen Chirurgie und sprach den Wunsch aus, daß die Asepsis noch weiter ausgebaut werde. Hoffentlich kann einmal zur Verhütung einer Infektion jeglicher durch Unfall gesetzten Wunde ein polyvalentes Serum entdeckt werden, welches uns die Sorge um den Wundverlauf bannt. Auch eine sichere Heilung, besser noch eine Verhinderung der Thrombosenbildung und der Embolie würde einen großen Fortschritt bedeuten. Wenn eines Tages eine ganz verläßliche Krebsreaktion gefunden sein wird, dann ist auch die Hoffnung gerechtfertigt, daß eine unblutige Therapie nicht mehr lange auf sich warten läßt. Vielleicht gelingt es dann immer mehr, dem Patienten die operativen Eingriffe zu sparen. Nicht nur der alte, sondern auch der junge Chirurg würde gerne bereit sein, in solchen Fällen das Messer endgültig aus der Hand zu legen.

Dann dankte ich allen Mitarbeitern an der Klinik, Ärzten, Schwestern und dem gesamten Personal. Am Schluß der Vorlesung wurde mir von meinem Schüler Professor Otto v. Frisch im Namen meiner früheren und jetzigen klinischen Mitarbeiter meine überlebensgroße, von Meister J. Müllner geschaffene Marmorbüste überreicht, die als Gabe für den Hörsaal bestimmt war und ein Meisterwerk darstellt.

Im gleichen Maße, als mich diese Beweise der Dankbarkeit erfreuten, empfand ich auch ernste Trauer darüber, daß ich nun endgültig die Beziehungen zu den Studenten aufgeben und nach drei Monaten die Stelle meiner Wirksamkeit gänzlich verlassen mußte, an der ich durch 30 Jahre bis zur Vollendung meines 71. Lebensjahres wirken durfte. Das auf das 70. Lebensjahr folgende „Ehrenjahr" wurde übrigens wenige Jahre später vollkommen abgeschafft und eine ganze Anzahl von Professoren auf Grund eines alten Gesetzes mit erreichtem 65. Lebensjahr in den Ruhestand versetzt.

Ich bin nach Vollendung meiner Lehrtätigkeit durch Beweise der Anerkennung seitens der österreichischen Regierung wie auch von wissenschaftlichen Vereinigungen vielfach ausgezeichnet worden. Das Unterrichtsministerium ließ ein Porträt für den Sitzungssaal der Wiener Medizinischen Fakultät malen; das Ehrenzeichen für Kunst und Wissenschaft wurde mir bei seiner Wiedereinführung gleichzeitig mit dem Prof. M. Wlassak und dem großen Heimatdichter K. Schönherr verliehen;

die Wiener Gesellschaft der Ärzte ernannte mich zum Ehrenmitglied.

Am 1. September sprach ich am Internationalen Neurologentag in Bern über Operationen von intramedullären Rückenmarkstumoren und erntete mit meinem Vortrag reichen Beifall. Ich traf dort auch den berühmten Physiologen Professor Pawlow aus Rußland, der durch seine Forschungen besonders auf dem Gebiete der von ihm so genannten bedingten Reflexe die Physiologie mächtig gefördert hat; ich sah ferner Cushing, den Meister der Hirnoperationen, und lernte den vortrefflichen Operateur des Zentralnervensystems Comte de Martel aus Paris kennen.

In der zweiten Septemberhälfte fand in Wien ein Internationaler Ärztinnen-Kongreß statt, anläßlich dessen der so beliebte französische Gesandte Clauzel die aus Frankreich stammenden Teilnehmerinnen zu einem Lunch einlud, zu dem außer meiner Tochter Flora auch ich und meine Frau gebeten wurden. Ich erinnere mich gerne an die äußerst interessante Stunde, die ich im gastlichen Hause des Gesandten verbringen konnte.

Ein paar Tage später besichtigte ich das vom Zementfabriksbesitzer Hatschek in menschenfreundlicher Weise gestiftete und ganz modern eingerichtete Spital in Vöcklabruck, das durchwegs aus Eisen, Zement und Glas erbaut worden war. Ich sprach dem hochherzigen Spender sowohl im Spital selbst als bei einem Mittagessen im Hause des neuernannten Primarius Dr. Sachs meine vollste Anerkennung zu dieser großmütigen Stiftung aus und versicherte ihm, daß er sich damit nicht nur den Dank aller gutgesinnten Menschen, sondern in erster Linie den aller zukünftigen Patienten erworben habe.

In Vöcklabruck erhielt ich ein Telegramm, das mich nach Leutkirch in die Gegend des Bodensees berief, wo ich bei einem Verwandten meines Schwiegersohnes eine Oberschenkelamputation ausführen sollte. Ich kam diesem Wunsche sofort nach und vollzog bei dem 79jährigen Herrn die Operation, die erfreulicherweise gut verlief. Er lebte noch im Sommer 1937 in guter Gesundheit ohne nennenswerte Beschwerden.

Der 30. September war mein letzter Tag als Vorstand der Ersten Chirurgischen Klinik. Da mir die Ärzte meiner Klinik vor den Sommerferien den schönen Abschiedsabend gegeben hatten, bat ich jetzt, von jeder weiteren Feier Abstand zu nehmen. Ich machte an diesem Tage noch einmal die große Visite und versammelte hernach in meinem Zimmer die Assistenten, um ihnen für ihre pflichttreue Mitarbeit zu danken. Schweren Herzens verließ ich dann die Stätte meiner langjährigen Tätigkeit.

PROFESSOR EMERITUS

Eine kurze Zerstreuung schien mir wünschenswert. Es war schon lange mein Wunsch gewesen, Spalato, das jetzige Split, kennen zu lernen; die erfreuliche Mitteilung des dortigen Chirurgen, Primarius Dr. Jaksa Racic, der gleichzeitig Bürgermeister der Stadt war, über das wundervoll milde Herbstwetter bot mir eine willkommene Gelegenheit zur Ausführung dieses Planes. So fuhr ich denn mit meiner Frau von Wien ab. In einer kleinen Station in Bosnien sahen wir den Bahnvorstand in Erregung den Zug auf- und abschreiten, bis er endlich zu uns hereinkam und mich fragte, ob ich Professor Eiselsberg sei. Er habe mich schon lange gesucht, aber in keinem Abteil erster Klasse finden können. Gleichzeitig übergab er mir ein Telegramm von Primarius Racic, der uns herzlich willkommen hieß und ankündigte: „Für das Abendessen sei bereits gesorgt". Bei unserer Ankunft waren außer ihm auch Kollege Primarius Pericic und zahlreiche junge Ärzte und Studenten aus Split anwesend, von denen wir in das Hotel geleitet wurden, wo ein köstlicher Branzin unser harrte.

Gleich am folgenden Tag wurde ich von Racic zu einem Patienten mit schwerer Schußverletzung gebeten, die ihm und den anderen Ärzten sehr ernst erschien. Meine sofort gestellte Frage: „Hat der Kranke vielleicht ein Aneurysma?" wurde bejaht. Im stillen dachte ich mir: „Jetzt fahre ich so weit weg von Wien, um Ruhe zu haben, und komme ausgerechnet zu einem schweren Fall von Aneurysma." Der Kranke war ein lebhafter, freundlicher, siebzigjähriger Mann, der zehn Tage zuvor von einem entlassenen Beamten aus nächster Nähe angeschossen worden war. Diese Verletzung ober dem rechten Schlüsselbein verursachte ihm derart rasende Schmerzen im ganzen Arm, daß er selbst auf die Gefahr einer erfolglosen Operation oder gar eines tödlichen Ausganges hin unter allen Umständen durch den operativen Eingriff von den Schmerzen befreit sein wollte. Er ließ sich davon nicht abbringen, obwohl ein aus Venedig ein paar Tage zuvor herbeigeholter Chirurg mit Rücksicht auf das Alter des Patienten und die Schwere des Falles den Eingriff als zu gewagt abgelehnt hatte.

Ich erklärte mich bereit, im Falle einer Nachblutung zusammen mit Racic mein Möglichstes zu tun, um dieselbe zu stillen; im übrigen aber wollte ich mir mein endgültiges Urteil vorbehalten, bis ich den Patienten mehrmals gesehen hätte.

Unser Aufenthalt in Split war tatsächlich vom schönsten Wetter begünstigt. Die Ärzte, unter ihnen besonders die Primarii Racic, Pericic und Rismondo mit ihren Frauen, sowie die Verwandten des Patienten, überboten einander an Gastfreundschaft und waren eifrigst bemüht, uns die Schönheiten von Split und seiner Umgebung zu zeigen, von denen ich den Palast des Diokletian ganz besonders erwähnen möchte, ferner die unweit von Split gelegenen Tropfsteinhöhlen und das interessante Franziskanerkloster auf Lesina (jetzt Hvar) mit dem prächtigen Abendmahlsbild, sowie die alte Stadt Trau. Wiederholt besuchten wir den Berg Marian, vor den Toren von Split gelegen, der dank der Bemühungen von Racic vollkommen aufgeforstet ist und eine herrliche Aussicht bietet. Wir besuchten auch das sehenswerte Museum, in dem prächtige Stoffe und Kleidungsstücke zur Schau gestellt sind, die alle aus Dalmatien, zum Großteil aus früheren Jahrhunderten, stammen.

Ich hielt den Ärzten einen Vortrag über aktuelle Zeit- und Streitfragen unter gleichzeitiger Vorführung einer Reihe von interessanten Röntgenbildern. Mit Primarius Racic, der vor Jahren an meiner Klinik hospitiert hatte, sprach ich mehrmals über die Echinokokkus-Krankheit, über deren Vorkommen und Verlauf die dalmatinischen Kollegen reichlichst Erfahrungen sammeln können.

Ich war zu der Überzeugung gekommen, daß der Schwerverletzte doch operiert werden müsse und es bald an der Zeit sei, diesen Eingriff auszuführen. Ich schlug ihm vor, ins Rudolfinerhaus nach Wien zur Operation zu kommen, womit er sich einverstanden erklärte.

Über Agram und Graz kehrten wir nach Wien zurück.

Einen Tag später traf mein Patient ein, der den Seeweg bis Triest gewählt hatte. Nach mehrtägiger Beobachtung schritt ich, offen gestanden etwas bangen Herzens, zur Operation, die sich in tiefer Narkose glücklicherweise gut ausführen ließ und in einer Unterbindung der Arteria subclavia (Hauptschlagader des ganzen Armes) knapp nach ihrem Abgange aus der Arteria anonyma bestand. Es erfolgte eine prompte Heilung der Wunde; die Schmerzen im Arm verschwanden zur Gänze, was natürlich für den Kranken von besonderem Wert war. Er kehrte nach vollständiger Genesung wieder in seine Heimat zurück, wo er noch durch Jahre wohlauf war. Fünf Jahre später erlag er einem Schlaganfall.

Am 19. Oktober starb der hervorragende Neurologe Professor Baron Economo, der kurze Zeit zuvor die Berufung zum Nachfolger seines Lehrers v. Wagner-Jauregg abgelehnt hatte. Die Trauer um diesen feingebildeten, vortrefflichen Menschen und Gelehrten war allgemein.

Am 4. November wurde Professor Guido Holzknecht beerdigt, einer der Schöpfer der modernen Röntgenologie, der dieser Wissenschaft praktisch und theoretisch zu ganz großem Fortschritt verhalf.

Anfang November hielt Professor Denk seine Antrittsrede als neuernannter Vorstand der II. Chirurgischen Klinik, in welcher er warm und dankbar seiner beiden chirurgischen Lehrer Primarius Brenner und meiner gedachte.

Am 13. Dezember feierte Freund Hinterstoisser in Teschen seinen 70. Geburtstag, der viele seiner Freunde, zu denen auch Professor Alexander Fraenkel und ich zählten, um ihn vereinigte. Die Feier verlief sehr stimmungsvoll und zeigte, welchen Ansehens Hinterstoisser sich nicht nur bei den deutschen Ärzten in Teschen, sondern auch in der Öffentlichkeit erfreute.

In allen Ansprachen wurde Hinterstoisser als ausgezeichneter Mensch und Arzt gefeiert.

Am nächsten Morgen fuhren wir im Auto nach Saybusch, wo Erzherzog Karl Stefan schwer krank darniederlag. Sein Zustand war so bedauernswert, daß man ihm nur eine baldige Erlösung wünschen konnte. Er wurde von seiner Familie auf das liebevollste gepflegt.

Bereits im Frühjahr 1930 war mir aus Buenos Aires die Anfrage zugegangen, ob ich dort eine Reihe von Vorträgen halten wolle, eine Anfrage, der ich grundsätzlich zustimmte, leider aber nicht sofort nachkam. Da ich meine aktive Tätigkeit an der Klinik nur bis Ende September 1931 inne hatte, schien es mir wünschenswert, die Reise auf das Jahr 1932 zu verschieben. Ende des Jahres 1931 war schon alles verabredet und meine Fahrt für den nächsten Februar in Aussicht genommen. Da kam ein Telegramm, in dem ich ersucht wurde, von meiner Reise abzusehen, man sei gegenwärtig nicht in der Lage, mich dort zu empfangen. Die Absage war durch die schwere Wirtschaftskrise bedingt, die scheinbar gänzlich unvermutet über Argentinien hereingebrochen war und damit meinen schönen Reiseplänen ein jähes Ende bereitete.

Im Laufe der letzten Jahre war ich auch wiederholt aufgefordert worden, die zum Gedenken an J. Hunter, den großen englischen Pathologen und Chirurgen des 18. Jahrhunderts, gestiftete Vorlesung, die „Hunterian Lecture" in London, abzuhalten. Da sie stets am 17. Jänner stattfindet und ich um diese Jahreszeit meine Tätigkeit an der Klinik nie gerne unterbrechen wollte, hatte ich für Jänner 1932 zugesagt und die Weiterreise nach Argentinien geplant, die nun allerdings nicht mehr möglich war. Ich fuhr nach Brüssel, wo meine Tochter Margarethe im gastlichen Hause des Chirurgen Crousse zu längerem Besuche weilte und wo auch mir eine herzliche Aufnahme zuteil wurde. Ich benützte meinen kurzen Aufenthalt zur Besichtigung mehrerer Spitäler und hatte dabei Gelegenheit, die von Prof. Denis ausgeführte originelle und zweckmäßige

Mein 70. Geburtstag. Steinhaus, 31. Juli 1930. Von links nach rechts: Winkelbauer, A. Fraenkel, Ranzi, P. v. Walzel, Eiselsberg, G. Riehl, Clairmont, v. Haberer, v. Frisch, W. Denk, Leischner, Marschik

Phot. „Wähle Dein Bild", Wien

Emeritiert

Behandlung der Knochenbrüche kennen zu lernen, die in ihrer Exaktheit, ich möchte fast sagen mathematisch genauen Reposition, kaum übertroffen werden konnte.

In Begleitung meiner Tochter setzte ich die Reise über Ostende und Dover nach London fort. Im Hause des Chirurgen Mortimer Woolf, der wenige Jahre zuvor mit Gattin und Schwiegermutter in Wien geweilt und mit uns freundschaftlichen Verkehr gepflogen hatte, fanden wir herzlichste Gastfreundschaft. Auch diesmal verbrachte ich mit meiner Tochter ein paar anregende Stunden bei unserem Gesandten Baron zu Franckenstein, wo ich auch Legationssekretär Baron Wimmer antraf.

Meine Hunterian Lecture fand erst um 9 Uhr abends nach einem Bankett statt; umgekehrt wäre es mir lieber gewesen. Das Thema lautete: „Was hat das Röntgenverfahren für die chirurgische Diagnose geleistet?" Ich gab ein Bild über die diagnostische Bedeutung des Röntgenverfahrens, besonders für den Chirurgen, und illustrierte meine Ausführungen durch 100 Diapositive, die eine kleine Auswahl aus den vielen Tausenden von Röntgenaufnahmen darstellten, die bis dahin an meiner Klinik gesammelt worden waren. Ich wies darauf hin, welchen Dank nicht nur die Wissenschaft, sondern auch Patienten und Ärzte dem großen Gelehrten Röntgen für seine Entdeckung schulden, wobei auch die therapeutische Wirkung der Röntgenstrahlen nicht unerwähnt blieb.

Von London aus machten wir, von Mortimer Woolf geführt, in Vendover bei Sir James Berry und seiner liebenswürdigen Gattin Besuch, auch mit dem Ehepaar Christopherson gab es ein frohes Wiedersehen.

Beim Rundgang durch den Zoologischen Garten in London fiel mir „der Drache" von der Insel Comodo, eine Rieseneidechse, auf, der als große Sehenswürdigkeit gilt. Diese Tiere bekamen in ihrer Heimat die zum Tode Verurteilten lebendig vorgeworfen, die sie innerhalb weniger Stunden verschlungen haben sollen.

Die Rückfahrt von London ging über Harwich und Rotterdam in den Haag, wo wir im gastlichen Hause des Kollegen Dr. Jonkheer de Sikkinghe und seiner Frau eingeladen waren. Über sein Ersuchen hielt ich im Ärzteverein einen von mir schon seit längerer Zeit versprochenen Vortrag, bei dem ich auch zahlreiche ehemalige Schüler aus Utrecht begrüßen konnte.

In Utrecht war ich wieder bei meinem Freund und Schüler H. Laméris zu Gast und wurde ersucht, den Studenten an der Klinik eine Vorlesung zu halten, was ich gerne tat. Abends hielt ich vor der versammelten Ärzteschaft aus Stadt und Provinz einen Vortrag, an den sich ein sehr gemütlicher Empfang im Hôtel Pays Bas anschloß.

Am zweitnächsten Tag löste ich in Brüssel trotz einer unangenehmen Erkältung mein gegebenes Versprechen ein, den in London gehaltenen Vortrag in französischer Sprache zu wiederholen, was gut verlief. Nach kurzem Besuch bei unseren lieben Verwandten Hénoul kehrten wir auf direktem Wege nach Wien zurück.

Im Mai hatte ich einen interessanten Besuch, Dr. Burke aus Fort Yukon in Alaska, den ich mit seiner Frau zu uns zu Tisch lud. Sie leben ohne jede Entbehrung und Schwierigkeit im hohen Norden, erzählten nur von den unglaublich großen Entfernungen, die in Alaska die Kranken vom Spital und damit von einer regelrechten Behandlung trennen. Allerdings wurden in neuerer Zeit durch regelmäßig verkehrende Sanitätsflugzeuge, die den Krankentransport durchführen, die Schwierigkeiten wesentlich gemildert. Ihre Söhne waren in New York zur Erziehung, von wo die Reise nach Alaska per Bahn, Schiff und Schlitten Wochen in Anspruch nimmt.

Am 31. Mai wurde ich zum Ehrenmitglied der gesamten Akademie der Wissenschaften in Wien gewählt, eine Auszeichnung, die mich um so mehr freute, als sie mir ganz unerwartet kam.

Am 30. Juni wurde mir zugleich mit vier anderen Herren — zwei von ihnen waren ebenfalls Ärzte — das Bürgerdiplom der Stadt Wien überreicht. Die Feier gestaltete sich würdevoll;

Bürgermeister Seitz zeigte sich dabei wie immer als gewandter, guter Redner.

In diesen Tagen sah ich Slatin-Pascha, den ich vor vielen Jahren kennen gelernt hatte, zum letztenmal. Dieser frohe, energische, tapfere, dabei ebenso bescheidene als freundliche Mann war leider unverkennbar vom Tode gezeichnet. Man wagte den Versuch, ihm durch einen Eingriff zu helfen, aber es war bereits zu spät; er starb kurze Zeit nach der von einem bestbekannten Chirurgen vorgenommenen Operation.

Slatin hatte als Einjährig-Freiwilliger 1878 die Okkupation Bosniens mitgemacht, wanderte dann nach Ägypten aus, wo er, noch nicht 25 Jahre alt, unter General Gordon eine Provinz verwaltete, die an Umfang die österreichisch-ungarische Monarchie übertraf. Nach dem Heldentod Gordons verließ er seine Stelle nicht, wurde vom Mahdi gefangen und verblieb volle elf Jahre in der Gefangenschaft. Nach zwei vergeblichen Fluchtversuchen besonders hart bewacht und Nacht für Nacht in Eisen gelegt, gelang ihm endlich der dritte Versuch dank der unermüdlichen Bestrebungen seiner Schwestern. Nach kurzem Aufenthalt in Österreich trat er, wieder nach Ägypten zurückgekehrt, als ägyptischer General unter Lord Kitchener in englische Dienste. Mit Beginn des Weltkrieges legte er trotz des Angebotes der englischen Regierung, in seiner Stellung zu verbleiben, diese nieder, kehrte in seine Heimat zurück und stand an der Spitze der Kriegsgefangenenhilfe des Österreichischen Roten Kreuzes, nachdem ihm, dem erprobten General, auf seine Bitte, an unserer Front kämpfen zu dürfen, nur die Stelle eines Subalternoffiziers angeboten worden war!!

Anfangs September fand in Wels das übliche Volksfest statt, zu dessen Eröffnung sich in diesem Jahr Bundespräsident Miklas mit seiner Gemahlin und Baron Löwenthal eingefunden hatten. Es war uns und allen Steinhausern eine große Freude, die Festgäste auch bei uns begrüßen zu dürfen.

Oktober 1932 hatte ich die Freude, drei Antrittsvorlesungen meiner Schüler beizuwohnen, von denen Professor Breitner an die Innsbrucker, Professor Walzel an die Grazer und Professor

Ranzi, durch acht Jahre Vorstand der Innsbrucker Klinik, als mein Nachfolger an die Erste Chirurgische Klinik in Wien ernannt worden waren. Ranzi hatte sich knapp vor dem Kriege mit der Schwester meiner Frau, Margarethe Pirquet, vermählt; diese Verbindung hatte mich umsomehr gefreut, als ich Egon Ranzi als Chirurgen wie als Menschen hochschätze. Es war mir ein erhebendes Gefühl, den Aufstieg dieser drei Schüler mitzuerleben.

Am 17. Mai 1933 feierte der berühmte Pharmakologe Hans Horst Meyer seinen 80. Geburtstag. Ich überbrachte ihm die Glückwünsche der Gesellschaft der Ärzte und sprach bei dieser Gelegenheit auch mit seinen beiden Söhnen, ohne zu ahnen, daß ich den einen von ihnen, Arthur, der sich als Chirurg einen großen Namen gemacht hatte, zum letztenmal sehen würde.

Für Mitte Juni hatte mich die medizinische Fakultät in Debreczen zu einem Vortrag im dortigen Ärzteverein geladen. Ich gab gerne meine Zusage und fuhr in Begleitung meiner Tochter Claudia nach Ungarn. Ein herzliches Beisammensein vereinigte mich mit den Kollegen Hüttl, Orsos, Benedek, Huzella, Bokay, Formet und anderen. Bei einem Ausflug in die Puszta sah ich zum erstenmal in meinem Leben eine Fata morgana.

Am 26. Juli hielt ich über Wunsch der Vienna Amer. Medic. Association einen Vortrag in englischer Sprache über meinen Lehrer Billroth als Mensch und Chirurg, der von den zahlreichen anwesenden Amerikanern beifällig aufgenommen wurde.

Anfangs August fuhr ich über Bregenz nach Basel, wo ich mit Erzherzog Eugen, wie zwei Jahre zuvor, ein paar Stunden angenehmen Beisammenseins verbringen konnte. Dann ging es weiter nach Bern zur zweiten Internationalen Kropfkonferenz, die eine Reihe interessanter Vorträge bot, an denen sich zahlreiche amerikanische Kollegen beteiligten. Ich besuchte auch noch Prof. Ludolf Krehl, den ausgezeichneten Kliniker aus Heidelberg, und sah bei einer Kropfoperation zu, die de Quervain meisterhaft ausführte.

Dr. Clement, der sehr geschätzte Primarchirug in Fribourg, bei dem mein Sohn Otto zu Besuch weilte, lud uns zur Besichtigung des Kartäuserklosters in Valsainte ein, das landschaftlich herrlich gelegen, von Fremden gerne besucht wird. Die Mönche in ihren weißen Kutten machten einen guten und gepflegten Eindruck. Der Prior, ein jüngerer, besonders sympathischer Mann mit klugem Äußeren, erzählte uns, daß die Mönche in Einzelzellen leben, denen ein kleiner Arbeitsraum angeschlossen ist, der zum Schnitzeln und Basteln dient und durch eine kurze Wendeltreppe mit dem Gärtchen verbunden ist, welches jeder der Mönche allein zu bearbeiten hat. Auch bei den Mahlzeiten gibt es keine Gemeinschaft. Nur an einem Tag der Woche gehen alle Ordensbrüder unter Führung des Priors auf einen zum Kloster gehörigen Berg und haben die Erlaubnis, während dieser dreistündigen Wanderung miteinander zu sprechen. Ich wurde auch in die Kirche geführt, in der sich die Mönche Nacht für Nacht, auch im kalten Winter, zum Chorgebet versammeln. Als ich mein Erstaunen, aber auch mein Bedenken über diese Askese aussprach, erklärte der Pater: „Ja, es ist uns oft sehr kalt, aber desto mehr freuen wir uns dann, wieder ins Bett zu kommen." Mich interessierte es, welches Durchschnittsalter erreicht würde, worauf ich zur Antwort bekam: „Der liebe Gott läßt uns lange Zeit warten. In diesem Jahr haben wir drei Mitbrüder begraben, von denen der jüngste 83 Jahre alt war."

Jahreswende! Niemand ahnte, daß das anbrechende Jahr 1934 so schwere Tage über unser geliebtes Vaterland bringen und es in seinen Grundfesten erbeben lassen würde.

Am 6. Februar hielt ich in der Gesellschaft der Ärzte die Gedächtnisrede zu Billroths 40. Todestag, die ich später über Wunsch meines Schülers Professor v. Walzel in der Grazer Klinik vor 600 Studenten wiederholte. Je mehr Billroth eine historische Persönlichkeit wird, desto mehr wächst er, wenn dies noch möglich ist, in seinem Ansehen als Gelehrter und Operateur, nicht etwa nur in meinen, des dankbaren Schülers Augen, sondern auch in denen der chirurgischen Welt. Ich führte in meiner Rede aus, daß, wenn Billroth den heutigen Stand der Chirurgie sehen könnte, er wohl am meisten über die große Entdeckung Röntgens und ihre Auswirkung in der Medizin staunen würde, ein Thema, das noch später ausführlich besprochen werden wird.

Am 13. Februar, zufällig dem 50. Jahrestag meiner Promotion, hallte die Stadt wider vom Donner der Kanonen, zwischenhinein unterbrochen vom Schnellfeuer der Maschinengewehre und dem dumpfen Knallen einzelner Gewehrschüsse. Der energischen Zusammenarbeit von Polizei, Heer, Heimatwehr und den anderen freiwilligen Wehrverbänden gelang es bald, den sozialdemokratischen Aufstand zu besiegen und Wien vor dem Bolschewismus zu bewahren. So mancher tapfere Kämpfer mußte dabei sein Leben lassen, während die Urheber der Revolution sich rechtzeitig in Sicherheit brachten. Ich verlor am 12. Februar meinen Neffen Paul Eiselsberg, der als Korporal aktiv beim Bundesheer diente. Er erlitt den Heldentod im Kampf gegen die rote Übermacht.

Wenige Tage später konnte ich mich unter Führung eines Gendarmerie-Oberstleutnants überzeugen, daß die Marxisten den Überfall wohl vorbereitet hatten, und zwar so gut berechnet, daß die rasche Niederwerfung des Aufstandes nicht als Selbstverständlichkeit, sondern als große Tat gewertet werden darf.

Am 24. Mai 1934 fand in der Hofburgkapelle die Vermählung meiner Tochter Margarethe mit Hans Baron Jordis statt, der, wie früher erwähnt, als Fregattenleutnant bei der österr.-ungar. Kriegsmarine auf der I. Torpedobootflottille und zuletzt auf U 5 diente. Er wurde durch den Umsturz gezwungen, seinen heißgeliebten Beruf aufzugeben und sich eine andere Tätigkeit zu suchen. Er leitet als Kaufmann seit Jahren die Vertretung von Webereien. Bei dieser Gelegenheit kam es mir wieder zum Bewußtsein, wie sehr ich mich unserer alten, glorreichen Kriegsmarine verbunden fühle, noch von der Zeit her, da mein jüngerer Bruder Willy als aktiver Offizier in ihr diente; mit so manchem Marineoffizier trat ich in nähere freundschaftliche Beziehung.

Eine stimmungsvolle Feier vereinigte die Familie zu einem der letzten festlichen Anlässe in unserer langjährigen Wohnung auf der Mölkerbastei Nr. 5.

Eine Woche später begab ich mich nach Bad Schallerbach, um dort unter der Leitung des Kurarztes Dr. Brunner eine dreiwöchentliche Kur zu gebrauchen, die mir Heilung von meinen schweren Ischiasanfällen brachte; und wenn sich hie und da eine leichte Mahnung einstellt, so helfe ich mir durch Einreibung von Forapin (einer aus Bienengift hergestellten Salbe) mit Erfolg.

Welch ein Unterschied zwischen dem jetzigen Schallerbach mit seinen modernen Badeeinrichtungen und dem Zustand, in dem ich es 1921 zum erstenmal sah! In offenen Bassins lagen damals die Patienten nebeneinander, meist nur mit einem Hemd bekleidet, manchmal auch ohne rigorose Trennung der Geschlechter. Eine junge Bäuerin hatte, wie ich selbst gesehen habe, als einziges Kleidungsstück ihr Mieder an! Alle Kranken lagen senkrecht in der Richtung zum strömenden heißen Wasser, in dem sie Heilung für verschiedene rheumatische Leiden suchten und auch oft fanden, so daß das Bad bald einen guten Ruf genoß. An der Einmündungsstelle der heißen Quelle in die Trattnach werden häufig Forellen gesehen; leiden sie auch an Ischias? In kurzer Zeit entstanden zahlreiche Bauten, die den Fremdenzustrom vollauf befriedigen konnten, besonders seit eine moderne Badeanstalt und eine Wandelhalle errichtet worden sind.

Im Frühjahr 1934 hatte ich ganz unerwarteterweise die Mitteilung erhalten, daß mich die Sorbonne zum Ehrendoktor der Medizinischen Fakultät in Paris promovieren wolle. Die Feier selbst war für November anberaumt. Ich unternahm die Reise in Begleitung meiner Tochter Flora. In Zürich unterbrachen wir die Fahrt und ich verbrachte mit Clairmont ein angenehmes Plauderstündchen. Den nächsten Tag ging es weiter nach Fribourg zur Tagung der Schweizerischen Chirurgen-Gesellschaft, die viel an interessanten Vorträgen bot. Es war mir eine angenehme Pflicht, bei dieser Gelegenheit meinen aufrichtigen Dank für die mir wenige Jahre zuvor verliehene Ehrenmitgliedschaft aussprechen zu können.

Die Tagung wurde von dem sehr erfahrenen Spitalchirurgen Dr. Clement präsidiert. Unter den Teilnehmern befand sich der Chirurg Bircher aus Aarau, der ob seiner großen militärischen Tüchtigkeit als Artillerie-Oberst von der Schweizer Regierung ersucht worden war, in ein aktives Militärverhältnis überzutreten. Es war ein Beweis für die große Wertschätzung, deren sich Clement erfreut, daß Bircher diese für ihn so ehrenvolle Berufung erst auf Grund einer eingehenden Besprechung mit Clement annahm. Aus Innsbruck war Breitner gekommen, von reichsdeutschen Kollegen waren unter anderen Enderlen, Lexer und Kirschner anwesend. Eine besondere Freude war es mir, auch den weltbekannten Altmeister der Schweizer Chirurgen, Cäsar Roux aus Lausanne, im Kongreßsaal begrüßen und den Abend mit ihm in gemütlichem Beisammensein verbringen zu können.

Wie hoch ich Roux als Lehrer und Operateur schätzte — ich hatte im Jahre 1897 in Lausanne seinen klinischen Vorlesungen und Operationen beigewohnt und davon einen ganz ausgezeichneten Eindruck gewonnen — zeigt sich im folgenden: Als ich im Jahre 1901 von Königsberg nach Wien berufen wurde, ersuchten mich meine Königsberger Kollegen, ihnen denjenigen Chirurgen vorzuschlagen, der meiner Ansicht nach der anregendste Lehrer und tüchtigste Operateur sei. Ich nannte in erster Linie Roux, obwohl ich fürchtete, daß er als treuer Sohn des Kantons Waadt wohl kaum die Heimat verlassen und nach Ostpreußen auswandern würde. Ich betrachtete dieses Ersuchen des Professorenkollegiums als Beweis des Zutrauens für mich und richtete an Roux — es war Weihnachten 1900 — eine diesbezügliche Anfrage. Er dankte sofort, bat aber zugleich, ihn nicht vorzuschlagen, er könne sich niemals entschließen, seine Schweizer

Heimat zu verlassen, ja nicht einmal das Feld seiner bisherigen Tätigkeit, die Chirurgische Klinik in Lausanne, mit einer anderen Schweizer Klinik zu vertauschen. Roux blieb in Lausanne, wo er bis zu seiner im Jahre 1930 erfolgten Emeritierung erfolgreich tätig war. Am Weihnachtstag 1934, also sieben Wochen nach unserem Beisammensein auf der Freiburger Chirurgentagung, ist er ohne jeden Todeskampf während einer Konsultation plötzlich gestorben.

Ein gemütlicher Abend vereinigte die Kollegen der Tagung; Clement hielt einleitend eine geistvolle und herzliche Ansprache. Am nächsten Tag, einem Sonntag, trat der Schweizer Chirurgentag neuerlich zusammen, da die Schweizer Ärzte in dem Bestreben, möglichst vielen die Teilnahme zu ermöglichen, die Tagung auf die Zeit von Samstag Mittag bis Sonntag Mittag festgelegt hatten, wodurch sie auch am wenigsten ihren Patienten entzogen wurden. Auf dieser Tagung bot u. a. die Debatte über Bluttransfusion manch Interessantes.

Ich brauche wohl nicht besonders zu erwähnen, daß es mir eine große Freude war, Paris wiederzusehen, wo ich 52 Jahre zuvor einige mir unvergeßliche Monate zugebracht hatte. Soweit es die Zeit und das meist recht unfreundliche Wetter zuließen, besahen wir die an Baudenkmälern und Kunstschätzen so reiche Stadt. Während meine Tochter in den nächsten Tagen unter Führung des vortrefflichen Doktor Pasteau und seiner Familie verschiedene Kinderspitäler und Humanitätsanstalten besuchte und einen kleinen Teil der Pariser Sehenswürdigkeiten besichtigte, verbrachte ich meine Zeit fast durchwegs auf Kliniken und in Spitälern. So wohnte ich an der Privatklinik des ausgezeichneten Hirnchirurgen de Martel einer mit vorbildlicher Geschicklichkeit ausgeführten Entfernung einer tiefsitzenden Geschwulst im Kleinhirn bei und sah auch die Wegnahme eines Rückenmarktumors. Ein anderesmal sah ich bei zwei Wolfsrachenoperationen zu, die der bekannte Spezialist Dr. Victor Veau in seiner Privatklinik durchführte. Mein dritter Spitalsbesuch galt dem Krebsinstitut, einer Schöpfung Professor Roussys, der dort an der Spitze eines

Stabes von Spezialisten für Chirurgie, Hautkrankheiten, Röntgenologie usw. arbeitete und mir die ganze, sehr zweckmäßige Einteilung des Spitales zeigte. Ein kurzer Besuch bei dem rühmlichst bekannten Chirurgen Gosset an der Salpetrière erinnerte mich an die seinerzeit in diesem Spital gehörten Vorlesungen über Krankheiten des Nervensystems von Professor Charcot. Mein kurzes Beisammensein mit dem Präsidenten der Internationalen Krebsgesellschaft, Senator und Exminister Godart, möchte ich ebenfalls nicht unerwähnt lassen.

Neben der Einladung beim österreichischen Gesandten Egger-Möllwald und beim Generalkonsul Montmartin, bei der viel Interessantes zur Sprache kam, bot ein Abend bei Dekan Roussy besondere Anregungen. Gerade damals stand das Weiterbestehen des Ministeriums Doumergue, des früheren Präsidenten der Republik, sehr in Frage; es fiel auch noch am letzten Tag unseres Pariser Aufenthaltes.

Die Feier der Promotion fand am Samstag, den 10. November, statt. Alle Professoren, auch meine beiden Promotionskollegen erschienen in prunkvollen Togen. Ich war, da der österreichische Professor (seit dem Umsturz) keine Uniform trug, im Frack erschienen.

Der überfüllte Saal der Sorbonne bot ein prächtiges Bild. Es waren 3000 bis 4000 Studenten anwesend, das Parkett war besetzt von den Universitätsprofessoren aller Fakultäten, von denen die Juristen in gelbe, die Mediziner in rote, die Philosophen in dunkelviolette Togen gekleidet waren. Unter den Klängen der Marseillaise zogen der Rektor und die Dekane ein, in deren Mitte wir drei Promovenden schritten. Nach einer kurzen Begrüßungsansprache seitens des Rektors walteten die Dekane ihres Amtes und beschrieben die drei erwählten Ehrendoktoren in ausführlichen Reden. Am Schluß der Promotion mahnte der Rektor die Studenten, sich an den eben promovierten Professoren ein Vorbild zu nehmen und ihnen künftighin nachzueifern. Ein großes Diner in den festlich geschmückten Räumen der Sorbonne beschloß den Tag.

Nach all den interessanten, aber anstrengenden Tagen schalteten wir den Sonntag als Erholungstag ein, der auch ein wirklicher Ruhetag wurde, da gerade an diesem Tag als dem einzigen Sonntag des ganzen Jahres wegen der Erinnerungsfeier des Waffenstillstandes der Louvre geschlossen blieb, auf dessen ungestörten Besuch wir uns ehrlich gefreut hatten. Am nächsten Tag verließen wir Frankreich und kehrten über Stuttgart, wo wir bei meiner Tochter Agnes und ihren Lieben einige schöne Tage verbrachten, nach Wien zurück.

Meine erste Tagebucheintragung im nächsten Jahr (1935) verzeichnet den Tod des schon oft erwähnten Dr. Erwin Lieck.

Mitte April 1935 hielt ich in Salzburg einen Vortrag über das Thema „Aus meiner Lernzeit", dem ein zwangloser Abend im Hotel folgte. Tags darauf besuchte ich die in den letzten Jahren so bekannt gewordene Schriftstellerin Alja Rachmanowa, die in ihren Büchern das furchtbare russische Elend der Nachkriegsjahre ebenso lebendig als ergreifend zu schildern versteht.

Am 26. und 27. Juli standen Linz und St. Florian im Zeichen der Feier für den großen Tonkünstler Anton Bruckner. Unter den bedeutenden Männern, die ich das Glück hatte, in meinem Leben kennen zu lernen, nimmt er, der mein engerer Landsmann war, einen besonderen Platz ein.

Durch meine Freunde Alexander Fraenkel und Gustav Riehl war ich seinerzeit mit Bruckner bekannt geworden. Ohne seine großen Symphonien zu verstehen, hatte ich doch bald erkannt, daß es sich bei diesem linkischen und unbeholfenen, schlichtgekleideten Mann um ein ungewöhnliches Genie handelte. Er besuchte öfters unsere Tafelrunde im Gasthof „Riedhof", ward dort immer als „Meister" angesprochen und besonders verehrt. Gelegentlich der Musikausstellung im Jahre 1883 im Prater hatte er uns dahin eingeladen und auf einer herrlichen Orgel die österreichische Volkshymne, Haydns unvergängliche Tondichtung, und dann Variationen über das „Gaudeamus igitur" vorgetragen. Ein unvergeßlicher Kunstgenuß!

Bruckner hatte ein kindlich frommes Gemüt, voll Güte allen Menschen gegenüber, er war eine anima candida im vollen Sinne des Wortes. Er erzählte mir öfters, wie schwer er unter der zurücksetzenden Behandlung Brahms' und Hansliks zu leiden habe und daß es ihn besonders kränke, daß auch Billroth seine Kompositionen so ausgesprochen ablehne. Er ward durch viele Jahre auch von den führenden Musikern und Musikkritikern nicht anerkannt und teilte damit das Los vieler genialer Menschen. Ganz beglückt war er über die gütige, herzliche Aufnahme bei Kaiser Franz Joseph anläßlich einer Audienz, um Sr. Majestät für eine Pension aus der Privatschatulle des Kaisers zu danken; Bruckner küßte vor dem Weggehen dem Kaiser die Hand.

Im Jahre 1891 oder 1892 hatte er über meine Bitte bei der Christbaumfeier, die alljährlich am Weihnachtsabend im großen Operationssaal der Klinik abgehalten wurde, ergreifend schön Harmonium gespielt. Ich erinnere mich, wie andächtig alle Anwesenden dem Meister lauschten und daß es viele nasse Augen dabei gab.

Anton Bruckner nahm trotz aller Verkennung und Anfeindung seinen Aufstieg, der zum Glück noch zu seinen Lebzeiten begann. Er gehört wohl nach Beethoven heute zu den größten Symphonikern.

Ich habe die Bruckner-Feier in seiner Heimat mit besonderer Freude miterlebt. Es war mir eine befreiende Genugtuung zu sehen, wie sehr sich das Verständnis für Bruckners Tondichtungen Bahn gebrochen und damit die Verehrung für diesen ganz großen Mann im Laufe der letzten Zeit zugenommen hatte. 1936 wurde auch sein Monument in den Arkaden der Wiener Universität, 1937 eine Büste in der Walhalla in Regensburg enthüllt.

Am 12. September, einem herrlichen Frühherbsttag, bestieg ich mit meinem Schwiegersohn Hans Jordis von Scharnstein

Ehrenpromotion in Debreczen   413

im Almtal aus in viereinhalbstündigem Marsch den Hohen Salm (1500 m), von dem aus wir eine herrliche Fernsicht genossen.

Bereits im Herbst 1934 hatte die Medizinische Fakultät in Debreczen den schon genannten Professor Aschoff aus Freiburg i. Br. und mich zu Ehrendoktoren ernannt und uns zur Promotionsfeier eingeladen. Im Frühjahr 1935 folgte auch die Universität Budapest diesem Beispiel; anläßlich ihrer dreihundertjährigen Jubelfeier sollte eine größere Anzahl von Professoren zu Ehrendoktoren promoviert werden, unter ihnen auch wieder Professor Aschoff und ich als die einzigen Mediziner. Um die Feierlichkeiten in Debreczen und Budapest zeitlich zu verbinden, wurde die Ehrenpromotion in Debreczen für die letzte Septemberwoche und die Jubelfeier der Pazmany-Universität in Budapest im Anschluß daran festgesetzt.

Am 23. September fuhr ich über Budapest nach Debreczen, wo Professor Aschoff bereits eingetroffen war. Am 24. September fand in der festlich geschmückten Aula des prächtigen Universitätsgebäudes die Ehrenpromotion statt. Rektor und Dekane des Professorenkollegiums waren in ihrer malerischen, pelzverbrämten Tracht erschienen, zahlreiche Studenten wohnten der Feierlichkeit bei. Ich muß mir leider versagen, in meinen Erinnerungen die ausgezeichnete Rede des Rektors Professor Benedek, des hervorragenden Psychiaters und Neurologen, wiederzugeben, in der in freundlichster Weise und in reichstem Maße meiner Person und meinen Leistungen als Chirurg Lob gespendet wurde.

Nach anschließender längerer Würdigung des Schaffens Professor Aschoffs wurde die Promotion vollzogen.

Meine Dankrede sei hier kurz wiedergegeben:

Das akademische Leben verläuft hier in einem prachtvollen äußeren Rahmen, an dem Natur und Kunst einen großen Anteil haben. Die außerordentlichen Aufwendungen, die der ungarische Staat für die Errichtung und Einrichtung der hiesigen Universität und ihrer Institute, besonders der medizinischen Fakultät, gemacht hat, sind ein glänzendes Zeugnis für den hohen kulturellen Geist, von dem die ungarische Nation erfüllt ist.

Es gereicht mir zur Freude und ich betrachte es als eine besondere Auszeichnung, von der Graf-Tisza-Universität in so hervorragender Weise geehrt worden zu sein. Jede persönliche Begegnung mit Graf Tisza, diesem großen Mann, hat mir immer wieder einen tiefen und unvergeßlichen Eindruck hinterlassen. Ich möchte aber nicht verfehlen, hier auch des verdienstvollen Unterrichtsministers Grafen Klebelsberg zu gedenken, der die Universität so sehr gefördert hat.

Sie werden, meine hochverehrten Herren, mir nachfühlen, daß ich in gehobener Stimmung hieher gekommen bin, um die höchste Würde, die eine Universität verleihen kann, das Ehrendoktorat, aus der Hand des Rektors entgegenzunehmen. Ihnen, verehrte Magnifizenz Prof. Benedek und Eurer Spectabilität, dem Herrn Dekan Prof. Orsos, danke ich ganz besonders für die mir zuteil gewordene Auszeichnung und die so freundlichen Worte, die Sie meiner medizinischen Laufbahn und Arbeit gewidmet haben.

Im Alter hat man ja nur mehr wenig von der Zukunft zu erwarten, um so mehr zehrt man von der Vergangenheit. Mit innerer Befriedigung zurückblickend, wird in mir eine Fülle der angenehmsten Erinnerungen wach. Ich hatte das Glück, einem Meister wie Billroth durch fast zehn Jahre dienen zu dürfen. Was das besagt, habe ich schon als Operationszögling und Assistent erfaßt und nach meinem Abgang von der Klinik Billroth vor 42 Jahren von Jahr zu Jahr mehr empfunden und voll zu schätzen gewußt; daher wird es mir diese hochgeachtete Versammlung verständnisvoll nachfühlen, daß ich in dem für mich so feierlichen Augenblicke, wo ich diese ungewöhnliche Auszeichnung empfange, auch meines unvergeßlichen Lehrers Billroth gedenke, verdanke ich es ja doch bloß ihm, wenn ich heute an diesem Ehrenplatz stehe.

Es mag in diesem Augenblick, wo jede Nation rüstet und rüstet, weil sie hinter den anderen an Kriegsbereitschaft nicht zurückstehen kann und will, ein aus tiefstem Empfinden kommendes Wort für die Erhaltung des Friedens unter den Völkern fast nicht zeitgemäß erscheinen. Aber wer soll und darf es aussprechen, wenn nicht der Arzt und von den Ärzten gerade der Chirurg, der ganz besonders Gelegenheit gehabt hat, die unermeßlichen Schäden zu sehen, die der Krieg an Gesundheit und Leben der Menschen verursacht hat, die so oft sittliche Verrohung und Verelendung nach sich zogen.

Der Chirurg mußte mitansehen, wie innerhalb weniger Sekunden ein kerngesunder Krieger vernichtet wird; oder, was fast noch schrecklicher ist, wie ein blühendes junges Leben zu dauernder Krüppelhaftigkeit und unabwendbarem Siechtum verurteilt wird, wie es z. B. nach einer Zerstörung des Rückenmarks der Fall ist. Wie tragisch gestaltet sich das Los der Armen, die durch einen Schuß beide Augen verloren haben oder bei denen das Sehzentrum im Gehirn zerstört wurde, so daß eine bis ans Lebensende anhaltende Blindheit zurückbleibt.

Ich halte es für geboten, diese Schrecken des Krieges zu berühren, um so mehr als im Handumdrehen die friedlichsten Bewohner von Land und Stadt mitten im Kriege stehen können, wodurch das Glück vieler Familien zerstört wird. Und wie schrecklich sind die Folgen des Gaskrieges! Ich habe eine Reihe solcher mit dem Tode Ringender in höchster Atemnot gesehen. In der größeren Mehrzahl war jedwede Bemühung zur Erhaltung des Lebens aussichtslos. Es scheint mir angemessen, vielleicht gerade in einem so großen Kreise von hochgebildeten Menschen der verschiedensten Berufsklassen, von einflußreichen, führenden Politikern, diese Frage zu berühren.

Das Leben ist ja wohl der Güter Höchstes nicht und ich verstehe, daß es Gründe gibt, die ein ganzes Volk, eine ganze Nation, zum Kriege zwingen; trotzdem kann man als Arzt nichts anderes tun, als immer wieder den verantwortungsvollen Führern der Völker zurufen, sie mögen alles tun, um einen kommenden Krieg zu verhindern.

Möchte endlich das in vieler Mund geführte Wort „Si vis pacem, para bellum" abgewandelt werden in „Si vis pacem, para pacem!"

Verzeihen Sie, Magnifizenz und meine hochverehrten Kollegen, wenn ich hier Dinge berührt habe, die nicht direkt in die so schöne und erhabene Feier passen!

Lassen Sie mich mit nochmaligem Dank für die mir erwiesene Ehrung zum Schluß dem herzlichen Wunsch Ausdruck verleihen, es möge dieser aufstrebenden Hochschule beschieden sein, im edlen Wettstreit um die kulturellen Güter der Menschheit auch weiterhin jenen hohen Rang zu bewahren, den sie durch ihre bisherigen ruhmvollen Leistungen erworben hat.

Anschließend an die Festlichkeiten in Debreczen fanden die Jubiläumsfeierlichkeiten in Budapest statt. Ich war im Hotel Hungaria als Gast der Regierung abgestiegen, die offizielle Begrüßung der Gäste fand im Hotel Gellert statt. Mit einem Festgottesdienst in der Domkirche begann am nächsten Tag die eigentliche Feier, die tags darauf in einem Festakt im Parlament ihre Fortsetzung fand. Nach einer abendlichen Galavorstellung in der Oper gab Kultusminister Homann einen Empfang.

Am 28. September fand an der Universität die große Promotion statt. Im Namen der Promovierten aus Österreich — es waren zwei Angehörige der theologischen, drei der juridischen, einer der medizinischen und zwei der philosophischen Fakultät — dankte Erzbischof Kardinal Innitzer in vollendetem Latein. Anschließend war ein Empfang in der Hofburg bei Reichsverweser Horthy.

Während meines viertägigen Aufenthaltes in Budapest besuchte ich täglich meine Tochter Maria im dortigen Sacré-Coeur, wo sie ein Jahr zubrachte. Mit besonderer Freude konnte ich feststellen, daß ihre Liebe und ihr Interesse für das Elternhaus stets gleich herzlich geblieben waren.

Meine Ungarnreise fand durch eine Einladung des Reichsverwesers v. Horthy, nach Gödöllö zu kommen, einen stimmungsvollen Abschluß. Das Auto des Reichsverwesers brachte mich in das königliche Jagdschloß, wo ich mit meinem Schwiegersohn Hans Jordis, der in der Marine unter Horthy gedient hatte, an der Mittagstafel teilnahm, die einen angeregten, ungezwungenen Verlauf nahm.

Am 18. Oktober versammelte sich die Gesellschaft der Ärzte zu einer Trauersitzung für den im Sommer verstorbenen, langjährigen, so verdienstvollen Sekretär Professor Karl Sternberg. Professor Maresch hielt ihm einen warmempfundenen Nachruf. Vier Monate später mußten wir von Maresch selbst bewegt Abschied nehmen.

Am 26. Oktober fand die Fahnenübergabe an die neuen Regimenter und die Vereidigung der Soldaten statt, unter denen sich auch mein Sohn Otto befand, der das Freiwilligenjahr bei der Artillerie diente.

Wenige Tage später wohnte ich einem Vortrag von Karl v. Frisch, dem Münchner Zoologie-Professor, bei, dessen Ausführungen über den Geschmack und Geruchssinn der Fische ebenso neue als hochinteressante Befunde ergaben und eine Meisterleistung darstellten. Mehrere Jahre zuvor hatte er uns ebenso fesselnd über das Leben der Biene erzählt und seine Erläuterungen durch einen Film illustriert. Findet z. B. eine Biene auf ihrem Flug durch Wiese und Feld irgendwo eine besonders üppige Tracht, so kehrt sie gleich in den Bienenstock zurück, um durch ein eigentümliches Tanzen dem ganzen Schwarm von dem Funde Mitteilung zu machen, der dann, geführt von der Künderin der frohen Nachricht, gemeinsam auf Nahrungssuche ausgeht.

Wie lehrreich sind diese naturwissenschaftlichen Filme! Schöne, für die meisten Menschen bisher niemals erreichbare Einblicke in das Leben der Tiere werden hier geboten. Leider ist mit all diesen Darstellungen den meisten Kinobesuchern nicht gedient. Die große Menge dürstet nach Sensation, nach Blut und Verbrechen. Nur zu oft wird im Film der Mörder, der Räuber, der Dieb verherrlicht, und wenn der Polizei ein Schnippchen geschlagen wird, hört man heitere Zustimmung. Was aber noch schlimmer ist: dieser Anschauungsunterricht macht manch Jugendliche zu Verbrechern. In Gerichtssaalberichten kann man mit Schrecken oft lesen, welches Unheil der Besuch des Kinos in jugendlichen Gehirnen anrichtet. Der Respekt vor Gott, Recht und Gesetz, vor dem Alter, den Eltern, all das wird nur zu häufig im Film verspottet und geht verloren; zerstören ist leichter als aufbauen. Erfreulicherweise sind die Gangsterfilme in manchen Ländern eingeschränkt, bzw. wenigstens für Jugendliche verboten worden.

Anfangs November fuhr ich mit dem Ehepaar Prof. Otto

v. Frisch zu Primarius Leischner nach Brünn, um das „Haus des Trostes" zu besichtigen, an dessen Spitze Professor Werner steht, der frühere Direktor des von Czerny gestifteten Samariterhauses in Heidelberg. Das ganz moderne, mit allen Hilfsmitteln versehene vorzügliche Institut dient ausschließlich der Behandlung von Krebsleidenden und verdankt seine Entstehung dem vor wenigen Jahren verstorbenen Operateur Primarius Dr. J. Bakes, der im Jahre 1901, als ich die Klinik meines Vorgängers übernommen hatte, noch durch drei Monate bei mir als Assistent tätig war, bevor er als Spitalschirurg in seine Heimat zurückkehrte.

Im April 1936 verließen wir unsere altgewohnte Wiener Wohnung auf der Mölkerbastei Nr. 5, in der wir durch volle 33 Jahre gelebt hatten. Viele schöne und auch manche ernste Erinnerungen knüpften uns an diese Stätte meines langjährigen Wirkens und Schaffens, so daß uns anfangs der Gedanke nicht leicht wurde, diese uns lieb gewordenen Räume aufzugeben. Bald aber lebten wir uns in unserer Döblinger Mietwohnung vollkommen ein. Wir erfreuen uns dieses schönen, sonnigen, von blühenden Gärten umgebenen Heimes, ferne vom fieberhaft pulsierenden Leben der Großstadt. Die Straßenbahn fährt in 15 Minuten bis zum Schottenring und selbst beim Besteigen eines überfüllten Wagens braucht man als weißhaariger alter Herr nicht zu befürchten, lange stehen zu müssen.

Am 14. Mai wurde ich in Graz zum Ehrendoktor der Medizinischen Fakultät promoviert; außer mir wurde noch drei anderen Herren: Professor Planck aus Berlin, der leider im letzten Augenblick seine Teilnahme absagen mußte, Hans Horst Meyer, meinem Kollegen von der Wiener medizinischen Fakultät, und dem großen Dichter-Arzt Dr. Klöpfer aus Köflach diese Auszeichnung zuteil.

Im Juni des Jahres 1936 feierte die altehrwürdige Universität Utrecht ihren dreihundertjährigen Stiftungstag und ich war seitens der Universität und der Akademie der Wissenschaften

Stiftungsfeier der Universität Utrecht   419

in Wien dazu ausersehen worden, der jubilierenden Hohen Schule die Glückwünsche Österreichs zu überbringen. Am 19. Juni trat ich mit meiner Tochter Flora die Reise nach Utrecht an.

In Köln wurden wir von Professor v. Haberer erwartet, der uns in seine Villa geleitete. Am nächsten Tag, einem Sonntag, besuchten wir den herrlichen Kölner Dom und besichtigten anschließend daran das Universitätsgebäude, das die Stadt Köln vor mehreren Jahren erbaut hat. Ebenso zeigte mir eine Visite der Chirurgischen Klinik Professor v. Haberers ihre durchaus moderne, zweckentsprechende Einrichtung.

Noch am selben Tag fuhren wir nach Utrecht weiter, wo wir im Hause meines Schülers Professor Laméris herzliche Aufnahme fanden. Wie sehr hat sich die mir so liebgewordene Stadt seit 40 Jahren vergrößert! Wo es früher Kanäle, Wiesen, Land und Straßen mit hohen Alleebäumen gab, sind jetzt neue Stadtteile erstanden.

Am nächsten Tag machten wir eine kurze Fahrt nach Amsterdam. Meine Tochter besah sich die Kinderklinik der Frau Professor Lange, ich wurde an der Chirurgischen Klinik durch Professor Nordenbos herzlich begrüßt. Dann führte er uns zum Flugplatz. War das ein Leben! Innerhalb einer Stunde kamen etwa 15 Flugzeuge an und ebensoviele starteten nach nahen und fernen Ländern. Modernst ist eine Wegweisersäule, die neben der offenen Wartehalle steht, wo die Flugzeugpassagiere auf ihre Einschiffung warten. Auf den Richtungspfeilen sind u. a. angegeben: Athen, Ankara, Berlin, London, Rom, Paris, um nur einige Ziele zu nennen.

Nach Utrecht zurückgekehrt, nahmen wir als Gäste des Bürgermeisters am offiziellen Begrüßungsabend teil. Ich traf dabei meinen über 80jährigen lieben Freund Professor Winkler, der im Jahre 1893 am selben Tag wie ich zum Ordinarius in Utrecht ernannt worden war und trotz seines Alters in vollster geistiger Frische noch immer als praktischer Neurologe und Psychiater tätig ist, zudem noch täglich im Laboratorium arbeitet. Auch der 88jährige ehemalige Lektor der Chirurgie in

Utrecht, van der Meulen, der zur Zeit meines Utrechter Aufenthaltes mit mir dort gewirkt hatte, war anwesend. Ich konnte auch noch mit manchen anderen alten Bekannten, zu meiner Freude auch mit mehreren meiner ehemaligen Schüler, sprechen. Der 23. Juni war den Jubiläumsfeierlichkeiten gewidmet. Zuerst fand der feierliche Einzug in die Domkirche und die Begrüßung durch die ausländischen Delegierten statt. Die ersten der Gratulanten bestiegen die hohe Tribüne, später wurden die einzelnen vorgerufen und sprachen mit einer kurzen Rede ihren Glückwunsch aus.

Am Nachmittag nahm die Feier mit einer Festveranstaltung ihren Fortgang, die in der großen Kirche in Gegenwart der Königin Wilhelmine und der Prinzessin Juliane abgehalten wurde. Manche der gehaltenen Reden zeichneten sich u. a. durch besondere Länge aus. Eine Gratulationskur vor der Königin, die mit jedem einzelnen der Delegierten einen Händedruck wechselte, beendete diese Feier.

Am abendlichen Festbankett nahmen über 250 Personen teil. Ich kam als siebenter Redner zu Wort und hielt, abweichend von den oft gar langatmigen Ausführungen meiner Vorredner, eine nur einige Minuten dauernde Ansprache, in der ich im Namen der Wiener Universität und der Akademie der Wissenschaften die Universität Utrecht zu ihrem 300jährigen Stiftungstag herzlich beglückwünschte und daran erinnerte, daß unsere große Kaiserin Maria Theresia vor mehr als 150 Jahren den Arzt van Swieten, Schüler des berühmten Boerhave, zur Reform des medizinischen Unterrichtes aus Holland nach Wien berufen habe. Auch der Botaniker Jacquin kam damals aus Holland nach Wien, wo er in seinem Fache so erfolgreich tätig war. Mir persönlich, so führte ich aus, sei es eine besondere Freude und Ehre, die Glückwünsche überbringen zu können, da ich seinerzeit, knapp 33jährig, als Schüler meines Lehrers Billroth zum Direktor der Chirurgischen Klinik in Utrecht berufen worden war und an ihr durch fünf Semester wirken durfte. Von den mit mir zu jener Zeit arbeitenden Kollegen und Freunden seien freilich alle schon dahingegangen mit einer einzigen Ausnahme. Ich setzte hierauf meine Rede in holländischer Sprache fort und begrüßte und beglückwünschte den anwesenden Professor Winkler zu seiner geistigen und körperlichen Frische. Zum Schluß dankte ich der holländischen Bevölkerung für die ungewöhnlich reichen Liebesgaben, die in den Nachkriegsjahren für Wien gespendet worden waren, und für die Aufnahme zahlreicher unterernährter Wiener Kinder, die ohne diese großzügige Hilfe in vielen Fällen dauernden Schaden an der Gesundheit erlitten hätten. Mit einem „Vivat Universitas Trajectina ad Rhenum" beschloß ich meine kurzen, mit großem Beifall aufgenommenen Ausführungen.

Am kommenden Tag fuhr ich mit meiner Tochter nach dem Haag zum Besuch meiner Schüler Dr. Dijkgraaf und Dr. Exalto.

Auf der Rückfahrt stiegen in Duisburg mein Schüler Primarchirurg Orator und seine Frau in den Zug und gaben uns bis Köln das Geleite. In Bonn wurden wir von meinem Schüler Professor E. Freiherrn v. Redwitz, dem Direktor der Bonner Chirurgischen Klinik, an der Bahn erwartet und verbrachten mit ihm und seiner Gattin einen sehr angenehmen Abend. Am nächsten Tag machte ich einen kurzen Besuch bei meinem ehemaligen Königsberger Schüler Professor Bunge und bei Frau Professor Garrè, der Witwe des ehemaligen Bonner Chirurgen.

In Stuttgart unterbrachen wir die Weiterfahrt und blieben durch drei Tage bei meiner dort verheirateten Tochter. Ich besuchte auch meinen alten Freund Professor E. Enderlen und kehrte dann direkt nach Wien zurück.

Im Sommer 1936 wurde die jüngere der beiden noch lebenden Töchter Billroths, Frau Helene Conrad-Billroth, die frühzeitig Witwe geworden war und ihre drei Kinder zu tüchtigen Menschen erzogen hatte, von einem furchtbaren Schicksal heimgesucht. Sie verlor innerhalb eines Monates zwei Kinder: ihre hoffnungsvolle Tochter Lene, Doktor der Zoologie, seit kurzem Assistent am Hygienischen Institut in Graz (Prof. Reichel) und ihren Sohn Heinz, Dozent und Assistent am Physikalischen Institut der Grazer Technischen Hochschule; beide wurden innerhalb weniger Tage durch eine akute Kinderlähmung dahingerafft. Auch die junge Frau ihres Sohnes, eine Ärztin, die erst vor kurzer Zeit promoviert hatte, wurde von dieser tückischen Krankheit befallen, erlangte aber nach bangen Tagen ihre volle Gesundheit wieder. Das zweijährige Söhnchen des Verstorbenen, also der Urenkel Billroths, blieb von jeglicher Krankheit verschont und ist nunmehr der Sonnenschein der schwergeprüften Familie.

Der Oktober brachte den Tod meines lieben Freundes Alexander Brenner, der durch mehr als vierzig Jahre als Primararzt in Linz eine äußerst erfolgreiche Tätigkeit entfaltet hatte. Als ich ihn wenige Tage vorher von Steinhaus aus besuchte, hatte ich gleich das Empfinden, daß es wohl mein letztes Beisammensein mit diesem mir so liebgewordenen Menschen sein würde. Man konnte dem schwer nach Atem Ringenden nur eine baldige Erlösung wünschen!

Manch liebe Kollegen und Freunde habe ich im Laufe des letzten Dezenniums am Krankenbett zum letztenmal besucht.

Daß ich nur selten mehr Gelegenheit hatte, Operationen auszuführen, ist selbstverständlich. Desto mehr freute ich mich, im Frühsommer 1937 in der Grazer chirurgischen Klinik, assistiert von P. Walzel, eine Frau mit Neubildung des Dickdarms durch Resektion und primäre Naht mit Erfolg von ihrem Leiden befreien zu können.

Anläßlich der hundertjährigen Jubelfeier der Gesellschaft der Ärzte in Wien (1937) wurden vom akademischen Senate unter Vorsitz des Rektors Dr. L. Arzt drei alte Mitglieder der Gesellschaft, und zwar Professor Hans Horst Meyer, seit Jahren Ehrenmitglied, Hofrat Prof. Dr. Julius Wagner-Jauregg, Ehrenmitglied und Ehrenvorsitzender der Gesellschaft, und ich als derzeitiger Präsident zu Ehrendoktoren an der Universität Wien promoviert. In Anwesenheit des Bundespräsidenten, des Bundeskanzlers und mehrerer Minister wurde die Promotion in äußerst feierlicher und würdevoller Weise vollzogen: Professor Meyer wurde das Ehrendiplom der medizinischen, Professor Wagner-Jauregg das der juridischen und philosophischen, mir das der philosophischen Fakultät überreicht. Ergreifend war die Dankrede Professor Meyers, in der er, der vor dreißig Jahren aus dem deutschen Norden nach Wien gekommen war, sich voll und ganz als österreichischer Staatsbürger bekannte. Äußerst warm sprach nach den feierlichen Begrüßungs- und Promotionsreden des Rektors und der Dekane Bundespräsident Miklas. Professor Julius v. Wagner-Jauregg, der einzige Nobelpreisträger der Wiener medizinischen Fakultät, hatte schon eine Reihe von Ehrendoktoraten zu verzeichnen, bei Professor Hans Horst Meyer war es das zehnte, bei mir das neunte. Ungemein herzlich gestalteten sich nach Schluß der Feier die Glückwünsche von seiten der Freunde, Kollegen und Schüler, auch mehrere Patienten sprachen mir ihren Dank und ihre Glückwünsche aus.

Besonders freute es mich, daß im Verlaufe dieser ärztlichen Festwochen ein Fortbildungskurs stattfand, in dem eine Reihe von hervorragenden Ärzten des Auslandes Vorträge hielten.

Am 6. Oktober fuhr ich nach Budapest, um dort anläßlich des hundertjährigen Jubiläums der Budapester Ärztegesellschaft in der Festsitzung derselben, die unter dem Präsidium meines Freundes Professor v. Verebely stattfand, die herzlichsten Glückwünsche der Wiener Schwestergesellschaft zu übermitteln.

Ende des Monats kam ein Münchener Arzt, Dr. Weiß, nach Wien, der seit vielen Jahren in Maracaivo, Venezuela, als Chefchirurg bei einem großen Petroleumgewinnungsunternehmen tätig war und manches Interessante zu erzählen wußte. Ich konnte ihm einige Empfehlungen an verschiedene medizinische Kliniken und Institute mitgeben. Er war über alles, was er in Wien sehen konnte, äußerst zufrieden und berichtete mir, daß ihm das elektro-pathologische Museum des Prof. Jellinek einen besonderen Eindruck gemacht habe.

Wie ein Blitz aus heiterem Himmel erschütterte mich am späten Abend des 19. November die Nachricht, daß mein lieber Freund und Schüler Professor Peter v. Walzel in Graz schwer erkrankt darniederliege und er sowie seine behandelnden Ärzte, Professor Berger und Dozent v. Susani, mich bäten, unverzüglich zu kommen. Susani, sein langjähriger Schüler, hatte schon alles für die Operation vorbereitet. Ich fand Walzel mit den Erscheinungen einer Bauchfellentzündung schwer krank darniederliegen und mußte leider den Ärzten durchaus beistimmen, daß mit Rücksicht auf den schlechten Zustand des Herzens die Aussicht für einen operativen Eingriff sehr ungünstig wäre. Da aber die Operation die einzige, wenn auch geringe Möglichkeit bot, dieses uns allen so wertvolle Leben zu retten, und Walzel selbst den Eingriff wünschte, assistierte ich Susani bei der Operation, die eine eitrige Entzündung des Unterbauches feststellte, wahrscheinlich ausgehend von einer im Krieg erworbenen Ruhr. Einige Tage hindurch konnte man die Hoffnung hegen, daß es gelänge, Walzel zu retten, am sechsten Tage aber versagte plötzlich das Herz, das durch all das, was Walzel in den letzten Jahren durchzumachen gehabt hatte, schon schwer geschädigt war.

Mit Walzel habe ich den ersten meiner Schüler verloren, die ein Ordinariat erreicht haben, und zwar denjenigen, der meinem Herzen besonders nahe stand. Er war ein ausgezeichneter Chirurg, der allen Anforderungen als Operateur und Lehrer der Studenten, die mit begeisterter Liebe an ihm hingen, gewachsen war. Dabei war er ein durchaus aufrechter Mann, der keine Verstellung kannte und immer offen seine Meinung vertrat. Schon sein Äußeres nahm seine Umwelt, Kollegen, Schüler, Patienten sofort für ihn ein, war er doch eine stattliche, männliche Erscheinung mit sympathischem Aussehen. Aus politischen Gründen durch mehr als ein Jahr von seiner Klinik enthoben, war er nach seiner Wiedereinsetzung, die erst nach sechzehn Monaten erfolgte, nicht mehr der Alte. Seine Energie war gebrochen, eine dringende Aufforderung der deutschen Professoren an der Prager Universität, einen allfälligen Ruf dahin anzunehmen, lehnte er ab. Er fühlte sich nicht mehr widerstandsfähig genug, um eine neue Stellung zu übernehmen.

Ich trauere um den Verlust dieses prächtigen Menschen und werde ihm stets das beste Angedenken bewahren. In diesem

Sinne habe ich ihm auch am 3. Dezember als Präsident der Wiener Gesellschaft der Ärzte einen warmen Nachruf gehalten. Durch den Mitte Dezember erfolgten Tod des berühmten Botanikers Professor v. Molisch, der das 80. Lebensjahr bereits überschritten hatte und bis in die letzten Tage hinein tätig war, hat die Wissenschaft einen schweren Schlag erlitten. Molisch hat in seltener Weise die praktische Gartenkultur mit seinem so erfolgreichen, vorwiegend experimentellen Studium der Physiologie der Pflanze vereint und mit den einfachsten Mitteln auf diesem Gebiete ganz Hervorragendes geleistet.

So endete dieses Jahr mit dem Tode zweier Menschen, deren Namen in der Geschichte der Medizin und der Naturwissenschaft weiterleben werden, aber auch in den Herzen ihrer Schüler und Kollegen, denen sie vorbildlich geworden sind.

Meine Lebensgeschichte wäre unvollständig, wenn ich nicht auch meiner Kinder gedächte, die meinem Herzen alle gleich nahe stehen, mögen sie noch im Elternhaus leben oder die Stätte ihrer Kindheit längst verlassen und sich ein eigenes Glück, eine eigene Familie gegründet haben.

Es vergeht kein Tag, an dem ich nicht an meine liebe Älteste denke und an Agnes in Stuttgart, die in ihrem lieben, bescheidenen Wesen, in ihrer Hingabe an Mann und Kinder so sehr ihrer Mutter und Großmutter gleicht. Mit Flora erlebe ich noch einmal alle Freuden und Sorgen des ärztlichen Berufes, dem auch meine ganze Lebensarbeit gehört hat. Als sie diesen Herbst (1937) nach Ablauf ihrer langjährigen Dienstzeit in dem ihr liebgewordenen Wilhelminenspital in die Praxis getreten ist, brachte sie eine gute Vorbildung, Eignung und Liebe im Umgang mit Kindern mit. Viele schöne Stunden gemütlichen Beisammenseins mit meinen Enkelkindern verdanke ich Elisabeth und Margarethe, die, so oft es nur geht, zu kurzem oder längerem Besuch zu uns kommen und mich und meine Frau immer von neuem durch Beweise kindlicher Liebe und Dankbarkeit erfreuen.

Mit unseren Schwiegersöhnen verbindet uns herzliche Sympathie und Freundschaft. Ein jeder von ihnen stellt im Beruf seinen Mann.

Für Claudia hat das Studium der Botanik so recht gepaßt. Nachdem sie schon früher die Lehramtsprüfung aus Naturgeschichte und philosophischer Propädeutik abgelegt hatte, wurde sie im Dezember 1936 zum Dr. phil. promoviert. Nunmehr ist sie glückliche Braut von Forstmeister Karl Freiherrn von Minutillo, dem wir beruhigt unsere Tochter anvertrauen. Unsere Jüngste, die lebhafte Heidi mit dem tiefbraunen Lockenkopf, weiß ebenso, was treue Pflichterfüllung bedeutet, als Leben und Frohsinn um sich zu verbreiten.

Otto, der Jurist, hat das Leben noch vor sich offen. Ich danke der Vorsehung, daß ich nicht nur dem Knaben Otto Vater sein durfte, sondern auch dem heranwachsenden jungen Mann.

Das Leben meiner Kinder und deren geistige Entwicklung brachte mich mit vielen Menschen in Verbindung und ließ mich den Werdegang der Jugend in den letzten dreißig Jahren aus nächster Nähe verfolgen. Ich lernte die verschiedensten Arten der Mädchenschulen kennen. Mit meinem Sohn machte ich noch einmal, wenn auch aus der Ferne, die einzelnen Stadien des humanistischen Gymnasiums durch. Ich kann wohl sagen, daß ich mich um die Studienerfolge meiner Kinder nie sorgen mußte; ich wurde immer wieder durch schöne Zeugnisse über gut bestandene Prüfungen erfreut. Es geht viel Jugend bei uns ein und aus, es gibt viel Leben und Anregung, Heiterkeit und Frohsinn, viel ernste, zielbewußte Arbeit. Meine Frau und ich haben uns bemüht, unsere Kinder zu charakterfesten Menschen zu erziehen, und großen Wert darauf gelegt, daß jedes der Kinder in einem Beruf gründlich ausgebildet werde, um im Leben auf eigenen Füßen stehen zu können.

Seit meinem Ausscheiden aus der Klinik genieße ich den Aufenthalt in meinem lieben Steinhaus während längerer Zeit, als es bis dahin möglich war. Es ereignet sich nur selten und bloß immer für wenige Tage, daß alle Kinder um uns vereint sind.

So beleben hauptsächlich unsere lieben Enkelkinder die ländliche Ruhe unserer oberösterreichischen Heimat.

Mein Bruder Peter, der Inhaber der Fideikommißherrschaft Steinhaus, die ich seit über dreißig Jahren von ihm gepachtet habe, bringt seit dem Tode seiner Frau den größten Teil des Jahres hier zu. Er ist ein herzensguter Mensch und wir alle freuen uns über seine Anwesenheit und geistige Frische. Sein überaus gründliches Wissen z. B. in Botanik und Forstwissenschaft sowie seine umfassende Kenntnis in der Weltgeschichte sind erstaunlich. Aus der Jugend weiß er viele kleine Begebenheiten und erzählt gerne als Kuriosität, daß er noch mit einem Zeitgenossen der großen Kaiserin Maria Theresia gesprochen hat. Unser Urgroßonkel Jakob v. Dornfeld, der Enkel des Schloßhauptmanns von Schönbrunn, spielte als Vierjähriger öfters im Schloßpark und war der Kaiserin wohlbekannt. Eines Tages wurde sie auf sein offenes Schuhband aufmerksam, wies ihn auf eine Bank und sagte: „Setz dich nieder, Bub, und laß dir von mir das Schuhbandl binden."

AUSKLANG

Wenn ich mein Leben überblicke, so erfüllt es mich mit tiefer Dankbarkeit, daß ich in einer Zeit wirken durfte, in der die Chirurgie eine ungeahnte Entwicklung nahm; sie hat in den letzten 60 bis 80 Jahren großartigere Fortschritte gemacht als im vorhergehenden Jahrtausend.

Ich habe alle Ursache, mein Leben glücklich zu nennen, hatte ich doch vorbildliche Eltern, ein liebes Elternhaus, ein ungetrübtes Familienleben, mein Beruf erfüllte mich voll und ganz. Meine Ausbildung bei Billroth brachte mich in jungen Jahren in eine schöne, selbständige, verantwortungsvolle Stellung nach Utrecht und Königsberg und schließlich nach Wien. Ich konnte durch 38 Jahre als Professor der Chirurgie an der Entwicklung meines Faches mitarbeiten, Schüler heranbilden, vielen Kranken ein Helfer sein.

Schon seit mehreren Jahren ist es um meine chirurgische Tätigkeit stiller geworden. Gelegentlich kommt ein Patient aus früherer Zeit, um eine Auskunft zu erbitten, häufiger noch, um für den guten Erfolg der vor Jahren vorgenommenen Operation zu danken. Mancher kommt auch, um über die schlechten Zeiten zu klagen und die schüchterne Frage vorzubringen, ob ich ihm nicht zu einer Anstellung oder Unterstützung verhelfen könnte. Es sind oft ganz vorzügliche Menschen, die durch die Not der Zeit zu verschämten Armen geworden sind. Nur selten kommt noch ein Patient, um meinen ärztlichen Rat einzuholen. Den kranken Mitmenschen helfen zu können, ihnen mit meiner Erfahrung zu Rate zu stehen, war mir immer ein beglückendes Bewußtsein und eine seit vielen Dezennien gewohnte und liebgewordene Tätigkeit, deren Fehlen ich jetzt am meisten entbehre. Ich betrachte es als ein Zeichen des Vertrauens und fühle mich in vergangene Zeiten zurückversetzt, wenn ich einen Kranken beraten kann.

Anläßlich meines Abschiedes von der Klinik und der Feier meines 75. Geburtstages sowie der Ehrenpromotion im Mai 1937 in Wien brachten die Zeitungen ausführliche Schilderungen der mir zuteil gewordenen Ehrungen. Das hatte für mich zur Folge, daß das Publikum auch meine praktische Tätigkeit für abgeschlossen hält und mit dem Aufhören der Privatpraxis sich auch meine Einkünfte verringert haben. So bleiben manche Wünsche unerfüllt, aber man darf sich den Lebensabend weder dadurch noch durch die Tatsache trüben lassen, daß die schönen Ersparnisse vieler Jahre angestrengter Tätigkeit durch die Ungunst der äußeren Verhältnisse, Kriegsanleihe, Geldentwertung, auf einen kleinen Teil des früheren Bestandes zusammengeschmolzen sind. Ich klage nicht darüber, sondern stelle es fest. Ich müßte mir einen Vorwurf machen, kein Talent zur nutzbringenden Anlegung meines Vermögens gehabt zu haben, wenn nicht Fachmänner ersten Ranges, die ich konsultiert hatte, dabei ebenfalls versagt hätten. Offenbar ist das Stellen einer sicheren Prognose im Wirtschaftsleben nicht minder schwierig als oft in der praktischen Chirurgie.

In meiner Jugend beschützten mich meine geliebten Eltern, vor allem die Mutter, derer ich auch jetzt noch, viele Jahre nach ihrem Tode, an jedem Tage dankbarst gedenke. Ich hatte das Glück, für diesen Verlust Trost und Ersatz in meinem Familienleben zu finden, vor allem in der Liebe und Fürsorge meiner Frau während unserer mehr als vierzigjährigen Ehe. Ich kann ihr, die mich als mein guter Leitstern begleitet, besonders jetzt, wo ich nicht ein älterer, sondern ein alter Mann bin, nicht genug danken.

Stammreihe

Lienhard Eysl wird 1522 Mitbesitzer des Bauernhofes Breitenbach	∞ 1522	eine „Hasentochter" aus Breitenbach
Leonhard Eysl		Margaretha
Martin Eysl 1558—1634		Anna Seywalder 1568—1610
Matthias v. Eiselsberg 1589—1671	1653	Maria Johanna Hörl v. Watterstorf 1630—1682
Franz Plazidus Frhr. v. Eiselsberg 1654—1708	1681	Elisabeth Chr. Freiin v. Raittenau † 1702
Franz Matthias Frhr. v. E. 1682—1722	1703	Anna v. Meysinger † 1723
Franz Josef Frhr. v. E. F. K. I.*) 1713—1785	1742	Maria Johanna v. Eiselsberg 1722—1798
Josef Leopold Frhr. v. E. F. K. I. 1743—1793	1777	Philippine v. Frey 1752—1817
Peregrin Frhr. v. E. F. K. I. 1779—1837	1819	Antonie Edle v. Dornfeld 1800—1873
Guido Frhr. v. E. F. K. I. 1824—1887	1857	Marie Freiin v. Pirquet 1828—1904
Anton Frhr. v. E. 1860—	1895	Agnes Freiin v. Pirquet 1875—

*) F. K. I. = Fideikommiß-Inhaber

Ahnentafel

Josef Leopold Frhr. v. Eiselsberg k. Kreiskommissär * Wels 1743 † Wels 1793 F. K. I.	Philippine v. Frey * Tambach 1752 † Wels 1817	Johann Ritter v. Dornfeld k. Kreishauptmann * Wien 1774 † Linz 1847	Katharina Oster * Pettenbach 1774 † Linz 1838	Johann Martin de Pirquet * Lüttich 1741 † Spa 1819	Marie Therese de Bléret * Lüttich 1748 † Saive 1842	Anton Frhr. v. Mayern k. Hofrat * Prag 1750 † Graz 1834	Katharina Faber * Wien 1775 † Wien 1802
∞ 1777		∞ 1799		∞ 1771		∞ 1790	

Peregrin Frhr. v. Eiselsberg k. Reg.-Sekretär * Wels 1779 † Linz 1837 F. K. I.	Antonie Edle v. Dornfeld * Steyr 1800 † Linz 1873	Peter Frhr. v. Pirquet FZM. * Lüttich 1781 † Wien 1861	Johanna Freiin v. Mayern * Wien 1801 † Steinhaus 1874
∞ 1819		∞ 1825	

Guido Frhr. v. Eiselsberg k. k. Hauptmannn i. R. * Linz 1824 † Steinhaus 1887 F. K. I.	Marie Freiin v. Pirquet * Pettau 1828 † Wien 1904
∞ 1857	

Söhne: Peter ☆ Steinhaus 1858 k. k. Ministerialrat i. R., F. K. I.
        Anton ☆ Steinhaus 1860 o. ö. Universitätsprofessor i. R.
        Wilhelm ☆ Steinhaus 1862 k. u. k. Fregatten-Kapitän i. R.
              † Steinhaus 1922
        Paul ☆ Steinhaus 1864 k. k. Hauptmann i. R.
             † Steinhaus 1925

Im nachfolgenden soll meine Stellungnahme zu aktuellen ärztlichen Zeit- und Streitfragen, deren Durchsicht manchem Leser vielleicht eine erwünschte Erklärung der vorgehenden Mitteilungen gibt, angeführt werden

KURPFUSCHER

Die Natur wird häufig mit einer Reihe auch schwerer Erkrankungen von selbst fertig. Sache des Arztes ist es, sie dabei durch sorgsame Krankenpflege, Diät, Überwachung und Förderung der physiologischen Funktionen zu unterstützen. Ich habe in meinem Berufsleben die alte Erfahrung wiederholt bestätigt gefunden: Die psychische Beeinflussung durch einen Arzt oder auch Laien kann gelegentlich Heilerfolge bei Krankheiten, die nicht auf einer anatomischen Veränderung beruhen, bei solchen mit anatomisch nachweisbarer Ursache Besserung erzielen; den Kranken solchen Trost zu nehmen, ist manchmal nicht empfehlenswert. Allerdings darf dadurch nicht eine operative Behandlung, z. B. eines Starleidens, einer Entzündung, bzw. deren Folgen, oder bösartigen Neubildung so lange hinausgeschoben werden, bis es zu spät ist.

Die Laien haben manch Gutes in der Behandlung von Kranken eingeführt. Der im Jahre 1861 gestorbene Prießnitz (Gräfenberg) hat zur Kaltwasserbehandlung den mächtigen Anstoß gegeben. Durch den Wiener Arzt Professor Winternitz wurden die modernen Formen ihrer Anwendungsweise weiter ausgebaut. Auch Pfarrer Kneipp mit seinen Kuren hat manche Erfolge gezeitigt.

Die Wirkung der meisten Heilpflanzen, deren sich die Medizin bedient, ist seinerzeit empirisch ermittelt worden. Manch gut wirkender Tee wird heute noch, vor allem auf dem Lande, warm empfohlen.

Die Kurpfuscher behandeln den Kranken in ganz verschiedener Weise. Die einen richten gebrochene Beine und verrenkte Gelenke ein. Ein praktisch guter Griff, z. B. beim Zurückbringen einer Verrenkung, soll in früheren Zeiten durch

Generationen in der Familie weiter vererbt worden sein. Auch beim Anlegen von Verbänden ist manchen Kurpfuschern eine gewisse Geschicklichkeit eigen. Jetzt, wo bei den meisten Knochenbrüchen die Stellung der Bruchstücke vor und nach der Behandlung unter dem Röntgenschirm geprüft und dieser Behelf auch vom praktischen Landarzt viel benützt wird, verliert der „Beinsetzer" ganz wesentlich an Zulauf. Der Kurpfuscher ist den Fällen, in denen außer dem Knochenbruch noch eine Verletzung der Haut oder einer großen Schlagader vorliegt, durchaus nicht gewachsen; die Ausübung der Praxis muß daher bei Anerkennung einzelner guter Leistungen dem rein empirisch herangebildeten Naturheilkünstler untersagt bleiben.

Ein Prozeß aus dem Jahre 1937, der sich im Auslande abspielte, beleuchtet die Einstellung der Patienten: ein für die Behandlung interner Krankheiten in gutem Rufe stehender vielbeschäftigter „Heilkünstler" wurde eines Tages von der Behörde gedrängt, den Nachweis zur Berechtigung der Praxis zu erbringen, widrigenfalls ihm dieselbe untersagt würde. Nach vielen Ausflüchten wies er endlich sein legal erworbenes Diplom vor, das er absichtlich der Öffentlichkeit gegenüber geheim gehalten hatte. Als sein regelrechter Studiengang bekannt wurde, fiel mit einem Schlag die ganze Gloriole, die sich um ihn gebildet hatte, und der Patientenzustrom hörte auf.

Ein ähnlicher Fall ereignete sich vor Jahren in Tirol. Ein Arzt eines abgelegenen Ortes, in dem er bisher die Praxis ausgeübt hatte, heiratete eine Gastwirtin eines weit entfernten großen Marktfleckens, ohne jemandem etwas über seinen bisherigen Beruf mitzuteilen; bald verbreitete sich um ihn der Ruf eines Naturheilkünstlers und er fand als „Pfuscher" großen Zulauf.

Andere behandeln mit einem elektrischen Stabe und das Publikum blickt gläubig zu ihnen auf. Solange mit „dieser Behandlung", wie schon erwähnt, keine wertvolle Zeit für eine kausale Therapie vergeudet wird, wird dieselbe mindestens keinen Schaden anrichten.

Endlich gibt es Naturheilkünstler, die den Patienten einfach ins Auge blicken, allenfalls unterstützt von einer Lupe, und daraus die Krankheit zu erkennen glauben, und es ist merkwürdig genug, daß sie den Zuspruch selbst gebildeter Menschen finden. Auch jene, die reklamehaft kundgeben, ohne den Patienten zu sehen, durch bloße Untersuchung des eingesandten Harnes brieflich eine Behandlung durchzuführen, finden Zuspruch. Es kann eine Behandlung nicht oberflächlich und unsinnig genug sein, daß nicht Patienten darauf hineinfallen.

Die Beurteilung und Einschätzung des Wertes der Tätigkeit des Arztes und des Kurpfuschers durch den Kranken ist verschieden. Der kleinste Mißerfolg, der dem Arzt bei einer Behandlung unterläuft, wird ihm lange Zeit hindurch nicht vergessen, wenn aber dem Kurpfuscher eine Behandlung mißglückt, so heißt es: „Der Fall war wirklich so schwer, daß auch der große Naturheilkünstler nicht mehr helfen konnte" oder „Schließlich hat der Mann ja nicht studiert, er ist eben kein Arzt, da kann man nichts Unmögliches verlangen."

Es ist ein Vorzug unserer österreichischen Gesetzgebung, daß sie jedwede ärztliche Behandlung nur dem Dr. med. univ. gestattet. Wenn Übertretungen von der Behörde manchmal milde oder gar nicht geahndet werden, so besteht dieses Gesetz zu Recht im Gegensatz zu anderen Ländern, in denen die vollständige Kurierfreiheit herrscht und jeder Mensch ohne den Nachweis der Befähigung — wenigstens bis in die letzte Zeit herein — darauflos behandeln konnte, wenn er sich nur davor hütete, ein Honorar zu f o r d e r n ; die Annahme eines freiwillig erlegten wurde nicht beanstandet.

BADER UND WUNDÄRZTE DES VORIGEN JAHRHUNDERTS

Die „Wundärzte", früher „Chirurgen", auf dem Lande „Bader" genannt, waren in der Salzburger Chirurgenschule herangebildet worden, wohin sie nach Vollendung des Untergymnasiums kamen. Nach vierjährigem Studium wurden sie einem älteren, erfahrenen praktischen Arzt zugeteilt und hatten bei diesem ein längeres Praktikum von mindestens zwei Jahren durchzumachen. Was leisteten diese Bader in der schlechten Jahreszeit an körperlichen Anstrengungen, wenn sie in gewissenhafter Erfüllung ihrer Pflicht mühevolle, häufig auch gefährliche Wege im Gebirge bei Nacht zurücklegen mußten! Kein Wunder, wenn mancher von ihnen in jungen Jahren ein Opfer seines Berufes wurde oder frühzeitig alterte. Sie sind als gewissenhafte Hausärzte Tag und Nacht ihren Patienten zur Verfügung gestanden. Das dauernde Verbleiben an einem kleinen, oft weltentlegenen Ort brachte es des öftern mit sich, daß mancher Bader seine Kenntnisse nicht am laufenden halten konnte. Leider muß zugegeben werden, daß Ähnliches auch bei den Doktoren der gesamten Heilkunde zutrifft. Leider treten heutzutage die Hausärzte immer mehr in den Hintergrund und doch, wie gut waren sie, die ihre Pflegebefohlenen nicht nur, wenn sie gerade ärztliche Hilfe brauchten, sondern auch als Gesunde gekannt und in so manchen auch nichtärztlichen ernsten Augenblicken des Lebens beraten haben. Auf dem Land ist der Hausarzt, ob es sich um einen Wundarzt oder Dr. med. univ. handelt, stets der treue Ratgeber seiner Patienten. Wenn mancher Bader nach einem stundenlangen Marsch oder einer Schlittenfahrt bei eisiger Kälte mehr Alkohol „zur Stärkung" zu sich nahm, als seinem Herzen bekömmlich war, ist das nicht zu verwundern.

Viele von diesen Badern waren in der Behandlung von Wunden und Knochenbrüchen sehr erfahren und leisteten wirklich Gutes. Da indes die Salzburger Chirurgenschule schon Mitte der Siebzigerjahre geschlossen wurde, waren sie während ihrer Studienzeit kaum in die antiseptische, gar nicht in die aseptische Wundbehandlung eingeführt worden, wodurch sich gelegentlich eine Gefährdung des Kranken ergeben konnte. Ein solcher Fall, den ich selbst erlebte, sei hier kurz mitgeteilt:

Mein jüngster Bruder hatte bei einer Treibjagd im Jahre 1913 eine Reihe von Schrotkörnern in die Bauchgegend und in das Kniegelenk bekommen, deren lebendige Kraft beim Durchschlagen der dicken Kleidung allerdings wesentlich gemildert worden war. Ein Bader, der sich eines guten Rufes erfreute, war zur ersten Hilfeleistung gerufen worden und bemühte sich übereifrig durch längere Zeit, ein in der Höhe des Kniegelenksspaltes eingedrungenes Schrotkorn mit der Sonde, die weder in eine antiseptische Flüssigkeit getaucht, noch durch Auskochen gereinigt war, zu entfernen. Nach längeren vergeblichen Bemühungen stand er davon ab, glücklicherweise ohne durch diesen Versuch geschadet zu haben. Bald darauf nahm ich Gelegenheit, den Bader unter vier Augen vor einer solchen Sondierung zu warnen. Er war anfangs über meine ablehnende Kritik sehr erstaunt, ließ sich aber überzeugen und ich glaube, daß der brave Kollege, der schon seit vielen Jahren in der kühlen Erde ruht, keinen derartigen therapeutischen Versuch mehr unternommen hat.

In der ärztlichen Praxis des Baders spielten die Schröpfköpfe, die Blutegel und der Aderlaß eine große Rolle. Die beiden letzteren vorzüglichen Behandlungsmethoden wurden von der Wiener Hohen Schule in der zweiten Hälfte des vorigen Jahrhunderts wenig verwendet, in der modernen Medizin sind diese altbewährten Mittel wieder zu Ehren gekommen. Brechmittel werden heutzutage kaum angewendet, außer bei Vergiftungen und in seltenen Ausnahmefällen. Durch die Verabreichung eines Brechmittels habe ich einmal, wie früher erzählt, bei drohender Erstickung einen durchschlagenden Erfolg erzielt.

Fast jeder Bader hatte seinerzeit, besonders den Patienten vom Lande, große Flaschen Medizin verschrieben, die zur Erhöhung der Wirksamkeit irgendwie gefärbt waren und einen scharfen Geschmack haben mußten, aber durchaus nicht gut zu munden brauchten. Auch bei einem heute viel beschäftigten Dr. med. univ. in Wien hat sich der Patientenzustrom, wie ich höre, nicht zum wenigsten dadurch erhöht, daß er stets lange und teure Rezepte mit zehn und mehr verschiedenen Bestandteilen aufschreibt. Wird dieses Medikament dann noch vom Doktor dem Kranken im Brustton der Überzeugung von der Unfehlbarkeit der Wirkung überreicht, dann bleibt oft der günstige Eindruck auf den Patienten nicht aus: post hoc, ergo propter hoc.

Dieser Polypragmasie, wie die Vielbehandlung mit dem schönen griechischen Wort genannt wird, stand die Homöopathie beinahe diametral gegenüber. Die homöopathische Behandlung mit minimalsten Dosen, deren Erfolge wohl auf die psychische Beeinflussung des Patienten zurückzuführen sind, wurde im Laufe der letzten 50 Jahre ziemlich eingeschränkt. Ich verweise auf die eingangs dieses Buches gemachte Erwähnung der homöopathischen Behandlung, wie ich sie im Elternhaus als Kind erlebte.

ÜBER DIE AUSBILDUNG DES ARZTES UND DES PFLEGEPERSONALS

Meiner Ansicht nach soll die Vorbildung des Arztes auf humanistischer Grundlage beruhen. Es ist zu bedauern, daß die Pflege der lateinischen Sprache am Gymnasium schon seit der Mitte des vorigen Jahrhunderts in den Hintergrund getreten ist. Damals wurde ein Teil der medizinischen Vorlesungen, die der Student hörte, in lateinischer Sprache abgehalten und auch an den Kliniken öfters Latein gesprochen. Die Möglichkeit, sich mit Kollegen in einer den meisten Kranken nicht geläufigen Sprache verständigen zu können, trägt zur Schonung des Patienten bei. Es wäre gewiß wertvoll, wenn das Latein als eine internationale Sprache eine Verständigung der Gelehrten der gesamten Welt ermöglichen würde. Voriges Jahr erhielt ich von einem Schüler aus Shanghai die interessante Mitteilung, daß er gelegentlich eines Weekend-Ausfluges auf eine der vorgelagerten Inseln genötigt war, in einem kleinen chinesischen Dorf zu übernachten. Nach längerem Herumirren gelangte er zum Pfarrer der katholischen Kirche, einem Chinesen. Vergeblich versuchte er, sich mit ihm zu verständigen. Der chinesische Priester sprach weder eine europäische Sprache noch verstand er das Chinesisch des Wiener Doktors. Endlich begann dieser mit Latein und siehe, die Unterhaltung in dieser toten Sprache führte zu einem längeren eingehenden Gespräch, das den ganzen Abend ausfüllte.

Bei der fast in allen Ländern herrschenden nationalen Einstellung wird das Latein wohl sicher nicht mehr die Vortragssprache beim Unterricht in der Medizin sein, es könnte auch eine etwas kürzere Ausbildung in Latein, sicher aber eine ganz wesentlich kürzere in Griechisch, wenn dasselbe überhaupt beibehalten werden soll, für den späteren Mediziner ausreichen.

Eine Verlängerung der in Österreich für das Studium der Medizin gesetzlich festgelegten Zeit von fünf Jahren — in Schweden sind es zehn Jahre — ist praktisch nicht durchführbar, viel eher kommt eine Verkürzung der Ferien in Erwägung. Die tatsächliche Vorlesungszeit während jeden Studienjahres könnte leicht auf acht bis neun Monate verlängert werden, ohne dadurch weder die Sorge um die Patienten, noch die wissenschaftliche Arbeit von Vorstand und Assistenten der Kliniken und Institute zu schädigen.

Während meiner akademischen Tätigkeit in Utrecht und Königsberg trat ich mit meinen Hörern viel mehr in persönliche Beziehung als in Wien, wo der große Hörsaal meist überfüllt war — im letzten Sommersemester meiner klinischen Tätigkeit (1931) waren 1027 Hörer inskribiert. Da eine Vermehrung der Kliniken ausgeschlossen ist, könnten außer den Assistenten die a. o. Professoren und Dozenten zum praktischen Unterricht herangezogen werden. Wir besitzen in Wien eine große Anzahl vorzüglich eingerichteter Spitäler, deren erfahrene Primarärzte meist dem Lehrkörper der Wiener medizinischen Fakultät als Dozenten angehören, und an denen die Studenten auch während der Ferien praktizieren können.

In den Spitälern sollten die Studenten auch die praktische Krankenpflege als dienstmachende Pfleger erlernen. Es ist höchst mißlich und oft beschämend für den jungen Arzt am Krankenbett, wenn er z. B. die Technik eines Einlaufes nicht kennt, bei der Verwendung eines Wickels, beim Überheben des Patienten von einem Bett auf das andere oder von der Tragbahre auf den Operationstisch nicht anzupacken weiß. Mancher Arzt wird sagen, daß er auch ohne diese Kenntnisse zu einer angesehenen Stellung und schönen Praxis gekommen ist; das mag stimmen. Ich ziehe allerdings den Arzt vor, der alle diese Handgriffe beherrscht, die vor kaum hundert Jahren noch unter der Würde des Doctor med. lagen.

Ja vor hundert und mehr Jahren! Albrecht v. Haller z. B., der in Basel wirkte und eine umfangreiche Anatomie und vorzügliche Operationslehre mit schönen Abbildungen herausgegeben hat, betont ausdrücklich, daß er es nie gewagt habe, eine dieser von ihm in seinem Werk so meisterhaft beschriebenen Operationen auch am Lebenden auszuführen.

Billroth schenkte allen Apparaten, die die Lage des Patienten im Bett erleichterten und verbesserten, wie z. B. dem Bettheber am Kopfende des Bettes oder dem ebenso einfachen als billigen v. Hacker'schen Bettspanner, der jede Falte im Leintuch vermeidet, die größte Aufmerksamkeit.

Der gewissenhafte Arzt, selbst wenn er seine Studien und Examina noch so gut vollendet und die Zeit bestens ausgenützt hat, wird darnach streben, nach den Prüfungen noch weiter an einer Klinik oder Spitalsabteilung lernen zu können und somit dasselbe zu tun, was im vorigen Jahrhundert der angehende Bader zu tun verpflichtet war: unter der Leitung eines älteren Chirurgen längere Zeit zu praktizieren. Endlich wird in Österreich das vielumstrittene praktische Jahr, in welchem nach gut überstandenem Rigorosum eine Spitalspraxis durchzumachen ist, als Grundbedingung zur Erlangung der venia practicandi tatsächlich eingeführt. Bis zu einem gewissen Grade sind diese Wünsche heute schon der Verwirklichung nahe: das neue österreichische Gesetz über die Sozialversicherung bestimmt, daß nur solche Ärzte zum kassenärztlichen Dienst zugelassen werden, welche mindestens vier Jahre promoviert sind und drei Jahre davon sich in einem Krankenhaus mit interner Medizin, Chirurgie und Frauenheilkunde beschäftigt haben. Ein praktisches Jahr scheint mir daher dringend nötig zu sein, das der nach gut überstandenem Rigorosum zum Dr. med. univ. zu Promovierende bestehen muß, um dann aus den Händen des Rektors das Recht zur Praxis (venia practicandi) zu erhalten. Auch die Zulassung zum Rechtsanwalt, zum Richter, zum Amt eines Mittelschullehrers erfordert eine vieljährige Probedienstzeit, die erst nach Ablegung der strengen Prüfung beginnt.

Ich kann mir nicht versagen, den herrlichen Appell, den Theodor Billroth in einem seiner unten erwähnten Werke an die Studenten richtet, zum Abdruck zu bringen [50]:

„Habt Ihr denn nie überlegt, Ihr jungen Leute, welch schweren und verantwortungsvollen Beruf Ihr erwählt habt? Habt Ihr nie daran gedacht, daß Ihr in der menschlichen Gesellschaft eine völlig exzeptionelle Stellung einnehmen sollt? Daß der Staat Euch nach Eurem Wissen und Gewissen schalten läßt? Daß Ihr für alles, was Ihr mit den kranken Menschen vornehmt, voll und ganz einstehen sollt? Der Advokat, der Richter kann über das Vermögen, die Ehre eines Menschen entscheiden, doch Euch werden viele Menschen ihr Leben in die Hände geben! Ist wohl ein größeres Vertrauen von Menschen denkbar, als daß z. B. einer sich von einem anderen durch das Einatmen eines betäubenden Giftes in schmerzlosen oder bewußtlosen Zustand versetzen läßt und sich ihm nun so ganz preisgibt? Und Ihr wollt diese schwersten Rechte und Pflichten übernehmen, ohne Euch dazu nur einigermaßen vorbereitet zu haben? Könnt Ihr das vor Eurem Gewissen verantworten?"

Dringend nötig wäre es, den praktischen Arzt zu verpflichten, alle fünf Jahre einen Fortbildungskurs zu besuchen. Auch sollte jeder Arzt, der in der Stadt tätig sein will, durch einige Zeit am Lande die Praxis kennenlernen.

Eine große Sorge, die alle Ärzte, besonders die Professoren — auch den emeritierten Professor — beschleicht, ist die

---

[50] Billroth hat vor mehr als 60 Jahren in mehreren klassischen Abhandlungen „Lehren und Lernen der medizinischen Wissenschaft" (1876 bei Gerold, Wien); „Aphorismen zum Lernen und Lehren der medizinischen Wissenschaft" (1886 ebenda); „Hoffnungen und Wünsche für unsere medizinische Fakultät" (Wiener klinische Wochenschrift 1888), deren aufmerksames Studium allen Studenten der Medizin und allen Ärzten wärmstens empfohlen werden kann, seine Ansicht über ärztliche Ausbildung niedergelegt, die noch heutigentags in vollem Umfange Geltung hat.

Frage: was soll aus den in so übergroßer Zahl Jahr für Jahr an den Universitäten in Wien, Graz und Innsbruck promovierten Ärzten werden [51]?

An der Wiener Medizinischen Fakultät wurden zu Doktoren der gesamten Heilkunde promoviert

1914/15 .... 245 Inländer
1934/35 .... 226 Inländer (davon 45 Frauen)
1935/36 .... 303 Inländer (davon 61 Frauen)
1936/37 .... 377 Inländer (davon 95 Frauen)

also in der Hauptstadt des so verkleinerten Österreich wurden im Jahre 1936/37 um 132 Inländer mehr zum Doktor der gesamten Heilkunde promoviert als zur Zeit, da Wien noch die Kapitale des großen Cisleithaniens war; und wenn auch die Bevölkerung Wiens in den letzten 50 Jahren sich verdoppelt hat, so ist die Zahl der praktischen Ärzte im gleichen Zeitraum fast verdreifacht worden.

Ordentliche Hörer

Semester	Inländer			Ausländer	
	Männer	Frauen	Summe	Männer	Frauen
W.-S. 1934/35	2360	757	3117	556	119
W.-S. 1936/37	2457	682	3139	412	104
S.-S. 1937	2365	624	2989	383	94[52]

Gegenwärtig praktizieren 4100 Ärzte in Wien. Kürzlich war in einem Bericht zu lesen, daß in Österreich jährlich 3000 Hochschüler fertig werden und eine Anstellung suchen, daß aber bloß 1500 solcher Stellen jährlich zur Besetzung gelangen. Dieser Andrang zum Mittel- und Hochschulstudium ist heute

---

[51] Ich verweise auf meine kurze Arbeit „Zur Überfüllung des medizinischen Berufes" in den „Mitteilungen der Wirtschaftlichen Organisation der Ärzte Wiens" 1937, Nr. 5.

[52] Diese Mitteilungen haben mir die Herren Dekane Prof. Kerl und Prof. Ranzi zukommen lassen, welchen ich auch hier meinen Dank dafür ausspreche.

zu groß. Eine wichtige Rolle spielt dabei die allgemeine Arbeitslosigkeit nach dem Krieg, ferner auch der Ehrgeiz der Eltern. Unter den Hochschülern, die ihre Studien gut beendet haben, finden also viele keine oder erst spät eine Anstellung und werden dadurch unglücklich, während sie als Landwirte oder Handwerker ihren Beruf zur eigenen und zur Zufriedenheit ihrer Familien ausgeführt hätten.

Mein Freund und Kollege Professor Arnold Durig, der so außerordentlich viel für die Unterstützung bedürftiger Studenten der Medizin tut, erzählte mir, mit welch großen Opfern und Entbehrungen sich mancher Hörer durchbringt. So hat er einen mittellosen Studenten kennen gelernt, der vom frühesten Morgen an bis zur ersten Vormittagsvorlesung durch Milchaustragen sich das Geld verdiente, das zu einem dürftigen Leben eben ausreicht. Eine Studentin, die über den Erhalt einiger Kleidungsstücke glücklich war, teilte mit, daß sie mit ihrem Vater und zwei Geschwistern mit 80 S monatlich das Auslangen finden müsse. Diese Armut gibt zu denken. Ich bin der Letzte, der einem hoffnungsvollen, von Wissensdrang begeisterten fleißigen Studenten das Studium der Hochschule erschweren oder gar verhindern möchte, weil vielleicht nicht das nötige Geld vorhanden ist. Für die Tüchtigen muß nach wie vor die Bahn frei bleiben, wenn sie aus wirklicher innerer Berufung heraus sich dem Ärztestand widmen wollen. Alle Achtung vor dem Mut solcher Studenten, trotz größter Armut auszuharren. Aber ein solches Studium erfordert viel Entsagung und Charakterstärke, um nicht unterzugehen! So anerkennenswert es ist, daß viele fleißige und bedürftige Hörer vom Kollegiengeld halb, meist ganz befreit sind, es bleiben doch noch die nicht billigen praktischen Kurse zu bezahlen, die für einige Prüfungen, wie ich höre, unumgänglich notwendig sein sollen.

Bei der Besprechung dieser Frage kann nicht oft genug betont werden, daß ein Artikel des sogenannten „Friedensvertrages" (?!) von St. Germain das ohnehin so verkleinerte Österreich zwang, während der folgenden zwei Jahre allen

Angehörigen der verlorengegangenen Provinzen — also z. B. den Bewohnern Galiziens und der Bukowina — die Option für Österreich zu gestatten. Kraft dieser Bestimmung haben sich mehr als ein halbes Tausend zugewanderte, früher zu Cisleithanien gehörende Ärzte im neuen kleinen Österreich, vor allem in Wien, niedergelassen, wodurch die bodenständige Ärzteschaft schwer getroffen worden ist. Diese aus dem Osten der Monarchie eingewanderten Ärzte sind in überwiegender Zahl Nichtarier.

Ein weiterer Übelstand, der sich ziffernmäßig allerdings viel weniger auswirkt, soll auch erwähnt werden. Die dem Ausland (z. B. Polen und Rumänien) entstammende Studentin der Medizin darf, wenn sie auch in Wien studiert und promoviert hat, zufolge ihrer fremden Staatszugehörigkeit keine Praxis in Österreich ausüben, was auch ausdrücklich auf ihrem Diplom vermerkt wird. Heiratet sie aber einen Österreicher, so erwirbt sie mit Abschluß des Ehepaktes sofort die österreichische Staatsbürgerschaft und damit das Recht zur Praxis. Ich höre, daß es sich mehrmals in solchen Fällen um eine Scheinehe gehandelt habe, ein gesetzlich zwar nicht strafbarer Akt, der aber jedem rechtlich denkenden Menschen widerstrebt. Man muß sich fragen, ob solche Doktorinnen die richtige Auffassung vom Ethos des ärztlichen Berufes und von der Ehe haben.

In Schweden wird alljährlich nur einer ebenso großen Zahl absolvierter Ärzte die Praxis erlaubt, als Bedarf vorhanden ist, um durch Tod freigewordene oder neu geschaffene Stellen zu besetzen. Würde man diesen Grundsatz bei uns in Österreich einführen, dann dürfte wohl durch mehrere Jahre kein einziger frisch promovierter Doktor zur Praxis zugelassen werden, beziehungsweise es müßte jede Erteilung der venia practicandi auf Jahre hinaus aufgehoben werden. Ein numerus clausus für die zur Praxis berechtigten jungen Ärzte darf nicht mehr lange hinausgeschoben werden. Solche Vorschläge sind vonseiten wirtschaftlicher Standesvereinigungen der Ärzte schon wiederholt gemacht worden.

Die jungen Doktoren, die gerade in diese Periode hineinfielen, wären freilich schwer getroffen, außer es träte diese Bestimmung erst für die neueintretenden Mediziner bzw. für den Studenten, der noch keine Rigorosen abgelegt hat, in Kraft.

Eine weitere Maßnahme zur Bekämpfung der Überarztung wäre eine Erhöhung des vom Kandidaten zu fordernden Wissens bei den einzelnen Prüfungen; schon beim Übergang vom Untergymnasium in das Obergymnasium, dann bei der Matura, vor allem aber bei den medizinischen Prüfungen, müßte diese vermehrte Anforderung einsetzen. Das erste Rigorosum, bei dem sich nicht so selten eine weitgehende Unfähigkeit des Kandidaten zum Medizin-Studium zeigt, dürfte nicht beliebig oft wiederholt werden können, wie das tatsächlich heute mit Bewilligung des Professoren-Kollegiums, in letzter Instanz des Ministeriums, möglich ist [53]. Ich kann nur nochmals betonen, daß eine energische Einschränkung vonnöten ist, und zwar müssen baldigst entscheidende Maßnahmen dafür getroffen werden; denn dieses ganze übermäßige Anschwellen des ärztlichen Nachwuchses birgt ohne Zweifel die ernste Gefahr in sich, daß die Überproduktion zu einer Proletarisierung des ärztlichen Berufes und zu einem schweren Kampf führen wird, der für die Moral des ärztlichen Standes nur nachteilig sein kann. Wenn die Not ums tägliche Brot drückend wird, dann gehört viel Charakterstärke dazu, das ärztliche Ethos stets hochzuhalten. Jedenfalls ist die ethische Einstellung des Arztes für ihn, bzw. seine Patienten ebenso wichtig als seine Ausbildung und sein gründliches Wissen. Ja, wenn man den Charakter des Kandidaten erkennen könnte, wenn es dafür eine verläßliche Prüfung gäbe!

Schon vor dem Weltkrieg wurde im College of Surgeons in Washington auf den Übelstand des sogenannten „Feesplitting" aufmerksam gemacht. Im Jahre 1911 beschäftigte sich die New Yorker Akademie der Medizin mit dieser Frage. Fee-

---

[53] Dieser Forderung hat im Vorjahr das Ministerium Folge gegeben.

splitting in England und Amerika, Dichotomie in Frankreich, in Österreich mit dem Fremdwort „Provision" bezeichnet, besteht darin, daß der Operateur dem praktischen Arzt, der ihn zum Konsilium ruft und einen Patienten zur Operation überweist, einen Anteil des Honorars übergibt, ohne dem Patienten davon Mitteilung zu machen. Es liegt auf der Hand, daß solche Operateure von manchen Ärzten bevorzugt werden, und zwar diejenigen Operateure am meisten, die dem praktischen Arzt einen möglichst hohen Teil des Honorares geheim geben.

Das College of Surgeons, das als erstes gegen eine solche Abmachung Stellung nahm, forderte von jedem seiner Mitglieder eine schriftliche Erklärung, keine solche Teilung, die durchaus unstatthaft ist und einer Bestechung gleichkommt, auszuführen. Es ist zu hoffen, daß die Bemühungen ärztlicher Behörden und einzelner Chirurgen, diesem Übelstand abzuhelfen, Erfolg haben.

Es liegt gewiß im Interesse des Patienten wie des Operateurs, wenn der zuweisende behandelnde Arzt der Operation beiwohnt, da er den Patienten von früher kennt und in der Lage ist, über manche erst im Verlauf der Operation sich ergebende Fragen Aufschlüsse zu erteilen. Für diesen Dienst am Kranken und den damit verbundenen Zeitverlust gebührt dem Hausarzt eine angemessene Entschädigung. Je mehr dies anerkannt zu werden verdient, um so weniger darf eine solche Entschädigung Gegenstand einer geheimen Abmachung zwischen Arzt und Operateur sein, sondern muß als vollberechtigter Honoraranspruch des behandelnden Arztes in aller Offenheit dem Patienten in Rechnung gestellt werden.

Vor mehreren Dezennien waren im Anzeigenteil fast jeder vielgelesenen Tageszeitung Tag für Tag, durch Wochen und Monate hindurch Ärzte angekündigt, die vorwiegend für Haut- und Geschlechtskrankheiten ihre Kunst öffentlich anpriesen. „Sicher, ohne Berufsstörung, würde die Heilung herbeigeführt, es stünden getrennte Wartezimmer für Männer und Frauen zur Verfügung" und so weiter. Diese unwürdige Reklame wurde glücklicherweise dank dem Eingreifen der Ärztekammer abgeschafft.

Es ist sicher, daß die Gesundheit der Menschen dank der Krankenkassen sich gebessert hat, indem den Versicherten der ärztliche Rat unentgeltlich erteilt wird. Daß es bei einer solchen Organisation unvermeidliche Übelstände gibt, ist bekannt, aber gegenüber den Vorzügen, die die Krankenkassen bieten, treten sie meiner Meinung nach in den Hintergrund.

AUFGABEN DES KLINISCHEN LEHRERS

Noch eine Bemerkung über die Aufgaben des klinischen Lehrers und Arztes. Es ist gewiß im Sinne Billroths, wenn ich dieselben mit Heilen, Lehren und Forschen bezeichne; Endzweck dieses sich selber schließenden Kreises ist einzig und allein der Dienst am kranken Menschen. Der an der Klinik wirkende Arzt muß sich stets vor Augen halten, daß er wegen der Kranken da ist, nicht umgekehrt. In dieser Haltung muß der Vorstand der chirurgischen Klinik, bzw. Station, mit gutem Beispiel vorangehen. Das erfordert zunächst von ihm, daß er sich nicht nur während ein paar Vormittagsstunden seiner Station widmet und die übrige Zeit mit eigenen Forschungen in den Laboratorien zubringt, beziehungsweise der Privatpraxis nachgeht, sondern daß er auch am Nachmittag, in dringenden Fällen selbst in der Nacht, den Patienten, bzw. seinen Assistenten zur Verfügung steht. In der gleichen Weise soll der Vorstand jedweder spezialärztlichen Abteilung in der Stadt und am Land, in einem großen oder in einem kleinen Spital, sich in erster Linie seinen Spitalspatienten widmen, besonders wenn er nicht über selbständig arbeitende, erfahrene Assistenten verfügt. Seine Hauptsorge muß natürlich den Schwerkranken gelten, aber auch Leichtkranke und Rekonvaleszente sind für eine teilnehmende Frage, ein aufmunterndes Wort, immer von Herzen dankbar.

Daß alle für eine gute Behandlung notwendigen Behelfe vorhanden sein müssen, versteht sich von selbst, wenn auch in dieser Beziehung der Krieg gelehrt hat, daß sich im Notfalle so manches mit einer einfachen, behelfsmäßigen Technik erreichen läßt.

In Interesse einer möglichst vielseitigen Ausbildung ist die Einrichtung einer Reihung zu begrüßen, innerhalb deren die dem Verband der Klinik angehörenden Ärzte den einzelnen Stationen zur Dienstleistung zugewiesen werden, wobei auf die Betätigung in der Unfallstation besonderes Gewicht zu legen ist. Dank der Mannigfaltigkeit der klinischen Bilder wird das ärztliche Gesichtsfeld entsprechend erweitert und dem jungen Arzt, wenn er sich später einem eng umschriebenen Sonderfach widmet, der Blick für den ganzen Patienten gewahrt und verhindert, daß er in rein handwerksmäßige Arbeit verfalle.

Gleiche Maßnahmen gelten für die Ausbildung von Krankenschwestern. Auch sie sollen nie zu lange auf ein und demselben Posten bleiben — so bequem dies auch dem Vorstand und der Oberin sein mag —, vor allem dann nicht, wenn es sich um einen administrativen Dienst handelt, der keine direkte Beziehung zu den Patienten bringt.

Das Pflegepersonal muß gut geschult und gewissenhaft sein. Ich kann auch hier hervorheben, daß sich in dieser Beziehung sehr viel gebessert hat. Zur Zeit, als ich noch Student, später Operationszögling und Assistent war, setzte sich das klinische Wartepersonal durchwegs aus weltlichen Pflegerinnen zusammen, die den anstrengenden Dienst größtenteils gut versahen, doch spielte oft ein Zuschuß von Seite des minderbemittelten oder fast mittellosen Patienten für die Wärterin eine nicht unwesentliche Rolle! Zu den Eigenschaften einer guten Krankenschwester gehört nicht nur die entsprechende Ausbildung, sondern eine niemals erlahmende Geduld und wirkliche Liebe für den krank darniederliegenden Menschen.

Während meiner dreißigjährigen Tätigkeit als Vorstand der I. Chirurgischen Klinik in Wien habe ich mit den geistlichen Schwestern (Dienerinnen des heiligsten Herzens Jesu) die allerbesten Erfahrungen gemacht. Oft hätte ich nur gewünscht, daß sie mehr Erholung und freie Zeit von ihren vorgesetzten Oberen bekämen; so manche von ihnen, die dem schweren Dienst nicht gewachsen war, ist in verhältnismäßig jungen Jahren gestorben. — Auch die weltlichen „blauen Schwestern" haben sich mir ausgezeichnet bewährt.

Im Zusammenhang mit der Forderung nach guter Schulung des Pflegepersonals soll das Rudolfinerhaus nochmals erwähnt werden, in dem die Schwestern eine gründliche, vortreffliche Ausbildung genießen. Sie werden während ihrer dreijährigen Lehrzeit zu den tüchtigsten Krankenpflegerinnen erzogen.

Die Schwestern vom Deutschen Ritterorden habe ich sowohl in den Spitälern in der Provinz als auch während des Krieges in den vom Deutschen Ritterorden ausgerüsteten Front-Spitälern kennen gelernt und kann ihnen, die mutig Gefahren und ganz große Anstrengungen ertrugen, nur das allerbeste Zeugnis ausstellen.

In meiner Königsberger Klinik pflegten Diakonissinnen, deren Wirken ich äußerst lobend hervorheben kann. Wenn sich anfangs einige junge Schwestern, durch einen übereifrigen Pastor angeregt, weigerten, den schwerkranken Männern in der Nacht die erforderlichen Pflegedienste zu leisten, so gelang es bald, diesen Übelstand zu beseitigen.

Heutzutage steht die Krankenpflege sowohl durch die geistlichen als auch die weltlichen Schwesternverbände auf einem wesentlich höheren ethischen Standpunkt als vor fünfzig Jahren.

Als Vorstand einer chirurgischen Station oder Abteilung trachte man, den jüngeren Kollegen ein gutes Beispiel in bezug auf das kollegiale Verhalten zu geben. Man wird dabei natürlich nicht Kunstfehler entschuldigen oder gar vertuschen; Fehler — und wem würden solche nicht bei aller Tüchtigkeit und Vorsicht unterlaufen — sollen gerecht beurteilt werden. Gelegentlich einer äußerst abfälligen Bemerkung, die mir ein Kollege unter vier Augen über einen Dritten machte, sah ich so recht die Richtigkeit des Wortes vom Splitter im Auge des Nächsten und dem Balken im eigenen!

Wenn der Chirurg bei einer Operation durch einen Fehler in der Technik — Verstoß gegen die Asepsis, unrichtig gewählte Operationsmethode, irgend ein Übersehen usw. — Unglück hat, so bekennt er sich nicht immer selbst als schuldig, sondern weiß vielmehr der Erklärungen genug, die das Ganze als eine unglückselige Verquickung aller möglichen Umstände hinstellen. Ereignet sich aber das gleiche bei einem Kollegen, dann wird er zum unnachsichtigen Richter. Messen mit zweierlei Maß!

Zu den Irrtümern, die dem Arzt unterlaufen können, gehören auch die in der Wunde zurückgelassenen Fremdkörper, Kompressen, größere Instrumente und Nadelspitzen. Es werden wohl auch in Zukunft solche Fehler nie ganz zu vermeiden sein, wenngleich grundsätzlich vor Schließen der Bauchhöhle alle verwendeten Kompressen und Instrumente zu zählen sind. Seitdem das Röntgenbild den metallischen Körper mit einwandfreier Sicherheit entdeckt, werden von manchem Chirurgen Kompressen verwendet, an denen ein starker Bindfaden angenäht ist, der zu einem Metallring führt. Bliebe nun etwa eine solche Kompresse zurück, so kann sie jederzeit durch eine Röntgenaufnahme entdeckt werden.

Der Patient ist natürlich leicht geneigt, den Arzt für einen solchen Fehler haftbar zu machen. Es soll gewiß nichts beschönigt werden; aber gerade bei dringlichen Operationen ist oftmals Eile von nöten, bei der dann eine hastige Zählung etwas Unrichtiges ergeben kann.

Ich verweise auf den ausgezeichneten Vortrag Prof. Gulecke's über die Verantwortlichkeit des Chirurgen, gehalten am Berliner Chirurgen-Kongreß, Ostern 1937.

Heute wird häufig die Lumbal-Punktion zwecks Ablassen von Flüssigkeit aus dem Sack, der das Rückenmark umschließt, ausgeführt. Dabei kann bei einem unruhigen Patienten, der im entscheidenden Augenblick einen Ruck macht, die Nadel abbrechen. Soll man nun dem aufgeregten Patienten davon Mitteilung machen, besonders dann, wenn eine Herausnahme der Nadelspitze nur mittels eines zweiten in einem späteren Zeitpunkt auszuführenden, vielleicht größeren Eingriffes möglich ist, auf der anderen Seite aber alle Wahrscheinlichkeit dafür spricht, daß das kleine Stückchen Nadelspitze niemals eine Beschwerde verursachen wird? Auf jeden Fall muß der Hausarzt des Patienten Kenntnis davon erhalten, um gegebenenfalls bei Beschwerden gleich die richtige Diagnose stellen zu können.

VERSCHWIEGENHEITSPFLICHT DES ARZTES

Der Patient muß das sichere Gefühl der Wahrung des ärztlichen Geheimnisses haben, wenn er sich vertrauensvoll an den Arzt wenden und ihm seine Krankheitsgeschichte offen mitteilen soll. Unter Umständen darf der Arzt überhaupt nicht anderen sagen, daß er bestimmte Patienten behandelt hat; ich denke da an die des Psychiaters oder des Spezialarztes für Hautkrankheiten und Syphilis.

Vor Jahren hatte ich in einem Sanatorium eine bekannte Dame aus der Gesellschaft wegen eines Brustkrebses operiert. Am selben Nachmittag kam ein älterer Herr in meine Sprechstunde und drängte sich mit den Worten vor: „Bitte, nur einen Augenblick, Herr Professor." In meinem Sprechzimmer fragte er mit näselnder Stimme: „Herr Professor, Sie haben heute im Sanatorium Gräfin X. operiert. Bitte, sagen Sie mir ganz vertraulich, ob es sich um einen Brustkrebs handelt!" Ich beantwortete diese Frage mit der Gegenfrage: „Wer sind Sie und in welcher Beziehung stehen Sie zu dieser Dame?" Darauf er: „Hochverehrter Herr Professor, erlassen Sie mir die Beantwortung dieser Frage." Auf meine Erwiderung: „Dann bitte ich Sie dringend, auch mir die Beantwortung zu erlassen", wobei ich auf die Türe wies, verschwand er schnell aus meinem Sprechzimmer. Hier gab es natürlich keinerlei Bedenken. Der indiskrete Frager war unbedingt abzuweisen.

In anderen Fällen jedoch bedarf die Einhaltung der Verschwiegenheitspflicht einer recht schwierigen und ernstlichen Überlegung. Nach dem Bericht einer medizinischen Zeitung des Auslandes kam zu einem bekannten Spezialisten für Hautkrankheiten ein junger Mann mit einer erst kürzlich erworbenen Geschlechtskrankheit. Es lag eine höchst ansteckende, frische Erkrankung vor, die unbedingt eine längere Behandlungszeit erforderte. Dabei stellte sich heraus, daß der Patient der Bräutigam der Lieblingsnichte des Arztes war und trotz allen Zuredens nicht bereit war, die Heirat zu verschieben. Um seinem Gewissenszwiespalt zu entgehen, beging der Arzt Selbstmord. Ich hätte dem jungen Mann erklärt, er müsse entweder die Hochzeit auf lange Zeit hinausschieben oder ich würde offen reden. Einer etwaigen Strafe wegen der Verletzung des ärztlichen Geheimnisses hätte ich ruhigen Gewissens entgegengesehen. Wenn ein Luetiker kein Verständnis in einer so wichtigen Angelegenheit bekundet, so hört für den Arzt die Verschwiegenheitspflicht auf.

Einmal kam ein junger Mann in meine Sprechstunde, um mich wegen eines Leistenbruches zu konsultieren. Er erzählte mir, daß er demnächst zu heiraten gedenke, worauf ich ihn, wie ich das bei einer solchen Mitteilung meist tue, fragte, ob er an einer Geschlechtskrankheit leide. Mein Patient bejahte diese Frage und ich konnte auch leicht die Richtigkeit seiner Angabe durch eine Untersuchung feststellen. Ich setzte ihm nunmehr die Gefahren einer baldigen Eheschließung auseinander und redete ihm eindringlich zu, sich behandeln zu lassen und mit der geplanten Heirat noch längere Zeit zu warten. Er versprach, meinen Rat zu befolgen; die für die folgende Woche anberaumte Hochzeit wurde auch, wie ich erfuhr, für längere Zeit verschoben.

Leichter ist die Entscheidung des Arztes über seine Schweigepflicht, wenn eine gesetzliche Anmeldepflicht des Krankheitsfalles besteht. Die österreichischen Gesetze verpflichten den Arzt bei jedem Fall von Verletzung, den er zu behandeln hat und bei dem auch nur der Verdacht eines fremden Verschuldens vorliegt, zu einer Verletzungsanzeige an die Polizei, entbinden ihn also von der Wahrung des ärztlichen Geheimnisses[54].

[54] Der Jurist Rittler (Innsbruck) hat im Jahre 1927 in der Innsbrucker Ärztegesellschaft zu dieser Frage klar und eingehend Stellung genommen (Wiener Klinische Wochenschrift 1927).

Es ist ohne weiteres einzusehen, daß durch die dienstliche Meldung an die Polizei ein Verbrechen aufgedeckt werden kann. Wenn z. B. ein Gewalttäter im Kampf mit seinem Opfer, bevor er zum tödlichen Streich ausholt, selbst verletzt wird, kann der später zu Rate gezogene Arzt zur Aufklärung des Verbrechens beitragen.

In Frankreich ist der Arzt auch dann nicht zur Anzeige verpflichtet, wenn dazu ein begründeter Verdacht vorliegt. In Amerika üben die Gangster, wie man hört, einen derartigen Terror auf ihre Umwelt aus, daß der behandelnde Arzt unter Umständen eine Verletzungsanzeige mit dem Leben bezahlen müßte. Dort hat die Staatsgesetzgebung verboten, besonders auffällige Narben im Gesicht von Menschen, die schon wiederholt mit der Polizei zu tun hatten, operativ zu entfernen. Solange solche „kosmetische" Operationen gestattet waren, fiel der gesuchte Verbrecher, dem von nun ab das besondere Kennzeichen fehlte, nicht leicht in die Hände der Polizei. Ebenso besteht ein Verbot auf Ersatz der Haut an der Fingerbeere durch Hautverpflanzung, wodurch die daktyloskopische Diagnose unmöglich gemacht wird.

In Österreich ist der praktische Arzt, der Kinderarzt, der beamtete Arzt verpflichtet, einen Scharlachfall, eine Kinderlähmung, die er behandelt, anzuzeigen. Dadurch erwachsen begreiflicherweise nicht nur der Familie, sondern auch der betreffenden Gemeinde, wenn es sich z. B. um eine Erkrankung in einem Wintersport- oder Sommerkurort auf der Höhe der Saison handelt, schwere Schäden. Wer würde dabei nicht an Ibsens Bühnenstück „Der Volksfeind" erinnert? Aber es muß im Interesse der Allgemeinheit die Ruhe einer einzelnen Familie, selbst das Wohl eines Ortes oder Landstriches zurückgestellt werden.

Vor dem Kriege hatte ich einen Marineoffizier zu behandeln, der an großen Steinen in beiden Nierenbecken litt. In einer ersten Operation wurde auf der einen Seite die Niere bloßgelegt und durch einen Schnitt in dieselbe drei je über taubeneigroße Steine entfernt; die Nierenschnittwunde und die Hautwunde darüber wurden sorgfältig vernäht. Der Wundverlauf war glatt, so daß ich 18 Tage später den gleichen Eingriff auf der anderen Seite durchführte. Auch da schien die Wunde auf dem besten Weg der Heilung, als plötzlich eine Woche nach der Operation in der Nacht — solche Komplikationen ereignen sich meist in der Nacht — aus dem Nierenschnitt eine äußerst heftige Blutung nach außen einsetzte. Mein Assistent Dr. Ranzi, der bei der Operation assistiert hatte, war noch vor mir zur Stelle, überblickte sofort die durch den Blutverlust bedingte, gefährliche Lage des Kranken, eröffnete die Hautwunde und sah dabei, daß es aus dem Nierenschnitt zwischen den Nähten stark herausblutete. Ein Fingerdruck in der Gegend der Hauptgefäße stillte sofort die Blutung. Mittlerweile war auch ich eingetroffen, es blieb nichts übrig, als diese blutende Niere rasch zu entfernen. Die Untersuchung ergab, daß eine frische, mächtige Blutung aus der Nieren-Schnittfläche vorlag. Obwohl es damals noch keine Bluttransfusion gab, erholte sich der Patient bald und konnte drei Wochen später geheilt das Sanatorium verlassen. Er nahm seinen Dienst in der Marine-Sektion wieder auf, befolgte allerdings eine strenge Diät. Fünf Jahre später, während des Krieges, meldete er sich für den aktiven Dienst. Daraufhin wurde ich von seiner vorgesetzten Behörde dienstlich befragt, ob ihm das Kommando eines großen Schlachtschiffes anvertraut werden könne; er habe dabei schicksalsschwere Entscheidungen zu treffen. So schwer es mir fiel, ich riet ab, da trotz des langen Wohlbefindens jederzeit ein neuer Anfall auftreten könne. Seine Kommandierung unterblieb darnach zu seiner großen Enttäuschung. Bei dem Offizier, der länger als sieben Jahre nach der Operation sich recht leidlich wohlbefand, traten unerwartet Erscheinungen des Versagens der einzigen schon einmal gespaltenen Niere auf, unter denen er bald verstarb.

Die Zahl der Beispiele, in denen die Wahrung des ärztlichen Geheimnisses eine Ausnahme erfährt, ließe sich vermehren. Im allgemeinen muß der Arzt das Geheimnis wahren und darf vor allem nicht an unberufene dritte Personen von dem berichten, was er in seiner Sprechstunde und bei der Untersuchung der Kranken erfährt.

Die Hütung des Berufsgeheimnisses kann dem Arzt große Schwierigkeiten bereiten, wenn er den Angehörigen des Patienten gegenübersteht, die voll Liebe den Kranken umsorgen und aus berufenem Munde die Wahrheit zu hören wünschen.

Einst kam eine ältere Frau mit einem schmerzlosen harten Knoten in der Brust zu mir, den ich mit Sicherheit als eine Krebsgeschwulst erkannte. Ich riet zur baldigen Operation. Nachdem die Patientin meinen Ausspruch gehört hatte, verlangte sie, ich solle unter keiner Bedingung ihren nächsten Angehörigen etwas davon sagen, falls ich um Auskunft gefragt würde. Die Frau betonte, wie sehr ihre Kinder an ihr hingen, daher wolle sie ihnen diese Sorge ferne halten. Ich erkannte die Unhaltbarkeit der Lage und redete der Kranken ernst und eindringlich zu, nicht auf ihrem Wunsche zu beharren, und schließlich erhielt ich die Erlaubnis, offen mit ihren Kindern zu sprechen. Wenige Tage später entfernte ich bei der Patientin die ganze Brust samt den Drüsen der Achselhöhle und erlebte die Freude, noch mehr als zwölf Jahre später von ihrem vollständigen Wohlbefinden zu hören.

WIE WEIT SOLL MAN DEN PATIENTEN ÜBER DEN ERNST SEINER LAGE AUFKLÄREN?

Schon in meiner Utrechter Antrittsvorlesung habe ich davon gesprochen, daß der Arzt mit dem Ausspruche Krebs und Tuberkulose vorsichtig sein muß. Die Furcht vor dem Namen „Krebs" hat schon manche Opfer gefordert. Im Jahre 1868 kam ein wegen seiner Tapferkeit im Kriege mehrfach ausgezeichneter Oberst in Uniform zu Billroth an die Klinik und erbat sich von ihm die volle Wahrheit über seine Erkrankung. Er habe im Felde dem Tod oft ins Auge gesehen und sei auf das Schlimmste gefaßt. Billroth klärte daraufhin nach gründlicher Untersuchung den Oberst über die krebsige Natur seines Zungenleidens auf. Der Kranke empfahl sich unter aufrichtigen Danksagungen, verließ das Zimmer und stürzte sich sofort vom Gangfenster des ersten Stockes herab, wobei er sich tödlich verletzte und beinahe einen Assistenten der Klinik erschlagen hätte. Dieser tragische Ausgang machte einen großen Eindruck auf Billroth und alle anwesenden Ärzte. Der Meister berichtete oft über dieses Erlebnis in der Vorlesung.

Als ich vor mehr als 54 Jahren in Paris studierte, war dort der Ausspruch des Arztes den Kranken gegenüber, es handle sich um eine Phthisis (Lungentuberkulose) strenge verpönt, weil damit für den Patienten das Todesurteil gesprochen schien. Jetzt werden durch rechtzeitige Behandlung (Heilstättenpflege und Pneumothorax-Therapie usw.) sehr viele, selbst vorgeschrittene Fälle, gebessert und geheilt, so daß das Wort „Tuberkulose" nicht mehr so niederschmetternd wirkt wie früher.

Im Juli 1887 besuchte ich, wie bereits früher erwähnt, den großen Lister in London. Dort habe ich auch das Spital für

Krebskranke besichtigt, über dessen Eingang in ganz großen Lettern das Wort „Cancer-Hospital" steht. Die Patienten scheuen sich nicht, daselbst Heilung zu suchen.

Jetzt haben zahlreiche Formen von bösartigen Neubildungen bei rechtzeitiger Behandlung durch einen kundigen Arzt viel von dem Schrecken verloren, der dem Worte Krebs in früheren Jahren anhaftete: immer mehr häufen sich die Dauerheilungen, Radium und Röntgen haben dabei auch bemerkenswerte Erfolge erzielt.

Trotzdem wird man aber auch jetzt noch mit dem Ausspruche Krebs dem Patienten gegenüber vorsichtig sein, ja unter Umständen kann man in starke Konflikte kommen, wenn beispielsweise aus der ganzen Erzählung des Patienten seine schwere Krebsfurcht hervorgeht. Einem ängstlich besorgten Mann, der an Herzanfällen leidet, wird man z. B. die aussichtslose Lage bei seiner an Krebs schwer darniederliegenden Gattin wenn schon nicht vollkommen vorenthalten, so doch nicht in ihrer ganzen Tragik mitteilen.

Wiederholt bin ich von Patienten gebeten worden, ihnen aufrichtig zu sagen, wie es um sie stehe; sie wollten sich begreiflicherweise nicht mit einer ausweichenden Antwort begnügen, schon mit Rücksicht auf ein abzufassendes Testament. Ich gab in solchen Fällen immer zur Antwort, jeder Mensch solle schon bei voller Gesundheit seinen Nachlaß regeln, noch mehr der Schwerkranke, und eine Ordnung aller beunruhigenden Gedanken diene sicher zum Wohle des Patienten.

Der Arzt wird sich leicht entschließen, einer geistlichen Schwester, die ihr ganzes Erdendasein als Vorbereitung auf den Tod betrachtet, die Wahrheit zu sagen; auch einem Familienvater, damit er im Interesse der Seinen rechtzeitig die letztwilligen Anordnungen treffen kann. Einer meiner Schüler erzählte mir, er habe einst an der Innsbrucker Chirurgischen Klinik einem Tiroler Bauern zu einem dringenden Eingriff zugeredet, da sonst sein Leben ernstlich gefährdet sei. Der alte Mann erwiderte in aller Ruhe: „Moanst denn, i möcht ewi lebn?"

Aber nicht alle Menschen sind so abgeklärt. Nochmals sei es gesagt, manch zaghafter Patient, den die Krankheit schon von Anfang an entmutigt hat, wird es lieber sehen, daß ihm der Arzt nicht die volle Schwere seiner Erkrankung mitteilt. Die meisten sind glücklich, wenn sie sich noch einen Funken Hoffnung erhalten können. Wie schön sagt Victor Hugo: „Gott hat den Menschen zwei Dinge gegeben: Hoffnung und Unwissenheit; man lasse den Unheilbaren bei seiner Unwissenheit und nehme ihm nicht die Hoffnung." Die Befolgung dieses Spruches gilt für das Verhalten des Arztes manchen Kranken gegenüber.

Wie oft wurde ich von Frauen in größter Aufregung gefragt, ob bei ihnen ein Krebs vorliege. Man kann, auf die Gemütsverfassung Rücksicht nehmend, das verhängnisvolle Wort meiden, muß aber, wenn man überzeugt ist, daß die Operation die einzige Hilfe ist, unbedingt den dringenden Rat dazu erteilen, „da sich sonst leicht etwas Bösartiges entwickeln könnte"; man wird auf die Erfolge der Frühoperation aufmerksam machen. In China soll es eine große Auszeichnung für das erkrankte Mitglied der Familie sein, wenn ihm in aller Feierlichkeit rechtzeitig der Sarg ins Haus gebracht wird. Es hängt eben ganz davon ab, wie der Kranke auf seinen zu gewärtigenden Tod eingestellt ist. Andere Länder, andere Sitten!

Wie verhängnisvoll sich Mangel an Vertrauen in den Arzt auswirken kann, zeigt nachfolgendes Erlebnis. Ich hatte in Königsberg einen hervorragenden Chirurgen Hollands über seinen Wunsch in Behandlung genommen. Er bildete sich fest ein, an einem Krebs des Magenausganges zu leiden, während alle Symptome, u. a. auch die lange Dauer der Beschwerden, einwandfrei auf eine Verengung durch eine Narbe hinwiesen, welcher Meinung auch sein langjähriger behandelnder Arzt und Freund, der bestbekannte Professor Nolen, war. Bei der in

Narkose vorgenommenen Operation (1899) fand ich, wie erwartet, eine narbige Verengung des Magenausganges und keinerlei Spur eines Krebses vor. Durch eine neue Verbindung zwischen Magen und oberster Dünndarmschlinge ließ sich das Übel leicht beheben, so daß sich der Kranke rasch erholte. Vor seiner Heimreise dankte er mir herzlich, blieb aber nach wie vor bei seiner Meinung, wir hätten doch eine krebsige Veränderung gefunden und ihm diesen Befund verheimlicht. Er hielt auch weiterhin an dieser Ansicht fest, obwohl er sich vollkommen wohl fühlte und in den folgenden zwei Jahren um 15 Kilogramm zunahm. Immer wieder sprach er seinem Freund und anderen gegenüber von seinem „Krebsleiden". Zweieinhalb Jahre später entdeckte er in der Narbe, die vom Bauchschnitt herrührte, eine auffallend starke Verhärtung, ohne irgend welche Beschwerden zu haben. Er sah darin eine Bestätigung seiner immer gehegten Befürchtung und beschloß, seinem Leben ein Ende zu machen. Vorher verfügte er noch, der pathologische Anatom solle eine genaue Sektion ausführen und mir nach Wien eine Abschrift des Protokolles senden. Eine große Dosis Gift tat schnell ihre Wirkung. Der herbeigeeilte Arzt konnte nur den Tod feststellen.

Die Sektion ergab ein merkwürdiges Bild: in der Narbe fand sich eine echte Knochenbildung, von Krebs keine Spur, ein seltenes, völlig harmloses, bekanntes Vorkommnis, das in den Krankengeschichten meiner Klinik von 1901—1929 nur zwölfmal verzeichnet ist. Die Untersuchung des Magens ergab, wie wir es nicht anders erwartet hatten, das Fehlen jeglicher Krebsgeschwulst, ein gut ausgeheiltes Magengeschwür, eine alte Narbe am Magenausgang und die weite, neue operative Verbindung zwischen Magen- und Dünndarmschlinge in vollster Ordnung.

Der Arzt sehe sich vor, den Patienten durch die Mitteilung unwichtiger Befunde unnütz aufzuregen. Ich habe einen lieben Freund, der mich telephonisch anrief und mir sagte, er habe eine kleine Schwarte links unten am Rippenfell. Es war natürlich überflüssig, daß der Hausarzt diesem ohnedies arg neurasthenischen, alten Herrn noch diese Beunruhigung verursachte. Ich habe die Schwarte nicht bestritten, aber gesagt, daß sie bei ihm wie bei zahlreichen in Wien lebenden Menschen als ein „Andenken" an eine vielleicht vor vielen Jahren überstandene Rippenfellreizung zurückgeblieben sein dürfte. Zum Glück war mein Freund durch meinen Ausspruch vollkommen getröstet.

Vor kurzer Zeit kam ein Herr zu mir, bat mich um eine genaue Untersuchung seines ganzen Körpers, brachte eine Harnanalyse mit und sagte, er wolle mich in keiner Weise durch die Mitteilung der Krankengeschichte beeinflussen. Ich untersuchte den Rachen, prüfte Pupillen, Sehnenreflexe, Herz, Lunge, Bauch und Enddarm und konnte erfreulicherweise gar nichts Krankhaftes finden. Da der Patient sich bei allen Fragen schweigend verhielt, war ich schon nahe daran, in Erinnerung an die erste Untersuchung Bismarcks durch seinen späteren Leibarzt Schweninger, ihm zu raten, sich einem Tierarzt anzuvertrauen, der ohne Mithilfe seiner vierfüßigen Patienten die Diagnose stellen müsse. Zuvor forderte ich ihn noch eindringlich auf, mir endlich zu sagen, welche Beschwerden er habe. „Beschwerden habe ich gar keine", erwiderte er nun, „aber der Arzt, den ich kürzlich konsultierte und der mich nach allen Methoden untersuchte, hat eine Beschleunigung der Senkungsgeschwindigkeit der roten Blutkörperchen konstatiert. Das beunruhigt mich so sehr, daß ich auch Ihren Rat einhole." Ich sagte darauf: „Hol der Teufel diese Beschleunigung", worauf mir der alte Mann stürmisch um den Hals fiel. Durch meinen Ausspruch hatte ich ihn von seinen neurasthenischen Beschwerden befreit, wie er mir später öfters dankend versicherte.

Ich will nicht mißverstanden werden: ich weiß, durch diese Untersuchung kann manch wertvoller Wink für die Erkennung verschiedener Krankheiten gegeben werden und ich unterschätze sie keineswegs, nur war hier der Kranke durch die Mitteilung dieses Befundes dauernd beunruhigt. Ich kann mich anderseits auch in den Gedankengang dieses Arztes hineinversetzen. Er hatte zur Blutuntersuchung geraten und das Ergebnis dem Kranken gesagt, damit nicht ein später konsultierter Arzt diese Feststellung mache und ihm daraus der Vorwurf erwüchse, als erster Untersucher etwas übersehen zu haben.

Allgemein gültige Regeln lassen sich nicht aufstellen, es wird immer dem Takt des Arztes überlassen bleiben, dem Patienten möglichst viel von dem Befund zu sagen, ohne ihn dadurch aus dem Gleichgewicht zu bringen.

DER TON DES ARZTES

Es versteht sich von selbst, daß sich der Arzt den Patienten gegenüber immer gütig, niemals überlegen oder spöttisch zeige, selbst wenn Grund dazu vorhanden wäre. Der Frauenarzt z. B. soll in dem Mädchen, das, ohne verheiratet zu sein, Mutter wird, nur die Mutter sehen, ihr freundlich und liebevoll beistehen und ein Berater in der schicksalsschweren und wichtigen Zeit sein; das Leben zweier Menschen ist in seine Hand gelegt und beiden soll er helfen.

Ich habe es mir immer zum Grundsatz gemacht, sowohl in der Klinik wie in der Sprechstunde, meinen Patienten gegenüber geduldig zu sein und jede Derbheit zu vermeiden. Manchmal muß man allerdings, wenn sich der Kranke einem ruhigen Zuspruch gegenüber durchaus ablehnend verhält, auf seine Denkungsart eingehen und schärfere Saiten aufziehen.

Als ich zu Ende der Achtzigerjahre zweiter Assistent der Klinik Billroth war, wurde ich nach Mitternacht in meiner kleinen Dienstwohnung mit der Aufforderung geweckt, sofort in den Seziersaal des Gerichtlich-Medizinischen Institutes im Leichenhof zur Hilfeleistung zu kommen; der Leichendiener des Institutes war wegen einer schweren Unregelmäßigkeit von seiner Stelle enthoben worden und hatte versucht, seinem Leben ein Ende zu machen; dabei sollte der Selbstmord mit einem gewissen Aufsehen vor sich gehen. Der Mann legte sich auf die Marmorplatte des großen Sektionstisches, nahm das lange, zweischneidige Hirnmesser und versuchte wiederholt, es in die Herzgegend einzustoßen, bis er schließlich durch den diensthabenden Torwart daran gehindert wurde, so daß er sich bloß eine Verletzung der Brustwand zuzog.

In wenigen Minuten war ich zur Stelle und fand den mir wohlbekannten Diener mit einer Wunde in der Herzgegend vor. Aufgeregt schrie er, man solle ihm das entwundene Messer zurückgeben, er wolle sich töten. Ich redete ihm eindringlich zu, sich ruhig zu verhalten, er werde gleich auf die Klinik getragen und dort versorgt werden. Als meine Worte erfolglos blieben, der Verletzte vielmehr immer lauter wurde, versuchte ich es anders und sagte ihm vor allen Anwesenden: „Schämen Sie sich, so lange waren Sie bei den Sektionen hier und können nicht einmal das Herz treffen, Sie Patzer!" Über die Wirkung meiner Worte war ich selbst verblüfft. Er war sofort still, ließ sich ruhig einen Notverband anlegen und auf die Tragbahre betten. Während des Transportes hielt ich seine Hand und sprach beruhigend auf ihn ein. Die oberflächliche Wunde heilte glatt. Ich sah ihn nach langer Zeit in voller Gesundheit wieder.

Hier, wo die freundliche Zusprache versagt hatte, war die barsche Anrede das Richtige gewesen.

ÜBER DAS RAUCHEN

An mir selbst habe ich es erlebt, daß das Einschränken des Rauchens schwerer ist als die völlige Abstinenz. Meine ersten Rauchkünste gehen, wie bei so vielen Jungen, auf ein frühes Lebensalter — bei mir war es das 8. Jahr — zurück. Im Untergymnasium war, wie schon früher erwähnt, das Verbot des Rauchens sicher die treibende Kraft zu immer neuen Versuchen, obwohl es ganz und gar nicht schmeckte. Im Obergymnasium, wo das Rauchen erlaubt war, schränkte ich es bald beträchtlich ein; ich blieb fortan Jahre hindurch ein sehr mäßiger Raucher.

Als Assistent der Klinik Billroth hatte ich tagsüber so viel zu tun, daß ich erst abends zum Rauchen kam. Bei der reichhaltigen wissenschaftlichen Arbeit an der Klinik brachte ich oft halbe Nächte und mehr am Studiertisch in der kleinen gemütlichen Assistentenwohnung oder im Laboratorium der Klinik im Leichenhof zu. So ist es wohl häufig vorgekommen, daß eine Zigarre nach der anderen verraucht wurde. Nach solchen Exzessen stellten sich bald allerlei Beschwerden ein: die Zunge brannte, ein benommenes Gefühl im Kopf usw. machte sich bemerkbar; deshalb entschloß ich mich im Dezember 1890 das Rauchen mit Ende des Jahres bis auf weiteres ganz aufzugeben. Wie schnell vergingen die Tage! Am Sylvesterabend, den ich mit Kollegen verbrachte, steckte ich mir noch knapp vor Mitternacht eine „Trabucco" an, um sie, nachdem der zwölfte Stundenschlag verklungen war, wegzulegen. Meine Freunde sagten mir voraus, daß ich diese Abstinenz nicht lange aushalten werde!

Die ersten drei Wochen fehlte mir tatsächlich die Zigarre außerordentlich, dann später bloß mehr nach den Mahlzeiten, nach mehreren Monaten war ich ihrer gänzlich entwöhnt. Ich rauchte auch während meiner zweieinhalbjährigen Tätigkeit in Utrecht nie, und das war viel, da die Versuchung zu rauchen beim bekannt vorzüglichen holländischen Tabak eine große war. Ein mir besonders befreundeter, nachsichtiger Kollege, den schon längst die kühle Erde deckt, führte einmal in einer launigen Tischrede aus, mein größter Fehler sei, daß ich nicht rauche.

Meine Enthaltung wurde nach sieben Jahren unterbrochen, als ich am Internationalen Medizinischen Kongreß (1897) in Moskau teilnahm und mich dort verleiten ließ, nach Tisch einmal eine gute russische Zigarette zu rauchen. Von da an rauchte ich während der Ferien hin und wieder, um dann am 16. Dezember 1906 anläßlich der Feier des 70. Geburtstages Ernst v. Bergmanns in Berlin den letzten Zug zu tun. Dieses vollkommen „rauchlose" Leben führe ich nunmehr schon einunddreißig Jahre, nur im Traum zünde ich mir noch dann und wann eine Virginia an!

Starkes, hemmungsloses Rauchen habe ich wiederholt bei Kollegen erlebt. Bei zweien, die mir besonders nahe standen — sie waren außerhalb Wiens tätig —, war ich öfters Zeuge ihrer Leidenschaft. Der eine von ihnen hatte oberhalb des Operationswaschtisches eine Zigarrenablage in Mundhöhe anbringen lassen, die es ihm ermöglichte, während der umständlichen gründlichen Händereinigung noch weiterzurauchen, um die Zigarre dann ohne Gebrauch der Hände vorsichtig niederlegen zu können. War die Operation beendet, erfaßte er sofort wieder mit dem Munde den über alles geliebten Glimmstengel, um während des Händewaschens das Rauchen nicht zu entbehren.

Der andere Chirurg, ein prächtiger, leider schon verstorbener Freund, konnte seine Rauchgelüste nicht einmal bis zur Beendigung der Operation zügeln, sondern ließ sich die Zigarette zum Abschluß der Hautnaht in den Mund stecken und anzünden.

Ich gebe gerne zu, daß in schweren, kritischen Stunden die

Zigarre, Pfeife oder Zigarette wahrhaft beruhigend wirkt. Wie erleichternd hat z. B. die Zigarette gewirkt, die ich dem beim Turnen verunglückten Kollegen 1881 anbot. Dieselbe Beobachtung konnte ich auch gelegentlich meiner Frontreisen bei den Verwundeten machen. Wie schwer haben übrigens unsere Helden an der Front, Offiziere und Soldaten, das Rauchmaterial gelegentlich zu einer Zeit entbehrt, während Drückeberger, Frauen und Mädchen im Hinterland mit der Zigarette im Mund in den Kaffeehäusern die Kriegsberichte emsig lasen.

Nach den Ausweisen der Tabakregie hat das Rauchen nach dem Kriege zugenommen, in den letzten Jahren aber wieder wesentlich abgenommen. Es ist eine erfreuliche Tatsache, daß der Sport das Rauchen ganz beträchtlich einschränkt, vielfach vollkommen verbietet; wie viele sportbegeisterte junge Männer und Mädchen rauchen überhaupt noch? Dem Teilnehmer an Wettschwimmen, -rudern, Skiwettläufen oder Wettkämpfen in der Leichtathletik ist es überhaupt untersagt. Das Training für die Olympiade stiftet viel Gutes.

Neben der schon lange bekannten Alterskrankheit, der Arteriosklerose, die mit Kalkeinlagerungen in den Wandungen der Gefäße einhergeht, wurde durch Billroth und seinen Schüler A. v. Winiwarter ein Krankheitsbild beschrieben, das auch bei jüngeren Leuten auftritt, bei denen das übermäßige Rauchen als ursächliches Moment eine Rolle spielt. Später wurde diese Krankheit (von Bürger) als eine der Ursachen des intermittierenden Hinkens beschrieben; eine genaue Untersuchung weist einen schwachen, oft kaum fühlbaren Pulsschlag der Schlagader des Fußrückens nach. Wird das Rauchen zur rechten Zeit aufgegeben oder wenigstens energisch verringert, so tritt eine wesentliche Besserung, sogar vollkommene Wiederherstellung ein.

Noch vor dem Krieg kam ein Balte, der am Beginn der Fünfzigerjahre stand, mit seiner Frau in meine Sprechstunde, um sich bei mir wegen seiner Beschwerden beim Gehen Rat zu holen. Ich hörte der langatmigen Mitteilung der Krankengeschichte aufmerksam zu und kam im Laufe dieser Erzählung zu der Vermutung, daß hier wohl das übermäßige Rauchen eine schädigende Rolle gespielt haben mochte. Ich unterbrach daher den Patienten mit der kurzen Frage: „Wie viele Zigaretten rauchen Sie im Tag?" Bei meinen Worten hellte sich sofort das Gesicht seiner Frau auf, sie sagte: „Das ist ja das Übel, das meiner Meinung nach an allem schuld ist. Mein Mann kommt selten unter 60 Zigaretten im Tag aus." Die nähere Untersuchung, die einen kaum fühlbaren Pulsschlag in der Schlagader des Fußrückens ergab, bestätigte meine Ansicht. Ich redete dem Patienten eindringlich zu, das Rauchen aufzugeben oder wenigstens tunlichst einzuschränken. Wir einigten uns auf zwölf Zigaretten im Tag und er versprach mir ehrenwörtlich, diese Zahl nicht zu überschreiten.

Als er nach einem halben Jahr verabredungsgemäß wieder zur Untersuchung kam, sah ich bald, daß sich der Zustand in keiner Weise gebessert hatte. Meine Frage, ob er das mir gegebene Versprechen gehalten habe, wurde von ihm bejaht. Die Frau, die hinter ihrem Manne saß, machte jedoch ein ganz merkwürdiges Gesicht und entfaltete ihre wie zum Gebet geschlossenen Hände auf mehrere Dezimeter. Nun stellte sich heraus, daß der Patient nicht die Kraft besessen hatte, das Rauchen wesentlich zu vermindern, sondern daß er sich, um formell seinem Versprechen nachzukommen, Zigaretten von mehr als 30 cm Länge hatte bauen lassen!

Anderseits habe ich oft alten Patienten das Rauchen erlaubt, von dem sie sagten, daß es ihre einzige Freude gewesen sei, auf die sie nur aus Furcht vor einem Zungenkrebs verzichtet hätten. Mir bleibt ein fast achtzigjähriger Mann in dauernder Erinnerung, der nichts mehr vom Leben zu erwarten hatte und dem sein übertrieben besorgter Hausarzt das Rauchen von einem Tag auf den anderen gänzlich untersagt hatte, um jede Gelegenheitsursache zur Bildung eines Zungenkrebses zu verhüten; dazu wurde die Frage oft mit dem Patienten erörtert. Ich konnte trotz genauer Untersuchung der Zunge keinerlei verdächtige Stelle entdecken, stimmte daher der Ansicht des Hausarztes durchaus nicht zu und erlaubte sechs leichte Zigaretten im Tag, die der alte Mann aus einem aufs reinste zu haltenden Bernsteinspitz rauchen sollte. Selten habe ich durch eine Verordnung einen Patienten so beglückt! Am Jahrestag seines Besuches berichtete er mir freudestrahlend von seiner andauernden Gesundheit und dem Genuß, den ihm jede seiner sechs Zigaretten täglich bereitete!

Ich habe es wiederholt erlebt, daß bei Eheleuten der nichtrauchende Teil der Mann war, die Frau aber von einer Einschränkung, geschweige denn einer völligen Abstinenz nichts wissen wollte. Das erinnert mich daran, daß in manchen Ländern der Volksmund den Mann als das Haupt der Familie, die Frau aber als die Mütze auf dem Haupte bezeichnet. Aber hie und da bleibt doch das starke Geschlecht der Sieger.

Ich glaube, daß dem einzelnen Menschen das übermäßige Rauchen noch mehr schadet als das starke Trinken. Durch unmäßigen Alkoholgenuß aber schadet der einzelne Mensch nicht nur sich selbst, sondern oft auch seinen Mitmenschen.

ÜBER DEN ALKOHOL

Alkohol, mäßig genossen, wirkt oft als Medizin und Stärkungsmittel bei alten Leuten und Kranken sowie als Sorgenbrecher und Vermittler einer milderen Auffassung der Tragik des Lebens.

Viele Volkslieder fordern in ihrer einschmeichelnden Art zum Trinken, zum Beispiel zum Besuch des „Heurigen" auf! Ich erinnere an bekannte Wiener Weisen, unter denen das Lied „Es wird ein Wein sein" weite Verbreitung fand. Aber auch die Studentenlieder der Siebziger- und Achtzigerjahre des vorigen Jahrhunderts, wie zum Beispiel „Trinken sang Anakreon, Trinken sang Horaz" oder Crambambuli u. a., besonders die schon früher erwähnten Scheffelschen Lieder aus dem „Gaudeamus" förderten das Trinken.

Ein mäßiger Alkoholgenuß läßt den von Sorge oder hartem Schicksal Betroffenen augenblicklich die Schwere seiner Lage leichter erscheinen [55], darin aber liegt die Gefahr. Wird der Alkohol aus diesem Grunde zu häufig oder in zu großen Mengen getrunken, so verschwinden unter seiner Wirkung auch alle Hemmungen, die jeden rechtlich denkenden Menschen im nüchternen Zustande vor einer unerlaubten Tat zurückhalten.

---

[55] Der österreichische Nordpolfahrer Julius v. Payer, über den ich schon eingangs dieses Buches erzählte, berichtete, daß er und seine Schicksalsgefährten auf der ebenso mühseligen als gefahrvollen Rückreise nach dem offenen Meer in ihren Schlitten neben geringen Vorräten an Lebensmitteln einige Flaschen Kognak mitführten, mit deren Inhalt äußerst sparsam umgegangen wurde. Nach der sonntäglichen Morgenandacht, die Payer selbst abhielt, bekam jeder einen Fingerhut voll dieses kostbaren Getränkes, auf welchen Augenblick sich alle die ganze Woche hindurch freuten.

Jeder praktische Arzt kennt die Folgen des Alkoholmißbrauches: Erkrankungen des Unterleibs, Leberschrumpfung, geistige Störungen, die den Trinker den Irrenanstalten zuführen [56]. Das im Rausch gezeugte Kind kann seelische und körperliche Defekte für sein ganzes Leben mitbekommen, wohl eine der traurigsten Folgen des Alkoholmißbrauches. Wie oft schädigt ein Betrunkener sich selbst und andere Menschen schwer an Gesundheit und Leben!

Die Anführung einiger Verletzungen, die in einer Zeitspanne von sechs Wochen an die damals noch meiner Leitung unterstellte I. Unfallstation des Wiener Allgemeinen Krankenhauses eingeliefert wurden, wirft ein grelles Licht auf die verschiedenartigen und zahlreichen Unfälle, die auf den Dämon Alkohol zurückzuführen sind.

Ein älterer Mann kam in betrunkenem Zustand beim Aussteigen aus dem sich in Bewegung setzenden Eisenbahnzug zu Fall und geriet unter die Räder. Zwei Stunden nach der Einlieferung zeigte er noch Symptome schwerster Alkoholvergiftung, so daß der total zermalmte Unterschenkel knapp oberhalb des Kniegelenkes fast ohne den Gebrauch eines Narkotikums schmerzlos amputiert werden konnte.

Ein in den besten Jahren stehender Mann stürzte nach einer bis tief in die Nacht dauernden „Feier" aus der Straßenbahn und wurde unmittelbar nach seinem Unfall an die Klinik gebracht. Nebst mehreren Rißquetschwunden hatte er einen Bruch des linken Oberschenkels erlitten. Der Rausch war so stark, daß kaum ein paar Tropfen Äther notwendig waren, um einen langen Nagel durch das obere Ende des Schienbeines zwecks Anbringung eines Dauerzuges durchzutreiben, der die Verkürzung der gebrochenen Extremität zum Ausgleich bringen sollte. Es erfolgte vollkommene Heilung.

Ein Hochschüler zerdrückte bei der Geburtstagsfeier eines Freundes, wobei dem Alkohol reichlich zugesprochen wurde, mit beiden

---

[56] Welche Rolle der Alkohol bei der Überfüllung dieser Anstalten spielt, geht aus einer Mitteilung Prof. v. Wagner-Jaureggs hervor, nach welcher im dritten und vierten Kriegsjahr infolge Mangels an geistigen Getränken, besonders Schnaps, die Aufnahme von Alkohol-Deliranten an den psychiatrischen Kliniken fast gänzlich aufgehört hatte.

Händen ein Weinglas und schnitt sich dabei sämtliche Beugesehnen, die Schlagader und den Hauptnerven der rechten Hand durch. Nach Einlieferung an die Unfallstation der Klinik wurde sofort eine genaue Naht der Sehnen und Nerven ausgeführt und die Schlagader abgebunden, ohne daß dieser längere Zeit erfordernde Eingriff irgend eine Narkose beansprucht hätte. Wenn man noch erfährt, daß der Vater des Verletzten, ein kleiner Beamter, nur unter den größten Opfern seinen Sohn studieren lassen konnte, so ist diese Tat doppelt bedauerlich. Erfreulicherweise wurde durch die sofortige Versorgung der Wunde ein recht befriedigender Erfolg erzielt.

Ein 24jähriger Mann stieß, in alkoholisiertem Zustand auf seinem Motorrad fahrend, mit einem Auto zusammen und zog sich einen schweren Bruch des rechten Unterschenkels zu. Auch sein auf dem Soziussitz befindlicher, ebenfalls reichlich angeheiterter Begleiter erlitt einen schweren Unterschenkelbruch.

Eine Heurigenpartie kehrte im Auto nach der Stadt zurück. Auch der Chauffeur hatte zu viel getrunken und fuhr mit voller Wucht in einen Milchwagen hinein. Er selbst blieb bei dem Zusammenstoß unverletzt, die zwei Fahrgäste aber kamen nicht so glimpflich weg. Der eine, Vater von vier Kindern, erlitt eine schwere Gehirnerschütterung mit halbseitiger Lähmung des Körpers, einen Ober- und Unterkieferbruch, einen linksseitigen Bruch der vierten bis zehnten Rippe, so daß der linke Brustraum vollständig mit Blut ausgefüllt war, und außerdem noch eine Zerreißung der Milz! Ein Eingriff kam infolge des schlechten Allgemeinzustandes des Schwerverletzten nicht in Frage, er starb nach wenigen Stunden. Sein Fahrtgenosse erlitt außer mehreren Rißquetschwunden einen Bruch des linken Oberschenkels.

Anschließend an diese klinischen Fälle sei auch von einer schweren Schädigung eines Mannes durch Alkohol berichtet, von der ich in meiner Heimat erfuhr. Ein Förster ging in einer kalten Winternacht von einem Besuch in einem Bauernhof auf einem ihm wohlbekannten Weg, den er schon seit Jahren bei jedem Wetter gemacht hatte, nach Hause. Bei seinem Freund hatte er starken Tee mit Rum, besser gesagt Rum mit Tee, getrunken; beim Heimweg überkam ihn eine große Müdigkeit, er setzte sich in den Schnee nieder und schlief ein. Erst bei Tagesanbruch wurde er mit einer Erfrierung der beiden unteren Extremitäten nach Hause gebracht. Die Füße wurden zwar nicht brandig, aber Gefühl und Beweglichkeit blieben auf das schwerste gestört, so daß der bis dahin rüstige Mann nicht mehr imstande war, seinen Dienst weiter zu versehen. Erst nach einer Reihe von Jahren hat sich der Zustand etwas gebessert!

Schließlich sei noch ein Fall angeführt, der sich in ähnlicher Weise gewiß des öfteren ereignet hat. Ein mir nahestehender, etwa um zehn Jahre älterer Freund verbrachte, wie er mir erzählte, während seiner aktiven Militärzeit einen Abend im Kreise seiner Kameraden. Er trank dabei zu viel und ließ sich dann ohne Sträuben in ein Freudenhaus mitnehmen. Anfangs schien er keinen Schaden davongetragen zu haben, weshalb auch keine Behandlung erfolgte. Eineinhalb Dezennien später trat eine gleich schwer einsetzende allgemeine Paralyse auf, für deren Heilung es damals noch keine heilsame Malariaimpfung gab. Zum Glück blieb dieser prächtige Mensch durch einen baldigen Tod vor längerem Siechtum bewahrt.

Alle diese Fälle bilden nur eine kleine Auslese aus meinen in vielen Jahren gesammelten Erfahrungen, aber es ist schon aus ihnen zu ermessen, wie viel Unheil der Alkoholmißbrauch anstiftet.

Wie oft wurde mitten in der Nacht durch die Rettungsgesellschaft in die Unfallstation ein Volltrunkener eingeliefert, der sich im Rausch eine kleine Kopfwunde zugezogen hatte. Da eine Gehirnerschütterung oft ganz ähnliche Symptome wie ein schwerer Rausch darbietet, muß der Patient wenigstens einen Tag im Spital beobachtet werden, bis der Rausch gründlich ausgeschlafen ist. Bei Fehlen von Hirnsymptomen kann erst dann die Entlassung erfolgen. Weist man aber diesen Patienten von vornherein als einen „nur betrunkenen" ab, so könnte z. B. eine Gehirnblutung aus der Arteria meningea media (einer Schlagader des Gehirns) übersehen und allenfalls erst bei der Obduktion aufgedeckt werden!

Welch ein Zeitverlust und welch unnütze Kosten werden verursacht, wenn ein Berauschter in bewußtlosem Zustand von der Polizei aufgegriffen und mit der Rettungsgesellschaft an die Unfallstation gebracht wird, wo er Ärzte und Wartepersonal bei der Arbeit oder bei der wohlverdienten Nachtruhe stört und auch die Zimmergenossen beunruhigt. Einmal hatten wir Ärzte alle Mühe, einen betrunkenen, wüst randalierenden Mann vor einer handgreiflichen Zurechtweisung durch einige Rekonvaleszenten zu schützen, die den Störenfried durch einfaches Zureden nicht zur Ruhe bringen konnten.

Ein anderesmal wurde ein Trunkener zur selben Zeit eingeliefert, als an der Unfallstation sechs frische Knochenbrüche infolge von Glatteis zu versorgen waren. Der alkoholisierte Mann, der nur eine ganz leichte Schädelverletzung erlitten hatte, mußte wegen seines Tobens auf die psychiatrische Klinik verlegt werden. Dazu war von der Spitalsverwaltung erst ein Wagen mit Kutscher und zwei Wärtern anzufordern, die den gröhlenden Betrunkenen in die Irrenanstalt brachten. Ähnliche Beobachtungen sind wohl an allen chirurgischen Stationen schon gemacht worden. Solche Unholde sollten mindestens die verursachten Kosten entweder selbst zahlen oder bei Wasser und Brot abarbeiten müssen!

Ein junger Kellner mit einer zum Glück nur leichten Schußwunde in der Wangengegend kam an die Unfallstation mit der Angabe, es seien um fünf Uhr früh mehrere stark angeheiterte Männer ins Kaffeehaus gekommen, hätten Grog bestellt, und als er die Gäste zum Zahlen aufgefordert habe, sei er durch einen der Zechbrüder angeschossen worden — vielleicht mit einem Revolver auf Raten, wie dies vielfach in den Zeitungen angepriesen wurde? Kommt dieser Plattenbruder vor Gericht, so wird der Rausch als Milderungsgrund betrachtet und der Angeklagte geht entweder frei aus oder wird nur äußerst milde bestraft, so daß weder der Täter sich die Sache zu Herzen nimmt, noch diese geringe Ahndung eine genügende Sühne der rohen Tat darstellt.

Ich habe meine Ansicht über das während des Krieges beschlossene Alkoholverbot in den Vereinigten Staaten, für welches ich anfangs begeistert war, geändert. Der für die Moral des Volkes daraus entstandene Schaden war größer als der Nutzen. Durch die Prohibition wurde die heimliche Beschaffung alkoholischer Getränke und das Heer der „bootlegger" großgezogen, welche Riesensummen durch den Alkoholschmuggel verdienten. Jetzt, nach Aufhebung des Gesetzes, verlegen sich gar viele dieser Menschen auf das zu großer Blüte gelangte Gangstertum und schaffen sich unerhört hohe Einkünfte oft auf Kosten brutal hingemordeter Menschen.

Selbst auf die Gefahr hin, als veraltet zu gelten, spreche ich es ungescheut aus, daß Säufer, die gegen einen Mitmenschen tätlich werden oder ihn auch nur ernstlich bedrohen, sobald sie ihren Rausch ausgeschlafen haben, eine Tracht Prügel bekommen sollten. Es gibt Teile des menschlichen Körpers, denen durch eine solche Züchtigung nicht leicht ein Dauerschaden erwächst.

In Frankreich werden Betrunkene, die nach ihrer Arretierung weiter exzedieren, auf der Polizei gefilmt. Wenn sie wieder bei klarem Verstand sind, wird ihnen im Film gezeigt, in welcher Weise sie sich benommen haben. Nach meiner Meinung wäre die Verhängung einer Ordnungsstrafe, etwa einer empfindlichen Geldbuße, auch in den Fällen am Platze, in denen der Berauschte zwar niemanden schädigt, aber in diesem Zustande öffentliches Ärgernis gibt. Der Autofahrer hat für die Übertretung der Fahrordnung auch dann eine Strafe zu zahlen, wenn kein Unfall erfolgt. Keinesfalls dürfte der Rausch eine so milde Behandlung erfahren, wie dies gegenwärtig im österreichischen Strafgesetz festgelegt ist.

Ich übergab jedem Patienten, der in betrunkenem Zustand an die Unfallstation eingeliefert wurde, vor seiner Entlassung ein Merkblatt folgenden Inhaltes:

Flugblatt
an die Kranken meiner Unfallstation und Klinik

Als Pfleglinge der Unfallstation seht Ihr, welche Schäden die Verrohung der Sitten mit sich bringt, wie tief gesunken jedes Gemeinsamkeitsgefühl, jede verpflichtende Gesinnung gegen die Allgemeinheit ist. Eine nicht geringe Zahl der Unfälle ist durch Trunkenheit bedingt: entweder kommt der Berauschte selbst zu Schaden oder er gefährdet aufs schwerste seinen Mitmenschen.

Namentlich Samstag und Sonntag häuft sich die Zahl der in die Unfallstation eingelieferten Verletzten.

Beim Alkohol gibt es kein bestimmbares Maß, da mancher schon durch geringe Mengen das klare Bewußtsein und damit die Selbstbestimmung und das Gefühl der Verantwortlichkeit verliert und dadurch seinen Mitmenschen Schaden zufügt, der durch keine spätere Reue mehr aus der Welt zu schaffen ist. Nicht nur Menschen in besonders verantwortlicher Stellung, wie Chauffeure, Lokomotivführer, Kutscher, sondern jeder Trunkene kann unabsehbares Unheil anrichten.

In dieser Zeit, wo Not an Mann besteht, um dem schwer um seinen Bestand ringenden Vaterland wieder aufzuhelfen, muß jeder seine volle Arbeitskraft zu bewahren trachten und nicht durch Alkoholgenuß sich selbst, seine Mitmenschen und seine Nachkommenschaft gefährden. Denkt an das so oft zerstörte Familienglück, an das Schicksal der Kinder, die im Rausch gezeugt sind. Zeitlebens kann sie geistiges oder körperliches Krüppeltum bedrohen. Der Alkoholexzeß zerstört das eigene Leben, die Arbeitslust und Arbeitsleistung, verroht die Gesinnung, erlöscht das Verantwortlichkeitsgefühl und verdirbt die Nachkommenschaft.

Pfleglinge der Unfallstation!

Nehmt aus den Eindrücken, die Ihr hier gewonnen habt, die Lehre mit auf Euren weiteren Lebensweg, wie sehr Euer eigenes Glück und das Leben Eurer Mitmenschen durch den Alkohol gefährdet werden kann.

Wien, im Feber 1922.   Prof. A. Eiselsberg.

Vielfach bot ich den Patienten an, das Merkblatt mit meiner eigenen Unterschrift zu versehen, was von manchen gerne angenommen wurde. Bei dieser Gelegenheit forderte ich sie auf, im Interesse ihrer Familie dem Alkohol ganz zu entsagen, weil eine alte Erfahrung lehrt, daß für viele willensschwache Menschen ein Maßhalten schwerer ist als eine vollständige Entwöhnung. Bei Sonntagsspaziergängen in den Wiener Wald erlebte ich es zweimal, daß sich aus einer Gruppe von Ausflüglern eine Frau löste, auf mich zukam und mir dankte, ihren Mann zum Aufgeben des Trinkens bewogen zu haben, wodurch nicht nur das gute Einvernehmen in der Familie, sondern auch das finanzielle Gleichgewicht wieder hergestellt sei. So hat also doch mancher sein mir gegebenes Ehrenwort gehalten!

Mein Merkblatt über den Alkohol war in weiteren Kreisen nicht unbekannt geblieben und so kam eines Tages eine Abordnung der abstinenten Ärzte Niederösterreichs, um mir das Ehrenpräsidium ihres Vereines anzubieten. Ich wurde etwas überschwenglich als der Mann gepriesen, der öffentlich seine Stimme gegen den Alkohol erhoben habe usw. Ich antwortete den Herren, daß mich die Anerkennung meiner Bestrebungen sehr freue, daß ich aber die Übernahme des Ehrenpräsidiums ablehnen müsse, da ich selbst kein Abstinent und einem abendlichen Seidel Bier oder auch gelegentlich einem Glas Wein nicht abgeneigt sei. Mit diesen Worten bereitete ich den Herren augenscheinlich eine große Enttäuschung, sie verabschiedeten sich auffallend rasch und kühl. Mir hat dieser so deutliche Umschwung in der Einschätzung meiner Person zu denken gegeben.

Unter den zahlreichen Persönlichkeiten, die sich nicht nur energisch gegen den Alkoholgenuß ausgesprochen, sondern demselben selbst völlig entsagt und dadurch für viele in ihrer Umgebung vorbildlich gewirkt haben, hebe ich unseren hochverehrten Altbundespräsidenten Dr. M. Hainisch rühmend hervor.

Gegenüber den Trinkerunsitten besteht eine Duldsamkeit, die mir nicht gerechtfertigt erscheint. Es wäre wünschenswert, über Trinker ein gesellschaftliches Verdikt auszusprechen und den Rausch als einen Zustand zu erklären, der mit der persönlichen Würde eines gebildeten Menschen unvereinbar ist.

Irgendwo habe ich einmal gelesen: „Die Sache der Trunksucht ist so entsetzlich, daß einem die Haare zu Berge stehen.

Es werden in der Gesetzgebung oft Mücken geseiht und Kamele verschluckt. Der Giftverkauf in den Apotheken wird streng überwacht und rings umher darf einer den anderen zu Tode bringen mit dem Alkoholgift."

Es berührt tatsächlich recht sonderbar, daß Apotheker und Wirt mit so ungleichem Maße gemessen werden. Wenn ein Apotheker einem Süchtigen etwas mehr Morphin ausfolgt, als es gesetzlich gestattet ist, wird er auf Grund des Gesetzes, also legal, zur Rechenschaft gezogen. Der Wirt hingegen macht mit den angeheiterten Gästen das beste Geschäft und verweigert ihnen nur selten die weitere Verabreichung von Alkohol.

Jeder im Beruf stehende Mensch, z. B. Arzt, Ingenieur, Lokomotivführer, Kutscher, Chauffeur usw. ist in Ausübung seines Dienstes für etwaige durch selbstverschuldete Einschränkung seiner geistigen und körperlichen Fähigkeiten — wie es durch das Trinken geschieht — hervorgerufene Unglücksfälle verantwortlich.

Vielleicht werden sich manche wundern, wieso ein human denkender Arzt, als der ich sonst gelte, so streng urteilen kann. Aber ich habe zu viele tragische Fälle erlebt, in denen Menschen unverschuldet durch Betrunkene an ihrer Gesundheit und an ihrem Leben geschädigt wurden, als daß ich eine nachsichtige Behandlung der vom Dämon Alkohol Beherrschten billigen könnte.

An das alte Sprichwort: „Es ist nichts so fein gesponnen, es kommt doch ans Licht der Sonnen" wird man erinnert, wenn man von der Möglichkeit des Nachweises von kürzlich vorher genossenem Alkohol durch eine Blutuntersuchung des betreffenden Menschen hört. Diese Probe wurde in Dänemark von Widmark eingeführt und auch in Wien häufig mit Erfolg angewendet (F. Starlinger). Sie dient zur Feststellung einer etwaigen Schuld der an einem Unfall beteiligten Personen, wie Chauffeur, Radfahrer, Fußgeher. Wenige Tropfen Blut, aus dem Ohrläppchen entnommen, lassen erkennen, ob der mutmaßlich Schuldige oder Verdächtige Alkohol auch nur in kleinen Mengen zu sich genommen und somit Alkoholgenuß bei dem Unfall eine Rolle gespielt habe. Das Gelingen der Probe hängt davon ab, daß die Haut an der Stelle, wo das Blut entnommen wird, weder mit Alkohol, Äther oder Benzin, sondern nur mit einer Sublimatlösung desinfiziert wird. Der positive Ausfall dieser Untersuchung ist wertlos für die Beurteilung des Falles, wenn der Verunglückte vor seinem Transport ins Spital mit Alkohol gelabt wurde. Freilich darf es nicht dem Belieben des zu Untersuchenden überlassen bleiben, eine solche ganz harmlose Blutabnahme zu verweigern.

Die volksgesundheitliche und volkswirtschaftliche Schädlichkeit des Alkoholismus fordert die energischeste Bekämpfung mit allen zu Gebote stehenden Mitteln. Dazu gehört vor allem eine wesentliche Verschärfung der strafgesetzlichen Bestimmungen. Derzeit werden im Zustande der vollen Berauschung (§ 2 StG.) begangene Handlungen nur dann bestraft, wenn die Tat ein Verbrechen darstellt (§§ 236 und 523 StG.), während Vergehen und Übertretungen vollkommen straflos bleiben. Diese Bestimmungen verbürgen keineswegs einen Erfolg bei der Bekämpfung des Alkoholismus. Es wäre wünschenswert, wenn de lege ferenda jede Tat, die im Zustande der vollen Berauschung begangen wird, unter Strafe gestellt würde, etwa so, daß die volle Berauschung beim Täter, der eine Übertretung oder ein Vergehen begeht, als Übertretung so bestraft würde, wie es bisher der § 523 StG. festsetzte; bei jenem aber, der ein Verbrechen begeht, als Vergehen wesentlich strenger, etwa mit dem Vergehensstrafsatze des § 335 StG. bedroht würde.

Für die vielen Freunde des Maßhaltens will ich Walther von der Vogelweide zitieren, der das Lob der Mäßigkeit an zwei Stellen singt: „Der hat nicht wohl getrunken, der sich übertrinket" und „Ich trinke gern, wo man mir mit Maße schenket und des Übermaßes nicht gedenket, da es den Mann an Leib, an Gut und an der Ehre kränket."

Von Alban Stolz, dem bekannten Volksschriftsteller, stammt folgende Äußerung: „Wie freut man sich, einem Menschen in Todesgefahr das Leben gerettet zu haben und kann nicht genug bekommen, daran zurückzudenken. Größeres hast du getan, wenn du einen Säufer zum Absagen und zur gänzlichen Enthaltsamkeit gebracht hast. Auch du hast ein Leben gerettet, ja, oft noch mehr, das Leben einer ganzen Familie und Nachkommenschaft!"

DIE SCHILDDRÜSE IM HAUSHALTE DER NATUR

Bis in die zweite Hälfte des vorigen Jahrhunderts war man über die Funktion der Schilddrüse ganz im unklaren. Bei leichter Vergrößerung (Blähhals) schien die Schilddrüse bloß dazu angetan, den schlanken Hals der Mädchen und Frauen zu entstellen, bei starker Vergrößerung (Kropf), besonders wenn er in die Brusthöhle hineinwuchert, arge Störungen, vornehmlich Atembeschwerden hervorzurufen. Zur Entfernung des auf die Luftröhre drückenden Kropfes wurden auch schon zu Beginn des vorigen Jahrhunderts operative Eingriffe ausgeführt, doch blieben sie, selbst in den Händen geschickter Chirurgen, sehr gefährlich, so daß manche Operateure, z. B. der bekannte Würzburger Professor W. v. Linhardt, aus der Wiener Schule Prof. v. Dumreichers hervorgegangen, noch 1876 von der Kropfoperation als von einem „Mordversuch" sprachen. Wenige Jahre später wurde von verschiedenen Seiten über günstige Erfolge dieser Operation berichtet, welche in erster Linie der Ausbildung der Narkose und der modernen Wundbehandlung zu verdanken waren. Man schien auf bestem Wege zu sein, durch die Operation den Patienten von den Kropfbeschwerden zu befreien. Damit aus dem zurückgebliebenen, noch nicht kropfig entarteten Teil der Schilddrüse sich nicht in weiterer Folge wieder ein Kropf entwickle, wie das gelegentlich beobachtet wurde, entfernte man — das Organ schien doch wertlos — mit der kropfigen Entartung auch die ganze Schilddrüse.

Da erfolgte mit einem Male ein gewaltiger Rückschlag. J. Reverdin in Genf und kurze Zeit später Theodor Kocher in Bern beobachteten schwere Schädigungen mancher Patienten nach dieser Operation: ihre Intelligenz nahm ab, manche verblödeten geradezu, die Haut, besonders im Gesicht, wurde aufgedunsen. Jugendliche blieben im Wachstum zurück. Diese Patienten boten sohin ein Krankheitsbild dar, das lebhaft an die Kretins der Alpen, des Himalaja und noch anderer Gebirgsgegenden erinnerte und das offenbar durch die ungenügende Funktion der kropfig entarteten Schilddrüse bedingt ist. Die Richtigkeit dieser Auffassung wurde später u. a. durch die Beobachtung erwiesen, daß die sogenannten „Muster"-Kretins öfters nicht nur keinen Kropf, sondern überhaupt keinerlei tastbare Schilddrüse darbieten. Gerade bei diesen gegen die Umwelt gleichgültigen und abgestumpften Menschen ist das genaue Austasten des Halses besonders gründlich und leicht auszuführen. Th. Kocher hat später als Erster auf diesen Befund bei Kretins hingewiesen und ich konnte ihn auf Grund meiner Untersuchungen, die ich an zahlreichen Kretins anfangs der Neunzigerjahre im Salzkammergut (Hallstatt, Goisern und Admont) durchführte, durchaus bestätigen.

Auch Billroth beobachtete in Wien um die gleiche Zeit, als Reverdin und Kocher die Schäden nach ihren Kropfoperationen sahen, wenn der ganze Kropf gründlich entfernt worden war, schwerste Folgen, aber unter einem anderen Krankheitsbild: manche Patienten zeigten schon wenige Stunden, andere Tage nach der radikalen Kropfoperation starrkrampfartige Zustände, die im Laufe kurzer Zeit zunahmen und sogar den Tod des Patienten durch Erstickung infolge von Zwerchfellkrämpfen herbeiführten. Wegen der Ähnlichkeit dieses Krampfes mit dem, wie er bei Starrkrampf (Tetanus) auftritt, wurde dieses Krankheitsbild „Tetanie" genannt.

Was war die Ursache dieser so verschiedenen Folgezustände der Operationen? Tausende von Operationen am Hals waren bis dahin schon ausgeführt worden und niemals hatten sich ähnliche Symptome gezeigt. War es die Entfernung der Schilddrüse als solche, von deren Funktion man bis dahin nichts wußte? Reverdin meinte, es handle sich um eine Reizung der Halsnerven, Th. Kocher erkannte sofort richtig, daß der Ausfall der Schilddrüse diese Störungen verschulde.

Beim Menschen ist die Schilddrüse ein zusammenhängendes Gebilde, bestehend aus dem mittleren und den beiden Seitenlappen, und umgreift die Luftröhre hufeisenartig. Beim Tier fehlt der Mittellappen, so daß der rechte und linke Lappen voneinander getrennt sind.

In diese Unklarheit brachte die Physiologie durch den Tierversuch Licht. Von den verschiedensten Experimentatoren — ich nenne u. a. Schiff, Cesas, Colzi, Wagner-Jauregg, Fuhr, Albertoni, Tizzoni, Horsley, Carle, Hofmeister, wurden an Hunderten und Hunderten von Tieren (besonders Katzen, Meerschweinchen und Kaninchen, aber auch an Hunden, Schafen und Ziegen) die Folgen der Schilddrüsenentfernung studiert. Nach vollständiger Entfernung der Schilddrüse z. B. bei Hunden und Katzen traten häufig schwerste, mit Krämpfen einhergehende Störungen auf, ganz ähnlich den von Billroth an Kropfoperierten beobachteten. Die Tiere erlagen oft schnell diesen Krämpfen. Wenn aber die beiden Lappen nicht vollständig entfernt wurden, sondern ein Rest zurückgeblieben war, traten die schädlichen Folgen nicht oder nur schwach auf. Bei anderen Tieren, besonders jugendlichen Pflanzenfressern (Ziegen, Schafen) blieben, ähnlich wie dies nach Entfernung der Schilddrüse am Menschen von Reverdin und Kocher beobachtet worden war, die Krampfzustände aus, doch kam es zu schweren Wachstumsstörungen; die Tiere zeigten dasselbe apathische Verhalten, bar jedes Zeichens von Intellekt, wie es in der Schweiz nach der Entfernung des ganzen Kropfes beim Menschen beobachtet worden war.

Als ich bei Schafen und Ziegen in der ersten Lebenswoche unter Narkose die Schilddrüse ganz entfernte, konnte ich dieselben Wachstumsstörungen beobachten wie Kocher nach der Kropfoperation Jugendlicher und Hofmeister an Tieren; nur bei einer der Ziegen wartete ich vergeblich auf eine Störung. Das Tier entwickelte sich ganz normal. Nach Beendigung des Wachstums wurde es getötet. Die genaue Untersuchung des Halses ergab, daß die beiden Schilddrüsen richtig entfernt worden waren, aber etwa 3 cm weit entfernt von dem Lager einer Schilddrüse fand sich eine Nebenschilddrüse, eine sogenannte akzessorische, die fast die Größe einer der beiden Lappen erreicht hatte. Somit hat diese Nebenschilddrüse das Tier vor Ausfallserscheinungen bewahrt und die scheinbare Ausnahme hat die Regel nur vollinhaltlich bestätigt.

Da der Physiologe Schiff (Genf) bei seinen zahlreichen Entfernungen der ganzen Schilddrüse auch die Tiere an den krampfartigen Zuständen erkranken sah, denen sie meistens erlagen, verpflanzte er einen der beiden Lappen durch einen kleinen Schnitt in die freie Bauchhöhle und schloß die Bauchwunde, der andere Lappen wurde entfernt. Merkwürdigerweise blieb nach dieser Operation eine Zahl der Experimentaltiere gesund, wenn nämlich eine Eiterung ausgeblieben und die Schilddrüse in der Bauchhöhle zur Einheilung gekommen war; die Schilddrüse funktionierte also auch von ihrem neuen Lager aus.

Ich habe an der Klinik Billroth an zahlreichen Katzen diese Versuche in geänderter Weise durchgeführt. Die Katze läßt sich besonders leicht und tief mit Chloroform betäuben und verträgt dieses Narkotikum viel besser als der Hund. Im ersten Akt wurde der Katze eine Schilddrüse weggenommen und in die Bauchdecke (nicht in die Bauchhöhle) verpflanzt; in einem zweiten Akt, etwa zwei Wochen später, wurde die andere, am Hals zurückgebliebene Schilddrüse, entfernt. Durch keinen dieser Eingriffe war das Allgemeinbefinden des Tieres gestört worden. Erst in einem dritten Akt, der mehrere Wochen nach dem zweiten vorgenommen wurde — jeder dieser drei Operationsakte wurde immer in tiefer Narkose ausgeführt —, nahm ich diese in die Bauchdecke mittlerweile gut eingeheilte Schilddrüse heraus. Jetzt erkrankte die Katze an denselben schweren Krampfzuständen und ging innerhalb weniger Tage in der gleichen Weise zugrunde, wie jene Versuchstiere, bei denen man in einem Akt beide Schilddrüsenlappen entfernt hatte; oder wenn die beiden Drüsen zweizeitig weggenommen worden waren, nach der Exstirpation der zweiten Drüse. Diese Beobachtungen wurden auch von anderer Seite bestätigt.

Es blieb noch die Frage zu klären, warum bei Ziegen und Schafen meist die chronischen Folgen, also Apathie und Wachstumsstörung, bei Katzen und Hunden in der Mehrzahl die akuten, oft rasch zu Tode führenden Krämpfe (Tetanie) auftraten. Auch darüber gab das Tierexperiment einwandfreien Aufschluß.

Der Schwede Sandström hatte im vorigen Jahrhundert durch genaue anatomische Studien beim Menschen kleine Körperchen entdeckt, die in Vierzahl, zwei rechts und zwei links, in der Größe je eines Hanfkorns, der unteren, bzw. hinteren Schilddrüsenkapsel nahe anliegen. Wegen ihres mikroskopischen Bildes — es war ein ganz anderes als das der Schilddrüse — wurden diese Knötchen Epithelkörperchen oder nach ihrer anatomischen Lage Glandula parathyreoidea genannt. Zunächst bloß als eine anatomische Neuheit verzeichnet, wurden sie, da man ihnen keine weitere Beachtung schenkte, bei der Totalentfernung des Kropfes nach der durch Billroth in Wien angewendeten Methode meist mitentfernt, worauf eben diese starrkrampfartigen Anfälle beobachtet wurden. Die Operationsmethode in der Schweiz hatte die Teile des Kropfes, die nahe den Epithelkörperchen lagen, im Bestreben, eine Nervenverletzung zu vermeiden — die Epithelkörperchen waren ja noch nicht bekannt — weniger radikal entfernt, so daß unbeabsichtigt zwei Epithelkörperchen zurückblieben. Dank dieser Technik blieben die Kropfoperierten von der Tetanie verschont, wohl aber stellten sich nach Monaten die langsam auftretenden Ausfallserscheinungen ein.

Die Funktion der Epithelkörperchen wurde in einer Reihe von Tierexperimenten durch Generale, Vasalle, Gley, Pineles, Erdheim u. a. m. geklärt. Bei der gewöhnlichen experimentellen Entfernung der Schilddrüse bei Fleischfressern (Katze und Hund) waren alle vier der Schilddrüsenkapsel eng anliegenden Epithelkörperchen unbeabsichtigt weggenommen worden; es kam also zu akuten Ausfallserscheinungen. Bei den größeren Pflanzenfressern, wie Schaf und Ziege, wo die unteren Epithelkörper von der Schilddrüsenkapsel weiter weg liegen, wurden diese Körperchen bei der Entfernung beider Schilddrüsenlappen nicht „von selbst" mitgenommen. Daher blieben die Tetanie-Symptome aus, dagegen entwickelten sich die chronisch auftretenden Ausfallsfolgen des Schilddrüsenverlustes in Form von Wachstumsstörungen und Anzeichen von Idiotie.

Durch verschiedene Forscher wurde dann einwandfrei erwiesen, daß nach isolierter Entfernung aller vier Epithelkörperchen mit Belassung beider Schilddrüsenlappen schwere Tetanie auftritt. Meinem Schüler Leischner gelang bei Katzen eine isolierte Transplantation der Epithelkörperchen in die Bauchdecke. Durch eine zweite, ebenfalls in Narkose vorgenommene Entfernung dieser inzwischen gut eingeheilten Körperchen wurde das Krankheitsbild der Tetanie erzeugt.

Für den Chirurgen gilt es heute als Regel, bei Kropfoperationen unter allen Umständen die Gegend, in der diese für den Organismus so wichtigen Epithelkörperchen liegen, zu schonen. Diese Operationsmethode kommt auch dem Bestreben zugute, Reste des Kropfes, bzw. der Schilddrüse zurückzulassen und endlich den Kehlkopfnerv zu schonen. Seither sind Ausfallserscheinungen kaum mehr beobachtet worden.

Vor wenigen Jahren wurde auch auf Grund der interessanten Untersuchungen von Maresch und Schlagenhauffer festgestellt, daß gewisse Knochenerkrankungen (Ostitis fibrosa), die erstmalig durch den Pathologen v. Recklinghausen in Straßburg beschrieben wurden, auf zu stark funktionierende Epithelkörperchen, also wohl eine Hypertrophie derselben, zurückzuführen seien. Daraufhin hat F. Mandl, Assistent der II. Chir. Klinik, bei einem Kranken, der diese Knochenveränderungen darbot, die Schilddrüsengegend bloßgelegt und tatsächlich eine über haselnußgroße Geschwulst eines Epithelkörperchens, die, wie schon erwähnt, in normalem Zustand bloß hanfkorngroß sind, gefunden. Nach deren Entfernung konnte eine wesentliche Besserung, fast vollkommene Heilung der Knochenveränderungen erzielt werden, was einen bemerkenswerten Erfolg bedeutet.

In Fällen von chronischen Folgezuständen nach Kropfoperationen wurden Stücke eines eben operierten Kropfes von sonst gesunden Individuen verpflanzt und eine Besserung der gestörten Intelligenz sowie der Hautschwellung erzielt. Ferner wurden bei Patienten mit tetanischen Krämpfen Epithelkörperchen von solchen Menschen verpflanzt, die in voller Gesundheit von einem tödlichen Unfall betroffen worden waren, oder von Kindern, die während der Geburt starben, endlich auch vom narkotisierten Affen. Die anfangs sehr ermutigenden Erfolge hielten allerdings meist nicht sehr lange an, da die verpflanzten Stückchen vom Organismus aufgesaugt (resorbiert) wurden; immerhin halfen sie in manchen Fällen über die sonst recht gefährlichen akuten Ausfallserscheinungen hinweg. Später wurde dann versucht, den Preßsaft frischer Schilddrüsen von Kälbern und Schafen als Injektion zu verabreichen und schließlich die frische Schilddrüse, wie sie im Schlachthaus von Kälbern, besser noch von Schafen und Ziegen — die letzteren erkranken nicht an Tuberkulose — gewonnen wird, dem Erkrankten zu essen zu geben, womit Dauererfolge erzielt wurden. Im Laufe der Jahre erfuhr die Verarbeitung der dem frischgeschlachteten Tier entnommenen Organe zu Heilmitteln eine immer größere Vervollkommnung und heute ist nicht nur die zu Tabletten verarbeitete wirksame Schilddrüsen-, sondern auch die Epithelkörperchen-Substanz in den Apotheken zu erhalten! Diese schon sehr häufig mit bestem Erfolg angewandte Behandlungsmethode wird Organotherapie genannt. Somit erübrigt sich heutzutage eine Transplantation vom Menschen, da mit den vom Tier gewonnenen getrockneten Drüsen bzw. Extrakten der Schilddrüse oder Parathyreoidea auch das Auslangen gefunden wird. Schon vor Hunderten von Jahren bestand bei Negervölkern der Brauch, daß der Sieger das Herz des nach tapferer Gegenwehr gefallenen Feindes roh verspeiste in der Erwartung, damit den Heldenmut des erschlagenen Gegners zu erwerben. Von den Chinesen wird berichtet, daß sie schon vor 1000 Jahren bei Erkrankungen der Leber und des Gehirns den Patienten rohe

Leber, bzw. rohes Hirn zu essen gaben; also ist auch die moderne Organotherapie alten Ursprungs.

Seitdem das Gesetz gilt, niemals planmäßig eine Totalexstirpation der Schilddrüse, bzw. des Kropfes auszuführen, sind auch diese schädlichen Folgen der Operation nicht mehr aufgetreten. Dieses Gesetz schien auf Grund der Erfahrungen am Menschen und den Experimenten am Tier unumstößlich zu sein. In jüngster Zeit sind in Amerika überraschenderweise bei Herzkranken bewußt Totalexstirpationen, bzw. nahezu Totalexstirpationen empfohlen und damit vortreffliche unmittelbare Erfolge erzielt worden. Jedenfalls eröffnen sich durch solche Beobachtungen neue Gesichtspunkte, es bleiben allerdings noch weitere Erfahrungen in dieser Richtung abzuwarten.

Nachdem schon in manchen Ländern mit einer Beigabe von Jod zum Kochsalz begonnen worden war, hat v. Wagner-Jauregg in Österreich das jodierte Kochsalz eingeführt und damit eine Abnahme der Kropferkrankungen bei den Schülern nachweisen können. So ist die Hoffnung berechtigt, daß im Laufe der Jahre sich vielleicht manche Kropfoperation ersparen läßt.

Nach neuesten Berichten aus Nordamerika ist Jahre nach der Einführung des Jodzusatzes zum Kochsalz eine wesentliche Abnahme der Kropferkrankungen zu merken.

Zusammenfassend kann wohl gesagt werden, daß das Tierexperiment im Interesse der Kranken zur Klärung der Schilddrüsenfunktion sehr viel beigetragen hat.

Man kann behaupten, daß mindestens drei Viertel unserer Kenntnisse über Physiologie und Pathologie dem Tierversuch zu danken sind. Übrigens sind die im Kollegium zum Unterricht der Studenten früher so oft ausgeführten Tierversuche heute meist durch Vorführungen im Film, wie es z. B. im Physiologischen Institut Prof. Durigs geschieht, ersetzt.

Schon aus diesen Mitteilungen zeigt sich der Wert des Tierexperimentes, der im folgenden noch zusammengefaßt werden soll: Bevor Billroth zum erstenmal, und zwar mit sofortigem günstigen Erfolg, den ganzen Kehlkopf wegen Krebs entfernte, ließ er die Technik dieser Operation durch seinen Assistenten Czerny am Hund studieren. Als er später daran ging, seine erste Magenresektion wegen Krebs am Menschen auszuführen, beauftragte er erst seine Assistenten Gussenbauer und A. v. Winiwarter, diese Operation im Laboratorium experimentell zu studieren. An 26 Hunden hatten sie die Technik entwickelt. Billroth konnte gleich im ersten Fall der Wegnahme des Magenkrebses, die er am Menschen ausführte, durch diesen planmäßig und praktisch am Tier erprobten Eingriff einen vollen Erfolg erzielen und wurde dadurch der Schöpfer der modernen Magenchirurgie.

Die moderne Lungenchirurgie ist u. a. durch das Sauerbruchsche Druckdifferenzverfahren gefördert worden. Auch diese Neuerung wurde erst an Hunderten von Versuchstieren experimentell geprüft, bevor sie erfolgreich am Menschen in Anwendung gezogen wurde.

Die Behandlung bei Verletzung der Schlagadern ist auf den Tierversuch aufgebaut. Jassinowsky, Murphy, Stich, Makkas, und andere, vor allem der Meister der experimentellen Chirurgie, A. Carrel in New-York, seien hier erwähnt.

Wie viele Millionen von Versuchstieren, insbesondere Ratten und Mäusen, erheischte die Entwicklung der modernen Bakteriologie und erfordert sie noch, um die Ursachen der verschiedenen Infektionskrankheiten zu erforschen; wie viel weitere braucht man zur Bereitung der Heilsera! Ich erinnere an die Namen Robert Koch, Behring, Ehrlich, Roux, Kitasato, Yersin u. a., denen es gelang, das Tuberkulin, das Diphtherie-Heilserum, sowie das gegen Starrkrampf, Gasbrand, Ruhr usw. auf Grund von zahllosen Tierversuchen zu gewinnen, nachdem der geniale französische Chemiker Pasteur die ersten Grundlagen hiefür geschaffen hatte. Pasteur äußerte sich, er könne keinen Spatzen töten nur um des Tötens willen und er sei ein Feind der Jagd. Gelte es aber, der Menschheit zu helfen, scheue er nicht davor zurück, Schafe mit Milzbrand,

Hunde mit Wut usw. zu infizieren, um dadurch Gesichtspunkte zu gewinnen, die bei schweren, bis dahin unheilbaren Erkrankungen, eine Rettung der Tiere und vor allem der Menschen ermöglichen, auch auf die Gefahr hin, daß diese Versuchstiere leiden müssen und zugrundegehen.

Dem großen Lister, dem Begründer der modernen Wundbehandlung, wurde seinerzeit über höchsten Auftrag vom Sekretär der Königin Viktoria von England nahegelegt, offen im Parlament gegen den Tierversuch Stellung zu nehmen. Seine Antwort ist wert, festgehalten zu werden: Bei aller Ehrerbietung gegenüber dem von der Königin geäußerten Wunsch, könne er ihn nicht erfüllen; er selbst habe den Tierversuch mit großem Erfolg für seine Studien über Wundbehandlung herangezogen und möchte ihn nicht entbehren.

In einer großen Zahl von Laboratorien wird unablässig das Krebsproblem experimentell studiert. Viele Zehntausende von Mäusen, Ratten und Kaninchen, auch Hunde, sind schon zu diesen Versuchen verwendet worden. Kann auch bis heute noch kein endgültiger Erfolg verzeichnet werden, so ist doch zu hoffen, daß es der experimentellen Forschung gelingen wird, einmal die Lösung zu finden.

Wie viele Tiere jährlich in den Laboratorien bei der Herstellung und Ausprobung medizinischer Präparate verwendet werden, das entzieht sich einer auch nur annähernden Schätzung.

Ich habe zu meinen Versuchen auch größere Tiere gebraucht, z. B. Ziegen, Hunde, gelegentlich auch Schweine, sehr oft Katzen. Mich kostete es stets Überwindung, ein Tier, z. B. einen Hund, zu einem Versuch zu verwenden. Allerdings hatte mein erster Lehrer in der Physiologie, L. Hermann in Zürich, seinen Schülern den Grundsatz eingeprägt, immer nur in tiefer Narkose zu operieren und eher ein Tier durch die Narkose zugrunde gehen zu lassen als ihm aus Furcht vor diesem Ausgang Schmerzen zuzufügen.

Die von Cushing in Baltimore abgehaltenen Operationskurse am tief narkotisierten Versuchstier wurden gelegentlich des Berichtes über meine Amerikareise erwähnt. Es besteht kein Zweifel darüber, daß der junge Chirurg, der am lebenden narkotisierten Tier eine Darm- oder Gefäßnaht versucht hat, diese mit größerer Geschicklichkeit und Sicherheit am Menschen ausführen wird als einer, dem diese Möglichkeit nicht geboten wurde.

Auch ich verabscheue jede dem Tier zugefügte zwecklose Qual, z. B. das Fangen der Singvögel mit Leimspindeln, das Halten derselben in kleinen Käfigen bei schlechter Luft im dunklen Raum oder gar das Quälen der alten Pferde durch Peitsche und Fußtritte. Die grausame Sitte, die Vögel zu blenden, damit sie besser singen, dürfte zum Glück aufgehört haben. Die Stier- und Hahnenkämpfe, die die höchste Begeisterung bei den Zusehern erwecken, sind mit Qualen für die Tiere verbunden, und fragt man sich, wozu sie durchgeführt werden, vermag wohl niemand irgend einen ethischen Gesichtspunkt dafür ins Treffen zu führen; dasselbe gilt für die Parforce-Jagden auf Füchse oder Hirsche, wenngleich hier die sportliche Leistung für den Jäger in Betracht kommt.

Ich schätze die Treue des Hundes zu seinem Herrn, seinen absoluten Gehorsam und seine Hingabe. Aber wenn durch den Tierversuch neue Gesichtspunkte zu finden sind, durch die dem kranken Mitmenschen geholfen werden kann, so gibt es kein Zaudern, ihn auszuführen.

Es sei das Unmaß von Schmerzen erwähnt, das die Menschen seit Jahrtausenden den Tieren zufügen. Nicht nur Fohlen, Kälber und Ferkel, Hähnchen und Hühnchen werden ihrer Geschlechtsdrüse beraubt — ein Eingriff, der immer ohne Betäubung ausgeführt wird — sondern auch die erwachsenen Tiere wie Hengste, Stiere, Widder und Eber, werden diesem Eingriff ohne Narkose unterzogen, entweder um, wie bei den Pferden, deren Temperament zu mäßigen oder um, wie bei den anderen Haustieren, das Fleisch schmackhafter und für den Besitzer nutzbringender zu machen.

Wenn sich also die Menschen aus persönlichen Erwerbsgründen und in der Absicht, den verwöhnten Gaumen besser befriedigen zu können, das Recht anmaßen, die Tiere schmerzhaften Eingriffen ohne jede Narkose zu unterziehen, so ist es nicht faßlich, warum ein so starker Widerstand gegen den Tierversuch besteht, der letzten Endes nur dazu unternommen wird, der leidenden Menschheit Hilfe zu bringen.

Sowohl dem Naturwissenschaftler als auch dem Arzt muß das Recht zugestanden werden, zwecks Erforschung des Wertes eines Eingriffes und im Interesse des Erkrankten den Tierversuch auszuführen, der heutzutage so gut wie ausnahmslos unter allgemeiner oder lokaler Betäubung gemacht wird.

ZUR BEHANDLUNG DER KREBSKRANKEN

Eine Naturheilung des Krebses ist bisher kaum einwandfrei sichergestellt, beziehungsweise äußerst selten und wird bloß bei harmlosen Formen äußerer Krebse als große Ausnahme beobachtet.

Leider fehlt für den Krebs bisher noch ein Mittel, das denselben in ähnlicher Weise beeinflußt wie Jod und Quecksilber manche chronischen Entzündungsprozesse, wobei nach den ersten Gaben die Krankheit schon stehen bleibt und sich schnell bessert, um dann unter einem oder mehreren Behandlungszyklen vollkommen zur Ausheilung zu kommen.

Für die Behandlung einer großen Zahl von bösartigen Geschwülsten (Krebs im weitesten Sinne des Wortes) gilt bisher immer noch das Wegschneiden derselben, also eine Exstirpation der Geschwulst, als die sicherste Methode. Diese Operationen haben in den letzten 50 Jahren ungeahnte Fortschritte gemacht und viele herrliche und dauernde Erfolge erzielt. Durch Röntgen- und Radium-Behandlung allein oder in Verbindung mit Operationen sind in den letzten Dezennien auch sehr bemerkenswerte Resultate erzielt worden.

Es sei hier an die Erfolge bei Entfernung der Geschwülste des Hirns und Rückenmarks, des Kropfes, der Lunge, des Magens und Darmes, der Niere usw. erinnert; aber auch die Geschwülste der Extremitäten werden heute erfolgreicher unter Erhaltung der Gliedmaßen behandelt als früher.

Daneben bleibt immer noch eine Anzahl von Fällen, in denen eine radikale Hilfe nicht möglich ist, sei es, daß der Sitz des Krebses für eine Operation nicht zugänglich ist oder der Patient zu spät zur Behandlung kommt. Immer ist der Schwerpunkt der Krebsbehandlung in der Frühoperation zu suchen und diese wird durch eine Frühdiagnose ermöglicht. Als Chirurg kann man nur bedauern, daß der Krebs zu Beginn seiner Entwicklung nicht schmerzt wie etwa ein schlechter Zahn oder ein Sandkorn im Auge, wobei der davon Betroffene nicht ruht, bis der Störenfried entfernt ist. Bei dem ersten Anfang von Krebs fehlt meist jeder Schmerz, jede Beschwerde, also der Warnruf, zum Arzt zu gehen. Auch gebildete Menschen lassen, wenn sich eine Krankheit nicht besonders bemerkbar macht, die Dinge gehen und fragen erst dann den Arzt, wenn Schmerz, Entstellung oder eine Funktionsstörung eintritt. Wie oft führt die Nichtbeachtung einer schmerzlosen Verhärtung der Brustdrüse dazu, die für die Operation günstige Zeit zu versäumen. Gerade dadurch wird von den Kurpfuschern, auch wenn sie keine schädliche Medizin verschreiben, manch Unheil angerichtet. Deshalb werden auch weiterhin gelegentlich in der Sprechstunde des Operateurs jene bedauernswerten Patienten erscheinen, denen nicht mehr zu helfen ist. Oft hat Billroth uns gegenüber geklagt, wenn in seiner Ordination wieder einmal mehr als die Hälfte der Hilfesuchenden mit unheilbarem Krebsleiden behaftete Personen waren. Seit Dezennien ist das nun besser geworden, die Krebskranken kommen früher zum Arzt, immerhin habe auch ich nicht selten ganz aussichtslose Fälle gesehen.

Das Alter eines an Krebs Erkrankten soll kein Grund sein, von einer operativen oder Strahlenbehandlung abzusehen. Leider besteht in dieser Hinsicht bei Laien und leider auch bei manchen Ärzten eine weitverbreitete irrige Meinung. Ich weiß von einem schon verstorbenen tüchtigen Arzt, der bei hochbetagten Leuten, insbesondere der Landbevölkerung, nicht nur den Angehörigen, sondern auch dem Patienten selbst andeutete, es lohne sich nicht mehr, eine Behandlung anzufangen. So konsultierte ihn einmal ein über 80 Jahre alter Bauer mit einem beginnenden Krebs der Unterlippe; der Knoten wäre leicht zu entfernen gewesen, eine nachträgliche starke Bestrahlung hätte zweifellos nicht nur ein längeres Wohlbefinden, sondern voraussichtlich eine Dauerheilung des Krebses zur Folge gehabt. In Befolgung des ärztlichen Rates wurde jede Behandlung unterlassen. Die Neubildung griff langsam, aber rücksichtslos um sich, zerstörte den Mundwinkel und führte zu ausgedehnten Drüsenschwellungen unterhalb des Unterkiefers. Das große Geschwür blutete wiederholt und verbreitete einen unerträglichen Geruch. Der alte Bauer, von Haus aus kräftig und sonst gesund, lebte fast zwei Jahre mit diesem schweren Leiden, sich selbst und seiner Umgebung zur Qual, bis ihn eine tödliche Blutung aus dem Krebsgeschwür erlöste!

Als Gegenstück zu diesem Fall sei über eine 85jährige Frau berichtet, die zu Beginn meiner Tätigkeit in Wien meine Klinik aufsuchte. Die Untersuchung ergab einen Krebsknoten in der Brustdrüse. Auf meinen dringenden Rat, sich operieren zu lassen, meinte sie, sie wäre schon zu alt, es lohne sich nicht. Ich erwiderte ihr, sie könne nach gut gelungener Operation 100 Jahre alt werden; endlich entschloß sie sich zum Eingriff und ich nahm die Entfernung der kranken Brust samt Ausräumung der Achselhöhle vor. Nach zehn Tagen verließ sie die Klinik in geheiltem Zustand. Die mikroskopische Untersuchung stellte einwandfrei die Diagnose Krebs fest. Während des Krieges erhielt ich von ihr ein Schreiben folgenden Inhaltes: „Daß Sie ein guter Chirurg sind, habe ich gewußt, darum bin ich zu Ihnen gegangen. Daß Sie aber ein Prophet sind, das war mir neu. Ich habe vorige Woche meinen 100. Geburtstag gefeiert. Gesundheitlich geht es mir vollkommen gut, nur bin ich durch die Kriegsnöte in meiner Ernährung beeinträchtigt und würde etwas Geld brauchen zur Beschaffung von Lebensmitteln." Ich freute mich herzlich über den operativen Erfolg. Auch gegen die Verarmung der Greisin konnte Hilfe geschafft werden. Sie starb im 102. Lebensjahr, ohne daß sich ein Rezidiv eingestellt hätte.

Alle Bestrebungen sind zu begrüßen, die das Laienpublikum über die Früherscheinungen des Krebses aufklären, wie dies z. B. in vorbildlicher Weise Dezennien hindurch der verdienstvolle Frauenarzt Prof. Georg Winter für Ostpreußen getan hat, mit dem ich gleichzeitig vor 40 Jahren in Königsberg wirkte. Seit neuestem streben manche Krankenkassen und Versicherungsstellen regelmäßig wiederholte Untersuchungen ihrer gesunden Mitglieder an, um ein etwa in seinen ersten Anfängen vorhandenes Krebsleiden noch zu einer Zeit aufzudecken, da es durch Messer und Strahlenbehandlung dauernd geheilt werden kann. Solche Gesundenuntersuchungen sind durchaus zu empfehlen.

Die Krebskranken finden in den chirurgischen Kliniken und Abteilungen zweckmäßige Behandlung; da aber die inoperablen Patienten in den mit heilbaren Kranken oft überfüllten Spitälern, wenn überhaupt, nur für kurze Zeit aufgenommen werden dürfen, sind schon wiederholt eigene Spitäler gegründet worden, die das Los dieser Unglücklichen erleichtern sollen, was umso wichtiger ist, als Krankenkassen und Gemeinden des öftern keinen längeren Spitalsaufenthalt den Unheilbaren zahlen. Wie oft hört man von diesen bedauernswerten Krebskranken, sie möchten ein kleines „Platzerl" in einem Spital, ein Bett, in dem sie liegen und ruhig sterben könnten. Wir besitzen in Wien ein sehr gut eingerichtetes „Haus der Barmherzigkeit", wo die Kranken vortrefflich behandelt und von Schwestern des hl. Vinzenz von Paul in liebevoller Weise gepflegt werden. Der Belagraum dieses Spitals reicht aber umsoweniger für die zahlreichen unheilbaren Krebskranken aus, als in diesem Haus auch Patienten mit anderen unheilbaren Krankheiten Aufnahme finden müssen. Über das Cancer-Hospital in London, das Samariterhaus, das vom bekannten Chirurgen Czerny in Heidelberg gegründet, nur für die Behandlung von Krebskranken bestimmt war, sowie über das „Haus des Trostes" in Brünn, das durch Primarius Bakes ins Leben gerufen wurde, habe ich bereits berichtet. In diesen Anstalten finden Krebskranke Aufnahme, vorwiegend solche, die nicht mehr radikal operierbar sind. Auch in Paris gibt es ein Krebsspital, an dessen Spitze der bestbekannte pathologische Anatom Roussy steht, ferner in Brüssel, Buenos Aires, Budapest und an zahlreichen anderen Orten. Weitgehend ist heute die Fürsorge für die Krebskranken u. a. in Deutschland, Schweden, England und in den Vereinigten Staaten. Vielfach wird dort allen Krebskranken vollkommen unentgeltliche Spitalsaufnahme und Behandlung zuteil, auch die Reise von der Heimat und zurück wird den Patienten vergütet.

Die „Österreichische Krebsgesellschaft zur Erforschung und Bekämpfung der Krebskrankheit", die im Jahre 1910 gegründet, sich des Protektorates Kaiser Franz Josephs, später Kaiser Karls erfreute, war ebenfalls bestrebt, ein Krebsspital zu errichten. Bei Gründung der Gesellschaft wurde mir das Präsidium übertragen. Die Professoren v. Hochenegg und R. Paltauf wurden zu Vizepräsidenten gewählt; Professor A. Fraenkel, der in seiner ausgezeichneten Abhandlung, betitelt „Principiis obsta", die Ärzte zu einer möglichst frühzeitigen Krebsdiagnose aufforderte, war als Sekretär tätig. Die Vermögensverwaltung lag in den Händen des Stabsarztes Dr. J. v. Winter († 1917), der überall, wo es sich handelte, den kranken Mitmenschen beizustehen, werktätig mithalf [57].

Knapp vor Kriegsbeginn war die Krebsgesellschaft unerwartet in den Besitz eines nicht unbeträchtlichen Kapitals in folgender Weise gekommen: Eines Tages kam eine alte, einfache und bescheiden gekleidete Frau in das Elisabeth-Spital und fragte einen Herrn im weißen Mantel, ob sie einen Doktor sprechen könne. Der Arzt fragte wohlwollend: „Nun, was wollen Sie denn, liebes Frauerl?" „Ich möchte mein Vermögen einer wohltätigen Sache widmen." Nun wurde die Frau auf die Direktion geführt, wo sie erklärte, eine und eine halbe Million Kronen für ein Spital stiften zu wollen; ihr Vertrauensmann und Testamentsberater, Notar Dr. v. Belisa, werde alles weitere verfügen, er sei vollkommen über ihre

---

[57] So rüstete er unter bedeutenden materiellen Opfern im dritten Kriegsjahr nach Angaben des bekannten Wiener Hygienikers OStA. Professor Dörr eine Reihe von ambulanten bakteriologischen Laboratorien aus, die zu den einzelnen Stäben an die Front gesandt, die Frühdiagnose von epidemischen Krankheiten ermöglichten und damit viel Gutes zur Verhütung und Eindämmung von Epidemien wirkten.

Absichten unterrichtet. Bald darauf starb die Frau; nunmehr ging der Wettlauf um die Stiftung an. Als Präsident der oben erwähnten Gesellschaft ging ich zum Notar und fand dort schon einige Bewerber vor, die ebenso wie ich das Geld für eine Spitalsstiftung erhalten wollten. Unter ihnen war ein Herr mit besonderer Beredsamkeit, der das Geld für die Gemeinde Wien zur Erbauung eines Scharlachpavillons im 16. Bezirk anstrebte. Er weilte durch einige Zeit in der Kanzlei des Notars; trotz der verschlossenen Türe hörte man ihn unausgesetzt auf den Notar einreden, daß die Verwendung des Geldes für seinen Zweck die einzig richtige sei und alles andere an Wichtigkeit nachstünde. Nach dem Verlassen des Zimmers empfahl er sich auch bei mir und sagte, er hoffe, sein Ziel erreicht zu haben.

Nun kam ich daran und ließ zunächst den Notar reden, der mir von der eindringlichen Überredungskunst des vorherigen Bewerbers erzählte. Ich erwiderte: „Gewiß ist die Widmung des Geldes für den Scharlach-Pavillon gut, aber auch die Gründung eines Krebsspitals muß umsomehr erwogen werden, da die verstorbene Stifterin, Frau Mittermaier, von vornherein von der Errichtung eines Krebsspitals gesprochen habe." Darauf der Notar: „Sie sind mein Mann. Sie haben den Scharlach-Pavillon nicht schlecht gemacht und haben beide Zwecke gelten lassen. Ihnen gebe ich das Geld für das Krebsspital." So gelangte die Österreichische Krebsgesellschaft in den Besitz der stattlichen Summe; es kamen dann noch Wittgensteinsche Bettstiftungen dazu, und der Bau des „Franz-Joseph-Lazarettes", dessen Plan von dem genialen Meister Otto Wagner vollkommen fertiggestellt war, sollte beginnen. Leider wurde er durch den bald darnach ausbrechenden Krieg vereitelt und ist bis heute nicht zur Ausführung gelangt. Die Zinsen des durch die Geldentwertung stark verringerten Kapitals werden zur Erforschung und Bekämpfung der Krebskrankheit insoferne verwendet, als wissenschaftliche Arbeiten verschiedener Forscher an den einzelnen Instituten damit gefördert werden, anderseits testamentarisch festgelegte kleinere Summen armen Krebskranken den Aufenthalt in verschiedenen Spitälern ermöglichen, den sie sich aus eigenen oder Gemeindemitteln nicht leisten können.

Vor dem Krieg hat Prof. G. Riehl, damals Vorstand der Klinik für Hautkrankheiten und Syphilis, an seiner Klinik eine eigene Radiumstation gegründet und bemerkenswerte Erfolge auch bei Krebskranken erzielt. Eine wesentliche Mehrung ihres kostbaren Materials verdankt die Radiumstation dem Primarius Dr. Karl Fleischmann. Mit nimmer erlahmender Kraft hat er sich in dieser Richtung betätigt; so lud er im Jahre 1930 den Ausschuß der Krebsgesellschaft und eine Reihe von wohlhabenden, angesehenen Persönlichkeiten Wiens in sein schönes Heim und setzte in einem Vortrag die Bedeutung des Radiums in der ärztlichen Wissenschaft genau auseinander. Anschließend daran machte ich auf die Wichtigkeit der Behandlung, besonders von Krebsleiden, mit Radium und auf die Notwendigkeit des Sammelns von Geldern für diesen Zweck aufmerksam. Wir erlebten die Freude, daß innerhalb weniger Tage über 30.000 S einflossen, die zum Ankauf von Radium dienten, das bis auf weiteres der Radiumstation zur freien Verfügung gestellt wird.

Die Gemeinde Wien hat im Jahre 1932 auf Anregung ihres Sanitätsreferenten Professor Tandler in Lainz ein modern eingerichtetes Spital zur Behandlung von Krebskranken errichtet, in dem diese Patienten vorwiegend mit Strahlentherapie behandelt werden, zu welchem Zwecke fünf Gramm Radium angeschafft wurden.

Wenige Jahre später hat der Amerikaner Mr. Frederik Pearson, der sich als Laie ungewöhnliche Kenntnisse über die Krebskrankheit erwarb, einen großen Betrag gestiftet und diesen durch jährliche Spenden vermehrt, so daß bisher die Summe von einer Million Schilling ausgewiesen werden kann. Dadurch wurde es dem bekannten Forscher Prof. Dr. Ernst Freund, früher Vorstand des Chemischen Institutes am Rudolfsspital in Wien, auch nach seiner Emeritierung ermöglicht, seine auf mehrere Jahrzehnte zurückreichenden Studien über die Diagnose des Krebses durch Blut-, Harn- und Stuhluntersuchungen fortzusetzen. Wenn Freund auch schon bemerkenswerte Befunde aufzuweisen hat, so ist diese Diagnostik doch nicht so weit praktisch erprobt, daß allein auf Grund derselben eine wichtige Entscheidung gefällt werden könnte.

Zur Behandlung von Karzinomkranken, sowohl nach erfolgter Operation als auch bei inoperablen Fällen, hat Professor Freund auf Grund einer von ihm festgestellten Beziehung von Krebsleiden und Stoffwechselstörung eine eigene Diät empfohlen, die bei manchen Kranken im Pearson-Spital zu günstigen Ergebnissen führte.

Primarius J. Kretz in Linz empfiehlt sowohl die Freundsche Reaktion zur Sicherstellung der Diagnose als auch seine Krebsdiät.

Wir haben alle Ursache, dem großmütigen Spender Frederik Pearson von Herzen dankbar zu sein.

Zu Beginn des Jahrhunderts glaubte ein Professor der Pathologie in Galizien ein Heilmittel gegen den Krebs gefunden zu haben. Er nannte es „Cancroin" und überließ einer Firma das alleinige Recht zu seiner Herstellung. Durch sein sicheres Auftreten verstand er es, in den Patienten die Überzeugung zu festigen, das Mittel werde zur Heilung führen. Wenn er damit auch manche Patienten psychisch gut beeinflußte und in ihnen bis zuletzt die Hoffnung stärkte, ihre Gesundheit wiederzuerlangen, so hatte er doch keine tatsächlichen Erfolge zu verzeichnen. Mit der chemischen Fabrik, die das Mittel herstellte, hatte der „Erfinder" einen Vertrag abgeschlossen, laut dem er das Cancroin als „Heilmittel" der Fabrik überließ, wofür kontraktlich bestimmte Zahlungen für die verkauften Präparate ausbedungen wurden. Der allgemeine Verbrauch war ein so geringer, daß die Fabrik dem Erfinder offen mitteilte, sie sei nicht in der Lage, Abgaben zu zahlen, das Mittel habe die Firma bisher bloß Geld gekostet, aber nichts eingebracht. Daraufhin Klage von seiten des Professors unter gleichzeitiger Forderung der Vorlage der Geschäftsbücher. Die Fabrik beantwortete diese Klage dahin, daß es sich in Anbetracht der bisher beobachteten Mißerfolge nicht um ein „Heilmittel" handeln könne, als das es vom Erfinder bezeichnet wurde. Beide Parteien einigten sich auf Professor v. Neusser und mich als ärztliche Sachverständige in dieser Frage. Vor Abgabe des Gutachtens mußten wir das ziemlich dicke Buch des Erfinders durchstudieren, das uns durchaus nicht von der Vortrefflichkeit des Cancroin überzeugte, so daß wir beide uns vor Gericht dahin aussprachen, das Mittel könne auf Grund der bisher vorliegenden Beobachtungen nicht als „Heilmittel" bezeichnet werden.

In einer Verhandlungspause sagte mir der Advokat des Klägers, er habe ja selbst nicht viel Vertrauen zu dem Mittel, müsse aber natürlich alles, was zugunsten seines Klienten spreche, vorbringen und schloß die Unterredung mit folgenden Worten: „Wenn ich einmal Krebs bekommen sollte, dann begebe ich mich in Ihre Behandlung, Herr Professor, und lasse mich von Ihnen operieren." Ich erwiderte: „Das ist ja sehr ehrenvoll für mich, aber wenn Sie, Herr Doktor, wegen Krebs in meine Behandlung kämen, so sollten Sie eigentlich der Erste sein, an dem ich das Cancroin versuchte, das Sie so warm verteidigen." Diese Antwort hatte einen lebhaften Heiterkeitsausbruch des Advokaten zur Folge. Die Klage des Erfinders gegen die Fabrik wurde vom Gericht abgewiesen.

Auch heute werden noch immer neue Krebsmittel angepriesen und das wird solange dauern, bis das richtige gefunden sein wird. R. Stich rügt mit Recht die Empfehlung solcher unwirksamer Mittel, die dem unglücklichen Kranken den letzten Pfennig aus der Tasche holen. Gerade in der letzten Zeit hört man von einem neugefundenen Präparat, von dem die Dosis für eine Behandlungsserie über 1000 S kostet und das leider auch erfolglos ist. Ja, wenn es nützte, dann wäre es nicht zu viel, dann müßte diese Summe auch für Arme aufgebracht werden!

Man darf den Mut nicht sinken lassen, wenngleich seit Dezennien viele Forscher vergeblich an der Entdeckung der Ursache und Behandlung der bösartigen Geschwülste arbeiten. Als Billroth zu seinem 60. Geburtstag (6. Mai 1889) von seinen Schülern herzlichst beglückwünscht wurde, betonte er in seiner Antwort, daß nur durch eingehende scharfe Kritik an unserer eigenen Arbeit und dem, was unsere Vorfahren geleistet haben, wir den wissenschaftlichen Besitz sichern und nach neuen Pfaden suchen könnten. Er schloß: „Es gibt gewiß dunkle Wälder, in die unsere Forschung noch nicht vorzudringen vermochte. Ich brauche Ihnen nur das Gebiet der bösartigen Neubildungen zu nennen. Hier scheitert unsere Kunst nur allzuoft. Die Mechanik vermag kaum etwas Neues zu erringen. Die Chemie muß die heißersehnte Hilfe bringen. Es müssen Mittel gefunden werden, welche den Neubildungen schon bei ihrer Entwicklung Halt gebieten, ohne dem Gesamtorganismus zu schaden. Das halte ich für die wichtigsten Aufgaben der nächsten Zeit. Bisher erwies sich freilich alles, was darüber ersonnen wurde, als fruchtlose Gedankenarbeit, doch hoffentlich erreichen wir auch dieses Ziel!"

Wenn dieses Ziel auch heute, fast ein halbes Säkulum, nachdem Billroth diesen Ausspruch getan hatte, noch nicht erreicht wurde, so hoffen wir doch sicher, daß eines Tages der große Wurf gelingen möge. Jedenfalls ist es interessant, daß Billroth schon damals die Lösung des Krebsproblems durch die Chemie erhoffte.

AUFSCHWUNG UND WANDLUNGEN DER CHIRURGIE

Ich habe schon bei der Beschreibung meiner Lernzeit an der Klinik Billroth über die Listersche Wundbehandlungsmethode berichtet. Mit Recht kann sie im Hinblick auf die damit erzielten gewaltigen Erfolge als einer der größten Fortschritte, die seit Jahrhunderten auf diesem Gebiete gemacht worden sind, bezeichnet werden, der im Vergleich zu der Unsicherheit der früheren Wundbehandlung nicht hoch genug eingeschätzt werden kann. Diese Wundbehandlung gehört aber auch noch aus dem Grunde zu den sicherlich größten Errungenschaften der Wissenschaft, weil sie ausschließlich dem Wohle der Menschen in bester Absicht dient, und nicht wie andere, gewiß nicht weniger großartige Neuerungen auf dem Gebiete der Physik und Chemie auch zum Verderben der Menschen Anwendung findet. Auch das von Lister festgelegte Prinzip der Ruhigstellung nicht nur der Wunde, sondern des ganzen verletzten Körperteiles ist von größter Bedeutung.

Der Karbolära folgte die Behandlung mit Sublimat, dann wurde als spezifisches Wundheilmittel von Mosetig das Jodoform eingeführt, bis es dank den glänzenden wissenschaftlichen Arbeiten eines Robert Koch und den praktischen Durchführungen verschiedener Chirurgen, vor allem des Esmarch-Schülers Neuber, dann v. Bergmann, C. Brunner, Landerer, Schimmelbusch u. a., zur aseptischen Wundbehandlung kam, welche an Einfachheit alles bisher Dagewesene übertraf.

So wurde bis ins 9. Dezennium des vorigen Jahrhunderts am Schluß einer jeden reinen Operation, z. B. eines Bauchschnittes, nach Vollendung der Naht des Bauchfelles die Wunde aus einem in laue Kochsalzlösung getauchten Gaze-tupfer überrieselt, um etwa noch während der Naht hereingekommene Bakterien wegzuspülen.

Billroth hat bald mit diesem Wundsegen gebrochen und seinen übereifrigen Assistenten das Ausdrücken eines in diese Lösung getauchten Tupfers erst auf ein Minimum beschränkt, dann vollkommen verboten. Anfänglich stiegen uns jungen Ärzten Zweifel auf, ob die Wunde ohne diese Spülung gut heilen würde.

Oft erzählte ich meinen Hörern folgende Krankheitsgeschichte, die zeigt, wie Mißerfolge Verbesserungen zeitigen, wenn man sie offenen Auges beobachtet.

Billroth hatte zu Beginn der Achtzigerjahre bei einem jungen Mädchen ein über zweimannskopfgroßes Myom [58] der Gebärmutter erfolgreich entfernt und nach der damaligen Nahtmethode (Spencer Wells) die durchtrennte Bauchdecke in einer einzigen Schichte mit Silberdraht und Seide genäht. Nicht selten kam es, wenn die Patienten nach erfolgter Heilung wieder angestrengt arbeiteten oder an hartnäckigem Husten litten, zu einer Narbendehnung und Bildung einer Bruchgeschwulst der Bauchdecke, die meist nicht oder zu wenig beobachtet wurde. Noch Schlimmeres geschah dieser Patientin. Eines Tages fühlte sie beim Heben einer schweren Kiste einen heftigen Schmerz und etwas Warmes an der Stelle der Narbe. Als sie in ihrem Zimmer schnell die Kleider ablegte, sah sie eine lange Dünndarmschlinge, die aus der geplatzten Operationsnarbe heraushing und sich wie ein Regenwurm langsam bewegte. Sie legte geistesgegenwärtig ein frisches Taschentuch auf die Darmschlinge, wickelte ein frisches Handtuch um den Leib und befestigte es mit Sicherheitsnadeln. Dann ging sie vorsichtig die Stiege hinunter, setzte sich in einen „Einspänner" und fuhr in die Klinik Billroth.

Nach Wegnahme des Verbandes zeigte sich folgendes Bild: Die Narbe war an einer Stelle geplatzt, eine zirka 30 cm lange

---

[58] Eine gutartige Geschwulst, die nicht nur durch ihre Größe lästig wird, sondern auch durch heftige Blutungen oft dringend eine Operation erheischt.

Dünndarmschlinge war vorgefallen. Nach den damaligen Anschauungen über Desinfektionsmethoden wurde während der Vorbereitungen zur Operation nicht nur die Bauchdecke und die Wunde, sondern auch die Dünndarmschlinge mit großen Mengen von Sublimatlösung 1 : 1000 überspült. Durch die rasch eingeleitete allgemeine Narkose wurde eine Entspannung der Bauchmuskeln erzielt, die Dünndarmschlinge in die Bauchdecke zurückgebracht und der Riß der Bauchdecke durch eine genaue dreischichtige Naht: Bauchfell, Muskel und Haut, geschlossen. Die Heilung erfolgte glatt. Als kurze Zeit später in den Fachblättern die ersten Fälle von Sublimatvergiftung selbst bei kurzer Berieselung mitgeteilt wurden, erschraken wir noch nachträglich bei dem Gedanken, wie viel solcher Sublimatlösung auf die Darmschlinge und damit auch in die Bauchhöhle eingeflossen sein mochte, und waren ehrlich froh, daß unsere brave Patientin alles so gut überstanden hatte.

Dieses Platzen der Narbe veranlaßte Billroth, von nun an nach allen Bauchschnitten die Bauchwandung in drei, ja manchmal sogar in vier Schichten zu nähen und damit die alte (Spencer Wells) einschichtige Naht aufzugeben.

Die heutige Methode der aseptischen Wundbehandlung ist viel einfacher als die frühere antiseptische. Alle direkt oder indirekt mit der frischen Wunde in Berührung kommenden Gegenstände, Instrumente, Tupfer, Seide, Drainrohr und Tampons, sind durch das beste bakterientötende Mittel: kochendes Wasser oder Dampf unter Überdruck, gereinigt. Da der Chirurg seine Hand nicht der Hitze aussetzen kann, zieht er vor der Operation Gummihandschuhe an, die gründlichst sterilisiert wurden. „Die Reinlichkeit bis zur Ausschweifung" hatte Billroth schon seinerzeit als Devise unseres Handelns im Operationssaal erklärt.

Nur in seltenen Ausnahmefällen wurden noch chemische Mittel zur Desinfektion verwendet, so etwa, wenn ein Hundebiß vorlag und man nicht sicher wußte, ob der Hund gesund war; oder wenn es sich um die Desinfektion einer Wunde handelte, die sich der Arzt im Laboratorium zugezogen hatte, wobei aller Wahrscheinlichkeit nach besonders bösartige Bakterien, schwergiftige Eiterkokken oder Starrkrampf-, Milzbrand-, Rotzbazillen hinzugekommen waren. Als Desinfektionsmittel wurden dann Lösungen in konzentrierter Form angewendet. In solchen Fällen ist die beste Reinigung der frischen Wunde ein sorgfältiges Ausschneiden, im Notfalle Ausbrennen der Ränder, das allerdings gleich in den ersten Stunden erfolgen muß; jedenfalls aber sind die gequetschten und zerfetzten Ränder wegzunehmen. Weiters kommt beim Hundebiß noch eine Schutzimpfung nach Pasteur in Betracht.

Die heute gebräuchliche Methode der Behandlung von Hautwunden vermeidet jedes Auswaschen derselben. Bei ganz kleinen Wunden, bei denen die Ränder nicht gequetscht aussehen und keinerlei Blutstillung erforderlich ist, wird es genügen, mittels eines kleinen, mit einem Tropfen Jodtinktur benetzten Wattebäuschchens die Wunde leicht zu betupfen, dann ein entsprechend kleines Stück aus weißer steriler oder Jodoformgaze in der Größe eines Schillings aufzulegen und mit einem Heftpflaster zu befestigen. Die modernen Verbandpäckchen sowie auch die handlichen kleinen Wundverbände eignen sich gut dazu. Dort, wo keinerlei Verbandmaterial im Augenblick zu beschaffen ist, wird man im Notfall ein frischgewaschenes Taschentuch auf die Wunde legen, um sie vor weiterer Verunreinigung zu schützen. Da auch kleine, harmlos aussehende Wunden tief hineingedrungen und dabei Sehne, Nerv, größere Ader, Gelenkskapsel durchtrennt sein können, wird es gut sein, diese Verletzten baldigst dem Arzt zu zeigen. Er wird in erster Linie die Blutung stillen, allenfalls die Wundränder glätten und nähen und durch einen Verband den Körperteil ruhigstellen. Er sieht ferner darauf, ob nicht Holzsplitter oder Gartenerde in die Wunde gelangt sind; in solchen Fällen wird der Fremdkörper entfernt und eine Einspritzung mit Starrkrampfserum ausgeführt.

Nach den glänzenden Erfolgen, welche der leider zu früh verstorbene amerikanische Arzt Eduard Davidson (Detroit) bei schweren, ausgedehnten Verbrennungen durch sofortige Behandlung mit Gerbsäure (Acidum tannicum) erzielt hat, wird es sich für jede Haushaltung empfehlen, eine Schachtel mit diesem Pulver vorrätig zu halten. Im Bedarfsfalle werden fünf Teelöffel davon in einem Glas Wasser gelöst, ein Sacktuch damit getränkt, auf die Brandwunde gelegt, wiederholt befeuchtet, und ohne zu wechseln so lange darauf belassen, bis die verbrannte Haut braun geworden ist. Dieses Mittel ist ebenso verläßlich wie harmlos und kann dem Laien für die erste Hilfe in die Hand gegeben werden. Weder vor noch während dieser Behandlung soll die Brandwunde mit irgend einem Fett in Berührung kommen.

Die Behandlung der Schußwunden sei noch kurz berührt. Die Wirkung des Pulvers galt in früheren Jahrhunderten als eine übernatürliche und man hielt die Schußwunden für vergiftet, durch den Teufel behext, da sie auf kurze Distanz, durch sehr große Projektile verursacht, meist von schweren Entzündungen und Eiterungen gefolgt waren. Man meinte, diese Wunden erst gründlich mit siedendem Öl ausbrühen zu müssen. Und das ohne Narkose! Ein Zufall befreite die armen Schwerverletzten von dieser verhängnisvollen Behandlung, die nicht nur unsägliche Schmerzen bereitete, sondern auch so manchem braven Krieger das Leben kostete. Dem französischen Feldscher Ambroise Paré, damals noch nicht zwanzig Jahre alt, war im Jahre 1536 nach der Einnahme von Turin das Öl knapp geworden, so daß er es nur für die verwundeten Offiziere verwendete, während er die Schußwunden der Mannschaft mit einer Abkochung von Eigelb, Rosenöl und Terpentin in lauwarmem Zustand übergoß. Die folgende Nacht quälte sich Paré mit Sorgen, wie es wohl den auf diese Weise behandelten Soldaten ergehe. Er schlich schon in aller Frühe in das Spital und war freudig überrascht, diese Kranken fieber- und schmerzfrei zu finden, während die Offiziere heftige Schmerzen und Fieber hatten. Von da ab ließ Ambroise Paré das Ausbrennen der Schußwunden vollkommen weg und befreite mit einem Schlag die Chirurgie von dieser ebenso unzweckmäßigen wie grausamen Behandlung. Damit machte er sich selbst einen unvergeßlichen Namen. Er wurde einer der berühmtesten Chirurgen Frankreichs, der bis in sein hohes Alter in Paris tätig war. Ich möchte jedem Arzt die Durchsicht seines Werkes „Les oeuvres d'Ambroise Paré", 10. Auflage, Lyon, Philippe Borde 1641, empfehlen.

In späteren Jahrhunderten hat man die Schußverletzten, wenn auch in anderer Weise, zu viel behandelt, ich möchte fast sagen mißhandelt — Polypragmasie! So wurde Billroth noch 1866 beim Besuch eines deutschen Verwundetenspitals in Bayern von den dort tätigen Chirurgen ersucht, selbst mit dem Finger die eine oder andere Wunde, in der das Projektil trotz wiederholter Untersuchung nicht gefunden werden konnte, auszutasten, was er entschieden ablehnte. Er hatte damals schon das richtige Empfinden, daß die Untersuchung mit dem Finger besser unterbleibe und die Wunde in Ruhe gelassen werde. Da es zu dieser Zeit keinerlei Kautschukhandschuhe oder Fingerlinge gab, bot eine solche Untersuchung mit dem nicht gut gewaschenen Finger, wie wir jetzt nachträglich sagen können, sicherlich nicht weniger Gefahren als seinerzeit das Ausgießen mit siedendem Öl.

Erst im letzten Viertel des vorigen Jahrhunderts haben die Beobachtungen dazu geführt, die Untersuchungen der Schußwunde überhaupt, insbesondere zwecks Entfernung der Kugel, tunlichst zu vermeiden. E. v. Bergmann stellte auf Grund seiner Erfahrungen im russisch-türkischen Krieg die Lehre auf, daß die Gewehrschußwunde meist nicht infiziert ist und, wie schon früher erwähnt, nur durch Verband und Ruhigstellung zu behandeln sei.

Ich habe zu Beginn des Weltkrieges eine kurze Anleitung für die Behandlung der an der Front geschehenen Verletzungen in einer Reihe von „Geboten" gegeben, die ich hier im Auszug folgen lassen will. Die Regeln gelten natürlich auch für die erste ärztliche Hilfeleistung bei den Verletzungen in Friedenszeit, nötigenfalls auch für den in der ersten Hilfe unterrichteten Laienhelfer, bis der Arzt kommt.

1. Die frische Wunde darf nicht mit dem Finger berührt und keinerlei Antisepticum in sie hineingebracht werden. Sie ist möglichst bald, ohne sie oder ihre Umgebung zu waschen oder zu spülen, mit einem Verbandstück, am besten mit steriler weißer Gaze, als Einzelverband von vornherein vorgerichtet, im Notfalle einem gewaschenen Sacktuch zu bedecken. Dieser sterile Verband wird mit einer Binde, Heftpflaster oder Mastisol befestigt.

2. Die Behandlung der primären Blutung soll, soweit nicht die örtliche Kompression mit Verbänden ausreicht, durch Umschnürung (elastische Binde, Knebel-Tourniquet) erfolgen. Bei Blutung aus großen Stammschlagadern kommt der starke Druck durch den womöglich mit steriler Gaze umwickelten Finger in Frage. Die Blutstillung mit Instrumenten (Unterbindung) muß immer dem Arzt vorbehalten bleiben.

3. Der Schußkanal ist weder mit der Sonde, noch mit dem Finger zu sondieren, womöglich auch nicht mit einem Verbandstück, selbst einem sterilen, zu tamponieren. Diese Regel gilt auch im allgemeinen für die Behandlung der Wunde in späterer Zeit.

4. Knochenbrüche sind dadurch schmerzlos zu gestalten, daß die beiden Nachbargelenke der gebrochenen Extremität fixiert werden. Bei der ersten Hilfeleistung kommt es nicht so sehr darauf an, daß die Knochenstücke richtig stehen, als daß sie nicht aneinander reiben, da sonst besonders beim Transport starke Schmerzen verursacht werden.

Diese Ruhigstellung kann mit dem Gipsverband erfolgen, wenn man über genügend Material verfügt und die Technik beherrscht. Meist wird man nur eine Schiene anlegen können. Die Cramerdrahtschiene, mit der viele Knochenbrüche schmerzlos verbunden werden können, stellt in verschiedenen Größen eine ausgezeichnete Universalschiene dar. Am schwierigsten ist die Ruhigstellung des gebrochenen Oberschenkels, besonders wenn der Bruch oberhalb der Mitte liegt. Für den Transport möchte ich eine Abänderung der Cramerschiene empfehlen, welche entsprechend lang mit je zwei Seitenflügeln den Oberschenkel, beziehungsweise das Becken umfaßt [59].

5. Das Herausziehen von Projektilen ist nur in seltensten Ausnahmefällen ein dringender Eingriff.

Das Röntgenbild erleichtert uns die Feststellung über den Sitz der Kugel, soll aber nicht den Chirurgen zu einer Operation verleiten, welche nicht angezeigt ist.

6. Bei allen irgendwie schmerzhaften Eingriffen, auch vor dem Verbandwechsel, gebe der Arzt eine Morphiuminjektion; wo sie nicht ausreicht, Äther. Der Ätherrausch und die leichte Äthernarkose sind ein ausgezeichnetes Verfahren dort, wo die sonst so wirksame örtliche Betäubung versagt, z. B. bei schweren Zellgewebseiterungen (Phlegmone).

7. Bei jeder starken Schwellung in der Gegend des Schußkanals, die den Eindruck eines Abszesses macht und Fieber verursacht, denke man an die Möglichkeit einer Verletzung der Schlagader (Aneurysma).

8. Die Benützung starker Gummihandschuhe, die sich leicht und gründlich, am besten durch Hitze vollkommen sterilisieren lassen, ist zur Aufrechterhaltung der Asepsis in jedem Stadium der Verwundetenbehandlung dringend zu empfehlen.

9. Große Eingriffe sollen womöglich Krankenanstalten vorbehalten bleiben, welche allen Anforderungen zur Durchführung der Asepsis entsprechen und einen längeren Aufenthalt der Verwundeten ermöglichen.

Bei ganz schweren Zerstörungen von Gliedmaßen, ausgedehnten Eiterungen, Gasphlegmonen oder drohendem Brand und Fieber soll nicht zu lange mit der Amputation gewartet und nicht das Leben des Patienten, um eine zerstörte Gliedmaße vielleicht zu erhalten, zu sehr in Gefahr gesetzt werden.

Das Wichtigste dieser Regeln ist:

„Der Verband soll aseptisch und der Chirurg, welcher die erste Hilfe leistet, also der Kriegschirurg, möglichst konservativ sein!"

---

[59] Zu Kriegsbeginn von mir angegeben, hat sie sich nach den übereinstimmenden Berichten zahlreicher im Felde stehender Ärzte sehr gut bewährt; später wurde leider ein schlechtes, biegsames Material dazu verwendet, durch welches die Schiene an ihrer Festigkeit einbüßte.

Schon nach dem ersten Kriegsjahr mußten wir unsere Anschauung darüber, daß die Schußwunde in einer großen Anzahl von Fällen primär nicht infiziert ist, ändern, nicht etwa als ob die Ansicht v. Bergmanns als solche unrichtig sei, denn vielfach konnte man auch im Weltkrieg die Erfahrung machen, daß viele Schußwunden glücklicherweise nicht infiziert wurden [60].

Aber seine Erfahrung galt vor allem für die auf größere Entfernung verursachten Gewehrschußwunden. Im großen Völkerringen hingegen wurden, in dem Bestreben, die Krieger womöglich dauernd untauglich zu machen und ganz vom Kampfe auszuschalten, die Granatverletzungen immer häufiger und erforderten schwere Opfer. Dieses Ziel erreichten vorzüglich jene Kampfmittel, die Zertrümmerungen und Zerreißungen bewirken. Man denke an die Artillerieverletzungen, an die Handgranaten, an die Fliegerbomben, an die Minen- und Flammenwerfer und an die Gasangriffe; grausam und unmenschlich wurde dieser Krieg geführt! Neben dem Vorherrschen der Waffen mit Sprengwirkung (80 Prozent der Verwundungen waren durch Rauhgeschosse — Granaten — gesetzt) sind es die äußeren Umstände und die Art des modernen Kampfes, die für die Frage der Infektion der Wunde eine wesentliche Rolle spielen. Kein früherer Krieg hatte sich so vielfach unter der Erde abgespielt: Schützengräben, Unterstände, Kavernen wurden in technisch vollkommener Weise ausgebaut. Dabei kam der Soldat mit der Erde in engste Berührung, beschmutzte sich und seine Kleider. Und die Erde war fast stets mit Eiterkokken, in vielen Gegenden noch mit besonders bösartigen Krankheitserregern (Starrkrampf-, Gasbrandbazillen) geradezu durchseucht; bald bestand die Aufgabe des Chirurgen auch in einem Kampf gegen die Infektionskeime, der immer mehr aktiv geführt werden mußte, je häufiger diese Komplikationen auftraten, so daß schon im zwei-

---

[60] Die tierexperimentellen Untersuchungen verschiedener Chirurgen, u. a. Alexander Fraenkels, haben diese Tatsache vollauf bestätigt.

ten Kriegsjahr vielfach auf den Kriegsschauplätzen jede frische Verwundung durch Einspritzung mit Tetanus-Antitoxin zwecks Vermeidung dieser schrecklichen Wundkrankheit behandelt wurde, und zwar mit großem Erfolg [61].

Die häufigste Infektion stellen die Eiterkokken dar. Ein aktives Vorgehen gegen sie möglichst bald nach der Verletzung erwies sich bei schweren Verwundungen immer mehr notwendig. Dieser Grundsatz wurde in verschiedener Weise durchgeführt.

Ein Teil der Chirurgen hat die alten, bis dahin längst verlassenen Antiseptica wieder verwendet. Das Karbol als Phenolkampfer (Chlumskylösung) stellt einen dauernden Gewinn für die Behandlung der Gelenksschüsse dar (Payr). Es gelang in vielen Fällen, nicht nur die Infektion des zur Eiterung neigenden Gelenks zu verhindern, sondern sogar eine bereits ausgebrochene Gelenkseiterung (Empyem) durch einfache Spülung mit Phenolkampfer zum Rückgang zu bringen. Dadurch konnten nicht nur manche Gliedmaßen erhalten, sondern auch des öftern dem Gelenk die Beweglichkeit gerettet werden.

Zahlreiche Chirurgen sind zur mechanischen Desinfektion der Wunde übergegangen. Schon vor Beginn des Weltkrieges war, wie schon erwähnt, durch die grundlegenden bakteriologischen Untersuchungen Friedrichs (Königsberg) die von ihm empfohlene Ausschneidung von auf Infektion verdächtigen Wunden in die chirurgische Praxis aufgenommen worden. Erst im großen Völkerringen aber hat diese mechanische Wundreinigung ihre Überlegenheit über die chemische erwiesen. Dieses aktive Vorgehen fand auch bei Wunden Anwendung, die möglichst sich selbst zu überlassen bis dahin vielen Chirurgen als unumstößliches Gebot galt. Man erinnere sich nur an Stromeyers kaum hundert Jahre alten Ausspruch, daß derjenige, der bei einer Schädelverletzung eine Trepanation

---

[61] Nach neuesten Berichten kanadischer Forscher soll die Röntgenbestrahlung des ausgebrochenen Gasbrandes allen anderen Behandlungsmethoden überlegen sein. Fast möchte man fragen, ob es noch Krankheitsprozesse gibt, die nicht mit Röntgenstrahlen behandelt werden!

ausführe, also operiere, selbst auf den Kopf gefallen zu sein scheine. Jetzt werden z. B. bei perforierenden Schädelschüssen, insbesondere Tangentialschüssen, frühzeitig die zerfetzten Hautränder weggeschnitten, die losen Knochenstückchen entfernt, die Ränder geglättet, der gequetschte Hirnbrei vorsichtig weggeräumt. Diese primäre Wundherrichtung (Debridement) erzielte oft treffliche Erfolge. Nachdem schon Clairmont vor Kriegsbeginn auf Grund der Erfolge bei vollkommen lückenlosem Verschluß der Trepanationswunde nach Entfernung von Hirntumoren auch für die Behandlung der Schädelwunden nach Schüssen dieses Verfahren empfohlen hatte, zeigte Barany im Weltkriege, daß damit in der Tat bei Frühbehandlung von Tangentialschüssen Gutes geleistet wird. Jäger hat mit Barany in der eingeschlossenen Festung Przemysl größere Löcher in der harten Hirnhaut durch Einnähen eines frei verpflanzten Fascien-Streifens aus dem Oberschenkel gedeckt, wie das erstmalig von Kirschner empfohlen worden war.

Die Versorgung der Herzwunde (Stich oder Schuß) nimmt eine Sonderstellung ein, da die baldigst vorzunehmende Operation, die der große Chirurg L. Rehn in Frankfurt erstmalig und gleich mit bestem Erfolg ausführte, der Stillung der sonst zum Tode führenden Blutung gilt und erst in zweiter Linie der prophylaktischen Verhütung einer allfällig erfolgten Infektion dient. Damit hat Rehn zahlreiche Menschen vor dem sicheren Tode gerettet.

Unsere Indikationsstellung zur Amputation bei Wundinfektion hat durch die Kriegserfahrung wesentliche Wandlungen durchgemacht. Das konservative Prinzip, das wir auch in dieser Frage von Friedenszeiten her übernommen haben, hat durch Unterschätzung der Schwere der Kriegsinfektionen so manches Opfer gefordert. Immer mehr haben wir frühzeitig operativ eingegriffen. Trotz großer Fortschritte in der Prothesentechnik hat sich der gewissenhafte Chirurg erst dann zur Absetzung der Gliedmaße entschlossen, wenn ihre Erhaltung aussichtslos oder nur mit besonderer Gefährdung des Lebens verbunden gewesen wäre. Zu Beginn des Krieges war manche Verwirrung dadurch entstanden, daß Chirurgen von Namen das Schlagwort hinwarfen, es werde zu viel amputiert. Es mag dies wohl für einzelne Fälle gegolten haben, anderseits mag manch junger Chirurg aus Scheu, in diesen Ruf zu kommen, die notwendige Amputation selten, bzw. zu spät ausgeführt haben. Es läßt sich schwer in wenigen Sätzen eine Regel prägen, wo schon amputiert werden muß oder noch zugewartet werden darf. Im allgemeinen halte man sich, wie schon früher erwähnt, vor Augen, daß die Erhaltung des Lebens des Patienten in allererster Linie anzustreben ist.

Auch den Wandel der Schmerzstillung bei Operationen habe ich im Laufe der Jahre erlebt. Zur Zeit, da ich als Student die Klinik besuchte, wurde für jedweden irgendwie schmerzhaften Eingriff die allgemeine Betäubung angewendet. In deutschen Landen wurde meist mit Chloroform narkotisiert, während man in Amerika mit Vorliebe Äther verwendete (wo er auch zum erstenmal zur Anwendung kam). Billroth hat frühzeitig die nach ihm benannte Mischung zur Narkose verwendet, die aus 100 Gr. Chloroform, 30 Gr. Äther und 30 Gr. Alkohol bestand, also vorwiegend eine Chloroformnarkose war. Selbstverständlich muß der Kranke auch zur Narkose seine Einwilligung geben.

An die Klinik Billroth kam ein siebzehnjähriger Junge, der durch eingewachsene Nägel an beiden großen Zehen heftige Schmerzen beim Gehen hatte. Ich riet ihm zur Operation an beiden Seiten, einen nicht lange dauernden, aber äußerst schmerzhaften Eingriff, den wir damals, Ende der Achtzigerjahre, fast immer in allgemeiner Narkose ausführten, nur ganz ausnahmsweise unter örtlicher Vereisung. Der Patient war zur Ausführung der Operation gleich bereit, verweigerte aber ganz entschieden jede Betäubung. Nicht einmal ein Aufblasen von Äther wollte er zugeben, versprach aber, stillzuhalten und erbat die Operation. Ich habe sie daraufhin — ich muß sagen mit Gruseln — so schnell als möglich ausgeführt; der Kranke verzog keine Miene! Die Heilung erfolgte schnell.

Unter dem Einfluß der amerikanischen und französischen Chirurgen kam der Äther in Gebrauch und je genauer man die sekundären, durch die Chloroformnarkose verursachten Störungen (Schädigung des Herzens und vor allem der Leber) erkannte, desto sparsamer wurde man mit der Anwendung des Chloroforms. Heute wird die allgemeine Narkose mit Vorliebe mit Äther durchgeführt, der tropfenweise — oft mit Lachgas kombiniert — in Anwendung kommt. Im Ätherrausch besitzt der Chirurg ein bewährtes Verfahren zur schmerzlosen Durchführung einer kurz dauernden Operation. Trotzdem hält noch mancher Landarzt an der alten, von ihm in seiner Studienzeit erlernten Chloroformnarkose fest, ist sie in ihrer Anwendung doch die einfachste. Sie ist auch, wenn bei offenem Licht operiert wird, dem Äther wegen dessen Explosionsgefahr vorzuziehen, ebenso auch in Gegenden, wo die Leute regelmäßig in reichlichem Maße Wein trinken; schließlich ist Chloroform auch bei ganz großer Hitze (z. B. in Indien) wirksamer als Äther. Namhafte Chirurgen (Kirschner) wollen auf die Chloroformnarkose wegen ihrer so leichten Verwendbarkeit im Kriege auch in Friedenszeit nicht ganz verzichten. — Jedenfalls soll man nicht so weit gehen, wie dies einer der führenden Pharmakologen tat, der vor Jahren die Verwendung des Chloroforms öffentlich als einen Kunstfehler bezeichnete, mit welchem Ausdruck man vorsichtig sein muß. Bei dem weltbekannten Fachchirurgen für Gaumenspalten, V. Veau, Paris, sah ich 1934 zwei solche Operationen bei einem dreiviertel- und einem eineinhalbjährigen Kind in tiefster Narkose mit reinem Chloroform erfolgreich ausgeführt.

Der Wiener Arzt Dr. K. Koller hatte ein Referat Siegmund Freuds über spanische medizinische Arbeiten, die Kokapflanze und das Kokain betreffend, gelesen und erprobte die Wirkung dieses Mittels am Kaninchenauge. Damit hat er vor mehr als 50 Jahren zunächst der Augenheilkunde ein herrliches lokales Narkotikum geschenkt, auf das kein moderner Augenarzt mehr verzichten würde.

Ich habe als Student in Wien noch die Zeiten erlebt, wo nach der in tiefster Allgemeinnarkose ausgeführten Staroperation der Augenarzt durch Tage in der Sorge lebte, daß etwa eine Bronchitis mit starkem Husten auftrete und ein Hustenstoß das Platzen der frischen Hornhautwunde verursache. Wird eine lokale Betäubung zur Augenoperation angewendet, so kommt es viel seltener zu diesem Zwischenfall. Es wurde mir oft erzählt, daß der große Augenarzt Arlt, als er nach seinem Rücktritt vom Lehramt einer solchen Operation zusah, den jungen Dr. Koller, der die örtliche Betäubung ausgeführt hatte, unter Tränen der Rührung und Begeisterung umarmte.

Nicht oft und laut genug kann dieser Fortschritt gepriesen werden. Die Lokalbetäubung wurde nunmehr immer häufiger verwendet. Von dem ersten bahnbrechenden Einträufeln des Kokains in den Bindehautsack des Auges durch K. Koller, den intrakutanen Injektionsversuchen durch Reclus, A. Wölfler, A. Fraenkel u. a. bis zum vorbildlichen Ausbau der heute mit Vollkommenheit ausgeführten lokalen und regionären Anästhesie durch L. Schleich, H. Braun, Oberst und A. Bier, dem so verdienstvollen Schöpfer der Rückenmarksnarkose, welch weiter und aufsteigender Weg!

Heute wird eine große Anzahl auch der allerschwierigsten Operationen in lokaler Anästhesie durch Einspritzen von Novokain, bzw. anderen ungiftigen Kokainpräparaten, unter die Haut, in den Darm oder in die Blutader, erfolgreich durchgeführt.

Die im Kriege gesammelten Erfahrungen auf dem Gebiete der Narkose haben grundsätzlich nichts Neues, aber doch manch Interessantes ergeben. Die schwer erschöpften Soldaten konnten, wenn ihre Verwundung eine baldige Operation erforderte, mit ganz geringen Dosen eines allgemeinen Narkotikums, am besten Äther, vollkommen schmerzlos operiert werden. Die Amerikaner lobten die Anwendung der Stickstoff-Oxydul-Narkose mit Sauerstoff; sehr gut hat sich die Lokalanästhesie nicht nur bei der Versorgung einer großen

Zahl von Schußverletzungen des Schädels und Rückenmarks, sondern auch als Leitungsanästhesie, z. B. beim Kieferschuß, bewährt.

Anläßlich des im Jahre 1934 zum 40. Mal sich jährenden Todestages Th. Billroths [62] habe ich mir die Frage vorgelegt, was Billroth zu den in dieser Zeitspanne gemachten Fortschritten der Chirurgie sagen würde und kam dabei zur Überzeugung, daß er mit der größten Zahl der Neuerungen wohl sehr einverstanden gewesen wäre. Billroth wäre mit Recht stolz auf die Weiterentwicklung seiner Magenresektionsmethode und wie er damit der Schöpfer und Vater der modernen Magenchirurgie geworden ist. Sind doch durch die beiden Methoden Billroth I und Billroth II der Magenresektion schon Zehntausende von Menschen wegen Magenkrebs und noch viel mehr wegen Magengeschwüren mit Erfolg operiert worden, verdanken also ihre Gesundheit und ihr Leben Billroths Großtat. Die zahlreichen Abänderungen dieser Methode stellen gewiß manche gute Verbesserungen, aber öfters bloß mehr oder weniger geringfügige Modifikationen oder Modifikatiönchen dar.

Die Technik der Billrothschen Kehlkopfexstirpation, die er wegen Krebs erfolgreich ausführte, wurde von den Nachfolgern wesentlich ausgebaut. Vor allem der noch lebende Altmeister der Chirurgie, Themistokles Gluck, ebenso wie Billroth ein Schüler Langenbecks, hat die Sterblichkeit verringert. Auch diese Operation hat durch die Einführung der lokalen Anästhesie viel von ihrer Gefährlichkeit verloren.

Könnte Billroth die so günstigen kosmetischen und funktionellen Erfolge nach Schußverletzung des Gesichtes oder nach Entfernung von Stücken des Kiefers wegen Neubildungen durch Ersatz mittels Prothesen sehen, so würde ihn das besonders befriedigen. Er, der die Technik der Ober- und Unterkieferresektion so meisterhaft beherrschte, bedauerte immer

---

[62] Zu Theodor Billroths 40. Todestag, Wiener Klinische Wochenschrift Nr. 7, 1934.

wieder die kosmetischen und funktionellen Störungen nach dieser Operation. Wie erfreut wäre er gewesen, all diese Nachteile durch die Einführung der Immediatprothese, und zwar sofort noch bei Beendigung der Operation, ausgeglichen zu sehen. Ich verweise auf die Erfolge der an der Ersten Chirurgischen Klinik noch vor dem Weltkrieg gegründeten Kieferstation, die unter der Leitung meines Schülers Prof. H. Pichler steht.

Nicht weniger würde Billroth staunen über die gewaltige Ausbildung der Blinddarmoperation, sowohl im anfallsfreien Augenblick, wie auch auf der Höhe des Anfalles und seiner Folgen, der Bauchfellentzündung. Ich habe in den zehn Jahren meiner Tätigkeit an der Klinik Billroth nur eine einzige Appendixoperation gesehen. Wie segensreich hat sich die rechtzeitige Entfernung des entzündeten Wurmfortsatzes — gewöhnlich aber fälschlich als Blinddarm bezeichnet — sei es zur Zeit des Anfalles oder zur anfallsfreien Zeit gestaltet!

Wenn man erlebt, wie ein Patient, dem man den Wurmfortsatz im kalten Stadium entfernt hat, rasch und dauernd sein Wohlbefinden wieder erlangt, und anderseits sieht, welch schwere, das Leben bedrohende Zwischenfälle sich bei Versäumen des richtigen Zeitpunktes einstellen können, dann wird man ein Anhänger der Frühoperation werden. Erleichtert wird der Entschluß dazu durch die genaue Erhebung der Krankengeschichte und sorgfältige Untersuchung. Ergibt diese das Auftreten wiederholter Anfälle, die auf eine Entzündung des Wurmfortsatzes hinweisen, soll mit der Ausführung des Eingriffes nicht gezögert werden.

Noch vor 40 und mehr Jahren stand, trotz Beobachtung aller Vorsichtsmaßregeln, nach jeder größeren Operation die Infektion im Vordergrund der Sorge. Heute kommt diese dank der Fortschritte der Wundbehandlung nur mehr ausnahmsweise vor. Jetzt bangen wir eher um das Auftreten einer Lungenembolie, die manche junge Frau nach glücklich überstandener Entbindung beim ersten Aufstehen plötzlich dahinrafft; auch Männer und Frauen sind unerwartet gestorben, wenn die Krampfadern im entzündeten Zustand mechanisch gereizt oder gar massiert wurden. Nicht nur nach großen, auch nach kleinen einfachen Operationen kann die Lungenembolie wie ein Blitz aus heiterem Himmel in Erscheinung treten, und welcher Chirurg hätte nicht schon einen so schrecklichen Ausgang erlebt, der umso beklagenswerter ist, als er ganz unberechenbar noch in jenem Zeitpunkt eintreten kann, wo sich Patient und Operateur schon des Operationserfolges erfreuen.

Glücklicherweise ist eine schwere Lungenembolie doch ein seltenes Ereignis.

Im nachfolgenden gebe ich Beispiele aus meiner Klinik: Eine Patientin hatte nach einer leicht überstandenen Blinddarmoperation im kalten Stadium während der ersten vier Tage einen ganz normalen Verlauf dargeboten, als mit einem Male am fünften Tag beängstigende Symptome von Seite der Lunge auftraten. Heftige Schmerzen, Atemnot, Unruhe und Todesangst setzten ein, so daß mit großer Wahrscheinlichkeit auf eine Verstopfung der Lungenschlagader durch ein Gerinnsel (also eine Embolie) geschlossen werden mußte. Glücklicherweise verschwanden die beunruhigenden Symptome vollkommen und der weitere Verlauf der Operation blieb ungestört.

Einen nicht so glücklichen Ausgang nahm noch im selben Jahr eine wegen chronischer Blinddarmentzündung vorgenommene Operation bei einem blühenden jungen Mädchen. Nach vier Tagen besten Wohlbefindens stellte sich plötzlich schwerste Atemnot ein und die Patientin starb innerhalb kürzester Zeit unter den Erscheinungen einer Lungenembolie.

Der große Leipziger Chirurg Trendelenburg war es, der bei Lungenembolie eine kühne Operation erdachte, dank welcher, wenn auch gewiß selten, ein schwer bedrohtes Menschenleben erhalten bleibt. Dabei wird rasch durch die Eröffnung des Brustkastens das Herz bloßgelegt, die aus der rechten Herzkammer abgehende Lungenschlagader für kurze Zeit abgeklemmt, eröffnet und der Pfropfen herausgezogen. Auf diese

Weise sind schon bis über 20 cm lange und noch längere Gerinnsel zu Tage gefördert worden. Diese Operation gehört als letzter Versuch einer Rettung des bedrohten Lebens zu den allergefährlichsten Eingriffen. Den etwa 12 erfolgreich behandelten Fällen — zuerst einem an der chirurgischen Klinik in Königsberg durch Professor Kirschner, dann mehreren vom bestbekannten Berliner Chirurgen A. Meyer, der ihre Technik wesentlich verbessert hat — steht allerdings eine sehr viel größere Zahl, die gewiß in die Hunderte reicht, vergeblicher Versuche, das gefährdete Leben zu retten, gegenüber. An meiner Klinik waren wir leider nicht so glücklich, einem solchen Kranken durch die Operation das Leben zu erhalten. Allerdings haben wir in einigen recht schlimm aussehenden Fällen uns zu einem Zuwarten mit dem Messer in der Hand entschlossen und diese konservative Behandlung nicht zu bereuen gehabt, da das vorübergehend sehr kritische Krankheitsbild sich von selbst besserte. In dieser noch nicht einwandfrei geklärten Frage werden noch weitere Erfahrungen zu sammeln sein, bis eine endgültige Stellungnahme möglich wird, umsomehr als die medikamentöse Behandlung der Lungenembolie durch Eupaverin-Injektion in die Blutader (Denk) vielversprechend scheint.

Es ist eine umstrittene Frage, ob man jeden Patienten vor jeder Operation auf alle nur möglichen Komplikationen aufmerksam machen soll. Hat man nach gewissenhafter Untersuchung und Überlegung die Notwendigkeit einer Operation erkannt, so erschwere man dem Kranken nicht durch Aufzählung aller seltenen üblen Zufälle den Entschluß zur Operation. In Fällen, in denen ein Eingriff mit gutem Gewissen als ungefährlich, oder wenn gefährlich, als dringend notwendig angesehen werden konnte, habe ich auf die Frage nach der Gefährlichkeit stets geantwortet, daß sich bei jeder Operation ein Unglück ereignen, aber im vorliegenden Fall nach gewissenhafter Überlegung der Eingriff angeraten werden könne; man vertraue sich auch ohne Bedenken der Eisenbahn an, obwohl durch einen Zusammenstoß oder eine Entgleisung schon öfters Menschenleben zu beklagen waren.

War die oben erwähnte Embolie eine Komplikation, die dem Operateur nicht zur Last fällt, so ist noch eine andere zu erwähnen, die, meist durch einen Fehler in der Operationstechnik veranlaßt, das Leben des Patienten bedrohen kann: es ist das die Luftembolie. Dafür ein Beispiel:

Während des Krieges kam ein reichsdeutscher, vielfach ausgezeichneter Offizier zu mir. Er hatte einen Schuß in der Wirbelsäule mit schwerster Rückenmarkverletzung erlitten, wodurch die unteren Extremitäten sowie Blase und Mastdarm vollkommen gelähmt waren. In seiner Heimat war schon einmal eine Operation durch Bloßlegung des Rückenmarks versucht, aber dadurch kein Erfolg erzielt worden. Immerhin sprach die genaue Untersuchung durch mehrere erfahrene Nervenärzte für eine geringe Möglichkeit, daß das Rückenmark nicht vollständig durchtrennt sei, sohin ein Eingriff vielleicht etwas Besserung bringen könne. Ich entschloß mich zu einer Probefreilegung der Narbe, um so mehr als der Patient und seine Familie den Versuch wünschten. Die Operation bot keine besonderen Schwierigkeiten; bei der Ablösung der tief gelegenen Muskulatur, die infolge der ersten Operation durch ausgedehnte Narben mit der Umgebung verwachsen war, blutete eine Blutader etwas stärker. Dabei wurde ich durch das bekannte unheimlich schlürfende Geräusch erschreckt, das dann eintritt, wenn durch eine Lücke in der Blutader Luft in die Blutbahn eingesaugt wird (Luftembolie). Mit einem schnell darauf gelegten Gaze-Tupfer und der sorgfältigen Unterbindung der verhältnismäßig zarten Blutader schien dieser Zufall rasch beseitigt. Bei weiterer Untersuchung fand sich das Rückenmark ganz durchtrennt, beziehungsweise durch Narbenstränge ersetzt, so daß keine Aussicht auf irgend eine Besserung bestand. Der Patient wachte aus der Narkose nicht mehr auf und starb unter den Erscheinungen einer Erstickung. Daß das zischende Geräusch Lufteintritt in die Blutader gewesen war, darüber war ich mir klar. Nicht verständlich war es mir, wieso in diese kleine Ader innerhalb weniger Sekunden so viel Luft hatte Eingang finden können, um dadurch den Tod des Patienten zu verursachen. Die Luft als solche wirkt weder in der großen Ader noch im rechten Vorhof und der rechten Herzkammer etwa giftig, sondern rein mechanisch; es mußte also eine gewisse Menge derselben eingetreten sein, damit überhaupt eine Störung des Blutkreislaufes erfolgen konnte.

Die Sektion, von der Meisterhand Prof. Alex. Kolisko's ausgeführt, ergab den Eintritt einiger Luftbläschen in die Kranzadern des Herzens — es sind das die den Herzmuskel ernährenden Schlagadern —, ein ganz ungewöhnlicher Befund, der seine Erklärung in einer angeborenen großen Lücke zwischen rechtem und linkem Vorhof fand! Nach der Meinung des Obduzenten hatte daher das geringe Quantum Luft ausgereicht, um die tödliche Verstopfung der Kranzarterien durch Luft zu erzeugen. Trotzdem diese im Patienten selbst gelegene Leibesbeschaffenheit den tödlichen Ausgang begünstigt hatte, mußte die Operation als die unmittelbare Todesursache angesehen werden. Der große Schmerz um den Verlust dieses tapferen Kriegers wurde durch die Überlegung gemildert, daß er das bedauernswerte Leben eines an beiden Beinen vollkommen gelähmten Menschen vor sich gehabt hätte.

Die Lungenembolie durch ein verschlepptes Gerinnsel ereignet sich, ich wiederhole es, selten, wird allerdings im postoperativen Verlauf nicht immer ganz vermieden werden können.

Die während der Operation eintretende lebensgefährliche Luftembolie, die ich seinerzeit an der Klinik Billroth öfter und später als Professor noch ab und zu sah, ist glücklicherweise in den letzten drei Dezennien ganz selten geworden.

Ich habe mit der Erwähnung der Lungen- und der Luftembolie zwei schwere Gefahren aufgezeigt, die neben einer Lungenentzündung das Leben des Patienten trotz gut gelungener Operation bedrohen können.

Wenn auch heute die Mehrzahl der Lungenwunden konservativ behandelt wird, so besitzen wir in dem durch Sauerbruch ausgebildeten Druckdifferenzverfahren ein ausgezeichnetes Hilfsmittel, um auch die, erfreulicherweise nur selten einen Eingriff erheischenden Unfälle mit Erfolg behandeln zu können.

Bekanntlich dringt, wenn ein Schuß oder Stich die Brustwand durchbohrt, Luft in den Brustfellraum, worauf die Lunge ganz zusammensinken und ihre Funktion einstellen kann. Betrifft eine solche Verletzung beide Brusthälften, so tritt durch baldiges Versagen der Atmung der Tod ein.

Hier hat Sauerbruch, einer Anregung seines Lehrers v. Mikulicz folgend, durch die Anwendung des Druckdifferenzverfahrens Abhilfe geschaffen, so daß selbst bei weiterer Eröffnung des Rippenfelles die Lunge nicht wie sonst zusammensinkt, sondern tätig bleibt.

Wenn der atmosphärische Druck, unter dem der Mensch die Luft einatmet, ein größerer ist als der, unter dem sein Brustkasten steht, bleibt bei Eröffnung des Brustfells das Zusammensinken der Lunge aus und sie atmet normal weiter. Die Druckverhältnisse gestalten sich beim Unterdruckverfahren so, als ob der Patient, bei dem die Brusthöhle in großem Umfang eröffnet werden soll, mit seinem Mund die Luft unter dem Druck der Höhe von Wien (etwa 200 m o. d. M.) einatmet, während der Brustkorb sich unter einem geringeren Luftdruck befindet, vielleicht dem, wie er auf der Spitze des Hermannskogels herrscht (540 m o. d. M.). Später wurde dieses Unterdruckverfahren durch das Überdruckverfahren L. Brauers vereinfacht, das Verdienst Sauerbruchs an dieser Behandlungsmethode wird aber dadurch nicht eingeschränkt.

Ich habe dieses Druckdifferenzverfahren besonders begrüßt, hatte ich doch 1903 — ein Jahr vor seiner Einführung — eine Patientin zu behandeln, bei der mir der weitere Verlauf nach der Operation schwere Sorge bereitete, bis endlich doch Heilung eintrat.

Eine 51jährige Frau hatte Atemnot. Es zeigte sich, daß die linke Lunge gar nicht atmete. Prof. v. Neußer überwies die Patientin meiner Klinik zur Operation in der richtigen Annahme, daß es sich um eine, die ganze linke Brustseite einnehmende Neubildung, wahrscheinlich gutartiger Natur, handle. Ich entfernte in tiefer Narkose von der dritten und vierten Rippe je 25 Zentimeter und legte das Rippenfell frei. Nach dessen Eröffnung drang wegen des dort bestehenden negativen Druckes Luft ein. Man sah eine übermannskopfgroße Geschwulst, die sich sogar aus diesem großen Brustwandschnitt nicht herausnehmen ließ; sie mußte daher verkleinert werden, wobei sich auch viel klare Flüssigkeit entleerte. Endlich gelang die Entfernung der Geschwulst, die noch immer über zweieinhalb Kilogramm wog. Die Lunge, welche anscheinend schon seit Monaten zusammengedrückt war, entfaltete sich nicht. Im Laufe der nächsten Tage stellten sich heftige Herzbeschwerden und große Atemnot, bis zu 80 Atemzüge in der Minute, ein. Der Zustand schien äußerst besorgniserregend. Das Herz und die gesunde Lunge hatten durch die Wegnahme der Geschwulst den Halt verloren und pendelten im Mittelfell des Brustraumes. Erst als ich die Hautwunde teilweise öffnete und die linke zurückgesunkene Lunge in der Brustwand durch eine Reihe von Nähten befestigte (Garrè), so daß dadurch das Mittelfell mehr Halt bekam, besserte sich der Zustand und es kam schließlich nach manchem bedrohlichen Rückfall im Wundverlauf zu einer völligen Heilung. Die linke Lunge arbeitete wie die rechte normal, wie mit Sicherheit nachgewiesen werden konnte. Zum ersten Jahrestag schrieb die Patientin, daß sie vollkommen gesund und wohlauf sei. Durch achtzehn Jahre sahen wir unser Sorgenkind wiederholt in bestem Wohlsein, bis dann die Angehörigen mitteilten, unsere Patientin sei an einer Leberverhärtung gestorben, während die Lunge bis zuletzt gut funktioniert habe.

In der Unterdruckkammer wäre es gewiß nicht zu diesem lebenbedrohenden Verlauf in den ersten Wochen gekommen, sondern die vom Druck der Geschwulst befreite Lunge hätte sich gleich durch die Druckdifferenz ausgedehnt und das so gefährliche Pendeln des Mittelfelles wäre gar nicht zustande gekommen. Tatsächlich sind ähnliche Geschwülste durch die Anwendung des Druckdifferenzverfahrens gefahrlos entfernt worden.

Ebenso erfolgreich gestalten sich im Druckdifferenzverfahren die Eingriffe bei Verletzungen des Herzens durch Schuß und Stich, da dabei jedes so gefürchtete Zusammensinken der Lunge vermieden wird, was bei Verletzung des Brustfells beiderseits von größter Bedeutung ist. Auch das früher erwähnte Herausholen eines Gerinnsels aus der großen Lungenschlagader bei Embolie erweist sich dadurch weniger gefährlich.

Bei der Erwähnung der großen Fortschritte der Chirurgie sei auf die Entfernung der Gallensteine, die meistens mit der Gallenblase weggenommen werden (Langenbuch), aufmerksam gemacht. Dort, wo ein besonders schwer zugänglicher Stein oder eine Neubildung den Abfluß der Galle unmöglich machen, kann nach dem Vorschlag des Billroth-Schülers A. v. Winiwarter eine Verbindung von Gallenblase und Magen-Darmkanal erfolgreich hergestellt werden.

Auch der Aufstieg, welchen die chirurgische Behandlung von Niere, Harnleiter und Harnblase erzielte, sei hervorgehoben. Die operative Urologie kann als eine mächtig und erfolgreich sich entwickelnde Tochterwissenschaft der allgemeinen Chirurgie bezeichnet werden; allerdings soll sie von Ärzten geübt werden, welche vorher in der allgemeinen Chirurgie gründlich ausgebildet worden sind.

Ferner sei die Operation der Nierensteine erwähnt; neuestens hat sich die Behandlung mancher derselben durch Diät und Einwirkung von Wärme als Umschlag und im Broschschen Darmbad als zweckmäßig erwiesen, wodurch manchem Patienten die Operation erspart bleibt.

Die Behandlung von Kriegs- und Friedensverletzungen des Hirn- und Rückenmarks hat in den letzten Jahrzehnten große Fortschritte gemacht und fast vollkommene Wiederherstellung erzielt, soweit es sich nicht um Zerstörung lebenswichtiger Teile handelte, worauf schon früher hingewiesen wurde.

Die Fortschritte der Diagnose ermöglichen immer mehr und mehr, den Sitz von Geschwülsten des Gehirns und Rückenmarks zu bestimmen, so daß die Operation zwecks Entfernung derselben mit wesentlich besserem Erfolg ausgeführt wird. Diese Fortschritte sind deshalb besonders zu begrüßen, weil die Beschwerden solcher Patienten: zunehmender Kopfschmerz, Lähmung, Abnahme des Sehvermögens bis zur völligen Erblindung die Kranken in einen ungemein beklagenswerten Zustand versetzen. Ich erfreute mich immer der

Mitarbeit der Internisten, Neurologen und Psychiater, unter denen ich Prof. Chvostek, O. Marburg und v. Wagner-Jauregg nenne. Auch die durch Geschwülste bedingten Veränderungen des Hirnanhangs (Hypophyse) seien hier erwähnt, welche mit Kopfschmerzen und zunehmenden Störungen des Sehvermögens einhergehen und jetzt durch operative Eingriffe geheilt, zum mindesten gebessert werden. Sie treten unter zweierlei ganz verschiedenen Krankheitsbildern auf: entweder zeigt sich ein weiterschreitender Riesenwuchs: Stirnknochen, Unterkiefer, Hände und Füße werden bei schon ausgewachsenen Menschen wesentlich größer (Akromegalie) oder es kommt zu einer Schwellung des Unterhautzellgewebes, wie dies nach der Entfernung des ganzen Kropfes seinerzeit beobachtet wurde. Leider treten bei diesen beiden klinisch so verschiedenen Formen der Erkrankungen des Hirnanhangs neben Kopfschmerzen auch schwere Sehstörungen auf, die sich selbst bis zur vollkommenen Erblindung steigern können. Außerordentlich merkwürdig ist es nun, daß eine teilweise Wegnahme dieser durch Flüssigkeitsansammlung oder Geschwulstbildung veränderten Partien des Hirnanhanges schon ausreicht, um nicht nur eine vorübergehende, sondern jahrelange Besserung, selbst Heilung sowohl der Sehstörung als des Kopfschmerzes zu erzielen, und zwar trotzdem der Operateur dabei bewußt Teile des Krankheitsherdes zurücklassen muß. Es seien hier von den Operateuren, die sich mit dieser Frage beschäftigt haben, u. a. Schloffer (Prag), Cushing (Boston) und Hirsch (Wien) genannt. Mit einer Modifikation der von Schloffer angegebenen Methode konnte ich nebst einigen Mißerfolgen in einer größeren Reihe von Fällen sehr erfreuliche und langanhaltende Besserungen erzielen. v. Hochenegg beobachtete in seinem Falle nach der Operation ein rasches Zurückgehen der übergroßen Hände und Füße auf die normalen Verhältnisse. Die Funktion der Hypophyse ist durch sorgfältige Beobachtungen am Menschen sowie durch das Tierexperiment teilweise geklärt. Dieses hochwichtige Organ, dem eine zentral regulierende Bedeutung zukommt, scheint nicht umsonst im Zentrum des Gehirns möglichst geschützt gelegen. Aus den verschiedenen Teilen der Hypophyse — Vorderlappen, Zwischensubstanz und Hinterlappen — sind vielfach Präparate erzeugt worden, deren therapeutische Bedeutung immer mehr in den Vordergrund tritt. — Die durch Rückenmarksgeschwülste verursachten Beschwerden, bei welchen es zu einer Lähmung von Blase, Enddarm und den unteren Extremitäten kommt, werden heute durch die Entfernung des Tumors erfolgreich behandelt.

Kleine Kinder trinken gelegentlich aus Unvorsichtigkeit Waschlauge, Erwachsene um Selbstmord zu verüben, nebstbei bemerkt eine ganz unverläßliche, oft von sehr langem Leiden, Beschwerden und Schmerzen gefolgte Selbstverstümmelung. Nur durch Jahre fortgesetzte Erweiterungsversuche — ich verweise auf die von v. Hacker und Lotheissen erzielten Erfolge — können manche schwere Speiseröhrenverengung heilen, zum mindesten weitgehend bessern. Es bleiben aber immerhin Verengungen, die jeder Behandlung trotzen; für diese kommt als letztes Rettungsmittel eine genial ersonnene Operation in Betracht, die Cäsar Roux (Lausanne) vor etwa 40 Jahren erstmalig mit Erfolg ausgeführt hat und die in der Einpflanzung eines Stückes einer vom Patienten selbst genommenen Dünndarmschlinge samt ihrem ernährenden Gekröse besteht.

Fast jedwede von Krebs befallene Stelle des Verdauungskanals ist heute auch einer erfolgreichen Entfernung zugänglich, nur der Brustteil der Speiseröhre und der Übergang derselben in den Magen ist von der Chirurgie bis jetzt noch nicht erobert worden. Operationen wurden zwar oft versucht, aber in der weitaus überwiegenden Mehrzahl der Fälle mit schlechtem Ausgang.

Unter Hunderten an Krebs des Brustteiles der Speiseröhre Erkrankten überlebten nur wenige die operative Entfernung desselben. Ich erwähne u. a. die Patienten von Torek, Zaijer, Sauerbruch,

Küttner. (Auf die genaue Operationsmethode sei nicht eingegangen.) Noch vor einem Jahr hat A. Fischer (Giessen) bei einer alten Frau das an Krebs erkrankte Stück der Speiseröhre mit Hilfe eines Verfahrens erfolgreich entfernt, das Denk 1913 an meiner Klinik auf Grund von Leichen- und Tierversuchen empfohlen hatte. Hier wie in allen anderen Fällen wurde auf eine Wiedervereinigung der beiden Speiseröhrenstümpfe verzichtet, so daß der Patient dauernd durch seine Magenfistel allein ernährt wurde.

Vor zweieinhalb Jahren hat der bekannte englische Chirurg G. Grey Turner eine bemerkenswerte Operation mit Erfolg durchgeführt. Nachdem im Magen der Patientin, die an einer krebsigen Entartung der unteren Partie der Speiseröhre litt, eine Ernährungsfistel angelegt worden war, entfernte Turner in einem zweiten Akt die krebsige Neubildung durch eine mühevolle Operation; dabei wurde das obere Ende des Speiseröhrenstumpfes zum Hals herausgeleitet und das untere Ende in sich blind vernäht. In einem dritten Akt entnahm Turner nach der eben erwähnten Roux-Methode aus dem Dünndarm der Patientin eine Schlinge und pflanzte dieselbe als Ersatz der entfernten Speiseröhre ein, so daß die Patientin wieder wie ein normaler Mensch vom Mund aus die Nahrung zu sich nehmen konnte. Dieser Eingriff stellt somit die erste erfolgreiche Anwendung der Roux-Operationsmethode zum Ersatz eines wegen Krebserkrankung entfernten größeren röhrenförmigen Stückes der Speiseröhre dar.

Auch der Chirurg hat die Heilung der Zuckerkrankheit mittels Insulin (Banting), die der bösartigen Blutarmut mit Leberbehandlung (Minot) und endlich die erfolgreiche Behandlung der progressiven Paralyse durch Malariablutimpfung (v. Wagner-Jauregg) besonders begrüßt.

Als ich noch an der Klinik Billroth war, wurde mit Ausnahme des Aderlasses keine Punktion der Blutader ausgeführt. Jetzt ist sie an der Tagesordnung. Bei einer schweren Krankheit erhält heute ein Patient nicht nur eine, sondern oft bis zu einem Dutzend und mehr Einspritzungen von verschiedenen Medikamenten in die Blutader meist der Ellenbogenbeuge. Damals gab es auch noch keine Bluttransfusion. Noch im Jahre 1903 habe ich in einem Vortrag über die Wandlungen der Chirurgie die Transfusion als ganz unverläßlich und ungeeignet für die praktische Anwendung bezeichnet. Unserem Landsmann, dem Nobelpreisträger Landsteiner, gebührt das große Verdienst, sie durch seine Untersuchungen in der Praxis ermöglicht zu haben.

Die Bluttransfusion wurde als Überleitung des Blutes von einem Spender auf den Verletzten durchgeführt, der sich im Zustande hochgradiger Blutarmut befindet. Während der Kriegsjahre haben die Chirurgen aller Nationen dieser Frage ihre Aufmerksamkeit zugewandt. So wurden von den Amerikanern immer eine Reihe von jungen, kräftigen Kriegern, Sanitätsoffizieren und Soldaten in Evidenz geführt, die nötigenfalls Blut für die Schwerverletzten zu spenden bereit waren, nachdem eine rasche Blutuntersuchung die Übereinstimmung des Blutes des Spenders mit dem des Empfängers ergeben hatte.

Ich habe sicherlich deshalb nicht so frühzeitig wie andere Chirurgen die Bluttransfusion an meiner Klinik durchgeführt, weil ich mehrere ausgezeichnete Erfolge mit der alten Methode der Kochsalzinfusion, unter die Haut eingespritzt, zu verzeichnen hatte: Dauernd bleibt mir eine Patientin in Erinnerung, bei der ich ein über mannskopfgroßes, mit der Umgebung fest verwachsenes Neugebilde der Niere zu entfernen hatte, wobei trotz aller Vorsicht so viel Blut verloren ging, daß die Operierte infolge Blutarmut in schwerster Lebensgefahr schwebte. Durch sofort angewendete langsame Infusion von fast zehn Liter blutwarmer Kochsalzlösung erholte sich die Frau und konnte nach vier Wochen die Klinik geheilt verlassen.

Bei schweren Fällen von Blutverlust wirkt die Bluttransfusion weit besser und zuverlässiger als die allerdings einfacher auszuführende Kochsalzinfusion. Die regelmäßige Verwendung der Bluttransfusion danken wir der Kriegserfahrung. Im Laufe der Jahre 1926 bis 1931 wurden über 2000 Bluttransfusionen an meiner Klinik allein vorgenommen.

Wenn ich auf die früher aufgeworfene Frage zurückkomme, welche medizinische Neuerung heute wohl auf Billroth den größten Eindruck machen würde, so nenne ich die gewaltige Förderung der Chirurgie durch die Röntgenstrahlen. Billroth hatte nicht mehr das Glück, Röntgens Großtat zu erleben. Im Röntgenbild sieht man nicht nur Geschosse im Innern des Körpers und die Stellung der gebrochenen Knochen zueinander, es zeigt uns, wie früher hervorgehoben wurde, auch Blasensteine und verschluckte Gegenstände, belehrt uns über lokale Erkrankungen in Kopf, Hals, Lunge, Magen, Darm und ist heute zu einer unentbehrlichen Hilfe jeder chirurgischen und medizinischen Werkstätte geworden.

Auch die Erweiterung der Lungenbläschen wird durch das Röntgenbild deutlich gezeigt. Der Franzose Siccard hat mittels eines in die Luftröhre eingeführten feinen Röhrchens durch ein Gebläse einen schattengebenden Nebel zerstäubt, um die Lunge besser auf dem Röntgenlichtbild zur Anschauung zu bringen.

Die Einspritzung von schattengebenden Flüssigkeiten in die Schlagadern (Monis), um im Röntgenbild den Sitz einer Hirngeschwulst zwecks Entfernung derselben ausfindig zu machen, stellt eine Verbesserung der chirurgischen Diagnostik für den Tumor dar.

Ich kann nicht das ganze große Gebiet der modernen Röntgendiagnostik und -therapie durchnehmen. Nur eines sei hervorgehoben: wie sehr es unseren Meister interessiert hätte, daß Hautkrebse des Gesichtes, besonders auch der Lider, auf deren Entfernung mit nachfolgendem, möglichst schön gelungenen, plastischen Ersatz er größten Wert legte, durch die bloße Bestrahlung mit Röntgen oder Radium ohne jedweden operativen Eingriff wie weggeblasen werden. Damit hat sich die Operation wie auch die Anwendung einer schmerzhaften Ätzpasta, die heute leider wieder da und dort von Ärzten empfohlen wird, erübrigt. Manchmal können sogar ausgedehnte Sarkome des Knochens, für welche früher die Amputation der einzige Ausweg war, durch bloße Bestrahlung zum Schwinden gebracht werden! Die Chirurgie machte sich alle modernen Behelfe der Wissenschaft und Technik zunutze: Kaum hatte man aus dem Gummibaum den Kautschuk rein gewonnen, so wurden auch schon die heute unentbehrlich gewordenen Behelfe für den Arzt: Kautschukdrains, Kautschukkatheter und der Magenschlauch hergestellt. Der in den Siebzigerjahren eingeführte Esmarchsche Kautschukschlauch bewährte sich wegen seiner Einfachheit bei Unfällen sowohl in der Friedenspraxis für den praktischen Arzt, besonders den Landarzt, wie im Krieg für den in der vordersten Linie arbeitenden Chirurgen bei schweren Zerreißungen der Gliedmaßen mit starker Blutung. Allerdings darf dieser Schlauch nicht zu lange liegen bleiben, da sonst ein Absterben der Extremität eintreten kann. Als erste Hilfe zur Umschnürung des Oberschenkels oder Oberarmes, bei durchschnittener Schlagader angewendet, verhindert er eine Verblutung. Ebenso hilft er bei den so gefürchteten Nachblutungen, die in der ersten Zeit nach einer Schußverletzung auftreten können. Wie oft gelang es der Krankenschwester, wenn in einem mit Frischverwundeten gefüllten Krankensaal plötzlich in der Nacht eine Nachblutung aus der eiternden Schußwunde der Extremität auftrat, sie durch Anlegung eines Kautschukschlauches bis zum Eintreffen des Arztes zu stillen. F. v. Esmarch hat in Wort und Schrift auch für die erste Hilfeleistung bei schweren Blutungen den so bekannt gewordenen Hosenträger angegeben, der aus einem einzigen Stück starken Gummibandes hergestellt ist und einen lebensrettenden Behelf darstellt. Schon um die Jahrhundertwende waren nicht weniger als 27.000 solcher Hosenträger verkauft worden. Außerdem betonte dieser große Arzt und Chirurg in seinen populären Schriften über die erste Hilfe bei Unglücksfällen, daß sowohl sein Kautschukschlauch als auch der elastische Hosenträger im Notfalle durch einen gewöhnlichen Leibriemen ersetzt werden kann.

Folgende zwei Krankengeschichten, die der Friedenspraxis

entnommen sind, bieten eine Illustration für das Gesagte: Kurze Zeit nach Gründung der Unfallstation wurde ein Fleischergeselle eingeliefert, dem beim Zerlegen eines frisch geschlachteten Ochsen das scharfe Messer aus der Hand geglitten war und dem es in der Mitte des Oberschenkels die Hauptschlagader durchschnitten hatte. Die Blutung war äußerst stark und bedrohlich. Ein vor der Türe des Geschäftes stehender Polizist hatte in seiner Instruktionsstunde von der ersten Hilfe bei gefährlicher Blutung gelernt, nahm rasch entschlossen seinen eigenen Leibriemen, schnürte ihn kräftig um den Oberschenkel herzwärts von der Verletzung und veranlaßte die sofortige Einlieferung auf die Unfallstation. Mein diensthabender Assistent Dr. E. Ranzi nähte mit feinster Seide die durchrissene Schlagader; sofort war der Puls am Fußrücken in normaler Weise zu fühlen, der Fuß blieb nicht nur erhalten, sondern der Fleischhauer war nach wenigen Wochen wieder arbeitsfähig.

1927 ereignete sich eine schwere Schußverletzung auf der Jagd, wobei einem Schützen die ganze Ladung Schrot aus nächster Nähe in die Wade drang. Der geistesgegenwärtige Förster nahm angesichts der bedrohlichen Blutung seinen eigenen Leibriemen und umschnürte damit den Oberschenkel des Verletzten, worauf die Blutung stand und alles zum Transport in das etwa eine Stunde entfernte Provinzspital angeordnet wurde. Leider ließ sich der inzwischen eingetroffene Hausarzt durch die Klagen des Verletzten wegen unerträglicher Schmerzen in der Abschnürungsstelle dazu verleiten, noch auf freiem Felde den Leibriemen etwas zu lockern. Die schwere Blutung setzte wieder in voller Stärke ein, der Patient wurde unruhig, es war dem Arzt infolge der unwillkürlich eingetretenen Spannung der Muskeln nicht möglich, nochmals den Oberschenkel mit dem Riemen ebenso stark abzuschnüren, als wie dies unmittelbar nach dem Unfall geschehen war, als der Patient noch unter der Schockwirkung stand. Der Patient blutete zwar weniger, aber er blutete, so daß die zwei Stunden nachher ausgeführte Amputation des Oberschenkels nicht mehr das Leben zu retten vermochte. — Der Arzt befand sich in einer schweren Lage. An der Klinik und in den Lehrbüchern wird immer gelehrt, daß die vollkommene Umschnürung der Extremitäten nicht zu lange, beim älteren Manne nicht über zwei Stunden anhalten solle, da sonst Ernährungsstörungen oder Dauerlähmungen in den Muskeln drohen. Diese Gefahr wäre aber in dem vorliegenden Falle entschieden die kleinere gewesen; das Wegnehmen der provisorischen Blutstillung hätte erst dann erfolgen sollen, wenn der Patient auf den Operationstisch gelagert und alles zur sofortigen Versorgung der Wunde (Amputation) vorbereitet gewesen wäre.

Die großen Fortschritte, die in den letzten Dezennien auf dem Gebiete der Behandlung von Gefäßverletzungen erzielt wurden, sollen noch an Hand von zwei Fällen gezeigt werden:

Mein Schüler E. Ranzi hatte als Direktor der Chirurgischen Klinik in Innsbruck Gelegenheit, eine an seine Klinik frisch eingelieferte Durchtrennung der Hauptschlagader der Achselhöhle infolge eines tiefreichenden Säbelhiebes, der auch die beiden Köpfe der Bizepssehne und den nervus medianus verletzte, mit bestem Erfolg zu operieren. Dem schwer blutenden Kranken hatte ein Student der Medizin die erste Hilfe unter starkem Fingerdruck auf die Gegend oberhalb des Schlüsselbeines geleistet. Die sofort vorgenommene genaue Naht der Hauptschlagader sowie des durchtrennten nervus medianus führte zu einer vollkommenen Heilung.

Am 11. Juli 1931 wurde in die Unfallstation der Ersten Chirurgischen Klinik ein 21jähriger Student gebracht, der eine Stunde zuvor eine schwere Säbelverletzung des rechten Ellbogengelenkes mit weiter Eröffnung desselben erlitten hatte, so daß der Unterarm nur mehr an der Strecksehne (musculus triceps), einer entsprechenden Hautbrücke und am nervus ulnaris, einem der drei Hauptnerven, hing. Durchtrennt waren also alle Schlag- und Blutadern, die Nerven radialis und medianus, die Haut zu fast zwei Drittel ihres Umfanges und die Beugesehne des musculus biceps sowie mehr als die Hälfte der

Gelenkskapsel. Beim ersten Anblick dieser ausgedehnten Verletzung dachten mehrere Ärzte, es werde hier wahrscheinlich nichts anderes übrig bleiben, als den Arm an der Stelle der Verletzung abzusetzen, um so mehr, als der Unterarm leichenblaß war und keine Zirkulation zeigte, nur etwas Empfindlichkeit im Bereich der Kleinen-Finger-Seite der Hand war vorhanden. Der diensthabende Assistent Dr. v. Oppolzer bemühte sich, die Hand zu erhalten. Es wurden unter Esmarchscher Blutleere in Äthernarkose zuerst die zirkuläre Naht der Hauptschlagader (Arteria cubitalis) ausgeführt, dann nach Abnahme des Esmarchschen Schlauches einige Blutadern abgebunden; die Nerven und die Wunde der Gelenkskapsel genau genäht, die Bizepssehne besonders sorgfältig mit Durchflechtung von Seidenfäden wieder vereinigt und die Haut genäht. Bald zeigte sich, daß die periphere Arterie normal pulsierte. Eine hintere Gipsschiene in Beugestellung sorgte für die Ruhe des Ellbogengelenkes. Es erfolgte rasche Heilung, die Lähmungserscheinungen gingen nahezu vollkommen zurück, nach eineinhalb Jahren bestand nur mehr eine Hemmung der Drehbewegung im Ellbogengelenk und eine solche des Daumens, der sich nicht aktiv mit dem Ballen des kleinen Fingers in Berührung bringen ließ. Alle anderen Bewegungen blieben normal, auch der Puls oberhalb des Handgelenkes war, wenn auch etwas schwächer als auf der gesunden Seite, fühlbar; der seinerzeit so schwer Verletzte war in der Funktion seiner Hand nicht mehr gestört. Dieser Erfolg stellt einen Triumph der modernen Chirurgie in bezug auf operative Wiederherstellung der Funktion dar und beweist von neuem, wie wichtig es ist, Verletzte in Kriegs- und Friedenszeit möglichst rasch in die richtige Behandlung zu bringen.

Sehr wertvoll für die moderne Chirurgie war, wie schon erwähnt, die Einführung von Kautschukhandschuhen, ohne welche heutzutage ein moderner Chirurg nicht beruhigt arbeiten kann.

Ich müßte die ganze moderne Chirurgie durchgehen, um die im Laufe der letzten Dezennien gemachten Fortschritte zu zeigen und darzulegen, wie mannigfaltig der Chirurg in seiner Werkstätte sich der ihm von Natur, Wissenschaft und Technik gebotenen Hilfsmittel bedient.

Heutzutage mag mancher Chirurg im stolzen Bewußtsein dessen, was er für seine Patienten leistet, sich sagen, es ist eine Freude, Chirurg zu sein! Ja, das ist es. Trotzdem ist dafür gesorgt, daß die Bäume nicht in den Himmel wachsen! Abgesehen davon, daß eine Serie von guten Einzelerfolgen gelegentlich durch einen Mißerfolg unterbrochen wird, gibt es der Krankheiten genug, in denen wir gar nicht oder nur auf Kosten von Verstümmelungen helfen können. Es ist noch nicht gelungen, die Amputation aus der Reihe unserer Operationen auszuschalten, sie stellt unserer Wissenschaft ein Armutszeugnis aus und bleibt häufig der einzige Ausweg, das Leben des Patienten zu retten, wo es sich um schwerste Verletzung, Altersbrand, bedrohliche Entzündung, Beinfraß und bösartige Neubildungen handelt.

Wie soll die Werkstätte des Chirurgen aussehen?

Das Allgemeine Krankenhaus, das nicht nur zur Zeit seiner Gründung, sondern durch mehr als ein Jahrhundert wegen seiner Einrichtungen führend war, wurde in der zweiten Hälfte des vorigen Säkulums durch moderne Spitäler des In- und Auslandes, u. a. Deutschlands und der Vereinigten Staaten von Nordamerika, überholt. Trotz aller Verbesserungen, die durchgeführt wurden, fehlt noch vieles, z. B. entsprechende Nebenräume, ein Nachteil, der sich bei der so häufigen Überfüllung unangenehm geltend macht.

Hoffentlich wird es nicht mehr lange dauern, bis die Räume des altehrwürdigen Allgem. Wiener Krankenhauses, das jedem Arzt, der darin seine Ausbildung genossen hat oder jahrelang tätig war, so sehr ans Herz gewachsen ist, durch Neubauten vollkommen ersetzt sein werden. Aber auch dann wird niemals das dankbare Gedenken an Kaiser Josef II. erlöschen, der Ende des 18. Jahrhunderts (1785) diese mustergültige Anstalt errichtet hat.

Heute wird der Bau der Spitäler und ihre innere Einrichtung vor allem von den modernen Grundregeln der Hygiene geleitet. Die Operationssäle in den neuen Krankenhäusern und Sanatorien sind vielfach Sehenswürdigkeiten an praktischen Einrichtungen und an Sauberkeit.

Um zu zeigen, welches Operationsprogramm an meiner Klinik an einem Tag erledigt werden mußte, greife ich die Ereignisse eines mittelmäßig bewegten Tages aus einem der letzten Jahre meiner aktiven Tätigkeit heraus:

In zwei verschiedenen Operationsräumen, in dem einen sogar an zwei Tischen, wird fortlaufend operiert: zwei Kröpfe, ein Magengeschwür, eine Wegnahme der Gallenblase und zwei des Wurmfortsatzes. Unterdessen werden im Hörsaal die Vorbereitungen für die Vorlesung getroffen, die über Brucheinklemmung handeln wird. Zum Schluß wird der Kranke in Gegenwart der Studenten operiert. Mittlerweile ist die Vorlesungszeit längst überschritten. Für jene Studenten, die länger bleiben können, gibt es noch genug zu sehen: es wird ein Gipsverband der Hüfte und eine Sondierung des Harnleiters gezeigt. In einem Nebenraum wird ein Verbandkurs für die Studenten abgehalten. Um halb 2 Uhr mittags ist meist das Vormittagsprogramm erledigt, am Nachmittag folgt gründliche Visite. Die Vornahme einer dringlichen Blinddarmoperation füllt die Zeit von 6 bis 7 Uhr abends aus. Auf der Unfallstation geht die Versorgung der eingelieferten Patienten ohne Unterbrechung den ganzen Tag und Abend und während der Nacht vor sich. Dieses ganze umfangreiche Tagwerk läßt sich bloß bei bester Zeiteinteilung störungslos durchführen.

Ein Künstler mag eine geniale Schlamperei in seinem Atelier haben und dabei Großes schaffen, beim Chirurgen gehören größte Reinlichkeit und Ordnung an seiner Arbeitsstätte zu den Grundbedingungen seines Erfolges.

Gerade die großen Fortschritte der Chirurgie sind manchmal, so sonderbar das klingen mag, für den Operateur unangenehm. Der Patient und seine Angehörigen erwarten vom Chirurgen ein gutes Resultat als etwas Selbstverständliches.

Wenn dieses ausbleibt, ist der Kranke nur zu leicht geneigt, den Arzt für den Mißerfolg verantwortlich zu machen, ihn sogar gerichtlich zu belangen.

Auch der Jurist ist nach Kanzleischluß manchmal nicht frei von Berufssorgen; der Chirurg lebt ständig unter ihrem Bann und wird die Gespenster nicht los. Die Sorge wegen unvorhergesehener Zufälle, das stete Gerüstetsein, zu jeder Stunde vollwertig auf seinem Platz zu stehen, beherrscht ihn in jedem wachen Augenblick. Wenn wir die Werkstätte verlassen haben, gehen wir in ihrem Schatten. Und sie sind dunkel genug, sie spannen sich zwischen Leben und Tod.

Die Arbeit des Chirurgen ist schwer und aufreibend, aber eine Heilung nach langem Bangen entschädigt für manche sorgenvolle Stunde!

Es sollen hier noch einige Wandlungen in den chirurgischen Behandlungsmethoden im Laufe des letzten halben Jahrhunderts erwähnt werden, wobei man manchmal fast von „Moden" sprechen kann.

Vor vierzig Jahren wurden oft junge und jüngere Frauen (hier ist die zweite Vergleichsform, Komparativ, weniger als die erste), die im Anschluß an eine Infektion oft recht erhebliche Beschwerden im Unterleib bekamen, operiert, wobei häufig beide entzündete Eierstöcke entfernt wurden. Ich war bei diesen Operationen wiederholt Zuseher in der Frauenklinik. Leider machte sich diese vollkommene Sterilisation nicht nur am Körper der Operierten, sondern des öftern auch an der Psyche sehr nachteilig geltend. Wenn nicht alle Frauen nach dieser Operation Störungen zurückbehielten, so war dies dadurch bedingt, daß gelegentlich die Exstirpation beider Drüsen nicht radikal gemacht wurde; das Zurücklassen auch nur eines kleinen Stückchens, wie dies R. Gersuny schon frühzeitig empfahl, kann die Patientin von den Ausfallserscheinungen bewahren. Auch da tritt die merkwürdige Ähnlichkeit mit der mehr oder weniger totalen operativen Entfernung des

Kropfes zutage. Später ist man von diesen Radikaloperationen wieder abgekommen, die übrigens eine Reihe von sekundären Einpflanzungen von Eierstöcken zur Folge hatten, wovon schon früher die Rede war. Heute werden solche Frauen nicht operativ, sondern u. a. mit Organextrakten (Hormonen), die vom gesunden Tier stammen, erfolgreich behandelt. In den Laboratorien der großen Fabriken, die sich die Herstellung medizinischer Heilmittel zur Aufgabe machen, bemüht man sich seit Jahren, wirksame und dabei unschädliche Hormone darzustellen.

Operationen bei zu beweglichen Organen waren früher vielfach üblich. So wurde vor mehr als vierzig Jahren berichtet, daß der Vorstand eines kleinen Provinzspitals im Ausland unter 16 Patienten, denen er eine Niere exstirpierte, nur zwei Todesfälle erlebte. Da aber die Veranlassung zu diesen Operationen stets nur eine Wanderniere war, verlor dieses für die damalige Zeit auf den ersten Blick schöne Resultat viel von seinem Wert. Heute wird wegen einer Wanderniere das sonst gesunde Organ nur in seltenen Ausnahmefällen entfernt. Auch die Fixation der Niere wird heute viel seltener gemacht als früher; von der Raffung des Magens oder der Anheftung des zu beweglichen Dickdarmes in der rechten Bauchgegend ist man erfreulicherweise ganz abgekommen. Mancher Patient wird durch die Diagnose „Wanderniere" beunruhigt und zu einem Hypochonder. Ich habe oft diesen Befund, solange Operationen wegen beweglicher Niere noch modern waren, verschwiegen und mir auch nicht viel aus dem Vorwurf einer Patientin gemacht, ich hätte bei meiner Untersuchung mehrere Monate zuvor ihre bewegliche Niere nicht entdeckt, auf die sie ihr Hausarzt erst vor wenigen Tagen aufmerksam gemacht habe. Ich konnte ihr in meinen Aufzeichnungen zeigen, daß auch ich denselben Befund erhoben, aber ihn absichtlich verschwiegen hatte, um sie nicht unnütz aufzuregen, denn ich hielt die Krankheit für leicht und die Operation für überflüssig. Meinen Rat, mehr zu essen und nicht wegen der schlanken Linie zu fasten, befolgte sie, worauf allmählich alle Beschwerden verschwanden, worüber sie mir in einem warmen Dankesbrief gelegentlich ihrer Verlobung berichtete.

Alle diese Operationen, wie manche andere, z. B. Dickdarmentfernung wegen einfacher chronischer Obstipation werden heutzutage kaum mehr ausgeführt.

Auch mit dem Geraderichten der durch die Englische Krankheit verbogenen Beinchen der Kinder ist man wesentlich sparsamer geworden. An der Klinik Billroth haben wir oft solche Verbiegungen in tiefster Narkose durch Einknicken des Knochens ausgeglichen und die richtige Stellung durch einen Gipsverband erreicht. Die Angehörigen waren durch diese Korrekturen meist restlos befriedigt. Seit die Beobachtung gelehrt hat (v. Bergmannsche Klinik), daß sich dieses Übel auf regelmäßige Darreichung von Lebertran (Kassowitz) meist behebt, jedenfalls wesentlich gebessert wird, sind die Operationsmethoden fast gänzlich aufgegeben worden.

Früher wurden häufig Versuche unternommen, Gelenke beweglich zu machen, die sich im Anschluß an akut oder chronisch verlaufende Entzündungen, z. B. Rheumatismus, versteift hatten. In tiefer Narkose wurde vorsichtig mit der Lokkerung begonnen und es gelang oft, das versteifte Gelenk durch solche Eingriffe, die eine Viertelstunde und länger vorsichtig ausgeführt wurden, momentan beweglich zu machen, so daß man mit dem erzielten Resultat zufrieden sein konnte. Die Freude hielt jedoch meist nicht an, denn die heftigen, nach Aufhören der Narkose einsetzenden Schmerzen verhinderten jedwede Berührung in den nächsten Tagen, selbst Wochen, und so blieb schließlich herzlich wenig von dem unmittelbaren Erfolg übrig. Heute trachtet man, den Patienten selbst sein Gelenk häufig und viel bewegen zu lassen, soweit es ihm der Schmerz erlaubt. Damit werden bessere Erfolge erzielt, wenn auch die Behandlung viel Zeit kostet. Auch die modernen Bewegungs-(Zander-)Apparate seien erwähnt, die sich gut bewähren.

Um die gewaltsamen Bewegungen versteifter Gelenke in Narkose ist es stille geworden.

Wenn für die Operation die Zustimmung des Patienten nötig ist, so muß selbstverständlich auch der Operateur mit der von ihm verlangten Operation einverstanden sein. Dies gilt insbesondere von den kosmetischen Operationen.

Im folgenden ein paar Beispiele: Die Chirurgie hat oft durch Operationen unschön geformte Nasen verbessert und bemerkenswerte Erfolge bei übergroßen, gekrümmten Nasen oder solchen mit zu großen, nach oben gerichteten Nasenlöchern bei Sattelnasen erzielt.

An die Klinik Billroth kam ein 63jähriger Patient, dem nach Typhus die Nase vollständig verloren gegangen war; er wünschte eine neue Nase aus der Stirne. Als Billroth meinte, der Patient sei schon etwas alt für eine derart eingreifende Operation, erwiderte dieser: „Mein Vater ist 95 Jahre alt geworden, ich bin sonst gesund, soll ich jetzt dreißig Jahre ohne Nase herumlaufen?" Billroth vollführte daraufhin die Rhinoplastik, die ganz ausgezeichnet gelang und einen sehr schönen Erfolg zeitigte.

Der berühmte Leipziger Chirurg Thiersch erzählte vor bald fünfzig Jahren am Chirurgenkongreß von einem alten Mann, dem die Nase im Laufe der Zeit durch einen chronischen Prozeß zerstört worden war und der sich eine neue Nase aus der Stirne erbat. Die Operation gelang gut, natürlich blieben Narben sichtbar. Als Thiersch den Patienten nach Jahren wiedersah und ihn fragte, wie er jetzt zufrieden sei, bekam er die Antwort: „Was soll ich sagen, Herr Geheimrat? Vor der Operation liefen mir die Jungen auf der Straße nach mit dem Ruf: Gick an, das ist der Mann o h n e Nase. Jetzt laufen sie mir wieder nach und sagen: Das ist der Mann m i t der Nase."

In Königsberg stellte sich in meiner Sprechstunde eine tief verschleierte Frau vor, groß, von schönem Wuchs, mit dem Wunsche, sich ihre Nase operativ verbessern zu lassen. Als sie den Schleier zurückschlug, sah ich eine das ebenmäßige Gesicht der jungen Frau auf das schwerste entstellende Sattelnase mit nach oben gerichteten Nasenlöchern. Die Dame berichtete, sie sei seit Jahren mit einem russischen Oberst verheiratet, der sie, die vollkommen gesund in die Ehe getreten war, infiziert habe, so daß sie unter dieser fürchterlichen Krankheit leiden müsse, die zum Zerfall des Nasenbeines und damit zu dieser häßlichen Verunstaltung geführt habe. Jetzt sei der Gatte, bisher Regimentskommandant einer kleinen Garnison, als General nach Petersburg versetzt worden und erkläre rundweg, eine Frau mit solchem Aussehen nicht mitnehmen zu können. Er habe sie daher vor die Wahl gestellt, sich ihre Nase durch eine Operation herstellen oder sich scheiden zu lassen. Die unglückliche Frau hatte zufällig gehört, daß ich seinerzeit nach Nicoladonis Methode bei einem jungen Mann einen verlorengegangenen Zeigefinger aus der zweiten Zehe erfolgreich ersetzt hatte und hegte zu mir das leider übertriebene Vertrauen, eine Nasenkorrektur ohne Zurücklassung einer sichtbaren Narbe ausführen zu können. Eine Entnahme aus der Stirnhaut lehnte sie rundweg ab und wünschte die neue Nase aus dem Oberarm gebildet. — Ganz abgesehen davon, daß hier der Krankheitsprozeß noch nicht abgeklungen war, also noch einer länger dauernden medikamentösen Vorbehandlung bedurfte, mußte ich der schwergeprüften Frau sagen, der Ersatz werde, wenn auch die Plastik gut gelänge, immer zu bemerken sein; die Chirurgie könne trotz aller Fortschritte den verlorenen Körperteil nicht ganz naturgetreu ohne jedwede Narbe nachbilden. Die bedauernswerte Frau hatte unsere Kunst wesentlich überschätzt. Sie ging enttäuscht von dannen und kam nicht mehr zu mir, obwohl ich ihr empfohlen hatte, sich nach vollständiger Beendigung der inneren Behandlung wieder vorzustellen.

Noch eine zweite Patientin führte mir der oben mitgeteilte

Fall eines erfolgreichen Zeigefingerersatzes zu. Die Frau eines Bahnaufsehers in Bosnien hatte sich lange vor Kriegsbeginn eine unbedeutende Wunde am Finger zugezogen und war zum Arzt mit der Bitte geeilt, ihr schnell einen Verband anzulegen, damit keine Blutvergiftung dazukäme. Der Arzt machte einen Umschlag mit einer fünfprozentigen Karbolsäurelösung und bestellte sie für den nächsten Tag in die Ordination. Aus irgend welchen äußeren Gründen kam sie nicht, sondern erst einige Tage später. Sie hatte in der Zwischenzeit den Fingerverband nicht abgenommen, aber öfters nach eigenem Ermessen eine starke Karbolsäurelösung, die nach ihrer Angabe wesentlich stärker als die fünfprozentige war, nachgegossen. Bei der Abnahme des Verbandes zeigte sich der Finger abgestorben. Von der Karbolsäureära in den Achtzigerjahren, vom häufigen Waschen der Hände in fünfprozentiger Karbolsäure, ebenso auch von Billroths Warnung in einer Tageszeitung, habe ich schon früher erzählt. — Der Arzt war über diesen Mißerfolg, den er ganz zu Unrecht sich allein zuschrieb, unglücklich; er veranlaßte die Patientin, auf seine Kosten mit ihm nach Wien zu fahren, und bat mich dringend, seinen Zeigefinger an Stelle des verlorengegangenen zu verpflanzen. Der Eingriff wäre vom Standpunkt der plastischen Chirurgie gewiß von Interesse gewesen, die Technik selbst schien mir nicht schwierig: Spender und Empfängerin wären durch einen die beiden Hände und Vorderarme umfassenden zirkulären Gipsverband verbunden gewesen und hätten in dieser Stellung 12 bis 14 Tage ausharren müssen. Beide Menschen waren anscheinend gesund, eine Blutgruppenbestimmung gab es damals noch nicht. Der Arzt, der sah, wie gerne ich helfen wollte, drang in mich, seinen Wunsch zu erfüllen, er könne sonst seine Ruhe nicht wiederfinden. Da aber selbst für den Fall des Gelingens der Finger für den Arzt verlorengegangen wäre, lehnte ich nach reiflicher Überlegung den Eingriff ab, nachdem ich mich mit einigen Kollegen von der juridischen Fakultät beraten hatte; alle sprachen sich dagegen aus. Ein angesehener Rechtslehrer sagte mir: „Der Satz ‚Volenti non fit injuria' ist weder bei vorsätzlicher Tötung noch Beschädigung anwendbar." Ich verweigerte aber den Eingriff auch aus dem Grunde, weil der Wunsch zur Operation nur von seiten des Arztes dringend geäußert wurde, die Patientin aber nicht mehr auf dem Fingerersatz bestand. Ich riet ihr, sich bei einem geschickten Bandagisten eine Prothese machen zu lassen, ein Vorschlag, der ihr genügte.

Manche Frauen und Mädchen sind unglücklich über ihre allzu starken Waden. Vor etlichen Jahren hatte ich in einer Privat-Nervenheilanstalt eine ungewöhnlich schöne, gegen dreißig Jahre alte Dame zu beraten, die Filmschauspielerin werden wollte und der über ihren dringenden Wunsch an einer chirurgischen Station des Auslandes die Waden verkleinert worden waren. Die Operation der einen Wade war gut gelungen, bei der anderen war anscheinend zu viel des Guten geschehen, so daß die Wunde erst nach längerer Zeit mit Hinterlassung einer breiten Narbe verheilte. Die Narbe war durch die hauchdünnen Strümpfe — andere trug sie nicht — zu sehen und so wünschte sie unbedingt ihre Beseitigung. Ich konnte mich nach eingehender Untersuchung um so weniger zu einer Operation entschließen, als mit Ausschneidung der Narbe keinerlei Gewähr für eine später noch stärkere Narbenbildung geboten werden konnte. Ich riet ihr, sich Strümpfe mit undurchsichtigen Längsstreifen machen zu lassen, um die Narbe verborgen zu halten; ein originell veranlagter Strumpffabrikant könne vielleicht damit sogar eine neue Mode schaffen. Ich hatte mit meinem gutgemeinten Vorschlag kein Glück; er wurde von meiner Patientin glatt abgelehnt. Über ihr weiteres Schicksal habe ich nichts mehr erfahren.

Vor wenigen Jahren wurde ich eiligst zu einem aus dem Balkan zugereisten über sechzigjährigen Herrn gerufen, um ihm baldigst seine großen Ohren zu verkleinern. Dabei war die „abnorme Größe" derselben so geringfügig, daß ich, obwohl wir Chirurgen alle Menschen mit kritischen Blicken anzusehen gewohnt sind, den „entstellenden Fehler", wie sich der

Patient ausdrückte, auch nach eingehender Besichtigung als kaum störend bezeichnen mußte. Da der schriftliche Bericht seines Hausarztes, der durch die Untersuchung eines Facharztes für interne Medizin in Wien vollauf bestätigt wurde, auf starke Arteriosklerose mit gelegentlichen Schwindelanfällen lautete — auch ich konnte schwere Gefäßveränderungen feststellen —, lehnte ich die Operation als nicht gerechtfertigt ab. Der Patient, der sich die Verkleinerung der Ohren schon fest eingebildet hatte, war über meinen Ausspruch sehr enttäuscht und unwillig.

Einmal kam ein Patient und ließ sich wegen eines leichten Leistenbruches begutachten. Irgend eine Dringlichkeit zur Operation bestand nicht. Ich empfahl ihm, ein Bruchband zu tragen und bei der geringsten Erscheinung einer Einklemmung oder auch nur deutlicher Beschwerden sofort einen Chirurgen aufzusuchen. Nach einiger Zeit teilte er mir mit, er fühle sich sehr wohl, habe sich nach reiflicher Überlegung für ein Bruchband entschieden und denke überhaupt nicht mehr an eine Operation. Wenige Tage nachher wurde der Mann wegen einer Wechselschuld verhaftet und nunmehr ersuchte er mich dringend, ihm ein Zeugnis auszustellen, daß er wegen seines Bruches sofort operiert werden müsse; auf Grund dieses Zeugnisses wollte er sich gleich in das Sanatorium aufnehmen lassen. Natürlich habe ich diese Zumutung abgelehnt.

Mit Interesse habe ich kürzlich gelesen, daß ein Schweizer Arzt durch Gefängnis und Entzug der Praxis für ein Jahr bestraft wurde, weil er einem zum Militärdienst einberufenen Mitbürger ein Gefälligkeitszeugnis ausgestellt hatte, in dem die Dienstunfähigkeit zu Unrecht bestätigt wurde. So hart dieses Urteil ist, ich verstehe diese Strenge.

Vor mehr als dreißig Jahren kam ein junger Kellner an meine Klinik, der sonst durchaus keinen Fettansatz zeigte, nur unter der Bauchhaut eine Fettschwarte trug, die wie ein Hängebauch aussah, wie er für gewöhnlich nur bei älteren, überernährten Menschen beobachtet wird. Über sein dringendes Bitten und seine Angabe, daß er wegen seines Fettbauches immer verspottet werde, sogar wiederholt seine Stellung habe wechseln müssen, entschloß ich mich zur Operation und entnahm ihm gegen 5 Kilogramm Fett. Selten ist mir ein Patient so dankbar gewesen und geblieben wie dieser Kellner, der mir noch nach Jahr und Tag über sein Wohlbefinden berichtete. — Mein Schüler Walzel hat über eine Reihe von Kranken aus meiner Klinik berichtet, bei welchen gelegentlich der Operation von Nabelbrüchen — meist handelte es sich um ältere, sehr dicke Frauen — auch mehrere Kilogramm Fett weggenommen wurden, wodurch sich die Patienten ganz wesentlich erleichtert fühlten.

Kosmetische Operationen werden oftmals von jungen Mädchen und Frauen gewünscht und es muß zugegeben werden, daß dabei Gutes geleistet wird. Menschen mit ungünstigem Äußeren finden im harten Kampf ums Dasein viel schwerer eine Stelle als von der Natur normalgebildete. Abstehende Ohren werden heute durch entsprechende Operation normal gestaltet, zu große, vor allem Hängebrüste, mit bestem Erfolg auf das richtige Maß verkleinert. Die Methode, die Oberarzt Dr. Biesenberger im Rudolfinerhaus ausgebildet hat, scheint mir für solche Fälle die beste zu sein. Ich habe schon bei meiner Antrittsvorlesung in Utrecht die Frage erörtert, welche die Kosmetik bei der Ausführung einer Operation spielt.

Nach dem Beispiel des Budapester Chirurgen J. Dollinger, der, wie schon erwähnt, skrofulöse Drüsen am Hals durch einen Schnitt innerhalb der behaarten Kopfhaut zwecks Vermeidung einer sichtbaren Narbe entfernte, werden Verschönerungsoperationen zwecks Straffung der Stirnhaut und zur Beseitigung der Krähenfüßchen ausgeführt. Diese Operationen dienen vornehmlich dazu, ältere Damen jünger erscheinen zu lassen.

In manchen Fällen läßt sich darüber streiten, ob der Wunsch nach einer kosmetischen Operation befriedigt werden soll. Es ist Sache des Arztes, sich in dieser Richtung mit dem Patienten sehr genau vor der Operation auszusprechen, um nicht nachträglich, wenn der Erfolg nicht so gut ist, wie es der Patient erwartete — und die Patienten, besser gesagt die Patientinnen, sind meist sehr anspruchsvoll — zur Verantwortung gezogen zu werden.

In allen Fällen, in denen eine kosmetische, also nicht dringliche Operation gewünscht wird und der Chirurg schwankt, ob sie gerechtfertigt ist, lege er sich die Frage vor, welchen Entscheid er bei einem nahestehenden Verwandten, bei Gattin, Geschwistern oder Kindern treffen würde.

Seit einer Reihe von Jahren ist die Mode verbreitet, die Augenbrauen, die doch weder als zwecklos noch als unschön bezeichnet werden können, zu rasieren und dafür einen schwungvollen Tuschstrich anzubringen. Jeder nach seinem Geschmack, ich habe weder dafür noch für das Einsetzen von künstlichen Wimpern in den Lidrand Verständnis. Diese Einpflanzung lassen sich nicht nur Schauspielerinnen machen, sondern auch manche Frauen und Mädchen, die sich dadurch einen verführerischen Augenaufschlag erhoffen! Von der Mode des Rotfärbens der Wangen, Lippen, Nasenlöcher, Finger- und Fußnägel will ich lieber schweigen.

Auch schon im Laufe vergangener Jahrhunderte spielten äußere Umstände bei der Förderung einer Behandlungsmethode mit.

Ludwig XIV. war an einer Mastdarmfistel erkrankt und hatte sehr wenig Neigung, sich einer operativen Behandlung zu unterziehen, die damals schon als die am schnellsten zum Ziele führende bekannt war. So wurden zahlreiche Patienten, die an demselben Leiden erkrankt waren, auf Staatskosten nach Paris gebracht, um dort den Ärzten Gelegenheit zu geben, die zweckmäßigste Methode ausfindig zu machen. Die einen wurden konservativ in Bädern, besonders in Seebädern, die anderen operativ behandelt. Die operative Behandlungsmethode erwies sich in der Tat den anderen überlegen. Nachdem der Chirurg Jean Louis Petit auch ein eigenes Messer in Form einer Sichel, die vorne einen Knopf trug, konstruiert hatte, wurde der „hohe Patient" mit diesem „Königsmesser" genannten Instrument erfolgreich operiert.

VERSÄUMTE GELEGENHEITEN

Wie leicht man an der praktischen Nutzanwendung einer Neuerung vorbeigehen kann, dafür möchte ich ein paar Fälle aus eigener Erfahrung anführen:
Bei den fast täglich von den Assistenten abzuhaltenden Operationskursen der Klinik Billroth hatte mein Kollege und Freund F. A. Salzer, ich glaube es war im Jahre 1888, dicke Kautschukhandschuhe angezogen, um die Hände nicht, wie dies bis dahin der Fall war, nachträglich mindestens eine Viertel- bis eine halbe Stunde mit Seife und Bürste und dann noch mit reizenden desinfizierenden Lösungen bearbeiten zu müssen. Ich übernahm diese Methode und erlangte bald beim Operieren an der Leiche eine große Fingerfertigkeit; ich führte dann — es waren gerade von den Amerikanern neue Nahtmethoden des Magens und des Darmes zur Verkürzung der Operationszeit angegeben worden — am narkotisierten Versuchstier diese oft recht heiklen Nahtmethoden ohne jede Schwierigkeit aus. Ich hatte des öfteren Zuseher bei diesen Operationen, die staunten, wie es möglich sei, in diesen plumpen Handschuhen zu arbeiten. Es ging — ich kann es ohne Überhebung sagen — sicher und schnell. Aber solche Kautschukhandschuhe bei Operationen am lebenden Menschen zu verwenden, diesen Schritt habe ich nicht gemacht, den haben erst v. Mikulicz mit seinem verschärften aseptischen Wundschutz durch Verwendung von Mundmaske und Handschuh, Döderlein, Friedrich u. a. unternommen, die sich dadurch um die Verbesserung der Aseptik große Verdienste erwarben.
In den ersten Jahren dieses Jahrhunderts hatte ich bei einem Patienten eine tuberkulöse Eiteransammlung im Rippenfell (Empyem) durch Punktion entleert. Da ich vermeinte, daß nicht aller Eiter herausgekommen war, setzte ich — die Punktion war mit dem Apparat nach Dieulafoy gemacht worden —

die Saugpumpe an, um den Restinhalt möglichst herauszubekommen und beauftragte den das Instrument reichenden Hilfsarzt, einen negativen Druck im Glaskolben herzustellen. Nach Öffnen des Ventils bemerkte ich bald zu meinem Schrecken, daß aus Versehen kein negativer Druck, sondern ein höherer Druck im Apparat gemacht worden war, somit die Luft in den Brustfellraum unter Überdruck einströmte; das Quantum betrug immerhin gegen 100 Gramm. Der Patient kollabierte etwas und ich war heilfroh, daß dieses Versehen nicht nur keine weiteren nachteiligen Folgen hatte, vielmehr der Kranke sich darauf äußerst wohl fühlte. Der Patient verließ wesentlich gebessert nach wenigen Tagen das Sanatorium und ich erhielt noch nach Monaten gute Berichte von ihm. Ich habe damals über diesen anscheinenden Fehler, der dem Patienten so gut bekommen war, nicht weiter nachgedacht. Hätte ich mit so offenen Augen, wie es 400 Jahre früher Ambroise Paré bei der Behandlung der Schußwunden getan hat, den weiteren Verlauf betrachtet, so wäre ich vielleicht der Schöpfer der Pneumothorax-Therapie geworden, die bald darauf dem Italiener Forlanini gelungen ist.

Es war im Sommer 1904 oder 1905, daß Hans Eppinger, der damalige Assistent der Klinik v. Noorden (jetzt Vorstand der Ersten Medizinischen Klinik) uns den Vorschlag unterbreitete, in Fällen von Atemstörungen während der Narkose, bzw. bei schlechter Atmung und erschwertem Aufwachen statt der Sauerstoff-Bombe und der künstlichen Atmung, den Patienten Kohlensäure in die Nase einzublasen, wodurch das Atemzentrum direkt gereizt würde. Leider konnte ich mich dazu nicht entschließen. Diese Methode kam dann 10 Jahre später aus Amerika, durch Henderson empfohlen, herüber und ist heute in vielen Fällen ein besonders wertvolles Hilfsmittel.

Für die praktische Chirurgie ist es vollkommen gleichgültig, wer der Vater der neuen Vorschläge war, die Hauptsache ist, daß sie gemacht wurden und daß die Methoden den Kranken nützen.

ZUR FRAGE DER EUTHANASIE

Unter Euthanasie = „Schönes Sterben" wird sowohl die Erleichterung des Todes bei einem Sterbenden als auch vor allem die schonende Tötung von Schwerkranken verstanden, denen noch ein längeres qualvolles Leben beschieden sein könnte.

Im ersteren Falle handelt es sich um jene ärztlichen Vorkehrungen und pflegerischen Maßnahmen, die dem schon sterbenden Menschen den Übergang vom Leben in den Tod möglichst leidlos gestalten und ihm dabei die letzte Hilfe leisten sollen.

Die letzten Stunden vor dem Tode gestalten sich verschieden. Bei vielen tritt vor dem Tode ein auffallendes Wohlbefinden ein. Der große englische Pathologe und Chirurg J. Hunter sagte knapp vor seinem Tode, wenn er noch schreiben könnte, würde er schriftlich niederlegen, wie angenehm es sei, zu sterben. Osler (Oxford) hat 500 Sterbende genau beobachtet und gefunden, daß drei Viertel von ihnen sanft auslöschten.

Die Euphorie des an einer schweren Bauchfellentzündung Erkrankten kurz vor dem Tode ist bekannt.

Es ist übrigens fraglich, ob alle Menschen, die in ihren letzten Stunden das Bild eines schweren Todeskampfes darbieten, darunter noch zu leiden haben. Es spricht vielmehr manches dafür, daß sich da oft nur automatische körperliche Vorgänge vollziehen, die als solche dem Sterbenden nicht mehr zum Bewußtsein kommen und ihm daher auch seelisch nichts mehr anhaben können. Nichtsdestoweniger wird es immer mit Recht ein Herzenswunsch der Umgebung sein, dem die Ärzte Rechnung tragen, auch diesem, wenn auch nur äußerlichen

Todeskampf, alles Peinliche und scheinbar Schmerzliche zu nehmen.

Anderseits ist es sicher, daß mancher Sterbende schwer leiden muß, bevor er ausgerungen hat. Noch schrecklicher als selbst der stärkste Schmerz ist der Lufthunger; gerade bei dem mit schwerster Atemnot Ringenden soll nicht mehr das ganze Rüstzeug von sogenannten Analepticis wie Kampfer und anderen kräftigenden Medizinen, Ernährungsklysmen, Bluttransfusionen und andere das Leben etwa verlängernde Maßnahmen in Anwendung kommen, vielmehr spare der Arzt, wenn er einmal zur Überzeugung gekommen ist, daß jede Hilfe vergeblich ist, nicht mit Morphin! Was habe ich nicht an schrecklichem Lufthunger bei einer Reihe von engeren Landsleuten, jungen Soldaten des Infanterieregimentes Heß Nr. 14, in Heidenschaft bei Görz gesehen, die in einen Gasangriff des Feindes gekommen, schließlich alle dem tödlichen Gift erlagen.

Gelegentlich eines Konsiliums mit einem berühmten internen Kliniker empfahl ich vor vielen Jahren bei einem unheilbaren Kranken, der von den ärgsten Schmerzen infolge Krebsablagerung an beiden Brustfellen geplagt war, reichliche Dosen von Morphin. Darauf bemerkte der ältere Kollege, er könne meinem Vorschlag nicht zustimmen, der Kranke könne Morphinist werden! Ich glaube wohl, daß die Mehrzahl der praktischen Kollegen so raten würde, wie ich es damals getan habe.

Eine fromme, ganz ihrem Gott und ihrer Familie lebende, hochstehende Frau hatte ihrer Tochter gegenüber in gesunden Tagen geäußert, daß bei ihr in einem Krankheitsfall von schmerzstillenden Mitteln abzusehen sei, sie wolle ihr Leiden im vollen Umfang ertragen. Als sie nun in ihrem Alter von einem schweren, höchst schmerzhaften Leiden heimgesucht wurde, war sie bald so zermürbt, daß sie sich jeden Abend nach der Morphin-Injektion sehnte, dabei aber geduldig und ergeben ihre Krankheit bis zum Tode trug.

Vor eine ganz andere Aufgabe ist aber der Arzt gestellt, der bewußt und förmlich schicksalhaft in den Lebenslauf, wenn auch auf ausdrücklichen Wunsch des Kranken selbst, eingreifen und ihm zu einem schmerzlosen Tod — (Euthanasie) — verhelfen soll. Damit würde oft dem natürlichen Abschluß in der Erwägung weit vorgegriffen, dadurch einem sich selbst und anderen zur Last fallenden Dasein ein Ende zu bereiten. Das ist eine Lebensverkürzung bei Kranken, die zwar nach ärztlicher Meinung unheilbar sind, denen aber trotzdem eine längere, oft lange Lebensdauer noch beschieden sein kann. Also hier bedeutet die Euthanasie, wenn auch aus Barmherzigkeit und auf sanfte Art, eine Tötung „als der Weisheit letzter Schluß".

Das Gesetz bezeichnet jede wissentliche und beabsichtigte Tötung als Mord. Bewußte Tötung eines Menschen ist nur dem Soldaten im Felde und dem Scharfrichter erlaubt; auf Fälle, wo Notwehr eine Rolle spielt, sei hier nicht eingegangen.

Daß sich angesichts von Patienten mit aussichtslosem Leiden, bei denen auch schmerzstillende Mittel versagen, der Gedanke aufdrängt, das Leben abzukürzen, liegt nahe. Manche sehnen beim Anblick des unsagbaren Leidens, das den geliebten Vater, die gütige Mutter bedrückt, nachdem sie erfahren haben, daß ärztliche Hilfe vergeblich sei, ein Ende all dieser Qualen durch einen leichten Tod herbei. Wenn der Vater, bis vor kurzem das Bild der Frische, jedes Interesse an der Familie verliert und nur mehr ein vegetatives Leben führt oder wenn zum Beispiel bei einem Patienten mit unheilbarem Rückenmarksleiden sowohl Füße als Blase und Mastdarm vollkommen gelähmt sind — Paraplegie — und ein jahrelanges Siechtum zu gewärtigen ist, dann wäre gewiß der Tod eine Erlösung. Solch traurige Fälle ließen sich gewiß leicht mehr aufzählen, so daß es begründet erscheint, sich mit dieser Frage zu befassen.

Auch soziale Momente spielen wie überall eine gewichtige Rolle. Dort, wo der Sieche im Genuß einer Pension die Familie ernährt, wird der Wunsch der Angehörigen, dieses Leben möglichst zu erhalten und zu verlängern, in den Vordergrund alles Strebens gestellt werden, während der mittellose Unheilbare, der seiner Familie zur Last fällt, leichter zur Anwendung der Euthanasie anregt.

Mancher Patient wünscht ein baldiges Ende herbei, aus religiösen Gründen aber, oder um die Familie nicht mit einem Makel zu belasten, bereitet er nicht selbst seinem Leben ein Ende.

Wäre es nicht auch der Erwägung wert, einen unheilbaren Geisteskranken, der die Familie geistig und materiell auf das schwerste bedrückt, aus dem Leben zu schaffen? In den letzten Jahren hat sich nicht nur in Wien öfters der Fall ereignet, daß ein Geistesgestörter, der auf seine, bzw. auf seiner Angehörigen Bitten aus dem Irrenhaus gegen Revers entlassen wurde, von einer plötzlichen Mordlust befallen ein oder mehrere Menschenleben schwer geschädigt, ja sogar vernichtet hat. Diese Geisteskranken müßten nach einem solchen Mord oder Mordversuch in einer geschlossenen Anstalt zeitlebens verweilen, die Streitfrage, wer die Kosten dafür trägt (Staat, Gemeinde oder Angehörige) darf nicht dazu führen, daß unschuldige Menschen in Gefahr kommen.

Auch bei manchem Arzt dürfte schon oft der Gedanke, eine praktische Euthanasie durchzuführen, rege geworden sein, wenn er Patienten vor sich hat, bei denen es zur Ablagerung von Krebsherden, also zur krebsigen Durchseuchung des ganzen Organismus, mit größten Beschwerden verbunden, gekommen ist, wobei jeder Heilungsversuch aussichtslos und unmöglich wird. Oder bei Kranken, die an einer inoperablen Geschwulst des Brustfelles leiden, deren Atemnot und Lufthunger oft kaum mehr zu bekämpfen ist. Erscheint es nicht in einem solchen Fall berechtigt, die schmerzlose Tötung solcher Kranker aus humanen Gründen in Erwägung zu ziehen, umsomehr als sich die Tötung durch Einspritzung einer starken Morphinlösung in die Blutader leicht und schmerzlos gestaltet?

In Romanen [63] und Theaterstücken wird für die Euthanasie Stellung genommen. Menschen, die sie aus Erbarmen bei ihnen nahestehenden Lieben ausgeführt haben, wurden wiederholt vor Gericht freigesprochen und gefeiert. So mancher wird sich noch eines viel Aufsehen erregenden Falles erinnern, der sich seinerzeit in Paris ereignete. Eine Schauspielerin tötete durch einen Revolverschuß ihren Verlobten, der an einem unheilbaren, ihn fürchterlich quälenden Krebsleiden litt. Die Pariser Geschworenen sprachen die Mörderin einstimmig frei.

Auch in neuerer Zeit haben sich des öftern Stimmen erhoben, die sich bei Unheilbaren für eine Abkürzung des Lebens aussprachen. Nur wenige seien angeführt. Der schwedische Ingenieur Nobel, der Stifter des nach ihm benannten bekannten Preises, wollte in Mailand ein Institut schaffen, in dem die Euthanasie zur praktischen Durchführung gelangen sollte; Ministerpräsident Crispi verbot dies kurzerhand. Der bekannte Psychiater Hoche, Freiburg, gab in Überlegung, lebensunwertes Leben schonend zu vernichten. Der große Rechtslehrer Binding sprach sich im gleichen Sinne aus.

Bei den Chinesen entledigen sich die Eltern unerwünschter neugeborener Kinder; es war eine weitverbreitete Methode, sie einfach in den Fluß zu werfen, was stark an das Ertränken der jungen Hunde und Katzen erinnert [64].

Plinius bezeichnete vor bald 2000 Jahren die Schmerzen bei Neuralgie der Gesichtsnerven, bei Magengeschwüren und bei Steinblase als so heftig und ganz unheilbar, daß er in diesen Fällen eine schonende Tötung des Erkrankten für erlaubt hielt.

In letzter Zeit ist unter der Leitung des rühmlichst bekannten Chirurgen Lord Moynihan ein Gesetzentwurf im „House of Lords" eingebracht worden, der die Euthanasie als

---

[63] Hellmut Unger, „Sendung und Gewissen", Brunnenverlag, Berlin.

[64] Wer dächte dabei nicht an die ergreifende Schilderung Schönherrs „Die Mütter". Das Töten der jungen Tiere, z. B. der Katzen, durch Ertränken, ist viel verbreitet. Es ist dies eine grausame und dabei unverläßliche Methode, da manches Kätzchen dem Verderben entrinnt und zur Wildkatze, dem schlimmsten Feind des Wildes, wird.

gesetzlich erlaubten Akt gestatten soll. Zur Vermeidung jedes Mißbrauches wurde dabei eine Reihe von Vorsichtsmaßnahmen gefordert:

Der zu Tötende müßte das 21. Lebensjahr überschritten und seine Zustimmung zur Tötung schriftlich in Gegenwart von Zeugen abgegeben haben, worauf der Akt durch Sachverständige überprüft werden würde; weiters haben die Anverwandten ihr Einverständnis dazu zu geben, auch solle mindestens eine Woche zwischen der Abgabe des schriftlich ausgesprochenen Wunsches der Tötung und der Ausführung desselben verstreichen. Bei Geisteskranken oder -schwachen hätte die Vormundschaftsbehörde den Antrag zu stellen.

Eine Anzahl ernster und angesehener englischer Ärzte und Juristen hatte sich diesem Vorschlag angeschlossen. Als Lord Moynihan im Herbst 1936 starb, übernahm es Lord Ponsonby, den Antrag vor das englische Parlament zu bringen, das ihn aber ablehnte.

Vor einiger Zeit hat Adolf Lorenz in einem geistvoll geschriebenen kurzen Zeitungsartikel ebenfalls zu Gunsten der Euthanasie Stellung genommen.

Auch ich legte mir oft die Frage vor, ob es nicht gerechtfertigt sei, unheilbar Kranke einem milden Tode zuzuführen. Im Jahre 1891 machte ich eine Reise ins Salzkammergut zum Studium des Kretinismus. Als ich in Goisern einen 21jährigen Kretin untersuchen wollte, der in der Ecke des Zimmers an einer eisernen Kette lag, sagte der Vater, ein biederer Schuster, zu mir: „Gebn S' acht, Herr Doktor, er beißt!" Welches Unglück für Eltern und Geschwister! Sowohl bei diesem Fall als auch später bei einem Besuch des Idiotenheimes in Knittelfeld, wo ich diese armen Geschöpfe in ihrem ganzen Elend und in ihrer Hilflosigkeit ohne jede Möglichkeit einer Besserung sah, drängte sich mir lebhaft der Gedanke auf, ob es nicht besser wäre, diese Armen von ihrem entsetzlichen Zustand schmerzlos zu befreien.

Reg.-Rat Dr. J. Starlinger, der weit über die Grenzen seines Vaterlandes hinaus bestbekannte emeritierte Direktor der Heil- und Pflegeanstalt in Mauer-Öhling, teilte mir mit, daß in einer seiner Filialanstalten 700 Geisteskranke, vorwiegend mit angeborenem Idiotismus behaftete Krüppel, untergebracht waren. Viele dieser Kranken fristeten durch Dezennien ein rein vegetatives Leben. Die Verpflegskosten für einen dieser Krüppel betrugen jährlich gegen 1000 Kronen, eine Summe, die so manche Familie, aber auch den Gemeinde- oder Staatssäckel schwer belastete. Was für Unsumme an Geduld und Aufopferung erfordert ihre Pflege, welche Mühe für die Schwestern, diese Armen reinzuhalten! Da sieht man, wozu barmherzige Liebe befähigt.

Im Krieg sah ich wiederholt Schwerverletzte, bei denen die völlige Aussichtslosigkeit einer Besserung klar zu Tage trat, so z. B. einen frisch eingelieferten Verwundeten mit Schädeldurchschuß und Vorfall von viel Hirnmasse aus dem Ein- und Ausschuß.

Es spricht also eine ganze Reihe ernster Gründe zu Gunsten der Euthanasie.

Gegen deren Durchführung haben sich ebenfalls gewichtige Stimmen erhoben, neben Theologen und Philosophen haben Ärzte und Juristen sehr energisch dagegen Stellung genommen. Im folgenden ein paar Beispiele: Um den pestkranken Soldaten in Syrien die Qualen der Krankheit zu sparen und eine Übertragung zu verhindern, schlug Napoleon Bonaparte dem Militärarzt Desgenette vor, den Soldaten durch Opium zu einem raschen, schonenden Tode zu verhelfen, worauf Desgenette antwortete: „Mein General, wir sind da, die Kranken zu heilen, aber nicht, sie zu töten!"

E. Forgue, der ausgezeichnete emeritierte Professor der Chirurgie in Montpellier, kommt in einer interessanten Studie über die Frage der Euthanasie, von den verschiedensten Standpunkten aus betrachtet, zu dem Schlusse, daß dieselbe nicht gestattet werden kann [65].

---

[65] Ich kann das vorzügliche Buch E. Forgues „Au seuil de la Chirurgie" (Paris, Librairie Octave Doin 1927), das von G. Schmidt (München) ins Deutsche übersetzt wurde (An der Schwelle der Chirurgie, Vogel, Leipzig 1929), allen Ärzten und angehenden Medizinern wärmstens empfehlen

Daß die religiösen Bekenntnisse die Euthanasie ablehnen, entspricht ihren Grundsätzen. Ich verweise hier u. a. auf die Arbeit „Euthanasia sub aspecto med.-juridico morali" im „Suisse Luc Medical XIII. 5. 1935", in der Kanonikus Kiselstein eine erschöpfende Abhandlung liefert, die sich gegen die praktische Anwendung der Lebensverkürzung wendet und u. a. die Mitteilung enthält, daß 1922 in Sowjetrußland 122 unheilbare Kranke erschossen worden sein sollen.

Es sei vor allem betont, daß die Wissenschaft ständig Fortschritte macht, so daß es Krankheiten gibt, die noch bis vor kurzem als unheilbar galten, jetzt aber durch die neuesten Errungenschaften der Medizin einer Besserung, ja selbst einer Heilung zugänglich sind. Die drei von Plinius angeführten, als unheilbar bezeichneten Erkrankungen sind heutzutage vorzüglich heilbar, wenn auch erst seit den letzten 50 bis 80 Jahren.

Wäre ein Euthanasiegesetz vor dem Jahre 1881 eingeführt worden, so würde mancher an Magenkrebs leidende Patient als unheilbar getötet worden sein, der später durch eine Operation, die Billroth als Erstem im Jänner 1881 gelungen ist, nicht nur vorübergehend, sondern dauernd gesund blieb.

Man denke weiters an die Verbesserung der Heilungsmöglichkeit bei bösartigen Geschwülsten des Gehirns und des Rückenmarks durch Operation, an die Erfolge bei Wangen-, Lippen- und Mandelkrebs durch Radium- und Röntgenbehandlung mit und ohne Operation, Krankheiten, die alle noch vor kurzer Zeit als nur selten dauernd heilbar galten.

Wer vermöchte in die Psyche eines Paraplegikers hineinzublicken, ob der öfters geäußerte Wunsch nach dem Tode wirklich seiner vollen Überzeugung entspricht oder ob der Erhaltungstrieb durchdringt und er sich doch noch mit seinem Schicksal versöhnt und nicht jede Hoffnung aufgibt? So weiß ich von einem jungen, blühenden, lebenslustigen Mädchen, das sich bei einem Motorradunfall die Wirbelsäule brach. Seit dieser Zeit ist infolge Zerstörung des Rückenmarks ihre untere Körperhälfte gelähmt. Trotzdem aber pflegt sie vielseitige Studien und Interessen, ihre Wünsche gipfeln in einem Kinde, um mit demselben Mutterfreuden zu erleben!

Man halte sich ferner die Möglichkeit eines Irrtums vor Augen. Bei Forgue finden sich sehr lehrreiche Beispiele erwähnt. Auch ich kann einen Beitrag liefern.

Ich mußte bei einer schweren Unterleibsstörung, allem Anschein nach bösartiger Natur, einen Bauchschnitt vornehmen und fand zu meiner traurigen Überraschung das ganze Bauchfell von einer Unzahl kleinerer und größerer Krebsknoten durchsetzt. Ohne operativ helfen zu können, also ohne Aussicht auf irgend einen Erfolg, schloß ich wieder die Bauchhöhle und wünschte im stillen, der Kranke möge bald von seinem Leiden befreit werden. Ich hatte es absichtlich unterlassen, ein kleines Stückchen der Geschwulst zur mikroskopischen Untersuchung zu entnehmen, da erfahrungsgemäß manchmal selbst dieser kleine Eingriff von schädlichen Folgen begleitet sein kann. Ich stellte auch den Angehörigen des Patienten eine schlechte Prognose, als ich ihn mit geheilter Wunde von der Klinik entließ. Nicht wenig überrascht war ich, als sich der Mann nach Jahr und Tag vorstellte und mir sagte: „Nach Ihrem Ausspruch, Herr Professor, hätte ich eigentlich kein Recht, noch am Leben zu sein, aber glücklicherweise bin ich sogar wohlauf." Meine Freude über diesen unerwarteten Verlauf war aufrichtig und überwog bei weitem die unangenehme Empfindung, hier eine unrichtige Diagnose und damit eine falsche Prognose gestellt zu haben. Aber was lag vor? Eine Bauchfelltuberkulose? Ein Karzinom, das von selbst zum Stillstand und zur Ausheilung gekommen war? Es wäre dies wohl eine ganz ungewöhnliche Seltenheit.

Man darf auch nicht vergessen, wie leicht manche Menschen zufriedengestellt sind. Erst kürzlich hörte ich, wie glücklich und zufrieden ein Elternpaar wurde, als es sah, daß ihr zwölfjähriges, mit schwerer Idiotie behaftetes Kind, das von frühester Kindheit an stark zurückgeblieben war, die Anfangsgründe des Schreibens erlernt, also nur ganz geringe Fortschritte gemacht hatte! Die Eltern waren über diese kleine Besserung so beglückt, daß sie dieselbe bedeutend überschätzten! Wer wollte hier diese optimistisch elterlichen Gefühle verletzen?

Ich weiß aus zuverlässiger Quelle von einem achtzehnjährigen schwachsinnigen Mädchen, das nur unverständlich vor sich hinlallt, den ganzen Tag zum Fenster der elterlichen Wohnung hinauslehnt und die Vorübergehenden stumpfsinnig angrinst. Dieses unglückliche Geschöpf ißt mit Vorliebe rohes Fleisch. Als das Mädchen vor einiger Zeit an einer akuten Blinddarmentzündung erkrankte und zur Operation in ein Sanatorium aufgenommen werden mußte, wartete der Vater in höchster Aufregung und Angst im Nebenzimmer und dankte nach glücklicher Beendigung der Operation dem Arzt in überschwenglichen Worten, zu Tränen gerührt, für die Erhaltung dieses Lebens!

Also auch die Tötung dieses wohl unlebenswerten Lebens scheint mir nicht erlaubt, wohl aber würde ich ohne Bedenken die am Lande oft frei einhergehenden Kretins und Idioten durch Röntgenbestrahlung, wenn nicht durch Unterbindung der Eileiter, bzw. der Samenstränge sterilisieren. Denn eine Vermehrung solcher armer Krüppel, die die Zukunft des Volkes nur schädigen, ist gewiß nicht erwünscht. Dasselbe gilt auch für die kriminellen Geisteskranken.

Im Jahre 1931 sprang eine Trapezkünstlerin im Zirkus aus 17 m Höhe in ein kleines Bassin, überschlug sich und brach dabei die Wirbelsäule. Auf die Unfallstation gebracht, bat sie flehentlich, man möge alles tun, um ihren Zustand zu bessern. Ich versuchte selbst auf die Gefahr hin, daß die Patientin stürbe, eine Bloßlegung der verletzten Stelle (Laminektomie), konnte aber durch die Operation — das Rückenmark erwies sich als gänzlich durchrissen — keinerlei Verbesserung erzielen. Drei Vierteljahre später starb die Patientin in ihrer Heimat in Amerika, bis in ihre letzten Lebenstage von der Hoffnung auf Wiederherstellung beseelt, wie wir ihren wiederholten rührenden Dankesbriefen entnehmen konnten, die mich tief bewegten angesichts des Umstandes, daß wirklich keinerlei Heilung möglich gewesen war.

Von einer Krankenstation, in der auch Patienten mit angeborener Idiotie Aufnahme finden, erfuhr ich, daß häufig die Angehörigen mit größter Teilnahme und Interesse das weitere Schicksal dieser Kinder verfolgen und immer wieder schriftliche Berichte über ihren Zustand sich erbitten, wenn sie nicht selbst kommen können [66].

Gegen die praktische Durchführung der Euthanasie spricht weiters vor allem auch die Überlegung, daß eine böse Absicht eine Rolle spielen kann, wenn z. B. die Angehörigen die Erbschaft des Schwerkranken nicht erwarten können, ihm die Einwilligung zur Durchführung der Euthanasie nahelegen und den Fall auch dem Arzt gegenüber tragischer darstellen als er ist. Schließlich kann auch der Arzt getäuscht werden und sich irren. Aber auch ohne an Böswilligkeit zu denken, könnten gelegentlich Menschen, die infolge ihres Alters, ihrer Unverträglichkeit usw. ihrer Umwelt nicht mehr genehm sind, als unheilbar krank erklärt und beseitigt werden. Wo ist da die Grenze? Bei manchen ganz primitiven Völkern werden heute noch die nicht mehr arbeitsfähigen Greise von den Angehörigen gut genährt, um eines Tages durch einen Keulenschlag getötet und verspeist zu werden!

Ich fürchte mit Forgue auch für die Psyche des Patienten, der zu der bevorstehenden praktischen Anwendung der Euthanasie schriftlich seine Zustimmung gegeben haben muß.

---

[66] Erst kürzlich erfuhr ich, daß ein Ehepaar, das seinen einzigen Jungen an den Folgen einer schweren Kinderlähmung dahinsiechen sah, über den schließlich tödlichen Ausgang dieses lebensunwerten Lebens, der von den Ärzten als eine Erlösung bezeichnet wurde, untröstlich war und durch Jahre seinen Kummer nicht loswerden konnte.

Mit welcher Sorge würde der Kranke jedem Besuch des Arztes entgegensehen, den er sonst mit der wenn auch schwachen Hoffnung erwartete, daß endlich von einer Besserung die Rede sein werde. Der Wunsch des Patienten „Ich möchte sterben" ist auch nicht immer ernst gemeint, sondern unter dem Eindruck der Beschwerden und der Schmerzen geäußert. Öfters wird er auch ausgesprochen in der Hoffnung, daß der Arzt darauf erwidert: „Aber, was glauben Sie denn, es wird wieder besser!" Auch dort, wo der Arzt nicht helfen kann, vermag er durch Güte, Geduld und durch seinen Zuspruch viel zu leisten und die Beschwerden weniger fühlbar zu machen. Erst kürzlich wieder hat mir eine Dame der Gesellschaft dankbarst und begeistert von ihrem langjährigen Hausarzt, einem ebenso beschäftigten als tüchtigen Facharzt für innere Medizin gesprochen. Er habe bei dem durch zehn Jahre sich hinziehenden Siechtum ihrer Tante, das schließlich unter den schwersten Erscheinungen zum Tode führte, es immer wieder durch seine liebevolle Behandlung verstanden, das Vertrauen zum Arzt und die Hoffnung auf eine Besserung aufrecht zu erhalten.

Es war bisher, wenn wir von Euthanasie sprachen, immer als selbstverständlich angenommen worden, daß der Kranke selbst, beziehungsweise seine Machthaber (Eltern, Vormund) der praktischen Anwendung zustimmen würden.

Wer aber wollte, ohne den Patienten vorher verständigt zu haben, die große Verantwortung auf sich nehmen, ihm, dem Ahnungslosen, der vom Arzt durch die Einspritzung Linderung seiner Schmerzen und damit eine Erleichterung in seinem Befinden erwartet, den tödlichen Stich zu geben?

Für den Patienten Schicksal spielen zu wollen, erscheint mir umsoweniger gerechtfertigt, als, wie oben erwähnt, in vielen Fällen der chronisch Kranke trotz aller Beschwerden, die er erduldet, doch sehr am Leben hängt und die Hoffnung auf bessere Zeiten nicht aufgibt, oder jedes Übel, jeden Schmerz in festem Gottvertrauen zu tragen gewillt ist und einen unüberwindlich festen Charakter zeigt, den keine Trübsal niederbeugt. Vom Krankenzimmer aus können die Menschen gestärkt werden mit diesen Beispielen stillen Duldens.

Ich habe in der Med. pharm. Rundschau vom Jahre 1932 nachfolgende erschütternde Mitteilung gelesen:

„In Moskau starb dieser Tage ein Arzt namens Sukow, der im Rufe stand, ein außerordentlich zuverlässiger und tüchtiger Therapeut zu sein und daher starken Zuspruch hatte. Um so größeres Aufsehen erregte sein Tod, als er dem Staatsanwalt eines Volksgerichtes einen Brief hinterließ, der in den Zeitungen veröffentlicht wurde. ‚Daß ich‘, so heißt es darin, ‚meinem Leben durch Zyankali ein Ende bereitet habe, werden Sie auch ohne meinen Brief erfahren. Auf einem Zettel, den ich in meiner Wohnung zurückgelassen habe, stehen die Worte: ‚Ich bestrafe mich für einen Fehler.‘ Dafür bin ich eine Erklärung schuldig. Ich gebe sie im Angesicht des Gesetzes. Vor einigen Jahren erschien bei mir die Frau des Professors N. und klagte über Schmerzen an der Oberlippe. Bei der Untersuchung stellte ich ein kleines Geschwür fest, das mir verdächtig erschien. Ich fragte die Patientin aus und bat sie auch, mir ihren Lippenstift zu zeigen; die genaue Analyse dieses Kosmetikums ergab die Tatsache, daß es mit Pferdefett hergestellt worden war. Es war die Zeit, als die Bevölkerung wegen der Hungerblockade von Pferdefleisch lebte. Im Lippenstift fanden sich Rotzbakterien: Rotz ist, wie Sie wissen, eine furchtbare Krankheit, die auch auf den Menschen übertragen werden kann und fast immer tödlich verläuft. Ich bat den Professor N., zu mir zu kommen, und gab ihm einen Rat, den er auch befolgte. Er ging sofort nach Hause und verabreichte seiner nichts ahnenden jungen Frau Zyankali. Ich stellte ein Attest auf Tod durch Herzschlag aus. Der Professor ist heute ebenfalls nicht mehr unter den Lebenden, so daß ihm mein Geständnis nicht mehr schaden kann.

Der Fall der Frau Prof. N. brachte mich dazu, alle Patienten, die bei mir Hilfe suchten und an unheilbaren Krankheiten litten, auf dieselbe Art zu behandeln, um ihnen einen qualvollen Tod zu ersparen. Sie als Staatsanwalt wissen, daß der Mord aus Mitleid kein

Gedanke ist, den ich als Erster gehabt habe. Ich kenne viele Kollegen von Ruf, die auf demselben Standpunkt stehen. Wäre es nicht unmenschlich, dem Patienten die ganze furchtbare Wahrheit über seine Krankheit zu enthüllen und ihn vor die Wahl zwischen qualvollem Dahinsterben und Selbstmord zu stellen? Ebenso unmöglich ist es, Angehörigen oder Freunden die entscheidende Tat zu überlassen. Ihre Liebe wird sich schwer dazu bereit finden, eine Tat zu begehen, die, wenn sie entdeckt würde, einen Skandal und ein gerichtliches Nachspiel zur Folge haben müßte. Alle diese Überlegungen brachten mich zu der Erkenntnis, daß ich handeln mußte, ohne jemanden zu fragen. Ich ging daher dazu über, Patienten dieser Art zu vergiften. Jedesmal stellte ich falsche Todesatteste aus.

Ich hatte noch einen anderen Grund, der mich hinderte, meine Patienten zum Selbstmord zu verleiten. Meine Freunde wissen, daß ich in gewisser Beziehung noch ein gläubiger Mensch bin und den Selbstmord als eine schwere Sünde betrachte. Sie werden über diese Worte lächeln und mich fragen, wie ich dann über den Mord denke. Sie haben recht und ich mache kein Hehl daraus, daß ich in vierzig Fällen, die meiner Praxis anvertraut waren, vorbedachten Mord begangen habe. Aber lieber will ich die Verantwortung dafür auf mich nehmen und der Überzeugung sein, daß meine Patienten an ihrem Tode nicht schuldig sind. In voller Erkenntnis der Schwere des Verbrechens habe ich dennoch die zu qualvollem Tode Verurteilten von unnötigem Siechtum befreit. Auch meinen Selbstmord betrachte ich als schwere Sünde, die ich auf mich nehme. Ich habe mich hingerichtet und Sie sollen wissen weshalb. Vor einigen Tagen ist meine Patientin Natascha B. gestorben, nach dem Totenschein an einem Schlaganfall. In Wirklichkeit habe ich sie vergiftet. Es war mein vierzigster Mord. Ich hatte eine Krebsgeschwulst konstatiert und war der Ansicht, daß ein operativer Eingriff nichts helfen würde. Als ich dann die Leiche sezierte, mußte ich einen furchtbaren Irrtum erkennen. Die Geschwulst war harmlos. Ich war völlig unnötigerweise zum Mörder geworden. Natascha war meine Braut, aber das gehört nicht zur Sache. Ich ging zu einem Priester und beichtete ihm. Der alte Mann fiel vor Entsetzen in eine Ohnmacht. Sind alle meine vierzig Morde oder vielleicht nur meine letzte Tat eine Sünde?"

(„Der Landarzt")

Ich lasse es dahingestellt, wie weit diese Mitteilung des russischen Kollegen den Tatsachen entspricht. Daß dieses Vorgehen des Arztes ganz abzulehnen ist, brauche ich nicht weiter zu begründen.

Wiederholt sah ich, wie schon erwähnt, Patienten mit unheilbarer Aussaat von Krebs im ganzen Körper oder an einer Tabes dorsalis mit fürchterlichen Rückenschmerzen leidend, die eine die Umgebung erhebende Geduld und Ergebenheit zeigten und sowohl auf schlaf- wie schmerzstillende Mittel verzichteten.

So oft ich mich auch bei solch unheilbaren Kranken, die um Erlösung baten, um rascher ihr Leiden überstanden zu haben, mit dem Gedanken der Euthanasie ernstlich befaßte, immer stiegen mir schwere, nicht überbrückbare Bedenken auf. Wohl sparte ich nicht mit Morphin, aber zu einer tödlichen Dosis konnte ich mich nie entschließen.

Den Freitod wählt unter den Schwerkranken am häufigsten der Melancholiker, wie sich das in den wiederholten ernstlichen Selbstmordversuchen solcher Patienten äußert. Ein Gegenstück dazu: Bei Scott, dem Bezwinger des Südpols (siehe Gran-Tryggve, Wo das Südlicht flammt), der nach erreichtem Ziele infolge Kälte und Mangel an Nahrungsmitteln dem sicheren Tod ins Auge sah, finden sich als letzte Aufzeichnungen vor seinem Tode folgende erhebende Worte: „. . . . . . wir hatten auf alle Fälle eine ausreichende Dosis Opium bei uns, zogen es aber vor, eines natürlichen Todes zu sterben . . . . . ." Heldentod!

Alles Vertrauen in den Arzt wäre für immer, auch bei den Angehörigen des Patienten, verloren und damit die Achtung vor der Heiligkeit seines Berufes, wenn der Arzt praktisch die Euthanasie ausüben würde.

Ich komme zum Schluß, daß ich trotz mancher gewichtiger Gründe — vor allem um den Dulder aus seinem Martyrium zu befreien —, die für die praktische Anwendung der Euthanasie sprechen, diese ablehnen muß, da ich sie als mit der ärztlichen Ethik für unvereinbar halte. Eine solche Handlung widerspricht direkt dem Eid, den ich als Doctor medicinae universae geschworen habe und der, ebenso wie der vor Tausenden von Jahren von Hippokrates formulierte, eine solche Tat verbietet: „Niemandem werde ich — auch sollte man mich darum ersuchen — ein tödlich wirksames Mittel verabreichen, noch einen derartigen Rat erteilen; desgleichen werde ich keiner Frau ein Abtreibungsmittel geben." Dieser Eid deckt sich mit dem Gebot Gottes „Du sollst nicht töten", das in der Natur des Menschen tief verankert ist.

INHALTSVERZEICHNIS

	Seite
Vorwort	7
Meine Vorfahren	9
Kindheit	22
Im Gymnasium	28
An der Universität	34
Promotion und Operationszögling bei Billroth	65
Assistent bei Billroth	80
Professor in Utrecht	107
Professor in Königsberg	133
Die ersten Jahre als Vorstand der Klinik in Wien	156
Eine Reise nach Amerika	197
Die letzten Vorkriegsjahre in Wien	211
Das erste Kriegsjahr	219
Zu König Konstantin nach Athen	230
An den Fronten in Süd und Nord	243
Eine zweite Reise nach Athen	260
Eine Fahrt an die Westfront	279
Wieder an den Fronten	289
Die zwei letzten Kriegsjahre	298
Kriegschirurgische Erfahrungen	338
Die ersten Nachkriegsjahre bis 1927	346
Die letzten Jahre aktiver Tätigkeit 1927—1931	372
Professor emeritus	397
Ausklang	428
Kurpfuscher	433
Bader und Wundärzte des vorigen Jahrhunderts	436
Über die Ausbildung des Arztes und des Pflegepersonals	439
Aufgaben des klinischen Lehrers	449
Verschwiegenheitspflicht des Arztes	454

	Seite
Wie weit soll man den Patienten über den Ernst seiner Lage aufklären?	459
Der Ton des Arztes	465
Über das Rauchen	467
Über den Alkohol	472
Die Schilddrüse im Haushalte der Natur	483
Zur Behandlung der Krebskranken	495
Aufschwung und Wandlungen der Chirurgie	505
Versäumte Gelegenheiten	549
Zur Frage der Euthanasie	551

VERZEICHNIS DER ABKÜRZUNGEN

AOK.	=	Armeeoberkommando
GO.	=	Generaloberst
FZM.	=	Feldzeugmeister
FML.	=	Feldmarschalleutnant
GSTA.	=	Generalstabsarzt
STA.	=	Stabsarzt
LSCH.LT.	=	Linienschiffsleutnant
RA.	=	Regimentsarzt
OA.	=	Oberarzt

www.ingramcontent.com/pod-product-compliance
Lightning Source LLC
Chambersburg PA
CBHW052109010526
44111CB00036B/1599